Josef H. Biller / Hans-Peter Rasp

MÜNCHEN
KUNST & KULTUR
LEXIKON

Stadtführer und Handbuch

Süddeutscher Verlag München

INHALT

Vorwort
4 Zur ersten Auflage
5 Zur überarbeiteten Neuauflage

Raum und Zeit
Land um München
6 Wesen und Werden der Münchner Landschaft
6 Geographie des Stadtgebietes und Umlandes
7 Menschen und Kulturen

Staat und Stadt
Bayern und München
8 Frühe Geschichte Bayerns bis zur Gründung Münchens
9 Synchronoptische Geschichte Bayerns und Münchens
16 Die Bürgermeister Münchens
17 Die Wittelsbacher in München
18 Herzöge, Kurfürsten und Könige Bayerns von der Wiedervereinigung des Landes bis zum Ende der Monarchie
22 Die Befestigung Münchens
24 Das Altmünchner Bürgerhaus

Kunst und Kultur
Kunst in München
26 Tendenzen, Höhepunkte und Ausstrahlung
29 Künstler in München
34 Museen in München
Gemäldegalerien (34)
Alte und außereuropäische Kulturen (34)
Kunst- und kulturhistorische Museen, Angewandte Kunst (36)
Graphische Sammlungen (36)
Stadtgeschichtliche Museen (36)
Raumkunstmuseen (38)
Technische Museen (40)
Spezialsammlungen (40)
Museen außerhalb des Stadtbereichs (40)
42 Kunstausstellungsräume
42 Sammlungen und naturkundliche Sehenswürdigkeiten in München
43 Fürstengrüfte, Kaiser- und Königsgräber
44 **Musik und Konzert**
46 **Oper**
48 **Theater und Schauspiel**
49 **Literatur**
51 **Wissenschaft und Bildungswesen**
53 **Erfindungen, Entdeckungen und Entwicklungen**
56 **Sport**

Stadtführer und Handbuch
58 **Lexikon der Kunst- und Baudenkmäler**

Leben mit München
Das Münchner Jahr
228 Feierliche Gottesdienste
228 Umzüge und Prozessionen
228 Feste und Feiern
229 Kunstmessen und kulturelle Ausstellungen
230 Messen und Fachausstellungen
230 Kongresse und Tagungen
230 Dulten und Jahrmärkte
231 Festspiele, Wettbewerbe, Konzertzyklen
233 Freilichtaufführungen, Theater- und Konzertveranstaltungen in historischem Rahmen
233 Landtags- und Stadtratssitzungen
233 Werksbesichtigungen
Münchner Flair
234 Altmünchner Straßen und Plätze
235 Münchner Gastlichkeit
236 Münchner Kellerleben
237 Flanieren und Einkaufen

Zahlen – Namen – Fakten

Die Stadt im Überblick
238 München in Zahlen
239 Turmbesteigungen
239 Aussichtspunkte
239 Restaurants mit Aussicht
239 Stadtrundfahrten
239 Stadtrundflüge
239 Stadtführungen
240 Stadtgeschichtskurse
240 Illumination

Wichtige Adressen
241 Informationsstellen
241 Kartenvorverkauf
241 Konzertsäle
242 Theater
245 Zirkus
245 Filmkunsttheater
245 Musikhallen, Musikwirtschaften, Jazzkeller, Poplokale
245 Kulturverwaltungen
245 Universitäten, Akademien, Hochschulen
246 Archive
247 Bibliotheken
251 Kunst- und Ausstellungsvereine
251 Museumsfördervereine
251 Sammlervereine
251 Historische Vereine und kulturelle Vereinigungen
252 Ausländische Kulturinstitute, Gesellschaften und Vereine
252 Kulturelle Institute

Anhang

254 Lagepläne
260 Register
272 Bildquellennachweis

ISBN 3-7991-6188-0

Satz: Passavia Passau
Druck und Bindung: Kösel, Kempten
Reproduktionen: Colortechnik, München, und
Karl Wenschow Franzis-Druck GmbH, München

1985 · 47. Tausend der Gesamtauflage

VORWORT ZUR ERSTEN AUFLAGE

Ganz im Gegensatz zur ständig wachsenden, freilich weitgehend modisch bedingten Beliebtheit der Stadt München und zur fast unüberschaubar gewordenen Fülle von allgemeinen wie speziellen Führern (die gerade in den letzten Jahren erschienen sind), fehlt doch ein profiliertes Handbuch, das Kunst und Kultur der Stadt nach dem neuesten Stand beschreibt. Die letzten Veröffentlichungen, die diesen Anspruch erheben können, erschienen 1914 (Franz Anton Zauner: München in Geschichte und Kunst) und 1920 (Max Hauttmann und Hans Karlinger: München). In dem seither verflossenen halben Jahrhundert haben sich – nicht allein durch die tiefgreifenden Veränderungen im Gefolge des Zweiten Weltkriegs – Art und Umfang der Bestände sowie die kunstsoziologischen Umstände derart gewandelt, daß es längst geboten erscheint, diesen Veränderungen in einem neuen publizistischen Unternehmen Rechnung zu tragen.

Die Autoren erachten es dabei als notwendig, in Anlage, Aufmachung und Gestaltung eines solchen Handbuchs, das Münchnern und Besuchern gleichermaßen dienlich sein soll, neue Wege zu beschreiten: Einer der auffallendsten ist die lagemäßige Ordnung der Objekte nach Straßen (in der durch das Adreßbuch der Stadt München gegebenen verbindlichen Schreibweise) und nicht, wie bisher meist üblich, nach Routen oder Führungslinien, die in der Praxis kaum jemand verfolgen dürfte. Die auf diese Weise unbeschränkte Entscheidungsfreiheit und individuelle Gestaltung von Rundgängen wird zudem durch verschiedene Tabellen und Übersichten unterstützt, die je nach den Schwerpunkten und Interessengebieten ein persönliches Programm ermöglichen.

Die Auswahl der Objekte erfolgte durch sorgfältiges Abwägen von erwarteter Ausführlichkeit einerseits und notwendiger Ausstattung, praktikablem Umfang und Format sowie angemessenem Preis andererseits. Aus diesen Überlegungen heraus ergab sich eine lokale Beschränkung auf Objekte innerhalb des Stadtgebietes, das nur bei der Großhesseloher Brücke wegen ihrer Eigenschaft als technische Leistung und bei Schleißheim wegen der Bedeutung der Schloßanlagen überschritten wurde. Umfangbeschränkungen spielten auch beim Verzicht auf ausführliche Beschreibung der Sammlungen in Schlössern und Museen eine Rolle, wenn für diese Objekte amtliche Führer und Kataloge vorliegen.

Um dem Informationsbedürfnis des modernen Benützers entgegenzukommen, wurde einer möglichst umfassenden und direkten Mitteilung von Fakten der Vorzug gegeben. Diese lexikalische Knappheit der Diktion erfährt wohl einen angemessenen Ausgleich durch zahlreiche Rekonstruktionszeichnungen, Schaubilder und Grundrisse, wie sie in dieser Anzahl wohl erstmals in einem Münchner Führer geboten werden. Darüber hinaus wurde versucht, in vielen Fällen, in denen die bekannten Nachschlagewerke und die Münchner kunsthistorische Literatur versagen, genauere und instruktivere Details zu bringen, die ebenfalls praktisch einer Erstveröffentlichung in diesem Rahmen gleichkommen und selbst noch für den Kenner Neues bringen dürften.

Es liegt in der Natur eines Führers, daß er im Hinblick auf die vielen möglichen Interessengebiete und Wünsche der Benützer trotz aller Umsicht und Sorgfalt letztlich unvollständig und unvollkommen sein muß. Dies um so mehr, als gerade in unserer Zeit der lebendige Kulturbesitz und Denkmälerbestand einem raschen Wandel unterworfen sind. Dies gilt vor allem für Ausstattungsstücke im sakralen Bereich der Kirchen und Klöster, die zur Sicherung vor Diebstahl für ständig oder vorübergehend entfernt und anderwärts verwahrt sind. Dies gilt aber ebensosehr für manche Bürgerhäuser des 19. und frühen 20. Jahrhunderts, die rigoroser Profitwirtschaft und technokratischem Verkehrsausbau zum Opfer gefallen sind – eine Entwicklung, die trotz wachsender Einsicht in deren Unmöglichkeit durchaus noch nicht gebremst, geschweige denn abgeschlossen ist.

Verlag und Autoren sind sich der Möglichkeit von Irrtümern und Fehlern bewußt und sind für freundliche Hinweise und Mitteilungen, die zu Berichtigungen und notwendigen Ergänzungen in einer Neuauflage dienlich sein können, höchst dankbar. – Die Angaben von Eintrittszeiten, Preisen und Telefonnummern sind in unserer schnellebigen Zeit verständlicherweise in besonderem Maße Veränderungen unterworfen: Sie erfolgen ohne Gewähr. Obwohl es aus diesen Überlegungen heraus nahegelegen hätte, ganz auf sie zu verzichten, so glaubten die Autoren, daß deren Mitteilung doch – selbst wenn sich die genauen Zahlen mit der Zeit ändern sollten – in vielen Fällen von Nutzen sein wird und wenigstens einen erwünschten Anhaltspunkt gibt.

Bei ihrer Arbeit haben die Autoren so viele Beweise der Hilfsbereitschaft und der amtlichen wie privaten Unterstützung erfahren, daß es ihnen unmöglich ist, aller an dieser Stelle namentlich Erwähnung zu tun. Allen, die mit Rat und Tat zum Gelingen dieses Handbuches beigetragen haben, sei hiermit unser aufrichtiger Dank abgestattet.

München, im Mai 1972

J. H. B. – H.-P. R.

VORWORT ZUR ÜBERARBEITETEN NEUAUFLAGE

In den zwölf Jahren seit seinem Erscheinen hat sich das »Kunst- und Kultur-Lexikon« einen besonderen Ruf erworben. Es wird auch von anspruchsvollen Kennern als unübertroffen bester Führer Münchens bezeichnet und mit den Namen der Autoren gleichgesetzt, was – wenn man so will – einem Adelsprädikat unter Büchern gleichkommt. Um diesem Anspruch auch in einer Zeit raschen Wandels weiterhin gerecht zu bleiben, waren sich die Autoren seit langem bewußt, eine Aktualisierung vornehmen zu müssen; hinzu trat der Wunsch, eine Erweiterung anstreben zu sollen. Denn nicht bloß der anerkannte Denkmälerbestand ist gewissem Wandel unterworfen, auch die Optik weitet sich und rückt sowohl historische wie moderne Objekte ins Blickfeld, die bislang wenig oder gar keine Beachtung gefunden haben. Dabei wird einmal mehr schmerzlich erkennbar, daß die Münchner Baugeschichte bei weitem nicht so gut und so umfassend erforscht ist, wie dies gemeinhin den Anschein hat. Es konnte dabei nicht ausbleiben, daß zur Klärung mancher Fragen und zur Aufhellung verschiedener Probleme erst noch Grundlagenforschung betrieben werden mußte. Dies ist mit ein Grund, warum die Überarbeitung des Führers übermäßig lange Zeit beansprucht hat. In einzelnen Fällen hat die Darstellung komplizierter baugeschichtlicher Zusammenhänge den Umfang der entsprechenden Stichworte überproportional anwachsen lassen. Die Autoren sind sich bewußt, daß damit die Grenzen rascher Information und klaren Überblicks erreicht sind, glaubten aber, solche neuen Forschungsergebnisse dennoch nicht unberücksichtigt lassen zu dürfen. Schließlich wurden besondere Bemühungen darauf verwendet, nicht nur die wegen ihres Alters oder Ranges bedeutenden Kirchen – vor allem in den heute eingemeindeten Vororten – mit Grundrissen zu belegen, sondern vor allem konsequent sämtliche vor 1800 entstandenen und heute noch existierenden Kirchen Alt-Münchens. Eine Reihe dieser Pläne erscheint damit übrigens erstmals im Druck.

Obwohl allein 93 Bauwerke und Ensembles sowie 65 Pläne und graphische Darstellungen neu aufgenommen worden sind, mußten viele Ideen und Wünsche der Autoren zurückgestellt werden, um die Drucklegung des nun um 87 Seiten vermehrten Buches noch im wirtschaftlich vertretbaren Rahmen zu halten. Unter diesem Gesichtspunkt möge auch das Entfallen einiger weniger, in der ursprünglichen Ausgabe enthaltener Teile, die verzichtbar erschienen, nachgesehen werden.

Wie schon bei der ersten Auflage durften sich die Autoren auch jetzt wieder vielerlei Hilfe von Kollegen, Forschern, Historikern, Archivaren und Architekten erfreuen, die alle namentlich zu erwähnen leider unmöglich ist. Die bereitwillige und außergewöhnliche Unterstützung durch Herrn Dr. Heinrich Habel darf hier aber nicht verschwiegen werden. Ihm und allen anderen, die mit Kritik und Verbesserungen, mit klärenden Gesprächen und fördernden Hinweisen zur Neufassung dieses Führers tatkräftig beigetragen haben, sind die Autoren ebenso zu aufrichtigem Dank verpflichtet wie sie auch weiterhin alle Benützer um fruchtbare Anregungen und notwendige Korrekturen bitten.

München, Jahreswechsel 1984/1985

J. H. B. / H.-P. R.

RAUM UND ZEIT

LAND UM MÜNCHEN

WESEN UND WERDEN DER MÜNCHNER LANDSCHAFT

Tertiär: etwa 60 Mio.–1 Mio. Jahre v. Chr.
Die geologische Voraussetzung für die Gestalt der heutigen oberbayerischen Landschaft und damit auch für den Münchner Raum stammt aus dem Tertiär: weitere Auffaltung und Übereinanderschiebung der bereits in der Kreidezeit (130–60 Mio. Jahre) gefalteten Alpen, die dabei Hochgebirgsformen annehmen. Vor ihnen erstreckt sich ein ca. 150 km breiter See, dessen Ablagerung die bis über 1000 m mächtige lehmartige Sedimentschicht des *Flinz* bildet. Seit dem Ende des Tertiärs nochmals langsame Hebung der Alpen und in geringerem Maße auch des dadurch nach Norden abfallenden Vorlandes. Abfließen des Sees sowie Einsetzen einer allmählichen Abkühlung und vermehrter Niederschläge, die zur Vergletscherung der Alpen und des Voralpenlandes führen.

Quartär: etwa 1 Mio. Jahre–10000 v. Chr.
Die maßgebende Formung erhielt die Oberfläche der oberbayerischen Landschaft, wie sie heute weitgehend in Erscheinung tritt, in den Eiszeiten des Quartärs: abwechselndes Vordringen der Gletscher in den – nach herkömmlicher Auffassung – vier Perioden: der sogenannten Günz-, Mindel-, Riß- und Würm-Eiszeit von den Alpen ins Vorland bei Klimaverschlechterung sowie Abschmelzen und Zurückweichen bei Wärmeanstieg. Die vom Gletscher unter, vor und neben sich hergeschobenen Schuttmassen (Grund-, Seiten-, Endmoränen) sowie die von den Schmelzwassern der Gletscher aufgeschütteten Schuttfächer ergaben eine durch Hügel, Täler und Ebenen reich gegliederte *Moränenlandschaft,* in deren Senken Gletscherreste zu den heutigen Seen schmolzen.
Die entscheidende Gestaltung aber des Münchner Gebietes geschah in den beiden letzten Eiszeitperioden. In der *Riß-Eiszeit* weitestes Vordringen von Gletschern bis knapp südlich von München und – bei deren Zurückweichen – Aufschüttung einer Schotterschicht durch die Schmelzwasser auf dem tertiären Flinz. Am Ende der *Würm-Eiszeit* Ablagerung einer weiteren Schotterschicht, die sich als *Münchner Schotterebene* über 1485 qkm erstreckt, wegen des großen Gefälles von 250 m auf 75 m auch *Münchner Schiefe Ebene* genannt. Einzelne Terrassenschotterflächen der vorletzten Riß-Eiszeit, von den Schmelzwassern der letzten Würm-Eiszeit umspült, jedoch nicht überlagert: auf ihnen bildet sich durch Ansammlung von Flugstaub der sogenannte *Löß,* im Münchner Stadtgebiet beispielsweise die *Haidhauser-Bogenhauser Lößzunge,* früher ein bedeutendes Ziegeleigelände.

Holozän: ab etwa 10000 v. Chr.
Letzte Prägung erfuhr das Münchner Gebiet in der Epoche der erdgeschichtlichen Jetztzeit. Entstehen der Isarterrassen durch stufenweise erfolgende Erosion des reißenden Flusses, der zugleich mitgeführtes Geröll und Sand aus den Alpen ablagert.

›Münchner Schotterebene‹: Ost-West-Schnitt im Stadtbereich

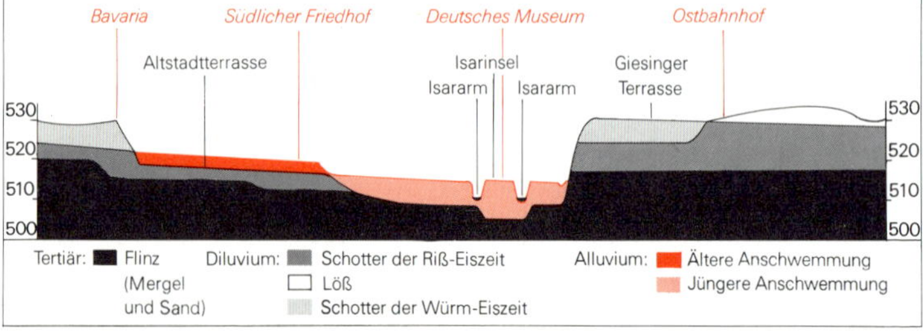

GEOGRAPHIE DES STADTGEBIETES UND UMLANDES

Lage 48° 8′23″ nördl. Breite, 11° 34′28″ östl. Länge; 530 m über NN, höchster Punkt im Gelände 580,6 m, eines Turmes 800 m (Olympiaturm), tiefster 480,6 m.
Ausdehnung 310,55 qkm; ***Umfang*** der Burgfriedensgrenze 117,6 km, größte Länge 20,9 km, größte Breite 26,4 km.
Stadtgebiet auf 17 km von der Isar durchflossen, die weitgehend von Auen und Grünanlagen gesäumt ist. Trotz Citybildung, zunehmender Versteinerung und Industrialisierung des Stadtgebietes großer Anteil an Grün- (1590,34 ha) sowie an Waldflächen (1047,5 ha).
Umland der Verstädterungszone im Norden in heideartige Ebene und schüttere Kiefernwälder, im Osten, Süden und Westen in größere zusammenhängende Forste, im Nordosten in die Ebene des Erdinger Mooses übergehend. Entfernung zu den Voralpen 50 km, zu den Hochalpen 75 km.

Klima
Durch Lage im Herzen Mitteleuropas *Übergangsklima* zwischen dem westlich-maritimen und östlich-kontinentalen sowie dem nördlich-subpolaren und südlich-subtropischen Klima, dem allerdings Einflüsse des nahen Alpenmassivs eine gewisse Rauheit verleihen.
Temperaturen infolge schneller, oft überraschender Wetterumschläge von beträchtlichem Gegensatz. Im Jahresdurchschnitt 7,5°C, dabei im Sommer 11,9°, im Winter −1,5°C. Höchste Temperatur der letzten 10 Jahre 34°, tiefste −34°C.
Nebel und Hochnebel zeitweilig, vornehmlich im Nov. und Dez., besonders bei Hochdrucklagen, durch Dunstglocke begünstigt.
Niederschläge durch Alpennähe und Höhenlage fast 1000 mm/Jahr: am häufigsten im Winter und Frühjahr, dabei Februar/März normalerweise schneereich, mitunter bereits im November Schneedecke, jedoch zumeist über Weihnachten Tauwetter; im Frühsommer nicht selten naßkalte Periode. Im Sommer öfter Gewitter, 2–3 Hagelfälle.
Schönwetterperioden trotz wechselhaften Wetters – gerade in den letzten Jahren – bes. im Januar (Föhn), im Sommer (mit wenigen schwülen Tagen) und hauptsächl. im Herbst (Oktober bis Novembermitte oft mit sommerlichen Temperaturen untertags, jedoch Kälte und sogar Frösten nachts).
Winde nicht sonderlich stark, überwiegend aus SW und W, jedoch zuweilen mit großen Gegensätzen zwischen Windstille bis Böen, besonders im Föhnsturm.
Relative Luftfeuchtigkeit durchschnittlich 80%, bei Föhn nur 10%.

Föhn *Entstehen:* Sinkt der Luftdruck Oberbayerns unter jenen Oberitaliens, entsteht von Norden kräftige Saugwirkung: am Alpensüdrand aufsteigende und sich dabei abkühlende feuchtwarme Luft strömt dadurch nach Norden und weht – nach Abregnen über Südtälern und Alpen – als trockener, sich erwärmender *Fallwind* oft mit großer Heftigkeit ins Voralpengebiet.
Kennzeichen: am Randgebiet des Föhneinflusses *Föhnmauer,* beim Zusammenprall mit dichter Bewölkung Aufrollen dieser Schicht *(Föhnwalze)* oft unter starkem, böenartigem Wind *(Föhnsturm).* Im Föhngebiet selbst die typischen *Föhnwolken:* meist feine, langgezogene Wolkenfäden.
Wirkung: (oft unvermutet) schönes, sonniges Wetter, besonders im Winter das Alpengebiet wie von Zauberhand aufgerissen, während übriges Deutschland unter dichter Wolkenschicht liegt. Klare Atmosphäre, gute, oft ausgezeichnete Fernsicht: von den Salzburger bis zu den Allgäuer Alpen.
Auswirkung auf den Menschen: Anfälligkeit gegen dabei auftretende Druckschwankungen niedriger Frequenz unterschiedlich. Bei *Einheimischen* von belebend bis meist abspannend und ermüdend, Kopfschmerzen, Herzbeschwerden, Schlaflosigkeit und Kreislaufstörungen verursachend. Von *Besuchern* meist nicht wahrgenommen, bei *Zuzüglern* Anfälligkeit erst nach längerer Zeit (etwa 5 Jahren) auftretend.
Nach neuesten Forschungen sind elektromagnetische Wellen im Gefolge des Föhns (auch bei Gewittern und Kalt-Warm-Fronten) für die erwähnten Auswirkungen verantwortlich.

MENSCHEN UND KULTUREN

Die Vorgeschichte des Münchner Raumes: Die ersten Spuren menschlicher Siedlung in Bayern stammen aus der Zeit um 200000 v. Chr. und finden sich an Donau und an Altmühl. Südlich der Donau ist menschliches Leben jedoch erst viel später nachweisbar: widrige Naturverhältnisse – erst eiszeitliche Gletscher, dann Moraste und dichte Wälder – verhinderten die Niederlassung von Menschen so lange, bis trockeneres Klima dann in der Jungsteinzeit Heide und waldfreie Flächen entstehen ließ. Seitdem Siedlungs- und Kulturtätigkeit, allein im Münchner Raum durch mehr als 800 Ausgrabungsfunde – Gräber, Keramik, Schmuck, Waffen – belegt.

Neolithikum (Jungsteinzeit)
4000–1800 v. Chr.
Älteste Siedlungszeugnisse des Münchner Raums sind Wohnstattspuren der im mittleren Neolithikum blühenden und nach der Ornamentierung ihrer Töpferware so genannten *Bandkeramik-Kultur* (um 3000), insbesondere eines bayerischen Zweiges der *Rössener Leute* und der *Münchshöfener Kultur.* Gegen das Ende der Jungsteinzeit erscheinen die wohl aus Spanien eingewanderten *Glockenbecherleute* (um 2000) mit ihren typischen Hocker-Gräbern.

Bronzezeit 1800–1200 v. Chr.
Neben den weiter nachweisbaren Hocker-Gräbern Aufkommen von Brandbestattung (Urnengräbern). Dann Eindringen der aus Ungarn kommenden *Illyrer* und ihrer Kultur: Aufkommen der Hügelgräber.

Urnenfelderzeit (Früh-Hallstattzeit)
1200–700 v. Chr.
Wieder Rückkehr zur Brandbestattung und Anlage großer Urnengrabfelder. Die Beigaben an Schmuck und Gebrauchsgegenständen deuten auf Sonnenkult.

Hallstattkultur 700–500 v. Chr.
Aufkommen eiserner Waffen und Werkzeuge; das Schwert löst den Dolch, die Fibel die Nadel ab. Anlage großer Hügelgräber mit Grabkammern; Leichenbestattung und -verbrennung werden nebeneinander und gleichzeitig angewendet.

Latène-Zeit 500–15 v. Chr.
Einwanderung der *Kelten* (Vindeliker), die eine erste wirtschaftlich-industrielle Organisation sowie übergreifende staatlich-kulturelle Form entwickeln: Hauptstadt in Manching bei Ingolstadt. Anlage von Flachgräbern, Aufkommen der Töpferscheibe, Auftauchen der ersten Gold- und Silbermünzen. Gewaltsamer Untergang des keltischen Staatsgefüges durch Römer-Einfall.

STAAT UND STADT

BAYERN UND MÜNCHEN

FRÜHE GESCHICHTE BAYERNS BIS ZUR GRÜNDUNG MÜNCHENS
15 v. Chr.–1158

15 v. Chr.–488 n. Chr. Römerherrschaft.
15 v. Chr. Tiberius und Drusus (Stiefsöhne des Kaisers Augustus) erobern Alpenvorland, besiegen die Kelten und errichten röm. Provinz *Raetien:* damit auch Münchner Gebiet Teil des weltumspannenden Imperium Romanum.
17 n. Chr. In Gauting (röm.: Bratananium) Militärposten eingerichtet, der nach Truppenabzug 46 als Zivilsiedlung bis 250 fortbesteht. Weitere römische Siedlungen in Denning und Grünwald.
117–138 Unter Hadrian Bau des *Limes.*
172 Erster Nachweis des Christentums in römischen Donaulagern.
450–488 Wegen ständiger Germaneneinfälle Aufgabe der Provinz Raetien durch die Römer: Entstehen eines politischen Vakuums, in das nun Alemannen, Elbgermanen und andere Stämme einwandern.
493–526 unter Theoderich ostgotische Herrschaft über den raetischen Raum. Allmähliche Stammesbildung der Bajuwaren (aus der illyrisch-keltisch-romanischen Mischbevölkerung unter Einschluß der zugewanderten Sueben, Alemannen, Markomannen und Thüringer) um einen viell. aus Böhmen stammenden Kern.

526–788 Bayerisches Stammesherzogtum der Agilolfinger.
526 Nach dem Tode Theoderichs Zusammenbruch der Ostgotenherrschaft. Unter aufkommendem fränkischen Einfluß Herrschaftsbildung der (vielleicht aus Thüringen kommenden) Agilolfinger. Ausgeprägtes stammesstaatliches Gefüge schafft rasch stabile politische Verhältnisse und läßt Bayern zum ersten eigentlichen Staat des nachantiken Europa werden.
530 etwa Besiedelung des Münchner Raums durch die Bajuwaren: Entstehen der sogenannten -ing-Orte (Pasing, Sendling).
534–554 Abhängigkeit vom fränkischen Merowingerreich.
551 etwa erstes Auftauchen des Volksnamens Baibari beim gotischen Geschichtsschreiber Jordanes.
555 Garibald I., als erster Stammesherzog geschichtlich bezeugt, residiert in Regensburg, das bis 1255 mit wechselnder Bedeutung Hauptstadt des Herzogtums, zeitweise sogar des Deutschen Reiches ist.
565 Erste Erwähnung der *Baiern.*
568 ff. Freundschaft und Bündnis mit den in Lombardei eingewanderten Langobarden.
589 Theodolinde, die Tochter Garibalds I., heiratet Langobardenkönig Authari.
630 ff. Von Frankreich her 1. Missionierung.
650–700 2. Missionswelle: Emmeram, Rupert und Korbinian.
700 etwa Abfall Bayerns vom Frankenreich.
725/28 Karl Martell rückt in Bayern ein und stellt fränkische Oberhoheit wieder her.
737–748 Herzog Odilo: Anfänge der bayer. Ost- und Südostkolonisation.
739 Bonifatius errichtet (bereits 716 geplante) bayerische Kirchenprovinz.
744–748 *Lex Baiuvariorum* (Bayerisches Volksrecht) erstmals aufgezeichnet: einer der ältesten Rechtskodizes Deutschlands.
788 Herzog Tassilo III., der letzte Agilolfinger, von Karl dem Großen abgesetzt: Bayern wird Provinz des Frankenreichs.

788–895 Bayern unter den Karolingern.
788 ff. Regierungsgewalt in Händen von Statthaltern.
803 Nach Karls Sieg über die Avaren (1.) bayer. Kolonisation der Ostmark (bis 907).
817 Bei der Teilung des Karolingerreichs durch Ludwig den Frommen fällt Bayern an Ludwig den Deutschen.
826 ff. residiert Ludwig als *König der Bayern* in Regensburg, das ab 843 mit dem Aufstieg Ludwigs zum deutschen König Hauptstadt des Ostfränkischen Reichs wird.

895–947 Bayern unter den Luitpoldingern.
895 König Arnulf verleiht Bayern seinem Verwandten, Markgraf Luitpold v. Kärnten.
907 Niederlage Luitpolds (†908) gegen die Ungarn bei Preßburg: daraufhin bis 955 verheerende Ungarneinfälle in Bayern.
909 Der Sohn und Nachfolger Arnulf nennt sich wieder *Herzog von Bayern* und errichtet damit das *Jüngere Stammesherzogtum.*
916 Arnulf führt die erste Säkularisation von Kirchengütern durch (desh.: *Arnulf d. Böse*).
921 Arnulf beugt sich der Oberhoheit König Heinrichs I.: Eintritt Bayerns in das mittelalterliche deutsche Reich.

947–1027 Bayern unter den Sachsen.
947 Kaiser Otto I. der Große verleiht Bayern seinem Bruder Heinrich I.
952 Die Marken Friaul, Istrien und Verona fallen an Bayern.
955 Schlacht auf dem Lechfeld: die vernichtend geschlagenen Ungarn ziehen sich endgültig zurück.
955–976 Heinrich II. der Zänker: unter ihm erreicht Bayern seine größte Ausdehnung. 2. Bayerische Ostkolonisation.
976 Kärnten und Verona mit Friaul und Istrien wieder abgetrennt, Ostmark wird eigene Markgrafschaft.
1002 Der bayer. Herzog Heinrich IV. wird als Heinrich II. deutscher König und
1014 deutscher Kaiser (1146 heiliggespr.).

1027–70 Bayern unter den Saliern:
spielt als Randgebiet des nun am Rhein zentrierten Reichs untergeordnete Rolle.

1070–1180 Bayern unter den Welfen.
1156 Heinrich der Löwe mit Bayern belehnt: gründet 2 Jahre später München.

SYNCHRONOPTISCHE GESCHICHTE BAYERNS UND MÜNCHENS

BAYERN

1156 Der Welfe *Heinrich der Löwe* erhält Bayern; gleichzeitig Abtrennung des alten bayerischen Kolonisationsgebietes der *Ostmark* und Erhebung zum Herzogtum Österreich: die stammesgleichen Länder Bayern und Österreich gehen von nun an getrennte Wege!

1176 *Heinrich der Löwe* verweigert die kaiserliche Heerfolge.

1180 Heinrich der Löwe in die Reichsacht erklärt; Bayern fällt an *Otto von Wittelsbach* und verbleibt bei diesem Hause bis 1918. Abtrennung der Steiermark.

1214 *Pfalzgrafschaft bei Rhein* fällt an das Haus Wittelsbach: Bayern erhält damit die *Kurwürde.*

1255 Erste der drei bayerischen *Landesteilungen:* bis 1504 existieren zeitweise drei bis vier Teilherzogtümer. Die Uneinigkeit der Wittelsbacher verhindert starke Politik gegenüber dem aufkommenden Habsburg.

1258 *König Ottokar v. Böhmen* bei Mühldorf geschlagen.

1268 Bayern erbt einen großen Teil der staufischen Ländereien in Schwaben.

1290 *Verlust der Kurstimme* an Böhmen: Abdrängung Bayerns von der Königswahl.

1294–1347 Herzog *Ludwig der Bayer.*

1314 Wahl des Herzogs zum *Deutschen König.*

1322 *Schlacht bei Mühldorf und Ampfing:* Die Münchner Bäcker zeichnen sich im Kampf besonders aus.

1325 *Vertrag von München:* Friedrich der Schöne von Österreich wird Mitregent.

1328 *Kaiserkrönung* Ludwigs des Bayern.

MÜNCHEN

1158 Heinrich der Löwe zerstört Oberföhringer Isarbrücke und verlegt Flußübergang und Markt unter gleichzeitiger Gründung einer Münzstätte an die Stelle der Siedlung *Ze den Munichen.* Am 14. 6. Bestätigung Kaiser Friedrich Barbarossas: Brücke, Markt- und Münzrecht bleiben in München. Der Tag des Erlasses gilt als Gründungstag der Stadt.

1175 etwa erster *Mauergürtel* angelegt.

1180 *Widerruf* der kaiserlichen Sanktion von 1158: München soll zerstört werden. Vollstreckung unterbleibt, dafür wird der Bischof von Freising Stadtherr.

1214 München erstmals als *Stadt* bezeichnet.

1221 Erster nachweisbarer *Stadtbrand.*

1240 München fester Besitz der Wittelsbacher.

1255 München wird *Residenzstadt* des Teilherzogtums Bayern-München (die anderen sind: Landshut, später auch Ingolstadt und Straubing).

1270–1330 etwa allmähliche *Stadterweiterung* bis zum Fünffachen (!) der bisherigen Ausdehnung.

1285 *Judenpogrom.*

1285–1315 Bau der zweiten *Stadtmauer.*

1294 Erste stadtrechtliche Befugnisse durch Herzog Rudolf, Bruder Ludwigs des Bayern, verliehen. Hofhaltung in München.

1295 *Bürgeraufstand* wegen Münzverschlechterung.

1310 *Stadtbrand.*

1314–47 München *Hauptstadt* des Reiches.

1319 *Belagerung* Münchens durch Gegenkönig Friedrich den Schönen von Österreich.

1324–50 befinden sich *Reichskleinodien* in München. Die Reichsfarben Schwarz und Gold werden zu den *Farben der Stadt.*

1327 *Brand* vernichtet Drittel Münchens.

Die Stadt Heinrichs des Löwen (1158-1180)
mit den Erweiterungen
unter Ludwig dem Strengen (1253-1294)

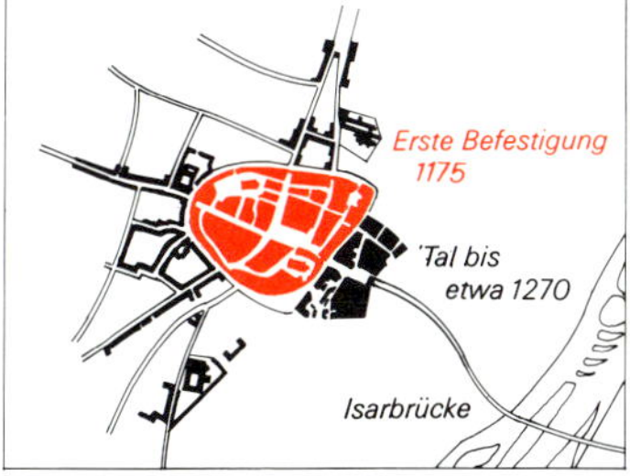

Die Stadt unter
Ludwig dem Bayern (1294-1347)

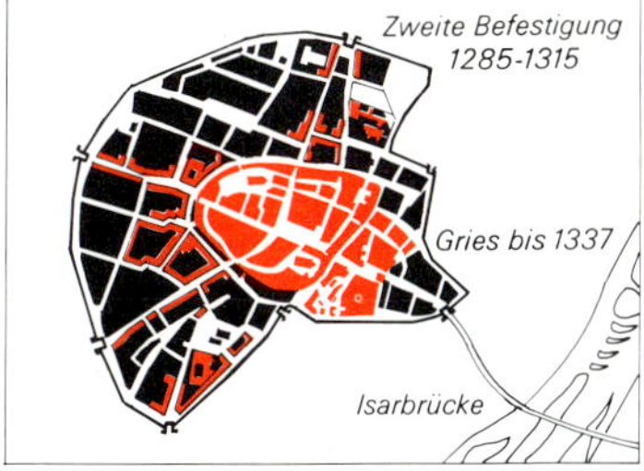

BAYERN

1329 *Hausvertrag von Pavia:* Ludwig der Bayer tritt *Rheinpfalz* und *Oberpfalz* seinen Neffen Rudolf und Ruprecht ab, wobei die Kurwürde zwischen Bayern und der Pfalz alternieren soll. Oberpfalz kehrt 1628, Rheinpfalz 1777 zu Bayern zurück.
1349 *Zweite Teilung* Bayerns.
1355 Ruprecht I. von der Pfalz verkauft Teil der Oberpfalz an Kaiser Karl IV., der dafür *Kurwürde* allein der Rheinpfalz zuspricht (erst 1623 wieder an Bayern).
1363 *Tirol* fällt an das Haus Habsburg.

1392 *Dritte Teilung* Bayerns.

1420–22 *Bayerischer Krieg.*

1462 *Herzog Ludwig* besiegt Kaiser Friedrich III. in der Schlacht bei Giengen.
1467–1508 Herzog *Albrecht IV.*, der erste Humanist unter den Wittelsbacher Herzögen.
1472 Gründung der *Universität Ingolstadt.*

1504/05 *Landshuter Erbfolgekrieg* mit Wiedervereinigung der bayer. Landesteile.

1506 *Primogeniturgesetz* verhindert weitere Landesteilungen und sichert Einheit.
1508–50 regiert Herzog *Wilhelm IV.*, der nach anfänglichem Schwanken die Katholizität des Landes sichert.

1550–79 Herzog *Albrecht V.* Er beginnt die traditionelle Kunst- und Kulturpolitik der Wittelsbacher.

1579–97 Herzog *Wilhelm V.*, setzt die katholische Politik konsequent fort.

1583 *Kölner Krieg:* Bayern unterstützt die kaiserl. katholische Partei gegen den zum Protestantismus übergetretenen Kölner Erzbischof und besetzt bis 1761 den dortigen Stuhl als bayerische Sekundogenitur. Erstes bayerisches *Konkordat.*

1597–1651 *Maximilian I.:* politischer Aufstieg Bayerns.

MÜNCHEN

1340 Große *Stadtrechtsverleihung* Ludwigs des Bayern.
1347 Ludwig der Bayer als erster Wittelsbacher in München begraben.
1349 Erstmals Auftreten der *Pest* in München (bis 1680 25mal!).

1360 Erstmals *Fronleichnamsprozession* nachgewiesen.
1385 *Bürgeraufstand* gegen Herzöge Friedrich und Stephan.
1390 München die *höchstbesteuerte* Stadt des deutschen Südens.
1393 Beginn der *Straßenpflasterung* am Schrannenplatz (Marienplatz).
1397–1403 *Bürgerrevolution:* Aufstand der Zünfte gegen die Patrizier.
1407, 1418, 1420 *Stadtbrände.*

1422 *Belagerung* der Stadt durch Herzog Ludwig den Gebarteten von Bayern-Ingolstadt.
1429 Anlage eines *zweiten Mauerringes:* Hussitengefahr.
1434 Kaiser Sigismund besucht München.
1442 *Judenvertreibung.*
1460 *Stadtbrand.*

1473 Kaiser Friedrich III. in der Stadt.
1489 und **1491** König *Maximilian* (ab 1508 Kaiser) in München.
1493 Erste *Stadtansicht* in Schedels Weltchronik.
1498 *Aufstand* der Handwerksgesellen.
1504 Bombardierung der Stadt im *Landshuter Erbfolgekrieg.*
1505 München alleinige *Hauptstadt Bayerns.*

1528 Verfolgung der *Wiedertäufer.*
1530 Festlicher Besuch Kaiser *Karls V.*

1555 ff. Errichtung der ersten *Brunnenhäuser* für Wasserversorgung.
1563 München Zentrum der einsetzenden *Gegenreformation.*
1572 Entstehung des *Sandtnerschen Stadtmodells.*
1580 Der hl. Benno von Meißen wird Stadtpatron.

BAYERN

1607 Sanktion gegen das evang. *Donauwörth:* Die freie Reichsstadt wird bayerisch und rekatholisiert.

1618–48 *Dreißigjähriger Krieg.*

1620 Herzog Maximilian Sieger in der *Schlacht am Weißen Berg* vor Prag.
1623 Die *Kurwürde* von der Pfalz auf Bayern übertragen.
1628 Bayern erhält die *Oberpfalz* – 1329 mit an die Rheinpfalz gefallen – zurück.
1632–34 Nach der unglücklichen *Schlacht bei Rain am Lech* Einfall der Schweden nach Bayern.

1651–79 Kurfürst *Ferdinand Maria:* Beginn der italienisch beeinflußten Barockkultur in Bayern.
1657/58 *Ferdinand Maria* lehnt die angebotene Kaiserkrone ab.
1664 Offizielle Zulassung der *Thurn-und-Taxis-Post* im Kurfürstentum Bayern.
1679–1726 Kurfürst *Max Emanuel:* treibt letztlich erfolglose Großmachtpolitik. Hinwendung zur französischen Spätbarockkultur.
1683 Max Emanuel eilt zum *Entsatz Wiens* von den Türken.
1688 Der bayerische Kurfürst von ganz Europa als *Eroberer Belgrads* gefeiert.
1691 Bayern tritt der *Großen Allianz* gegen Frankreich bei.
1692 *Generalstatthalterschaft* Max Emanuels in den Niederlanden (bis 1701).
1699 stirbt Kurprinz *Joseph Ferdinand,* der designierte Erbe des Königreichs Spanien, eines plötzlichen Todes. Bayerns Großmachtpläne erleiden erste große Niederlage.
1701–14 *Spanischer Erbfolgekrieg:* Bayern an der Seite Frankreichs gegen Kaiser und Reich, Niederlande und England.

MÜNCHEN

1600 ff. *Laurentius v. Brindisi* wiederholt in München: betreibt europäische Fürstenallianz gegen die Türken.
1609 Gründung der katholischen *Liga* in München.
1613 Erster *Stadtplan* von Tobias Volckmer.

1619 Kaiser Ferdinand und Kurfürst Maximilian schließen *Vertrag von München.*
1619–32 Erster Bauabschnitt der neuzeitlichen *Befestigungsanlage* (Plan → S. 23).
1623 München wird *Kurfürstliche Residenzstadt.*
1628 Erste Münchner Zeitung erscheint: *Wochentliche Ordinari Zeitung.*
1632 Übergabe der Stadt an König *Gustav Adolf* von Schweden: 300 000 Taler Brandschatzung durch Geiselstellung erzwungen.
1635 Rückkehr der Schwedengeiseln.
1638–45 Fortifikation der Stadt mit Wall, Graben und Bastionen vollendet.
1648 Am 6. 10. Überfall der bayer. und österr. Generäle Enckevoert und Werth auf den schwedischen General Wrangel zwischen Dachau und Allach: *letztes Gefecht des Dreißigjährigen Krieges.*
1653 Kaiser *Ferdinand III.* in München.
1658 Besuch Kaiser *Leopolds I.*

1664 München erhält erstes *Postamt.*

1684 *Prinz Eugen* verlebt den Fasching in München.
1690 Treffen Max Emanuels mit Kaiser *Leopold* und König *Joseph I.* in Blutenburg.

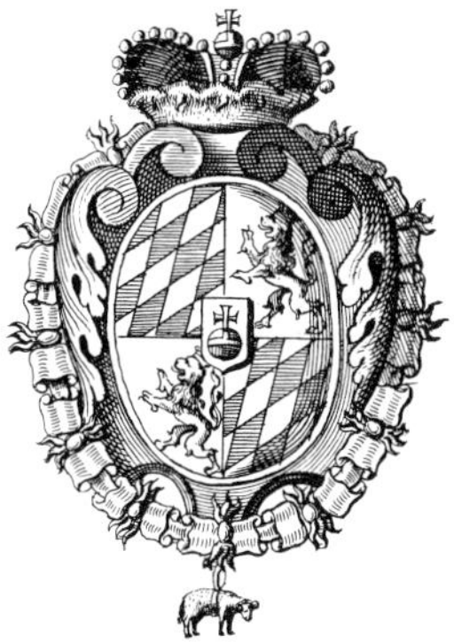

Wappen des Kurfürstentums 1623 bis 1805

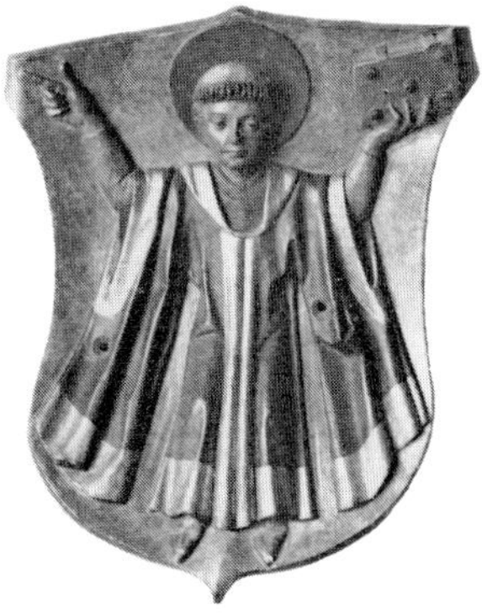

Stadtwappen von Grasser (Stadtmuseum)

BAYERN

1704 *Schlacht von Höchstätt:* Niederlage des französisch-bayerischen Heeres. Flucht des Kurfürsten nach den span. Niederlanden. Ende der Großmachtpläne Bayerns.

1706 Der Kurfürst in der *Reichsacht*.

1714 *Max Emanuel* erhält sein Land zurück.

1724 *Wittelsbachische Hausunion* regelt Erbfolge zwischen Kurbayern und Kurpfalz.

1726–45 Kurfürst *Karl Albrecht:* er versucht die Großmachtpolitik seines Vaters nochmals aufzunehmen.

1731 Einspruch Bayerns gegen die *Pragmatische Sanktion* Österreichs.

1740–48 *Österreichischer Erbfolgekrieg:* Bayern wieder an der Seite Frankreichs gegen Österreich.

1741 Kurfürst Karl Albrecht läßt sich in Prag als *König von Böhmen* huldigen.

1742 Karl Albrecht zum *Kaiser* (Karl VII.) gekrönt (1742–45). Gleichzeitig erste *Okkupation* Bayerns durch Österreich.

1743 Zweite *Okkupation* des Landes.

1745 Dritter *Einmarsch* der Österreicher in Bayern. Tod Karls VII. (20.1).

1745–77 *Max III. Josef* gibt die Großmachtpolitik endgültig auf. Mit ihm stirbt die altbayerische Linie der Wittelsbacher aus.

1777 *Karl Theodor* von Pfalz-Sulzbach sukzediert auf den bayerischen Thron: Bayern und Pfalz, seit 1329 getrennt, wieder vereint.

1778/79 *Bayerischer Erbfolgekrieg (Kartoffelkrieg):* König Friedrich II. von Preußen verhindert Anschluß Bayerns an Österreich (Erstes *Tauschprojekt*). Der Alte Fritz als Retter Bayerns gefeiert.

1779 *Friede von Teschen:* Bayern verliert das Innviertel.

1785 Zweites *Tauschprojekt* Karl Theodors (Bayern gegen österr. Niederlande) von Friedrich II. verhindert.

1792 Im Verlauf der französ. Revolutionskriege geht linksrheinische *Pfalz* verloren.

1795 Bayern schlägt Gründung einer süddeutschen *Zollunion* vor.

1796 *Franzosen* dringen nach Bayern vor. Waffenstillstand von Pfaffenhofen.

1799–1825 Kurfürst *Max IV. Josef* (ab 1806: König *Max I. Josef*) aus der Linie Pfalz-Zweibrücken, beraten vom Minister Montgelas, gelingt durch geschicktes Lavieren zwischen Frankreich und Österreich, Bayern zu erhalten und sogar zu vergrößern.

1801 Bayern schließt sich Frankreich an.

1803 *Säkularisation:* u. a. große Landgewinne durch Mediatisierung geistlicher und weltlicher Territorien sowie Reichsstädte.

1805 *Friede von Preßburg:* Bayern erhält Tirol (bis 1815) und andere Gebiete.

MÜNCHEN

1705–14 München von den Österreichern besetzt, Einrichtung einer *Kaiserlichen Administration* unter einem *Kais. Statthalter*.

1705 *Sendlinger Mordweihnacht:* Aufstand gegen die drückende Besatzung wird blutig niedergeschlagen.

1714 *Rückkehr* des Kurfürsten aus dem Exil.

1721 Letzte *Hexenhinrichtung*.

1729 Einführung der *Straßenbeleuchtung*.

1741 Im *Nymphenburger Vertrag* sichert sich der Kurfürst die Unterstützung Spaniens bei der Kaiserwahl.

1742 München de jure *Reichshauptstadt unter Kaiser Karl VII.; erste Besetzung* der Stadt durch die Österreicher.

1743/44 Zweite *Besetzung* der Stadt durch die Österreicher.

1770 Einführung der *Hausnumerierung*.

1776 Erster *Blitzableiter* in München angebracht.

1777 München Mittelpunkt einer Patriotenpartei unter Führung von Herzogin *Maria Anna,* die Karl Theodors Tauschprojekt (Bayern gegen Niederlande) zu hintertreiben versucht; politische Verbindung zu Friedrich dem Großen.

1781 Kaiser *Josef II.* inkognito in München.

1782 Papst *Pius VI.* in München.

1788/89 Karl Theodor verlegt Residenz aus Verärgerung über Münchner Rat vorübergehend nach *Mannheim*.

1791 Festungseigenschaft Münchens aufgehoben.

1796 Artilleriegefecht der Österreicher und Franzosen auf dem Gasteigberg.

1800 Besetzung Münchens durch die Franzosen nach der verlorenen *Schlacht von Hohenlinden*.

1801 Erster *Protestant* erhält Münchner Bürgerrecht.

1805 Einzug *Napoleons* in München, diesmal als Verbündeter.

BAYERN

1806 Bayern wird *Königreich* und tritt dem Rheinbund bei. *Augsburg* und *Nürnberg* zu Bayern.

1808 Übernahme der *Taxis-Post* durch das Königreich Bayern.

1809 *Friede von Schönbrunn:* Bayern erzielt weitere Landgewinne.

1810 *Bayreuth* und *Regensburg* an Bayern.

1812 Bayerisches Kontingent von 30000 Mann zieht mit Napoleon nach *Rußland* und wird fast völlig aufgerieben.

1813 Bündnis Bayerns mit Österreich gegen Frankreich.

1815 *Wiener Kongreß:* Bayern wird souveräner Teil des Deutschen Bundes.

1817 Zweites bayerisches *Konkordat.*

1818 Bayern erhält als erstes deutsches Land eine *Verfassung.*

1825–48 König *Ludwig I.*

1832 Prinz *Otto,* Sohn Ludwigs I., wird König von Griechenland. *Hambacher Fest* in der bayerischen Pfalz.

1834 Bayern schließt sich dem *Deutschen Zollverein* an.

1848 Ludwig I. genehmigt Märzforderungen der Literaten: Bayern erhält als erstes deutsches Land u.a. *Pressefreiheit* und *Geschworenengerichte.*

1848–64 König *Max II.*

Kurfürstentum Bayern 1800 (ohne Pfalz)
mit seinen Rentämtern und der Oberpfalz

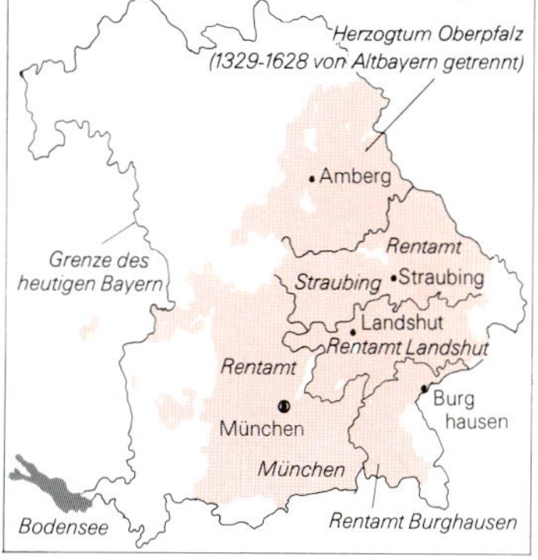

MÜNCHEN

1806 München wird *Königliche Haupt- und Residenzstadt.*

1810 Erstes Oktoberfest aus Anlaß der Vermählung von Kronprinz Ludwig mit Prinzessin Therese von Sachsen-Hildburghausen.

1814 Kaiser *Franz I.* von Österreich und die *Zarin* besuchen München.

1816 *Vertrag von München:* Bayern erreicht bis 1819 teils durch Landabtretungen, teils Gebietszuweisungen etwa den noch heute bestehenden Umfang (ohne Pfalz).

1818 München wird Sitz des im folgenden Jahr eröffneten *Bayerischen Landtages,* ebenso Sitz des neuen *Erzbistums München-Freising* (bis 1803 in Freising).

1821 Amtsantritt des ersten Erzbischofs.

1826 München wird *Universitätsstadt.*

1839 Zar *Nikolaus* in München. – Eröffnung der ersten von München ausgehenden *Eisenbahnstrecke* nach Lochhausen.

1845 Erster *Briefkasten* angebracht.

1846 München erreicht als 3. deutsche Stadt (nach Berlin u. Hamburg) *100000 Einwohner.*

1848 März-Unruhen führen zur Abdankung *Ludwigs I.*

1850 *Münchner Übereinkunft* zwischen Bayern, Württemberg, Sachsen und Hannover zur geplanten deutschen Verfassungsreform. – Einführung der *Gasbeleuchtung.*

1852 *Münchner Zollkonferenz.*

1854 *Choleraepidemie* (fast 3000 Todesopfer).

1857 ›Geburtsjahr‹ der *Weißwurst.*

Freistaat Bayern
mit seinen Regierungsbezirken

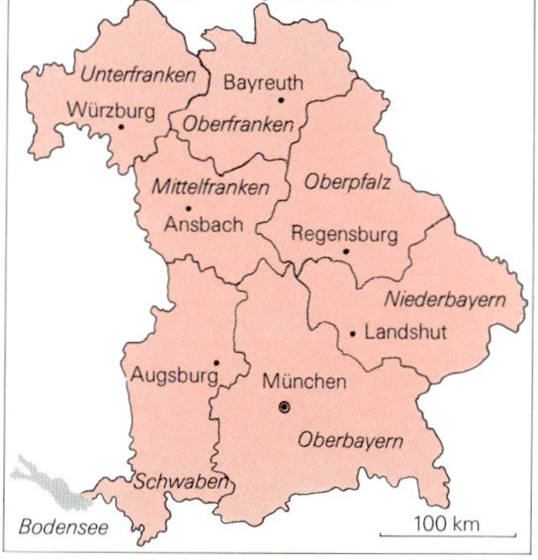

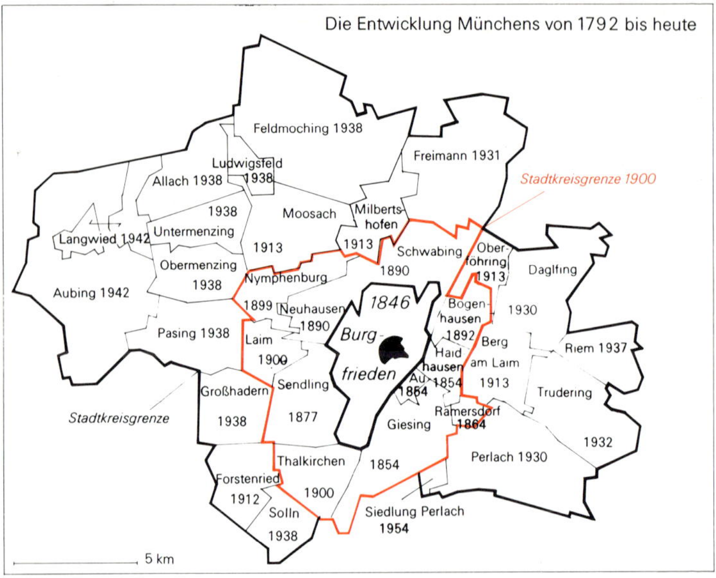

BAYERN

1864–86 König *Ludwig II.*
1866 *Deutscher Bruderkrieg:* Bayern unterliegt an der Seite Österreichs und der Bundesstaaten gegen Preußen. Abschluß des *Schutz- und Trutzbündnisses* mit Preußen.
1870 Eintritt Bayerns an der Seite Preußens in den *Krieg gegen Frankreich.* Ludwig II. schickt den von Bismarck konzipierten *Kaiserbrief* mit dem Antrag der Deutschen Kaiserkrone an Wilhelm I. von Preußen. Eintritt Bayerns in das *Deutsche Reich* als nichtsouveräner Gliedstaat mit Reservatrechten.

1886–1912 Prinzregent *Luitpold.*

1912 Zentrum löst Liberalkonservative ab: größte politische Zäsur in Bayern seit 1866.
1913–18 König *Ludwig III.*

MÜNCHEN

1861 *Pferde-Omnibus:* Erstes fahrplanmäßiges öffentliches Verkehrsmittel in München.
1866 Der Krieg gegen Preußen bewirkt eine zunehmende *Politisierung* der bislang überwiegend kulturell ausgerichteten Stadt.

1871 *Münchner Konferenzen:* Vorbereitungen zum Eintritt Bayerns in das Bismarckreich.
1873 *Choleraepidemie.*
1876 Einführung der *Schienenpferdebahn.*
1883 Inbetriebnahme der ersten zentralen *Wasserversorgung:* München besitzt seitdem das beste (Quell-)Trinkwasser unter allen Großstädten Deutschlands. – Beginn des *Telefonverkehrs.*
1886 Beginn der *Isarregulierung* innerhalb des Stadtgebiets.
1888 und **1891** Kaiser *Wilhelm II.* in München.
1889 Schwabing erhält noch vor München *elektrische Straßenbeleuchtung.*
1893 bereits ist München die *bestbeleuchtete Stadt* des Kontinents.
1893 Erster *Faschingszug.*
1900 München erreicht als 3. deutsche Stadt (nach Berlin u. Hamburg) *500000 Einwohner.*
1900–02 *Lenin* lebt in München und redigiert zwei revolutionäre Zeitschriften.

BAYERN

1914–18 *Erster Weltkrieg.*

1918 Revolution: Kurt Eisner ruft *Freien Volksstaat Bayern* aus. Der König flieht.
1919 *Räterepublik:* Bürgerkrieg zwischen Weißen und Roten. *Weimarer Verfassung* beseitigt Sonderrechte Bayerns.
1920 *Coburg* kommt zu Bayern.

1924 Drittes bayerisches *Konkordat.*
1933 Gleichschaltung der Bayerischen Regierung; vollziehende Gewalt geht auf den *Reichsstatthalter* über.

1939–45 *Zweiter Weltkrieg.*

1945 Am 8.5. deutsche Kapitulation. In Bayern *Amerikanische Militärregierung* eingesetzt, die die Eigenstaatlichkeit Bayerns (ohne Pfalz) wiederherstellt.
1946 *Verfassung* des Freistaates Bayern.
1949 Bayern wird zweitgrößtes *Land* der Bundesrepublik: die Ablehnung des Grundgesetzes durch den Landtag hat nur symbolischen Wert.

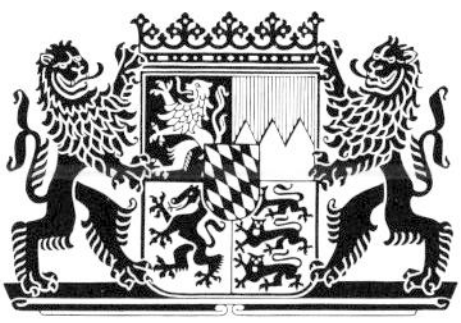

Wappen des Freistaates Bayern (1950)

Kleines *Staatswappen* (1950) und *Wappen* der Landeshauptstadt München (1957)

MÜNCHEN

1916 Erster und einziger französ. *Luftangriff* auf München: Abwurf von drei Bomben.
1918 Revolutionsunruhen, Gründung des *Spartakistenbundes* in München.
1919 *Kurt Eisner* erschossen.

1920 Erste Massenversammlung der NSDAP.
1922 Letzte *Postillione* fahren durch München.
1923 *Hitler-Putsch* und Marsch zur Feldherrnhalle.

1934 *Röhm-Putsch.*
1935–45 München führt den Titel *Hauptstadt der Bewegung.*
1938 *Münchner Abkommen* zwischen Chamberlain, Daladier, Mussolini und Hitler. Antisemitische Ausschreitungen in der *Kristallnacht.*
1939 Mißglücktes *Attentat* auf Hitler im Bürgerbräukeller.
1940 Erster *Luftangriff* des Zweiten Weltkrieges (insgesamt 71).
1943 Widerstandsbewegung *Weiße Rose* der Geschwister Scholl.
1944 Weitgehende *Vernichtung* der Stadt durch Luftangriffe.
1945 Aufstand der *Freiheits-Aktion Bayern.* Am 30. 4. Einmarsch der Amerikaner. – Bereits im Sommer Stadtratsbeschluß: *Wiederaufbau der Altstadt* in alter Form.
1947 Die *Ministerpräsidentenkonferenz* scheitert an der vorzeitigen Abreise der Ostzonenvertreter.
1957 München wird *Millionenstadt.*
1958 Festliche *800-Jahr-Feier* der Stadt.
1960 *37. Eucharistischer Weltkongreß.*
1962 General *de Gaulle* in München.
1965 Königin *Elisabeth II.* von England und Prinz *Philipp* in München.
1966 Abschaffung der letzten *Gaslaterne.*
1971 Eröffnung der ersten *U-Bahn-Linie* (begonnen 1966).
1972 München Austragungsort der *Sommerspiele der XX. Olympiade.* Die Atmosphäre der Heiteren Spiele unterbricht jäh der *Überfall* einer arabischen Terrorgruppe auf die israelische Mannschaft. – Aufnahme des *U- und S-Bahn-Verkehrs.* Eröffnung der *Fußgängerzone.* – Bisher *höchster Bevölkerungsstand* mit 1338924 Einwohnern.
1973 Nach Repräsentativumfrage möchte jeder 4. Bundesbürger in München leben. Gleichzeitig ist jeder 6. Einwohner ein Ausländer. – Staatsbesuch von *König Olaf V.* von Norwegen.
1976 Staatsbesuch des ägyptischen Staatspräsidenten *Answar el-Sadat.*
1979 Staatsbesuche u.a. des schwedischen Königspaars *Carl Gustav* und *Silvia,* des italienischen Staatspräsidenten *Sandro Pertini* und des chinesischen Partei- und Regierungschefs *Hua Guofeng.*
1980 *Papst Johannes Paul II.* in München. Baubeginn des *Großflughafens* im Erdinger Moos. Eröffnung des *Europäischen Patentamts.*
1983 *Internationale Gartenschau IGA 83.*

DIE BÜRGERMEISTER MÜNCHENS

Stadtrat und Bürgermeister im alten München Der 1286 erstmals urkundlich erwähnte Rat, wahrscheinlich zwischen 1279 und 1286 von Herzog Ludwig dem Strengen konstituiert oder bestätigt, umfaßte zunächst 12 Mitglieder, die sich monatlich im Amt des ›Ratsredners‹ (1310 erstmals erwähnt) oder ›Bürgermeisters‹ (1363 erstmals genannt) abwechselten. Zu diesem ›Inneren Rat‹ traten Anfang des 14. Jh. ein ›Äußerer Rat‹ von 24 Ratsherren sowie eine Bürgerschaftsvertretung von 36 Mitgliedern. Diese zahlenmäßige Zusammensetzung wurde durch die Ratsverfassung vom 31. August 1403 paraphiert und scheint sogar noch im Wahlbrief Kurfürst Karl Theodors vom 1. Dezember 1795 auf. Der ehrenamtlich wirkende Rat erhielt zwar 1561 im sog. ›Albertinischen Receß‹ durch Herzog Albrecht V. die volle Gerichtsgewalt, geriet aber in der Regierungszeit des absolutistisch gesinnten Herzogs und Kurfürsten Maximilian I. zunehmend unter die Kuratel des Hofes und seiner Behörden, so daß Rat und Bürgermeister (seit 1581 nur mehr 4 mit jeweils vierteljähriger Amtszeit, seit 1597 zwischen 5 und 8 schwankend, meist 6 umfassend) zu Befehlsempfängern der Wittelsbacher Stadtherren wurden. Aus diesen Verhältnissen ist es verständlich, daß dem Amt des Bürgermeisters – selbst wenn es so einflußreiche Familien wie die Barth, Ligsalz, Nockher oder Ridler oft generationenlang versehen haben – nicht jene politisch-wirtschaftliche Bedeutung zukommt wie heute und daß deshalb auch eine – schon zahlenmäßig sehr umfangreiche – Liste der Bürgermeister des alten München wenig sinnvoll wäre.
Nachdem 1802/03 die Stadt unter Aufsicht eines Staatskommissars stand, 1804 ein begrenztes Ratsregiment (mit je 2 rechtskundigen Bürgermeistern und Räten, einem Baurat und 7 Magistratsräten) eingerichtet, aber bereits 1808 wieder durch einen Polizeidirektor ersetzt wurde, begann erst durch das Gemeindeedikt vom 17. Mai 1818 die Epoche kommunaler Selbstverwaltung. Mit dieser Verordnung über »die Verfassung und Verwaltung der Gemeinden im Königreich Baiern« traten an die Spitze von Städten mit mehr als 2000 Familien zwei Bürgermeister, von denen einer ›rechtskundig‹ sein sollte.

Die Bürgermeister und ihre Amtszeiten von 1818 bis heute

Erster Bürgermeister bzw. Oberbürgermeister (OB)		Zweiter Bürgermeister		Dritter Bürgermeister	
1818–36	Franz P. v. Mittermayr	1818–23	Josef v. Utzschneider		
		1823–33	Jakob Klar		
		1833–36	Josef von Teng		
1836–37	Josef von Teng				
1838–54	Dr. Jakob Bauer	1837–54	Kaspar v. Steinsdorf		
1854–70	Kaspar v. Steinsdorf	1854–70	Anton von Widder		
1870–87	Dr. Alois von Erhardt	1870–88	Dr. Joh. v. Widenmayer		
1888–93	Dr. Joh. v. Widenmayer	1888–93	Wilhelm G. v. Borscht		
1893–1919	W. G. v. Borscht	1893–1914	Dr. Ph. Brunner		
	(ab 1907 OB)	1914–17	Otto Merkt		
1919–24	Eduard Schmid	1918–34	Dr. Hans Küfner		
1925–33	Dr. K. Scharnagl				
	(ab 1926 OB)				
1933–45	Karl Fiehler	1934–35	Dr. Karl Tempel (Stand		
			Vertreter des Bm. und		
		1935–40	1. Beigeordneter Bm.		
1945–48	Dr. Karl Scharnagl OB	1945	Dr. Otto Hipp	1945	Thomas Wimmer
			(Mai–Juni)		(August–November)
			Dr. F. Stadelmayer		
			(Juni–November)		
		1945–48	Thomas Wimmer	1945–47	Dr. C. Lacherbauer
1948–60	Thomas Wimmer OB		(ab Dezember 1945)		(Dez. 1945–Jan. 1947)
		1949–56	Dr. Walther v. Miller		
		1956–60	Adolf Hieber		
1960–72	Dr. H. J. Vogel OB	1960–68	Georg Brauchle	1960–72	Albert Bayerle
		1968–72	Dr. Hans Steinkohl		
1972–78	Georg Kronawitter OB	1972–78	Helmut Gittel	1972–78	E. Müller-Heydenreich
1978–84	Erich Kiesel OB	1978–	Dr. W. Zehetmeier	1978–84	Helmut Gittel
1984–	Georg Kronawitter OB			1984–	Dr. Klaus Hahnzog

* Der Titel Oberbürgermeister wurde vom Innenministerium gegen Ende der Monarchie und dann ab 1922 an besonders verdiente berufsmäßige erste Bürgermeister verliehen. 1933 erfolgte die Titelverleihung durch Beschluß des Stadtrats. Seit 1935 gilt dieser Titel als Amtsbezeichnung aller Ersten Bürgermeister.

DIE WITTELSBACHER IN MÜNCHEN

Herzöge	1180–1183	Otto I.
	1183–1231	Ludwig I. der Kelheimer
	1231–1253	Otto der Erlauchte
	1253–1294	Ludwig II. der Strenge
	1294–1347	Ludwig IV. der Bayer *1314 König, 1328* ***Kaiser,*** *1294–1317 zusammen mit Rudolf I.*
	1347–1349	Ludwig V. der Brandenburger, Stephan II. mit der Hafte, Ludwig VI. der Römer, Wilhelm I., Albrecht I. und Otto V. der Faule
	1349–1351	Ludwig V., Ludwig VI., Otto V.
	1351–1361	Ludwig V. allein
	1361–1363	Meinhard
	1363–1375	Stephan II.
	1375–1392	Stephan III. der Kneißl, Friedrich, Johann II.
	1392–1397	Johann II., ab 1395 mit Stephan III.
	1397–1402	Stephan III., Ernst, Wilhelm III.
	1402–1435	Ernst, Wilhelm III.
	1435–1438	Ernst allein
	1438–1460	Albrecht III.
	1460–1463	Johann IV., Sigmund
	1463–1465	Sigmund allein
	1465–1467	Sigmund, Albrecht IV. der Weise
	1467–1508	Albrecht IV. der Weise allein
	1508–1550	Wilhelm IV.
	1550–1579	Albrecht V.
	1579–1597	Wilhelm V., seit 1594 mit Maximilian I.
Kurfürsten	1597–1651	Maximilian I., *ab 1623 Kurfürst*
	1651–1679	Ferdinand Maria
	1679–1726	Max II. Emanuel
	1726–1745	Karl Albrecht, *ab 1742* ***Kaiser*** *Karl VII.*
	1745–1777	Max III. Joseph *mit ihm die altbayerische Linie ausgestorben*
	1777–1799	Karl Theodor
Könige	1799–1825	Max I., *bis 1805 als Kurfürst Max IV. Joseph*
	1825–1848	Ludwig I.
	1848–1864	Max II.
	1864–1886	Ludwig II.
	1886–1916	Otto I., *für ihn regieren die Prinzregenten:*
	1886–1912	Luitpold
	1912–1918	Ludwig, *ab 1913 König Ludwig III.*

Rudolfinische Linie

Linie Pfalz-Sulzbach

Linie Pfalz-Zweibrücken (Birkenfeld-Zweibrücken)

HERZÖGE, KURFÜRSTEN UND KÖNIGE BAYERNS von der Wiedervereinigung des Landes bis Ende der Monarchie.

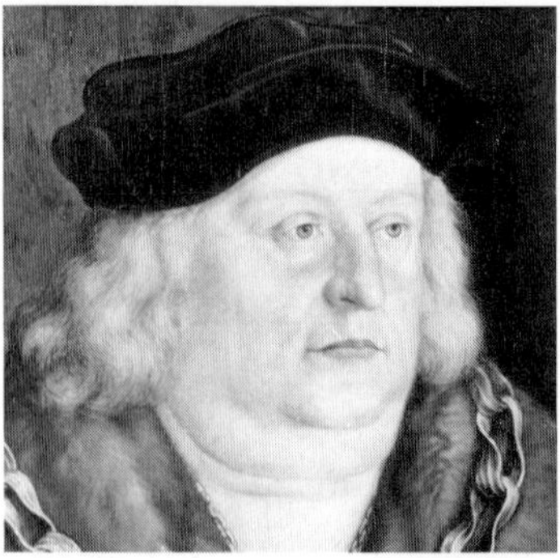

Albrecht IV. der Weise, * 15. 12. 1447, † 18. 3. 1508. Zuerst 1465–67 mit seinem Bruder, dann allein regierend, ist er der 1. Humanist auf dem bayerischen Thron. Nach erfolgreich bestandenem Landshuter Erbfolgekrieg und der Wiedervereinigung der beiden Landesteile erläßt er 1506 Primogeniturgesetz, das für alle Zukunft die Einheit des Landes sichert. Unter dem Mäzenatentum des Bruders Sigismund Blüte spätgotischer Kunst: *Frauenkirche, Blutenburg, St. Martin in Untermenzing* und *St. Wolfgang in Pipping;* Grasser und Polack.

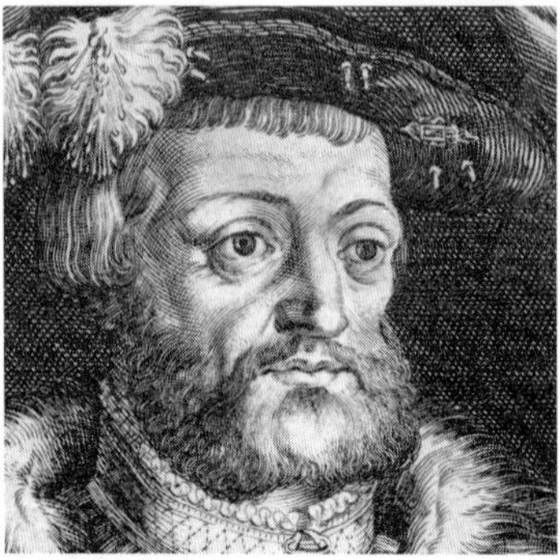

Wilhelm IV. der Standhafte, * 13. 11. 1493, † 17. 3. 1550, regiert ab 1508 erst unter Vormundschaft, dann teils mit seinem Bruder, teils allein. Wahrt die Katholizität des Landes, dringt auf innerkirchliche Reformen; beruft 1549 die Jesuiten nach Ingolstadt. Wählt erstmals die *Neuveste* zum ständigen Wohnsitz und leitet damit die konsequente Entwicklung der Residenz ein. Legt ersten Hofgarten (am Marstallplatz) und erste bayerische Gemäldegalerie an, für die Refinger, Wertinger und vor allem Altdorfer (Alexanderschlacht) tätig sind. Sein Bruder Ludwig holt die italienische Renaissance nach Bayern: Mit der Stadtresidenz in Landshut entsteht die reinste Schöpfung dieses Stils auf deutschem Boden.

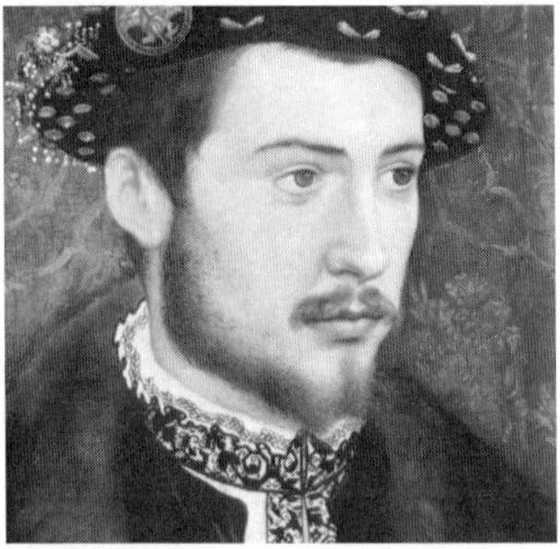

Albrecht V. der Großmütige, * 29. 2. 1528, † 24. 10. 1579, regiert seit 1550. Fördert Gegenreformation und beruft Jesuiten nach München, dessen Ruf als Kunststadt er zugleich begründet. Seine Hofkapelle unter Orlando di Lasso die bedeutendste, seine Bibliothek nach Ankauf der Bücherschätze H. Schedels, J. Fuggers und A. Widmannstetters eine der größten Europas. Errichtet mit der Kunstkammer im *Münzhof* und dem *Antiquarium* die ersten deutschen Museen. Beauftragt Philipp Apian mit der ersten methodisch vorgenommenen Vermessung des Landes. Die darauf basierende Landkarte Bayerns bleibt praktisch 250 Jahre lang (bis zur Vermessung Adrian von Riedls vom Jahre 1801) verbindlich.

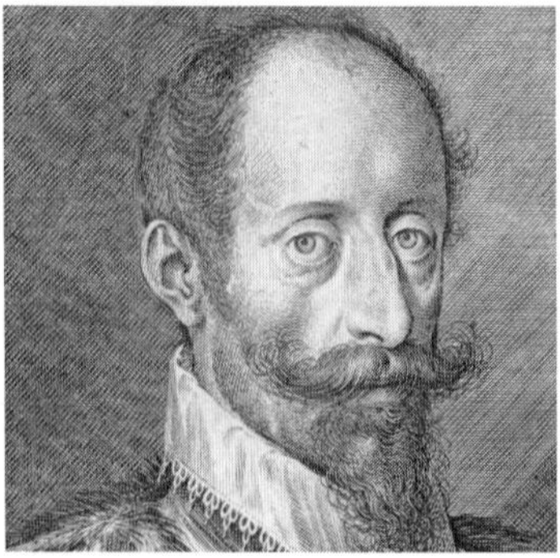

Wilhelm V. der Fromme, * 29. 9. 1548, † 7. 2. 1626, regiert von 1579 bis 1594 allein, 1594 bis 1597 zusammen mit seinem Sohn Maximilian (Abdankung wegen Staatsbankrotts). Die Hochzeit mit Renata von Lothringen 1568 das glanzvollste Renaissancefest Münchens. Gewinnt dem Herzogtum im Kölner Krieg 1583 für 200 Jahre eine politisch wichtige Sekundogenitur. Erster großer Bauherr unter den Münchner Wittelsbachern. Blüte der niederländisch-italienisch orientierten Renaissancekultur: Bau von *Grottenhoftrakten* der Residenz, *St. Michael mit Kolleg,* der *Maxburg* und des *Alten Schlosses Schleißheim.* Hohe Zeit des Münchner Erzgusses unter Hubert Gerhart, Hans Reichle, Hans Krumper und Georg Petel.

Maximilian I. der Große, * 17. 4. 1573, † 27. 9. 1651, regiert ab 1594 zusammen mit seinem Vater, ab 1597 allein. Politisch bedeutendster Herrscher Bayerns von ausgeprägtem Pflichtbewußtsein, aufrechter, fast asketischer Haltung sowie strenger Herrschertugend und Staatstreue: gewinnt dem Land 1623 die Kurwürde und 1628 die alte Oberpfalz zurück, überlebt als einziger deutscher Fürst den 30jährigen Krieg. Großartiger Ausbau der *Residenz* im Zeichen nahenden Barocks auf doppelten Umfang: Vierflügelanlage um den Kaiserhof, *Brunnenhof, Hof-* und *Reiche Kapelle.* Die *Mariensäule,* zum Dank für Errettung aus Schweden- und Kriegsnot 1638 errichtet, wird zum Vorbild für katholischen Süden.

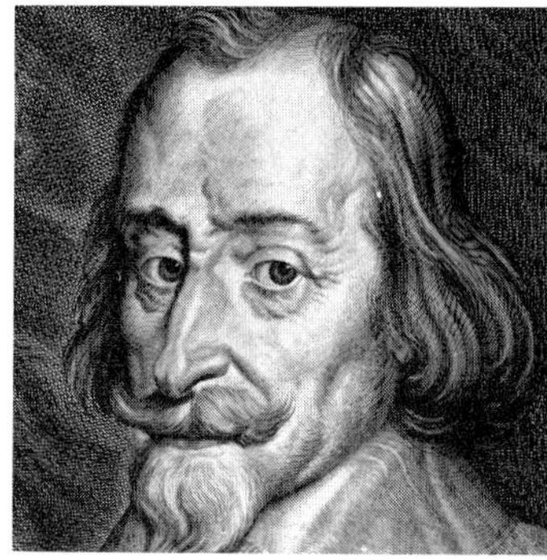

Ferdinand Maria (der Friedfertige), * 31. 10. 1636, † 26. 5. 1679, regiert ab 1651. Seine Friedenspolitik fördert Erholung des Landes vom großen Krieg, allmähliche Abwendung von Habsburg und Anlehnung an Frankreich und bringt auf kulturellem Gebiet eine ungeahnte Blüte des Hochbarocks in Bayern unter besonderer Anteilnahme seiner musischen Gemahlin Henriette Adelaide von Savoyen: *Theatinerkirche, Schloß Nymphenburg* (Mitteltrakt), *Opernhaus.* Große italienische Kolonie in München: Baumeister, Stukkateure, Maler, Sänger und Musiker. Glänzende Feste auf dem Starnberger See mit dem Prunkschiff Bucentaur und in Schloß Nymphenburg, bes. 1662 aus Anlaß der Thronfolger-Geburt.

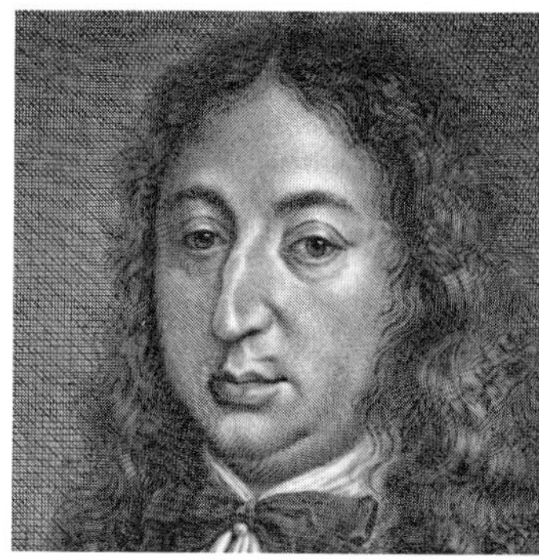

Max II. Emanuel, * 11. 7. 1662, † 26. 2. 1726, regiert ab 1679. Schöpfer des neuzeitlichen bayerischen Heeres zur Verfolgung hochfliegender, aber erfolgloser Pläne; Türkensieger, absolutistischer Barockheros und Kraftnatur. Während des Spanischen Erbfolgekriegs in der Reichsacht, sein Land unter österreichischer Besatzung (Bauernaufstand 1705). Hohe Spätbarockkultur erst italienischer Prägung *(Schloß Lustheim),* dann französischer Richtung (Erweiterung *Nymphenburg, Schleißheim, Pagoden- und Badenburg, Fürstenried*). Aufstieg der bayerischen Kunst zu europäischem Rang, beginnende Ablösung ausländischer, meist italienischer und französischer Kräfte durch einheimische Künstler.

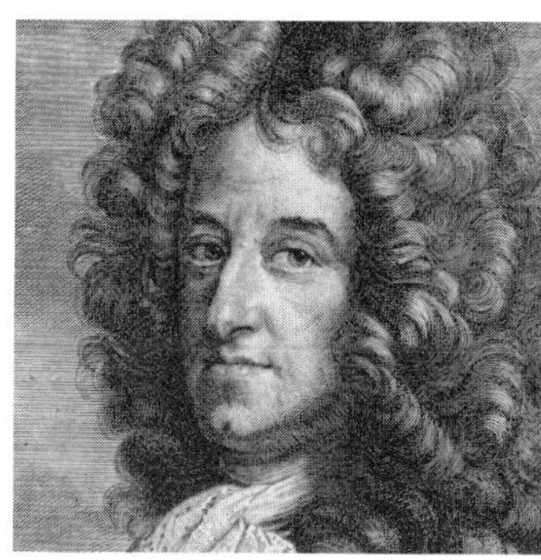

Karl Albrecht, * 16. 8. 1697, † 20. 1. 1745, Kurfürst 1726, 1741 im Verlauf des Österreichischen Erbfolgekriegs, der dem Lande und seiner Hauptstadt wieder Okkupation bringt, zum König von Böhmen und 1742 als Karl VII. zum deutschen Kaiser gekrönt. Nicht die langersehnte, nun politisch für die Dauer unwirksame Kaiserkrone bringt dem Land die Sternstunde, sondern die Kunst: Bayerisches Rokoko – größter Beitrag des Landes zur Weltkunst. *Reiche Zimmer* und *Grüne Galerie* der Residenz. *Amalienburg* und *Rondellbauten* in Nymphenburg. Bedeutende Palast- und Sakralarchitektur: *Palais Preysing* und *Holnstein, St. Anna* am Lehel, *St. Michael* in Berg am Laim, Asamkirche *Joh. Nepomuk, Damenstiftskirche.*

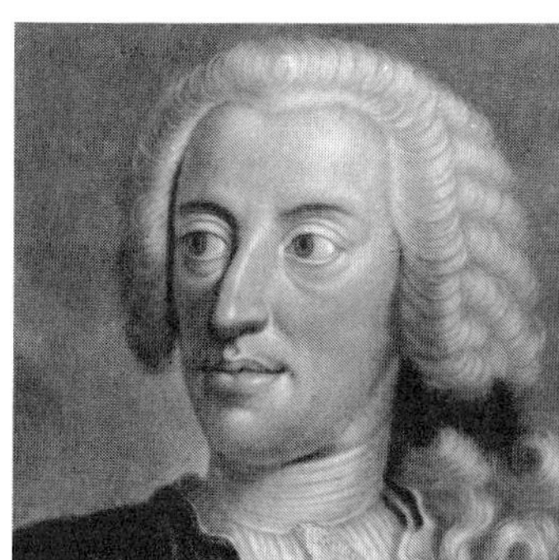

Max III. Josef der Vielgeliebte, * 28. 3. 1727, † 30. 12. 1777, regiert ab 1745. Letzter Herrscher der altbayerischen Linie: feinsinniger Ästhet und – gleich seiner Schwester Walpurgis – anerkannter Komponist. Seine Friedenspolitik, die auf alle Großmachtansprüche endgültig verzichtet und sich mit dem Rang Bayerns als eines Mittelstaates begnügt, begünstigt Kulmination und Ausklang des Rokoko: *Cuvilliés-Theater* und *Steinerner Saal* Nymphenburg; Bustellis und Günthers Figuren Höhepunkte europäischer Porzellankunst und Plastik. Einsetzen der Aufklärung: 1759 Gründung der Akademie der Wissenschaften, 1771 allgemeine Schulpflicht. Die Chance, Mozart für M. zu gewinnen, wurde jedoch versäumt.

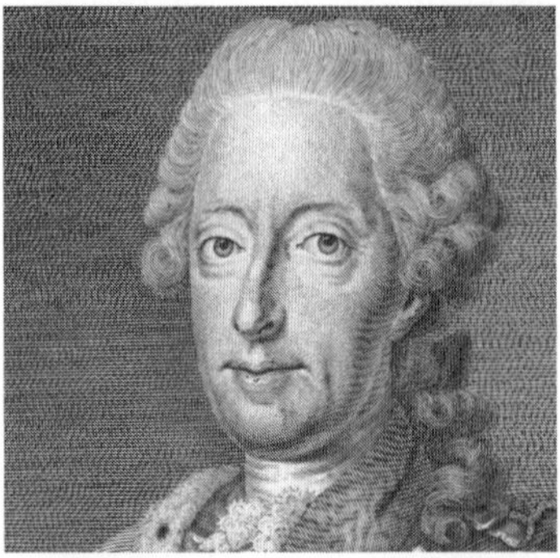

Karl Theodor von Pfalz-Sulzbach, * 11. 12. 1724, † 16. 2. 1799. Er regiert seit 1733 in Pfalz-Sulzbach, seit 1743 in der Kurpfalz und sukzediert nach dem Aussterben der altbayerischen Wittelsbacher 1777 als Kurfürst der nun wieder vereinten Landesteile Bayern und Pfalz. Zwischen reaktionärem Absolutismus und fortschrittlicher Aufklärung schwankend, kann er die Zuneigung der Altbayern nicht gewinnen, wird aber für Entwicklung Münchens – voll Verständnis für neuzeitliche Erfordernisse – wirksam: Anlage des *Englischen Gartens,* Niederlegung der Wälle, beginnende Stadterweiterung, Errichtung eines neuen Galeriegebäudes für die vereinigten Mannheimer, Düsseldorfer und Münchner Bilderschätze.

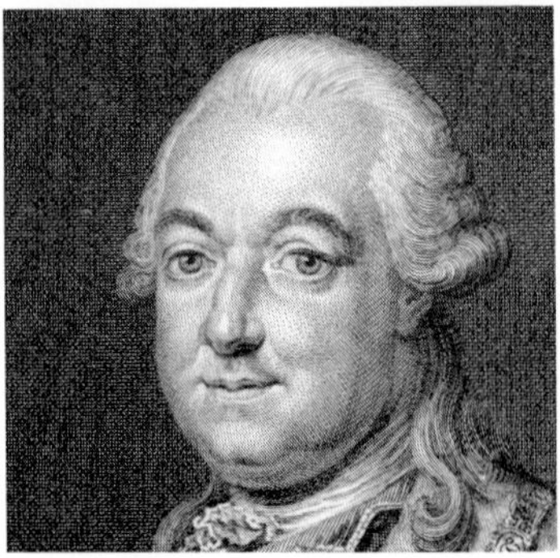

Max IV. Josef von Pfalz-Zweibrücken, * 27. 5. 1756, † 12. 10. 1825, seit 1799 – nach dem Aussterben der Linie Pfalz-Sulzbach – Kurfürst von Pfalz-Bayern, seit 1806 König. Zusammen mit seinem Minister Montgelas Schöpfer des gewaltig vergrößerten und modern organisierten Neubayern sowie der 1. bayerischen Verfassung. Die rigorose Säkularisation verschleudert und zerstört große kirchliche Kulturgüter. Sein und des Kronprinzen Wirken für München jedoch voll Weitblick: *Generalpläne* von 1808, 1810 und 1812 für die großzügige Erweiterung nach Norden und Westen, *Brienner Straße, Maxvorstadt;* Aufstieg der Stadt zur klassizistischen Metropole: *Glyptothek, Marstall, Nationaltheater, Prinz-Karl-Palais.*

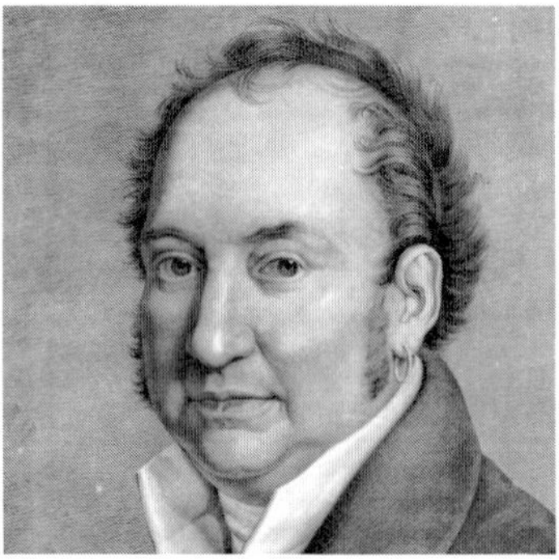

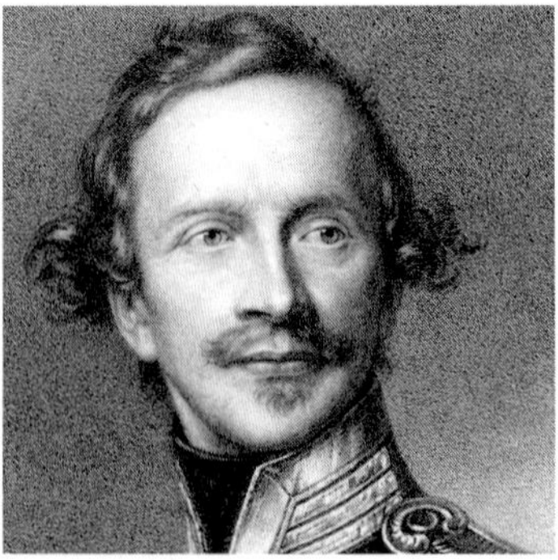

Ludwig I., * 25. 8. 1786, † 29. 2. 1868, regierte 1825–48 (Abdankung). Bayerischer Monarch von ausgeprägt ›teutschem‹ Nationalbewußtsein, begeisterter Kunstfreund und Philhellene, größter deutscher Kunstinitiator und Schöpfer des neuen München: *Königs-* und *Odeonsplatz* sowie *Ludwigstraße* mit Prachtbauten, *Residenzausbau, Pinakotheken, Ludwigs-, Bonifaz-* und *Hofkirche, Feldherrnhalle, Siegestor, Ruhmeshalle* und *Propyläen.* Dem aufkommenden technischen Zeitalter aufgeschlossen gegenüberstehend: 1835 Einrichtung der 1. deutschen *Eisenbahnlinie* zwischen Nürnberg und Fürth, 1838–45 Bau des *Ludwigs-Donau-Main-Kanals* und damit Verbindung von Nordsee mit Schwarzem Meer.

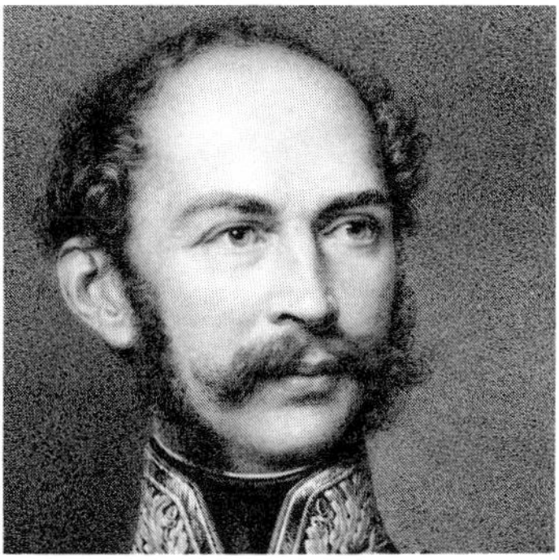

Max II., * 28. 11. 1811, † 10. 3. 1864, König seit 1848. Als ›Gelehrter‹ auf dem Thron besonderer Förderer der Wissenschaften: Berufung der *Nordlichter:* Riehl, Bodenstedt, Bluntschli, Dahn, Jolly, Siebold, Lingg, Paul Heyse u.a. Architektonische Initiative geht immer mehr auf Bürgertum und Wirtschaft über. Einziger Ausdruck fürstlicher Baugesinnung: *Maximilianstraße* mit Monumentalgebäuden *(Regierung, Völkerkundemuseum, Maximilianeum).* Betonte Anwendung neuer technischer Möglichkeiten: *Glaspalast* (nach Londoner Vorbild, 1. des Kontinents), Eisenkonstruktion der *Bahnhofshalle* (damals bahnbrechend) und *Großhesseloher Brücke* (einer der frühesten reinen Ingenieurbauten Deutschlands).

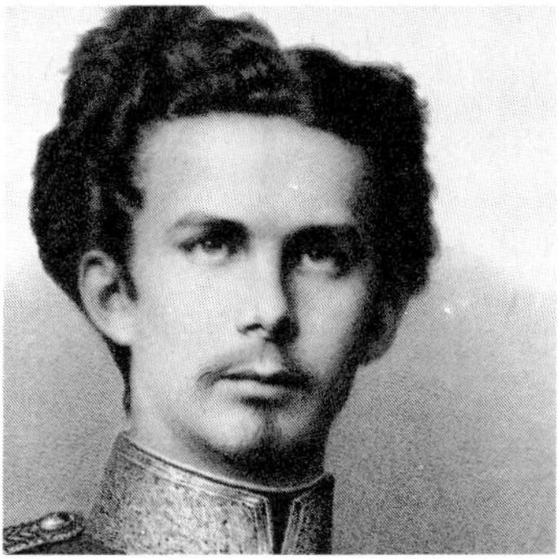

Ludwig II., * 25. 8. 1845, † 13. 6. 1886 (im Starnberger See), König ab 1864, seit der Reichsgründung 1871 jedoch nicht mehr souverän. Feinsinniger Schwärmer, dessen Traum vom hehren Königtum an der Realität des bürgerlichen Zeitalters zerbrach. Wachsende Menschenscheu und Weltflucht treiben ihn in die Einsamkeit der Alpenwelt, wo seine Märchenschlösser entstehen: *Linderhof, Neuschwanstein, Herrenchiemsee* (unvollendet). Seine Planungen für München (2 Prachtstraßen, Semperscher Festbau) unausgeführt. Großzügige Förderung von R. Wagner: Uraufführung der Opern *Tristan und Isolde* 1865, *Die Meistersinger von Nürnberg* 1868, *Rheingold* 1869 und *Die Walküre* 1870 in München.

Luitpold, * 12. 3. 1821, † 12. 12. 1912, Prinzregent seit 1886 (anstelle des geisteskranken Königs Otto, der die Krone jedoch offiziell bis 1913 trägt). Beliebter Grandseigneur und Mäzen, unter dem die Stadt letzten Glanz der ausgehenden fürstlichen Ära erlebt: ›München leuchtete‹. Umfangreiche Bautätigkeit im malerisch aufgefaßten Historismus von Seidl und Thiersch: *Prinzregentenstraße* und *-theater, Nationalmuseum, Friedensengel, Justizpalast, Deutsches Museum.* Auflehnung gegen das Kunstdiktat des Lenbachkreises: Secession und Jugendstil, der in München neben Wien und Darmstadt ein bedeutendes Zentrum findet. Erneuerung der Plastik aus klassischem Geiste durch Adolf von Hildebrand.

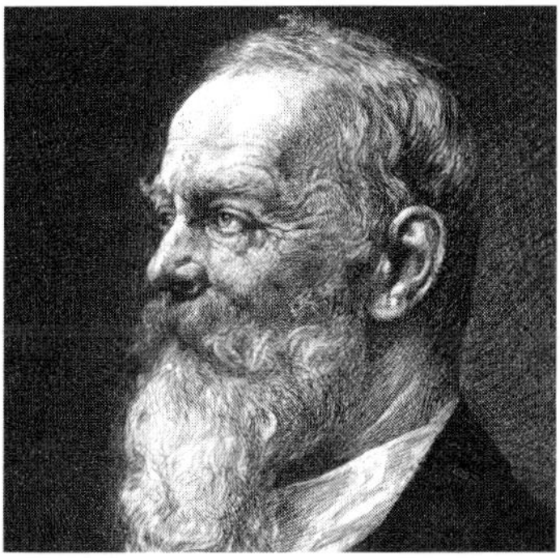

Ludwig III., * 7. 1. 1845, † 19. 10. 1921, 1912 Verweser, 1913–18 König (obwohl der geisteskranke König Otto erst 1916 †). Populärer Bürgerkönig, der in entscheidender Stunde der Revolution 1918 energisches Auftreten versäumt und die Monarchie, als eine der längsten Deutschlands seit 1178 in ungebrochener Tradition, aufgibt, obwohl er offiziell nie abdankte: Erste Flucht 1918 nach Anif bei Salzburg, zweite Flucht nach der Ermordung Kurt Eisners 1919 in die Schweiz. Seinem befähigten Sohn Kronprinz Rupprecht (1869–1955), von größerem politischen Weitblick und wittelsbachischem Kunstsinn, blieb Herrschaft versagt. Im Architekturbild der Stadt kein königlicher Wille mehr spürbar.

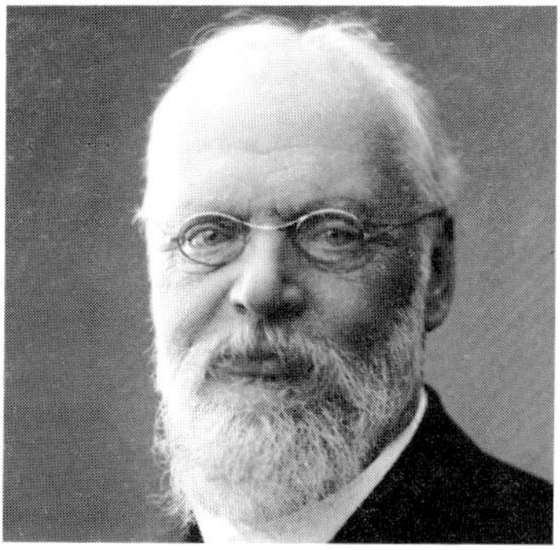

DIE BEFESTIGUNG MÜNCHENS

Der um 1175 angelegte ***1. Mauerring*** (Länge ca. 1500 m) heute noch im Verlauf von Schäffler-, Augustinerstraße, Färbergraben, Rosental, Sparkassenstraße/Hofgraben ablesbar: ›Heinrichsstadt‹, ca. 16 ha, → Plan S. 9; unter Ludwig dem Strengen an NO-Ecke → *Alter Hof* in die Befestigung einbezogen. Außer Rudimenten im *Schlichtingerbogen* (→ Ledererstr. 3) von frühester Stadtmauer und Toren – *Krumbleinsturm* (etwa Nordende Dienerstr.), *Schäfflerturm* (Wein-/Schäfflerstr.), *Kufringerturm* (›Schöner Turm‹, → Kaufingerstr.), *Blauententurm* (›Ruffiniturm‹, → Rindermarkt 10) – nichts mehr erhalten (meist erst zu Beginn 19. Jh. abgebrochen); *Talbrucktor* bis 1944 im Turm des Alten Rathauses (→ Marienplatz 15, → Zchg. S. 133) enthalten. – Bereits seit etwa 1270 Einbeziehen des östl. Vorgeländes → Tal (bis heutige Linie Radlsteg-Hochbrückenstr.), anschließend unter Ludwig dem Bayern Ausweitung des Stadtgebietes auf ca. 92 ha (›Ludwigsstadt‹, → Plan S. 9): Bau des ***2. Mauerrings*** (ab 2. Hälfte 13. Jh.) wird mit Einbeziehen des ›Gries‹ 1337 abgeschlossen: aus Ziegel errichteter *Innerer Mauerring* zwischen 8 und 10 m hoch mit Laufgang; bei rd. 8 km Länge 49 vorspringende Türme für flankierende Verteidigung (bis 13 m hoch) sowie 5 Stadttore (mit Hauptturm, Wehrhof und zur Feldseite vorgeschobenen Flankierungstürmen zu Torburgen ausgebaut) und 2 Einlässe: *Schwabinger Tor* (›Unsers-Herrn-Tor‹, abgebrochen 1817, → Odeonsplatz); *Neuhauser Tor* (›Karlstor‹, → Karlsplatz); *Sendlinger Tor* (→ Sendlinger-Tor-Platz); *Angertor* (›Oberländertor‹, Hauptturm 1804, Wehrhof und Flankentürme 1869/71 abgebrochen, → S. 23); *Schiffertor* am Einlaß (›Einlaßtor‹, abgebrochen 1824); *Isartor* (→ Tal 43), nordöstl. Errichtung des ›Lueginsland‹-Turms (um 1340, → Zchg. S. 134); *Kosttor* (abgebrochen 1872). An NO-Ecke ab 1385 (Bürgeraufstand) Errichtung der ›Neuveste‹ (→ Max-Joseph-Platz 3) als Wasserburg unter Einbeziehung zweier Türme der neuen Stadtmauer, jedoch Öffnung der Stadt zur Neuveste (Funktion einer landesherrlichen Zwingburg). Von 1429 (Hussitengefahr) bis 1499 Verstärkung der Befestigung durch ***Äußeren Mauerring*** (5–7 m hohe Ziegelmauer) mit 35 (Schalen- und Artillerie-) Türmen (bis 10 m hoch) und Anlage des 18–30 m breiten und bis 4 m tiefen Wassergrabens; zwischen beiden Mauern in Abschnitten unterteilter Zwinger. – Bei Bauarbeiten 1984 Aufdeckung von Fundamenten des inneren und äußeren Mauerrings im Bereich nördlich des Isartors; für die äußere Mauer bemerkenswert der Unterbau aus Buckelquadern. – Die reiche Bemalung der Tore und Türme (durch Polack 1488) verbürgt, aber keine Bildquellen; dagegen späterer figürlicher Dekor der Türme *in* der Stadt (z. B. ›Schöner Turm‹) in bildlichen Darstellungen überliefert.

Schnitt und Profil der mittelalterlichen Stadtmauern sowie neuzeitlichen Wallbefestigung Münchens

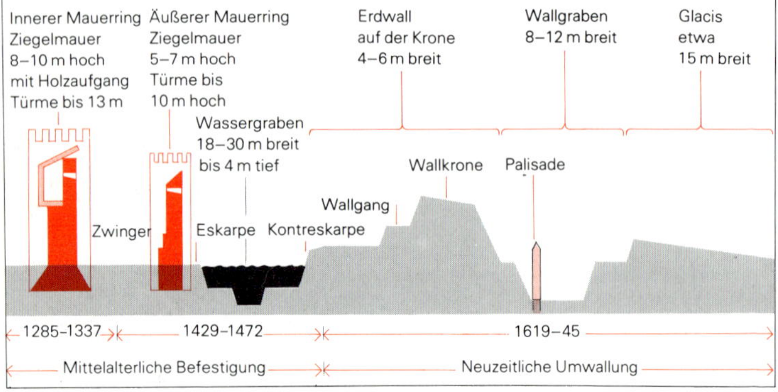

Ausbau zur ***Festung*** (1619–32 und 1638–45) durch Umwallung mit Erdwall, Wallgraben (8–12 m breit, durch Palisade verstärkt) und Glacis; neuitalienisch-niederländisches System aus 9 *Bastionen,* z. T. durch *Kavaliere* verstärkt, einige der *Kurtinen* mit Mittelbastionen; vor dem Sendlinger und Neuhauser Tor Anlage einer *Barbakane* (→ Zeichnung S. 108); Zugang zu Schwabinger und Isartor in den Waffenplatz der Kurtine einbezogen. Da eine bereits um 1583 geplante Festungsanlage »auf dem Isarberg« (wohl Gasteig) nicht ausgeführt wurde, bestand die Schwäche der Festung München durch fehlende Fortifikation der Gasteighöhen schon zur Zeit ihrer Anlage; im Verlauf des ausgehenden 17. und vor allem im 18. Jh. zunehmender Verfall der Festungsanlage und Überbauung durch private Nutzung (Bastionsschlößchen, Gärten, gewerbl. Nutzung); führt gegen Ende des 18. Jh. zur Aufgabe der Festung: mit Niederlegung der Neuhauser Bastion (1791) allmählicher Beginn der ***Entfestigung*** und nachfolgende städtebauliche Neugestaltung (→ Maximiliansplatz, → Odeonsplatz, → Sendlinger-Tor-Platz) sowie beginnende Stadterweiterung (→ Maxvorstadt).

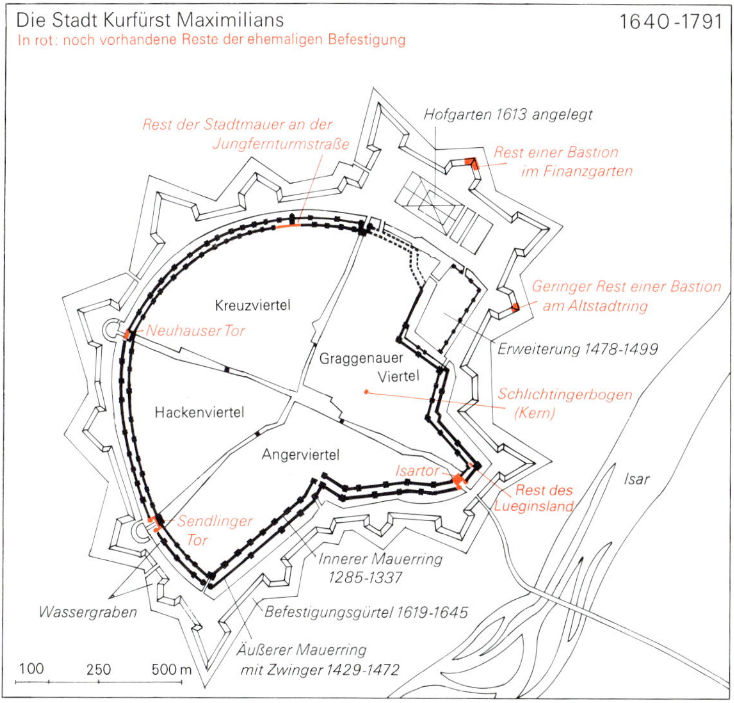

Der Verlauf der ehem. Befestigung in München heute nicht mehr klar sichtbar (wie Ringstraßen z.B. in Wien, Köln), am deutlichsten in Schräglage Maximiliansplatz (vor Kreuzviertel) oder in Verlauf Sonnenstraße (vor Hackenviertel).

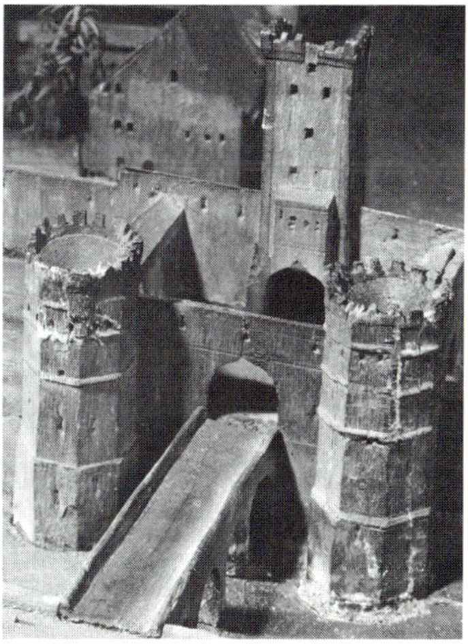

Sendlinger Tor (nach Sandtners Stadtmodell): Tortum ca. 1310 vollendet, 1810 abgebrochen; die (in Wirklichkeit 6eckigen) Zwingertürme (vorletzte Entwicklungsstufe) um 1450 entstanden und verändert erhalten. Die gleichzeitig errichtete Barbakane nach 1810 in mehreren Etappen geschleift

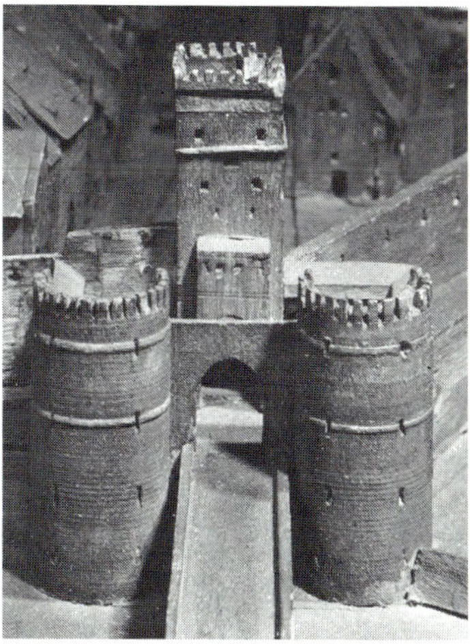

Angertor (nach Sandtners Stadtmodell von 1572), etwa an der Stelle des heutigen Hochhauses am Unteren Anger gelegen: Torturm ca. 1300–1310 entstanden, abgebrochen 1804; die dreiviertelrunden Zwingertürme (letzte Entwicklungsstufe) um 1460–70 errichtet, 1869 abgetragen

DAS ALTMÜNCHNER BÜRGERHAUS

Das frühe Münchner Bürgerhaus ist eine auf städtische Bedürfnisse mit geringer Ökonomie zugeschnittene, selbständige Weiterentwicklung der beiden einheimischen Bauernhofformen – des im Süden der Stadt verbreiteten alpenländischen Blockhauses mit flachem, steinbeschwertem Legschindeldach und des im Westen und Norden vorherrschenden Holzständerbaus mit steilem Strohdach.

Romanik und Gotik Ursprünglicher Typ war das ein- oder zweigeschossige, schindelgedeckte und mit Isarsteinen belegte

Flachdachhaus

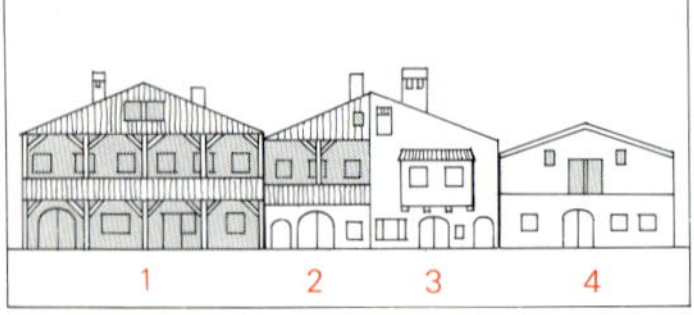

Flachdachhaus, dessen weit über die Stirnwand vorgezogenes Pfettendach das Anlegen von Trockenböden und Holzlauben ermöglicht (**1**). Dabei häufig Anwendung des sog. ›Mittenwalder Schemas‹: Vereinigung zweier Anwesen unter einem First (**2, 3**). Schon früh Übergang zu teilweise (**4**) oder ganz (**3**) in Ziegel ausgeführtem und seit dem 14. Jh. verputztem Bau, der durch Flacherker akzentuiert wird (Fachwerk dagegen war in München nie heimisch). Die letzten vier Häuser dieses altertümlichen Typs standen noch 1572 an der Wein- (**1–3**) und Sendlinger Straße (**4**) und sind zwischen 1597 und 1613 verschwunden.
Vorschriften von 1342 und 1370, die Holzdächer verbieten bzw. deren Ummantelung mit Feuermauern fordern, führen zur Sonderform des – vor allem von den Inn- und Salzachstädten her bekannten – *Grabendachhauses* mit horizontaler Giebellinie. Abweichend von der Innstadtbauweise besaß

Grabendachhaus
Punktiert: Neigung des Grabendaches

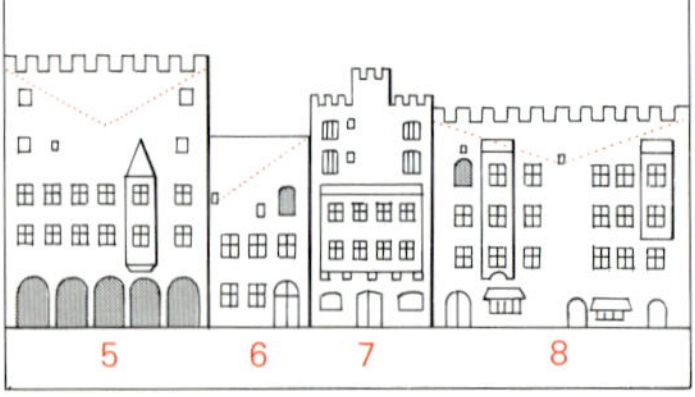

diese schon im 17. Jh. rückläufige und heute gänzlich verschwundene Hausform jedoch nur einen Dachgraben in Hausmitte (**5, 8**) oder ein seitlich (**6**) oder nach rückwärts geneigtes Pultdach (**7**) zwischen den Vorschußmauern, die ihrerseits mit Zinnen und später mit Schweif-›Giebeln‹ versehen sein können.

Straßengiebelhaus

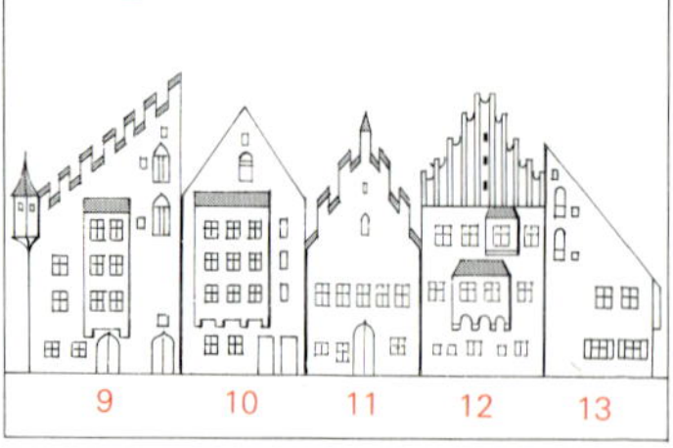

Das daneben übliche, aber seltenere *Straßengiebelhaus* mit einfachem glatten, nach altbayerischer Sitte ohne Dachüberstand konstruiertem Giebel (**10**: Pfisterstr. 7, heute zum Traufenhaus verändert) wächst von anfangs zwei (**11**) auf drei Geschosse (**12**) an, wird mit Treppen (**9**) und Zinnen (**11**), teilweise nach Landshuter Art auch mit Lisenen (**12**) oder Blendarkaden im Giebelfeld und mit abwechslungsreichen, oft asymmetrisch angebrachten Flacherkern bereichert. Feuerpolizeiliche Vorschriften von 1489 führen zur Münchner Sonderform des *Halbgiebelhauses* (**13**: → Hotterstr. 18).

Traufenhaus mit und ohne Gauben

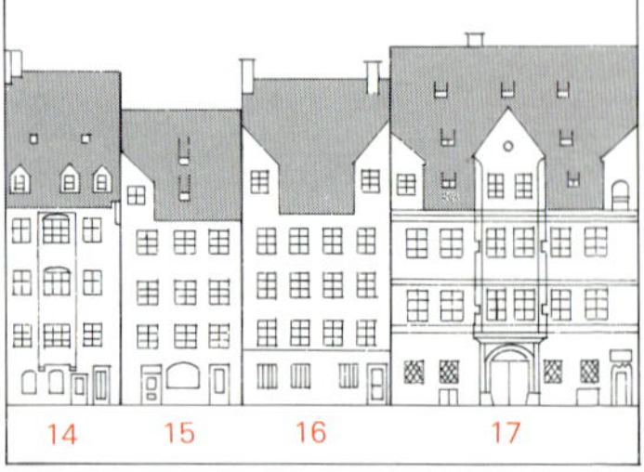

Seit Ende des 15. Jh. Übergang vom Giebel- zum *Traufenhaus* (**14**: St.-Jakobs-Pl. 15), dem aus praktischen Gründen künftig bevorzugten Haustyp Altmünchens, der freilich die Einführung eigener Aufzugsgauben erfordert, um Lagergut in den Dachraum zu befördern. Diese manchmal in Hausmitte, meist aber an einer (**15**: Platzl 2) oder beiden Kommunmauern (**16**: Sebastiansplatz 7) – auch zusätzlich zur Mittelgaube (**17**: Burgstr. 5) – angebrachten Gauben werden unter dem Begriff ›Ohrwaschln‹ ebenso zum Charakteristikum des Altmünchner Bürgerhauses wie die im Innern durch alle Geschosse in einem Lauf führende steile ›Himmelsleiter‹ (Burgstr. 5).

Von der Renaissance zum Klassizismus bleiben *Giebel-* und vor allem *Traufenhaus* als Grundtypen des Altmünchner Bürgerhauses im Kern gleich, nur ihre äußere Erscheinung ist stilistischem Wandel unterworfen. Das Grabendachhaus stirbt im Verlauf des 18. Jh. aus oder wird zum Traufenhaus umgebaut.
Im 16. Jh. kennzeichnen *Anwachsen der Höhe* bis zu 4 und 5 Geschossen in Verdichtungszonen sowie *Formenreichtum* die nun – im Verein mit der überkommenen Bau-

substanz – sehr abwechslungsreiche Hauslandschaft: Lauben in Erdgeschoß (**5**) und Innenhöfe, Eckerker mit Zwiebelhauben (**18, 21**), Schweifgiebel (**18, 20**), Schwibbogen, oft als Verbindung zwischen den Aufzugsgauben (**21**; historisierend nachempfunden am Verbindungsbau des Stadtmuseums am Oberanger) und bewegt gestaltete Vorschußmauern über der Trauflinie (**19, 21**). Zahlreiche Fassaden durch Putzdekor mit Felderteilung oder großzügige dekorative und szenische Bemalung hervorgehoben (einzig → Burgstr. 5 erhalten).

Zierformen der Renaissance

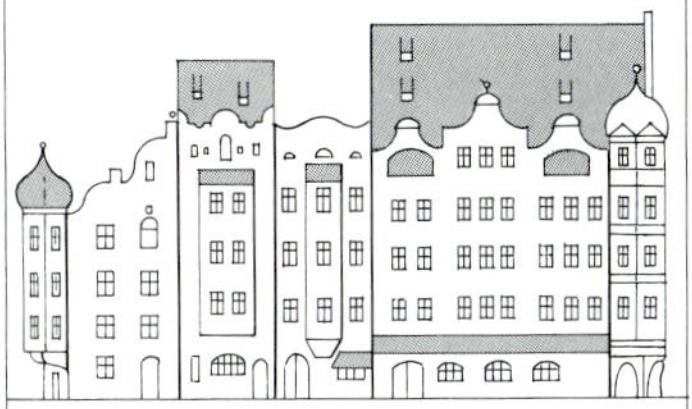

18 19 20 21

Im **Barock** erfolgen häufig Aufstockungen oder Neubau, bevorzugt in Form des Traufenhauses, wobei Vereinigung benachbarter Anwesen zu breiteren Fronten führt. Anspruchsvollere Fassaden werden weiterhin freskiert (**22**: Asam-Schlößchen noch 1729/30) oder zeichnen sich – dem Adelspalast nacheifernd – durch *architektonische Gliederung* mit Gesimsen, Lisenen, Segment-, Spreng- oder Dreiecksgiebeln über den Fenstern aus (**23**: ehemaliges Maffeihaus 1685ff.). Seit dem **Spätbarock** Aufbringen von zeittypischem *Stuckzierat* (**24**: Bandelwerk, Promenadepl. 15), der im **Rokoko** zur Asymetrie neigt und in Einzelfällen in freier Entfaltung bis zur Negierung der Tektonik geht (Asamhaus → Sendlinger Str. 61, Abb.), sich im **Louis-seize** wieder beruhigt

Barocke Fassadenmalerei am Asam-Schlößchen

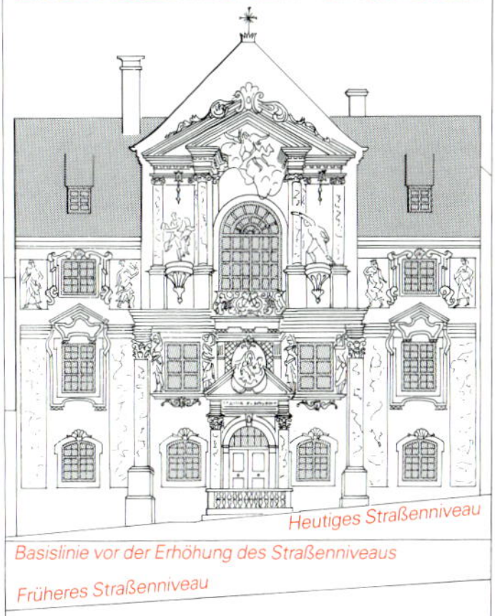

22

und architektonisch verfestigt (**25**: Damenstiftstr. 4). Die *Fassadenmalerei* reduziert sich im 18. Jh. auf kleinere dekorative Gliederungen oder figürliche Darstellungen, vor

Architekturgliederung/Dekoration im Barock

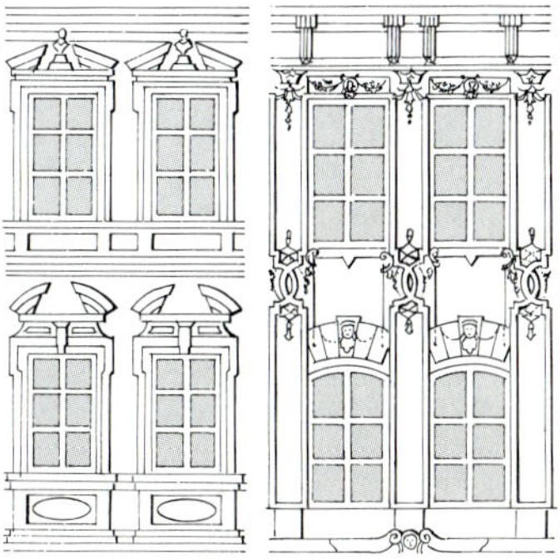

23 24

allem Hausmadonnen (auch in Relief: Oberanger 8). Die Mittelschicht behält oft die ältere *Putzgliederung* (**26**: Hackenstr. 10) oder *Felderung* (Tal 70), dem Zeitgeschmack angepaßt, bei, das Kleinbürgertum sogar die einfache, schmucklose spätgotische Form des Traufenhauses mit und ohne Gauben (Sebastiansplatz 3–8). **Klassizismus** und **Historismus** führen zur Aufgabe lokaler Eigenheit und damit zum Ende des Altmünchner Bürgerhauses.

Fassadendekoration im Frühklassizismus

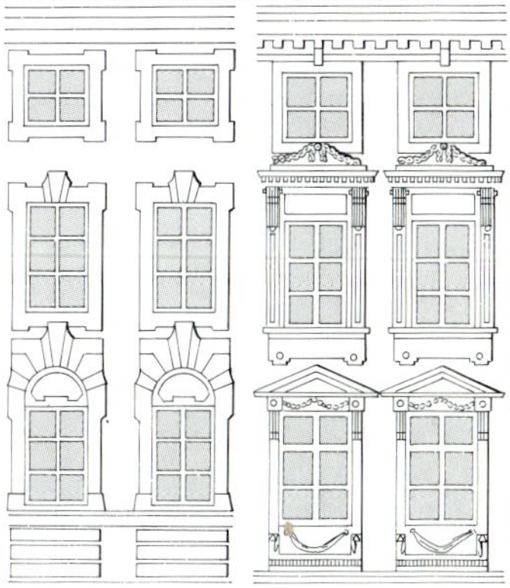

25 26

Der Regionalismus der Jahrhundertwende – vor allem unter G. v. Seidl und seiner Schule – entdeckt die Altmünchner Hauskultur wieder neu und bedient sich ihrer Formensprache in der großbürgerlichen Miethausarchitektur. Seine Nachschöpfungen sind heute bereits wieder Dokument geworden: Sie führen Fassaden vor, deren originaler Typus durch die Baulust der Gründerjahre und die Zerstörungen des Krieges verloren ist (Fürstenfelder Str. 10, Salvatorstr. 2 u. a.).

KUNST UND KULTUR
KUNST IN MÜNCHEN

TENDENZEN, HÖHEPUNKTE UND AUSSTRAHLUNG

1. Hälfte 11. Jh. (mehr als 100 Jahre vor der Stadtgründung): 1. Peterskirche auf dem Petersbergl.
1120/30 ›Milbertshofner Kruzifixus‹: älteste Plastik des Münchner Raumes (Bayer. Nat. Mus.).
1221 *St. Jakob am Anger* (zerstört): ihr Kreuzrippengewölbe einer der frühesten Ansätze der Gotik in Bayern.
1271 Romanische *Marienkirche* als 2. Pfarrkirche errichtet: Vorgängerin des jetzigen gotischen Doms.
1281–92 Neubau von *Sankt Peter.*
1290–94 *Augustinerkirche* erbaut.
1342 Auftreten des 1. einheimischen Bildhauers *Meister Stefan.* Bis dahin Wanderkünstler zeitweise in M. tätig.
1370 In München arbeiten 10 *Goldschmiede* (mehr als in Frankfurt, Hamburg oder Straßburg).
1400 ff. Aufkommen bodenständiger Malerei.
1406/07 *Schrenkaltar* (Peterskirche): einziger an Ort und Stelle original erhaltener gotischer Altar Münchens.
1430 *Walter von München* geschätzter Steinbildhauer in Italien.
1453 ff. Frühe Münchner Malerschule unter *Mälesskircher.*
1468–94 erbaut *Jörg von Halsbach* († 1488) die *Frauenkirche:* größte spätgotische Hallenkirche Süddeutschlands.
1470 ff. Münchens Anziehungskraft auf Maler und Bildhauer zusehends wachsend. Spätgotik: Erster Höhepunkt der Kunst in München. Bis 1475 *Altes Rathaus* als 1. überragende Leistung weltlicher Kunst entstanden.
1474–1518 *Erasmus Grasser* in München tätig: Vollender der süddeutschen spätgotischen Plastik (Moriskentänzer 1480).
1479–1519 *Jan Polack* in München: Gipfel spätgotischer Malerei.
1490 *Blutenburger Apostel* weiterer Höhepunkt spätgotischer Plastik.

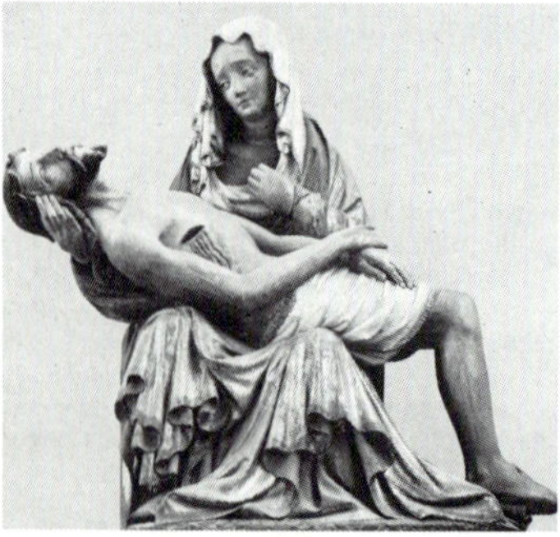

Vesperbild, kurz nach 1400, im Dom

1493 *Peter Hemmel von Andlau,* bester Glasmaler der Zeit, schafft das *Scharfzandt-Fenster* im Dom.
1500 ff. Blühende Plattnerkunst: Prunkrüstungen der französ. Könige in München angefertigt.
1505 etwa der Münchner Erzgießer *Sesselschreiber* zum Bau des Maximiliansgrabes nach Innsbruck berufen.
1508–50 *Wilhelm IV.:* Eindringen der Renaissance, Anlage der 1. Galerie.
1518 Anlage des 1. *Hofgartens* an der Stelle des jetzigen Marstallplatzes.
1525 Frauentürme erhalten *Welsche Hauben:* Siegesmal der Renaissance.
1528–40 *Barthel Beham* Hofmaler.
1541–73 *Mielichs* Porträtkunst sichert Führung Münchens vor Augsburg und Nürnberg. Seine illuminierten Handschriften erreichen höchsten Stand der Renaissance-Buchkunst; gehören zu den schönsten Büchern der Welt.
1550–79 *Albrecht V.* begründet Ruf Münchens als Kunststadt. Münchner Sonderleistung: eigenständige deutsche Frührenaissance mit den folgenden beiden Bauten:
1563–67 *Münzhof,* urspr. mit *Kunstkammer,* einem der 1. Museen nördl. der Alpen;
1569–71 *Antiquarium:* größter Profanbau der deutschen Renaissance, zugleich 1. deutscher selbständiger Museumsbau.
1578–90 etwa *Georg Hoefnagel,* Spezialist genauester Naturwiedergabe, in M. tätig.
1579–97 Unter *Wilhelm V.* (wie seinem Nachfolger) 2. Höhepunkt der Kunst: München Zentrum des internationalen Manierismus.
1580 Berufung von *Sustris* und weiteren italienischen wie niederländischen Künstlern.
1581–88 *Grottenhof* (Residenz): kostbarster Freiraum seiner Zeit.
1583–97 *Michaelskirche:* größte Renaissancekirche des Nordens, zugleich einmalige Initialleistung als Vorbild über 2 Jahrhunderte hin. Dadurch künstlerische Basis für den kommenden Barock.
1586 2. Berufungswelle: u.a. *Candid* und *Gerhart.* 1. Blüte des Münchner Erzgusses.
1588 *Jan Sadeler* aus Antwerpen läßt sich in M. nieder: begründet zusammen mit Raphael und Egid Sadeler bedeutende Kupferstechertradition.
1590–96 etwa *Hans von Aachen* in M. tätig.
1597–1651 *Maximilian I.:* München nach Augsburg und Prag Kunsthauptstadt Süddeutschlands. Betont nationaler Zug: Bevorzugung und Förderung deutscher Künstler. *Krumper:* Vollender einheimischer Renaissance. Übergang zum Barock.
1601–18 *Maximilianische Residenz:* größte Schloßanlage ihrer Zeit.
1604 Gründung der *Teppichmanufaktur.*
1610 etwa geht Münchens führende Rolle in der Malerei an Augsburg über.
1613 Anlage des 2. (jetzigen) *Hofgartens.*
1616 *Kaisertreppe* (Residenz): 1. monumentales Treppenhaus nördl. der Alpen.

1628 Der Dürerbewunderer Kurfürst Maximilian erwirbt die *Vier Apostel.*
1637–38 *Mariensäule:* als politisch-religiöses Mahnmal beispielgebend für süddeutsch-österreichisch-böhmischen Raum.
1651–79 *Ferdinand Maria:* Blüte höfischen Hochbarocks unter Führung der von Henriette Adelaide favorisierten italien. Kräfte.
1654–60 *Karmelitenkirche:* 1. Barockkirche Münchens.
1663–90 *Theatinerkirche:* 1. Großbau des Hochbarocks in Deutschland.
1664–76 *Schloß Nymphenburg* (Kernbau): nach dem Vorbild italienischer Landvillen.
1674 *Kuppel* der Theatinerkirche: Gipfel ital. Kuppelbaus in Süddeutschland. Ablösung der ital. durch *Graubündner Kräfte,* die bis etwa 1725 beherrschend bleiben.
1679–1726 Unter *Max Emanuel* weiterer Höhepunkt: Kurfürstenbarock. Bis zur Jahrhundertwende beherrscht der *Italianismus* noch Malerei und Architektur; Ausbildung einer von Italien unabhängigen Plastik unter Ableitner und Faistenberger.
1685 ff. Schloß *Lustheim:* Erstes Beispiel spätbarocken Schloßbaus und der Großmalerei in Deutschland.
1690 ff. Statthalterschaft des Kurfürsten in den Niederlanden: daher niederländ.-französische Einflüsse auf Münchner Kunst. Große Käufe für die Bildergalerie.
1692 *H. G. Asam* (Vater der Brüder Asam): 1. barocke Gewölbemalerei in München (Kapelle der Englischen Fräulein, zerstört).
1693/94 *Palais Portia:* 1. Barockpalais der Stadt.
1698 Max Emanuel erwirbt 105 Gemälde in Antwerpen: Grundstock der Niederländer- und Barockabteilung der späteren Alten Pinakothek.
1701 ff. *Schloß Schleißheim* (unvollendet; erst durch Ludwig I. 1847/48 ausgebaut).
1702 ff. Ausbau *Nymphenburgs* (mit 685 m Gesamtbreite) zum größten Barockschloß Deutschlands.
1704–14 Exil des Kurfürsten in Niederlanden und Frankreich bringt entscheidende Wende zur französischen Kunstauffassung im höfischen Barock. Im Kirchenbau weiterhin ital. Geschmack vorbildlich. Österreichische Okkupation der Stadt läßt Münchner Künstler nach Österreich wirken: Faistenberger liefert Kruzifix für Mariazell, Wolff Hochaltarbild nach Kremsmünster, Gumpp und Steidl freskieren St. Florian (1. gewölbeüberspannende Deckenmalerei im kirchlichen Bereich).
1715 ff. Allmähl. Ablösung ital. Kräfte durch deutsche Künstler. *Brüder Asam* entwikkeln eigenen römisch beeinflußten Asam-Barock. Münchner Künstler nun vom Rhein bis Mähren, von Westfalen bis Südtirol tätig.
1724 *Magdalenenkapelle* (Nymphenburg): ganz frühes Beispiel der Ruinenarchitektur mit gotischen Stilelementen.
1726–45 Unter *Karl Albrecht:* Künstlerische Sternstunde Bayerns und Münchens. *Bayerisches Rokoko* und *Münchner Hofkunst* eine der größten Epochen der Weltkunst. *Reiche Zimmer* (Residenz): ›Schönstes Rokoko der Welt‹ (J. Burckhardt).

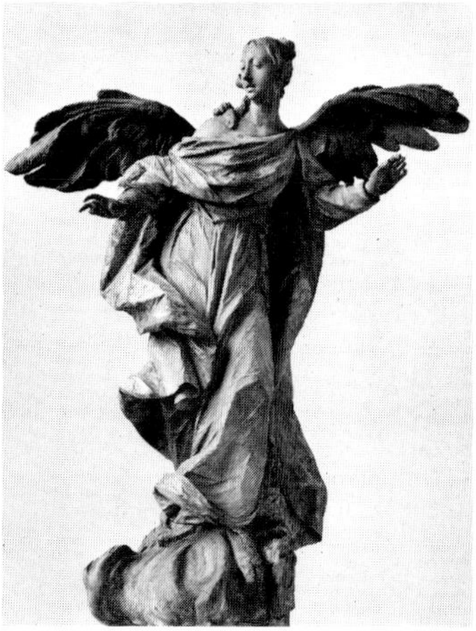

Ignaz Günther: *Maria Apocalyptiaca,* 1760, vom Schalldeckel der um 1866/68 abgebrochenen Kanzel in St. Maria Ramersdorf

1726–68 *Simon Troger,* bedeutendster Elfenbeinschnitzer des Rokoko, wirkt in München.
1732–35 *St. Anna* am Lehel: 1. Rokoko-Kirche (Verbindung von Längs- und Zentralraum).
1734–39 Die *Amalienburg* (Nymphenburg) errichtet: schönstes Rokoko-Lustschlößchen der Welt.
1743–84 *Ignaz Günther* in München tätig: Vollender der Rokokoplastik.
1745–77 *Max III. Josef:* Vollendung und Ausklang des Rokoko. Übergang zum Klassizismus.
1751–53 *Cuvilliéstheater:* Schönstes Rokoko-Theater der Welt.
1754–63 (†) *Bustelli* in München: Höhepunkt der Porzellanplastik (Commedia-dell'-arte-Figuren).
1768 *Winckelmann* in München.
1777–99 *Karl Theodor:* unsichere Stilhaltung zwischen absterbendem Rokoko und gemäßigtem Klassizismus.
1781 Überführung der berühmten *Düsseldorfer Gemäldegalerie* nach München und *Öffnung* der kurfürstlichen Gemäldesammlung in der Hofgartengalerie für die Allgemeinheit.
1788 1. Kunstausstellung in München.
1808 Gründung der *Kunstakademie.*
1808, 1810, 1812 Generalpläne legen die Stadterweiterung (u. a. Maxvorstadt) fest.
1811 Beginn der von der Akademie veranstalteten Kunstausstellungen.
1811–18 *Nationaltheater:* letztes Opernhaus in klassischer Stiltradition.
1813 Kronprinz Ludwig erwirbt *Ägineten* für München (Glyptothek).
1814 *Klenze* berufen: Schöpfer des klassizistischen neuen München. Ausstrahlung des Münchner Klassizismus bis nach Petersburg und Athen.
1820 ff. Erneuerung der Freskomalerei durch P. Cornelius; Entwicklung des monumentalen Historienbildes.

1823 Domenico Quaglio und Joseph Stieler gründen zusammen den ersten *Kunstverein* in Deutschland.

1824 ff. 2. Blüte des Bronzegusses (Stiglmaier und F. Miller).

1825–48 *Ludwig I.:* letzter Höhepunkt eigenständiger Münchner Kunstentwicklung. Die Stadt wird neben Berlin Zentrum des deutschen Klassizismus. Aufstieg Münchens zur Kunstmetropole Deutschlands.

1826–36 *Alte Pinakothek* größter Galeriebau seiner Zeit.

1827 König Ludwig I. erwirbt *Sammlung Boisserée* aus Privatmitteln und begründet durch Kabinettsorder die staatliche *Denkmalpflege.* Ablösung Klenzes durch *F. Gärtner* im Bau der *Ludwigstraße:* Aufkommen der romantisch-historisierenden Baugesinnung.

1828 Hofmaler *J. Stieler* porträtiert Goethe in Weimar.

1831 Franz *Hanfstaengl* gründet Lithographieanstalt und wird zum gesuchtesten Porträtlithographen Deutschlands (ab 1852 Porträtfotograf mit gleichem Erfolg). *Gesellschaft für teutsche Alterthumskunde von den drei Schilden* gegründet (1837 im *Historischen Verein* aufgegangen): Beginn der Neugotik auf wissenschaftlicher Basis sowie der Denkmalpflege.

1840–90 Blütezeit Münchens als *Kunststadt:* Bevorzugter Studienplatz angehender Künstler des In- und Auslandes, denen die freiheitliche Atmosphäre der Stadt mehr Möglichkeiten zur persönlichen Entfaltung gibt als Wien oder später Paris.

1848–64 *Max II.:* Ausbildung des historisierenden *Maximilianstiles,* eines Münchner Spezifikums.

1851 Gründung des *Bayerischen Kunstgewerbevereins:* Reaktion auf den lebensfremden Lehrbetrieb der Akademie der bildenden Künste.

1853 *Glaspalast:* Erster moderner Glas-Eisen-Großbau des Kontinents.

1855 Gründung des *Bayerischen Nationalmuseums.*

1858 1. *Allgemeine deutsche Kunstausstellung* im Glaspalast.

1864–86 *Ludwig II.:* seine zunehmende Weltflucht läßt alle Schloßbauten außerhalb Münchens entstehen. Der einzige größere Plan für München, Sempers *Festbau,* der eine der großartigsten Neurenaissance-Schöpfungen geworden wäre, scheitert: ›Abdankung‹ des Königtums als stadtbaukünstlerischer Faktor.

1869 *1. Internationale Kunstausstellung:* Leibls ›Bildnis der Frau Gedon‹ größtes Ereignis. 1. (von 3) Besuchen Courbets in München.

1876 und **1888** im Gefolge *richtungweisender Ausstellungen* Blüte des Kunsthandwerks: München steigt zum Zentrum der Ausstattungskünste im Deutschen Reich auf.

1876–84 arbeitet *M. Liebermann* bevorzugt in München, wo 1879 sein ›Zwölfjähriger Christus im Tempel‹ entsteht und auf der Internationalen Kunstausstellung im Glaspalast Skandal auslöst, der antisemitische Züge trägt.

1884/85 Lenbach porträtiert Papst *Leo XIII.* in Rom und 1879–95 wiederholt *Bismarck:* er ist der gesuchteste und teuerste Porträtmaler Deutschlands.

1880 *Franz Marc* in München geboren (gefallen 1916).

1886–1912 *Prinzregent Luitpold:* historisierende bürgerlich-konservative Richtung unter dem beherrschenden Einfluß von *Lenbach* bringt letzte eigenständige Münchner Kunstblüte.

1892 Gründung der ersten *Secession* in Deutschland. Erster Wettbewerb für *Stadterweiterungsplan,* im folgenden Jahr von Theodor Fischer Erstellung eines *Generallinienplans.*

1896 Zeitschrift *Jugend* gegründet: gibt der Kunstepoche bis zum Weltkrieg den Namen. München neben Darmstadt und Wien Zentrum des Jugendstil.

1897–1916 *Wassily Kandinsky* in München.

1902 erscheint Thomas Manns Erzählung *›Gladius Dei‹* mit den Anfangsworten »München leuchtete«, die heute meist in falschem Sinne zitiert werden, damals aber ironisch gemeint waren und eine harte Kritik an der äußerlich blühenden, innerlich aber weitgehend hohlen Kunst jener Zeit bedeuteten.

1905–09 Giorgio *de Chirico* lebt in München und besucht 2 Jahre die Akademie.

1906–21 *Paul Klee* in München.

1907 *Deutscher Werkbund* in München gegr.

1910 *Kandinsky* malt das erste abstrakte Bild.

1911 Manifest *Der Blaue Reiter;* die Malerei dieser Gruppe als »die vorläufig letzte Sternstunde der Malerei in München« bezeichnet. (Parallelgruppe ist ›Die Brücke‹ in Dresden.)

1913 *Deutsche Werkstätten* gegründet.

1931 *Glaspalast* abgebrannt: u.a. 110 Bilder deutscher Romantiker vernichtet.

1937 *Tag der Deutschen Kunst:* Einweihung des Hauses der Deutschen Kunst. Gleichzeitig Verfemung der Moderne durch Ausstellung *Entartete Kunst.*

1940–45 Unersetzliche Verluste an Bausubstanz und Originalausstattungen durch Luftangriffe.

1948 *Bayerische Akademie der Schönen Künste* gegründet.

1956 1. *Deutsche Kunst- und Antiquitätenmesse* veranstaltet.

1960 ff. Zunehmende Verluste alter Bausubstanz durch Verkehrsausbau und Citybildung.

1975 Bayerische Staatsgemäldesammlungen erwerben mit ›Ostende‹ das erste Gemälde *W. Turners* in einer deutschen Galerie.

1981 Eröffnung der *Neuen Pinakothek* im Neubau an der Barer Straße.

1983 Stiftung der Sammlung *Wormland* an die Staatsgalerie moderner Kunst. – München besitzt die meisten Museen unter allen Städten der Bundesrepublik und weist die höchste Zahl an Besuchern auf.

1984 Eröffnung der reorganisierten und erweiterten *Staatsgalerie moderner Kunst* im Haus der Kunst.

KÜNSTLER IN MÜNCHEN (Auswahl)

Jörg von Halsbach (der geläufige Zuname *Ganghofer* erst seit 18. Jh. nachweisbar!), * um 1410 wohl Halsbach bei Burghausen, † 6. 10. 1488 München. Nach Tätigkeit für die Klöster Ettal und Polling 1468–88 Stadtmaurermeister in München, wo er mit der *Liebfrauenkirche (Dom)* die größte Hallenkirche Süddeutschlands schuf: in der kraftvollen Tektonik und fast schmucklosen Monumentalität eine Münchner Sonderleistung. Von ihm auch *Altes Rathaus* (1470/74) und *Allerheiligenkirche am Kreuz* (1480/85) sowie Erweiterungsbauten am Alten Hof und an der nicht erhaltenen Neuveste (ehem. Nordostecke der Residenz).

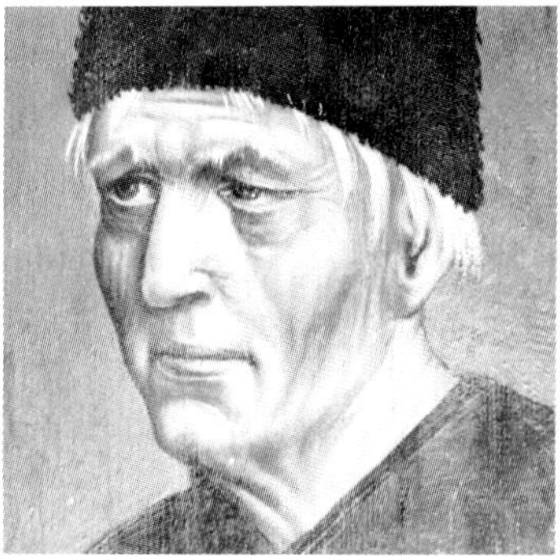

Jan Polack, * um 1450 in Polen, † 1519 München. Erster bekannter zugewanderter Künstler und bedeutendster spätgotischer Maler Münchens, nach Ausbildung in Krakau, Prag, Franken und den Niederlanden ab etwa 1477 hier tätig, 1482 erstmals erwähnt, 1488 Stadtmaler, als der er die Türme und Tore der Stadtmauer wie auch der Neuveste mit Wappen, Weckenmuster und religiösen Szenen schmückte. Werke in München (z. T. zusammen mit Mair von Landshut): Dom, St. Peter, Schloßkirche Blutenburg, ehem. Dorfkirche Pipping, Alte Pinakothek, Städtische Galerie im Lenbachhaus. Im nebenstehenden Porträt, 1477 datiert, hat er sich mit großer Wahrscheinlichkeit selbst dargestellt (Städt. Galerie).

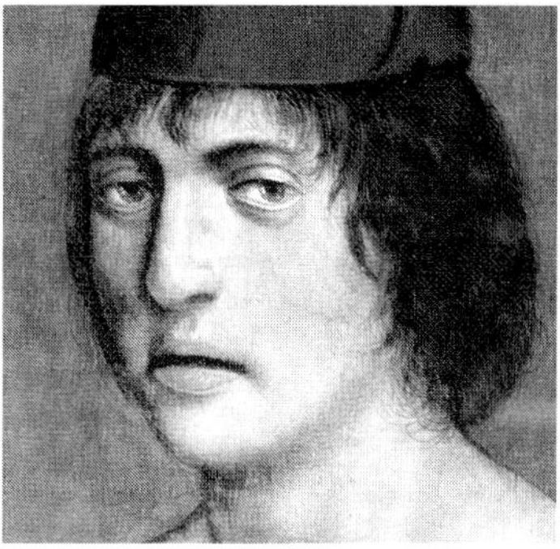

Friedrich Sustris, * um 1540 wohl in Italien, † um Pfingsten 1599 München. Maler, Architekt und Kunstintendant Wilhelms V. Brachte die verfeinerte Kunst des niederl.-italien. Manierismus nach München, das damit zur südd. Kunstmetropole der Spätrenaissance aufstieg. Hauptarchitekt von *St. Michael,* das als größte Renaissancekirche des Nordens zugleich für den frühbarocken Sakralbau Bayerns richtungweisend wird; von ihm auch *Jesuitenkolleg, Grottenhof* der Residenz, Umbau des *Antiquariums,* Entwurf des *Perseusbrunnens* u. a. m. Außerhalb Münchens an Fürstenbau und -trakt der Burg Trausnitz ob Landshut, Fuggerbau und St. Ulrich zu Augsburg sowie an der Pfarrkirche Dachau tätig.

Hans Krumper, * um 1570 in Weilheim, † zwischen 7. und 14. 5. 1634 München. Bildhauer, Stukkateur, Altarbauer, Architekt und Kunstintendant Wilhelms V. sowie Maximilians I. Seit 1584 für den Hof tätig, 1599 Nachfolger von Sustris, 1609 Hofbildhauer, als der er die bayr. (vor allem Bronze-)Plastik aus dem niederl.-italien. bestimmten Manierismus zu einem kraftvollen eigenständigen Frühbarock entwickelte. Werke in München: *Maximilianische Residenz* mit Stuckausstattung und *Patrona Boiariae* (Fassade an Residenzstr.), *Wittelsbacher Brunnen* (Brunnenhof der Residenz), *Grabmal Kaiser Ludwigs des Bayern* in der Frauenkirche, *Hofgartentempel, Epitaphien* in Heiliggeist und Allerheiligen am Kreuz.

Agostino Barelli, * 1627 Bologna, † 1687 oder auch später in Bologna(?), Architekt, 1663–74 in bayerischen Diensten, von E. Zuccalli abgelöst, dann Ratsbaumeister in Bologna. Leitet als wichtiger Vermittler italienischen Formguts und Stilwillens, die für die weitere Entwicklung des Barock in Bayern von größter Bedeutung werden sollten, die reichste Bauperiode Münchens ein: Leitung der ersten Bauphase an der *Theatinerkirche* (1663–69, dann wegen eines Kunstfehlers Bauleitung durch den Theatinerpater Spinelli), am Kernbau von *Schloß Nymphenburg* (1664–74) und Entwurf zur Ausstattung der *Päpstlichen Zimmer* in der Residenz (1665–67, fast urspr. erhalten *Josephskapelle* und *Herzkabinett*).

Enrico Zuccalli, * um 1642 Roveredo (Graubünden), † 8. 3. 1724 München. Führender Baumeister des Münchner Hochbarocks ab 1669 in München, 1672 Hof-, 1677 Oberhofbaumeister. Löst 1674 Barelli im Ausbau von Nymphenburg und Theatinerkirche ab, mit deren bizarren Turmkuppeln er eine barocke Sonderschöpfung erbringt. Weiteres Wirken in der Stadt: *Raumgestaltungen* in der Residenz, Mitwirkung an *Dreifaltigkeitskirche, Schloß Lustheim,* Entwurf und 1. Bauphase des *Neuen Schlosses Schleißheim* sowie *Palais Portia,* mit dem der hochbarocke Adelspalast das Münchner Stadtbild mitzuprägen beginnt. Außerhalb Münchens am Kloster Ettal und an Kurfürstlicher Residenz zu Bonn tätig.

Josef Effner, * 4. 2. 1687 Dachau, † 23. 2. 1745 München. 1715 Hof-, 1724 Oberhofbaumeister. Als Schüler Boffrands in Paris vollzieht er Stilwandel vom italienischen zum französischen Geschmack, muß aber – so wie er den alten Zuccalli verdrängt hatte – seinerseits dem aufsteigenden Genie des Rokoko, Cuvilliés d. Ä., weichen. Von ihm in München das *Preysing-Palais* (Residenz-Theatinerstr.), Schloß *Fürstenried, Baden-* und *Pagodenburg, Magdalenenklause* in Nymphenburg (Beispiel vorromantischer Ruinenarchitektur), *Ausbau* der Schlösser *Nymphenburg* und *Schleißheim* sowie *Zimmerfolgen* in der Residenz. Die nebenstehende Zeichnung gibt Effner nach einem verschollenen Porträt J. Amigonis wieder.

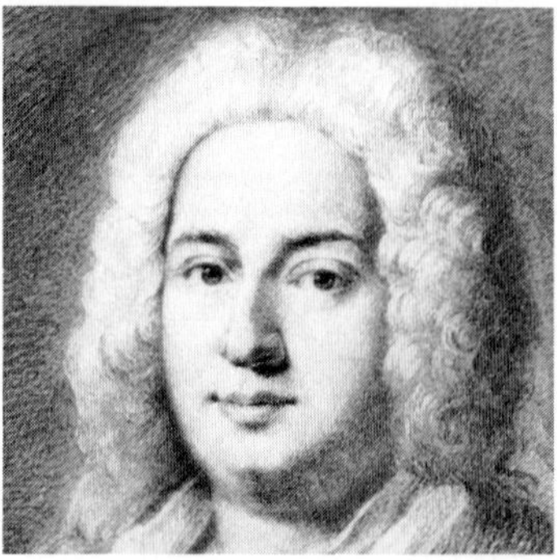

George Desmarées, * 29. 10. 1697 (alten Stils) Österby (Schweden), † 3. 10. 1776 München. 1730 bayr. Hofmaler. Einer der bedeutendsten Vertreter französisch orientierter Bildniskunst und führender Porträtist des Münchner Rokoko, auch für Bonn, Kassel und Würzburg tätig. Aus seinem – dem Zeitstil entsprechend – weniger charakterisierenden als Repräsentation mit subtiler Koloristik verbindenden Œuvre Beispiele in der Residenz, Pinakothek, Städtischen Galerie und im Nationalmuseum sowie in den Schlössern Schleißheim, Nymphenburg und Amalienburg. Obwohl durch Herkunft protestantisch, malte er auch zahlreiche Altarblätter und Heiligenbilder: so die *Verkündigung Mariae* in der Theatinerkirche.

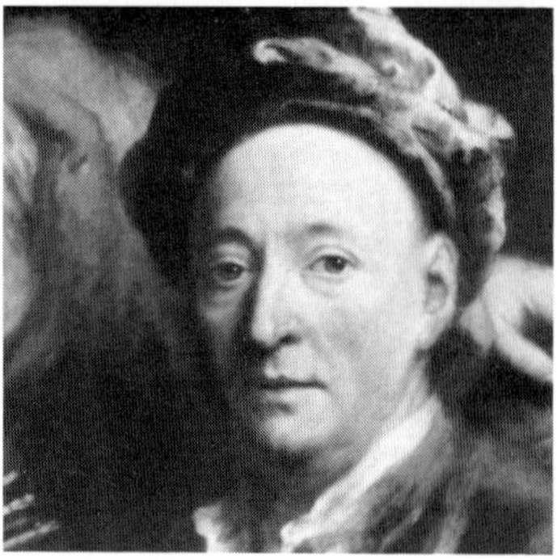

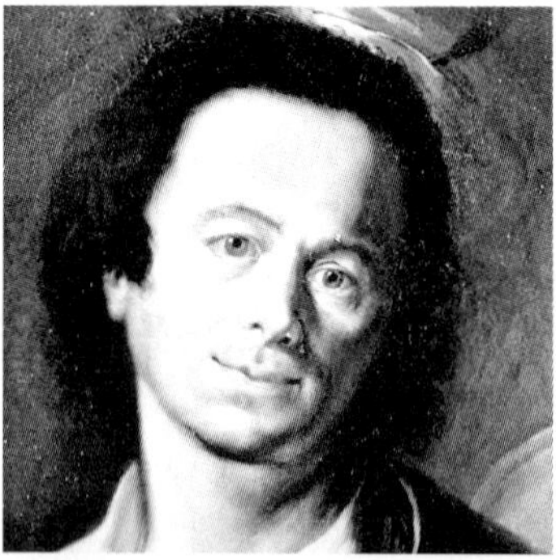

Kosmas Damian Asam, * 28. 9. 1686 in Benediktbeuern, † 10. 5. 1739 in München. Maler, Freskant und Architekt. Schuf – meist in idealer Künstlergemeinschaft mit seinem Bruder Ägid Quirin – Altarblätter, Deckengemälde, prunkende und mystisch gestimmte Gesamtausstattungen im Sinne des barocken ›Theatrum sacrum‹. In München tätig an *Heiliggeist-, Damenstifts-* und *Dreifaltigkeitskirche, St. Johann Nepomuk* (Asamkirche), *St. Anna* am Lehel, *St. Maria* in Thalkirchen, wo er auch sein Privathaus, das *Asam-Schlößchen,* errichtete, sowie im *Neuen Schloß Schleißheim:* in Kuppel über Haupttreppe eine seiner wenigen profanen Fresken. Außerhalb Bayerns auch in Baden, Böhmen, Schlesien, Schweiz und Tirol tätig.

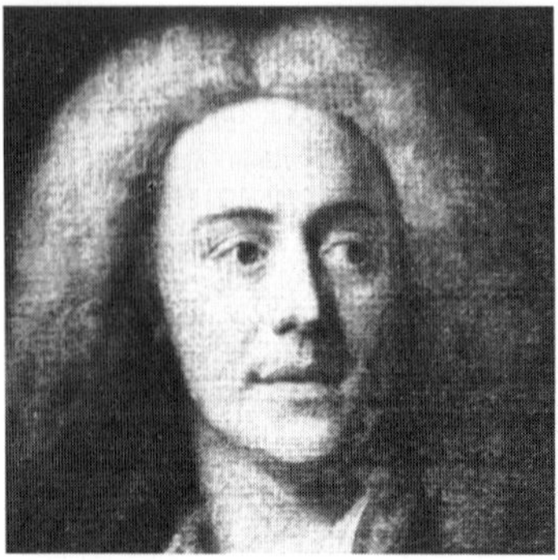

Ägid Quirin Asam, * 1. 9. 1692 Tegernsee, † 29. 4. 1750 Mannheim. Bildhauer, Stukkateur und Architekt. Mit seinem Bruder Kosmas Damian studierte er 1711/14 in Rom und verpflanzte den römischen Spätbarock, vor allem Berninis ekstatische Pathetik, nach Süddeutschland, wo er – meist in Zusammenarbeit mit seinem Bruder – überwiegend im sakralen Bereich tätig war und Werke unverwechselbarer Harmonie und farbsatter Pracht schuf (Asam-Barock). In München vor allem tätig an seiner Privatkirche *St. Johann Nepomuk* mit *Wohnhaus,* dann an *Damenstifts-, Peters-* und *Heiliggeistkirche* sowie *St. Anna* im Lehel; außerhalb Münchens u.a. in Aldersbach, Einsiedeln, Freising, Osterhofen, Regensburg.

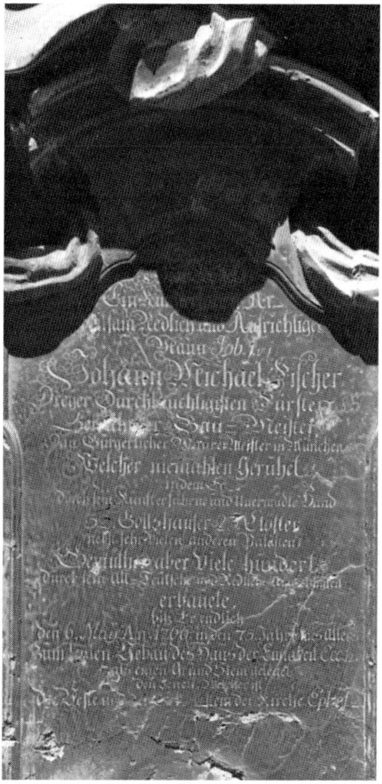

Johann Michael Fischer, * 18. 2. 1692 Burglengenfeld in der Oberpfalz, † 5. 5. 1766 München. Bekanntester und bedeutendster Baumeister des altbayerischen kirchlichen Rokoko, das er durch seine Zentralbauideen zu den originellsten Raumlösungen entwickelt. Nach Wanderzeit in Böhmen und Mähren 1718 in München ansässig, 1723 Meisterrecht. Von den 32 Kirchen und 23 Klöstern seines Lebenswerks stehen in München: *St. Anna* am Lehel (mit der er die erste Rokokokirche überhaupt schuf) und *St. Michael* in Berg am Laim. Mitwirkung an *St. Georg* in Bogenhausen und an *St. Elisabeth*. (Im Bild das einst an der Südseite des Doms befindliche Original-Epitaph; sonst bisher kein Porträt bekannt.)

François de Cuvilliés (d. Ä.), * 23. 10. 1695 Soignies im Hennegau, † 14. 4. 1768 München. 1720–24 Studium in Paris, 1725 Hof-, 1753 Oberhofbaumeister, jedoch bereits seit 1728 (mit Unterbrechung 1745–50) für das Hofbauwesen bestimmend. Genialster Architekt und Dekorkünstler des süddeutschen Rokoko, unter dem die Münchner Hofkunst höchsten Rang und Weltgeltung erreicht: *Cuvilliéstheater, Reiche Zimmer* (›Schönstes Rokoko der Welt‹), *Hofgartenzimmer* und *Grüne Galerie* der Residenz, *Palais Preysing* (Prannerstr.) und *Holnstein, Amalienburg* im Nymphenburger Park sowie *Fassade* der Theatinerkirche (Mittelteil). Sein Porträt, das sich noch im Nachlaß befunden hat, ist inzwischen verschollen.

Johann Baptist Straub, * 25. 6. 1704 in Wiesensteig/Württ., † 15. 7. 1784 München. Bildhauer, lernte in München und Wien, ließ sich 1735 hier nieder, 1737 zum Hofbildhauer ernannt. Vater der bayerischen Rokokoskulptur und Wegbereiter I. Günthers. Zumeist für Kirchen und Klöster tätig: Altaraufbauten und Kanzeln von harmonischer Einfügung in die Architektur, Figuren von volksnahem Ausdruck. Werke in München: in der *Dreifaltigkeitskirche, Allerheiligenkirche* am Kreuz und der Klosterkirche *St. Anna* am Lehel, *St. Georg* in Bogenhausen, *St. Michael* in Berg am Laim, in *Hauptpost, Residenz* und *Cuvilliéstheater,* im Schloß und Park von *Nymphenburg* sowie im Bayerischen *Nationalmuseum*.

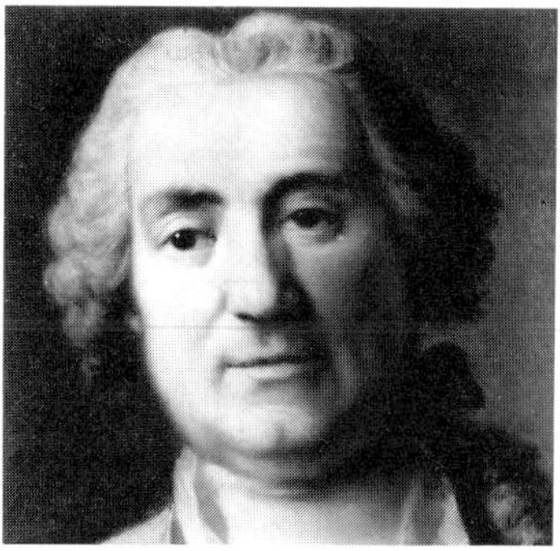

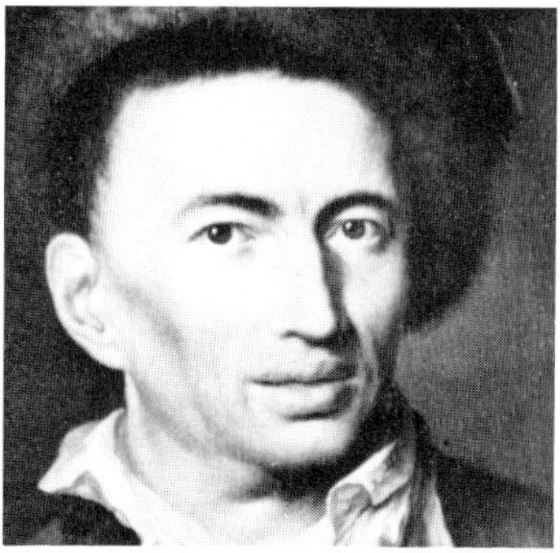

Ignaz Günther, * 22. 11. 1725 Altmannstein (Oberpfalz), † 28. 6. 1775 München. Höhepunkt und Vollendung der Rokokoplastik. Lernte bei Straub in München, Egell in Mannheim, in Wien und Olmütz; ab 1754 eigene Werkstatt in München, im gleichen Jahr Hofbildhauer. Seine Schnitzfiguren von höchster Eleganz und subtiler Charakterisierung, überwiegend für Kirchen und Klöster Ober- und Niederbayerns entstanden. In München: Werke in Dom, Bürgersaal, *St. Peter, St. Joh. Nepomuk* (Asamkirche), *St. Sylvester* und in den ehemaligen Dorfkirchen von *Bogenhausen, Thalkirchen* und *Johanneskirchen,* am Neuen Schloß zu *Schleißheim,* im Bayerischen *Nationalmuseum* und im Park von Schloß *Nymphenburg*.

Karl von Fischer, * 19. 9. 1782 Mannheim, † 11. 2. 1820 München; seit 1808 Professor für Baukunst an der Akademie München und Leiter aller großen Bauten der Stadt. Erarbeitete zusammen mit Sckell im Generalplan von 1812 die Grundzüge der großen neuzeitlichen Stadterweiterung, die hundert Jahre lang gültig blieben. Schuf 36 private und öffentliche Bauwerke in München, darunter das *Prinz-Karl-Palais* und das *Nationaltheater;* der Großteil seines Œuvres jedoch zerstört. Feinsinniger, frühvollendeter klassiz. Architekt französischer und Wiener Schulung, der von Klenze – unter stillschweigender Duldung des Kronprinzen und späteren Königs Ludwig – in wenig vornehmer Weise ausgebootet wurde.

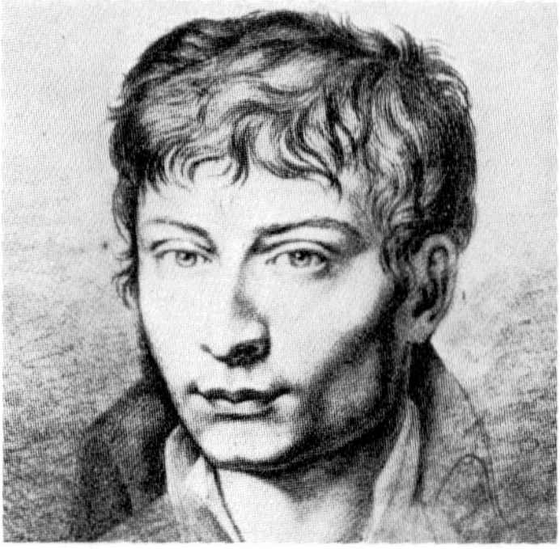

Leo von Klenze, * 28. 2. 1784 in Bockenem bei Hildesheim, † 27. 1. 1864 in München; 1808–14 Hofarchitekt König Jéromes von Westfalen, seit 1816 in München im Dienste Ludwigs I., wird im gleichen Jahr Hofbauintendant. Hauptwerke in München: *Hofgartentor, Palais Leuchtenberg, Marstallgebäude,* südlicher Teil der *Ludwigstraße, Glyptothek, Alte Pinakothek, Königs- und Festsaalbau* der Residenz, *Propyläen, Allerheiligen-Hofkirche* und *Ruhmeshalle;* außerhalb Münchens: *Walhalla* bei Donaustauf, *Eremitage* und *Isaakskathedrale* in Petersburg. In Klenze, der auch als Vedutenmaler und Schriftsteller tätig war, fand Ludwig I. seinen kongenialen Baumeister, der der Stadt den klassizistischen Charakter gab.

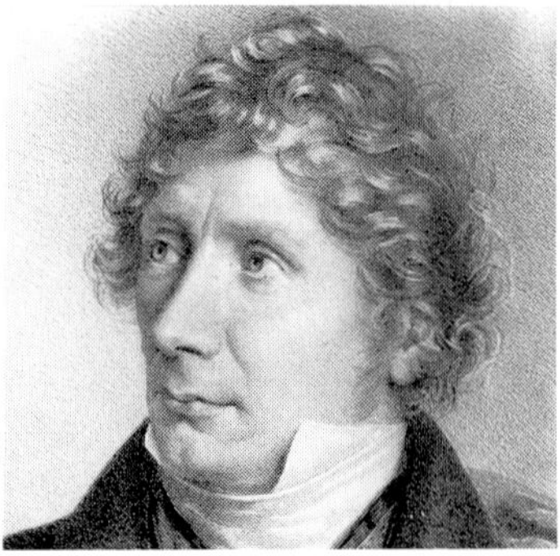

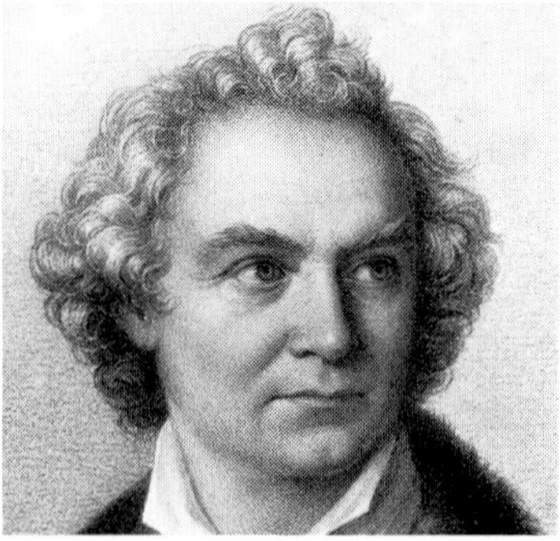

Friedrich von Gärtner, * 10. 12. 1792 Koblenz, † 21. 4. 1847 München; 1819 Professor und Generaldirektor der Kunstdenkmäler, 1842 Akademiedirektor in München. Löste Leo von Klenze 1827 de facto, offiziell aber erst 1832, im Ausbau der Ludwigstraße ab, da er dem König rascheren Fortgang der Arbeiten zusicherte. Durch ihn kommt das romantische Element in den bis dahin strengen Klassizismus Klenzes: Neuromanik, Neugotik, Byzantinik. Schuf u. a. die *Ludwigskirche, Staatsbibliothek, Universität, Feldherrnhalle, Siegestor;* war auch für Bad Kissingen, Bamberg, Zwickau in Sachsen und Athen tätig, wo er die Stadtresidenz für König Otto, den Sohn des Philhellenen Ludwig I., errichtete.

Friedrich Bürklein, * 30. 3. 1813 Burk in Franken, † geistig umnachtet 4. 12. 1872 Werneck; Oberbau- und Generaldirektionsrat, Schüler Gärtners, dessen romantischen Klassizismus er zu einem eklektizierenden teils trockenen, teils aber auch geradezu phantastischen Historismus weiterentwickelte. Schöpfer der Maximilianstraße und damit des sogenannten *Maximilianstiles* auf Grund eines von König Max II. ausgeschriebenen Wettbewerbs, *einen einheitlich zeitgemäßen Baustil zu ersinnen.* Baute neben dem Münchner *Bahnhof* (dem Vorgänger des heutigen) mit epochemachender kühner Holzkonstruktion vor allem *Regierungsgebäude, Postscheckamt* sowie urspr. neugotisch geplantes *Maximilianeum.*

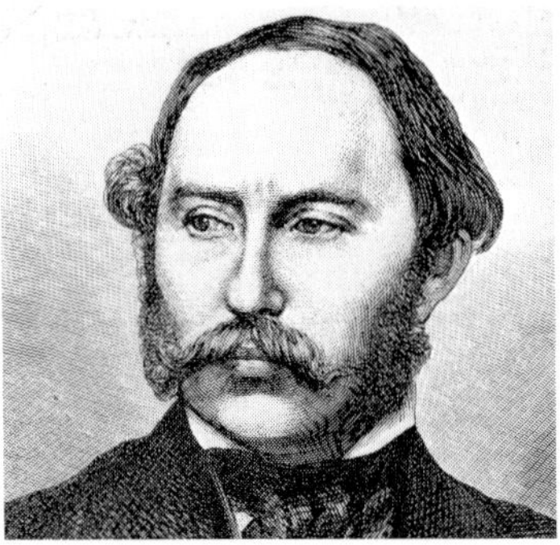

Franz von Lenbach, * 13. 12. 1836 Schrobenhausen, † 6. 5. 1904 München. Urspr. Baumeisterlaufbahn einschlagend, 1857 Eintritt ins Atelier Piloty in München. Führender deutscher Porträtist, vor allem der Gesellschaft der Gründerzeit, mit fast unübersehbarem Œuvre (berühmt seine Porträts vom Fürsten Bismarck, H. v. Moltke und Papst Leo XIII.). Sein beherrschender Einfluß im Münchner Kunstleben führte zu ausgesprochenem Kunstdiktat: Der ›Lenbach-Kreis‹ bestimmte weithin das Kunstgeschehen der Stadt. Anspruch und Attitüde des Malerfürsten dokumentieren sich in der zusammen mit G. v. Seidl entworfenen Lenbach-Villa, deren üppige Neorenaissance die Wohnkultur jener Zeit repräsentiert.

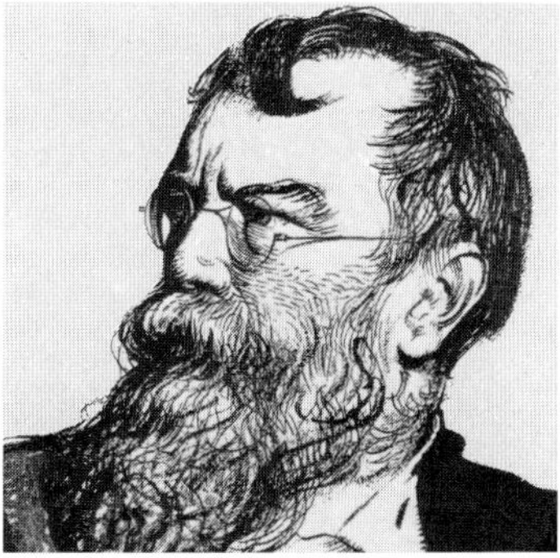

Gabriel von Seidl, * 9. 12. 1848 München, † 27. 4. 1913 ebda. Bedeutendster Vertreter der eklektizistischen Architektur in München, die er zu äußerst persönlichen, originellen Lösungen im Sinne malerisch gefügter Baugruppen führt. Beherrscht unter dem Patronat Lenbachs fast eine Generation lang das Bauwesen der Stadt: *Bayer. Nationalmuseum, Künstlerhaus, Karlstor-Rondell, Ruffinihäuser, St. Anna* (Pfarrkirche), *St. Rupert, Deutsches Museum* (vollendet von seinem in München ebenfalls sehr beanspruchten Bruder Emanuel), *Villa Lenbach, Palais Schrenck-Notzing, Haus Böhler* u. a. Auch als Denkmalpfleger (Rettung der Augustinerkirche) und Naturschützer (Rettung des Isartal) wirksam.

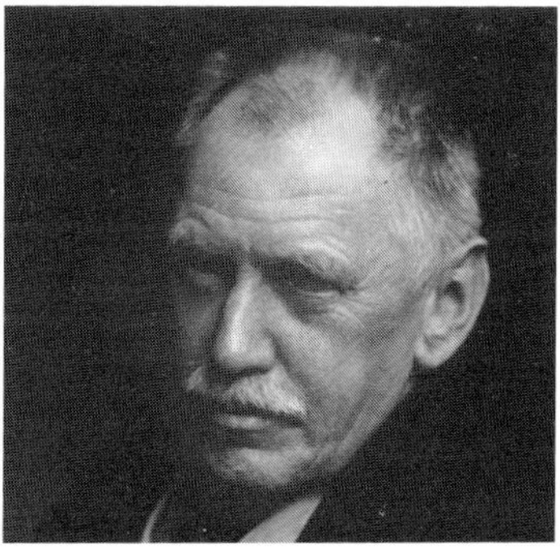

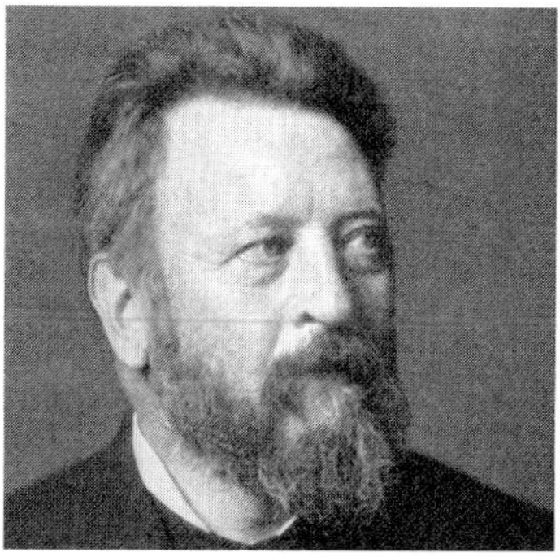

Adolf von Hildebrand, * 6. 10. 1847 in Marburg, † 18. 1. 1921 München. Bedeutendster Bildhauer neuklassischer Richtung seiner Zeit, der wie kein anderer Formsinn und Menschenbild der Antike nachempfunden hat. Durch seine großen Brunnenschöpfungen wie auch durch beratende Tätigkeit wurde er für das Münchner Stadtbild von Bedeutung: *Wittelsbacher Brunnen* am Lenbachplatz, der ›schönste Brunnen in Europa seit der Fontana Trevi‹ (Hausenstein), *Vater-Rhein-Brunnen* an der Ludwigsbrükke (ursprünglich in Straßburg), *Hubertusbrunnen,* jetzt am Ostende des Nymphenburger Kanals, *Wohnhaus* Maria-Theresia-Str., Mitwirkung bei Anlage der *Luitpoldterrasse* als Abschluß der Prinzregentenstraße.

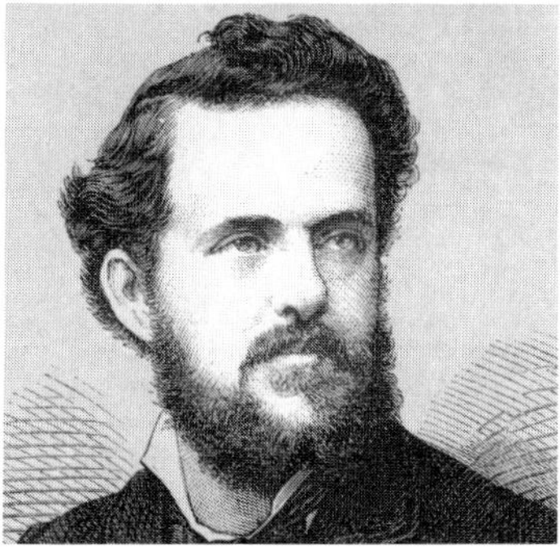

Friedrich von Thiersch, * 18. 4. 1852 in Marburg, † 23. 12. 1921 München. Einer der bedeutendsten deutschen Architekten des Historismus, dem große Kennerschaft eine virtuose Handhabung vor allem des Renaissance- und Barockstils – letzterer in seinen verschiedenen Spielarten des Fränkischen, Bayerischen, Österreichischen – erlaubte. In München von ihm der *Justizpalast,* bester seiner Art und durch Entwurfeinheit von Bau, Plastik und Ausstattung ein eindrucksvolles Gesamtkunstwerk, *Haus Bernheimer, Neue Börse, Cornelius-, Reichenbach-* und *Maximiliansbrücke* u. a. Seinem Bruder August gelang mit der Ursulakirche erstmals die Abwendung vom mittelalterlichen Vorbild im Kirchenbau.

MUSEEN IN MÜNCHEN

Die Museen sind üblicherweise ***geschlossen: ganztägig*** *jeden Montag, an den 14 gesetzlich gebotenen Feiertagen und an verschiedenen Festtagen: 1. 1. (Neujahr), 6. 1. (Dreikönig), Faschingssonntag, Karfreitag, Ostersonntag und -montag, 1. 5. (Tag der Arbeit), Christi Himmelfahrt, Pfingstsonntag u. -montag, Fronleichnam (2. Donnerstag na Pfingsten), 17. 6. (Tag der Einheit), 15. 8. (M riä Himmelfahrt), 1. 11. (Allerheiligen), Bu und Bettag (2. Mittwoch vor Advent), 25. u 26. 12. (Weihnacht);* ***halbtags*** *(ab 12 oder Uhr) am Faschingsdienstag, 24. 12. (Heilig Abend) und 31. 12. (Silvester). Abweichung*

Museum	Eintritt DM
GEMÄLDEGALERIEN (z. T. mit Plastiken und Skulpturen)	
Alte Pinakothek, M 40, Barer Str. 27, Ruf 2 38 05/2 15–2 16 *Europäische Malerei vom 14. bis 18. Jahrhundert*	3,50 Erm. 0,20–1,80 Studenten frei
Neue Pinakothek M 40, Barer Straße 29, Eingang Theresienstraße, Ruf 2 38 05/1 95 *Europäische Malerei und Skulptur vom ausgehenden 18. bis beginnenden 20. Jahrhundert*	3,50 Erm. 0,20–1,80 Studenten frei
Schack-Galerie, M 22, Prinzregentenstr. 9, Ruf 22 44 07 *Deutsche Malerei des 19. Jahrhunderts (Romantik, Klassizismus, Realismus) sowie Kopien venizianischer, niederländischer und spanischer Renaissance- und Barockmalerei*	2,– Erm. 0,20–1,– Studenten frei
Staatsgalerie moderner Kunst, M 2, Prinzregentenstr. 1, Ruf 29 27 10 *Gemälde und Plastiken des 20. Jahrhunderts*	3,– Erm. 1,50 Studenten frei
Städtische Galerie im Lenbachhaus, M 2, Luisenstr. 33, Ruf 52 10 41 *Münchner Malerei von der Gotik bis Gegenwart; Lenbachräume; Kunst des 19. und 20. Jahrhunderts, vor allem Jugendstil, Blauer Reiter (Kandinsky, Münter, Marc, Macke, Klee) und Kubin-Archiv; Graphische Sammlung*	3,– Erm. 1,50
ALTE UND AUSSEREUROPÄISCHE KULTUREN	
Staatliche Sammlung Ägyptischer Kunst M 2, Nordflügel der Residenz, Hofgartenstraße 1, Ruf 29 85 46 Verwaltung: M 2, Meiserstraße 10, Ruf 5591/350/450 *Ägyptische, koptische, nubische, meroitische und assyrische Kunst*	2,50 Erm. 0,50 und 1,30
Staatliche Antikensammlungen M 2, Königsplatz 1, Ruf 59 83 59 Verwaltung: M 2, Meiserstraße 10, Ruf 5591–290 *Antike Vasen, Terrakotten, Bronzen, Schmuck und Gläser*	3,– Erm. 0,20–1,50
Glyptothek M 2, Königsplatz 3, Ruf 28 61 00 *Griechische und römische Skulpturen*	3,– Erm. 0,20–1,50
Museum für Abgüsse klassischer Bildwerke M 2, Meiserstr. 10, Ruf 5591–560 und 557 *Sammlung von Gipsabgüssen antiker Skulpturen*	frei
Prähistorische Staatssammlung – Museum für Vor- und Frühgeschichte, M 22, Lerchenfeldstraße 2, Ruf 29 39 11 *Bayerns Vor- und Frühgeschichte von der Steinzeit bis zum 9. Jahrhundert n. Chr., Vorgeschichte des Mittelmeerraumes und Vorderen Orients,* Zweigmuseum → Burgmuseum Grünwald (S. 40/41)	2,– Erm. 0,20–1,–
Sonderausstellungen	verschieden
Staatliches Museum für Völkerkunde M 22, Maximilianstr. 42, Ruf 22 48 44–46 *Außereuropäische Kunst, besonders: Afrika, Alt-Amerika, Süd- und Ostasien sowie Ozeanien*	2,50 Erm. 0,20 und 1,30

*n dieser Regel sind bei den einzelnen Mu-
en aufgeführt. Die Ermäßigung bei Eintritts-
eisen gilt meist für Schüler, Studenten,
ındeswehrangehörige, Behinderte und Se-
oren.
ı sich Öffnungszeiten und Eintrittspreise er-
hrungsgemäß rasch ändern können, emp-
ehlt es sich, die Tagespresse, das offizielle* *Monatsprogramm* München, *das amtliche Faltblatt* Öffnungszeiten der Münchener Museen *oder den* Katalog *der Bayerischen Verwaltung der staatlichen Schlösser, Gärten und Seen zu Rate zu ziehen bzw. sich bei den entsprechenden Museen telefonisch zu vergewissern.*

ıtritt ·i	Montag geöffnet	Geöffnet Di mit So	Abweichungen von der Feiertagsregelung und Besonderheiten
nn- und iertage, ıdenten	nein	9.00–16.30 Di und Do auch 19–21	Geöffnet: 6. 1., Faschingssonntag 9–12, Ostermontag, Christi Himmelfahrt, Pfingsten, Fronleichnam, 15. 8., 1. 11., Buß- und Bettag, 26. 12.
nn- und iertage, ıdenten	nein	Di mit So 9.00–16.30 Di auch 19–21	Geöffnet: 6. 1., Faschingssonntag 9–12, Ostern, Christi Himmelfahrt, Pfingstmontag, 17. 6., 15. 8., Buß- und Bettag, 26. 12. Geschlossen: 24. 12. ganztägig
nn- und iertage, udenten	ja	Mi mit Mo 9.00–16.30	Geöffnet: 6. 1., Faschingssonntag 9–12, Ostermontag, Christi Himmelfahrt, Pfingstmontag, 15. 8., Buß- und Bettag, 26. 12. Geschlossen: 24. und 31. 12. ganztägig
nn- und iertage, udenten	Ostern, Pfingsten	Di mit So 9–16.30 Do auch 19–21	Geöffnet: 6. 1., Ostermontag, Christi Himmelfahrt, Pfingstmontag, 15. 8., Buß- und Bettag, 26. 12.; Faschingssonntag nur 9–12
›nn- und iertage, uppen		Di mit So 10–18	Geöffnet: 1. 1., 6. 1., Ostersonntag, Christi Himmelfahrt, Pfingstsonntag, 17. 6., 15. 8., 1. 11., Buß- und Bettag, 25. und 26. 12. – Geschlossen ganztägig: Faschingssonntag und -dienstag, 24. und 31. 12.
nn- und iertage	nein	Di mit So 9.30–16 Di auch 19–21	Geöffnet: 6. 1., Faschingssonntag 9.30–12, Ostermontag, Christi Himmelfahrt, Pfingstmontag, 15. 8., Buß- und Bettag, 26. 12. Geschlossen: 24. und 31. 12. ganztägig
›nn- und iertage		Di, Do mit So 10–16.30 Mi 12–20.30	Geöffnet: 6. 1., Faschingssonntag 10–12, Karfreitag, Ostern, Christi Himmelfahrt, Pfingstmontag, Fronleichnam, 15. 8., 1. 11., Buß- und Bettag, 26. 12. – Geschlossen: 24. und 31. 12. ganztägig
›nn- und iertage		Di, Mi, Fr–So 10–16.30 Do 12–20.30	Geöffnet: 1. 1., 6. 1., Faschingssonntag 10–12, Ostermontag, Christi Himmelfahrt, Pfingsten, 17. 6., 15. 8., Buß- und Bettag, 26. 12. Geschlossen: 24. und 31. 12. ganztägig
	ja	Mo mit Fr nach Voranmeldung	Geschlossen an allen Samstagen, Sonn- und Feiertagen
›nn- und iertage	nein	Di mit So 9.30–16 Do bis 20	Geöffnet: 31. 12., 6. 1., Ostern, Christi Himmelfahrt, Pfingsten, 17. 6., 15. 8., 1. 11., Buß- und Bettag, 26. 12. – Geschlossen: 24. 12. ganztägig
›nn- und iertage	nein	Di mit So 9.30–16.30	Geöffnet: 1. 1., 6. 1., Ostermontag, Christi Himmelfahrt, Pfingsten, 17. 6., 15. 8., Buß- und Bettag, 26. 12. – Geschlossen: 24. und 31. 12. ganztägig

Museum	Eintritt DM
KUNST- UND KULTURHISTORISCHE MUSEEN, ANGEWANDTE KUNST	
Bayerisches Nationalmuseum, M 22, Prinzregentenstr. 3, Ruf 21681 *Kunst, Kunsthandwerk wie Volkskunst Europas, vor allem aber Süddeutschlands, aus 9 Jahrhunderten* Zweigmuseum: Meißener Porzellan-Sammlung → Schloß Lustheim (S. 38/39)	3,– Erm. 0,50–1,50
Die Neue Sammlung – Staatliches Museum für angewandte Kunst M 22, Prinzregentenstr. 3 (Westflügel), Ruf 227844, ***Wechselausstellungen*** *Form- und Umweltgestaltung im 19. und 20. Jahrhundert*	1,– Erm. 0,50
Staatliche Münzsammlung M 2, Residenzstr. 1, Residenz (Westflügel), Ruf 227221 und 227222 *Münzen und Medaillen aller Zeiten und Länder, Gemmen aus vier Jahrtausenden*	2,– Erm. 0,50 und 1,–
GRAPHISCHE SAMMLUNGEN	
Staatliche Graphische Sammlung, M 2, Meiserstr. 10, Ruf 5591490 *Europäische Zeichnungen und Druckgraphik vom 14. bis 20. Jahrhundert, amerikanische Graphik des 20. Jahrhunderts* ***Studiensaal***	 frei
Sonderausstellungen in der Neuen Pinakothek, Barer Straße 29 Graphische Sammlungen u. a. auch in der → Städtischen Galerie, im → Münchner Stadtmuseum, → Deutschen Theatermuseum, → Diözesanmuseum Freising und → Bayerischen Armeemuseum	verschieden
STADTGESCHICHTLICHE MUSEEN	
Münchner Stadtmuseum, M 2, Sankt-Jakobs-Platz 1, Ruf 2332370 *Münchner Zeughaus, Bürgerliche Wohnkultur, Handwerk und Brauchtum in München, Puppentheater- und Schaustellermuseum, Musikinstrumentenmuseum, Deutsches Brauereimuseum, Film- und Fotomuseum. Sonderausstellungen* ***Graphische Sammlung,*** Studiensaal im Marstallgebäude (3. Stock) *Topographie Münchens und Oberbayerns vom 15.–20. Jh., Foto-, Plakat- und Dokumentensammlung, Populärgraphik*	3,– Erm. 1,50 Schulklassen und Kinder unter 6 frei
Außenstellen: **Von-Parish-Kostümforschungsinstitut,** M 19, Kemnatenstr. 50, Ruf 177717 *Spezialbibliothek zur Kostümkunde*	frei
Herbergenmuseum / Üblacker-Häusl in Haidhausen, M 80, Preysingstr. 58 *Wohnverhältnisse sozialer Unterschichten* ***Sonderausstellungen***	frei
Münchner Feuerwehrmuseum, M 2, Blumenstr. 34, Ruf 238061 *Entwicklung des Feuerwehrwesens in München von den Anfängen bis heute*	frei
Valentin-Musäum, M 2, Tal 43 (Südlicher Isartorturm), Ruf 223266 *Komiker- und Volkssängermuseum, Kuriositätenschau, Volkssängerlokal*	1,99 Erm. 0,99

Die Museen sind üblicherweise ***geschlossen: ganztägig*** *jeden Montag, an den 14 gesetzlich gebotenen Feiertagen und an verschiedenen Festtagen: 1. 1. (Neujahr), 6. 1. (Dreikönig), Faschingssonntag, Karfreitag, Ostersonntag und -montag, 1. 5. (Tag der A[...] beit), Christi Himmelfahrt, Pfingstsonntag u[...] -montag, Fronleichnam (2. Donnerstag na[...] Pfingsten), 17. 6. (Tag der Einheit), 15. 8. (M[...] riä Himmelfahrt), 1. 11. (Allerheiligen), Bu[...]*

ntritt ei	Montag geöffnet	Geöffnet	Abweichungen von der Feiertagsregelung und Besonderheiten
onn- und eiertage	nein	*1.4.–30.9.:* Di mit So 9.30–16.30 *1.10.–31.3.:* Di mit Fr 9–16 Kunstgesch. Fachslg. nur Mi Volkskundl. Slg. nur Do	Geöffnet: 1.1., Karfreitag, Ostern, Christi Himmelfahrt, Pfingstmontag, Fronleichnam, 15.8., Buß- und Bettag, 26.12. – Geschlossen: Mittags einige volkskundliche und Fachabteilungen, Ober- und Untergeschoß 12–13.15, montags, Oster- und Pfingstdienstag, 17.6., Oktoberfestsonntag, erster Werktag nach Weihnachten; halbtags: Buß- und Bettag bis 10.30, 31.12. ganztägig
	nein	Di mit So 10–17	Geöffnet: 1.1., 6.1., Ostern, Christi Himmelfahrt, Pfingstmontag, Fronleichnam, 15.8., Buß- und Bettag, 26.12.
onn- und eiertage	nein	Di mit So 10–17	Geöffnet: 6.1., Ostermontag, Christi Himmelfahrt, Pfingstmontag, 17.6., 15.8., 26.12. – Geschlossen: Faschingsdienstag, 24. und 31.12. ganztägig
auernd	ja	Mo mit Fr 9–13 und 14–16.30	Geschlossen: Samstags, sonn- und feiertags, 24. und 31.12. ganztägig
		Di mit So 9.00–16.30	wie Neue Pinakothek
onn- und eiertage	Ostern, Pfing- sten	Di mit Sa 9–16.30 So und Fei 10–18	Geöffnet: 1.1., 6.1., Ostermontag, Christi Himmelfahrt, Pfingstmontag, 15.8., Buß- und Bettag, 26.12. Geschlossen ganztägig: 24. und 31.12.
a	ja	Mo mit Fr 9–12	Feiertags geschlossen
a		Benutzung nach Vereinbarung	
a		Di, Do, So 10–12 Mi, Fr 18–19	Geschlossen: Sa und Mo sowie Feiertage
a		Sa 9–16 und nach Vereinbarung	Geschlossen an allen Sonn- und Feiertagen
	ja	Mo, Di, Sa 11.01–17.29 So 10.01–17.29	Geöffnet an allen Feiertagen, die auf Mo, Di, Sa und So fallen. – Geschlossen: im Juni und ein bis zwei Wochen um Weihnachten

und Bettag (2. Mittwoch vor Advent), 25. und 26. 12. (Weihnacht); ***halbtags*** *(ab 12 oder 13 Uhr) am Faschingsdienstag, 24. 12. (Heiliger Abend) und 31. 12. (Silvester). Abweichungen von dieser Regel sind bei den einzelnen Museen aufgeführt. Die Ermäßigung bei Eintrittspreisen gilt meist für Schüler, Studenten, Bundeswehrangehörige, Behinderte und Senioren. Für Informationsschriften vergleiche den Hinweis auf Seite 35 oben.*

Museum	Eintritt DM
RAUMKUNSTMUSEEN (z. T. mit Spezialsammlungen)	
Residenzmuseum, M 2, Max-Joseph-Platz 3, Ruf 22 46 41 *Teil I u. II: Schauräume von der Spätrenaissance bis zum Klassizismus, Porzellan- und Silbersammlung, Reliquien- und Paramentenkammern*	je 2,50 Erm. 1,50
Schatzkammer der Residenz, M 2, Max-Joseph-Platz 3, Ruf 22 46 41 *Schmuck, Kroninsignien, Tafelaufsätze, Pokale, Waffen, Reliquiare, sakrale Geräte und Kleinkunst von der Antike bis zum Klassizismus*	2,50 Erm. 1,50
Altes Residenztheater »Cuvilliéstheater« M 2, Residenzstr. 1, Ruf 22 46 41	1,50 Erm. 1,–
Schloß Nymphenburg, M 19, Ruf 1 20 81 *Schauräume des 17. bis 19. Jh. und Schönheitengalerien Max Emanuels und Ludwigs I.*	Gesamtkarte 5,– Sammelkarte 4,– Erm. 3,– bis 4,–
Amalienburg im Schloßpark	2,– Erm. 1,50
Badenburg, **Pagodenburg und** **Magdalenenklause im Schloßpark**	2,–, Erm. 1,50 1,–, Erm. 0,50 1,–, Erm. 0,50
Marstallmuseum im linken Flügel des Schlosses	2,– Erm. 1,50
Neues Schloß Schleißheim, Oberschleißheim, Ruf 3 15 48 44 *Schauräume des 18. Jh. und Staatsgalerie (Europäische Barockmalerei)*	3,– Erm. 2,– Sammelkarte mit Lustheim 4,–, Erm. 3,–
Schloß Lustheim und **Meißener Porzellan-Sammlung** (Stiftung Ernst Schneider) Schloßpark Schleißheim, Ruf 3 15 02 12 und 3 15 48 44	2,– Erm. 1,50 Sammelkarte mit Neuem Schloß 4,– Erm. 3,–
Museum Villa Stuck M 80, Prinzregentenstr. 60, Ruf 47 12 60 *Münchner Künstlerwohnsitz, Innenräume und Gemälde von Franz von Stuck, Wechselausstellungen zu Jugendstilthemen*	4,– Erm. 1,– bis 2,–

Die Museen sind üblicherweise ***geschlossen: ganztägig*** *jeden Montag, an den 14 gesetzlich gebotenen Feiertagen und an verschiedenen Festtagen: 1. 1. (Neujahr), 6. 1. (Dreikönig), Faschingssonntag, Karfreitag, Ostersonntag und -montag, 1. 5. (Tag der Arbeit), Christi Himmelfahrt, Pfingstsonntag und -montag, Fronleichnam (2. Donnerstag nach Pfingsten), 17. 6. (Tag der Einheit), 15. 8. (Ma riä Himmelfahrt), 1. 11. (Allerheiligen), Buß und Bettag (2. Mittwoch vor Advent), 25. und 26. 12. (Weihnacht);* ***halbtags*** *(ab 12 oder 13 Uhr) am Faschingsdienstag, 24. 12. (Heilige Abend) und 31. 12. (Silvester). Abweichungen*

ntritt ei	Montag geöffnet	Geöffnet	Abweichungen von der Feiertagsregelung und Besonderheiten
	Ostern, Pfingsten	Di mit Sa 10–16.30 So 10–13	Geöffnet: 6. 1., Karfreitag, Ostermontag, Christi Himmelfahrt, Pfingstmontag, Fronleichnam, 17.6., 15.8., Buß- und Bettag, 26. 12. – Geschlossen ganztägig: Faschingsdienstag, 24. und 31. 12.
	Ostern, Pfingsten	Di mit Sa 10–16.30 So 10–13	Wie Residenzmuseum
	ja	Mo mit Sa 14–17 So 10–17	Geöffnet: 6. 1., Ostermontag, Christi Himmelfahrt, Pfingstmontag, Fronleichnam, 17.6., 15.8., Buß- und Bettag, 26. 12. – Geschlossen bei Sonderveranstaltungen sowie ganztägig: Faschingsdienstag, 24. und 31. 12.
	Ostern, Pfingsten	*1.4.–30.9.:* Di mit So 9–12.30, 13.30–17 *1. 10.–31. 3.:* Di mit So 10–12.30, 13.30–16	Geöffnet: 6. 1., Karfreitag, Ostern, 1.5., Christi Himmelfahrt, Pfingsten, Fronleichnam, 17.6., 15.8., Buß- und Bettag, 26. 12. Geschlossen: ganztägig Faschingsdienstag, 24. und 31. 12.
	ja	*1.4.–30.9.:* täglich 9–12.30, 13.30–17 *1. 10.–31. 3.:* täglich 9–12.30, 13.30–16	Wie Schloß Nymphenburg
	Ostern (April), Pfingsten	*1.4.–30.9.:* Di mit So 10–12.30 und 13.30–17	Geöffnet: Karfreitag, Ostern (wenn in den April fallend), 1.5., Christi Himmelfahrt, Pfingsten, Fronleichnam, 17.6. und 15.8. – Geschlossen: 1. 10.–31.3.
	Ostern, Pfingsten	*1.4.–30.9.:* Di mit So 9–12, 13–17 *1. 10.–31. 3.:* Di mit So 10–12, 13–16	Wie Schloß Nymphenburg
	Ostern, Pfingsten	*1.4.–30.9.:* Di mit So 10–12.30 und 13.30–17 *1. 10.–31. 3.:* Di mit So 10–12.30 und 13.30–16	Geöffnet: 6. 1., Ostern, 1.5., Christi Himmelfahrt, Pfingsten, Fronleichnam, 17.6., 15.8., Buß- und Bettag, 26. 12. – Geschlossen ganztägig: Faschingsdienstag, 24. und 31. 12.
	Ostern, Pfingsten	Wie Neues Schloß Schleißheim	Geöffnet: 6. 1., Karfreitag, Ostern, Christi Himmelfahrt, Pfingsten, Fronleichnam, 17.6., 15.8., Buß- und Bettag, 26. 12. – Geschlossen ganztägig: Faschingsdienstag, 31. 12.
	Ostern, Pfingsten	Di mit So 10–17	Geöffnet: 6. 1., Ostern, Christi Himmelfahrt, Pfingsten, Fronleichnam, 17.6., 15.8., Buß- und Bettag, 26. 12. – Geschlossen ganztägig: Faschingsdienstag, Dienstag nach Ostern und Pfingsten, 24., und 31. 12.

on dieser Regel sind bei den einzelnen Museen aufgeführt. Die Ermäßigung bei Eintrittspreisen gilt meist für Schüler, Studenten, Bundeswehrangehörige, Behinderte und Senioren.

Da sich Öffnungszeiten und Eintrittspreise erfahrungsgemäß rasch ändern können, empfiehlt es sich, die Tagespresse, das offizielle Monatsprogramm München, *das amtliche* Faltblatt Öffnungszeiten der Münchener Museen *oder den* Katalog *der Bayerischen Verwaltung der staatlichen Schlösser, Gärten und Seen zu Rate zu ziehen bzw. sich bei den Museen telefonisch zu vergewissern.*

Museum	Eintritt DM
TECHNISCHE MUSEEN	
Deutsches Museum, M 22, Museumsinsel 1, Ruf 2 17 91 *Meisterwerke der Naturwissenschaft und Technik*	5,– Erm. 2,– Planetarium + 1,–
BMW-Museum, M 40, Petuelring 130, Ruf 38 95/33 07 *Historische Sammlung von Flugmotoren, Motorrädern und Automobilen der BMW von 1916–1965*	4,50 Erm. 3,–
Siemens-Museum, M 2, Prannerstr. 10, Ruf 2 34 26 60 *Entwicklung der Elektrotechnik im Spiegel der Firma Siemens*	frei
Historisches Nähmaschinen- und Bügeleisen-Museum M 2, Heimeranstr. 68–70, Ruf 50 30 45 *Vom Radl zur Nähmaschine – Sammlung Oskar Strobel*	frei
Zähler-Museum der Stadtwerke München, M 40, Franzstr. 9, Ruf 38 10 13 93 *Internationale Entwicklung des Elektrizitätszählers*	frei
SPEZIALSAMMLUNGEN	
Deutsches Jagd- und Fischereimuseum M 2, Neuhauser Str. 53, Ruf 22 05 22 *Jagd und Fischerei in der Kunst, Jagdwaffen, Fischereigerät, Trophäen, Tierdioramen* ***Sonderausstellungen***	3,– Erm. 1,50
Deutsches Theatermuseum (früher Clara-Ziegler-Stiftung), M 22, Galeriestr. 4 a (Hofgartenarkaden), Ruf 22 24 49 *Sammlung, Bibliothek und Archiv zur Weltgeschichte des Theaters* ***Archiv, Bibliothek und Studiensammlung***	frei
Sonderausstellungen	1,– Erm. 0,50
Münchener Spielplan, Galeriestraße 6	frei
Spielzeugmuseum im Alten Rathausturm – Sammlung Ivan Steiger M 2, Marienplatz, Ruf 2 33 39 13 *Entwicklung des industriell gefertigten Blech-, Holz-, Papier- und Stoffspielzeugs von 1780 bis heute*	3,– Erm. 1,– Fam. 5,–
Nachttopfmuseum – Sammlung Manfred Klauda M 19, Böcklinstr. 30, Ruf 1 57 59 89	2,–
MUSEEN AUSSERHALB DES STADTBEREICHS Hier sind Sammlungen aufgeführt, die in enger Verbindung zu Münchner Museen sowie zur Kunst- und Kulturgeschichte der Stadt stehen	
Burgmuseum Grünwald, Zeillerstr. 3, Ruf 6 41 32 18 Zweigmuseum der Prähistorischen Staatssammlung *Vor- und frühgeschichtliche Funde aus der Region München, Geschichte der Burg.* – ***Sonderausstellungen***	2,– Erm. 0,50–1,– verschieden
Diözesanmuseum Freising, (8050) Domberg 21, Ruf 0 81 61/24 32 (Verkehrsmittel: S 1) *Kunstsammlungen der Erzdiözese München und Freising, Sakrale Kunst aus dem Münchner Dom und aus Oberbayern vom 11.–19. Jh., Volkskunst, Hinterglasbilder, Graphik.* – ***Sonderausstellungen***	1,– Erm. 0,50
Bayerisches Armeemuseum (bis 1944 in München, seit 1969 in der ehemaligen bayerischen Landesfestung Ingolstadt) 8070 Ingolstadt (Donau), Paradeplatz 4 (Neues Schloß), Ruf 08 41/28 38 *(Verkehrsmittel: DB bis Ingolstadt-Nord bzw. Hbf, Bus bis Rathausplatz)* *Herzogsschloß des 15. Jahrhunderts mit bedeutender Innenarchitektur. Sammlung von Waffen, Fahnen, Prunkgeschützen und Heeresgerät vom 16.–19. Jahrhundert*	2,50 Erm. 0,20–1,30

ntritt ei	Montag geöffnet	Geöffnet	Abweichungen von der Feiertagsregelung und Besonderheiten
	ja	Täglich 9–17	Geöffnet: 6.1., Ostermontag, Christi Himmelfahrt, Pfingstmontag, 15.8., Buß- und Bettag, 26.12. – Geschlossen: 1. Mittwoch im Dezember ab 14; 24. und 31.12. ganztägig
	ja	Täglich 9–17 Einlaß bis 16	Geöffnet an allen Feiertagen mit Ausnahme vom 24. und 31.12.
	ja	Mo mit Fr 9–16 Sa, So 10–14	Geöffnet ganztägig: Faschingsdienstag. Geschlossen ganztägig: 24. und 31.12.
	ja	Mo mit Fr 10–16	Geschlossen an allen Samstagen, Sonn- und Feiertagen sowie etwa 22.12.–6.1.
		Mi 9–12 und nach Vereinbarung	Geschlossen: ganztägig 24. und 31.12.
	ja	*Mai–Oktober:* Mo–So 9.30–17 Mo auch 19–22	
	ja	*November–Mai:* Di mit So 9.30–16 Mo 19–22	Geöffnet an allen Feiertagen mit Ausnahme von Faschingsdienstag, 24. und 31.12., an denen ab 12 geschlossen ist
	nein	Di mit Do 9–12, 13–16.30 Fr nur bis 15.30 Di mit So 10–16	Geschlossen: Montags, samstags, sonn- und feiertags. Geöffnet: 1.1., Karfreitag, Ostern, Christi Himmelfahrt, Pfingstmontag, Fronleichnam, 15.8., Buß- und Bettag, 26.12. – Geschlossen: Sonn- und feiertags
onntag a	ja	Mo mit Fr 14–18 Sa 11–13	
		Di mit Sa 10–17.30 So, Fei 10–18	Geöffnet im allgemeinen an allen Feiertagen, 24.12. bis 14 h (Ende des Christkindlmarktes)
		So 10–13	
		1.3.–30.11.: Mi mit So 10–16	Geöffnet: Beide Oster- und Pfingstfeiertage Geschlossen: Mo, Di, 1.12.–28.2., Faschingsdienstag, 2.11.
		Di mit Fr 10–16 Sa und So 10–18	Geöffnet: 1.5., Fronleichnam, 1.11., Buß- und Bettag Geschlossen: Faschingsdienstag, 24. und 31.12. ganztägig
a außer Sonder- usstell.)		Di mit So 9.30–16.30	Geöffnet: 1.1., Oster- und Pfingstmontag Geschlossen: Oster- und Pfingstdienstag, 1. Werktag nach Weihnachten, 31.12.

KUNSTAUSSTELLUNGSRÄUME

BMW-Galerie, M 40, Petuelring 130, Ruf 3895–2201. Geöffnet: arbeitstäglich 9–17. *Wechselausstellungen europ. Gegenwartskunst. Eigene Sammlung im Aufbau.*

Haus der Kunst, M 22, Prinzregentenstr. 1, Ruf 222651–3. Geöffnet bei Ausstellungen täglich 9–18. *Internationale Kunst- und Wanderausstellungen* (Frühjahr und Herbst); *Große Kunstausstellung München* (Sommer) der drei großen Münchner Künstlergruppen ›Neue Gruppe‹, ›Münchner Secession‹ und ›Neue Münchner Künstlergenossenschaft‹; *Frühjahrs- und Sommerausstellungen* der ›Münchner Künstlergenossenschaft‹ und des ›Kunstsalon‹; *Deutsche Kunst- und Antiquitäten-Messe* (Spätherbst); *Münchner Bücherschau* (Advent).

Kunstausstellung der Krauss-Maffei AG, M 50, Krauss-Maffei-Str. 2, Ruf 88991. Mo–Fr von 8 bis 16 h, Eintritt frei. *Monatlich wechselnde Ausstellung neuerer Kunst.*

Museum Villa Stuck, Kunstausstellungsraum der Stadt München im Ateliertrakt der Villa Stuck, M 80, Prinzregentenstr. 60, Ruf 471260. *Ausstellungen zeitgenössischer Künstler, Klassischer Moderne* und zu *Jugendstilthemen.*

Kunstforum in der Fußgängerzone Maximilianstraße/Altstadtring, Ausstellungsraum der Städtischen Galerie im Lenbachhaus (M 2, Luisenstr. 33, Ruf 521041) für regelmäßige *Installationen junger Künstler.* Geöffnet Di–Fr 16–18 h, Sa 11–13 h (Eintritt frei), zum Teil durch Fenster ständig zu besichtigen.

Kunsthalle der Hypo-Kulturstiftung in der ehem. Kassenhalle der Hypo-Bank, M 2, Theatinerstr. 15, Ruf 23661 (Vermittlung). Geöffnet wahrscheinlich täglich 10–17 h. *Regelmäßige Ausstellungen alter und neuer Kunst* (ab Juni 1985).

Kunstraum München, M 40, Nikolaistr. 15, Ruf 348920 und 92212611. Geöffnet Di mit Fr 15–18.30, Sa 11–13. Geschlossen an allen Sonn- und Feiertagen. *Wechselausstellungen zeitgenössischer, besonders avantgardistischer Kunst.*

Kunstverein München, M 22, Galeriestr. 4c, Ruf 221152. Geöffnet Di mit Fr 12–18, Sa und So 10–17. Bei Ausstellungen keine Feiertagsschließung außer Faschingsdienstag. *Wechselausstellungen mit zeitgenössischer Kunst.*

Landesbank-Galerie im Arkadenhof der Bayerischen Landesbank, M 2, Oskar-von-Miller-Ring bzw. Brienner Str. 18. Geöffnet Mo–Fr 10–18 h, Sa 10–14 h, So und Fei geschlossen. *Ausstellungen kunst- und kulturgeschichtlicher Themen.*

Palais Preysing, Ausstellungsraum der Bayerischen Vereinsbank im Palais Preysing, M 2, Prannerstr. 2, Ruf 21326127. Geöffnet Mo-Fr 10–16 h; Sa, So und Fei geschlossen. *Kunst- und kulturhistorische Ausstellungen in unregelmäßiger Folge.*

Pavillon im Alten Botanischen Garten, M 2, Sophienstr. 7a, Ruf 597359. Geöffnet bei Ausstellungen Di–Sa 10–17. *Wechselausstellungen zeitgenössischer Kunst.*

Bayerische Rückversicherung AG, M 22, Sederanger 4–6, Ruf 38441. Geöffnet bei Wechselausstellungen Mo–Fr 9–17. *Wechselausstellungen im Foyer zu kunst- und kulturgeschichtlichen Themen. Eigene Sammlung von Graphik des 20. Jahrhunderts im Casino.*

SAMMLUNGEN UND NATURKUNDLICHE SEHENSWÜRDIGKEITEN IN MÜNCHEN

Anthropologische Staatssammlung, M 2, Karolinenplatz 2a, Ruf 595251 (Magazine: M 40, Theresienstr. 37–41). Besichtigung nach Vereinbarung Montag–Freitag 8–17 h, Eintritt frei. *Studiensammlung von Orang-Utan- und Gibbonschädeln, jungpaläolithischen und mesolithischen Menschenresten (u.a. Ofnet-Schädel, Oldoway-Skelett aus Ostafrika).*

Architektursammlung der Technischen Universität, M 2, Eingang 6: Luisenstr., Ruf 21052493. Geöffnet Mo–Fr nach Anmeldung, Benützung frei. *Rund 100000 Pläne und Entwürfe sowie Nachlässe deutscher und vor allem Münchner Architekten des 18. bis 20. Jahrhunderts.*

Botanische Staatssammlung, M 19, Menzinger Str. 67, Ruf 17921. Zugänglich nur für Botaniker während der Dienstzeit, Eintritt frei. *Herbariensammlung zu den Floren von Europa, Süd- und Südwestafrika sowie Südamerika und Vorderasien (insgesamt rund 2 Mio Einheiten).*

Botanischer Garten, M 19, Menzinger Str. 67, Ruf 1792310 (Verwaltung), 1792350 (Eintrittskasse). Freigelände täglich ab 9 bis 19 (Mai–Aug.) bzw. bis 18 (April u. Sept.) und bis 17 (März, Okt.) geöffnet. Gewächshäuser täglich 9–11.45 und von 13 bis jeweils eine halbe Stunde vor Schließung des Freigeländes. Im Winter nur Gewächshäuser geöffnet täglich 9–11.45 und 13–16.30 h. Eintritt 2 DM, Studenten/Kinder 0,50 DM (Winter 1,50 bzw. 0,50 DM). → S. 156 f.

Geldscheinsammlung der Bayerischen Hypotheken- und Wechselbank, M 2, Theatinerstr. 11, Ruf 23662740. *Eine der bedeutendsten Sammlungen der Welt mit derzeit rund 280000 Scheinen.* Besichtigung nur für Spezialinteressenten nach Voranmeldung zu den Geschäftszeiten der Bank.

Bayerische Staatssammlung für Allgemeine und Angewandte Geologie, M 2, Luisenstraße 37, Ruf 52031. *Sammlung zur Allgemeinen Geologie, Geologie des Münchner Raumes sowie von ehemals Deutsch-Südwest- und -Ostafrika zur Sedimentpetrografie und Erzlagerstättenforschung.* Dauerausstellung ›Erdkruste im Wandel‹ (Erdgeschoß) und ›Bodenschätze der Erde‹ (1. Stock) Mo–Fr 8–18, Fei geschlossen. Eintritt frei.

Maxvorstadt: historisch – aktuell, Ständige Ausstellung über den Wandel eines ›klassischen‹ Münchner Stadtviertels zwischen Altstadt und Schwabing. M 22, Kaulbachstr. 19, Ruf 2800586. Geöffnet Mi 17.30–18.30 h u.n. Vereinbarung. Eintr. frei.

Museum des Bayerischen Landeskriminalamts, M 22, Schönfeldstr. 9, Rückgebäude, *Sicherheitsvorkehrungen.*

Mineralogische Staatssammlung, M 2, Theresienstr. 41, Ruf 23944312. Dauerausstellung ›Reich der Kristalle‹ geöffnet Di–Fr 13–17, Sa und So 13–18 (an Feier- und Festtagen geschlossen). Eintritt 1,– DM, Ki, Sch, St frei. *19000 Mineralien aus aller Welt, darunter der Takowaya-Smaragd, Leuchtenbergit- und Rubellit-Kristall.*

Staatl. Naturwissenschaftliche Sammlungen Bayerns, Generaldirektion, M 19, Menzinger Str. 71, Ruf 171622 und 171659. Zu den Sammlungen der einzelnen Institute siehe auf dieser Seite sowie Seite 42.

Naturkundliches Bildungszentrum (NBZ), M 19, Maria-Ward-Str. 1b (Schloß Nymphenburg, Nordflügel). *Gemeinschaftsausstellung der Staatlichen Naturwissenschaftlichen Sammlungen mit den Abteilungen ›Gesicht unserer Erde‹ (Geologie und Mineralogie), ›Entstehung und Entwicklung des Lebens‹ (Evoution und Paläontologie), ›Nahrung für die Menschheit‹ (Landwirtschaft) und ›Biologie des Menschen‹ sowie einem Kindermuseum (Eröffnung Ende 1987).*

Bayerische Staatssammlung für Paläontologie und Historische Geologie, M 2, Richard-Wagner-Str. 10/2, Ruf 5203/361. Schausammlung geöffnet Mo–Do 8–16, Fr 8–15, jeden 1. Sonntag des Monats 10–16, Eintritt frei; Fei geschlossen. *Forschung und Dokumentation von Flora und Fauna aus erdzeitlicher Vorgeschichte aller Erdteile, besonders aber Bayerns (paläontologische, mikro-paläontologische, paläobotanische, historisch-geologische und regionalgeologische Sammlungen). Eine Auswahl aus der rund 1 Mio Stücke umfassenden Bestände in einer Schausammlung (mit den Themengruppen: Großtiere des Tertiärs in Bayern, Eiszeittiere, Entwicklung der Saurier, Münchens Erdgeschichte, Fossile Fische, und Reptilien des Jura in Bayern und Württemberg, Begrabene Pflanzenwelt, Nördlinger Ries) zugänglich.*

Staatliche Porzellan-Manufaktur Nymphenburg, M 19, Nördl. Schloßrondell 8, Ruf 174024. Geöffnet Mo–Fr 8–12 und 13–17 h, Eintritt frei. *Ausstellungsraum mit Sammlung von historischem und gegenwärtigem Nymphenburger Porzellan* (Besichtigung nach vorheriger schriftlicher Anmeldung).

Sondersammlungen und Archive der Bibliothek des Deutschen Museums, M 22, Museumsinsel 1, Eingang Museumshof, Ruf 2179/210. Geöffnet Mo–Fr 9–17 h, Eintritt frei. Bestände → S. 248.

Volkssternwarte München mit Planetarium, Observatorium für volkstümliche Himmelskunde, M 80, Rosenheimer Str. 145a, Ruf 406239. Öff. Sternvorführungen und Fernbeobachtungen bei klarem Himmel Mo–Fr 20–22, So 14–15 h, Fei geschlossen. Eintritt 2,– DM, Erm. 1,– DM.

Öffentliche Sternwarte im Deutschen Museum, M 22, Museumsinsel 1, Ruf 21791. Täglich 12 und 15 Uhr geöffnet (Feiertagsregelung → S. 40f.).

Tierpark Hellabrunn, M 90, Siebenbrunner Str. 6, Ruf 661021-22. Täglich sommers 8–19 (1.5. bis 15.9.) bzw. 8–18 (16.9. bis 31.10., 1.3. bis 30.4.), winters 9–17 h (1.11. bis 28.2.). Schließung der Tierhäuser eine halbe Stunde früher. Fütterung: Eisbären, Seelöwen 14 h, Paviane 15 h, Raubtiere (außer Freitag) 16 h, Menschenaffen 10, 14 und 16 h. Aquarium Mi und So 16.30 h. Eintritt 4,50 DM, Schüler und Studenten 3,50 DM, Kinder 2,50 DM. → S. 212f.

Zoologische Staatssammlung, M 60, Münchhausenstr. 21 (Obermenzing), Ruf 8107-0. *Sammlung von 15 Mio. Objekten zur rezenten Tierwelt mit den Schwerpunkten: Säugetiere, Kriechtiere, Lurche, Insekten, Asseln, Milben, Stachelhäuter, Tausendfüßler und Zehnfußkrebse (nur für Zoologen nach Absprache zugänglich). Wechselausstellungen und in Vorbereitung befindliche Dauerausstellung im Rahmen des → Naturkundlichen Bildungszentrums.*

Ausstellung: Lebende Schlangen – 60 Arten aus 5 Kontinenten, M 19, Schloßpark Nymphenburg, Geranienhaus, Ruf 172648. Geöffnet täglich 10–17 h, Eintritt 4,– DM, Erm. 2,50, Gruppen je Person 2,–.

FÜRSTENGRÜFTE, KAISER- UND KÖNIGSGRÄBER

St. Bonifaz, M 2, Karlstraße 34. Im rechten Seitenschiff frei zugänglich: ***Hochgrab von König Ludwig I.*** *Seine Gemahlin Therese von Sachsen-Hildburghausen in der Krypta.*

Dom (Frauenkirche), M 2, Frauenplatz 1. Bischofs- und Fürstengruft in der Krypta unter dem Presbyterium, freier Zugang. *Älteste wittelsbachische Grablege in München: teils in Gemeinschafts-, teils in Einzelsärgen liegen hier die Gebeine Kaiser Ludwigs des Bayern und der bayerischen Herzöge von Ludwig V. bis Albrecht V. sowie von König Ludwig III.* Das sog. Kaisergrab im rechten Seitenschiff der Kirche ist nur ein Gedächtnismal.

Theatinerkirche St. Kajetan, M 2, Theatinerstr. 1. Zugang zur Fürstengruft durch die westliche Gittertüre im rechten Querschiff. Geöffnet vom 1. 5. bis 2. 11. Mo–Fr 10–13 und 15–17, Sa 10–15 h, So und Fei geschlossen. Eintritt 0,50 DM. *Sarkophage der bayerischen Kurfürsten von Ferdinand Maria bis Karl Theodor, darunter auch von Kaiser Karl VII., sowie der Könige Max I. Josef und Otto von Griechenland und des Prinzregenten Luitpold.* In der 3. Kapelle des rechten Seitenschiffs der Kirche befinden sich die *Sarkophage von König Max II. und Königin Marie.*

St. Michael, M 2, Neuhauser Str. 52. Zugang zur Fürstengruft jeweils neben den vordersten Seitenaltären. Geöffnet Mo–Fr 10–13 und 15–16.45, Sa 10–15 h, an Allerheiligen (1.11.) vom Ende des Hochamts (etwa 10 h) bis abends. Sonst So und Fei geschlossen. Eintritt frei. *Sarkophage des Herzogs Wilhelm V., Kurfürsten Maximilian, Königs Ludwig II. sowie zahlreicher bayerischer und pfälzischer Wittelsbacher.*

MUSIK UND KONZERT

1450 Der blinde Konrad Paumann, erster namentlich bekannter und faßbarer deutscher Musiker, wird Domorganist und Leiter der herzoglichen Kantorei (1475 †, Grabstein im Dom); gilt als Erfinder der Lautentabulatur.
1452 Das erste seiner *Fundamentum organisandi* benannten drei Orgellehrbücher erschienen: zugleich erste prakt. Kompositionslehre.
1483 Gründung der Münchner *Kantorei* durch 2 engl. königl. Kapellmitglieder: Conret Smyth und Peter Skeydell.
1513 Hans Sachs vervollkommnet sich bei Münchner Leinwebern in der Singkunst.
1523 Ludwig Senfl wird Leiter der Hofmusik. Als Freund Luthers steht er mit ihm in lebhaftem musikalischen Schriftwechsel.
1526 Gründung der Hofkapelle durch Senfl.
1542 Ludwig Senfl gestorben.
1556 Orlando di Lasso berufen, gibt der Hofkapelle höchsten internationalen Rang (1594 †); Münchens Sternstunde als Musikstadt.
1572–89 Der Münchner L. Daser Hofkapellmeister des Herzogs von Württemberg.
1573–98 Mit den 12 Bänden des ›Patrocinium Musices‹ des Buchdruckers A. Berg Höhepunkt des *Notendrucks* in Europa.
1575–79 Giov. Gabrieli Mitglied der Hofkapelle studiert bei Orlando di Lasso.
1578–79 Komponist Vincenzo Galilei, Vater des berühmten Astronomen, in München.
1600 ff. Durch eine gezielte Sammeltätigkeit erhält herzogliche (heute Staats-) Bibliothek eine der reichsten Musiksammlungen der Welt. Gleichzeitig München bedeutende Geigen- und Lautenmacherstadt (Saitenherstellung!).
1604 *Magnum Opus Musicum* mit Lassos Werken durch dessen Söhne herausgegeben: erste gedruckte Gesamtausgabe eines Komponisten.
1607–31 M. Galilei, Lautentist und Bruder des Astronomen, Mitglied der Hofkapelle.
1635 ff. Johann Kuen, neben Balde Begründer des neuen deutschen Liedes.
1651 ff. Kurfürstliche Agenten werben Spitzenmusiker an ital. Höfen ab: so flieht 1671 der Bassist Dario Mancini aus der Sixtinischen Kapelle und kommt 1673 nach M.
1653–73 Zweite Blüte der Hofkapelle unter Johann Kaspar Kerll. Nach Schütz 1. deutscher Komponist von Bedeutung.
1654 Kurfürstin Henriette Adelaide pflegt besonders das barocke *Ballett*.
1661–93 S. Auer Chorregent bei St. Peter: erlaubt erstmals Frauen Mitwirkung in einem Münchner Kirchenchor.
1667 ff. Ausbildung des genialen Agostino Steffani zum Opernkomponisten und Geheimdiplomaten.
1674–87 Ercole Bernabei Hofkapellmeister, von nun an beherrschen die Italiener die Hofkapelle bis 1787.
1680 etwa Arcangelo Corelli in München.
1691–1738 F.X.A. Murschhauser wirkt an der Frauenkirche.
1692 Hofkapelle zieht mit Kurfürst Max Emanuel nach Brüssel, in München nur Kirchenmusik bis 1701.
1704–42 Evaristo Felice dall'Abaco wirkt in München. Unter ihm erreicht Instrumentalmusik europ. Rang, ja übertrifft sogar Corelli.
1715–22 Oboist und Komponist Jacques Loeillet Mitglied der Hofkapelle.
1722 Tommaso Albinoni in München.
1727 Johann Pertrich, erster deutscher Tenor, verpflichtet.
1762 Mozarts erste Reise nach München, konzertiert vor dem Hof.
1774/75 Im Winter Mozarts zweite Reise nach München.
1777 Besuch Mozarts in München, der im Gasthof zum Schwarzen Adler ein Liebhaberkonzert gibt. Sein Anstellungsgesuch aber lehnt Kurfürst Max III. Josef ab: München verpaßt seine größte Chance. – Hofkonzerte nun öffentlich zugänglich.
1778 Ein Teil der weltberühmten *Mannheimer Kapelle* siedelt mit dem Kurfürsten Karl Theodor nach München über.
1780/81 Mozarts letzter Aufenthalt in München.
1783 führt Hofmusikdirektor Christian Cannabich öffentliche *Musikakademien* ein: Beginn des kommerziellen Abonnement-Konzertwesens in München.
1798/99 C.M. von Weber studiert in München; komponiert hier *Große Messe*.
1811 Hofmusik konstituiert sich als *Musikalische Akademie*. München versäumt die Gelegenheit, K.M. v. Weber zu gewinnen.
1816 Neuaufführung des *Miserere* in der Michaelskirche leitet Renaissance der klassischen Vokalpolyphonie ein. Unter K. Ett und J.K. Aiblinger wird München die führende deutsche Stadt der Kirchenmusik.
1823 Der elfjährige Liszt spielt in München. Grundsteinlegung zum *Odeon*.
1826 Gründung des ersten *Liederkranzes*.
1828 *Odeon* eröffnet: Münchens schönster und akustisch bester Konzertsaal (1944 vernichtet und nicht wieder aufgebaut).
1829 Felix Mendelssohn-Bartholdy und Nicolò Paganini treten auf.
1832 ff. Th. Böhm entwickelt verbesserte Flöte (sogenannte *Böhmflöte*).
1835 Johann Strauß dirigiert in München.
1836 Franz Lachner Hofkapellmeister: bedeutende Hebung des Münchner Musiklebens.
1846 Franz Hauser gründet *Konservatorium*.
1859–1901 Josef Rheinberger wirkt in München.
1862 Bei der Feier des 44. Verfassungstages erklingt erstmals die von Michael Öchsner gedichtete und Konrad Max Kunz vertonte *Bayernhymne* (›Gott mit dir, du Land der Bayern‹), seit 1966 – nach Textneufassung von Josef Maria Lutz – als Landeshymne des Freistaats Bayern offiziell empfohlen.
1864 Richard Strauss in München geboren. Richard Wagner trifft in München ein. Freundschaft mit Ludwig II.

1867 Konservatorium wird durch *Staatliche Musikschule* ersetzt (vgl. 1892).
1867–69 Hans von Bülow Hofkapellmeister.
1868–70 Friedrich Smetana in München.
1870 Johannes Brahms komponiert seine Lieder op. 59/61–64 in München.
1872 Hermann Levi Hofkapellmeister.
1874 und **1876** Johannes Brahms spielt und dirigiert eigene Werke.
1882–1907 unterrichtet Ludwig Thuille an der Akademie: sein von ihm ausgebildeter Komponistenkreis einflußreich als *neuromantische ›Münchner Schule‹*.
1885 Anton Bruckner erlebt mit Uraufführung seiner (dem König von Bayern gewidmeten) 7. Symphonie größten Erfolg seines Lebens.
1890 Hugo Wolf in München.
1892 Staatliche Musikschule zur *Akademie der Tonkunst* erhoben.
1893 Kaim-Orchester gegründet, seit 1924: Münchner Philharmoniker.
1894–98 Richard Strauss. 1. Hofkapellmeister.
1895 Deutsche Erstaufführung von Bruckners *Zweiter Symphonie c-moll.*
1896 Felix Mottl dirigiert erstmals in München.
1901 G. Mahlers *Vierte Symphonie* uraufgeführt.
1901–07 Max Reger in München; in dieser Zeit Organist in St. Johann Baptist in Haidhausen.
1902 Paul Marsop gründet *Städtische Musikbibliothek:* bis heute unerreichtes Vorbild einer musikalischen Volksbücherei.
1903–11 Felix Mottl Generalmusikdirektor.
1907 L. Thuille und R. Louis veröffentlichen ihre berühmte *Harmonielehre:* für die Zukunft die einflußreichste Lehrmethode.
1910 Gustav Mahler dirigiert erstmals seine *Achte Symphonie.* Im folgenden Jahr *Das Lied von der Erde* uraufgeführt.
1911–45 Das Münchner Musikleben weniger durch avantgardistische Entwicklung ausgezeichnet als vielmehr durch hervorragende Aufführungen der herkömmlichen Konzertliteratur unter Bruno Walter, Hans Knappertsbusch, Clemens Krauß und Oswald Kabasta.
1924 ff. Angeregt noch von Ludwig Thoma, unterstützt von den Wittelsbachern und seit 1925 in enger Zusammenarbeit mit Prof. Kurt Huber befaßt sich der *Kiem Pauli* mit der Erforschung und Wiederbelebung der Volksmusik.
1925 Fedor Iwanowitsch Schaljapin gastiert in München.
1929 ›Vereinigung für zeitgenössische Musik‹ veranstaltet jährlich *Woche für neue Musik.*
1930–35 veröff. Carl Orff sein *Schulwerk.*
1936 Uraufführung *Friedenstag von R. Strauss.*
1945 Erste Aufführung der *Musica Viva,* gegründet von Karl Amadeus Hartmann. Das bis vor dem Kriege betont konservativ gehaltene Musikleben der Stadt engagiert sich nunmehr für die Avantgarde. Durch das Wirken von Carl Orff, Werner Egk und Karl Amadeus Hartmann führende Rolle Münchens.
1947–79 wirken als Generalmusikdirektoren in München: *Georg Solti, Rudolf Kempe, Ferenc Fricsay, Josef Keilberth und Wolfgang Sawallisch.*
1951–81 Karl Richter in München. Blüte der Bachpflege: gründet 1953 Bachchor und 1955 Bachorchester.
1953 *Herkulessaal der Residenz* eröffnet, erbaut von Rudolf Esterer. Carl Orffs *Astutuli* uraufgeführt.
1955 *Studio für neue Musik* gegründet.
1957 Igor Strawinsky und Darius Milhaud dirigieren Musica-Viva-Konzerte.
1979–84 Sergiu Celibidache Generalmusikdirektor.
1980 Rundfunkprogramm *Bayern 4 Klassik* eingeführt: 1. seiner Art in Deutschland.
1983 Sir Colin Davis Chefdirigent beim Bayerischen Rundfunk.
1984 Hans Wolfgang Scheidt als Nachfolger Karl Richters nach München berufen.
1985 Eröffnung der *Philharmonie* und des *Carl-Orff-Saales* im Kulturzentrum am Gasteig: München besitzt damit 7 Konzertsäle.

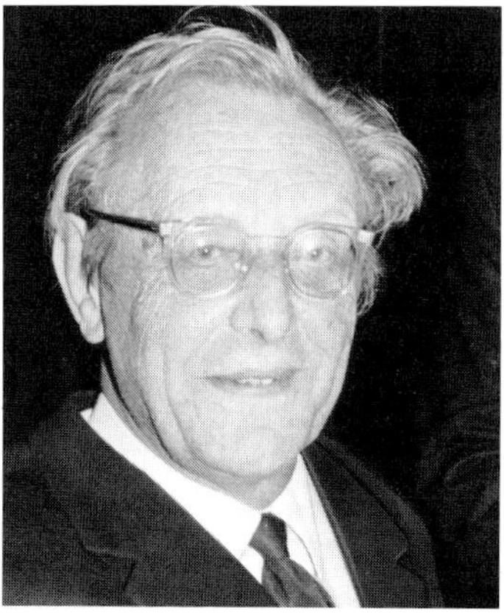

Carl Orff (1895–1982)

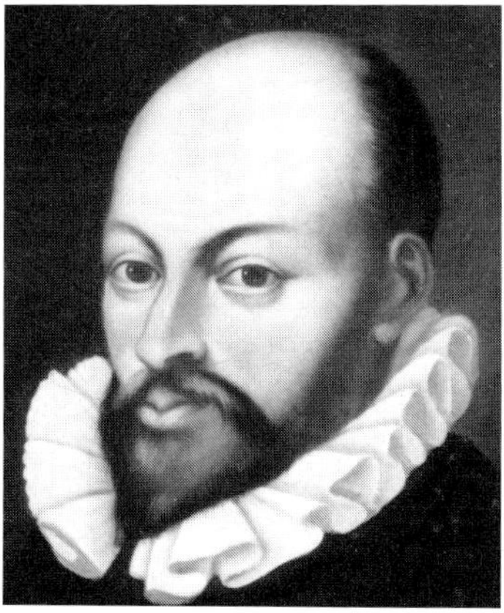

Orlando di Lasso (1532–1594)

OPER

1651 Erste opernartige Aufführung *(Comoedia cantata)* im Georgssaal der Residenz. Marx Schinnagl beginnt den Umbau eines Kornspeichers zum ersten freistehenden Opernhaus Deutschlands.
1653 Erste eigentliche Opernaufführung *L'arpa festante* von G.B. Maccioni in der Residenz.
1654 Erste Opernaufführung im Opernhaus am Salvatorplatz.
1655–57 Umbau und Erweiterung des Opernhauses durch Francesco Santi (nicht Santurini, wie oft fälschlich zu lesen!).
1658 Opernszenerie zeigt zum erstenmal Innenräume.
1671 Auftreten der ersten Opernsängerin (Antonia Rivani).
1680 ff. A. Steffani entwickelt den Münchner Typus der Kontrapunktoper.
1681 Erste Oper in deutscher Sprache von Veit Weinberger aufgeführt.
1685 Einbau einer Kurfürstenloge (nach Dresden die zweite Deutschlands) in das Opernhaus. – Erstes Auftreten weiblicher Darstellerinnen auf einer deutschen Bühne (Ballett in ›Servio Tullio‹).
1685 Die Brüder Domenico und Gasparo Mauro führen den hochbarocken Ausstattungsstil der *Maschinenoper* ein.
1701 ff. Vernachlässigung der Oper zugunsten des französischen Schauspiels.
1705–55 Die Münchner Metzgerstochter Anna Rosina Maria Schwarzmann, erste bekannte Sängerin und Primadonna des deutschen Sprachraums, gelangt unter dem Künstlernamen *Rosa Bavarese* zu internationalem Ruhm.
1722 ff. Neue Blüte der ital. Oper: Hinwendung zum Spätstil der Galli-Bibiena.
1729 ff. Opernaufführungen auch im Komödienhaus von Nymphenburg.
1740 N.G. Stuber bricht die Vorherrschaft der Italiener in der Bühnenmalerei und richtet Rokoko-Bühne in der Residenz ein (1750 bei Residenzbrand untergegangen).
1751 Grundsteinlegung zum *Neuen Opera-Hauss (Residenztheater)* von F. Cuvilliés.
1753 Erste Aufführung im Residenztheater.
1775 Mozarts *Gärtnerin aus Liebe* im alten Redoutenhaus an der Prannerstraße uraufgeführt.
1778 Erste deutsche Oper *Alceste* von Wieland und Schweitzer aufgeführt.
1781 Mozarts *Idomeneo* uraufgeführt.
1787 Verbot von ital. Karnevalsopern.
1788 Große ital. Oper aufgehoben.
1802 Opernhaus am Salvatorplatz wegen Baufälligkeit abgerissen.
1811 Grundsteinlegung zum *Hof- und Nationaltheater* am Max-Joseph-Platz von Karl von Fischer: letztes im klassischen Stil gestaltetes großes Opernhaus Europas. Webers *Abu Hassan* uraufgeführt.
1812 *Jephtas Gelübde* von Giacomo Meyerbeer in Anwesenheit des Komponisten uraufgeführt.
1816–25 Wiedererrichtung einer italienischen Oper neben der deutschen.
1818 Eröffnung des *Nationaltheaters.*
1825 Nach Brand 1823 Wiedereröffnung des *Nationaltheaters.* Auflösung der italienischen Oper durch Ludwig I.
1831–57 *Residenztheater* aus Abneigung gegen das Rokoko ausgebaut und verlagert.

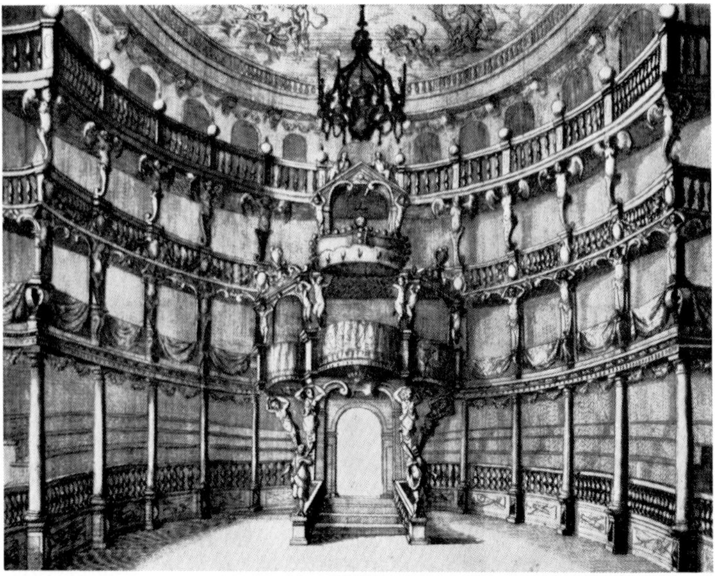

Innenraum des ersten Münchner *Opernhauses* am Salvatorplatz, 1651 von Marx Schinnagl eingerichtet, 1655–57 von Francesco Santi umgebaut und erweitert, 1802 abgetragen

1844 Fanny Elßler Gast im Nationaltheater.
1854 ff. Franz von Dingelstedt beginnt seine berühmten Mustervorstellungen.
1865 Wagners *Tristan und Isolde* uraufgeführt. *Aktien-Volkstheater* gegründet, heute *Theater am Gärtnerplatz,* dient der Operette und Opera buffa.
1868 *Die Meistersinger von Nürnberg* und
1869 *Das Rheingold* uraufgeführt. 1869 bis
1870 Uraufführung *Die Walküre.*
1872 ff. Die berühmten *Separatvorstellungen* für König Ludwig II.
1875 Lucile Grahn Ballettmeisterin am Nationaltheater.
1878 *Der Ring des Nibelungen* erstmals vollständig zyklisch aufgeführt.
1883 Als erstes deutsches Theater *Residenztheater* elektrisch beleuchtet.
1893 Erstmals *Richard-Wagner-Festspiele.*
1896 Erste Drehbühne der westl. Welt von Karl Lautenschläger im *Residenztheater* eingerichtet.
1901 *Prinzregententheater* von Max Littmann erbaut. Uraufführung *Feuersnot* von Richard Strauss.
1904 Erweiterung der *Richard-Wagner-Festspiele* durch Mozart-Zyklus.
1917 Hans Pfitzners Oper *Palestrina* uraufgeführt.
1924–30 Post macht Opern- und Konzertaufführungen aus München über Drahtfunk in ganz Bayern und der Pfalz zugänglich.
1942 Strauss' *Capriccio* uraufgeführt.
1943 *Nationaltheater* zerstört, 1944 das *Residenztheater* (Einrichtung kurz vorher ausgebaut).
1945–63 spielt die Oper im Prinzregententheater.
1948 Ballett *Abraxas* von W. Egk uraufgeführt.

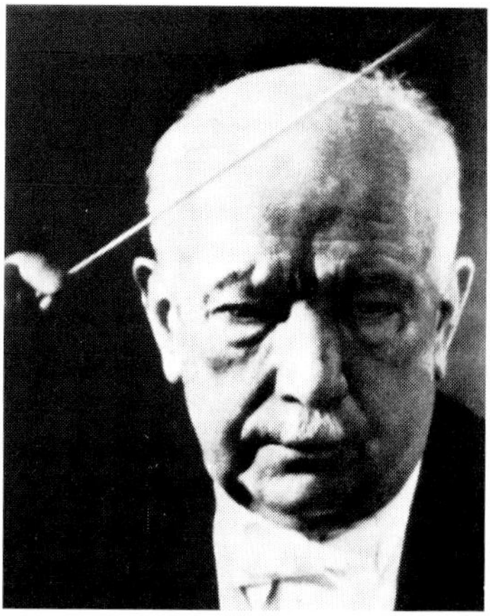

Richard Strauss (1864–1949)

1951 Beginn der *Münchner Opernfestspiele* der Nachkriegszeit.
1958 *Altes Residenztheater (Cuvilliéstheater)* wiedereröffnet. Dient saisonmäßig der Oper. Hindemiths *Harmonie der Welt* uraufgeführt.
1963 *Nationaltheater* nach Wiederaufbau im alten Stil wiedereröffnet.
1980 *Wolfgang Sawallisch* (1923 in M. geboren) wird Direktor der Münchner Oper.
1983 August Everding tritt das neugeschaffene Amt des Generalintendanten an.
1984 Wiederherstellung und Bespielung des Prinzregententheaters für Ende 1987 beschlossen.

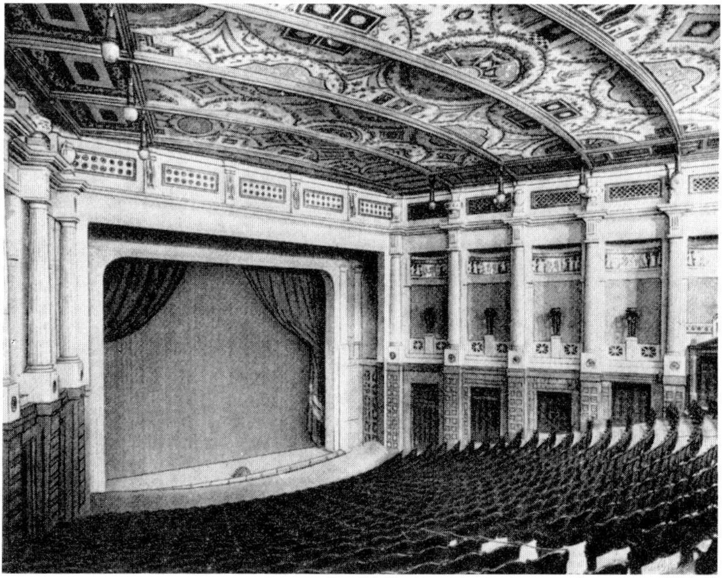

Innenraum des 1901 von Max Littmann erbauten *Prinzregententheaters,* das seit 1963 nicht mehr bespielt wird. Die Wiedereröffnung ist für Ende 1987 vorgesehen

THEATER UND SCHAUSPIEL

1510 1. belegte Theateraufführung: *Jedermannspiel* auf dem Markplatz.
1530 3 festliche Straßentheater-Aufführungen zu Ehren Kaiser Karls V.
1540 etwa erstes Auftreten berufsmäßiger Schauspieler im Alten Hof.
1554 1. Ratskomödie im Rathaussaal.
1560 1. Aufführung des Jesuitentheaters.
1568 1. *Commedia dell'Arte* in München.
1597 1. Auftreten englischer Komödianten: spielen in englischer Sprache. Der *Triumphus Divi Michaelis Archangeli* zur Einweihung der Michaelskirche mit mehr als 900 Mitwirkenden größtes Schauspiel des europäischen 16. Jh.
1609 1. öffentliche Aufführung des *Cenodoxus* von Jacob Bidermann: größtes und bedeutendstes Drama des Frühbarock.
1650 etwa bilden Stadtmusikanten eigenes Theaterensemble, 1784 verboten.
1660 Turnierhaus erbaut, diente bis zum Abbruch 1823 Festaufführungen und Reiterkarussellen.
1670–96 *Deutsches Schauspiel* unter Michael Daniel Treu.
1671–74 Französ. Komödiantentruppe in M.
1684–91 Italienische Truppen (Namini und Calderon).
1701 ff. Hinwendung zum französischen Schauspiel, das
1715–20 eine 1. Blütezeit erfährt.
1718 *Redoutenhaus* an der Prannerstraße errichtet, bis 1818 in Betrieb.
1721 Privileg für bürgerliche Theatertruppe, die im Faberbräu auftritt.
1730–40 2. Blüte des französischen Hofschauspiels.
1749 1. stehende französische Schauspielertruppe am Hof.
1760 etwa Truppe von Therese von Kunz berufen.
1770 Passionsspiele im Zug der Aufklärung verboten, **1784** auch alle anderen geistlichen Spiele.
1771 J.B. Nießer eröffnet 1. regelmäßig spielende Bühne.
1773 Jesuitentheater geschlossen.
1775 Lessing wohnt Aufführung seiner Werke in München bei.
1777 *Hamlet* erstaufgeführt, in der Titelrolle Emanuel Schikaneder.
1778 Eröffnung der *Nationalen Schaubühne* durch die von Mannheim berufene Marchandsche Truppe im Opernhaus am Salvatorplatz, bis 1802.
1831 Ferdinand Raimund gastiert mit eigenen Stücken (ebenso 1832 und 1835).
1845 Johann Nestroy tritt in eigenen Rollen auf.
1850 Um die Jahrhundertmitte allmählich Bedeutungszunahme des – gegenüber der Oper – vernachlässigten Sprechtheaters.
1852 Uraufführung von Hebbels *Agnes Bernauer* erregt Theaterskandal.
1864–67 Semper plant *Festbau* für München: Wäre der bedeutendste Theaterbau der Jahrhundertmitte geworden.
1865 *Aktien-Volkstheater* gegründet, heute *Theater am Gärtnerplatz.*
1876 Nationaltheater erhält 1. Regenanlage Deutschlands.
1880–83 tritt *Josef Kainz* am Hoftheater auf.
1883 Die Meininger gastieren in München.
1889 Einrichtung der Shakespeare-Bühne am Nationaltheater durch Josza Savits.
1891 Ibsens *Hedda Gabler* uraufgeführt.
1895–1905 Ernst von Possart Generalintendant.
1896 *Deutsches Theater* eröffnet, Beginn des modernen Theaters in München.
1897 Kathi Kobus eröffnet den *Simplicissimus. Akademisch-dramatischer Verein,* Vorkämpfer der Avantgarde, gegründet.
1900 *Marionettentheater* erbaut: Erste ständige Einrichtung dieser Art in der Welt.
1900–01 *Münchner Schauspielhaus* von Littmann und Riemerschmid als 1. und heute einzig erhaltenes Jugendstiltheater erbaut.
1901 1. Literarisches Kabarett Deutschlands *Elf Scharfrichter* eröffnet, bis 1903.
1906 Die *Kammerspiele* gegründet (Augustenstraße).
1908 *Künstlertheater* im Ausstellungspark eröffnet, entwickelt die berühmte *Münchner Reliefbühne.*
1910 Uraufführung von Hofmannsthals *König Ödipus* durch Reinhardt.
1911–60 Arthur Kutscher wirkt in München und begründet die *Theaterwissenschaft.*
1912 Erste Bühneninszenierung des *Jedermann* im Hoftheater.
1915 Otto Falckenberg beginnt seine Inszenierungen an den *Kammerspielen.*
1921 Hofmannsthals *Der Schwierige* uraufgeführt.
1926 Fusionierung von *Schauspielhaus* und *Kammerspielen,* die in die Maximilianstraße ziehen: *Münchner Kammerspiele im Schauspielhaus.*
1928 Hofmannsthals *Turm* uraufgeführt.
1929 Max Reinhardt mit seinem Ensemble gastiert in München.
1945 *Schaubühne* an der Reitmorstraße eröffnet als 1. Theater nach dem Krieg.
1946 *Franz Xaver Kroetz* in München geboren: seit 1972/73 meistgespielter deutschsprachiger Dramatiker.
1948 Karl Valentin gestorben.
1949 Weiß-Ferdl gestorben.
1951 *Neues Residenztheater* an der Stelle des Rokoko-Residenztheaters eröffnet.
1958 *Altes Residenztheater (Cuvilliés-Theater)* im Apothekenstock eingebaut und wiedereröffnet, dient saisonmäßig auch dem Schauspiel.
1960 Liesl Karlstadt, langjährige Gefährtin Valentins, gestorben.
1966 Internat. Puppenspiel-Festival in M.
1975 Schauspielerin *Therese Giese,* Tänzer *Heinz Bosl* und Regisseur *Hans Schweikart* gestorben.
1983 Neues *Münchner Volkstheater* eröffnet, *Deutsches Theater* nach langjährigem Umbau wiedereröffnet.
1985 München besitzt 5 staatliche, 3 städtische sowie 50 private Theater und Kleinkunstbühnen.

LITERATUR

1294–1347 Kaiser Ludwig der Bayer besitzt eine der berühmtesten *Bibliotheken* des Abendlandes. Seine Hofkanzlei bildet eigenes *Hochdeutsch* aus und bereitet damit gemeindeutsche Schriftsprache vor.
1335 etwa trägt Hadamar von Laber im Alten Hof seine *Jagd* vor: bedeutendste Minne-Allegorie des Mittelalters.
1350 Heinrich von München verfaßt seine *Weltchronik*.
1394 Heinz Sentlinger überarbeitet und ergänzt Heinrichs *Weltchronik*.
1400–69 Jakob Pütrich von Reichertshausen: bester Kenner und zugleich einer der letzten Vertreter deutscher Minnedichtung.
1423 Oswald von Wolkenstein in München.
1427 Hans Schiltberger schreibt érstes bayerisches Reisebuch über seine Erlebnisse in der Türkei, in Persien und Ägypten.
1447 München erhält durch Stiftung seine 1. Stadtbibliothek.
1455 erscheint 1. deutscher Kalender in M.
1478–81 verfaßt Ulrich Fuetrer seine *Bayerische Chronik*.
1482 Erstes in München gedrucktes *Buch* durch Hans Schobser vollendet.
1512 druckt Hans Schobser die 1. Gelegenheitszeitung Münchens.
1537 Münchner Stadtschreiber S.F. Schaidenreißer (als Humanist: Minervius) vollendet 1. deutsche Homerübersetzung.
1547–53 Der Humanist Hieronymus Ziegler Stadtpoet und Lateinlehrer in München.
1553–59 Martinus Balticus, Schüler Melanchthons, in München: entwickelt deutsches *Schuldrama*.
1558 Herzog Albrecht V. kauft die *Bibliothek J.A. von Widmanstetters:* Grundstock der gleichzeitig gegründeten Hof-, jetzt Staatsbibliothek.
1571 Erwerbung der *Bibliothek Jakob Fuggers* durch Albrecht V.
1580 Michel de Montaigne in München.
1587 Wilhelms V. festliche Hochzeit mit Renata von Lothringen (1568) erscheint als Szene in der ›Historia von Doctor Fausten‹.
1597–1651 Unter Maximilian I. vielseitiges, für damaliges Deutschland einmaliges literarisches Schaffen. Bedeutendste Namen seines *Münchner Dichterkreises* sind:
1593–1620 der Niederländer Aegidius Albertinus in München, wird zum beliebtesten Volksschriftsteller und gibt durch die freie Bearbeitung des *Guzman de Alfarache* Anstoß zum deutschen Schelmenroman.
1606 Geistlicher Barockdichter und Komponist *J. Khuen* in Moosach geboren († 1675).
1609–16 Jakob Bidermann am Jesuitengymnasium: eine der größten Begabungen der deutschen Barockliteratur.
1611–38 Jeremias Drexel in München: der fruchtbarste aszetische Schriftsteller seiner Zeit.
1626–28 und **1637–50** Jakob Balde in München: berühmtester Dichter seiner Zeit (der *Bayerische Horaz*).
1628 Ältestes bekanntes Münchner Wochenblatt erscheint: *Gewisse und warhaffte Wochentliche Ordinari Zeitungen.*
1647 veröffentlicht der Jesuit Johann Bisselius mit *Argonauticon Americanorum* den 1. Roman eines Deutschen über Amerika.
1661 Erstes *Pflichtexemplargesetz* zugunsten der Hofbibliothek.
1662/63 *Annales Boicae gentis* von P. Johann Vervaux S.J. erschienen: 1. wissenschaftlich erarbeitete Bayer. Geschichte.
1702 1. bayer. literar. Zeitschrift in München erschienen: *Nutz- und Lust-erwecäkende Gesellschaft der vertrauten Nachbarn am Isarstrom.*
1722 G. Hieber, E. Amort und A. Kandler gründen gelehrte Zeitschrift *Parnassus Boicus* und treten für deutsche Sprachkultur ein (bis 1740).
1773–74 Chr. F. D. Schubart in München.
1775 G.E. Lessing in München. Mit der Aufklärung wieder Einsetzen regen Literaturbetriebes in München: Hauptvertreter Lorenz von Westenrieder.
1779 erscheint anonym Westenrieders *Leben des guten Jünglings Engelhof:* bedeutendster Aufklärungsroman Bayerns.
1782 Westenrieder gibt erste Stadtbeschreibung Münchens heraus.
1786 Goethe in München auf Durchreise.
1789 Hofbibliothek öffentlich zugänglich.
1800 ff. München leistet bedeutenden Beitrag zur Romantik (Görres und sein Kreis, Schelling) und wird zu einem der führenden literarischen Zentren Deutschlands.
1812 Goethe verfaßt die Inschrift zum Tor des Alten Botanischen Gartens.
1820 Jean Paul besucht München.
1822–44 Fjodor Iwanowitsch Tjutschew, einer der berühmtesten russischen – dennoch in Deutschland weitgehend unbekannter – Lyriker, lebt in München.
1827 Ch. de Coster, Dichter des *Uylenspiegel,* in München geboren († 1879).
1827–28 lebt Heine in München und hofft vergeblich auf Anstellung.
1833 H. Chr. Andersen zum ersten Mal in München (dann 1840, 51, 52 und 1854).
1833–42 Cl. Brentano in München, verfaßt hier u.a. *Hinkel, Gockel* und *Gackeleia*.

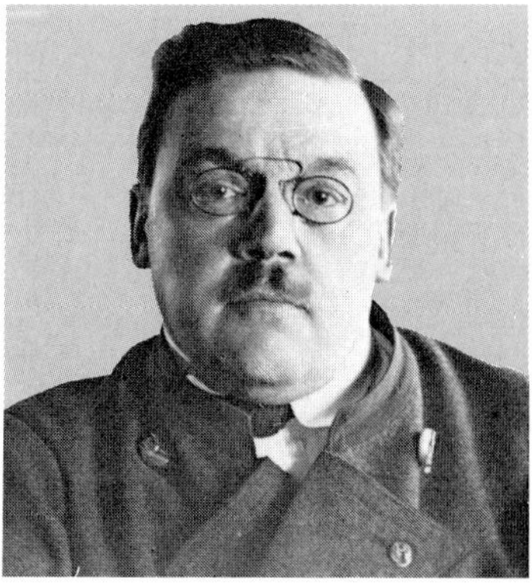

Ludwig Thoma (1867–1921)

1836–39 Friedrich Hebbel in München.
1840 G. Keller in München: schildert seine Erlebnisse im *Grünen Heinrich.*
1844 *Münchner Fliegende Blätter* gegr.
1848 ff. König Max II. sucht durch Berufung der Nordlichter auch das literarische Leben der Stadt zu fördern: *Münchner Dichterkreis* mit F. Bodenstedt, F. Dahn, E. Geibel, M. Greif, W. Hertz, P. Heyse, H. Lingg, M. Mayr, W.H. Riehl u.a.
1856 P. Heyse versucht vergeblich, Fontane für München zu gewinnen.
1866 Alphonse Daudet in München.
1870 Annette Kolb in München geboren († 1967).
1871 Chr. Morgenstern, Dichter der *Galgenlieder,* in München geboren († 1914 Untermais/Meran).
1875–91 lebt Ibsen in München und verfaßt 6 seiner Dramen.
1884 L. Feuchtwanger in München geboren († 1958 Los Angeles).
1891 Joh.R. Becher in München geboren († 1958 Ostberlin).
1893 Th. Mann übersiedelt nach München (emigriert 1934 in die Schweiz).
1895 Uraufführung der *Fahnenweihe* von J. Ruederer begründet moderne bayerische Literatur, die dann Ludwig Thoma als selbständiges Element in die deutsche Literatur einbringt. Weitere Pflege durch Lena Christ, J. Hofmiller, G. Queri, Ed. Stemplinger u.a.
1896 Zeitschrift *Jugend* gegründet: namengebend für den ›Jugendstil‹. – Albert Langen und Th.Th. Heine gründen *Simplicissimus,* der sich unter dem Redakteur L. Thoma und den Zeichnern Reznicek, Wilcke, Arnold, Thöny und Gulbransson zum künstlerisch besten Witzblatt, das je existiert hat, entwickelt (1944 eingestellt).
1900 ff. Um die Jahrhundertwende wird München literarisch-dichterisches Zentrum Deutschlands: O.J. Bierbaum, M.G. Conrad, S. George, M. Halbe, H. Lautensack, Th. Mann, R.M. Rilke, K. Wolfskehl, F. Wedekind u.a. *Elf Scharfrichter,* 1. deutsches literarisches Kabarett (bis 1903).
1900–02 lebt Lenin in M.: schreibt Revolutionsfibel *Was tun?* und redigiert hier die Zeitschriften *Iskra* (Funke) und *Sarja* (Morgenröte).
1901 Ernst von Wolzogens *Das dritte Geschlecht,* erster Schwabinger Roman, erscheint.
1902 Zeitschrift *Hochland* gegründet. G. Apollinaire besucht München.
1904 *Süddeutsche Monatshefte* gegr.
1905–40 Dichter und Essayist *Konrad Weiß* in München.
1907–12 lebt *Carl Sternheim* in Pullach vor München.
1907 und **1922** Jean Giraudoux in München, schildert Erlebnisse in *Siegfried.*
1910 Nobelpreis an P. Heyse.
1917 F. Kafka in München.
1918 übersiedelt J.R. Becher nach Berlin: literar. Expressionismus geht an München vorüber. Reicheres literar. Leben erst wieder in den 20er und 30er Jahren: G. Britting, H. Carossa, Annette Kolb, M. Lichnowsky, J. Wassermann, K. Weiß u.a. Die bayerische Dichtung und Literatur gepflegt von P. Dörfler, W. Diess, O.M. Graf u.a.
1920 Freitod der Lena Christ im Waldfriedhof.
1928 Th. Wolfe in München. Ebenso B. Brecht: bewundert Karl Valentin.
1929 Nobelpreis an Th. Mann.
1933 Exodus der Literatur: L. Feuchtwanger verläßt München, ebenso O.M. Graf, dann 1934 Th. Mann.
1936 O. Spengler, der hier den *Untergang der Abendlandes* geschrieben hatte, in München gestorben.
1958 Münchner Verlage rücken in der Titelproduktion an die erste Stelle unter den deutschen Verlagsstädten.
1962 München beherbergt die meisten deutschen Verlage.
1973 *Klaus-Mann-Archiv* gelangt in die Städtischen Bibliotheken.
1975 Eugen Roth gestorben (Gesamtauflage: 4,3 Mio). – Deutschlands erster Frauenbuchladen eröffnet.
1980 Bayer. Staatsbibliothek erwirbt Bibliothek der Fürsten Oettingen-Wallerstein.
1982 München nach New York zweitgrößte Verlagsstadt der Welt: Über 300 Verlage veröffentlichen rund 10000 Neuerscheinungen.
1984 Städtische Bibliotheken beziehen neues Domizil im Kulturzentrum Am Gasteig.

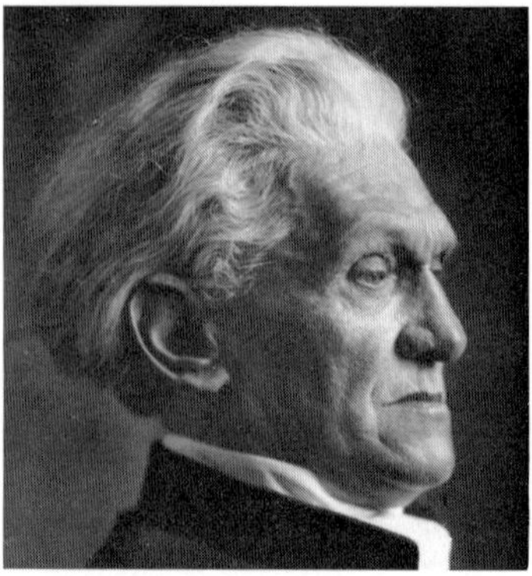
Stefan George (1868–1933)

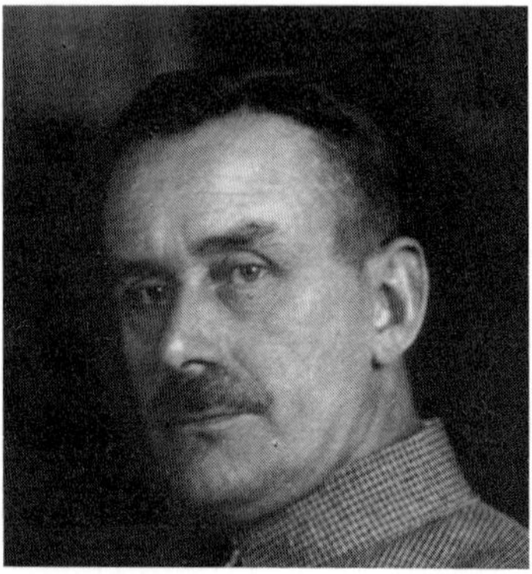
Thomas Mann (1875–1955)

WISSENSCHAFT UND BILDUNGSWESEN

Die erste bayerische Universität wurde 1472 in Ingolstadt gegründet, 1800 nach Landshut und 1826 nach München verlegt. Bis zum Beginn des 19. Jahrhunderts bestimmte nicht so sehr die Residenzstadt München das geistig-wissenschaftliche Leben des Landes, sondern Ingolstadt.

1326–42 † Marsilius von Padua, kaiserlicher Leibarzt, erster laizistischer Staatsdenker der Neuzeit, formuliert Idee der Volkssouveränität.

1328–48 *Geistliche Hofakademie* Ludwigs des Bayern mit Marsilius v. P., Michael v. Cesena, Bongratia v. Bergamo, Johann v. Jandun und William Occam (führender Nominalist). München ist bestimmendes geistiges Zentrum Europas neben Oxford und Paris (Entwicklung des modernen Staatsgedankens).

1329–49 † William Occam, 1. und größter Philosoph der *Neuzeit,* in München.

um 1450 Die bibliophilen Ärzte J. Hartlieb und S. Gotzkirchner als Vorläufer des Humanismus.

1451 *Nikolaus von Kues* in München.

1478 Mit *Poeterei* 1. städtische Schule gegründet.

1507–37 wirkt *Johann Aventin* in München: schreibt 1. bedeutendes Geschichtswerk in deutscher Sprache.

1520–50 Der Münchner *Nikolaus Kratzer* (*1488) *Hofastronom und Mathematiker Heinrichs VIII.* von England (von Holbein und Dürer porträtiert).

1529–31 *Paracelsus* in München.

1552 Geschichtsforscher *Wiguläus Hundt,* nach München berufen.

1560 Die im Vorjahr berufenen Jesuiten eröffnen 1. Gymnasium.

1565 *Samuel Quickelberg,* Konservator der herzogl. Sammlungen, begründet mit einem Lehrwerk die neuzeitliche Museumswissenschaft.

1687 A. W. Ertls *Churbayrischer Atlas.*

1688 Leibniz in München.

1700 ff. Der Münchner Jesuit *Caspar Castner* Präsident des mathematischen Tribunals in Peking.

1701–1726 erscheint Michael Wenings vierteilige *Topographia Bavariae.*

1722 E. Amort, G. Hieber und A. Kandler gründen literarisch-wissenschaftliche Zeitschrift *Parnassus Boicus:* Beginn geistiger Erneuerung im Sinne früher Aufklärung (bis 1740).

1748–1829 L. von Westenrieder, unermüdlicher Vorkämpfer für Volksbildung und wissenschaftlichen Fortschritt.

1751–56 erscheint X. A. W. v. Kreittmayrs Gesetzgebungswerk: 1. abgeschlossene, umfassende Rechtskodifizierung Deutschlands.

1759 Mit der *Bayerischen Akademie der Wissenschaften* erhält München ein geistiges Zentrum und Gegengewicht zur Ingolstädter Universität.

1763 *Monumenta Boica,* 1. Urkundensammlung zur bayer. Geschichte, erschienen; F. v. Oefele gibt die *Scriptores rerum Boicarum* heraus; Peter v. Osterwald richtet die erste Sternwarte ein.

1765–1841 Franz von Baader: bedeutendster bayerischer Philosoph der Romantik.

1766 Chr. Wink, R. A. Boos und F. X. Feichtmayr gründen *Zeichenschule* (untergebracht im Wilhelminum), die 1770 als *Maler- und Bildhauerakademie* verstaatlicht wird: Vorläufer der späteren Akademie der bildenden Künste.

1774 Heinrich Braun reformiert das Schulwesen.

1776 Gründung des aufklärerischen Illuminatenordens.

1784/85 Verbot der Freimaurerei und der Illuminaten.

1793 F. X. Kefer gründet *Handwerks-Feiertagsschule,* H. Mitterer die *Feiertagsschule für Künstler und Handwerker.* Durch Vereinigung beider noch im Gründungsjahr entsteht Bayerns erste technische Schule.

1801 Beginn der bayer. Landesvermessung von Oberföhring (Basispyramide) aus.

1802 Einführung der Schulpflicht in München.

1803 Erste Münchner Volksschule (›Elementarschule‹) eröffnet.

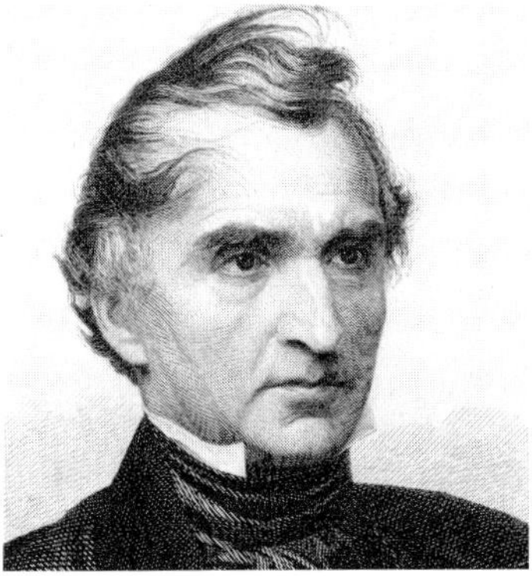

Justus von Liebig (1803–73)

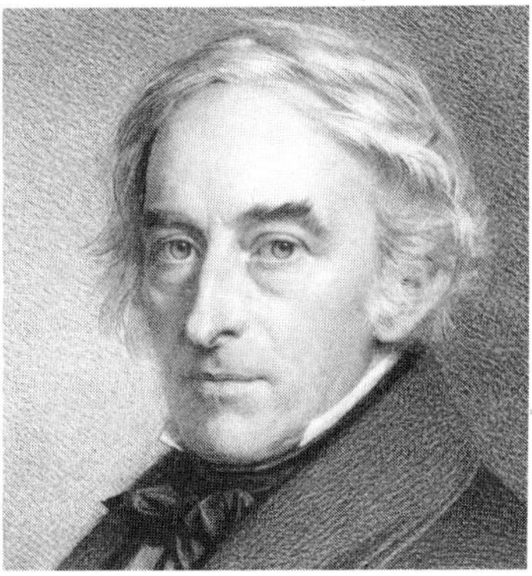

Carl Friedr. Phil. von Martius (1794–1868)

1804 H. Mitterer gründet in der Feiertagsschule erste *Lithographische Anstalt* in München.

1804 ff. Unter König Max Josef erste Berufungswelle von meist norddeutschen Wissenschaftlern: F. Jacobs, F. H. Jacobi, J. W. Ritter, F. Schlichtegroll, Th. Sömmering, F. W. Thiersch.

1806 F. W. J. v. Schelling Mitglied der Akademie der Wissenschaften und Generalsekretär der Akademie der Bildenden Künste: Durch ihn wird München zum Zentrum der romantischen Philosophie.

1811 F. L. v. Sckell und F. P. Schrank legen den (Alten) *Botanischen Garten* an.

1817 Brasilienexpedition von C. F. Ph. v. Martius und J. B. v. Spix.

1826 Universität von Landshut nach München verlegt. 2. Berufungswelle: F. W. v. Schelling, F. X. Baader, Martius, Thiersch u. a.

1827 J. v. Görres berufen: Mittelpunkt der kath. Spätromantik. Polytechnische Centralschule gegründet.

1830 Beginn regelmäßiger pathologisch-anatomischer Demonstrationen an der Universität.

1830–49 wirkt P. F. v. Walther in München, kgl. Leibarzt und Reformator der Chirurgie.

1835–79 Johann v. Lamont Direktor der Münchner Sternwarte.

1848 Mit der Thronbesteigung von König Max II. dritte Berufungswelle *(Nordlichter)*: F. v. Bodenstedt, J. K. Bluntschli, F. Dahn, Ph. v. Jolly, W. H. Riehl, Karl Theodor von Siebold u. a.

1850–54 G. S. Ohm lehrt an der Universität (in München gestorben).

1852 J. v. Liebig berufen, betreibt mit seinen öffentl. Vorlesungen eine Art Volkshochschule.

1853 M. v. Pettenkofer, Professor, Begründer der modernen Hygiene.

1854–57 Beginn der literarisch-wissenschaftlichen Zusammenkünfte *(Symposien)* bei König Max II.

1857 Erste deutsche Himalaya-Expedition der Brüder Schlagintweit.

1857 Max II. und L. v. Ranke planen *Akademie für deutsche Sprache und Literatur* (Projekt gescheitert). – Chr. F. Schönbein, Basel: »In der Chemie ist in München immer etwas los.«

1860 Der Münchner Arzt Alfred Vogel (1829–90) veröffentlicht erstes Lehrbuch der Kinderkrankheiten in deutscher Sprache; 2. Aufl. bereits 1863.

1865 In München und an den anderen Landesuniversitäten Bayerns werden ordentliche *Lehrstühle für Hygiene* (die ersten in Deutschland) errichtet; erster Inhaber M. v. Pettenkofer.

1868 *Polytechnische Schule* gegründet, ab 1877 *Technische Hochschule* benannt. – *Kunstgewerbeschule* errichtet.

1875 Der Münchner E. v. Bary erforscht westl. Sahara.

1876 *Stiftung Maximilianeum* (mit kostenlosem Studium für die 26 besten Absolventen Bayerns) von König Ludwig II. gegründet.

1879 *Hygienisches Institut* M. v. Pettenkofers eröffnet.

1880–95 lebt *Albert Einstein* in München.

1889 *Thesaurus Linguae Latinae* begonnen.

1892 M. v. Pettenkofers Cholera-Experiment: schluckt 1 Milliarde Bazillen, ohne zu erkranken.

1900 G. Kerschensteiner führt Berufsschule ein, gründet *Volksbildungsverband*. – W. Filchners erste Expedition (Ritt über den Pamir); bis 1940 sechs weitere nach Spitzbergen, in die Antarktis, nach Tibet, Nepal und in die Tatarei.

1901 C. Röntgen erhält Nobelpreis (Physik) (seit 1900 in München ansässig).

1903–26 *E. Kraepelin* (1856–1926), Begründer der wissenschaftlichen Psychiatrie, wirkt in München; gründet 1917 *Deutsche Forschungsanstalt für Psychiatrie*, heute *Max-Planck-Institut für Psychiatrie*.

1905 Nobelpreis für Chemie an A. v. Baeyer, der seit 1875 als Nachfolger Liebigs in München lehrt und forscht.

1906 *Münchner Volkshochschule* gegründet.

1907 Der Münchner E. Buchner, damals Professor in Berlin, erhält Nobelpreis für Chemie.

1911 Der Romanist K. Voßler an Universität berufen.

1912–24 Der Kunsthistoriker H. Wölfflin lehrt in München.

1915 Richard Willstätter erhält Nobelpreis für Chemie, lehrt 1915–39 in München.

1918 F. Sauerbruch berufen. Bis 1927 in München.

1918–22 schreibt O. Spengler den *Untergang des Abendlandes* in München.

1924 Eröffnung der städtischen *Höheren Technischen Lehranstalt*, 1946 in *Oskar-von-Miller-Polytechnikum* umbenannt, seit 1971 – nach Verstaatlichung – *Fachoberschule München*.

1925 *Deutsches Museum für Meisterwerke der Technik* eröffnet.

1927 Chemie-Nobelpreis an H. Wieland, 1917–21 und ab 1925 in München wirkend.

1927–35 der Kunsthistoriker W. Pinder in München.

1930 1. Fernsehapparat der Welt im Deutschen Museum. H. Fischer Nobelpreis für Chemie.

1945 München Sitz der *Ukrainischen Freien Universität*.

1955 ff. Übersiedelung der ersten *Max-Planck-Institute* nach München (heute insgesamt 6). Auch die Nobelpreisträger Werner Heisenberg (1933: für Physik) und Adolf Butenandt (1939: für Chemie) verlegen ihre Wirkungsstätte nach München.

1961 Nobelpreis für Physik an Rudolf Mößbauer.

1964 Nobelpreis für Medizin an Feodor Lynen (geb. 1911 in München).

1971 TH nun *Technische Universität*.

1973 Drei Nobelpreise für Münchner Wissenschaftler: *Konrad Lorenz* und *Karl v. Frisch* (Medizin und Psychologie) sowie *Ernst Otto Fischer* (Chemie).

1974 *Deutsches Herzzentrum*, durch Rudolf Zenker aufgebaut, eröffnet.

1984 Der in München geborene Immunologe und Krebsforscher *G. Köhler* erhält Nobelpreis für Medizin.

ERFINDUNGEN, ENTDECKUNGEN UND ENTWICKLUNGEN

1394–1427 *Orientreise* des Hans Schiltberger (›Bayerischer Marco Polo‹).
1447/1453 Münchener *Bierbrauerordnung* schreibt Verwendung nur von Gerste, Hopfen und Wasser zur Bierherstellung vor: Vorläufer des bayerischen *Reinheitsgebotes* von 1516 und damit frühestes bekanntes Nahrungsmittelgesetz.
1467–71 bereits Bau der 1. Röhrenwasserleitung von Thalkirchen nach München.
1492 Der Münchner H. Barth baut *Kesselberg-Paßstraße* zum Walchensee aus.
1559–66 Philipp Apian führt methodische Landesvermessung durch und gibt daraufhin (1568) seine 24 *Bairischen Landtafeln* heraus, die praktisch 200 Jahre Gültigkeit besitzen: Bayern galt damals als bestdargestelltes Land der Welt.
1617–19 Der Münchner Baumeister H. Reifenstuel legt die *Soleleitung* Reichenhall–Traunstein an: technisches Wunder seiner Zeit.
1763–1835 Joseph von Baader, durch seine Versuche mit *Eisenstraßen* Vorkämpfer des Eisenbahnbaus in Deutschland; unter seinen zahlreichen Erfindungen das sog. *Baadersche Zylindergebläse.*
1763–1840 Josef von Utzschneider: weitblickendes organisatorisches Genie, leitet die Industrialisierung Münchens und Bayerns ein.
1776 Hofmaschinist J. Gallmayr konstruiert die erste *automatische Uhr* der Welt.
1796–1806 erscheint *Reiseatlas von Bajern* von Adrian von Riedl: erster moderner Straßenatlas der Welt nach dem heute noch gültigen Prinzip der Streckensektionen.
1797 Graf Rumford, Schöpfer des Englischen Gartens und eine Art Universalgenie, schafft durch Experimente mit Wärme Grundlagen der heutigen Wärmelehre.
1798 Alois Senefelder erfindet die *Lithographie* und legt damit Grund für das moderne Offsetdruckverfahren.
1801 unternimmt Adrian von Riedl erste Landesvermessung nach modernen Gesichtspunkten.
1804 Georg von Reichenbach gründet mit Liebherr und Utzschneider Mechanisch-mathematisches Institut und damit modernen Maschinenbau Deutschlands: baut erste Dampfmaschine Bayerns, erfindet die Wassersäulenmaschine und das gezogene Geschütz. Seine 1817 eröffnete Soleleitung Berchtesgaden–Rosenheim damals ein technisches Meisterwerk von europ. Rang.
1807 Auf Betreiben des Münchner Arztes S. v. Häberl führt Bayern als 1. Land die *Pockenschutzimpfung* ein.
1807 ff. Joseph von Fraunhofer entwickelt das *dioptrische Teleskop* und ermöglicht damit erstmals exakte astronomische Messungen.
1808–13 Der Arzt F.X. Häberl richtet im Allgemeinen Krankenhaus erstmals *Warmluftheizung* und *Ventilation* ein.
1809 gründen Reichenbach, Utzschneider und Fraunhofer ihr Optisches Institut: München tritt damit an die Spitze der europäischen optischen Industrie. – S. v. Sömmering erfindet den *Elektrischen Telegrafen.* – Johann Georg Soldner veröffentlicht das später nach ihm benannte *Soldnersche Koordinatensystem* und die darauf basierende exakte Kartenprojektion.
1814 Fraunhofer veröffentlicht seine Forschungsergebnisse: *Entdeckung des Sonnenspektrums* und der *Fraunhoferschen Linien,* und schafft damit Grundlage für die Spektralanalyse.
1815 erhält J. v. Baader Privileg »für die Erfindung von eisernen Kunststraßen und Wagen«: erstes ›Patent‹ des deutschen Eisenbahnwesens (vgl. 1826).
1816 Der Münchner Hofwagner Georg Lankensperger erhält auf bahnbrechende Erfindung der *Achsschenkellenkung* bayerisches Privileg und 1818 unter Vermittlung

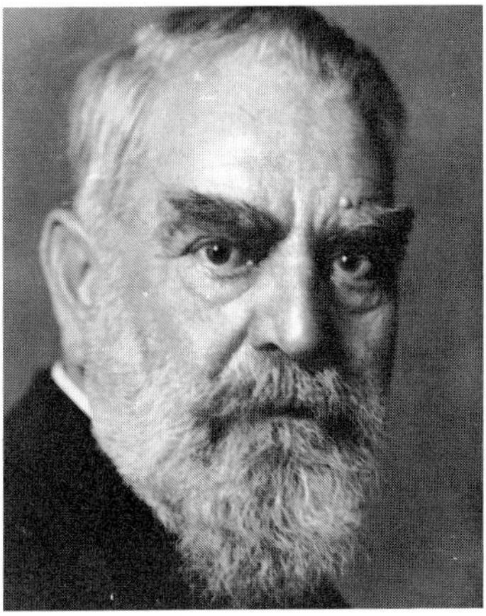

Oskar von Miller (1855–1934)

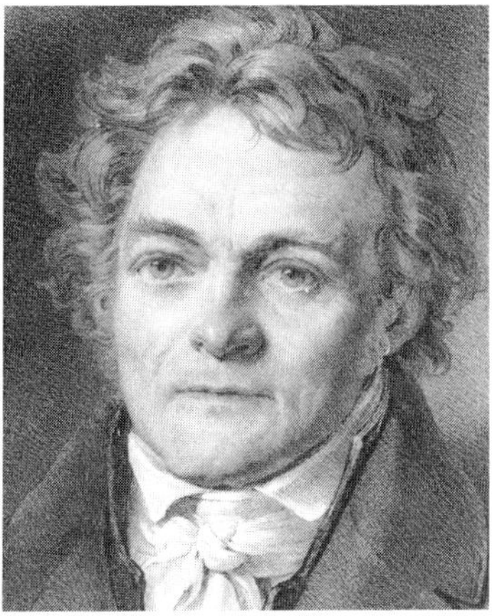

Aloys Senefelder (1771–1834)

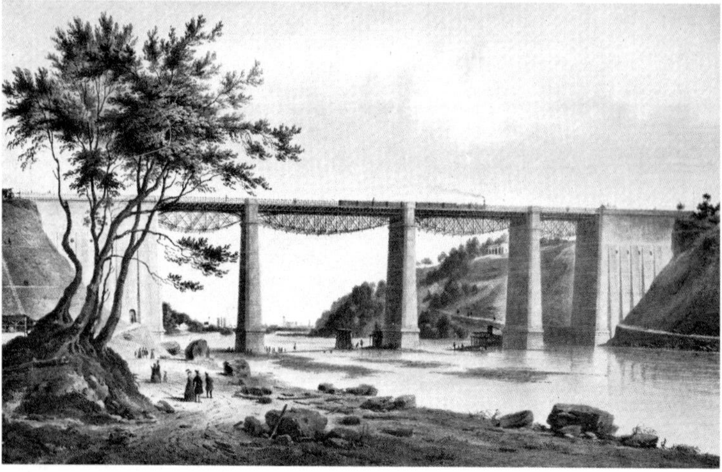

Ansicht der 1851–57 von Friedrich August von Pauli konstruierten *Großhesseloher Eisenbahnbrücke* (vor Umbau und Erweiterung von 1906); 1984 abgebrochen

des Münchner Verlegers Rudolf Ackermann britisches Patent: Die heute noch wichtige Erfindung bekannt als *Ackermann-* oder *A-Lenkung.*

1817 Gabelsbergers erste *Stenographieversuche.* – Der französische Mathematiker Laplace bezeichnet die Landesvermessung Bayerns »als das vorzüglichste aller bis dahin ausgeführten Systeme«.

1818 Senefelders Lehrbuch der Lithographie erschienen.

1818 (und **1828**) Der Optiker Josef Nickl liefert *Polarisationsmaschine* an Goethe, der sie zu Versuchen für seine Farbenlehre verwendet.

1821/22 Fraunhofer veröffentlicht die ersten Messungen von *Wellenlängen des farbigen Lichts.*

1826 führt J. v. Baader *Versuchseisenbahn* in Nymphenburg vor. – J.N. v. Fuchs entdeckt das *Wasserglas:* Nach ihm das Mineral *Fuchsit* benannt.

1830 Erste *Warmwasserheizung* Deutschlands (Treibhaus in Nymphenburg).

1831 F.X. Gabelsberger veröffentlicht das erste *Lehrbuch der Stenographie.*

1835 Erster Großguß J.B. Stiglmaiers in der Erzgießerei: Denkmal König Max Josephs von Christian Rauch (Max-Joseph-Platz).

1836 erfindet C.A. Steinheil den *Nadeltelegraf,* 1837 führt er erste *Fernsprechversuche* durch, 1838/39 – noch vor Daguerre – zusammen mit Franz von Kobell die ersten fotografischen Versuche und entwickelt in der Folge die erste *Kleinbildkamera* der Welt.

1837 Erste *telegrafische Nachrichtenübermittlung* zwischen Akademie der Wissenschaften und Sternwarte in Bogenhausen durch Steinheil.

1840 Der Maler Johann Baptist Isenring zeigt im Odeon ca. 60 Daguerrotypien: 1. *Fotoausstellung* der Welt.

1841 Joseph Anton v. Maffei baut die erste *Lokomotive* in München und gewinnt 1851 auch den Wettbewerb zum Bau der Semmeringbahn-Lokomotiven.

1841 I. Perner gründet den ersten *Tierschutzverein.*

1842 F. v. Kobell erfindet *Galvanographie.*

1847 Gründung der *Optischen Werke Steinheil und Söhne.*

1849 F. Bürkleins *Bahnhofshalle* mit wegweisender Dachkonstruktion. – Ausgabe der ersten deutschen Briefmarke (Schwarzer Einser).

1851–57 Bau der *Großhesseloher Brücke:* einer der frühesten reinen Ingenieurbauten Deutschlands (F.A. v. Pauli; 1984 gegen alle Proteste von der Deutschen Bundesbahn demontiert).

1854 Errichtung des *Glaspalastes* (1931 abgebrannt) als 1. Glas-Eisen-Konstruktion auf dem Festland nach Vorbild des Londoner Crystal Palace von 1851. – Franz Hanfstaengl erfindet *Negativretusche* in der Fotografie.

1854 Wilhelm Bauer führt *Unterwasser-Schießstand* vor und legt damit den Grund zur Entwicklung des Unterseebootes als Waffe.

1856 J. v. Liebig entdeckt *Holzgas.*

1858 Chr. Reithmann entwickelt (2 Jahre vor Lenoir) den *Zweitaktmotor.*

1860 ff. Lichtdruckverfahren *Albertotypie* von J. Albert entwickelt.

1863 *Poliklinik* eröffnet: ihre Kinderabteilung (›Hauner'sches Kinderspital‹) älteste heute noch bestehende Kinderklinik Deutschlands.

1873 Chr. Reithmann erfindet – 4 Jahre vor N. Otto – den *Viertaktmotor.* Erfindung wegen Geldmangels nicht ausgewertet.

1874 A. von Baeyer ermöglicht durch Entdeckung der Zusammensetzung von *Indigo* dessen künstliche Herstellung.

1876 C. v. Linde entwickelt *Kältemaschine:* Grundlage des modernen Kühlschranks.

1877 Hans Bunte erfindet *Generatorofen für Gaserzeugung.*

1879 *Dreifarbendruck* von Josef Albert entwickelt.

1881 G. Meisenbach erfindet die *Autotypie* und ermöglicht damit den modernen Bilderdruck.

1882 O. v. Miller und M. Deprez führen erste *Stromübertragung* der Welt von Miesbach nach München durch.

1883 Elektrische *Theaterbeleuchtung* erstmals eingeführt in Deutschland.

1885 Der Münchner M. Buchner erwirbt zusammen mit G. Nachtigal *Togo* und *Kamerun* als Kolonien für das Deutsche Reich.

1887 L. L. Zamenhof gründet *Esperanto*-Bewegung.

1890 München erhält als erste Stadt eine *Schwemmkanalisation.*

1895 A. Ungerer richtet erste *Elektrische Straßenbahn* Süddeutschlands in München ein.

1896 K. Lautenschläger entwickelt erste *Drehbühne* der westlichen Welt.

1898 Erster *Dieselmotor* in München der Öffentlichkeit vorgestellt.

1899 Erste *Autonummer* der Welt in München erteilt.

1902 Gabriel von Seidl gründet mit *Isartalverein* den ersten Umweltschutzverband Deutschlands und rettet damit das Flußtal südlich der Stadt vor Bodenspekulation und Bebauung.

1903 H. Anschütz-Kaempfe entwickelt den ersten *Kreiselkompaß.*

1904 H. Mikorey erfindet Minimax-Feuerlöschverfahren. – Gründung des *Vereins Ausstellungspark* und Anlage des Ausstellungsparks, in dem 1908 die erste Veranstaltung stattfindet und damit den Grund zur heutigen Bedeutung Münchens als *Messestadt* legt.

1905 gründet Ludwig Klages sein *Seminar für Ausdruckskunde* (bis 1919 in München).

1909 Erstes voll selbständiges Telefon-Wählamt Europas in Betrieb genommen.

1912 J.F. Schmidt läßt sein Spiel *Mensch-ärgere-dich-nicht* patentieren, das zu einem der größten geschäftlichen Erfolge wird. – Max von Laue beobachtet in München erstmals *Interferenzerscheinungen* an Röntgenstrahlen und stellt erstes *Laue-Diagramm* auf. Erhält dafür 1914 den Nobelpreis.

1919 1. *Zivil-Flugverkehrsstrecke* Deutschlands eingerichtet: München–Konstanz; München wird zur ›Wiege des Zivilluftverkehrs‹.

1923 *Hans-Werner Siemens* (1891–1969) begründet die Zwillingsforschung.

1924 Betriebsaufnahme des *Rundfunksenders* München, genannt ›Deutsche Stunde in Bayern‹.

1928 Die von dem Bibliotheksdirektor Hans Ludwig Held angeregte *Wanderbücherei* im Straßenbahnwagen eingeführt: beispielgebend für weitere Städte Deutschlands.

1929 Der in München ansässige Raketenforscher *Max Valier* (Bozen 1895–1930 Berlin) erreicht mit unbemanntem *Raketenschlitten* auf dem vereisten Starnberger See mit 400 km/h Weltrekord.

1949 *UKW-Station* in München-Freimann: erster frequenzmodulierter UKW-Sender Europas.

1958 In Garching vor München wird erster *Atom-(Forschungs-)reaktor* der BRD in Betrieb genommen.

1959 Die Professoren Rudolf Zenker und Werner Klinner führen erste *Herztransplantationen* in der Bundesrepublik durch.

1980 *Europäisches Patentamt* eröffnet.

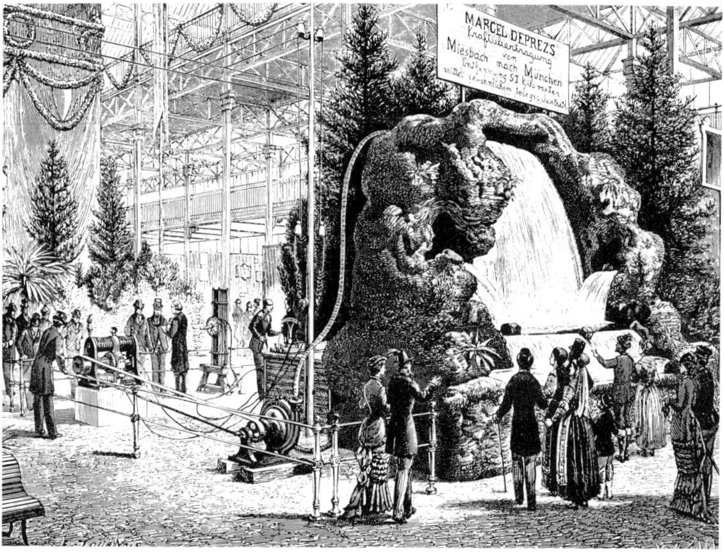

Erste Kraftübertragung mit hochgespannten Strömen (1350–2000 V) durch Oskar von Miller und Marcel Deprez von Miesbach nach München (57 km) im Oktober 1882 im Rahmen der ›Internationalen Elektrizitätsausstellung‹ im Münchener Glaspalast

SPORT

Im Mittelalter und bis weit in die Neuzeit ist ›Sport‹ – im allgemeinen beschränkt auf Turnier, Ritterspiel, Reiten, Fechten und Jagd – Privileg des Adels. Nur Pferderennen, Armbrust- und Gewehrschießen sind als Volksbelustigung und im Zusammenhang mit Landesverteidigung in bürgerlichen Kreisen verbreitet, daneben veranstalten die Zünfte Wettläufe, Stangenfechten und Weitspringen.

1360ff *Ritterturniere* und *Stechen* der Bürgersöhne im Alten Hof.
1370 Erstmals *Turnier* auf dem Schrannenplatz (Marienplatz) erwähnt, bis 1440 etwa alle 2 Jahre, dann bei festlichen Anlässen.
1391 1. Erwähnung einer *Armbrust-Zielstatt* am Angertor, letztmals erwähnt 1438.
1393 1. überregionales *Schützenfest* in M.
1406 Gründung der *Hauptschützengesellschaft;* 1. Erwähnung der *Armbrust-Schießstätte* vor dem Neuhauser Tor (bis 1659).
1411 Ein Schießplatz bei der Neufeste erwähnt.
1437 1. Pferderennen am Rennweg (Dachauer Straße) während Jakobidult (sog. *Scharlachrennen,* 1786 letztmals); dabei auch *›Fräulein-Rennen‹:* frühester Nachweis von Frauensport im alten München.
1456 1. Preisschießen der Feuerschützen.
1490 *Herzog Christoph,* der Starke oder der Kämpfer genannt, vollbringt im Alten Hof spektakuläre Leistungen im Steinstoßen (364 Pfund) und Hochsprung (3,50 m hoch; Gedenktafel in der Residenz, Durchgang vom Kapellen- zum Brunnenhof).
1568 Eines der glanzvollsten *Turniere* (mit bürgerlichem Kübelstechen u.a.) auf dem Marienplatz aus Anlaß der Hochzeit Herzog Wilhelms V. mit Renata von Lothringen.
1660 *Turnierhaus* am heutigen Odeonsplatz errichtet (5000 Plätze, 1818 abgebrochen).
1721 Kurfürst Max Emanuel, begeisterter Schwimmer, errichtet mit der *Badenburg* (→ S. 204) im Nymphenburger Schloßpark das erste heizbare Hallenschwimmbad der Neuzeit.
1780 Der Münchner Geistliche, Historiker und Aufklärer *Lorenz Westenrieder* unternimmt Erstbesteigung des Wendelsteins.
1782 *›Gesundheitsbad‹* durch Wundarzt Xaver Gumppert an der heutigen Müllerstr. gegründet: erstes öff. Freibad (bis 1895).
1810 Das *Pferderennen* auf der Theresienwiese anläßlich der Hochzeit Ludwigs I. mit Therese von Sachsen-Hildburghausen wird Anlaß zum Oktoberfest.
1815 *Wettlauf* von 18 Schülern der Feiertagsschule beim Oktoberfest.
1820 *Freiballonfahrt* von Wilhelmine Reichardt auf der Theresienwiese; Erstbesteigung der Zugspitze durch *Josef Naus* im Zuge der bayerischen Landesvermessung.
1827–43 wirkt Turnmeister *Hans Ferdinand Maßmann,* ein Schüler Jahns, in München; auf seine Veranlassung:
1828 Gründung der *›Kgl. Öffentlichen Turnanstalt‹* auf dem Oberwiesenfeld.
1829 Wettfahrt auf ›Laufmaschine‹ (1816 von Karl von Drais entwickelt, 1820 von Baader mit Tretkurbel ausgestattet): Erstes *›Radrennen‹* in München.
1833 Erstes öffentliches Schwimmbad an der *Georgenschwaige* errichtet.
1835 und **1836** *Turnfestspiele* der Münchner Handwerksgesellen unter Turnlehrer Gruber auf dem Oktoberfest: Ringen, Lanzenwurf, Steinschleudern, Akrobatik.
1837 Bau der ersten öffentlichen *Turnhalle* Deutschlands in der ›Turnanstalt‹.
1841 Der Bierführer Simon Meisinger besiegt den ›Französischen Herkules‹ Jean Dupuis in einem aufsehenerregenden *Ringkampf* im Nationaltheater.
1842 Erstes *Trabfahren* anläßlich des Oktoberfestes.
1847 *Jockey-Club* gegründet.
1848 Gründung des *›Münchner Vereins‹,* des ersten Turn- und Sportvereins in München, 1850 verboten.

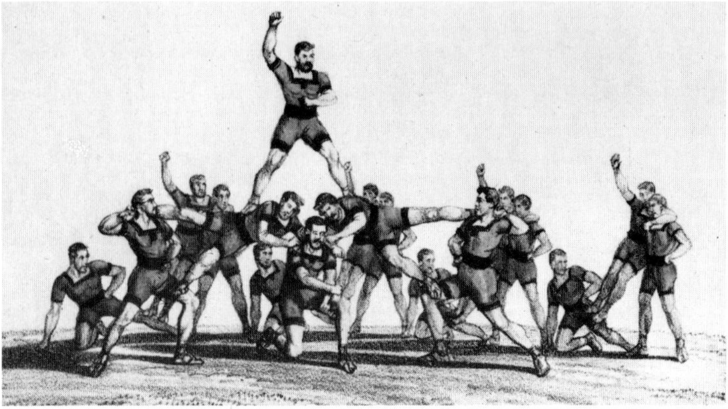

Turnergruppe der Bäcker- und Wagnergesellen bei den Oktoberfesten von 1835 und 1836

1850 ›*Olympische Spiele*‹ des Turnlehrers Gruber auf dem Oktoberfest.
1855 *Marienbad,* erstes öffentliches Hallenschwimmbad in München eröffnet.
1860 ›*Turn- und Sportverein von 1860 e. V.*‹ gegr. (Fußballabteilung erst ab 1899).
1866 ›*Münchner Rennverein e. V.*‹ gegründet (Galopprennen).
1869 *Deutscher Alpenverein* gegründet, ferner ›*Münchener Velociped-Club*‹, der erste der Welt; *Turnen* wird Schulfach, ab 1874 Pflichtfach.
1873 1. öffentliches *Radrennen* Sendlinger-Tor-Platz–Thalkirchen und zurück.
1880 1. *Radrennbahn* der Welt (zwischen Auenstr. und Wittelsbacherbrücke) eingerichtet; Eröffnung der 1. *Rollschuhbahn* (Skating Rink); *Münchner Ruder-Club* gegr.
1883 *Münchner Eislauf-Verein* gegründet; Deutsche *Eislaufmeisterschaften* in München.
1884 Erster *Tennisclub* gegründet; Wilhelm Paulcke betreibt erstmals *Skisport* in München.
1888 1. Auftritt einer *Damenriege* im Turnen.
1889 *VII. deutsches Turnfest:* dabei erstes Fußballspiel in München.
1890 Mit *Skiclub München 1890* erste deutsche Skivereinigung in München gegründet (Auflösung 1894).
1891 Erster *Fallschirmabsprung* in München.
1892 Felix Unsöld gründet erste *Kunsteislaufbahn* Europas (›Schachterleis‹ an der Galeriestraße, 1960 abgebrochen).
1893 *Schneeschuhverein München* gegr.: ältester bestehender deutscher Skiklub.
1894 Erstes *Rugbyspiel* in München.
1895 1. Münchener *Zementbahn* für Radrennen an der Nymphenburger Straße errichtet; *Deutscher Touring Club* in M. gegr.
1896 Toni Hübel gründet ersten Münchener Fußballclub ›*Terra Pila*‹.
1897 Die *Galopprennbahn Riem* eröffnet: heute größte Anlage Deutschlands. Der Milbertshofener Xaver Blätte schafft beim *Steinheben* 650 Pfund.
1897–1911 Karl Müllersches *Volksbad* errichtet: 1. modernes Hallenbad Münchens.
1899 *Allgemeine deutsche Sport-Ausstellung:* erste ihrer Art in Deutschland. 1. öff. *Fußball-Freundschaftsspiel* in München: MTV gegen Karlsruher Fußballbund (0 : 10).
1900 *FC Bayern* gegr. (mit 7000 Mitgl. größter deutscher Sportverein, seit 1965 in Bundesliga); München hat 26 Sportvereine.
1902 *Trabrennbahn in* Daglfing eröffnet; *Motorradfahrer-Verein München* gegründet; erstes Motorradrennen.
1903 *Automobil-Club München* und *Motorradfahrer-Verein München* gegr.: 1. Motorsportvereine in München; Josef Fischer, seit 1890 bester Straßenfahrer der Welt, nimmt an erster *Tour de France* teil.
1904 Charles Prelle bringt *Faltboot* von USA nach München.
1905 *Gau Südbayern* der Deutschen Motorradfahrer-Vereinigung gegründet: Keimzelle des *ADAC* (Umbenennung 1911); *Deutscher Ski-Verband* in München gegründet; Alfred Heurich entwickelt das später so genannte *Klepperboot;* erste bayer. Meisterschaft im *Ski-Langlauf.*
1906 *Beton-Radrenn-Sport-Oval* in Milbertshofen errichtet: größte Radrennbahn der Welt (1914 abgebr.) und Triumpharena des Radidols Thaddäus Robl (Weltrekord 95,026 km/h).
1910 *Münchner Golfclub* gegründet; Hans Dülfer begründet moderne *Felsenkletterei* (erste Verwendung von Mauerhaken und Seilzug).
1911 *Stadion* an der Grünwalder Straße eröffnet; erstes Länderspiel in München (6000 Zuschauer).
1912 *Deutscher Touring Kajak-Club* gegründet: ältester Faltbootverein der Welt.
1919 Erste öffentliche *Boxveranstaltung* in München: Die Brüder Harry und Willy Götz verbreiten diesen Sport von München aus; der Münchner Jagdflieger Ernst Udet (von Zuckmayer in ›Des Teufels General‹ verewigt) und Robert von Greim veranstalten erstes *Schaukunstfliegen* auf dem Oberwiesenfeld.
1923 *13. deutsches Turnfest* in München.
1925 *Skisprungschanze* in Bogenhausen (an der heutigen Richard-Strauss-Straße) errichtet: weitester Sprung 25 m; (Schanze wegen 1931 geplanter, aber nicht ausgeführter Bauvorhaben abgebrochen).
1926 Erste Übertragung eines Fußballspiels im Rundfunk.
1929 Erster absoluter Motorrad-Weltrekord durch *Ernst Henne* (BMW) auf der Ingolstädter Landstr.: 216,75 km/h (weitere Rekorde 1930 und 1937); Dantestadion mit Bad eröffnet.
1933 Erstes *Sechstagerennen* in M.
1939 *Schorsch Meier* gewinnt als erster Ausländer die englische Tourist Trophy.
1953 Erstbesteigung des *Nanga Parbat* (8125 m) im Alleingang durch den Münchener Hermann Buhl.
1956 Der Münchener Prof. Stephan Kruckenhauser schreibt erstmals die von ihm entwickelte moderne ›*Wedel-Technik*‹ in einem (österreichischen) Skilehrplan vor.
1963 Herbert Köpf veranstaltet 1. *Volksskilauf* Bad Tölz–München: Geburt des Skilanglaufs als Volkssport in Deutschland.
1966 Deutsche Grönland-Expedition benennt 3 Berge: ›Münchner Tinde‹, ›Plinganser Col‹ und ›Sendlinger Bjerg‹.
1967 *FC Bayern* Europapokalsieger.
1969–71 Bau der olympischen Sportstätten: Kanustrecke, Radrennbahn, Eissporthalle, Olympiastadion, Schwimmstadion.
1972 *Spiele der XX. Olympiade:* Austragung von 21 Disziplinen (Segelwettbewerbe in Kiel); den Geist der ›Heiteren Spiele‹ stört jäh der Überfall arabischer Terroristen auf die israelische Mannschaft.
1974 *Fußballweltmeisterschaft:* 3 Spiele, Halbfinale und Finale in München.
1975 *FC Bayern* beliebtester Bundesligaverein Deutschlands.
1976 *Franz Beckenbauer* ›Europas Fußballer des Jahres‹.
1983 München hat 645 Sportvereine mit rund 250 000 Mitgliedern (davon 83% aktiv), 1834 Sportstätten, bisher 53 Olympiasieger (13 Gold, 15 Silber, 23 Bronze).

A

STADTFÜHRER UND HANDBUCH
LEXIKON DER KUNST- UND BAUDENKMÄLER

Vorbemerkung *Die Ordnung der Kunstdenkmäler und Sehenswürdigkeiten erfolgt nach deren Lage an Straßen und Plätzen von A bis Z. Schreibweise und Numerierung richten sich dabei nach dem Münchener Stadtadreßbuch.* ***Halbfette*** *Zahlen am rechten Rand der Überschriftszeile verweisen auf die entsprechenden Planquadrate der drei Lagepläne (Seiten 254–259). Bauwerke und Ausstattungsstücke, die wegen ihres künstlerischen Ranges, ihrer stadtgeschichtlichen Bedeutung oder stilistischen Eigenart besondere Beachtung verdienen, sind mit einem Stern* ausgezeichnet. Erklärungsziffern im laufenden Text, die mit rot oder schwarz gedruckten Legenden vieler Grundrisse und Schaubilder korrespondieren, sind zur besseren Hervorhebung* ***halbfett*** *wiedergegeben.*

Hinweis für Kirchenbesichtigungen *Die größeren Kirchen der Innenstadt sind im allgemeinen außer den Gottesdienstzeiten für Besichtigungen zugänglich oder zumindest vom Kirchengitter in der Vorhalle aus zu überblicken. Die kleineren historischen Kirchen, vor allem in den eingemeindeten ehemaligen Vororten, sind dagegen zum Schutz vor Kirchendiebstählen meist verschlossen. Neben der Möglichkeit, mit dem Pfarramt einen Besichtigungstermin zu vereinbaren, kann auch die Zeit vor und nach einem Gottesdienst zu einem kurzen Besuch genutzt werden. Die Zeiten dieser meist ein- oder zweimal in der Woche veranstalteten Gottesdienste können dem Kirchenanzeiger entnommen werden, welcher der wöchentlich erscheinenden ›Münchner Katholischen Kirchenzeitung‹ beiliegt und auch in der Freitagsausgabe des ›Münchner Stadtanzeigers‹ teilweise abgedruckt wird.*

AINMILLERSTRASSE 22 — 19

Wohnhaus Nach Plänen von Helbig und Haiger 1899–1900 erbaut. 1982 in orig. Farbgebung rest. ***Beschreibung:*** 5achsige, durch reliefierte, farbig gefaßte Wandpfeiler gegliederte Fassade auf hohem, in den mittleren 3 Achsen hochgezogenem Sokkel; diesem korrespondierend abgewalmter Giebel, von Walmdach hinterfangen; im 3. Obergeschoß Rundbogenfenster im Gegensatz zu den übrigen Rechteckfenstern. ***Bedeutung:*** Trotz Veränderungen im Erd- und Dachgeschoß für Münchner Jugendstil typische Fassadengestaltung: scheinbar willkürliches Zusammensetzen klass. Architekturelemente unter Einfügung von Reliefs und reicher Anwendung von Polychronie, die samt Vergoldung nach Befund wiederhergestellt wurde.

AKADEMIESTRASSE 2 — 19

Akademie der Bildenden Künste 1874 bis 1884 von G. Neureuther errichtet. Im Krieg beschädigt, mit einfachen Walmdächern wiederhergestellt. ***Beschreibung:*** Langgestreckter Baukörper mit repräsentativer Südfassade auf hohem Sockel, die beiden weit vorspringenden Seitenrisalite durch 2geschossige Flügelbauten (mit Rundbogenfenstern) mit dem Mittelrisalit verbunden; 2armige Auffahrtsrampe und Freitreppe, flankiert von hohen Treppenwangen mit bronzenen Reiterstatuen von Castor und Pollux von Widnmann (1886). ***Bedeutung:*** In Anlehnung an Motive italienischer Hochrenaissance und an Südseite der Alten Pinakothek (Rundbogenfenster) für Gründerzeit typische palastähnliche ›Fassaden-Architektur‹, die keine Rücksicht auf die Innendisposition des Gebäudes nimmt: Nordseite mit Ateliers in peinlichem Kontrast zur südl. Schauseite.

ALTER BOTANISCHER GARTEN — 1,5

Als Grünfläche im Rastersystem der → Maxvorstadt vorgesehen, angeregt durch Apothekergarten in Ingolstadt, 1804–14 durch Sckell angelegt und von Franz v. Schrank eingerichtet. (Neuer Botan. Garten 1912 nach Nymphenburg verlegt: → S. 156) Von urspr. Anlage erhalten **Eingangsportal,** von Herigoyen – 1811/12 (dem Entwürfe von Schedel von Greifenstein und K. v. Fischer, 1810, vorausgingen); das Tor proportionssicheres Werk des Münchener Frühklassizismus und frühes Beispiel für polychrome Fassung klassizistischer Architektur. Die Inschrift von Goethe verfaßt. –

Eingangsportal zum Alten Botanischen Garten

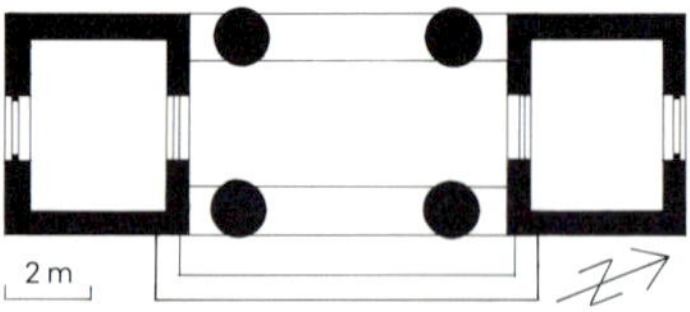

Das an der Nordseite des Gartens errichtete, langgestreckte *Gewächshaus* (ebenf. Herigoyen, 1812) 1853 abgerissen; dort für die 1. Internat. Industrie-Ausstellung 1854 Errichtung des *Glaspalastes* (Entw. Voit, nach Vorbild des Crystal Palace in London; ausgef. von Maschinenfabrik Cramer-Klett in Nürnberg); am 5./6. 6. 1931 ausgebrannt. Neugestaltung des Parks nach Konzeption von Troost 1935–37: Errichtung des *Ausstellungspavillons* und des Cafés durch Bieber sowie des *Neptunbrunnens* von Wakkerle.

ALTER HOF — 7

An der Stelle eines wohl auf Heinrich den Löwen zurückgehenden Verwaltungsbaus errichtete Burg der Wittelsbacher, aus Sicherheitsgründen (auch der Bürgerschaft gegenüber) an der Nordostecke der Stadt; seit 1253 Stadtresidenz, 1328–47 Kaiserre-

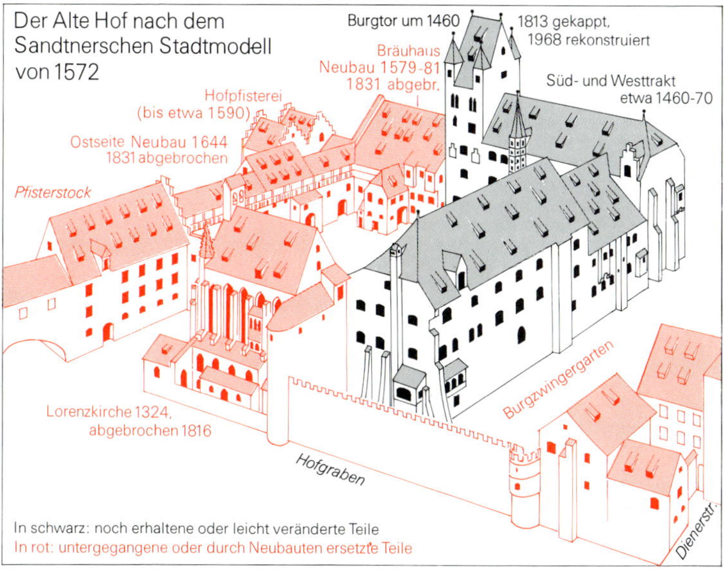

sidenz Ludwigs des Bayern, der als erster deutscher Kaiser einen festen Regierungssitz hatte; seit 1380er Jahren Ablösung durch Neuveste → Seite 142. Ab 1466 Sitz der Herzöge Sigismund und Christoph; nach 1500 nur noch Verwaltungshof; Teilabbrüche im 19. Jh., in übrigen Bauten ab 1816 Bayer. Rentamt, heute Finanzbehörden. Nach Zerstörungen 1944/45 Wiederherstellung der urspr. 4-Flügel-Anlage. ***Äußeres:*** Im Süden ›*Burgstock*‹ (frühes 14. Jh., ausgebaut 1460–70, *Torturm* um 1460, 1813 zur Hälfte abgetragen, 1966–68 rekonstruiert; spätgot. Erker, ›*Affenturm*‹ * genannt, um 1470); im Westen ›*Zwingerstock*‹ (wohl unter Kaiser Ludwig ausgebaut, vermutl. als Frauenzimmer-Kemenate), davor einst Burgzwingergarten; im Norden östl. *Kastengebäude,* westl. früher ›*Lorenzistock*‹ mit Hofkirche St. Lorenz (etwa 1325–30; hier von 1324–50 Reichskleinodien aufbewahrt; abgebrochen 1816), im Durchgang Kopie des *Stifterreliefs* (Orig. im Nat.-Mus.), vor dem (neuen) Tor *Reiterfigur Kaiser Ludwigs* von H. Wimmer 1967; im Osten der ›Pfisterstock‹ (Wirtschaftsbauten, 1831 abgebrochen). *Bemalung* * (1444 und 1470/80) an Burg- und Zwingerstock nach 1963 aufgedeckten Resten erneuert, desgl. heraldische Malereien am Erker. – Im Hof *Rotmarmorbrunnen,* datiert 1785. ***Inneres:*** In Erdgeschossen von Burg- und Zwingerstock noch got. Gewölbe erhalten; die einst prächtige Ausstattung durch Herzog Sigismund (von Mälesskircher) verschwunden. ***Bedeutung:*** Als erste Stadtresidenz der Wittelsbacher und erster fester Kaisersitz mit Münchner Stadt-, bayer. Herrscher- und deutscher Reichsgeschichte eng verbundene, ehrwürdige Burganlage. Einziges fast vollständig erhaltenes mittelalterliches Architekturensemble: mit seinem stimmungsvollen Innenhof eine Oase der Ruhe inmitten der Großstadt.

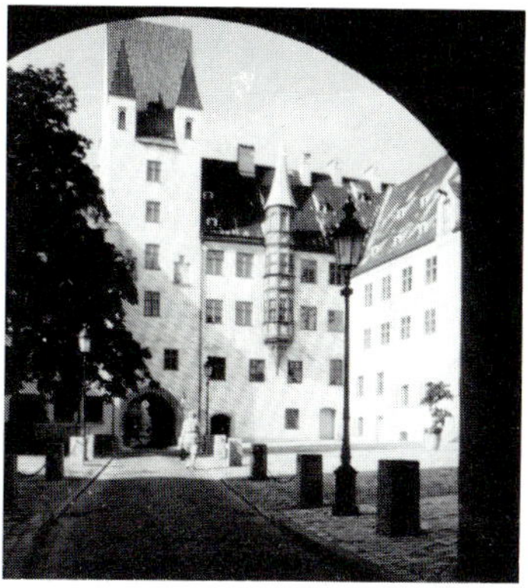

Alter Hof: Torturm und Burgstock

ALTER SANKT-GEORGS-PLATZ 6
→ Milbertshofener Platz 1

AMALIENSTRASSE 38 2
Wohnhaus erbaut 1827 von Himbsel urspr. als Stadtpalais, heute Mietshaus. Palastähnliche Fassade zu 11 Achsen mit 3achsigem, giebelbekrönten Mittelrisalit; über rustiziertem Erdgeschoß mit Rundbogenfenstern 2 Hauptgeschosse mit klassizistischen Fensterumrahmungen, darüber 3. Obergeschoß auf schmalem Gesims. ***Bedeutung:*** In der zurückhaltenden Gliederung gutes Beispiel spätklassizistischer Stadthaus-Architektur, freilich mit deutlicher Tendenz zur Verbürgerlichung durch Angleichung an Umgebung.

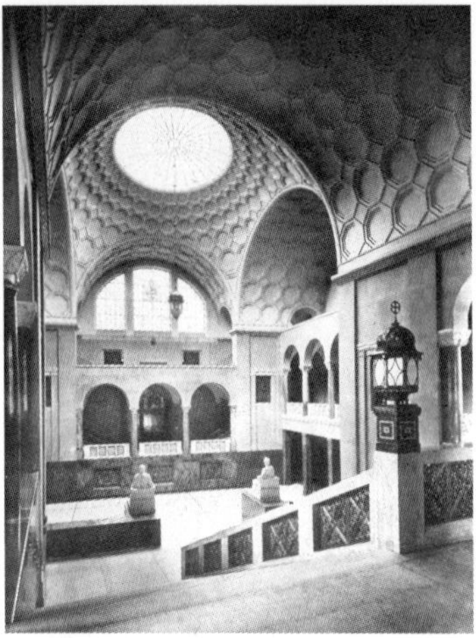

Lichthof der *Universität* (Erweiterungsbau)

AMALIENSTRASSE 58 **19**

Universität Erweiterungsbau durch G. Bestelmeyer (1906–09), 1944 schwer beschädigt, 1946–51 im wesentlichen wieder aufgebaut. ***Äußeres:*** 3flügelige Anlage, 1958–60 auf heutige Ausdehnung ergänzt, breiter Mittelteil um 3 Achsen zurückgesetzt. 7jochige Bogenhalle. *Bauplastik* von Albertshofer. *Pylonenfiguren* (›Wahrheit‹ u. ›Sieg der Wissenschaft‹) von H. Hahn (1908). ***Inneres:*** Lichthof mit tonnengewölbten Armen verbindet Neubautrakte mit Altbau von F. Gärtner (→ S. 94); *Ziergitter* und *Mosaiken* von Koeppen, *Sitzfiguren* (Ludwig I. und Prinzregent Luitpold) von Bleeker. *Gedenktafel* (von E. Dietz 1958) für die 1943 hingerichteten Prof. Huber und Geschwister Scholl (Widerstandsgruppe ›Weiße Rose‹). Im Südtrakt Einbau der *Aula* (Apsismosaik nach Entwurf von Koeppen), 1946–49 Sitz des Bayerischen Landtags; 1983–84 restauriert. ***Bedeutung:*** Reduzierung des traditionellen architektonischen Formenapparats und Anwendung jugendstilhafter Dekorelemente bei werkgerechter Materialverarbeitung führen im Außenbau zu archaisierender Architektur und Anklängen an secessionistische Formsprache, im Lichthof zu römisch-antikisierender Raumwirkung.

AM GASTEIG **12**

Kulturzentrum München Am Gasteig Das 1773/74 am Isarabhang von Peter v. Osterwald errichtete *astronomische Observatorium* mit turmartigem Mittelrisalit seit 1795 im Besitz des kurfürstlichen Armeninstituts; nach Erweiterungen 1803 und 1821 Ersatz durch Neubau 1861/62 nach Plänen von Muffat und Zenetti (›Armenversorgungshaus‹); 1976 wegen Errichtung des *Kulturzentrums* abgebrochen; dessen Pläne nach einem Ideenwettbewerb (1972) von dem Architektenteam Raue–Rollenhagen–Lindemann (später noch Großmann) erstellt und 1979–85 ausgeführt werden. ***Beschreibung:*** Zwischen Keller- und Rosenheimer Straße am Abhang des ›Gasteig‹ über Terrassen mit Treppen und Rampen errichtete mehrteilige Anlage aus stereometrisch verschiedenen Baukörpern in Sichtbeton, Blankziegelmauerung und Glas. – Städtebaulich beherrschend die *Philharmonie;* der polygonale Konzertsaal (2500 Plätze) in der facettierten S- und W-Fassade sichtbar: verglaste Foyers unter mächtigen Mauerbändern und 3teiliger Treppenturm bilden Point-de-vue von der Ludwigsbrükke. Nach O anschließend der *Carl-Orff-Saal* (590 Plätze), der als Mehrzwecksaal auch

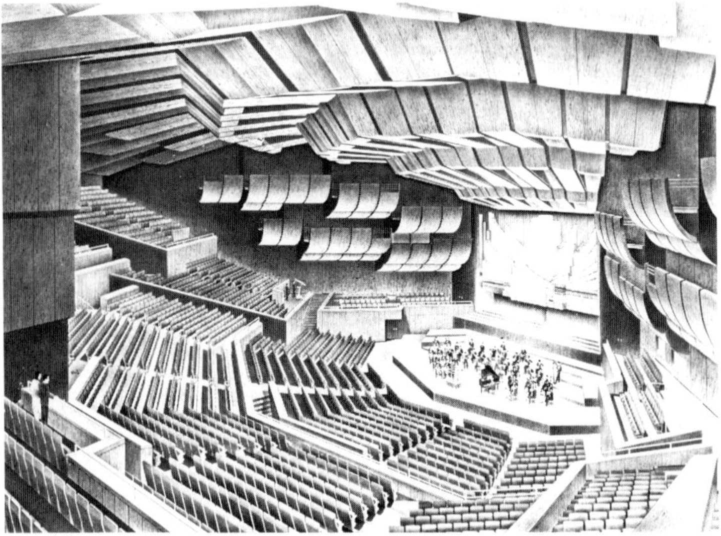

Entwurf zum Konzertsaal der *Philharmonie* im Kulturzentrum Am Gasteig

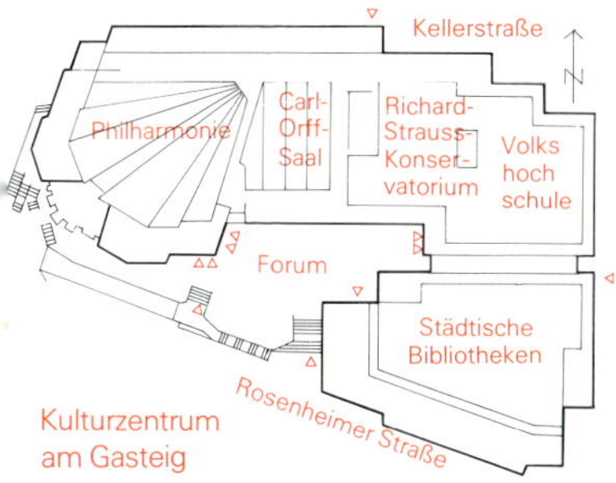

über eine Bühne verfügt, dazu ein variables Studio-Theater *Black Box* (240 Plätze); der breiten Glasfassade nach S vorgelagert ein *Forum* als Kommunikationsareal unter freiem Himmel. Von hier Zugang zum *Richard-Strauss-Konservatorium* mit Unterrichtsräumen und Kleinem Konzertsaal (190 Plätze). Abschließend nach O der Baublock der *Volkshochschule*. Zwischen dieser und Rosenheimer Str. die *Städtische Bibliothek*, die in der Flucht der Rosenheimer Straße den 2. architektonischen Akzent neben dem Kopfbau der Philharmonie unmittelbar am Gasteig-Abhang bildet; beide verfestigen die durch Passagen und direkten S-Bahn- und Garagenzugang erschlossene vielgestaltige Anlage. ***Bedeutung:*** Die städtebaulich exponierte Lage an der Hangkante zur Isar verlangte architektonische Akzentuierung durch volumenhaltige Baukörper. Dünne Pfeiler und durchlaufende vertikale Glasstreifen jedoch vermögen nicht, den kompakt-drückenden Eindruck aufzuheben, der durch das Material (Sichtbeton- und Metallbänder, Blankziegelmauern) und überkragende, zu voluminös geratene ›Attika‹-Zonen hervorgerufen wird.
Stadtbibliothek: Gegründet 1843; Mittelpunktsbücherei des städtischen Bibliothekssystems (mit rd. 30 Stadtbüchereien). Kern ist der *Magazinbestand* der ehem. Zentralbibliothek (über 400 000 Bücher u. Zeitschriftenbände aus allen Wissensgebieten); Gliederung in *Allgemeine Freihandbibliothek* (über 130 000 Bände), nach Sachgebieten geordnet; *Zeitschriftenlesesaal* (mit rd. 700 Zeitschriften Präsenzbestand); *Musikbibliothek*, angegliedert eine Audiothek; *Philatelistische Bibliothek* (rd. 28 000 Bände); *Kinder- und Jugendbibliothek* (rd. 30 000 Bücher, Zeitschriften, Spiele). → S. 248.

AM KLOSTERGARTEN 9 **28**
Mariae Geburt Alte Pfarrkirche von Pasing, bereits 1315 als Filiale von Aubing verzeichnet. Einfacher ***Bau*** mit 3seitig geschlossenem Chor; am Dachansatz Vierpaßfries, an der Südseite Turm mit erneuertem Spitzhelm. ***Inneres*** mehrfach restaurierter und veränderter spätgotischer, flachgedeckter Saal; 3seitig geschlossener Altarraum mit Netzgewölbe; 1680 barock umgestaltet, 1880 regotisiert. – Heutige **Pfarrkirche Maria Schutz** (Bäckerstraße 19) 1905–09 als 3schiffige neuromanische Kirche mit Querschiff und Westturm von Schurr erbaut; Weihe 1918. 1942/43 mehrfach besch.; 1945 wieder hergestellt; Ausmalung durch Weingartner 1955.

AM LILIENBERG 1 **12**
Haus des deutschen Ostens Nordflügel des ehem. Benediktinerinnen-Priorats Lilienberg ob der Au. ***Geschichte:*** 1692 Erwerb einer durch den Hofbrunnknecht Gaisreiter 1673 errichteten und 1682 durch Klause erweiterten hölzernen Ecce-homo-Kapelle samt Grundstück durch Bürgermeister J. M. v. Alberti. 1693 Bau einer kleinen – wegen mangelhafter Fundamentierung bald wieder gefährdeten – Klosteranlage. 1700–02 Neubau einer queroblongen Achteckkirche (mit Tambour und Kuppel) zur Unbefleckten Empfängnis Mariä (Weihe am 16. 10. 1705), vielleicht nach Plänen von Viscardi (Architektur) und J. A. Wolf (Ausstattung) sowie eines linken Flügelbaus mit Klausur für 6 Laienschwestern. 1711 Ergänzung durch rechten Flügelbau zu symmetrischer Anlage, zu Ehren des Stifters ›Albertisches Haus‹ genannt. 1715 Besiedelung mit Benediktinerinnen und Erhebung zum Priorat (unter Aufsicht der Abtei Andechs). Nach Brand 1718 Wiederherstellung und 1724 Einbeziehung in den Burgfrieden. 1749–52 Erweiterung von Kirche (Chor, Sakristei, Turm?) und Kloster (Eckrisalite am Albertischen Haus sowie Neubau von Priorat und Klausur, nördlich anschließend) viell. durch Stadtmaurermeister Sappel. 1802 säkularisiert, 1803–05 als Amtsgebäude adaptiert: Im südl. Altbau Einrichtung des Forstamts (bis 1827) und des Landgerichtsgefängnisses (sog. Eisenfronfeste) in der profanierten Kirche, 1904 aufgelassen, 1908 abgebrochen; der noch existierende nördl. Neubau von 1749–52 seit 1805 als Landrentamt (bis 1903), Bezirksamt (1862–1938) bzw. Landratsamt (1938–56) und Beamtenwohnungen (bis 1927) genutzt. 1969/70 restauriert, am 24. 9. 1970 Eröffnung als ›Haus des deutschen Ostens‹. ***Beschreibung:*** Langgestreckter Trakt zu 20 Achsen, durch leichten Vorsprung des 6achsigen Mitteltrakts in 3 Abschnitte mit je 3 Geschossen gegliedert; der linke Flügel dem Isarhang folgend nach Osten abknickend, je ein Portal in den Seitenflügeln. Neben häufigen Umbauten im Innern entsprechend den wechselnden Nutzungsbedürfnissen weitgehende Sanierung 1891/92 durch Landbauamt (Architekt: Adelung), wobei dem schmucklosen Gebäude durch 4 Giebel an Nord- und Westseite und eine, der Risaliteinteilung folgende bewegtere Dachgestaltung sowie neue Portalgestaltung ein betont barockisierender Zug verliehen wurde.

AM PLATZL **7**
Kleiner Platz des im östlichen Vorfeld der ›Heinrichsstadt‹ Ende 13./Anf. 14. Jh. entstandenen Viertels nördl. des → Tals unterhalb des → Alten Hofs. Von alter Bebauung nur noch an Westseite 2 Häuser (mit ›Ohrwaschl‹) erhalten: *Nr. 2* ›alte Platzlbäckerei‹: das 1463 erstmals erwähnte Haus außer Erdgeschoß unverändert; *Nr. 3* erstmals 1524 erwähnt, außer Aufstockung um

A

1810 nicht wesentlich verändert. Restliche Platzbebauung 19. Jh.: *Nr. 1* ehem. Haus Kaut, als Wohnhaus in bemerkenswert romantisch empfundener Neugotik 1896/97 nach Plänen von Ostenrieder errichtet; an Nordseite beherrschend *Nr. 4* Orlando-Haus (1899, Arch.: Littmann), an der Stelle des ehem. Wohnhauses von Orlando di Lasso († 1594), ab 1627 im Besitz von Peter Candid; Ostseite nach einem durch die ›Kgl. Hofbräuhausverwaltung‹ vorgeschriebenen Konzept (von Littmann entwickelt) bebaut: *Nr. 5* und *Nr. 6* ehem. Corpshäuser, 1900 bzw. 1899 nach Plänen von Littmann, *Nr. 8* 1898–99 nach Plänen von Grässel; im Krieg z.T. zerstört, 1972 verändert wiederaufgebaut. (Hier vom Anfang des Jahrhunderts bis Ende 20er Jahre das durch Künstler- und Literatenstammtischrunde berühmt gewordene Weinlokal ›Torggelstube‹.) Anschließend, nach allzu massigem Neubau, *Hofbräuhaus* → Am Platzl 9.

AM PLATZL 9 **7**
Hofbräuhaus Eines der bekanntesten Wahrzeichen Münchens. Wilhelm V. gründet 1589 Hofbrauerei; 1592 Betriebsaufnahme in dem anstelle des Badhauses des → Alten Hofs 1589–91 errichteten (1831 abgetragenen) Gebäudes, wo urspr. nur braunes Gerstenbier, seit 1602 auch Weißbier gebraut wurde; mit Bockbierbrauen wird seit 1613 das Einbeckische Bier abgelöst. Das ›Kurf. weiße Bräuhaus‹ 1644 vom ›Zerwirkgewölbe‹ (→ Ledererstr. 3) an den Ort des jetzigen Hofbräuhauses verlegt, wo seit 1808 auch Braunbier gebraut wurde. Seit 1890 Brauerei an die Innere Wiener Straße verlegt, am Platzl nur noch Ausschank. Hier Umbau des alten Gebäudes durch Littmann und Maxon 1896: Beispiel für die malerische Auffassung von Renaissance zur Lenbachzeit. Kriegszerstörungen 1950 behoben: malerischer, stimmungsvoller Hof, und ›Schwemme‹ im Erdgeschoß, Trinkstuben und Festsaal mit vereinfacht erneuerter Holztonne im Obergeschoß; Ausmalung des Gewölbes der ›Schwemme‹ durch H. Kaspar 1971.

APPENZELLER STRASSE 2 **30**
St. Matthias in Fürstenried-West Zusammen mit Pfarrzentrum 1964–65 nach Plänen von Branca errichtet. ***Beschreibung:*** Gesamte Anlage – Kirche, Pfarrhaus, Gemeindesaal, Kindergarten – um quadratischen Hof gruppiert; aus blockartigem Sokkel ragt Zylinder des zentralen Kirchenraums; Klinker und Sichtbeton unterstreichen den festungsartigen Charakter der Architektur.

ARABELLASTRASSE 12 **20**
Hypo-Bank-Verwaltungszentrum Verwaltungsbau der Bayerischen Hypotheken- und Wechselbank, von 1975–81 nach Plänen von W. und B. Betz errichtet; Innenausstattung von Nestler. ***Beschreibung:*** Zweiflügeliges Basisgebäude, bis 5stöckig über Straßenniveau, auf versetzten Trapezgrundrissen; im ›Gelenk‹ der beiden Flügel das Hochhaus (bis 114 m), dessen 3 prismatische, unterschiedlich hohe Baukörper zwischen 4 Rundtürme eingestellt sind; diese in 45 m Höhe durch eine Art Rohrschellen miteinander verbunden; sie markieren das ›Technikgeschoß‹, das die Geschosse darüber trägt, während die Geschosse darunter an ihm aufgehängt sind. Die tragenden Elemente in senkrecht kannelierter Aluminiumverkleidung, die Baukörper mit gleichmäßig gerasterter Glas-Aluminium-Haut überzogen. ***Bedeutung:*** Die Stadtsilhouette im Nordosten – neben Sheraton-Hotel (von Frasch, 1969–71) und Arabella-Haus (von Schmidbauer, 1968–69) – beherrschender, spektakulärer Bau mit bewegter Umrißgestaltung und sehr überlegter Baumassengliederung; für den Gesamteindruck die ›Entmaterialisierung‹ durch silbrige Aluminiumhaut entscheidend. Von der architektonischen Leistung abgesehen jedoch fragwürdig: überdimensionierte Herrschaftsgeste eines Wirtschaftsunternehmens.

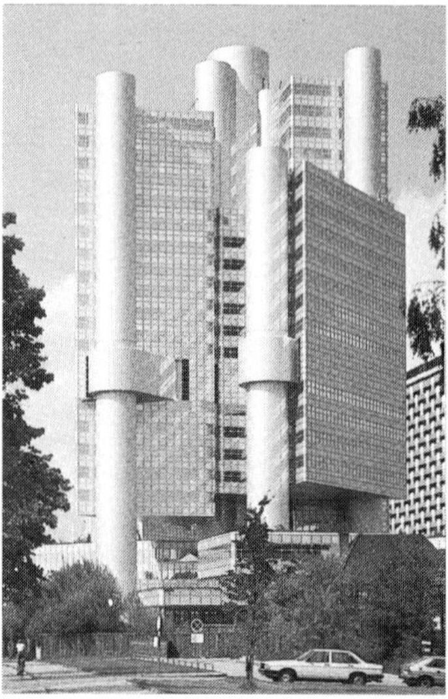

Hypo-Bank-Verwaltungszentrum

ARCISSTRASSE 46 **19**
Alter Nordfriedhof Rund zwei Jahrzehnte nach Erweiterung des Südlichen Friedhofs (→ Thalkirchner Str. 17) wird zusätzlicher Friedhof im nördl. Stadtbereich notwendig: auf einem rechteckigen Areal von 4,47 ha zwischen Arcis-/Teng- und Ziebland-/Adalbertstr. nach Plänen von Zenetti von 1866–69 für die kath. Pfarreien St. Anna, Bonifaz und Ludwig sowie für evang. Bürger angelegt; Eröffnung 1868, letzte Bestattung 1939; Kriegszerstörungen beseitigt, die Aussegnungshalle mit Kapelle an Westseite (Arch.: Zenetti) 1947 abgetragen; seit 1976 unter Ensembleschutz. Der Alte Nordfriedhof ist Begräbnisstätte vieler Künstler, Gelehrter, Schriftsteller, Wissenschaftler des Münchner 19. Jh.; sehenswerte Grabdenkmäler.

A

ARIBONENSTRASSE 9 **24**

St. Maria in Ramersdorf Eine der ältesten Marienwallfahrtskirchen Altbayerns, bereits im 14. Jh. bedeutend. In der 1. Hälfte des 15. Jh. Neubau der schon seit dem 11. Jh. bezeugten Kirche; 1675 wahrscheinlich durch Zwerger barockisiert (Fenster 1695). 1944/45 bombenbeschädigt, 1945 wiederhergestellt. Kirche und umgebende Bebauung verraten heute noch den alten Dorfkern von Ramersdorf, selbst noch bei Anlage der ›Mustersiedlung Ramersdorf‹ 1934 (→ S. 101) als Orientierungspunkt gewählt. – In der südwestlichen Friedhofsmauer seit 1927 frühklassizistisches *Kennedy-Brünnlein* zu Ehren des schottischen Benediktiners und Sekretärs der Bayer. Akademie der Wissenschaften (1761 bis 1800) P. Ildephonse Kennedy OSB. ***Äußeres:*** Der vom Friedhof sowie einigen Häusern (Mesnerhaus mit Tordurchgang an Westseite) eingehegte Kirchenbau durch Streben gegliedert, am Dachansatz gemaltes Friesband; 2 Eingänge an Nord- und Südseite mit spätgotischen Vorhallen. Chor mit $^{3}/_{8}$ Schluß. Schlanker gotischer Westturm mit barocker Haube 1792. ***Inneres:*** Einfaches, durch Wandpfeiler gegliedertes 4jochiges Langhaus mit Empore im Westen (gotisches Unterteil), eingezogener, 3jochiger Altarraum; Gewölbe mit reichem Felderstuck in Miesbach-Schlierseer Art. Bei Restaurierung des Raums (1973) Wiederherstellung der Farbigkeit des 19. Jahrhunderts. – Die 3 *Altäre* in prunkender Architektur um 1675, im *Hochaltar* das Gnadenbild: thronende *Madonna mit Kind,* um 1465, (früher Grasser, heute) Neunhauser gen. Kriechbaum zugeschrieben, gefaßt 1866, originale Fassung verloren, vom urspr. gotischen Altar (viell. dazugehörig die kleinen Tafelbilder mit St. Margareth und Elisabeth sowie St. Silvester und Wolfgang: Predellaflügel?). Seit 1866 an Langhaus-Nordwand der 1483 gestiftete *Kreuzaltar** von Grasser: Flügelaltar mit Kreuzigungs-Relief im Schrein; ebenfalls 1866 neu gefaßt, die dabei übermalten originalen Hintergründe 1947/48 wieder freigelegt. An der Südwand *Tafelbild* mit Schutzmantelmadonna 1503. Im Chorraum *Votivbilder;* an der Südwand das von den Gustav Adolf 1632 gestellten Geiseln (1635), an der Nordwand von 1742; *Kanzel* und *Gitter* aus der Zeit der Barockisierung um 1675. – Teile der alten Ausstattung im Nat.-Mus., Bild → S. 27. ***Bedeutung:*** Als Baugruppe von Kirche, Friedhof und benachbarten Gebäuden beispielhaft für bayrische Landkirchen, heute, vor allem im Zug der großen Straßen, wirkungsvoller Blickpunkt. Die Innenausstattung des späten 17. Jh. zeigt die Fähigkeit des Barock, sich gotischen Formen harmonisch anzupassen und die Eigenart des Raums zu wahren.

ARNULFSTRASSE 19 **18**

Lokomotive E 6904 Auf dem Gelände vor dem Bundesbahn-Zentralamt als technisches Denkmal aufgestellte E-Lok der Baureihe E 69 (169) der Deutschen Reichs- bzw. Bundesbahn. Die 2achsige Lokomotive mit Mittelführerstand (›Bügeleisen‹) für die ›Süddeutsche elektrische Lokalbahn AG‹ 1901 gebaut und von der ›Münchener Lokalbahn AG‹ unter der Nr. LAG 4 auf der Strecke Murnau – Oberammergau seit 1905 eingesetzt (1. elektrisch betriebene Strecke Deutschlands: Einphasenwechselstrom 5,5 kV 16 Hz, 1938 von der Deutschen Reichsbahn übernommen); die im Volksmund »Johanna« genannte Lok (169 004-9) am 28. 9. 1977 ausgemustert. (Schwesterlok 169 002-3 am Bahnhof Murnau.)

Ein ähnliches Technik-Denkmal die vor dem Werksgelände von Krauss-Maffei in Allach (Krauss-Maffei-Str.) aufgestellte **Dampflokomotive S 3/6** der ehem. Kgl. bayerischen Staatsbahn (nach 1920 Baureihe 18 der Deutschen Reichsbahn) vom Typ 2'C1'/Pacific; sie ist eine Weiterentwicklung (1908) der von der Lokomotivfabrik J. A. Maffei seit 1904 gebauten S 2/5 (Konstrukteur: Anton Hammel); sie hielt mit 154 km/h (1906) bis 1936 den Geschwindigkeitsrekord deutscher Dampflokomotiven.

ARNULFSTRASSE 32 **18, 19**

Ehem. Verkehrsministerium Die dem Königreich Bayern (und anderen Ländern des ehem. Deutschen Bundes) bei der Reichsgründung 1871 zugestandenen ›Reservatrechte‹ umfaßten u. a. eigene Post- und Bahnverwaltung; aus der ›Direktion der kgl. bayer. Posten u. Telegraphen‹ u. ›Direktion der kgl. bayer. Staatseisenbahnen‹ Bildung eines eigenen *Verkehrsministeriums* (1903). Noch im selben Jahr durch Oberste Baubehörde Vorprojekt, danach Ausschreibung eines Wettbewerbs unter bayerischen Architekten; noch vor seinem Abschluß Vertrag mit Hocheder über Erstellung der Pläne für Verwaltung und Zentralbriefpostamt und Ausführung des Baus; im Verlauf der Bauzeit – Grundsteinlegung 1905, Übergabe 1913 – wechselnde Beteiligung von Mitarbeitern (u. a. C. Straub, Mendler, P. W. J. Lang, A. Schmid). Anlage einer elektr. U-Bahn zwischen Briefpostamt (München 2) und Hauptbahnhof. – Bei Bombenangriffen 1944/45 mehrmals schwer getroffen; nach dem Krieg stückweise Abbruch einzelner ruinierter Bautrakte, darunter Kuppel 1959 und Torbau 1966; Restaurierung der noch bestehenden Trakte 1969–72 mit Verbauung des Vorhofs an der Hopfenstraße. Neubau auf Trümmerareal vorgesehen. ***Beschreibung*** des urspr. Baus: Auf rechteckigem Grundstück (z. T. ehem. ›Maffeianger‹) nördl. der Gleisanlagen um 6 Höfe errichteter vielteiliger Baukomplex, der 3 ehrenhofartige Rücklagen (an Seidl-, Arnulf- und Hopfenstraße) mit mehrachsigen monumentalen Portalrisaliten aus den Fassadenfluchten ausspart; die Nordseite zur Marsstraße (Rundfunkplatz) durch vorgezogenen Mittelrisalit markiert: von hier Zugang zum gärtnerisch gestalteten Haupthof; in der Achse die 72 m hohe gedrungene Querovalkuppel über mächtigem, kräftig gegliederten Tambour (großer Durchmesser: 32 m), in der Sichtschneide der Prielmayerstraße placiert. Ihr zur Arnulfstraße

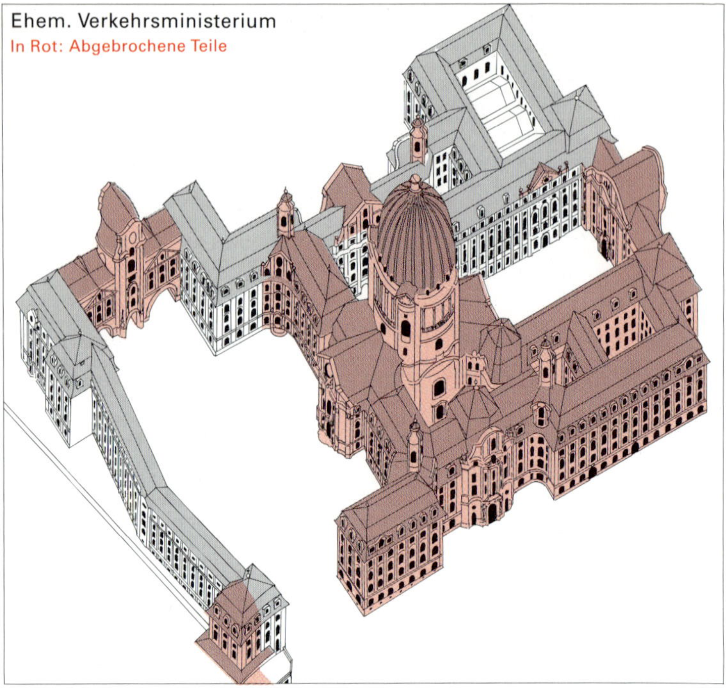

Das ehemalige *Verkehrsministerium* (1944–45 beschädigt, 1959–66 zum Teil abgetragen)

Hauptportal vorgelegt, beiderseits angefügte Trakte in Kopfbauten übergehend; ihnen entsprachen im Aufriß gleiche Fassadenabschnitte an dem erst nach 1916 erricht. langgestreckten, konkaven Trakt auf dem Bahngelände südlich der Arnulfstraße; er wurde durch einen 3bogigen Torbau (mit Mittelturm) mit dem Hauptbau verbunden. – Die Stockwerksteilung umfaßt in der Regel ein niedriges Sockelgeschoß und 3 Stockwerke; darüber Mansardwalmdächer mit dekorativ gestalteten Giebeln und Dachgauben. Für die architektonische Hausteingliederung wurde Trachyttuff (aus dem Ries) verwendet, für den Sockel Muschelkalk, abgesetzt gegen Putzfassaden. ***Bedeutung:*** Orientiert an städtebaulicher Fluchtlinie Karlsplatz–Prielmayerstraße–Arnulfstraße, Errichtung des monumentalen Neubaus durch beherrschende Kuppel optischer Schwerpunkt in amorpher Bebauung nördl. der Bahnanlagen. (Entsprechend optischer Gegenpol im Süden: St. Paul.) Bestimmend für den Gesamteindruck süddeutsche Barockmotive (vor allem ›Reichsbarock‹), ohne daß bestimmte Vorbilder genannt werden können; trotz staatlicher Selbstdarstellung Fehlen des wilhelminischen Pathos von Gründerstilbauten (z. B. Armeemuseum, → S. 99, oder Hypo-Bank, → S. 107). Habel: »Mit dem etappenweise erfolgten Untergang dieses Gebäudekomplexes hat München nicht nur einen wesentlichen Akzent im Stadtbild, sondern ein gutes Stück seines hauptstädtischen Charakters verloren.«

ARNULFSTRASSE 195 **18**

Paketposthalle Im Gleisbereich des Münchener Hauptbahnhofs durch die Deutsche Bundespost (Arch.: Rosenfeld, Zettel, Finsterwalder und Bomhard) 1965–69 errichtete Verladehalle über einer Grundfläche von 148 zu 124 m; Parabolbogenkonstruktion (Höhe 27,3 m), deren stabilisierendes ›gefaltetes‹ Bogentragwerk aus 1600 völlig gleichen, fabrikmäßig hergestellten Betonfertigteilen besteht. An ihrer Nord-, West- und Südseite von niedrigen Betriebsbauten umstellt: zur Zeit ihrer Inbetriebnahme weitestgespannte Halle (148 m!) der Welt aus Fertigteilen. Sie löste das 1925–26 nach Plänen von Vorhölzer u. W. Schmidt errichtete zentrale **Paketzustellamt*** (Arnulfstr. 62) ab, einer aus den Betriebsabläufen entwickelten runden Stahlbetonhalle (51 m Durchm.), ihre Decke von 8 Pilzsäulen getragen; im Zentrum konische ›Laterne‹. 1983–85 zur Kantine umgebaut.

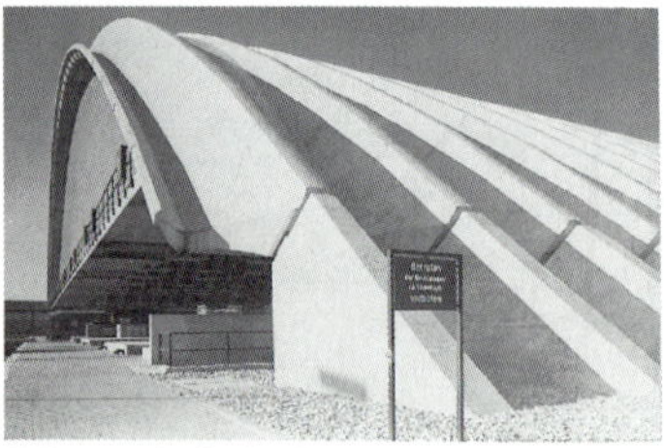

Paketposthalle der Deutschen Bundespost

AUENSTRASSE 1 **19**

St. Maximilian Das linke Isarufer beherrschender, 1895–1908 errichteter Bau von H. v. Schmidt. Nach schweren Kriegszerstörungen 1949–53 wiederhergestellt. ***Äußeres:*** Basilikale Anlage mit 3 Apsiden, Chor und Langhaus durch 2 Türme über den Seitenschiffen getrennt; sie sind heute ohne die urspr. oktogonalen Turmhelme mit Ecktürmchen; zwischen ihnen die den First des Mittelschiffdachs überragende Arkadengalerie. ***Inneres:*** Flachgedeckter Raum; Rundbogenarkaden; Schwibbogen leiten über zum Chor. In der Apsis archaisierender, origineller *Hochaltar* (B. Schmitt): halbkreisförmige Mauer mit Reliefs früher bayer. Glaubensboten, in der Mitte Nische mit Sitzfigur des Hl. Maximilian, darüber ›keltisches‹ Steinkreuz. Das *Fresko* ›Jüngstes Gericht‹ (rest.) von Bergmann erst 1941. ***Bedeutung:*** Trotz Beeinflussung durch oberitalienische Romanik beachtlicher Versuch, in der Abkehr vom dogmatischen Historismus zu neuartiger Lösung zu kommen.

BAHNHOFPLATZ 2 **5**

Hauptbahnhof

Erste Anlage der zunächst privaten München–Augsburger Eisenbahn auf dem ehem. südl. Marsfeld in Höhe der → Hakerbrücke als provisorischer Holzbau 1839/40 errichtet, 1847 abgebrannt. ***Zweite Anlage*** der seit 1842 staatlichen und 1847 bis Nürnberg verlängerten Bahnlinie auf Gutachten von F. v. Gärtner stadtnahe auf das Areal der ehem. Schießstätte vor dem Neuhauser Tor verlegt. 1847–49 von Bürklein als Kopfbahnhof errichtet: Tonnenbogen-Perronhalle in Holzkonstruktion, ausgeführt von Reiffenstuel, nach dem Bohlenbinder-System des franz. Architekten A. R. Emy (damals einzige derartige Tonnenhalle in Deutschland; Vorbild: Halle der Gare de la Barrière du Maine, Paris, um 1840) mit flankierenden Flügelbauten und Empfangshalle mit Seitenrisaliten im romantisierenden Gärtner-Stil. 1857–60 erste Erweiterung nördl. durch selbständige Perronhalle für die private Ostbahn (nach Landshut und Regensburg) von Hügel (Entwurf) und Denis (Technik). 1860 Zusammenfassung des staatlichen Bahnhofs und der Ostbahnhalle sowie symmetrische Erweiterung durch Kopfbauten im Norden und Süden und deren Verbindung mit Arkadengängen und Portalbauten in der Mitte durch Bürklein; 1862 Freskenschmuck durch Echter und Schabet in Portalbauten, Loggien und Perronhalle. 1876–84 Umbau und zweite Erweiterung durch Graff: 1879/80 teilweise Abbruch der Bürkleinschen Perronhalle, deren Rest als Hauptvestibül und Schalterhalle verwendet wurde, und Errichtung eines neuen Quertraktes mit Kopfbahnsteig hinter dem Bürkleinschen Empfangsgebäude

Alter Hauptbahnhof, zerstört 1942–45

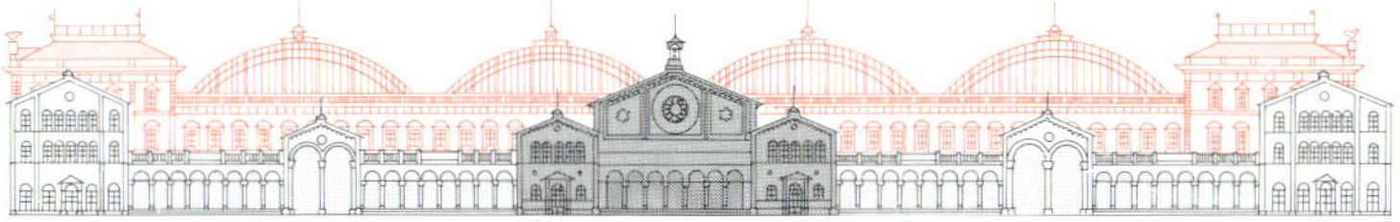

Zentralbahnhof von Bürklein 1849 · Erweiterung Bürklein 1857–60 · Erweiterung Graff 1876–84

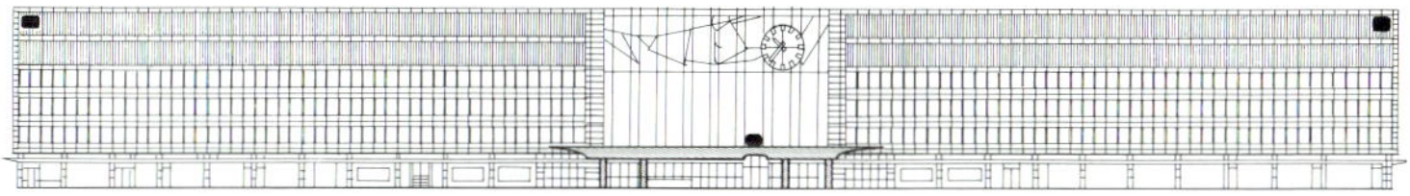

Neuer Hauptbahnhof von 1950

sowie neue 4schiffig überwölbte Bahnsteighalle in Eisenkonstruktion (erste elektrisch beleuchtete Bahnhofshalle Deutschlands), beidseitig begleitet durch Flankenbauten, an S-Seite angefügt der ›Königspavillon‹ (Bauplastik von Dennerlein und Hartmann, Gemälde von Knab). Zu jener Zeit war Münchner Zentralbahnhof der größte Bahnhof im Deutschen Reich, sein Grundriß als Typus des klassischen Großstadtbahnhofs modellhaft für weitere Entwicklung (z. B. Frankfurt/M 1883–88). 1893 provisorische, 1921 endgültige Errichtung des *Starnberger Flügelbahnhofs* im N, 1913–21 als Pendant *Holzkirchner Bahnhof* im S. – Die bereits sehr früh (1877: durch Franz Reber) festgestellte räumliche Begrenzung der gesamten Anlage führte nach Abschluß des Bahnausbaus (Anf. 20. Jh.: Einmündung von 9 Linien in Sackbahnhof) zu Überlegungen, den Bahnhof nach W zu verlegen und zu Durchgangsbahnhof umzugestalten: 1. Planungen 1911; weitere Vorschläge 1927–29 (Birkenholz, Buchner, J. Rank), nach 1933 verschiedene Planungen durch Reichsbahn, NS-Sonderbaubehörde (Alker) sowie NS-Generalbaurat (Giesler): Rundkuppelbau (Entw.: Bonatz) in Höhe Friedenheimer Brücke, bisheriges Bahngelände zu Prachtstraße umgewandelt; Ausführung durch Krieg und Zusammenbruch verhindert. – Nach schweren Zerstörungen 1942/45 und Betriebsunfall 1947 sukzessive Beseitigung der Reste des Bürkleinschen und Graffschen Hauptbahnhofs 1949–57.

Dritte, heutige Anlage: 1949 Abbau der Graffschen Perronhallen und teilweise Neubau 1950, im selben Jahr Neubau des *Starnberger Flügelbahnhofs* durch Gerbl, Geiger und Stroebel. 1948–53 Neubau des Empfangsgebäudes, dem 1955–60 Haupt-(Ost-)fassade durch Gerbl vorgeblendet wird (Glasmosaik von R. Geiger), 1959/60 Bahnsteighalle durch Hart neugestaltet.

B

Einbindung des Haupt- und des Ostbahnhofs in das S-Bahn-Netz (1966–72). Ab 1983 Modernisierung und ›innenarchitektonischer‹ Ausbau des Gebäudes (bis etwa 1990) nach Plänen von Fahr und Schlaich. ***Bedeutung:*** Bereits sehr früh (70er Jahre des 19. Jh.) wird München im deutschen und europäischen Eisenbahnnetz zum Kreuzungspunkt im Verkehr nach S (Italien) und O (Österreich, ›Tor zum Balkan‹); der zweitgrößte Bahnhof der Bundesrepublik durch Ausbau des S-Bahn-Systems zum Vermittler zwischen Nah- und Fernverkehr geworden. – Die Bauten des alten Hbf in ihrer beispielhaften Verbindung von tonnenüberspannter Perronhalle mit repräsentativem Kopfbau gehörten zu bedeutendsten Leistungen früher Bahnbauten; nach dem Umbau (1884) »klassischer Großstadtbahnhof« (Krings), dessen neue 4schiffige Perronhalle war damals erste dieser Dimension in Deutschland. – Nach Kriegszerstörungen durch sukzessive Bautätigkeit (Bundesbahnhotel und nördl. Teil des Querbaus: 1948–53; neue Hauptfassade 1955–60) uneinheitl. Erscheinungsbild im Nebeneinander von konservativen Repräsentationsformen und sachlicher Rasterarchitektur.

BAHNHOFPLATZ 7 **5**

Kaufhaus Hertie Als 3seitig freistehender, vielgestaltiger Baublock 1904–05 errichtetes 1. Warenhaus Münchens; Planung: Littmann. Die urspr. Baumasse mit ihrer Horizontalgliederung der 4 Stockwerke, mit Dachflächen, Giebeln, Rundturm trotz teilweise erlittener Kriegszerstörung weitgehend erhalten bzw. vereinfacht wiederhergestellt. Der ovale *Lichthof* (vgl. Galerie Lafayette in Paris) durch Einbauten und die nicht wieder instandgesetzte Jugendstil-Dekoration in seiner Wirkung beeinträchtigt. (Nach O 1970–71 angefügter Erweiterungsbau: überproportionierter, abweisender Funktionsbau; Fassadengestaltung: Angerer.) ***Bedeutung:*** Nach den damals neuesten bau- und feuertechnischen Prinzipien errichteter Eisenbetonbau mit Muschelkalkfassaden.

BALDURSTRASSE 28 **14**

Westfriedhof Nach Plänen von Grässel von 1897–1902 in drei Bauabschnitten errichtete, malerisch bewegte Gebäudegruppe: kuppelüberragte runde Trauerversammlungshalle (Vorbild: S. Costanza in Rom) und westl. gelegene basilikaähnliche Leichenhalle (im Untergeschoß Gruftzellen) mit Campanile (1898–1900), östl. des Rundbaus Arkaden und Verwaltung (1901–02) sowie Terrasse zum Gräberfeld mit urspr. projektierter Gesamtfläche von rd. 37 ha.

BARER STRASSE 27 **2**

Alte Pinakothek* Durch Überführung der Düsseldorfer, Mannheimer und Zweibrückener Sammlungen wird bisherige Galerie am Hofgarten zu klein; bereits 1822 erhält Klenze von Max I. Joseph Auftrag zu Neubau (östl. der Glyptothek); 1824 Baubeginn an heutiger Stelle vorgesehen, Grundsteinlegung durch Ludwig I. erst am 7.4. 1826 (Geburtstag Raffaels); Rohbau 1831, Eröffnung 1836. 1944 schwer beschädigt, seit 1956 Wiederherstellung durch Döllgast; Wiedereröffnung 1958 (Hauptgeschoß; übrige Räume in den folg. Jahren). ***Äußeres:*** Langgestreckter Baublock (137 m), an den Schmalseiten durch kurze Seitenflügel verfestigt. Unverputzter Ziegelbau mit Hausteingliederung (Sockel und Erdgeschoß). Zwischen den 1achsigen Seitenflügeln 25 Fensterachsen, getrennt durch Halbsäulen; ihnen entsprachen vor Zerstörung an der *Südfassade* 24 Statuen berühmter Maler (Entw.: L. Schwanthaler); dahinter hohe Attikazone, früher mit Oberlichtkästen, heute durchlaufende Dachfläche; *Nordfassade* einfacher gestaltet. Straßenfronten der *Seitenflügel* 7achsig, die 5achsige Mitte durch Halbsäulen akzentuiert. ***Inneres:*** Durch Verlegung des urspr. Eingangs von Barer Str. an die Nordseite Wegfall der gegenläufigen Treppe im südöstl. Flügel; heute zweiläufige *Treppe* an der Südseite, wo sich früher im Obergeschoß eine reich ausgemalte Galerie befand (Vorbild: Loggien im Vatikan); die 25 Kuppeln einst nach Entwürfen von Cornelius von Cl. v. Zimmermann und anderen Schülern 1830–40 ausgemalt: typisch idealistisches lehrhaftes Bildprogramm (sozusagen eine gemalte Kunstgeschichte: östl. Hälfte zeigte italienische Kunst, westl. die nordische, in der Mitte als Höhepunkt Raffael). *Haupträume* früher reich dekoriert (Métivier, nach Angaben von Klenze); heute nur noch ihre Abfolge erhalten. Im Erdgeschoß urspr. die Vasensammlung Ludwigs I. aufgestellt: griechische Vasenmalerei als Vorstufe der abendländischen Malerei betrachtet (heute in Antikensammlungen: → Königsplatz 1). ***Bedeutung des Baues:*** In diesem »Meisterwerk der Proportionskunst« (Wölfflin) Aufnahme der Palastarchitektur der oberitalienisch-venezianischen Renaissance; größter Galeriebau seiner Zeit und Vorbild für andere Bauten (Rom, Brüssel,

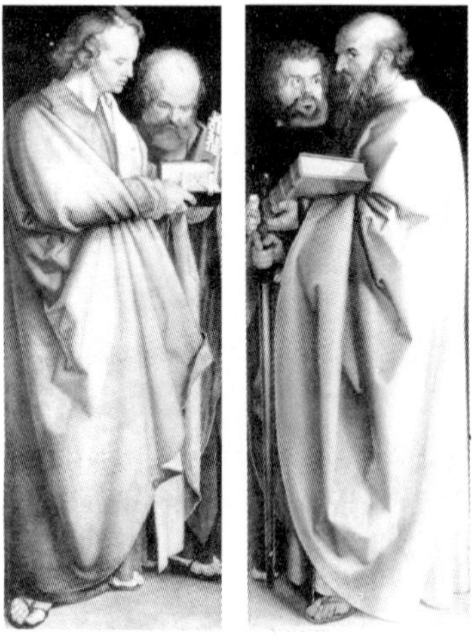

Dürers *Vier Apostel* in der Alten Pinakothek

Kassel); seine architektonische Bedeutung besteht »im Gleichgewicht von Zweck, stadtbaulicher Funktion, außenarchitektonischer und innenräumlicher Durchbildung« (Lieb). **Sammlungen*:** Alte Pinakothek ist eine der bedeutendsten und ältesten Galerien der Welt. Bereits um 1530 gab Wilhelm IV. eine Folge von ›Historienbildern‹ (Obergesch., Saal I) in Auftrag; rege Sammlertätigkeit Maximilians I. zu Beginn des 17. Jh. (zahlreiche Bilder Dürers); durch Max Emanuel erhält die Bildersammlung europäisches Format (Niederländer und Flamen); durch Karl Theodor kam eine der damals reichsten Sammlungen aus Düsseldorf nach München (Rubens und van Dyck), ferner die Mannheimer Galerie (Holländer); Max. IV. Joseph überführte die Zweibrückener Sammlung nach München (Franzosen); mit der Säkularisation wuchs der Bestand von Bildern aus Kirchen und Klöstern Bayerns; Ludwig I. sammelte ›vorraffaelische‹ Werke und erwarb die berühmte Sammlung Boisserée; ergänzende Sammeltätigkeit im 19. und 20. Jh., vor allem durch Bayerische Hypotheken- und Wechselbank sowie durch Bayerische Handelsbank (frz. Malerei 18. Jh.). Neuordnung 1979/80.

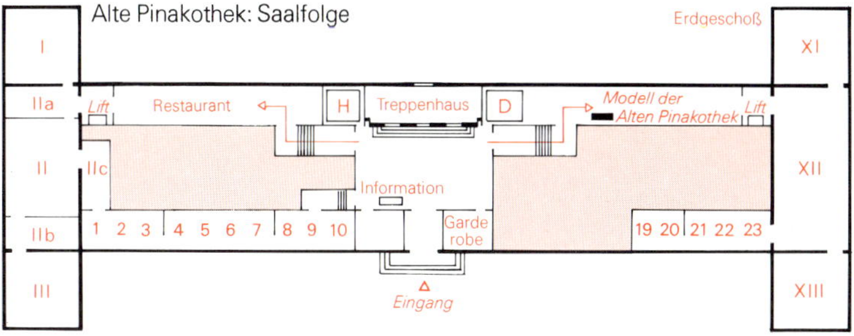

Saal	Kabinett	Schule bzw. Stil	Werke folgender Künstler
I		Altdeutsche Malerei	Frueauf d. Ä., Huber, Meister der Pollinger Tafeln, Pleydenwurff, Polack, Meister der Tegernseer ›Tabula Magna‹, Meister der Benediktbeurer Kreuzigung, Meister des Oberaltaicher Schmerzensmannes
	IIa		Baldung Grien, Beham, Cranach d. Ä., Mielich, Amberger, Kulmbach, Meister des hl. Christophorus mit dem Teufel, Schaffner, Meister des Mornauer Bildnisses
II			Pacher, Reichlich
	IIb		Strigel, Fries, Maler, Meister von Schloß Lichtenstein, Schaffner
III			H. Burgkmair, Holbein d. Ä., Schaffner, Strigel, Augsburger Meister
	IIc		H. Burgkmair, Meister des Hausbuchs, K. v. Soest, Lochner, Meister des Marienlebens, Meister der Münchner Marientafeln, Polack, Schongauer, Mair von Landshut, Meister der Benediktbeurer Madonna
	1–3		Lochner, Meister der hl. Veronika, Baegert, Meister des Erfurter Regleraltars, Meister der Lyversberger Passion
	4–7		Meister des Bartholomäusaltars, Meister des Marienlebens, Bruyn, Woensam
	8–10		Meister des Aachener Altars, Meister der hl. Sippe, Meister des Bartholomäusaltars
XI			(Vortragssaal) Kessel, Teniers
XII		Malerei zwischen Renaissance und Barock	Bloemaert, Dalem, Francken, Goltzius, Hemessen, Janssens, Key, Mandyn, Mor van Dashorst, Peeters, Reymerswaele, Salviati, Sellaer, Vasari, Vos
XIII			Aachen, Amberger, Bril, Cranach d. Ä., Cranach d. J., Mielich, Heintz, Pencz, Spranger, F. u. L. Sustris, Candid
	19–20		J. Brueghel d. Ä. (›Samtbrueghel‹), Clerck, Heintz, Spranger, Wtewael
	21–23		Aertsen, Vrancx, P. Bruegel d. Ä., Clerck, Momper, Monogrammist AC, Savery, Schoubroeck, Valckenborch, Verhaecht, Vinckbooms

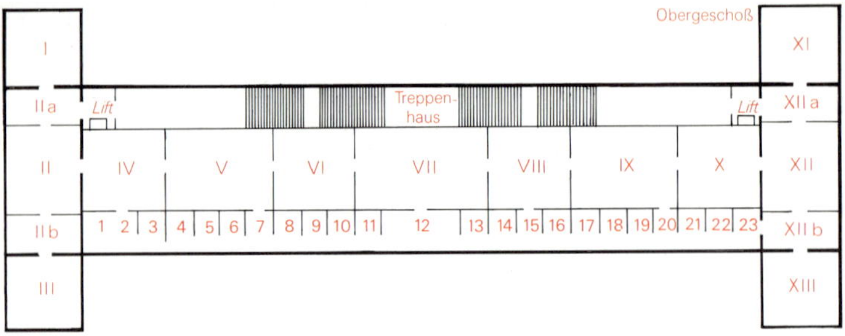

Saal	Kabinett	Schule bzw. Stil	Werke folgender Künstler
I		Altniederländische Malerei	D. Bouts d. Ä., Mabuse, Memling, v. d. Weyden
	IIa		Bosch, L. v. Leyden, Memling
II		Altdeutsche Malerei	Altdorfer, Baldung Grien, Cranach d. Ä., Dürer, Grünewald, Holbein d. Ä.
	IIb		Altdorfer, Cranach d. Ä., Dürer
III			Breu d. Ä., Feselen, Refinger, Altdorfer, Burgkmair, Beham, Schöfer, Wertinger
IV		Italienische Malerei	Botticelli, Il Francia, Ghirlandajo, Lippi, Perugino, Raffael, Signorelli, Albertinelli, Beccafumi, di Credi
	1, 2		Fra Angelico, di Cione, Monaco, Gaddi, Buonaventura, Schule von Rimini, da Panicale, Starnina, Il Vecchietta, Giotto, di Bondone
	3		Antonello da Messina, de' Barbari, da Verona, Basaiti, Mantegna, da Conegliano, de' Moretti
V		Venezianische Malerei des 16. Jh.	Tintoretto, Tizian, Veronese, Cariani, Moretto, Bassano, Giorgione (Umkreis)
	4		da Vincí, Lippi, Il Francia, di Cosimo, Puligo, Ferraresisch um 1480, Umbrisch um 1505
	5		Lotto, Il Sodoma, Tintoretto, Vecchio, Bassano, Bordone, Licinio
	6		Saraceni, Liss, Badalocchio, da Cortona, Rosa, Bedoli-Mazzola, Cavallino, Bolognesisch
VI		Flämische Malerei	van Dyck, Jordaens, Jan Fyt, van Dyck (Schule), Flämisch um 1630
	7		van Dyck, Rubens
	8		Rubens
	9		van Dyck, Rubens
	10		Brouwer
	11	Deutsche Malerei des 16. u. 17. Jh.	H. v. Aachen, Elsheimer, Flegel, Rottenhammer, Stosskopf, Knüpfer
VII		Flämische Malerei	Rubens, van Dyck, Snyders
	12		Rubens
VIII			Rubens, J. d'Arthois, Boel, Siberechts, Jan Fyt
IX		Holländische Malerei	Bol, Dujardin, Gelder, G. v. den Eeckhout, Hals, Koninck, van Beyeren, Metsu, Lastman, Rembrandt, Sweerts, van der Helst, van der Meer, Stomer, van Honthorst, Weenix d. J., Victors, Maes, van Streeck, de Hondecoeter
	13		van der Ast, van Swanevelt, Poelenburgh, Breenbergh, Delff, van Uyttenbroeck
	14		van der Neer, van de Velde, Cuijp, Goijen, J. v. Ruisdael, Kalf, de Hooch, de Bloot
	15		Pynas, Moreelse, Lastman, Claesz, Terbrugghen
	16		Cuijp, Porcellis, Rembrandt
	17		J. v. Ruisdael, Hals, v. Ostade, Potter, Wouwerman

Saal	Kabinett	Schule bzw. Stil	Werke folgender Künstler
	18		Hobbema, van der Heijden, S. v. Ruysdael
	19		van Beyeren, Fabritius, Janssens, Saenredam, van de Velde, Ter Borch
	20		Weenix d. Ä., Berchem, Post, Wouwerman
	21		Metsu, van der Neer, de Witte, Dou, Mieris d. Ä., Steen, Kalf
	22		Huysum, Ruysch, Weenix d. J., Weenix d. Ä., de Heem, Meléndez, van der Werff, Netscher
X		Italienische Malerei des Barocks	Barocci, Carracci, Luca Giordano, Reni, Saraceni, Tiepolo, Le Valentin, Turchi, Strozzi, Magnasco, Gentileschi
XI		Französische Malerei des 17. u. 18. Jh.	Lorrain, Poussin, Le Sueur, de Champaígne, Vouet, Vivien, Bourdon, Valentin, Millet, Französisch um 1650/70
	XII a		Boucher, Chardin, Greuze, Liotard, Vernet, Subleyras, Lancret, Fragonard, Nattier, Tocqué, Pater, de la Tour
XII			Boucher, Nattier, Robert, Vivien, Coypel, Lemoyne
	XII b	Venezianische Veduten	Canaletto, Guardi, Marieschi
	23		Longhi, Tiepolo, Pittoni, van Wittel, Carriera
XIII		Spanische Malerei	El Greco, Murillo, Velasquez, Cano, Coello, de la Cruz, de Zurbarán, Ribera, Greco-Atelier, Antolinez

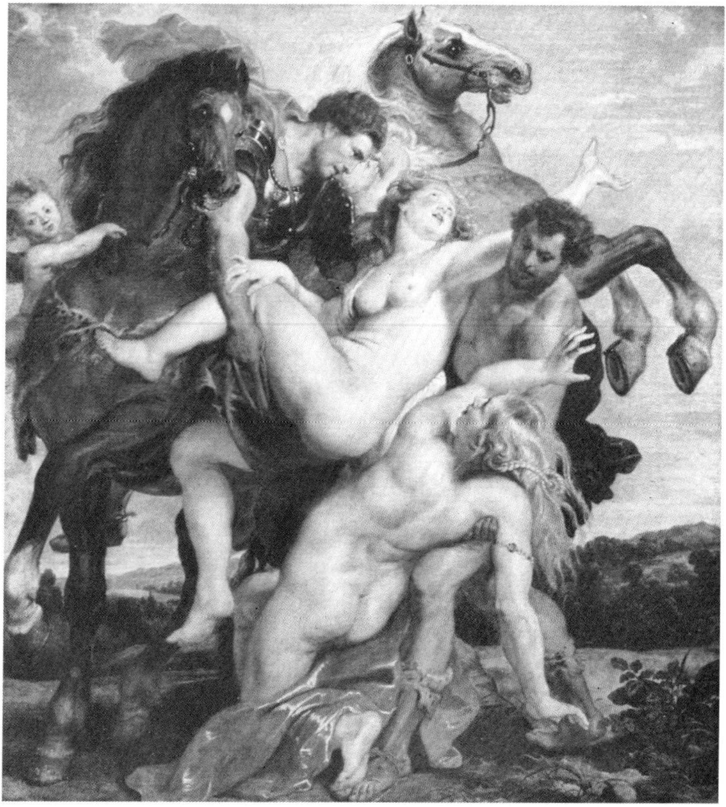

Peter Paul Rubens: *Raub der Töchter des Leukippos* (Alte Pinakothek)

B

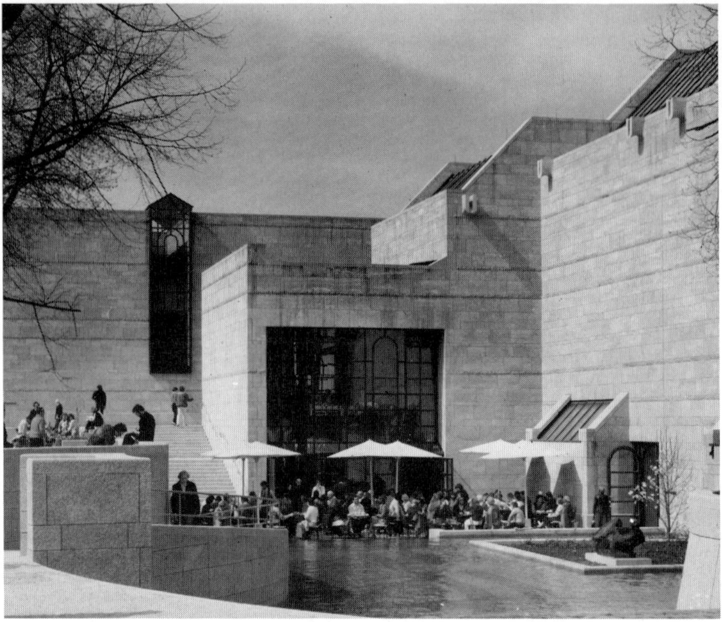

Blick von Südosten auf den Neubau der *Neuen Pinakothek* (errichtet 1975–81 von A. v. Branca)

BARER STRASSE 29 9

Neue Pinakothek Bereits während Erbauung der Alten Pinakothek (→ Barer Str. 27) erwägt König Ludwig I. die Errichtung eines Museums für Werke des 19. Jh. Nach Untersuchung eines Bauplatzes am Gasteig durch F. v. Gärtner (1843) wird Voit mit der Errichtung des Neubaues nördl. der Alten Pinakothek beauftragt, durch Gärtner stark beeinflußt. Grundsteinlegung 1846, Eröffnung 1853. Von Thiersch 1911 Umbaupläne in Verbindung mit »Wittelsbacher Museum«, von Th. Fischer 1912/13 Erweiterungspläne. Im 2. Weltkrieg schwer beschädigt (1944), Ruine 1949 unnötigerweise abgetragen. ***Beschreibung*** (des urspr. Baus): langgestreckter kubischer Baukörper parallel zur Alten Pinakothek; über hohem Sockel 2 Geschosse, das obere fensterlos für Fresken nach Entwürfen von Kaulbach (1847 ff., ausgeführt von Nilson 1850–54); über 2armige Freitreppe Eingang in 3jochige Arkadenhalle. (Modell des alten Baues auf linker Galerie der Eingangshalle des Neubaues; von dort Zugang zu Raum 12 mit Kaulbachs Entwürfen.) – Der jetzige ***Neubau*** nach Plänen von Branca errichtet: 1. Ideenwettbewerb 1960, Architektenwettbewerb 1966/67 (278 eingereichte Arbeiten; 1. Preis an Branca); in den folgenden Jahren Änderung des urspr. Museumskonzepts (Verzicht auf Staatl. Graphische Sammlung, → Meiserstr. 10, und auf Staatsgalerie moderner Kunst, → Prinzregentenstr. 1, zugunsten der Diensträume für die Direktion der Bayerischen Staatsgemäldesammlungen sowie des Doerner-Instituts, einer Forschungsanstalt für Maltechnik). Grundsteinlegung 1975, Eröffnung 1981. ***Äußeres:*** Die Doppelfunktion von Museum und Verwaltung am deutlichsten ablesbar an Hauptfassade zur Theresienstraße: rechter Bauteil große, klargegliederte, nahezu fensterlose Baukörper, überragt von mehrfach gestaffelten und ansteigenden Schrägflächen der Glasdächer; die zurückgesetzte Glaswand der Eingangshalle an der Nahtstelle zum 2- und 3geschossigem Bürotrakt, durch vorkragende Rundstützen und Reihung schmaler Rundbogenfenster gegliedert. Der Betonbau über Granitsockel mit ockerbraunem Sandstein verkleidet und von durchlaufenden bossierten Bändern ›zusammengehalten‹; tragende Pfeiler in Granit. Erker, schmale Fenster, Treppen und Vordächer (Notausgänge) beleben die Fassaden des vielfach gegliederten Baublocks. ***Inneres:*** Von der nahezu in der Mitte gelegenen Eingangshalle Zugang (rechts) zum Museumspädagogischen Zentrum und zu den Räumen für Sonderaus-

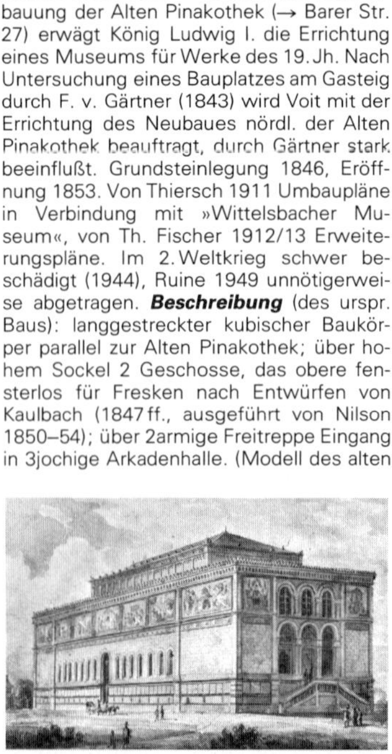

Gründungsbau der Neuen Pinakothek von A. Voit (1944 beschädigt, 1949 abgetragen)

B

stellungen im Tiefgeschoß sowie zu den 22 (Oberlicht-)Sälen und 10 Kabinetten mit rund 500 Gemälden und 30 Statuen. Die schleifenähnliche Anordnung der auf- und absteigenden Führungslinie um 2 Innenhöfe ermöglicht unterschiedliche Raumhöhen der Oberlichtsäle und vermeidet Enfilade. ***Bedeutung des Neubaus:*** Der klar konzipierte, vielgestaltige Baukörper trotz monumentaler Formsprache eher zurückhaltend. Durch Eingang von der Theresienstraße Orientierung auf gegenüberliegende Alte Pinakothek bei Unterordnung unter den Klenze-Bau. Im Formalen gelungene Verbindung von heterogenen Funktionen Museum/Verwaltung in einem Bau, umstritten durch Verwendung modisch wirkender Details und historisierender Zitate im Sinne der Postmoderne.

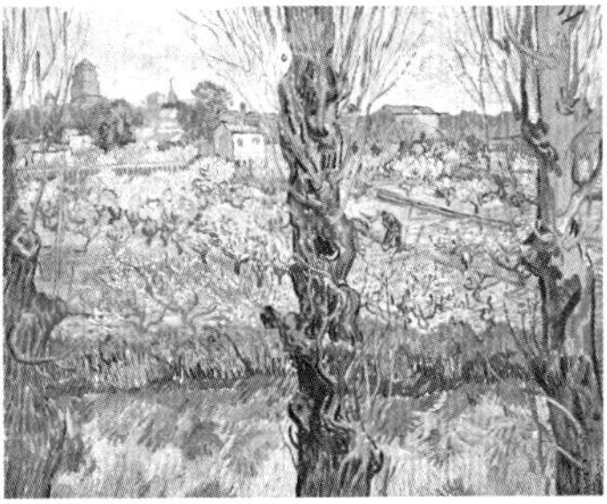

Vincent van Gogh: *Blick auf Arles,* 1889 (Neue Pinakothek)

Sammlungen*: Mit ca. 4500 Gemälden und etwa 300 Skulpturen nach der Berliner Nationalgalerie die umfangreichste deutsche Sammlung mit Werken des 19. Jh.

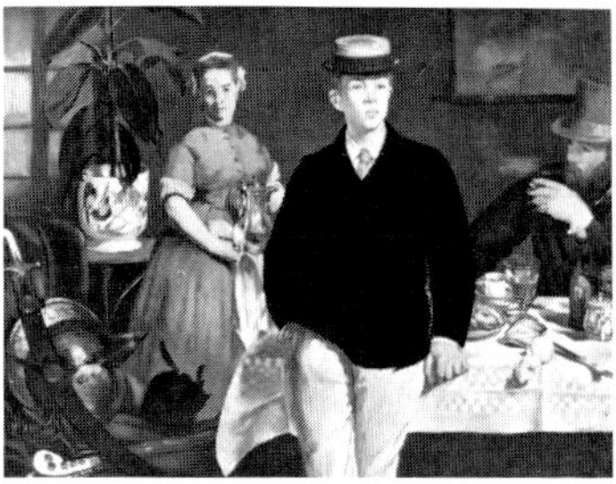

Edouard Manet: *Das Frühstück im Atelier,* 1868 *(Neue Pinakothek)*

Hervorgegangen aus der Privatsammlung Ludwigs I., die er (eine damals revolutionäre Zielsetzung) zeitgenössischen Künstlern vorbehielt: Schwerpunkte einerseits Historienmalerei, andererseits Werke der neuen Landschafts- und Genremalerei. Hierfür Errichtung des ersten Baus. Unter Max II. und Ludwig II. Stagnation der Sammeltätigkeit, ab späten 1880er Jahren zunehmende Staatsankäufe und Schenkungen, wodurch der Neuen Pinakothek auch Werke der ›modernen Kunst‹ zuflossen. Diese nach Überführung der Galerie in Staatsbesitz (1915) an die 1919 gegründete ›Staatsgalerie‹ im Kunstausstellungsgebäude am Königsplatz abgegeben; heute: ›Staatsgalerie moderner Kunst‹, → Prinzregentenstraße 1. Bei der Neuordnung der Werke in der Neuen Pinakothek ausgegangen von innerem Zusammenhang der Malerei von Goya bis Cézanne, geprägt von der ›Befreiung‹ durch die Französische Revolution, durch den Subjektivismus der Romantik und die Vereinzelung der modernen Zivilisation.

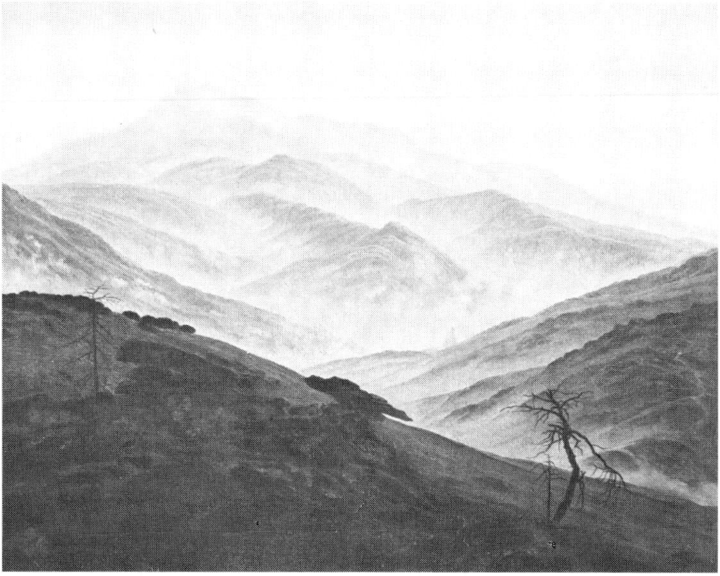

Caspar David Friedrich: *Riesengebirgslandschaft,* um 1820 (Neue Pinakothek)

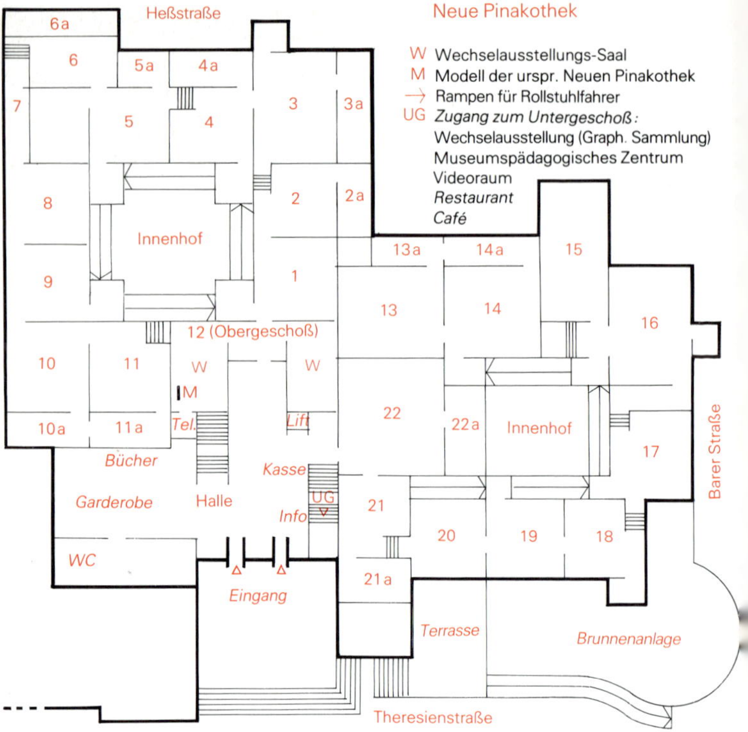

Saal	Kabinett	Schule bzw. Stil	Werke folgender Künstler
Halle			Rottmann
A, B			Wechselausstellungen
1		Internationale Kunst um 1800	Gainsborough, Wilson, Romney, David Canova, Stubbs, Goya, T. Lawrence
2			Füssli, Tischbein, W. v. Kobell, Goya, Graff, Lawrence, Turner, Raeburn, Opie, Wilkie
	2a		Constable, Lawrence, Ibbetson, Mengs, Schütz II, Kauffmann, Goya, Loutherbourg, Hackert, Graff, Michel, Füger, Prud'hon, Defrance
3		Frühromantik	Klenze, Blechen, Schinkel, Dahl, Friedrich, Rottmann, W. v. Kobell, Hummel, Kersting
	3a		W. v. Kobell, Wagenbauer, Dillis, Kersting, E. Fries, Lindenschmit d. Ä., Perlberg, Blechen, Begas d. Ä., Edlinger, Kuntz, Quaglio, Dorner d. J., Seele
4		Hofkunst unter König Ludwig I. von Bayern	P. v. Heß, Stieler, Catel, Thorwaldsen, Rottmann
	4a		P. v. Heß, Rottmann, Migliara, Reinhold, Rebell, Wittmer, Bürkel, Kaulbach, Ziegler, Foltz, Dillis, Heideck, Robert
5		Deutsche Klassizisten in Rom	Richter, Koch, Reinhart, Hackert, Fries, Eberlein
	5a		Reinhart

B

6		Romanik, Klassizismus, Früher Realismus	*Sammlung Schäfer:* Friedrich, Carus, Blechen, Waldmüller, Menzel, Thoma, Leibl, Amerling, R. v. Alt, Schuch, Wasmann, Zügel, Chase, W. Brücke, E. Gaertner, Eibner, Rebell, Wopfner, Sperl, J. A. Koch, F. und J. Riepenhausen
	6a	Europäische Kleinbronzen des 19. Jh.	Degas, Carpeaux, Begas, Maillol, Barye, Hahn, Stuck, Dalou, Mène, Carrier-Belleuse, Desbois, Gemito, Rodin
7		Nazarener	Olivier, F.W. v. Schadow, R. v. Schadow, J.F. Overbeck, H.M. Heß, L. Richter, v. Rohden, D. Quaglio
8		Biedermeier	Stieler, D. Quaglio, Schwind, Neher, Bürkel, Eberle, Jodl
9			F.W. v. Schadow, Brandes, Rayski, Waldmüller, Amerling, Alt, Morgenstern, Waldmüller (Umkreis)
10		Französische Spätromantiker und Realisten	Courbet, Géricault, Corot, Millet, Daumier, de la Peña, Daubigny, Chassériau, Benouville, Delacroix
	10a		Degas, Raffet, Troyon, de Dreux, Corot, Courbet, Delacroix, Gudin, Fantin-Latour, Couture
11		Deutsche Spätromantiker und Realisten	Menzel, Achenbach, Rayski, Ezdorf, Schirmer, J. Becker, Kaiser, Schleich d. Ä.
	11a		Spitzweg, Schleich d. Ä., Voltz, A. Seidel, Lier
12			W. v. Kaulbach, A. H. Heß
13		Historien- und Gesellschaftsmalerei	Piloty, Kaulbach, Winterhalter, Ramberg, Navez, Vernet
	13a		Makart, Riedel, Canon, Gallait, W. v. Kaulbach, Winterhalter, K. T. v. Piloty, F. Piloty, Lindenschmit d. J.
14		Malerei der Gründerzeit	Defregger, Makart, Munkácsy, Wenglein, Gysis, Schleich d. Ä., Lier, Keller, Max, Kampf, Lenbach, Ramberg
	14a		Th. Alt, Keller, Lenbach, G. v. Max, Meissonier, Grützner, Stevens, Wenglein, F. A. v. Kaulbach, Hamza, Marées, Diez, Defregger, Lindenschmit d. J., Langko
15		Hans von Marées	Marées, Hildebrand
16		Böcklin – Feuerbach – Thoma	Böcklin, Feuerbach, Thoma, Stäbli, Tuaillon
17		Leibl und sein Kreis	Leibl, Trübner, Schuch, Sperl, Scholderer, Hirth du Frênes
18		Französische Impressionisten	Degas, Manet, Monet, Pissarro, Renoir, Sisley, Maillol, Guillaumin, Lautrec, Chase
19		Cézanne – Gauguin – van Gogh	Cézanne, van Gogh, Gauguin, Rodin, Serusier
20		Sozialer Realismus	Uhde, Slevogt, Maris, Bezzi, Ciardi, Kuehl, Nono, Liebermann, van der Meer, Meunier
21		Deutsche Impressionisten	Slevogt, Corinth, Uhde, Liebermann, Zügel
	21a	Sezessionisten	Dill, Putz, F. Overbeck, Stott, Koester, Kalckreuth, Landenberger
22		Symbolismus und Jugendstil	Hodler, Bonnard, Klimt, Segantini, Schiele, Lautrec, Monet, Ensor, van de Velde, Munch, Vuillard, Denis, Minne, Maillol, M. Klinger
	22a		Signac, Carrière, Stuck, Klimt, Denis, Vuillard, Rysselberghe, Luce, Khnopff, Redon, Chavannes, Crane, Herrmann, Stuck, Minne

B

BAUMKIRCHNER STRASSE 45 20

St. Stephan Ehemalige Pfarrkirche von Berg am Laim und Baumkirchen, gilt als ältestes in Urkunden erwähntes Gotteshaus im Münchner Raum; früher wohl herzoglicher, bis 1052 kaiserlicher Besitz, dann an Freising geschenkt. Jetzige Kirche, vielleicht von Rottaler, um 1510 als spätgotische Wandpfeilerkirche mit wenig eingezogenem Altarraum, 3seitigem Schluß und Westturm errichtet. 1713ff. barockisiert: Umgestaltung von Chorgewölbe und Fenstern; neue Altäre. ***Bedeutung:*** Letzter Kirchenbau der Gotik; ältester original erhaltener Turmhelm im heutigen Stadtbereich.

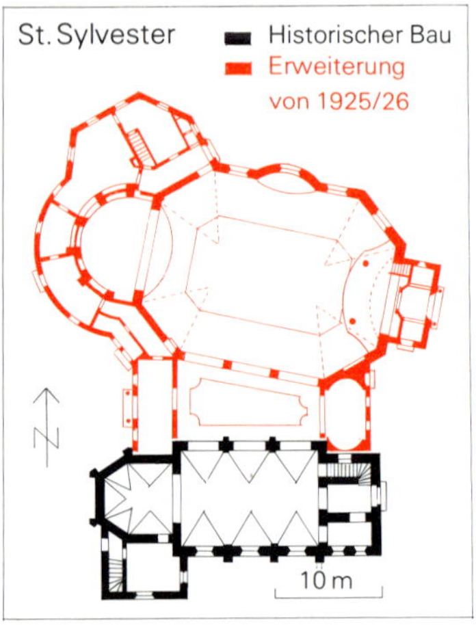

BIEDERSTEINER STRASSE 1a 15

St. Sylvester Als Sankt Ursula seit 1811 Pfarrkirche von Alt-Schwabing, seit 1920 Sylvester-Patrozinium. ***Äußeres:*** Gotischer Bau, im Turm romanische Reste; 1654–61 barock erweitert; Altarraum mit 5/8-Schluß. ***Inneres:*** 3jochiger Saalbau mit flacher Stichkappentonne; geometrischer *Deckenstuck* Münchner Schule. Frühbarokker *Hochaltar* (Altarbild von C. Amort; Figuren von Schütz); im Chorbogen *Rosenkranzmadonna* 1692 von Leuthner; *Verkündigungsgruppe* (Umkreis J. Günther: viell. J. A. Brantan?); beachtliche Rokoko-Stuhlwangen 1775. – Rechte Seitenwand geöffnet durch geschickten Anbau der **Neuen Pfarrkirche** von Buchert, geweiht 1926: länglicher Achteckbau mit Halbkreisapsis. Hier neubarocke Ausstattung mit originalen Ergänzungsstücken: *Hochaltar* mit 2 Bischofsfiguren*, M. Guggenbichler zugeschrieben (Altarblatt: Schiestl, 1927; von diesem auch die anderen Altarbilder); *Kanzel* 1663; *Herrgott in der Rast* 1647–50 von C. Pader neben der Kirchentüre; *Thaddäus-Statue** und *Büsten** der Hl. Benedikt und Barbara (auf neuen Sockeln) etwa 1770 von I. Günther bzw. (Barbara) nach seinem Entwurf viell. von Heringer ausgeführt. ***Bedeutung:*** Alte typische Dorfkirche, mit neubarockem Erweiterungsbau sehr geschickt und ohne gegenseitige Beeinträchtigung verbunden. Sehr gute Plastiken, von denen einige aus der 1894–96 umgebauten und 1898 abgebrochenen Leprosenhauskirche und aus der Schwabinger Pfarrkirche (ab 1894) St. Nikolai stammen (*Herrgott in der Rast,* Votivbilder, *14 Nothelfer* von C. Pader; diese, der schöne *Hl. Michael* von etwa 1750 und weitere Plastiken derzeit im Pfarrhof).

BIRKENLEITEN 35 23

Komturei des Templerordens Der seit 1935 in München ansässige Orden erwarb 1968 das um 1880 errichtete neugotische Gebäude, das sich für die soziale Arbeit des Ordens alsbald, trotz Um- und Anbauten (1972ff.), als zu klein erwies; bei beschränktem Grundstück Abhilfe nur durch Turmbau (den der Orden als religiöse Gemeinschaft rechtlich beanspruchen konnte): 1979–80 nach Plänen des Ordensmitglieds Dom Archangelos errichteter Turm mit insgesamt 8 Stockwerken über quadratischem Grundriß, bekrönt von einer mächtigen oktogonalen Zwiebel (mit Patriarchalkreuz der Templer), ihr 2geschossiger Unterbau flankiert von den steilen Dächern (mit Jerusalemkreuzen) der 4 Ecktürmchen, eingebunden in das vorkragende Galeriegeschoß. Die *Kapelle* (nicht öffentlich zugänglich) ist eine stimmungsvolle Synthese von alten und neuen Architekturdetails und Ausstattungsstücken. ***Bedeutung:*** In der Verwendung von historischen Stilelementen (Gotik, Barock) werden Anklänge an Vorbilder sichtbar (z. B. Turm des Alten Rathauses, München; St. Ulrich, Augsburg; Teinkirche, Prag), die in diesem heute seltenen Beispiel von Dilettanten-Architektur zu kurioser Einheit zusammengefügt werden.

BLUMENSTRASSE 28a und b 10

Städtisches Hochhaus Als sogenanntes »Technisches Rathaus« 1927–29 von Leitenstorfer erbaut. ***Beschreibung:*** Über Tuffsteinerdgeschoß 11stöckiger Stahlbetonskelettbau mit Rohziegelverkleidung; Südwestfassade zu 8, die beiden anderen freistehenden Fassaden zu 5 Fensterachsen; an 4. Seite 5stöckiger städt. Verwaltungsbau angefügt; vom 5. Obergeschoß an die Ecken abgefast, ab dem 9. in 5 Seiten einer (8eckigen) turmähnlichen Eckflankierung übergehend. ***Bedeutung:*** Für die großstädtische Baukunst der späten 20er Jahre typischer Hochhausbau (vgl. Chilehaus in Hamburg 1923); in München ohne eigentliche Nachfolge, da der von Sörgel projektierte Hochhausring um die Altstadt und Ranks »Großhandelsstadtteil« (1928) auf dem Gelände des Gleiskörpers des zu verlegenden Hauptbahnhofs (→ Bahnhofplatz 2) nicht zur Ausführung kamen.

BLUMENSTRASSE 29a 10

Münchner Marionettentheater Von der Stadt München durch Theod. Fischer 1900 für die 1858 von Jos. Leonhard Schmid (›Papa Schmid‹) gegründete Puppenbühne erbaut. Nach Kriegsschäden 1945 wiederhergestellt und 1946 offiziell wiedereröffnet. Das kleine, durch einen säulengetragenen Giebel ausgezeichnete Gebäude vor der gärtnerischen Anlage entspricht der Intimität des Puppenspiels: Er ist der erste, eigens für diese Form von Theater errichtete Bau der Welt.

BOGENHAUSER KIRCHPLATZ 1 20

St. Georg* An eine wohl noch romanische Kirche in der Spätgotik Anfügung eines Chorraums, der bei Neubau der Kirche 1766–68 beibehalten wurde; ebenso der Westturm (1771 erhöht). Kostenvoranschlag von J.M. Fischer vom Jahre 1759 führte zur Annahme, daß er den Neubau besorgte; wahrscheinlicher jedoch von Trischberger oder Gießl. Restaurierungen 1866 und 1941. Leichte Kriegsschäden (1944) behoben (1951 und 1954). ***Äußeres:*** Einfacher Rechteckbau mit Satteldach, Chorbau eingezogen mit Strebepfeilern; südlich davon Sakristei; der schlanke Turm mit Doppelhaube in den Kirchenbau miteingebunden. ***Inneres:*** Durch 2 freistehende Pfeiler halbierter Saal: westl. Hälfte Empore, östl. der eigentliche Kirchenraum, von einer Decke aus verschieden gestalteten Kugelausschnitten überwölbt; eingezogener Altarraum mit Flachkuppel über Pendentifs. Ausmalung von Helterhof 1767/68; *Deckengemälde* **A** ›Aufnahme des Hl. Georg in den Himmel‹; **B** in irregulärem Achtpaß ›Martyrium des Hl. Georg‹. *Altäre:* **1** Hochaltar als Bühnenaltar von Straub errichtet, mit freiplastischer Reiterfigur des Hl. Georg, 1770; die beiden seitl. des Altars stehenden Figuren, Hl. Donatus und Hl. Irene, ebenfalls Straub 1770–73. **2** Seitenaltar mit Mittelfigur des Hl. Korbinian* von I. Günther um 1770–73 mit einfachen seitlichen Figuren des Hl. Wendelin und Hl. Leonhard von unbekannter Hand. **3** Seitenaltar mit anonymer Mittelfigur ›Thronende Madonna‹, um 1628; Seitenfiguren Hl. Joachim und Hl. Anna von einem ebenfalls unbekannten Schnitzer. **4** Die bemerkenswerte *Kanzel** von Günther, um 1770–73. Im Eingangsraum *Rokoko-Kruzifix,* unter der Empore barocker *Taufstein;* an der Nordwand *Marmorepitaph* für Maria Josepha Gräfin Törring, 1755 aus Straub-Werkstatt (gilt als schönstes spätbarockes Grabmal Münchens). ***Bedeutung:*** Durch Lage am rechten Isarhochufer inmitten eines sehenswerten dörflichen *Friedhofs* (u.a. Gräber von Johann von Lamont, Hans Knappertsbusch, Wilhelm Hausenstein, Liesl Karlstadt, Annette Kolb, Gustl Waldau, Oskar Maria Graf, Erich Kästner) ausgezeichnete Kirche, deren Äußeres den Typus einer Dorfkirche bewahrte, deren Innenarchitektur in der klaren Trennung der einzelnen Elemente ebenso

St. Georg in Bogenhausen

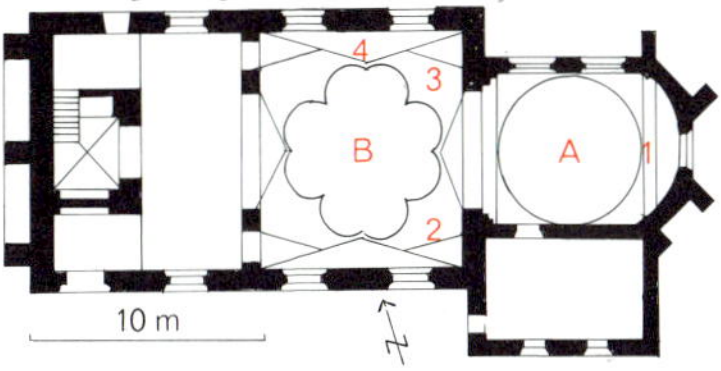

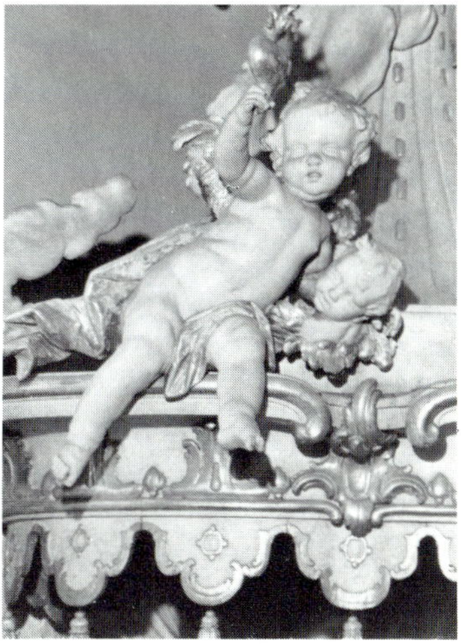

St. Georg, Detail der Kanzel (I. Günther)

wie die gemalte Scheinstuckierung das ausgehende Rokoko anzeigen. Durch hervorragende Skulpturen und gut erhaltene Gesamteinrichtung kunstgeschichtlich sehr wichtig: der Hochaltar einer der letzten Bühnenaltäre des Barockzeitalters.

BRIENNER STRASSE 1, 2, 18

Erste der großen Straßenanlagen des 19. Jahrhunderts, von Karl v. Fischer als Hauptachse (urspr. Königstraße genannt) der neuen → Maxvorstadt 1808 – von der Residenz nach Westen erst der Stadtmauer folgend und dann mit sanftem Knick die Richtung der Nymphenburger Straße aufnehmend – geplant und ausgeführt. Überwindung des starren Rasterschemas, das der Vorstadtanlage zugrunde liegt, durch freien Rhythmus zwischen konzentrierten Baublöcken, anliegenden Platzerweiterungen (→ Wittelsbacher Platz als geschlossener rechteckiger Architekturplatz, Einmündung des → Maximiliansplatzes) sowie axial eingebundenen offenen Sternplätzen (vgl. → Karolinenplatz als erster Strahlenplatz Münchens, Stiglmaierplatz) und dem ebenfalls symmetrischen rechteckigen → Königsplatz. Urspr. Wirkung einer ins freie Umland führenden Ausfallstraße (Richtung Neuhausen/Nymphenburg) bereits durch Errichtung der *Propyläen* (Klenze, 1846–62) beeinträchtigt; weitere nachteilige Veränderungen des Straßenbildes nach Kriegszerstörungen durch verständnislos gestaltete Neubauten (wie Nr. 19, 21, 27) sowie durch Errichtung der *Bayerischen Gemeindebank* (Nr. 20. Arch.: Angerer, 1961–64) an der Stelle des baumbestandenen Areals vor dem zurückgesetzten neugotischen Wittelsbacher Palais (Arch.: F. v. Gärtner, 1843–49. Im Krieg schwer beschädigt, 1950 abgebrochen, 1977–82 durch *Bayerische Landesbank* bebaut, → Nr. 18). Die Querachse des Altstadtrings (Oskar-von-Miller-Ring – Maximiliansplatz/Ottostraße)

B

stört den Tiefenzug der Straße empfindlich. – Der östl. Abschnitt der Straße durch Klenze in ›geschlossener Bauweise‹ bebaut; damit Änderung des Fischerschen Konzepts. Erwähnenswert: Ecke Odeonsplatz/Brienner Straße *(Palais Moy)* und Nr. 1 (beide von Klenze, 1819); Nr. 6 *Palais Méjean,* von Métivier und Klenze (1823/24, nach Kriegszerstörung neu errichtet nach Plänen von Wiedemann); Ecke Brienner Str./Amiraplatz (*Vereinigte Werkstätten,* von R. Seitz, 1938–40); Nr. 11 und Nr. 13 *›Luitpoldblock‹* (1886–88 nach Plänen von Lasné, nach Bombenschäden 1961 und 1975/76 vereinfacht restauriert), daneben Brunnenfigur Prinzregent Luitpold (von Henselmann, 1983 err.); Nr. 10 *Wohnhaus,* von Klenze (1824, heute verändert wiederaufgebaut) und → Nr. 12. Beim *Palais Almeida* (→ Nr. 14) Übergang zur aufgelockerten ›offenen Bauweise‹ (hpts. an der Nordseite der Straße), wie sie K. v. Fischer für die Brienner Straße und die gesamte Maxvorstadt vorgesehen hatte; erwähnenswert: Nr. 16 (ehemalige *Disconto-Ges.,* von Littmann, 1922–23), Nr. 22 (ehem. *Palais Berchem,* von G. v. Seidl, 1897–99, nach Kriegsbeschädigung vereinfacht wiederaufgebaut), → Nr. 23 und → Nr. 25. Nach dem nun folgenden Karolinenplatz bis zur Meiser-/Arcisstr. Beeinträchtigung des Straßenzugs durch die Zerstörung (1944/45) der urspr. Bebauung: an der Südseite das Palais Degenfeld (Arch.: K. v. Fischer, 1810, umgebaut durch Métivier 1849/50), später Päpstliche Nuntiatur; gegenüber das Palais Barlow (Arch.: Métivier, 1829/30), durch Hitler zum ›Braunen Haus‹ ausgebaut (Arch.: Troost, 1930); anstelle kleinerer Eckbauten (1809 u. 1832) beiderseits der Einmündung der Brienner in Arcisstr. Errichtung der NS-›Ehrentempel‹ (Arch.: Troost, 1933–35), 1947 gesprengt. Durch nicht mehr erfolgte Bebauung Verlust des architektonischen Halts vor der Weite des Königsplatzes. ***Bedeutung:*** Neben der → Ludwigstraße (Nord-Süd) bestimmende Ost-West-Koordinate der 1807/08 konzipierten Maxvorstadt und wesentliches Element (früh-) klassizistischer Stadtplanung. Dem ›Fürstenweg‹ von der Residenz nach Nymphenburg in seinem östlichen Abschnitt folgend ist die Straße in ihrer Bebauung durch Palais, repräsentative Miethäuser und Vorstadtvillen eine »erstmals als ein residenzstädtischer, kunstbewußter Akt sich darstellende Komposition« (Lieb). Wesentliche, trotz empfindlicher Eingriffe erhaltene Akzente sind der am Nordrand gelegene italienisch anmutende Wittelsbacher Platz, der französisch beeinflußte sternförmige Karolinenplatz und das antikische Forum des Königsplatzes.

BRIENNER STRASSE 12 **2**
Palais Eichthal 1818 von Klenze mit palastähnlicher Fassade erbaut: Strenger Eindruck durch Rustizierung der ganzen, 3geschossigen 11achsigen Fassade; in der Mitte rundbogiges Einfahrtstor, beiderseits flankiert durch Türen mit Rundfenstern darüber; dieselbe Türkomposition an den beiden äußeren Achsen; dazwischen je 3 hohe Rundbogenfenster. Sparsamer plastischer Schmuck: Breites Gesimsband mit hervorragendem Palmettenfries über Mezzanin. ***Bedeutung:*** Mit der florentinisch beeinflußten Fassade führt Leo von Klenze den mit dem Arco-Palais begonnenen Eingriff in die Fischersche Konzeption der → Brienner Straße fort.

BRIENNER STRASSE 14 **2**
Palais Almeida 1823/24 von Métivier urspr. für Sophie Petin, seit 1823 Baronin Bayrstorff (Geliebte und ab 1834 Gemahlin des Prinzen Karl), errichtet und durch Heirat deren Tochter an den Grafen d'Almeida gelangt; 1923 an München-Aachener Versicherung verkauft. Im 2. Weltkrieg ausgebrannt. 1952/53 unter Wahrung der Außenerscheinung wiederaufgebaut. ***Fassade*** zu 3 Geschossen und 9 Achsen, der dreiachsige pilastergegliederte Mittelrisalit mit stützenlosem, auf Voluten ruhendem Balkon über Rundbogenportal und flachem Dreiecksgiebel (Wappen modern). Die linke Seite erst beim Durchbruch des Oskar-von-Miller-Ringes freigelegt. ***Bedeutung:*** Die Schauseite eine der ausgereiftesten streng klassizistischen, noch auf der Tradition der Pariser Dixhuitième-Palais fußenden Fassaden Münchens, in der Haltung zwischen Fischer und Klenze. Die Kandelaber in den ursprünglich für Figuren bestimmten Nischen beiderseits der Einfahrt gehören zum Besten dieser Art. Die verlorene Innendekoration, die ebenfalls Métivier gestaltete und zusammen mit Architektur und Möbelausstattung zu einem klassizistischen Gesamtkunstwerk vereinigte, machte das Palais ehedem zum schönsten der Brienner Straße.

BRIENNER STRASSE 18 **2**
Bayerische Landesbank Auf dem Areal zwischen Ring, Gabelsberger- und Türkenstraße von 1977–82 errichtete mehrteilige Anlage, die Verwaltungsbauten, Läden und mehrere Innenhöfe geschickt verbindet; Entwurf: Architektenbüro Beck-Enz-Yelin. Die 4- bis 5geschossigen Fassaden (Metall und Glas) unter Walmdächern durch Vor- und Rücksprünge aufgelockert, am Ring Ladenpassage bis Gabelsbergerstraße; dort Löwenplastik von Görig, Nachschöpfung von Halbigs Löwen vor dem ehem. Wittelsbacher Palais (s. u.). – Der Block an Türkenstraße (sowie die *Bayerische Gemeindebank* an Brienner Straße, Arch.: Angerer, 1961–64) an der Stelle des Parks und des nördl. anschließenden **Wittelsbacher Palais** errichtet: von F. Gärtner als Palais für Kronprinz Max 1843–49 nach Vorbild englischer Schloßbauten der Neugotik erbaute Vierflügelanlage. Nach 1848 Sitz des abgedankten Königs Ludwig I., ab 1887 des späteren Königs Ludwig III.; nach 1919 Sitz der Räteregierung, danach Büros, ab 1935 berüchtigtes Gestapo-Quartier; im 2. Weltkrieg schwer zerstört und 1949/50 demoliert. (Einer der erhalten gebliebenen Portallöwen von Halbig heute vor Katholischer Akademie an der → Gunezrainerstraße 9 aufgestellt.)

B

BRIENNER STRASSE 23 2
Ärztehaus Anstelle des sog. ›Poschinger-Palais‹ nach Plänen von Fick 1936/37 als ›Haus der Deutschen Ärzte‹ errichteter Neubau: über 5achsigem Erdgeschoß mit vergröbert ›barockem‹ Rundbogenportal zwei 7achsige Obergeschosse unter kaum vorstehendem Walmdach. ***Bedeutung:*** Der zurückhaltende Bau fügt sich den Maßverhältnissen des aristokratischen Straßenzuges ein, obwohl er durch Anklänge an bayer.-österr. Barockarchitektur eine fremde Note in die klassizistische Straße bringt: beides aber nach den Bausünden des Wiederaufbaus kaum mehr störend.

BRIENNER STRASSE 25 2
Haus Böhler Anstelle eines älteren spätklassizistischen Palais 1904–05 nach Plänen von G. v. Seidl für den Sammler und Antiquitätenhändler Julius Böhler errichtet. ***Beschreibung:*** Freistehender Baublock mit 7achsiger Hauptfassade, im Verband des rustizierten Erdgeschosses beiderseits Toreinfahrten, die dem säulenflankierten Mittelportal entsprechen. Von den beiden Hauptgeschossen das erste durch Doppelsäulen mit Blendbogen plastisch gegliedert, das niedrigere 3. Obergeschoß ebenfalls reich dekoriert; darüber über Konsolgesims steiles Walmdach. (Der plastische Schmuck von Seidler.) ***Bedeutung:*** In die italienisierenden Renaissance-Formen mischen sich manieristisch-barocke Elemente zu malerischer Gesamtwirkung; diese und die Abmessungen des Baus störten bereits das Gleichgewicht der klassizistisch bebauten Brienner Str., lange bevor durch den Wiederaufbau in den 50er Jahren (Haus Nr. 19, 21, 27) der urspr. frühklassizistische Charakter der Straße gänzlich verlorenging.

BRUNNERSTRASSE 2 15
Bamberger Haus Am Nordausgang des → Luitpoldparks 1912 von Franz Rank als Gartenrestaurant errichtet, um die 1899 abgenommene, 1900 nach München gelangte und später von J. Rank gestiftete Sandstein-Bauplastik von der Gartenseite des ›Böttinger‹- oder ›Prell-Hauses‹ in Bamberg (1707–13 wohl von J. I. T. Ammon) verwenden zu können. Ab 1923 Gartencafé, 1944 ausgebrannt; 1951 leicht verändert wieder aufgebaut, 1953–73 Sitz der Deutschen Forschungsgesellschaft für Druck- und Reproduktionstechnik; nach entspr. Umbauten 1984/85 wieder Café (im Erdgeschoß mit Einbau originaler Ausstattung im Stil der 20er Jahre), im Obergeschoß Ausstellungszentrum der Münchener ›Cartoon-Caricature-Contor‹ (einzige Karikaturistengalerie Deutschlands). ***Beschreibung:*** Einfacher, zweigeschossiger, kubischer Bau mit drei bzw. vier Fensterachsen; die Obergeschoßfenster mit Sohlbänken sowie mit Segment- und Schweifgiebel reicher dekoriert als die im Erdgeschoß; bemerkenswerte Portale. ***Bedeutung:*** Durch die Rettung der Bauplastik und ihre Einfügung im Neubau besitzt München in diesem Werk eines noch unbekannten Bildhauers ein sehenswertes Beispiel fränkischen Barocks.

BURGSTRASSE 6
Parallel zur ältesten Stadtmauer verlaufend verbindet diese Straße Altes Rathaus (→ Marienplatz 15) und → Alten Hof, dessen Torturm den Straßenzug beherrscht. Durch Zerstörungen im 2. Weltkrieg im urspr. Bestand geschmälert, Neubauten versuchen sich anzugleichen. Einzig einigermaßen erhalten die ehemalige *Stadtschreiberei* (→ Nr. 5). Im *Haus Nr. 6* (›Sonneck‹, neu erbaut) wohnte 1780/81 Mozart und komponierte die 1781 in München uraufgeführte Oper ›Idomeneo‹; in *Nr. 6* lebte und starb der bayerische Gesetzgeber Wiguläus Frh. v. Kreittmayr (1705–90); *Nr. 8* Wohn- und Sterbehaus von Cuvilliés d. Ä.

BURGSTRASSE 5 6
Weinstadl* (früher Stadtschreiberhaus, seit 1550); unter Stadtmaurermeister Hans Aernhofer 1551/52 neugestaltet; 1944 schwer beschädigt, 1951 durch Schmelcher instandgesetzt, 1962/63 restauriert (Fassadenmalerei!). ***Fassade:*** Durch Zusammenfassung zweier kleinerer Anwesen (in München meist nur 3 Fensterachsen) breitgelagerte Front entstanden; rechteckige Fenster mit kräftiger Sprossenteilung; profilierte Horizontalgesimse trennen die drei Stockwerke; im hohen Dach drei Giebel: die beiden an den Außenseiten mit Aufzugsvorrichtungen, der mittlere 1890, darunter erneuerter Flacherker. Wie meist bei Altmünchner Häusern in der Mitte Einfahrtstor, rechts kleinerer Eingang mit gerader, alle Stockwerke durchlaufender Treppe

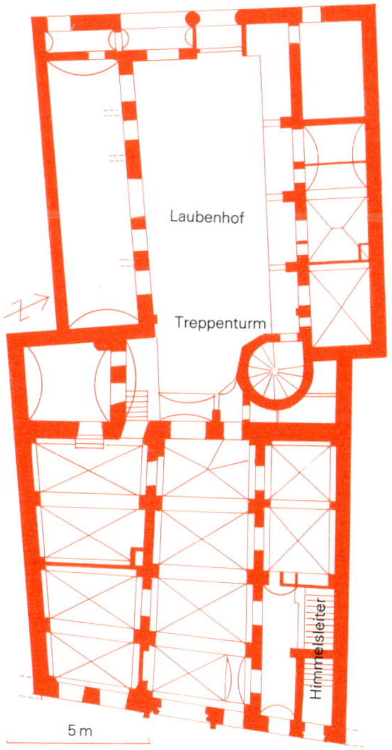

Weinstadl (eh. Stadtschreiberhaus), Erdgeschoß

C

(›Himmelsleiter‹). Schön gestalteter Hof, gut erhalten, mit Treppentürmchen. *Fassadenmalerei* von H. Mielich, nach 1961 entdeckten Resten ergänzt und restauriert. ***Inneres:*** Alte Raumanordnung weitgehend erhalten; urspr. ebenfalls von Mielich ausgemalt. ***Bedeutung:*** Ältestes, nahezu noch originales Münchner Bürgerhaus, mit prächtigen Gewölben, Laubenhof und letztem profanen gotischen Treppenturm mit Schnecke.

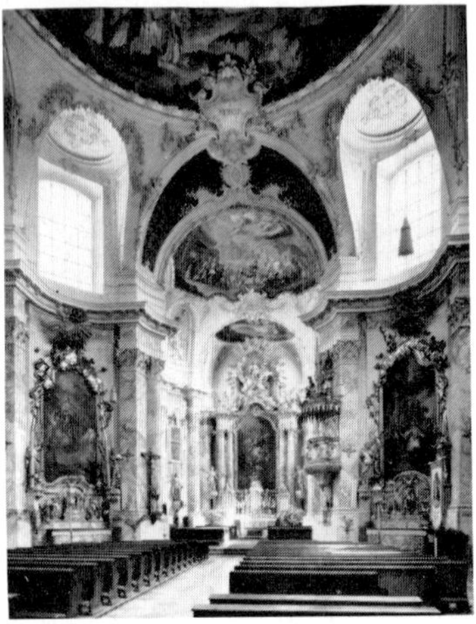

Sankt Michael in Berg am Laim, Inneres

CLEMENS-AUGUST-STRASSE 9a 24
St. Michael in Berg am Laim* Einrichtung einer Kapelle (von Zuccalli, ab 1690) für die 1693 gegr. Erzbruderschaft zum Hl. Michael im Schlößchen Josephsburg (Arch.: Zuccalli, 1691–96) des Kölner Erzbischofs Joseph Clemens (Bruder Max Emanuels); Errichtung der heutigen Kirche durch Erzbischof Clemens August von Köln (Sohn Max Emanuels). Erste Pläne 1735 von J.M. Fischer (Einturmfassade), Bauausführung (beg. 1737) durch Kögelsberger (Änderung des Fischer-Plans: Zweiturmfassade, Steingewölbe); 1739 übernimmt Fischer den Weiterbau unter Anpassung an die bereits vorhandenen Gegebenheiten; Bau 1758 abgeschlossen (Benedizierung 1744; Weihe 1751). *Ausstattung* (bis 1771) hauptsächlich durch J.B. Zimmermann (1731–43) und Straub (1743ff., 1758/58). *Altarraum* 1945 durch Artillerietreffer schwer beschädigt, 1946/47 wiederhergestellt; umfassende Außen- und Innenrenovierung 1977–82. ***Fassade:*** Beiderseits des Kirchengebäudes zurückgesetzte, niedrige Bauten; Doppelturmfassade Abschluß einer geplanten Straße (von Ramersdorf); sparsam gegliederte, 3geschossige *Türme* mit aufgesetzten Laternen und helmartigen Hauben (1749/50), Ecken mit übereckgestellten, vorgezogenen Pilastern besetzt; zwischen den Türmen leicht konvexer Mittelteil; in jedem seiner 2 Geschosse von Doppelsäulen flankierte Flachnischen (Hauptportal; darüber urspr. Hl. Michael von Straub 1743, gefaßt 1758, ersetzt durch Plastik von Muxel 1793; heutige zu kleine Figur von 1911); sonstiger Außenbau ungegliedert. ***Grundriß:*** Abfolge dreier abgestufter, in Wandstruktur und Tektonik variierter Zentralräume. ***Inneres:*** Bestimmend die bis zum Altarraum hintereinander gestaffelten Bogen, akzentuiert durch sphärische Gewölbefelder, der Tiefenzug gesteigert durch Gebälk; der helle Raum farblich geprägt durch rot und grün marmorierte Dreiviertelsäulen und Pilaster vor weißer Wand, farbig abgesetztes Gebälk, Brokatmalereien in den Wölbungsflächen, Deckengemälde in den runden (hölzernen Schein-)Kuppeln. *Wandaufbau:* Über mäßig hohem Sockel tragen Dreiviertelsäulen und Pilaster (im Hauptraum) und Halbsäulen (im Chorraum) klar gegliedertes Gebälk; darüber, durch Attika gestelzt, die Wölbung, durchbrochen von Stichkappen in den Hauptachsen und, über den schmäleren Schrägseiten, durch Fenster-›Stichkappen‹ im Hauptraum bzw. Nischen im Chorraum; *Stuckdekoration* von Zimmermann auf diese Zone beschränkt. Im Hauptraum Altäre der Architektur eingefügt; Seitenwände des Chorraums mit Oratorien. ***Ausstattung*** im *Altarraum:* **1** Hochaltar von Straub 1767; mit Gemälde ›Michael bezwingt Luzifer‹ 1694 von J.A. Wolff aus der alten Kapelle, von F. Ignaz Öfele vergrößert; beiderseits des Tabernakels 4 vergoldete Figuren* wohl von I. Günther: Emmaus-Szene; **A** Kuppelgemälde ›Weihe des Heiligtums am Monte Gargano‹ 1744 von Zimmermann. *Chorraum:* **2** und **3** Maria und Christus, angebl. von Straub; **a, b., c, d** Kirchenväter, Stuckplastiken von Zimmermann 1743ff.; **B** Kuppelgemälde ›St. Michael hilft im Kampf‹ 1744 von Zimmermann. – *Hauptraum:* **4** Kanzel (von Haßer, 1745); Altäre: Aufbau und figuraler Schmuck (12 Apostel) von Straub (5, 7, 8, 11: 1743ff; 6, 9: 1758/59); **5** Johann Nepomuk (Gemälde von Zimmermann, 1744); **6** Hl. Familie (Gemälde von J.G. Winter 1758/59), **7** Franz von Paula (Gemälde von J.I. Schilling 1744/46), **8** Norbert (Gemälde von J.I. Schilling 1744/46), **9** Portiunkula (Gemälde v. Zimmermann 1758–59), **10** Immakulata (Gemälde von Zimmermann), **11** Kru-

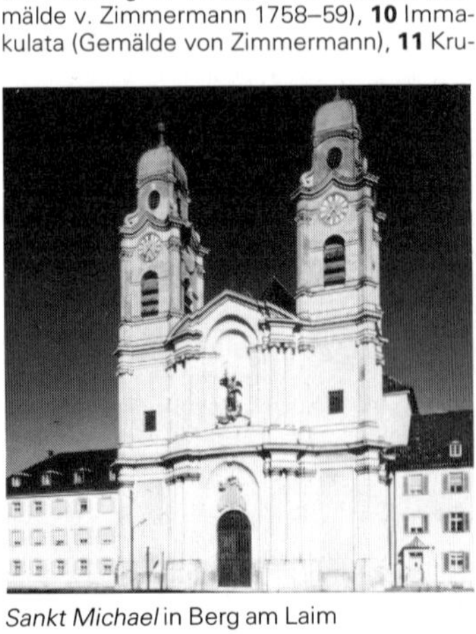

Sankt Michael in Berg am Laim

St. Michael in Berg am Laim

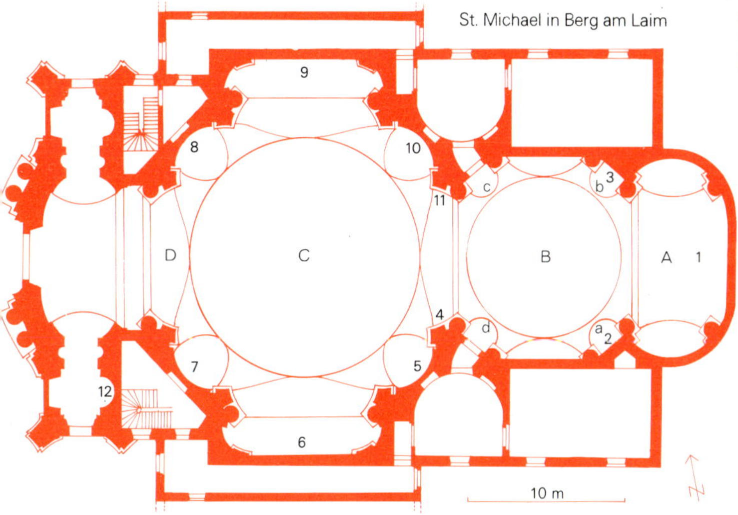

zifixus (Ende 15. Jh.); **C** Kuppelgemälde ›Erste Erscheinung Michaels und Wallfahrt zum Monte Gargano‹ 1744 von Zimmermann. **D** Gemälde über der Orgel ›Psallierender David‹ 1743 von Zimmermann. *Vorhalle:* farbig gefaßte Nischenfiguren **12** Hl. Sebastian **13** Hl. Rochus 1690 von A. Faistenberger; Gitter von 1779. ***Bedeutung:*** »Die italienischen Züge, die Einbindung klassischer Elemente in das barocke Gesamtgefüge vereinen sich mit der Selbständigkeit später deutscher Barockkunst zu einem geistreich originellen, künstlerisch hochgebildeten Werk ... Dazu gab Fischer die ihm eigenen Züge in Dimensionen und Gliederungen, einer herzhaft hochgestimmten Proportionierung. Straubs Altäre und Figuren leben in und mit dieser Architektur. Dazu kam, vor allem aus Johann Baptist Zimmermanns Fresken, Wärme, Farbigkeit, Licht und Luft einer glücklichen Erd- und Himmelsnatur« (Lieb). – Wirkung auf der Ostseite empfindlich beeinträchtigt durch den dem Kirchenbau U-förmig angefügten Neubau eines Altenwohnheims, 1977–80 (Arch.: Kiessling).

DAMENSTIFTSTRASSE 1 6

Damenstiftskirche St. Anna* (urspr. Kirche des Salesianerinnenklosters). Erster Bau an dieser Stelle Annakirche für Indersdorfer Klosterhof (1440); dieser 1675 an Salesianerinnen. Heutige Kirche als blockhaft geschlossener Baukörper an der Ecke Damenstiftstr./Altheimer Eck (hier die nahezu fensterlose Front nur sparsam gegliedert) von J.B. Gunetzrhainer 1732–35 erbaut. 1944 bis auf Außenmauern zerstört; Rekonstruktion 1952ff. (Schleich). **Fassade:** Höfisch diszipliniert mit leicht konkavem Mittelteil, flankiert von 1achsigen Seitenteilen; gegliedert durch Pilaster, die kräftiges Gebälk tragen; dieses im Mittelteil durch hochgezogenes Fenster (über giebelbekröntem Portal) unterbrochen; Zusammenbindung der beiden Seitenteile durch flachen Segmentgiebel. Die hohe Attika wiederholt die Umrisse der scheinbar vorgeblendeten Fassade. ***Inneres:*** Durch weitgespannte Gurtbogen (über Dreiviertelsäulen) und Hängekuppeln unmittelbar über klar gezogenem, voll umlaufendem Gebälk einheitlicher Raumeindruck. *Altäre,* unter Ver-

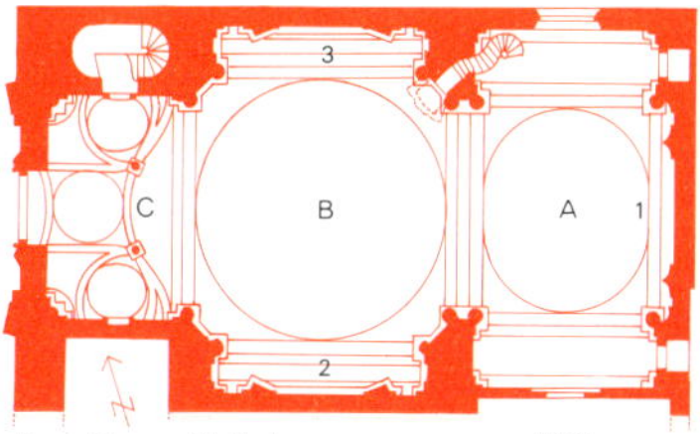

Ehem. Damenstiftskirche

wendung teilweise erhaltener Figuren rekonstruiert, in Architektur eingebunden, wohl noch von Gunetzrhainer konzipiert, von Asam samt Dekor ausgeführt; *Altargemälde:* **1** ›Hl. Anna Selbdritt‹ (urspr. Ruffini) **2** ›Verherrlichung des Hl. Franz von Sales‹ (urspr. Albrecht) **3** ›Heimsuchung Mariae‹ (urspr. Desmarées). *Deckenfresken* 1956f. in Sepia-Skizzentechnik rekonstruiert, nach Photos der urspr. Ausmalung von Ä.Q. Asam (1734/35) nachempfunden: **A** ›Huldigung der Engel‹ (von Marchner); **B** ›Glorie von Anna und Maria‹ (von Marchner, z.T. auch von Lorch); **C** Engelkonzert (von Marchner). Rekonstruktion der *Kanzel* durch Gogel (1976); *Kommunionbank* von Ditsch (1787). – Bedeutsam in seiner drastischen Realistik – wohl nach spanischen Vorbildern – das ›Abendmahl‹* in lebensgroßen Figuren (1. Hälfte 18. Jh.). ***Bedeutung:*** Fassade der Stilstufe Régence entsprechend. Im Innenraum die weit gespannten Bogen typisch für bayerisches

D

Raumgefühl; in Nachfolge der Dreifaltigkeitskirche (→ Pacellistr. 6) Raumdisposition einheitlicher, auch in Farbigkeit urspr. leichter als diese: wohl frühe klassizistische Tendenzen. Erstmals in München Rekonstruktion eines barocken Deckengemäldes mit Hilfe von Photodokumenten, die nur in Schwarzweiß vorlagen.

DAMENSTIFTSTRASSE 3 **5, 6**
St.-Anna-Damenstift Seit 1739 Niederlassung des 1667 in München durch Kurfürstin Henriette Adelaide von Savoyen eingeführten Salesianerinnenordens (1. Niederlassung in Deutschland), urspr. im südl. Flügel des Klosters der Theatiner untergebracht. Neubau des Salesianerinnenklosters anstelle des Indersdorfer Klosterhofs und anderer Häuser durch I.A. Gunetzrhainer 1733–39. Nach Gründung eines adeligen Damenstifts durch Kurfürstinwitwe Maria Anna (1784) Übersiedlung der Nonnen nach Indersdorf. Danach Umgestaltung des Klosters nach Erfordernissen eines Damenstiftes 1784–85 durch Widmann. 1944 bis auf Fassade zerstört; diese wird wegen »nicht mehr vorhandener Standfestigkeit« zum Abbruch vorgesehen, beim Wiederaufbau 1961–63 restauriert; heute Mädchenschule (Arch.: Jaud). ***Fassade:*** 19achsig, in ihren Formen sehr zurückhaltend; die beiden oberen Stockwerke über bossiertem Erdgeschoß; 2 *Portale* mit Stuck (Wappenschild und Kapitelle von F.X. Feichtmayer d.J.), die *Portalflügel* von Ritter. ***Bedeutung:*** Einer der ersten Bauten Münchens in frühklassizistischen Formen.

DAMENSTIFTSTRASSE 4 **5**
Klassizistisches Wohnhaus Ehemaliges Haus der Stadtmaurermeister B. Trischberger und M. Widmann: Unter Verwendung älterer Teile nach 1800 errichtet. 1944 beschädigt; 1957 Wiederaufbau durch Schatz mit Rekonstruktion von Gesimsen und Stukkaturen im 3. Obergeschoß. ***Fassade:*** 5achsig, Rundbogenportal, wie häufig an den Münchner Häusern, ganz nach außen gerückt; über rustiziertem Erdgeschoß (durch Ladeneinbauten zerst.) 3 Stockwerke mit rechteckigen Fenstern; unter den Hauptgeschoßfenstern Stuck-›Tücher‹; klassizistische Zahnschnittmuster und Kranzgehänge im 2. und 3. Obergeschoß; Dachgesims mit Konsolen. ***Bedeutung:*** Im Übergang vom Rokoko zum Klassizismus ausgewogene Empire-Dekoration.

DAMENSTIFTSTRASSE 8 **5**
Palais Lerchenfeld* (heute Städtisches Bestattungsamt) Neubau 1726ff. wahrscheinlich von I.A. Gunetzrhainer, Entwurf der *Fassade* vielleicht von Stuber; in klassizistischer Zeit leicht überarbeitet. Im Krieg bis auf Fassade zerstört; diese 1958 restauriert, das Gebäude zum Städtischen Bestattungsamt ausgebaut und durch das Haus Nr. 10 erweitert (Arch.: Schleich). ***Beschreibung:*** In 7 Achsen breit gelagert, beidseitig flankiert von 4achsigen Kavaliershäusern (ebenfalls 1726, aber in einfacheren Formen errichtet); 3achsiger, flach vorgezogener Mittelrisalit mit sockelähnlich ausgezeichnetem Rundbogenportal; Anseiten bossiert, Hauptgeschoß durch Rundbogenfelder (über rechteckigen Fenstern) und geschweifte Bedachungen hervorgehoben; die übrigen beiden Stockwerke einfacher. In der Mitte schlanker Zwerchgiebel. ***Bedeutung:*** Durch vorzüglichen Stuck (restaur.) und maßvolle Gliederung gutes Beispiel eines Münchner Privathauses, das zwischen bürgerlicher und höfischer Art (Bauherr: Gräfl. Törringscher Hofmarkverwalter) steht. Vorbildliche Restaurierung durch Schleich.

DIEFENBACHPLATZ 8 (Solln) **31**
Neu-St. Johann Baptist → Herterichstr. 54.

DIETRAMSZELLER PLATZ **22**
Israelitischer Friedhof Ältester jüdischer Begräbnisplatz bereits 1285 angelegt, bald jedoch wieder aufgelassen; der nächste 1416 nahe der Dachauer Landstraße errichtet, jedoch ebenso kurzlebig: schon 26 Jahre später wurden die Juden erneut vertrieben (sie durften sich in den folgenden Jahrhunderten – bis 1804 – nur mit Paß und Toleranzpatent in München aufhalten). Nach Genehmigung eigener jüdischer Gemeinden (1813) Errichtung des bestehenden Friedhofs 1816 auf einer Fläche von rd. 2 ha. Die Grabmäler ähnlich den gleichzeitigen Monumenten des Alten Südlichen Friedhofs, jedoch ohne figürliche Darstellungen; hervorragend das von Klenze entworfene Grabmal für den in München 1833 gestorbenen Dramatiker Michael Beer (Bruder des Komponisten Meyerbeer).
Der **Neue israelitische Friedhof** (Garchinger Str. 37) nach Vorplanungen (u.a. von A. Thiersch) zwischen 1906 und 1908 auf einer Fläche von rd. 3 ha nach Plänen von Grässel angelegt.

DORFSTRASSE 37a (Obermenzing) **28**
St. Georg in Obermenzing Als Filialkirche von Aubing 1315 erwähnt; nach Umbauten (Erhöhung des Langhauses und Verlängerung nach W, Einwölben des Chors) geweiht 1444 (möglicherweise auch etwas früher); 1610 Anfügen einer kleinen Westkapelle und Aufsetzen des 8eckigen Turmobergeschosses, kombinierter Spitzhelm mit Zwiebel 1677–79. 1922–24 Pfarrkirche, von Neubau *Leiden Christi* (→ Grandlstr. 2) abgelöst. Im 2. Weltkrieg leicht beschädigt, 1969–73 saniert und restauriert. ***Beschreibung:*** Satteldachgedecktes Langhaus mit niedrigerem rechteckigen Choranbau; an seiner Ostseite 3geschossiger Turm mit 4. Oktonalobergeschoß. Das ***Innere*** einfacher flachgedeckter Saalraum, an seiner Ostwand mit gotischem Chorbogen die 1972 freigelegte *Wandbemalung:* aus ein dem 17. Jahrh. stammendes Jüngstes Gericht (1771 renov.), darunter spätgotische Wandmalereien (links: Hl. Barbara und Katharina, Hl. Helena und Konstantin?); im Chorraum spätgotische Wandmalereien: Christus als Weltenrichter und Jüngstes Gericht (Ostwand), an den beiden Seitenwänden in mehreren Reihen übereinander Heilige und

deren Martyrien sowie Szenen aus dem Leben Christi (verblaßt); im Gewölbe Marienkrönung, von den 4 Evangelistensymbolen umgeben. An der Emporenbrüstung freigelegter barocker Bilderzyklus (Christus und 12 Apostel). Am linken Seitenaltar spätgotische Statue des Geißelheilands, am rechten neugotische Figur des Hl. Georg; an der Nordwand Kruzifix mit Hl. Maria und Johannes (wohl Mitte 15. Jh.). ***Bedeutung:*** Beispiel einer typischen Dorfkirche im westlichen Umraum Münchens; durch Auflassen des umgebenden Friedhofs (1913) und bauliche Veränderung Isolierung des Sakralbaus und Zerstörung des Kerns eines urspr. organisch gewachsenen Bauerndorfs.

DORFSTRASSE 39 (Obermenzing) **28**
Gasthof »Alter Wirt« 1589/90 errichteter, 5geschossiger Bau mit hohem Walmdach und 8eckigem Erkerturm. ***Bedeutung:*** Eine der letzten äußerlich ursprünglich erhaltenen alten Dorfwirtschaften im Münchner Stadtgebiet, die in ihrer fast herrschaftlichen Erscheinung mit der Kirche zu einem malerischen Architekturbild zusammengewachsen ist.

ELISABETHPLATZ **19**
Burgfriedenstein Nr. 9 Ursprüngl. am Schwabinger Schlagbaum aufgestellt; → Theresienhöhe.

ELISENSTRASSE 1a **5**
Justizpalast Auf dem Gelände des ehem. ›Herzoggartens‹ (seit 1752 im Besitz von Herzog Klemens) mit dem Klemensschlößchen (seit 1827 erweitert für Kadettenkorps: Gedenktafel unter dem Erdgeschoßfenster des nordöstl. Risalits) von 1891–98 errichteter Monumentalbau nach Plänen von F. v. Thiersch (Vorentwurf 1887, 2 Ausführungsentwürfe bis 1889 sowie 1890). Durch Bombentreffer mehrfach beschädigt: Zerstörung der Kuppel sowie Verlust der prächtigen Innenräume; nach 1945 wiederaufgebaut; seit 1983 Reinigung der Fassaden. ***Beschreibung:*** Auf 4 Seiten freistehender mächtiger Baublock in Hausteinverkleidung, 2 Innenhöfe einschließend; im Mitteltrakt ›Zentralhalle‹ und Haupttreppen unter vierseitiger Glas-Eisen-Kuppel, von durchbrochener Laterne bekrönt. Kräftig gegliederte Nord- und Südfassaden mit 5achsigen Mittelrisaliten (3 Achsen übergiebelt) und weit vorspringenden 1achsigen Seitenrisaliten; die Ostfassade mit konvexem Mittelteil und hoher Attika wirkt als eigentliche Schauseite; die Westfassade dagegen einfacher gestaltet. Über kräftig rustiziertem Erdgeschoß 3 Obergeschosse mit stark plastisch behandelten Fensterumrahmungen (vor allem im 2. Obergeschoß); Mittel- und Eckrisalite durch Kolossalsäulen und -pilaster gegliedert und durch Attiken mit Figuren hervorgehoben (Entwürfe von Thiersch, ausgeführt u. a. von Rümann, Netzer, Waderé, Gasteiger). Westlich des Justizpalastes, durch Hofraum abgesetzt, das *Neue Justizgebäude* (→ Prielmayerstr. 5). ***Inneres:*** Monumental gestaltete Vestibüle, durch Gänge überschaubar verbunden; die Zentralhalle unter der Kuppel mit Treppenanlage, der große Schwurgerichtssaal, der 2geschossige Repräsentationssaal, die Bibliothek (nach Entwürfen von Thiersch in bayerischem Rokoko ausgestattet) nach Kriegszerstörungen vereinfacht wiederhergestellt. ***Bedeutung:*** Eines der bedeutendsten und gekonntesten Bauwerke der Gründerzeit, in Adaption von Renaissance- und hauptsächlich Barockformen und der nahtlosen Synthese verschiedener zeitlicher und örtlicher Stilelemente und -zitate (z. B. Schwarzenberg-Palais in Wien sowie Reichskanzleitrakt der Wiener Hofburg, Treppenanlage von Stift St. Florian, Marmorsaal von Schloß Weißenstein) einer der reifsten Bauten des ausgehenden Historismus – die Quintessenz der ›Bildungsarchitektur‹ im großbürgerlichen Zeitalter. (Beste Entfaltung des ›Palastes‹ vom Stachusrondell – siehe die perspektivische Ansicht des Architekten unten – oder Lenbachplatz aus.)

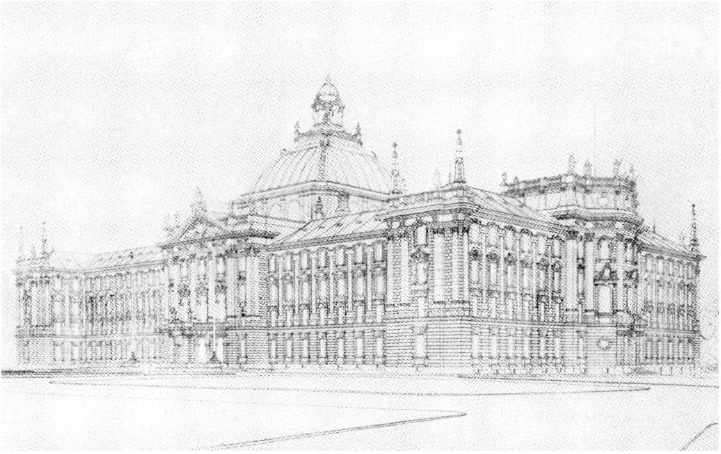

Der *Justizpalast*, 1891–98 von Friedrich von Thiersch errichtet

E

ENGLISCHER GARTEN★ **3f, 15f, 19, 20** Großer, von der Stadtmitte dem linken Isarufer entlang nach Norden sich erstreckender Landschaftsgarten; Ausdehnung bei einer Länge von 5 km und einer Breite bis zu 1 km 3,72 qkm. ***Park:*** 1785 Freigabe des 1387 erstmals erwähnten Hirschgeheges durch Karl Theodor auf Anregung von Benjamin Thompson (später Graf Rumford) zur Errichtung von Tierarznei- und Militärgärten. Ab 1789 Durchführung des umfangreichen Programms: *Elevengarten* (für die Schüler der Militair-Academie; etwa an der Stelle des Hauses der Kunst, → Prinzregentenstr. 1), *Militärgärten*, der eigentl. *Englische Garten* (oder ›Volkspark‹), *Vieharzneischule* (zur Bekämpfung von Seuchen), 11 versch. *Brücken*, ein Bereich für *militärische Studien, Baumschule, Schweizerei, Schäferei* und *Ackerbauschule* durch Sckell an Hand der Vorplanung durch Rumford und unter dessen Oberleitung; zum Schutz vor Hochwasser Errichtung eines ca. 2 km langen *Isardamms* durch A. v. Riedl (1790). 1792 Übergabe des ›Carl-Theodor-Parks‹, etwa bis zur Höhe des heutigen Kleinhesseloher Sees reichend, an die Öffentlichkeit. 1798 Ablösung Rumfords durch den Freiherrn von Werneck, der 1800 die Militärgärten auflöst, den Kleinhesseloher See anlegt, die wirtschaftliche Nutzung des Parks durch Ökonomie, Sägewerke und Mühlenbetriebe steigert. 1804 Ablösung Wernecks durch Sckell, dessen Entwicklungsplan und Denkschrift den Erholungscharakter des Gartens betont. 1810/11 Einbeziehung der Hirschau und Ausdehnung bis zum Aumeister. 1807–12 Vergrößerung des Kleinhesseloher Sees mit 3 Inseln auf über 86000 qm, 1815 Anlage des ›Tivoli‹-Wasserfalls im Südosten. Bis heute abwechselnd einesteils Einbeziehung angrenzender Anlagen, andernteils Schmälerung des Bestandes durch Randbebauung und Verkehrserschließung. ***Gebäude und Denkmäler:*** Außer einigen Nutzbauten nach Auffassung der Zeit vom ›Sentimentalen Landschaftsgarten‹ als Staffage und Points de vue entstanden. Von Süden nach Norden: Zwischen Hofgarten und Englischem Garten Statue des ›*Harmlos*‹ von F. J. Schwanthaler 1803 (mehrmals beschädigt, durch Kopie ersetzt; Original im Residenzmuseum); anstelle des 1969 stillgelegten Schwabinger Bachs Teich mit Insel: hier *Japanisches Teehaus* (1972, Arch.: Ursasenke XV. Soshitu Sen und Mitsuo Nomura, Tokio; Vorführung der Teezeremonie → S. 236); *Rumforddenkmal* 1795/96 mit Reliefs: Porträt des Grafen sowie ›Bayern, geführt von Abundantia‹ (mit Füllhorn), von F. J. Schwanthaler, 1954/55 und 1981 erneuert; künstlich angelegter *Wasserfall* (1815). *Monopteros*★ 1837/38 von Klenze auf ca. 15 m hohem Unterbau (im künstlich aufgeschütteten Hügel verborgen); in der Mitte Gedächtnisstele für die den Garten fördernden Wittelsbacher (Karl Theodor u. Max I. Joseph); grundlegende Restaurierung 1980/82 mit Wiederherstellung der von Klenze als ›Lehrstück‹ gedachten Polychromie; von hier schönster Blick★ auf die Altstadt. *Burgfriedenssäule Nr. 13*, 1728 in der Nähe der Himmelreichstr. zur Markierung des hier verlaufenden, auf Befehl Max Emanuels von 1724 (Inschrift auf der Vorderseite!) festgelegten Burgfriedens des barocken Münchens aufgestellt und später nördl. des Verbindungsweges zwischen Himmelreich- und Veterinärstr. verlegt; *Steinbank* 1838 von Klenze an der Stelle eines urspr. von Sckell auf künstlichem Hügel geplanten Pantheons für die würdigsten Wittelsbacher und eines schon 1789 errichteten, aber baufällig gewordenen und 1838 abgetragenen hölzernen Apollotempels ähnlich dem Monopte-

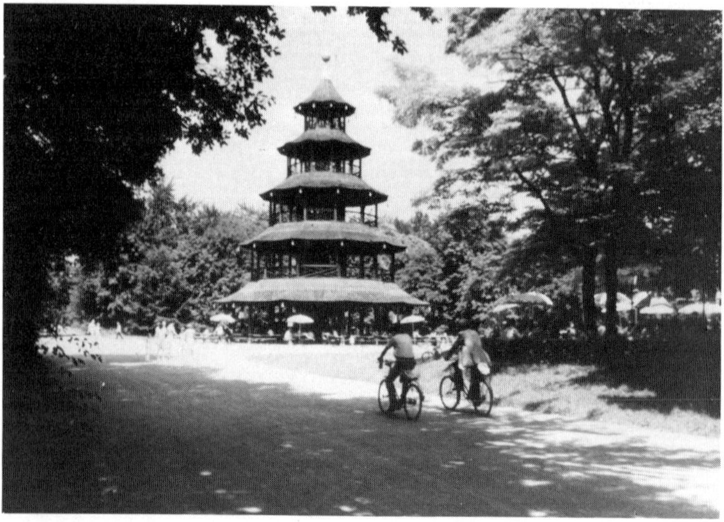

Der *Chinesische Turm*, 1789/90 errichtet, 1944 zerstört, 1951/52 rekonstruiert

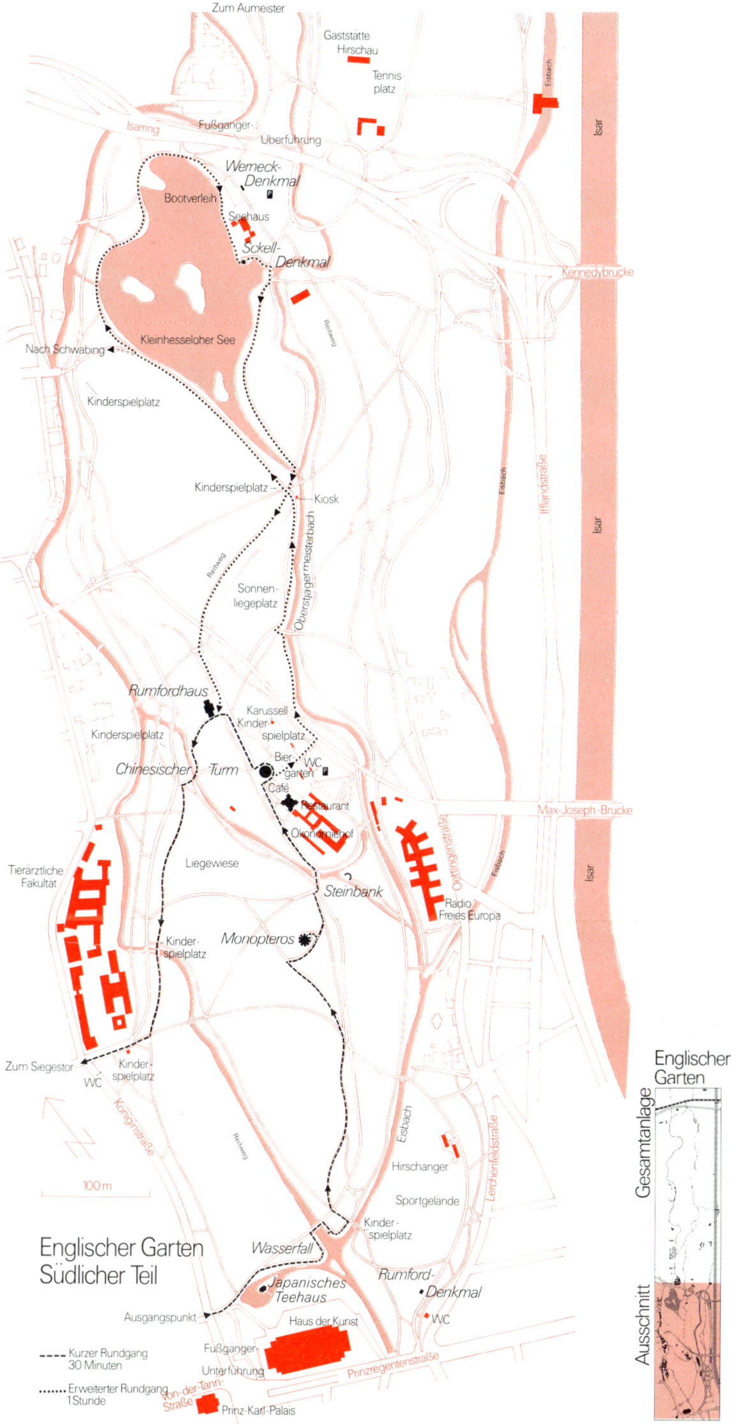
Zum Aumeister
Gaststätte Hirschau
Tennisplatz
Eisbach
Isar
Isarring
Fußgänger-Überführung
Werneck-Denkmal
Bootverleih
Seehaus
Schell-Denkmal
Kennedybrücke
Reitweg
Kleinhesseloher See
Nach Schwabing
Kinderspielplatz
Kinderspielplatz
Kiosk
Eisbach
Ifflandstraße
Isar
Reitweg
Sonnenliegeplatz
Oberstjägermeisterbach
Rumfordhaus
Karussell
Kinderspielplatz
Kinderspielplatz
Bier-garten
WC
Chinesischer Turm
Café
Restaurant
Max-Joseph-Brücke
Ökonomiehof
Oettingenstraße
Eisbach
Isar
Tierärztliche Fakultät
Liegewiese
Steinbank
Radio Freies Europa
Monopteros
Kinderspielplatz
Zum Siegestor
WC
Kinderspielplatz
Königinstraße
Reitweg
Eisbach
Hirschanger
Lerchenfeldstraße
100 m
Sportgelände
Kinderspielplatz
Englischer Garten Südlicher Teil
Wasserfall
Japanisches Teehaus
Rumford-Denkmal
Ausgangspunkt
WC
Haus der Kunst
Fußgänger-Unterführung
Prinzregentenstraße
Kurzer Rundgang 30 Minuten
Erweiterter Rundgang 1 Stunde
Von-der-Tann-Straße
Prinz-Karl-Palais
Englischer Garten
Gesamtanlage
Ausschnitt

ros; *Chinesisches Wirtshaus* 1790 von Lechner in Holz erbaut, 1912 originalgetreu in Stein erneuert. Die südlich davon gelegene *Schwaige* mit Ökonomiegebäuden ebenfalls 1790 unter Lechner entstanden; *Chinesischer Turm* 1789/90 von Frey nach 1757–62 entstandenem Vorbild in Kew Garden errichtete Aussichts- und Musikpagode, 1944 abgebrannt, 1951/52 rekonstruiert; *Rumfordhaus* 1791 als Offizierskasino nach Angaben Rumfords von Lechner im Stil der palladianisch-klassizistischen englischen Kolonialarchitektur gestaltet, an der Westseite urspr. kleine Wasserfläche; *Sckelldenkmal* 1824 von E. v. Bandel nach Entwurf Klenzes ausgeführt, die Säule anstelle einer urspr. geplanten Sckellbüste mit Pinienzapfen bekrönt (das Original abgetragen und 1938/39 durch Kopie von Pezold ersetzt); *Seehaus* 1882/83 (G. v. Seidl), der 1935 errichtete Neubau (Arch.: Esterer) 1970 abgebrochen, Ersatzbau 1983/84 (Arch.: Hürlimann und Wiedemann); *Werneckdenkmal* 1838 nach Entwurf von Klenze errichtet. Nördlich des Isarrings auf Anhöhe des ehem. Isarhochufers von Ludwig I. Standplatz für die ›Walhalla‹ vorgesehen, anschl. einst Park und *Schloß Biederstein* (1934 z.T., nach 1948 gänzl. abgebrochen; Gelände neu bebaut); am Nordende *Aujägermeisterhaus* (Aumeister) 1810/11 nach Plan von Deiglmayr. Verschwunden sind einige für ihre Zeit typische Stimmungsarchitekturen: das Amphitheater, Geßners Grabmal, Gotischer Tempel, Diana- oder Osa-Tempel, Palladiobrücke, Chinesischer Steg u.a. ***Bedeutung:*** Einer der frühesten, größten und bedeutendsten englischen Landschaftsgärten Deutschlands, zugleich erster der von Hirschfeld im Sinne der Aufklärung geforderten ›Volksgärten‹ mit anfangs betont wirtschaftlicher (Einführung der Kartoffel!), militärakademischer (Festungsmodell!) und volkserzieherischer Absicht »zwecks Bewegung und Geschäfts-Erholung, geselligen Umgangs und Annäherung aller Stände«; angeregt von Rumford als einem der fortschrittlichsten Geister, künstlerisch gestaltet von dem neben Pückler-Muskau und Lenné bedeutendsten deutschen Gartenkünstler seiner Zeit. Heute noch größte geschlossene Grünanlage einer deutschen Großstadt.
Nördl. des ›Aumeisters‹ bzw. Föhringer Rings und der erheblich störenden Verbauung durch Wohnanlage ›Kulturheim‹ und ARD-Fernsehstudios Beginn des *Landschaftsschutzgebiets Obere und Mittlere Isarau* östl. der Freisinger Landstraße und dem rechtsseitigen Isarhochufer (jenseits Garching fortgeführt bis Freising).

ERHARDTSTRASSE 27 **11**
Europäisches Patentamt Nach Entwurf der Architektengruppe Gerkam-Marg und Partner ab 1975 errichtet; Inbetriebnahme 1979/80. ***Beschreibung:*** 2 gegenständige Baukörper aus jeweils 3 Seiten eines Achtecks, an den abgeschrägten Seiten miteinander verbunden. Über Terrassen und Sockelgeschoß 10stöckig (4 + ›Technikgeschoß‹ + 5), Stahlskelettbau mit vorgehängter Glasfassade. In den umgebenden Grünanlagen Großplastiken europäischer Künstler: King (an der Erhardtstr.), Paolozzi (Gußeisenbrunnen an der Corneliusstr.), Schöffer (Edelstahlskulptur »Chronos B 10«). ***Bedeutung:*** Städtebaulich wirkungsvoller – im Vergleich mit dem Deutschen Museum gegenüber jedoch überdimensionierter – Akzent entlang der Isar am amorphen SO-Rand des → Gärtnerplatz-Viertels; der raffiniert aufgelockerte Grundriß sowie die spiegelnden Glasfassaden mildern den voluminösen Eindruck des düsteren Baublocks.

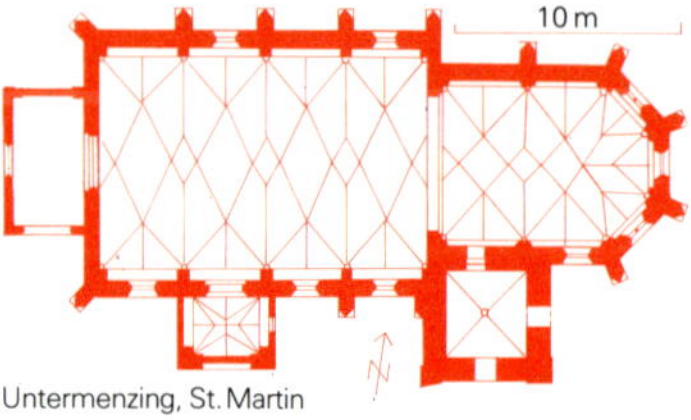

Untermenzing, St. Martin

EVERSBUSCHSTRASSE 11 **28**
St. Martin* in Untermenzing Vom romanischen Vorgängerbau – 1315 urk. erwähnt – nur noch die 4 unteren Turmgeschosse (mit Rundbogen- und Zahnschnittfriesen) erhalten; Glockengeschoß und Treppengiebel im 15. Jh. aufgesetzt. Heutige Kirche 1499/1500 durch Randeck errichtet (Jahreszahl und Meisterzeichen an Gewölbekonsolen des Chorbogens). ***Beschreibung:*** Langhaus (mit Satteldach) und eingezogener Chor mit 3/8 Schluß durch kräftige 3stufige Wandpfeiler gegliedert, an der Südseite des Chors der wuchtige Turm, an der Südseite des Langhauses durch Vermauerung zur Kapelle umgestaltete ehem. Eingangshalle; an Westseite Vorhalle angefügt. – Der 1schiffige ***Innenraum*** 4jochig (Schildbogen zwischen Wandpfeilern, von denen Gewölberippen ausgehen); eingezogener Chor mit Netzgewölben, an Nordseite *Sakramentshäuschen* sowie Reste von *Wandmalereien* aus 2. Hälfte 16. Jh., 1925 aufgedeckt (Jüngstes Gericht, Mannalese, 7 Sakramente), 6 *Glasfenster* (dat. 1499) im Altarraum; *Fresken* um Fenster des östl. Langhausjochs (Anf. 16. Jh.); hölzerne gotische *Empore, Orgelgehäuse* um 1740. Im *Hochaltar* Mischung gotischer Elemente (zahlreiche Tafelbildchen) mit Barocktendenzen, die Altararchitektur viell. von Krumper, Bildhauerarbeiten von Degler; 2 *Seitenaltäre* (Pfingstwunder und Marienkrönung) von Anfang 17. Jh. (nördl. Altar dat. 1615). Gute Figuralplastik aus dem 18. Jh.: Hl. Leonhard (auf rechtem Seitenaltar), die ehem. Altarstatuen Laurentius und Stephanus, Erzengel Michael und Schutzengel (auf Konsolen im Chor); Kruzifix und Muttergottes von 1686; in der südl. Kapelle *Thronende Muttergottes mit Jesuskind** um 1440 (›Weicher Stil‹). (Der schöne gotische Altarschrein von 1500 im Bayer. Nat.-Mus.) ***Bedeutung:*** Heute bestehende Anlage wie Kapelle von → Schloß Blutenburg auf Stif-

tung durch Herzog Sigismund zurückgehend; durch Einwölbung von Chor und Langhaus von den gleichzeitigen flachgedeckten Landkirchen des Würmtals hervorgehoben; seltenes Beispiel spätgotischer Anlagen in der Stadtumgebung (bei dem außerdem auch der alte Kirchhof erhalten und mit dem neuen Friedhof am Westufer der Würm durch gedeckten Holzsteg verbunden ist).

EVERSBUSCHSTRASSE 195 **25**

St. Peter und Paul in Allach Grundmauern der ältesten Kirche 1962 entdeckt: roman. Bau aus Tuffquadern, 1schiffiges, nur innen verputztes Langhaus mit östl. angesetzter, eingezogener Rundapsis; an deren Stelle Backsteinanbau eines rechteckigen Altarraums (Ende 12., spätestens Anf. 14. Jh.), in der Spätgotik eingewölbt; der spätroman. Turm in der SW-Ecke des Langhauses durch Bogenfriese gegliedert und bei Einwölbung des Chors aufgestockt. *Neubau* der Kirche (wohl durch Maurermeister Funkh) 1708–10 unter Beibehaltung der Nord- und Westwand und Einbeziehung des Turms in die Mittelachse der neuen Westfassade. ***Inneres:*** Auf breites, flachgedecktes Kirchenschiff folgt gering eingezogener polygonal geschlossener Chorraum; altertümlich durch Pflanzen- und Eierstäbe dekoriertes Stichkappengewölbe. Bemerkenswerter *Hochaltar* von 1710 mit deutlich italienischen Hochbarock-Tendenzen, in der Mitte Statuen von Petrus und Paulus, flankiert von 2 Bischöfen (Wolfgang und Benno?); die schräg gestellten *Seitenaltäre* (Marien- u. Josefsaltar) 1708. Im Langhaus mächtige barocke *Kreuzigungsgruppe*, aus der 1677 von Kurprinz Max Emanuel gestifteten Wallfahrtskirche Hl. Kreuz auf dem Adelsberg westl. Allach, 1794 geräumt.

FALLSTRASSE 7 **22**

St. Achaz In Mittersendling bereits 1315 ein Achazkirchlein bezeugt, in den 1720er Jahren durch Neubau (Weihe 1733) ersetzt. 1924 unausgeführter Erweiterungsplan der zu klein gewordenen Kirche durch Anbau (Arch.: Lochbrunner) an Südseite der bestehenden. 1927 Abbruch der alten Kirche und vergrößerter Neubau nach Plänen von Steidle bei fomaler Übernahme des charakteristischen Turms; Grundsteinlegung 1927, Weihe 1928. Unter Wahrung der Formen barocker Dorfkirchen Neubau anstelle der urspr. einräumigen Kirche (mit eingezogenem Chor) Saalbau mit hölzerner bemalter Flachtonne und Seitenschiffen. Aus der Barockkirche Übernahme der 3 Altäre mit den beiden spätgotischen Schnitzfiguren der Hl. Juliane und des Hl. Dionysius (Münchner Schule, um 1500, ehem. in Schäftlarn), des Kreuzwegs und der Orgel. ***Bedeutung:*** Einer der letzten Kirchenbauten Münchens in neubarockem Stil.

FELDMOCHINGER STRASSE 403 **26**

St. Peter und Paul in Feldmoching. Das Patrozinium St. Peter deutet auf Gründung durch Bischof Atto von Freising (784–810); Langhaus und Turm im Kern romanisch, Altarraum und Vorhalle gotisch. 1894 neugotisch restauriert, Ausstattung im wesentlichen aus dieser Zeit.

FERDINAND-MILLER-PLATZ 1 **18**

St. Benno 1888–95 von Romeis erbaut. Doppeltürmige, 3schiffige Basilika mit apsidenbesetzten Querhäusern; Oktogonvierungsturm; 3apsidialer Abschluß. ***Inneres:*** Der Hochaltarraum erhöht, mit goldblechbeschlagenem Baldachinaltar; darunter Krypta. Chormosaiken nach Entwurf von Wahler 1906, in den Apsiden Fresken von Rickelt. 1944 schwer beschädigt, dabei teilweise Zerstörung der Ausmalung; 1947–52 wiederaufgebaut ohne Rekonstruktion der Malerei. ***Bedeutung:*** Neben St.-Anna-Pfarrkirche (→ St.-Anna-Platz 5) eine der gelungensten neuromanischen Kirchen Süddeutschlands (Motive aus Limburg, Bamberg, Basel u.a.), Historismus in reinster Form. Trotz der reduzierten Farbigkeit gibt St. Benno noch am ehesten Vorstellung von der Fülle der Münchner Kirchenmalerei um 1900. – Vor der Kirche auf 11 m hoher *Säule* (Entwurf: Bestelmeyer) Erzfigur des Hl. Benno (von Albertshofer, 1910).

FLASCHENTRÄGERSTRASSE 1 **29**

St. Nikolaus in Englschalking Frühgotischer Bau des 13. Jh., im Kern noch romanisch (kleines Rundbogenfenster im gerade geschlossenen Chor); originelle Turmanlage: dachreiterartig auf östlicher Giebelwand des Schiffs aufsitzend, mit Pyramidenhelm; Fenster bei Barockisierung 1659 vergrößert. ***Inneres:*** Flach gedeckter Raum; im eingezogenen Chor Hochaltar von 1659 mit guten Figuren *Hl. Korbinian* (links) und *Wolfgang* (rechts) sowie Maria-Hilf-Bild im Auszug, das Mittelbild St. Nikolaus jedoch 19. Jh. Im Schiff Reste der gotischen skulpturalen Ausstattung: *Anna Selbdritt*, um 1520, *St. Martin* und *Silvester*, um 1500. An Nordwand aufschlußreiches klassizistisches Votivbild von 1800 mit (im Detail ungenauer) Ortsansicht. Die einst reichere Barockausstattung bei Restaurierung 1956 (Seitenaltäre, Kanzel, Empore) wegen Schadhaftigkeit entfernt, ebenso die Sakristei. Bei Sicherungsrestaurierung 1969 ornamentale Fresken des 17. Jh. in der Leibung des Chor-Spitzbogens freigelegt. ***Bedeutung:*** Eine der wenigen architektonisch noch weitgehend ursprünglich erhaltenen Dorfkirchen des 13. Jh. mit einem der frühesten Barockaltäre des Münchner Umlandes.

Englschalking, St. Nikolaus

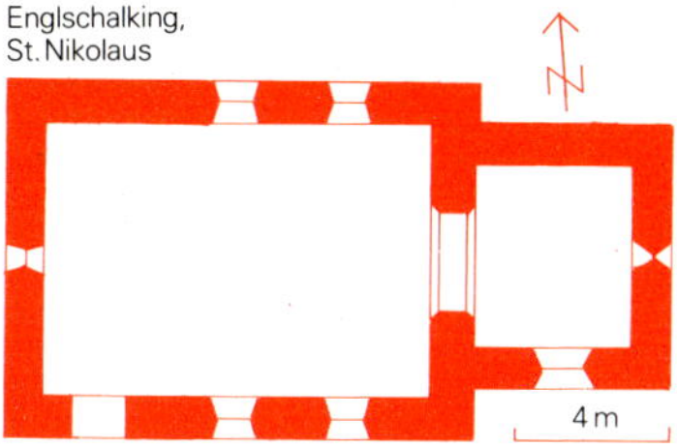

F

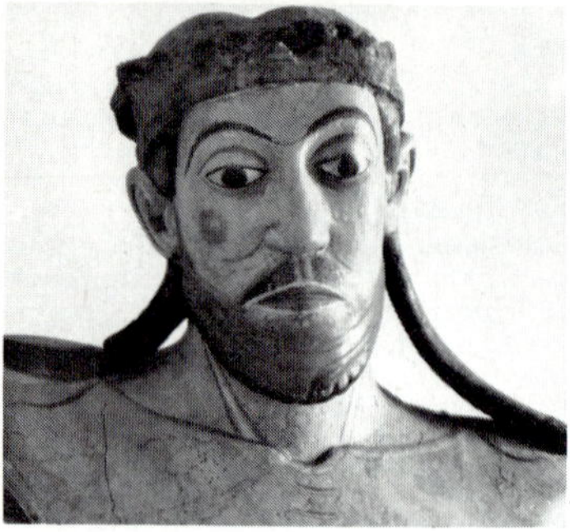

Forstenrieder *Kruzifix* von etwa 1180 (Detail)

FORSTENRIEDER ALLEE 180 a **30**
Heiligkreuz Pfarr- und Wallfahrtskirche an der Stelle einer um 1000 entstandenen Bartholomäuskapelle. ***Beschreibung:*** Spätgotischer, 1schiffiger Bau mit Stichkappentonne zu 3 Jochen, eingezogener Altarraum, 3/8 geschlossen, mit 3 Oratorienbalkonen; Umgestaltung 1672 mit gutem Stuckdekor, 1749 im Altarraum, an Chorbogen und Kapitellen in Rokokoformen ergänzt (Strasser aus Polling); alter Turm mit 8eckigem Aufbau (1626), 1749 erneuerte Zwiebelhaube. 1947–50 restauriert. ***Ausstattung:*** Wertvollster Besitz der Kirche *Holzkruzifix*★ um 1180 wohl aus Seeon als Werk des Alban von Seeon bezeichnet; frühester nachweisbarer Kruzifixus, bei dem die Füße mit *einem* Nagel durchbohrt sind. Nach Überlieferung bis 1229 in Andechs. Alte Fassung 1949 freigelegt. 3 *Altäre* 1672 mit Rokokoergänzungen 1749; an den Wandpfeilern *Christus* und *Maria* von A. Faßbinder 1708 sowie *12 Apostel,* gute Holzfiguren um 1670; *Kanzel* 1749.

FRAUENPLATZ **6**
Die die Frauenkirche (→ Nr. 1) umgebende ***Domfreiheit*** erst in 2. Hälfte 19. Jh. entstanden: heutige Baulinie entspricht in etwa der Begrenzung des einstigen *U. L. Frauen Freythof* südlich, östlich und nördlich der Kirche (1774 aufgelassen, 1800 eingeebnet); Vorplatz im W des Doms bis hin zur Fassade des Polizeipräsidiums im Verlauf der ehem. Augustinergasse erst 1866–88 entstanden. Erscheinungsbild der Domfreiheit durch Abbruch alter Gebäude und durch Geschäftsbauten des ausgehenden 19. Jh. (und durch deren Wiedererrichtung in den 1950er Jahren) bestimmt; in ihnen ***historische Bauten*** aufgegangen. Unmittelbar vor Westfassade *Dechanthof* (1425–27 err., 1529 und 1587 erweitert, aufgehoben 1803, abgebrochen 1866. (Hier seit 1972 kraterähnliche Brunnenanlage, seit 1980 mit bronzenen ›Wasserpilzen‹ anstelle der urspr. Wasserglocken, Entw.: Winkler.) An verbreiteter Frauengasse/ Liebfrauenstraße Errichtung des ›Domhofs‹ zur Kaufingerstraße (anstelle des ›Gasthofs zum Schwarzen Adler‹: Quartier Mozarts 1762 und Goethes 1786). *Nr. 10:* ehem. sog. ›Reiches Almosenhaus‹ (Stiftung Martin Ridlers, 1487); *Nr. 12:* ehem. Stiftsbauhütte; *Nr. 13:* ehem. Benefiziatenhaus; *Nr. 14:* ›Poetenschul auf Unser Frauen Freithof‹ (als städt. Schule, die »Poeterei«, 1478 gegründet, seit 1521 am Frauenplatz, 1597 geschlossen); *Nr. 15:* ehem. ›U. L. Frauen Schuel‹, ab 1818 Elementar-Knabenschule; nach 1888 Kooperatoren-, Prediger- und Organistenhaus; die anschl. 4 Häuser (wie das des Zeremoniars bei U. L. Frau) um 1800 abgebrochen. – Westl. *St.-Benno-Brunnen,* von Henselmann, 1972.

FRAUENPLATZ 1 **6**
Domkirche zu Unserer lieben Frau★ Nach St. Peter (→ S. 186) 2. Pfarrkirche der Stadt, 1492–1812 Kollegstift (Benennung ›Dom‹), seit 1821 Metropolitankirche des Erzbistums München–Freising. ***Baugeschichte:*** 2. Hälfte des 12. Jh. Erwähnung einer romanischen *Marienkapelle.* Nach 1240 Neubau einer gewölbten 3schiffigen *Marienkirche* als Pfeilerbasilika mit Stützenwechsel und westl. Doppelturmfassade (Grabungen 1946–53, → Plan), 1271 geweiht und zur Pfarrkirche erhoben, nach 1300 durch dreiseitig geschlossenen gotischen Chor sowie allmählich durch zahlreiche Kapellenanbauten erweitert; vor Westfassade Vorhalle auf 4 Pfeilern. 1458 Projekt eines großen Neu-

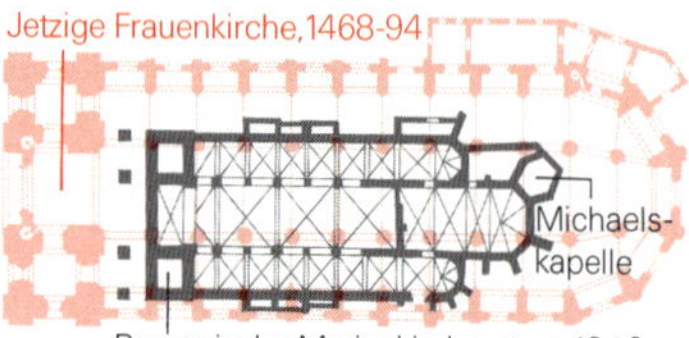

baus, 1468 Grundsteinlegung zum bestehenden Bau. *Baumeister:* Jörg v. Halsbach, nach dessen Tod 1488 Rottaler. Zwischen 1473 und 1477 Einwölbung, 1477/78 Aufbringen des Dachstuhls durch Heinrich von Straubing, 1488 Vollendung der Türme bis auf Bedachung, 1494 Weihe, 1525 (1515?) Aufbringen der Turmhauben. Von 1601–22 Spätrenaissance- bzw. frühbarocke Ausstattungsphase unter Maximilian I. (u. a. neuer Hochaltar, → **1,** Einbau des ›Bennobogens‹, → **A**); 1770–76 Restaurierung, u. a. Entfernung der farbigen Fenster. Vergrößerung der Fürstengruft 1821 (damit Erhöhung des Altarraums). 1858–68 Regotisierung des Inneren durch Berger und (ab 1863) durch Foltz: barocke Ausstattung entfernt, Wiedereinsetzen der Glasfenster; der geplante Ausbau der Türme mit neugotischen Spitzhelmen (Entw.: Lange) aber unterbleibt. 1930–32 Wiederherstellung mit Rekonstruktion der urspr. Farbigkeit. 1943–45 schwerste Kriegsschäden; nach ersten Sicherungsarbeiten Wiederaufbau 1947–53, der (nach E. O. Wolf) zum Teil Verfälschungen brachte (Gewölbescheitelhöhen!), Neugestaltung des Inneren und Ausbau der beiden Grüfte bis 1957. Umgestaltungen nach Empfehlungen des 2. Vatikan. Konzils (1962–65): Neugestaltung und

Dom: Querschnitt durch die Gewölbezone der Hallenkirche (Rekonstruktion nach E. O. Wolf)

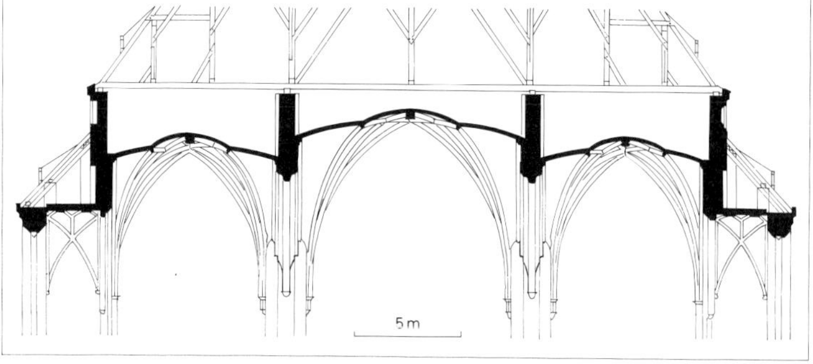

Absenken des Altarraums nach Plänen von Weber 1971, der Krypta 1971–72; Neuausmalung des Innenraums 1980/81: farbige Rippen (nach Befund). Schleppgauben im Dach 1984f. wieder eingefügt. Konservierung der rd. 120 histor. Epitaphien (z.T. aus dem 1789 aufgelassenen Friedhof an der Salvatorkirche, → Salvatorplatz 17) an der Außenseite 1982–83. ***Äußeres:*** Mächtiger Backsteinbau auf Nagelfluh-Sockel mit 10 tief ansetzenden Fenstern und 5seitig geschlossenem Chor; darüber Satteldach mit Abtreppung, die die Tiefe der Kapellen zwischen den nach innen gezogenen Strebepfeilern markiert; die beiden *Westtürme* bis zum Dachfirst in 5 Geschossen aufsteigend, von breiten Lisenen mit Maßwerk gerahmt, dann in 2 Achteckgeschosse mit Strebepfeilern an den Diagonalseiten übergehend; Abschluß durch ein wohl nicht von Anfang geplantes niedriges Tambourgeschoß, dem die Turmkuppeln aufgesetzt sind. (Ihre Form wohl eher über Venedig/Augsburg aus dem Morgenländischen anzunehmen als, wie bisher, aus dem florentinischen oder römischen Bereich.) Das ***Innere*** zeigt von Westen her starke Geschlossenheit des Mittelschiffes: 11 eng gereihte 8eckige Pfeilerpaare bilden facettierte ›Wand‹; erst im Weiterschreiten eröffnet sich Durchblick auf die Seitenschiffe mit Kapellen zwischen abgefasten Zungenmauern der Pfeiler: der Bau ist 3schiffige *Halle* (mit kaum erhöhtem Mittelschiff); das letzte Pfeilerpaar fast unmerklich verengt, der Umgang um den Stiftschor kaum erkenntlich. – Pfeiler in Längsrichtung durch Scheidbogen verbunden, Sterngewölbe der 3 Schiffe auf Konsolen aufsitzend, nur an den Zungenmauern der Kapellenpfeiler von halbierten 8eck-Diensten getragen. Wichtigste, vor allem historisch bedeutsame ***Ausstattung:*** **A** Über dem Aufgang zum Chor *Kruzifix* von Henselmann 1953. (Im vorhergehenden Mittelschiffsjoch in der Achse der östl. Seitenportale einst Standort des anstelle des gotischen Kreuzaltars nach Entw. von Krumper als 4seitig geöffnete

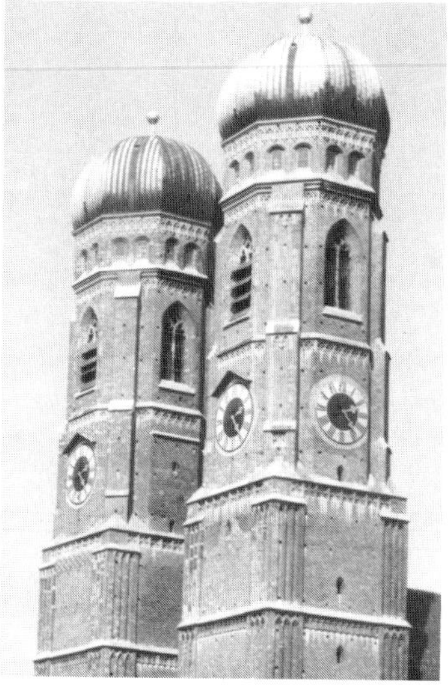

Die Türme der *Frauenkirche*

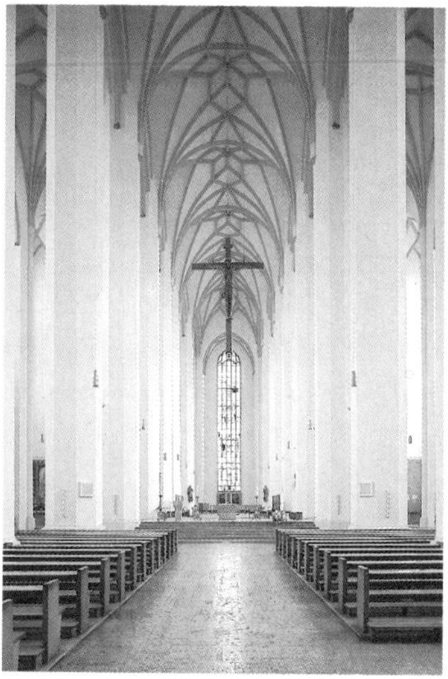

Das *Mittelschiff* gegen Osten

F

Triumphpforte errichteten *Bennobogens;* 1. Bauabschnitt 1604, 2. Bauabschnitt bis 1606. Baumeister M. Pader, Holzarbeiten u. -statuen von Schön und Damian, Malereien von Reiter: 1858 abgebrochen, wiederentdeckte Einzelteile seit 1972 im Diözesanmuseum in Freising. – Unter der östl. Arkade des Bennobogen 1619–22 Errichtung des *Prunkgrabmals* für Kaiser Ludwig den Bayern in unmittelbarer Nähe zur Fürstengruft (1943 in südl. Turm eingemauert, seit 1953 an jetzigem Platz: **c**); **1** Bereich des Chors, 1970–72 neugestaltet: als Altarraum mit Altar und Ambo (von Elsässer), gegen das Chorhaupt der Kathedra-Bereich mit Bischofsthron und Sitze für Domkapitel; an Holztafeln die Propheten- und Apostelbüsten, an ihren Rückseiten zum Chorumgang kleine Heiligenfiguren von Grasser und seiner Werkstatt (1502) von dem im Krieg zerstörten gotischen Chorgestühl. (Zwischen den beiden Chorhauptpfeilern einst *Hochaltar,* in Form der Säulenädikula Vorbild für die späteren Barockaltäre, mit Gemälde von Candid → **20**, durch neugotischen Flügelaltar (›Marienkrönung‹ von Knabl u. ›Geburt Christi‹ von Schwind) ersetzt. Hinter dem Chorhaupt Abgang zur Bischofs- und Fürstengruft (→ S. 90). **2** Altöttinger Kapelle: *Maria im Ährenkleid* von Polack, ca. 1495 (Stange) bzw. 1505–10 (Lieb), an den Wänden 12 Flachreliefs *›Marienleben‹** 1774 von I. Günther, urspr. an Außenseite des Chorgestühls (3 weitere Privatbesitz, 1 im Bayer. Nat.-Mus.); *›Scharfzandtfenster‹* bisher P. Hemmel von Andlau zugeschr., vielleicht von Kriechbaum, datiert 1493. **3** Sakramentskapelle: Sog. *›Große Münchner Domkreuzigung‹*, urspr. wohl für eine Kirche Münchens oder des Umlands um 1455 von Neunhauser gen. Kriechbaum geschaffener Passionsaltar, seit 1853 im Dom nachweisbar: Mitteltafel neu aufgestellt 1955, mit Kopien von 4 (viell. urspr. dazugehörigen?) Einzelszenen (Originale im Kunsthaus Zürich) ergänzt; (sog. ›Kleine Münchner Domkreuzigung‹ derzeit im Diözesanmus. in Freising.) Fenster aus verschiedenen Teilen kombiniert: *Dreikönigsfenster* und *Der 12jährige Jesus im Tempel* etwa 1430 und *Rotgrüne Passion,* um 1430, umgeben vom *Speculumfenster* etwa 1480. **4** Herz-Jesu-Kapelle: abstrahierende Altargestaltung von Lacher, Legendenfenster mit großen Szenen aus der Werkstatt des ›Herzogenmeisters‹. **5** Immaculatakapelle: Bronzestatue *Immaculata* von Dietz 1959, Epitaphien *Ridler* 1581 und *Ligsalz* 1359 (aus alter Marienkirche) an der Westwand; Glasfenster *Sieben Freuden Mariens* um 1425 mit *Marienkrönung* vom ›Meister der Rot-grünen Passion‹. **6** Bennokapelle: *Bennoschrein** 1601 vielleicht nach Entwurf von Krumper oder Candid; unter dem Fenster Kästchen mit Bennos Meßgewand und Krümme; *Glasfenster* dem ›Meister der Dornenkrönung‹ (Ende 15. Jh.) zugeschrieben. **7** Taufkapelle: *Erbärmde-Christus* etwa 1380 (wohl älteste Figur des Doms, aus alter Kirche); *Püttrichfenster* um 1490, ganz oben Scheibe mit *Münchner Kindl* von 1573. **B** Brautportal mit *Portalflügeln* 1772 von Günther; in der Vorhalle *Schmerzensmann* und *Madonna* etwa 1430; über dem Portal ›Andreaschor‹ und Fenster von Lacher; am 4. Pfeiler *Gedenkstein* für Kardinal und Erzbischof Michael von Faulhaber (1917–1952) von Georgii. **8** Dreikönigskapelle: *Gemälde* von U. Loth 1628; *Glasfenster* (nur im unteren Teil) um 1490. **9** Bäkkerkapelle: Sitzfigur des *Hl. Nikolaus* vom Anfang des 16. Jh. angebl. von Grasser; *Bronzerelief* (Teil eines Epitaphs) 1596 von Gerhart; am Pfeiler **a** neue Betonkanzel mit Reliefs von Spreng 1957. **10** Andreaskapelle: Reste eines *Flügelaltars* aus dem Umkreis Polacks (um 1510), aus der 1584 beim Bau von St. Michael niedergelegten Nikolauskapelle ›auf dem Haberfeld‹ stammend. Glasfenster *Genesis* von Geyer 1959. **11** Vesperbildkapelle: *Pietà* kurz nach 1400, *Gleichnisfenster* von Geyer 1960. **C** *Arsatiusportal* 1772 von I. Günther; über dem Windfang Statue des *Hl. Rasso* um 1520–30, *Glasfenster* mit Wappen der Kardinäle Faulhaber († 1952) und Wendel († 1960) von Knappe 1961. **12** Kongreßkapelle: hierher **b** versetzter *Grabstein* J. M. Fischers 1766 (das an der Außenwand des Doms angebrachte Epitaph im Krieg zerstört; heute vereinfachte Nachbildung der Originalplatte), Glasfenster *Eucharistischer Weltkongreß 1960 in München* von Rabolt 1964, *Gedächtnistafel* für Kardinal und Erzbischof Joseph Wendel (1952–60) von Wimmer; **c** *Prunkgrabdenkmal** für Kaiser Ludwig den Bayern und zum Ruhm des Hauses Wittelsbach durch Kurfürst Maximilian I. 1622 errichtet, urspr. im Mittelschiff (östl. des Bennobogens → **a** aufgestellt): das Schwarzmarmorgehäuse von Krumper mit urspr. vergoldeten Bronzefiguren umschließt die spätgotische Deckplatte* der Kaisertumba (ohne Gebeine): qualitätvolle Arbeit (gegen 1490), möglicherweise von

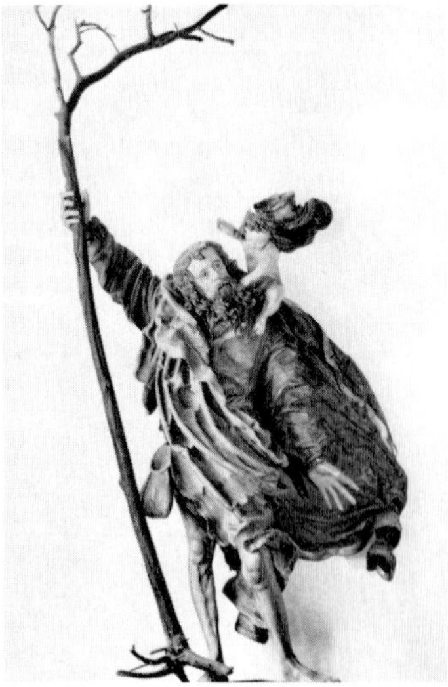

St. Christophorus von etwa 1525 im Dom

Domkirche zu Unserer lieben Frau

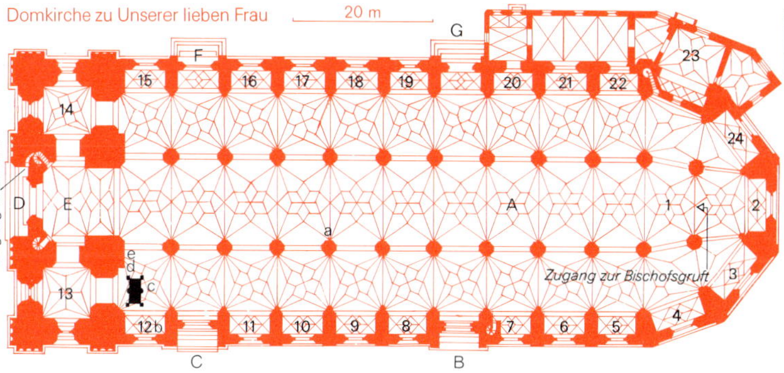

Kriechbaum (mit dem ›Meister des Kefermarkter Altars‹ identisch?); an den Ecken kniende *Fahnenträger* (in ihren wohl noch originalen Seidenstick-Standarten Wappen von Herrschern, die Abstammung der Wittelsbacher von Karl d. Gr. behauptend) neben anderen Figuren vom vorgesehenen Grabmal für Herzog Wilhelm V. in St. Michael (→ Neuhauser Str. 52), je zwei von Gerhart und Pallago (zw. 1592 u. 1596); an den Längsseiten Standfiguren Herzog Wilhelms IV. und Albrechts V., von Krumper 1619; auf dem reich ornamentierten Deckel allegorische Figuren (Weisheit und Stärke) und Insignien der Kaiserwürde, von Krumper 1619/22; **d** *Grabstein* für Jörg von Halsbach, **e** für den blinden Domorganisten Cunrad Paumann. **13** Sendlingerkapelle im Südturm: *Passionsszenen* 1390 im südl. Fenster, im westl. *Weißscheiben* 1450. **D** *Hauptportal* 1772 von I. Günther; auf seitlichen Podesten Schmerzensmann und Madonna mit Kind, 1. Hälfte 13. Jh. (aus alter Kirche); **E** Eingangshalle Statue des *Christophorus** (um 1525 an Außenseite der Kirche des ehem. Püttrich-Regelhauses angebracht), daneben *Epitaph* für den Arzt Jakob Burckhardt 1618 von Krumper. **14** Tulbeck- oder Neuhauserkapelle im Nordturm: *Mariahilfaltar* 1861 aus einer thronenden Muttergottes mit Kind (nach 1475, aus der Tulbeckkapelle des Vorgängerbaus) und aus dazuerworbenen Figuren Elisabeth, Agnes und Ottilie (um 1500) zusammengesetzt (Altarschrein einzig erhaltenes Beispiel der neugotischen Ausstattung); Gehäuse einer alten *astronomischen Uhr* (um 1500); *Grabstein* für Bischof Tulbeck 1476; Glasfenster *Überführung des Hl. Benno* u. *Predigt des Hl. Korbinian* von Holzner 1931; am Turmpfeiler *Gedenkstein* für Kardinal und Erzbischof Franziskus von Bettinger (1909–17) von Weckbecker. **15** Apolloniakapelle: Glasfenster *Rosenkranzgeheimnisse*, von A. Miller 1934 (im Krieg zerst., nach alten Unterlagen neu erstellt von Auer 1961). **F** *Sixtusportal* 1772 von Günther; über dem Windfang Statue *Hl. Georg** um 1525–30, Leinberger zugeschr.; Glasfenster *Engel beschützen die Erde* von K. Knappe 1960. **16** Lantpert- oder Barthkapelle: 3 spätgotische *Holzfiguren* heiliger Bischöfe; Glasfenster *Christus, Wohltaten spendend* von Rabolt. **17** Korbinianskapelle: vergrößerte Kopie eines Gemäldes von Polack nach Original in der Alten Pinakothek; Glasfenster *Heilige aus der Geschichte der Erzdiözese* von Rabolt 1965. **18** Sieben-Schmerzen-Kapelle: *Mater dolorosa* um 1650 von T. Pader; *Marmorepitaph* des 1. Pfarrers an der Frauenkirche Balthasar Hundertpfund (1478 bis 1502); Glasfenster *Die 7 Schmerzen Mariens* von Gitzinger 1959. **19** Ecce-Homo-Kapelle: *Gemälde* U. Loth zugeschrieben; *Bronzetafel* der Priesterbruderschaft mit *Rotmarmorstein* (mit Beschlägen) 1620 von Krumper; Glasfenster: Einzelszenen einer *Passion* um 1390 kombiniert mit Einzelscheiben von etwa 1460. **G** *Bennoportal* 1772 von Günther; auf Konsolen Schmerzensmann und Maria frühes 15. Jh.; über Windfang *Hl. Sebastian* von Faistenberger (1696; Rest eines 3figurigen Sebastianaltars); Glasfenster aus verschiedenen Scheiben des 15. und vom Anfang des 16. Jh. zusammengesetzt, darunter *Vermählung Mariens mit Joseph* vom ›Dreikönigsmeister‹. **20** Neben Eingang zur Sakristei (rechts) Holzrelief *Marientod* 1513; über Sakristeitüre ehemaliges Hochaltarbild *Mariae Himmelfahrt* 1620 von Candid; in der Sakristei Glasfenster *Hl. Margaretha* 1. Hälfte 14. Jh. und *Auferstehung Christi* 2. Hälfte des 14. Jh. aus Passionszyklus der südl. Turmkapelle. **21** Piuskapelle: Mosaikbild *Hl. Papst Pius X.* von Frank 1960; *Glasfenster* etwa 1430. **22** Annakapelle: Statue *Hl. Anna Selbdritt* (Leinberger-Umkreis, frühes 16. Jh.); *Hl. Georg* und *Hl. Mauritius* (wohl Leinberger-Umkreis); Glasfenster *Verkündigung* um 1500 aus Salvatorkirche. **23** Sakramentskapelle (Alte Sakristei): Glasfenster *Marienleben* von Eberz 1931 (im Krieg zerst., nach Karton neu erstellt 1957); in der Kapelle neben Altar *Madonna auf Mondsichel* aus Leinberger Umkreis (Anf. 16. Jh.); *Glasfenster* aus verschiedenen größeren Fenstern um 1500 aus Salvatorkirche zusammengesetzt. **24** Sebastianskapelle: *Mitteltafel* des Altars 1483 von F. Pacher, Flügel mit 4 Passionsszenen vom ehem. Andreasaltar (um 1510, Umkreis Polacks) aus der Nikolauskapelle ›auf dem Haberfeld‹ (→ **10**), im 19. Jh. kombiniert; *Glasfenster* Reste verschiedener Fenster: untere 2 Zeilen 1497 aus Salvatorkirche, *Schmerzensmann* und *Mariae Verkündigung* vom ›Meister des Astalerfensters‹, darüber *Her-*

F

zogenfenster 1486 vom ›Herzogenmeister‹. (Die 1972 in einem Lagerraum über der Domsakristei entdeckten, z.T. sehr bedeutenden Kunstwerke aus den verschiedenen Umgestaltungsphasen der Frauenkirche derzeit im Diözesanmuseum in Freising aufgestellt; ihre Rückführung nach München zur Bereicherung der Ausstattung der Frauenkirche vorgesehen.) – Im Chorhaupt Abgang zur ***Krypta,*** heutige Neugestaltung durch Gerg 1971–72; hier *Passionsaltar* von K. Caspar 1916/17 an der Stelle, wo urspr. ein Auferstehungsmosaik dieses dezidiert christlichen und modernen Künstlers vorgesehen war (Auftrag 1951, Ablehnung des Entwurfs 1953). Die ›Fürstengruft‹ älteste Grablege der Wittelsbacher: bereits in erster Marienkirche Beisetzungen (früheste: Herzogin Beatrix, † 1322); erweitert 1823, nach Kriegszerstörungen (1944) von 1946 bis 1952 wiederhergestellt und vergrößert. – Als ›Bischofsgruft‹ erst seit 1825 bestehend, diente die Unterkirche von 1492 bis 1802 (Gründung und Auflösung des Kollegiatsstifts) als Begräbnisstätte für die Kanoniker.
Bedeutung: Massiger, durch sparsame Gliederung, riesiges Dach und wuchtige Türme in Nah- und Fernsicht gleich wirkungsvoller, das Stadtbild beherrschender Baukörper, der mit auffallend sparsamer Verwendung von Bauplastik auskommt. Späte Form der Doppelturmfassade, deren Bekrönung mit ›welschen Hauben‹, eines der Wahrzeichen Münchens, den beginnenden Einfluß der Renaissance anzeigt. Eine der größten Hallenkirchen Süddeutschlands (108 m lang, 38 m breit, 31 m hoch bis Gewölbescheitel); letzter Bau der Stetheimer-Schule. Als bürgerliche Großkirche ohne Planänderung konsequent und in kürzester Bauzeit aller vergleichbaren Sakralbauten aufgeführt. Das Innere nach wiederholter Umgestaltung, Zerstörung, Purifizierung von der Eindeutigkeit der Architektur bestimmt, im Detail aber beeinträchtigt von dem aktuellen Moden unterworfenen Pasticcio aus Alt und Neu.

FRAUENSTRASSE 28 **11**

Architekturmalerei Eine im Auftrag der Lloyd-Versicherung von Haas 1978 mit illusionistisch gemalten Architekturmotiven gestaltete Fassade. ***Beschreibung:*** Übertragen der tektonischen und dekorativen Elemente der realen Fassade an der Frauenstraße auf die Schmalseite an der Zwingerstraße: Der gemalte, reich dekorierte Erker (Schrifthinweis auf Auftraggeber) über illusionistisch geöffneter Toreinfahrt (mit Einblick in irrealen Arkadenhof) beiderseits gerahmt durch eine 4geschossige Fensterachse über rustiziertem Erdgeschoß; über Konsolgesims gemaltes Walmdach. ***Bedeutung:*** Das erste Werk des New Yorkers Haas außerhalb der USA mit der für seine Architekturmalerei charakteristischen Trompe-l'œil-Technik. Im Gegensatz zu den anti-architektonischen ›Wallpaintings‹ (z.B. Chicago, Berkeley, Amsterdam, Bremen, Düsseldorf, Berlin) sind Münchener Gestaltungen stark an architektonischer Struktur des Trägerbaus orientiert (→ Thalkirchner Str. 5) – damit Wiederaufnahme einer für München seit dem späten Mittelalter bezeugten Gepflogenheit der Fassadenmalerei (*Weinstadl*, → Burgstr. 5, *Asam-Schlößl*, → Maria-Einsiedel-Str. 45), die Anfang 18. Jh. durch Stuckierung (*Asam-Haus*, → Sendlinger Str. 61) abgelöst worden war.

FRAUNBERGPLATZ 1 **22**

St. Maria Thalkirchen* Wallfahrts- und Pfarrkirche. Spätromanische Teile (zweite Hälfte 13. Jh.) in Turm und westlicher Chorwand erhalten; heutige Kirche barockisierter Bau (1695–98) von etwa 1400, schlanker Turm mit barocker Haube; 1907/08 durch G. v. Seidl erweitert. Umfassende

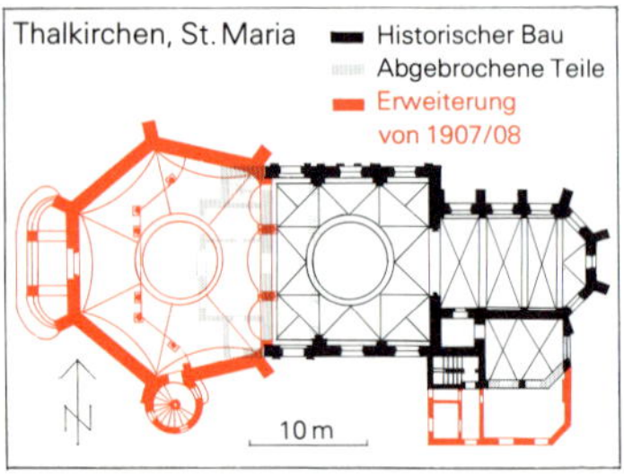

Außen- und Innenrenovierung von 1978 bis 1981. ***Beschreibung:*** 3jochiger, tonnengewölbter Altarraum, 3seitig geschlossen. Hauptraum quadratisch mit kräftigen Wandpfeilern, in gotischer Zeit mit Mittelsäule; diese bei Barockisierung entfernt (Reste im Bayer. Nat.-Mus.), dafür Flachkuppel mit (je Seite) 3 Stichkappen. Die damals ebenfalls eingebaute Musikempore bei Erweiterung abgetragen: 3 Bogen vermitteln zum Anbau (irreguläres 6eck) mit radialen, volutenbelegten Strebepfeilern, von Zeltdach mit Laterne bedeckt. ***Inneres:*** Der geräumige *Neubau* (mit Empore auf 3 Seiten, darunter Abschlußgitter, 1692) in jugendstilartigem Neubarock verhalten dekoriert; Scheitelgemälde von Schleibner 1912; über einige Stufen abwärts zum *Altbau:* Langhaus und Chor durch kräftige Wandpfeiler gegliedert; an Gewölbe schwerer *Stuck* um 1700, in Flachkuppel Fresko von Wolff (1696), ›Marienkrönung‹. Beiderseits des Chorbogens *Seitenaltäre* 1696 mit *Gemälden* von Hauber 1798. *Hochaltar**: Aus dem gotischen Flügelaltar (1482 bestellt) das *Gnadenbild* und die beiden *Bischofsfiguren*, M. Erhart zugeschrieben; rückwärtiger Altaraufbau bei Barockisierung entstanden; zweiter Umbau wohl um 1760 durch I. Günther (Büsten Hl. Anna und Hl. Joachim sowie Engel). Die Barockorgel von 1630, eine der ältesten erhaltenen Bayerns, jetzt im Deutschen Museum. ***Bedeutung:*** Thalkirchen bis 1520 wohl Urpfarrei für Umgebung Münchens links der Isar; vielbesuchte Wallfahrt. Der Hochaltar eine meisterliche Verbindung von Gotik und Rokoko. Sehr geschickte Erweiterung einer für den Münchner Raum typischen mittelalterlichen barockisierten Dorfkirche.

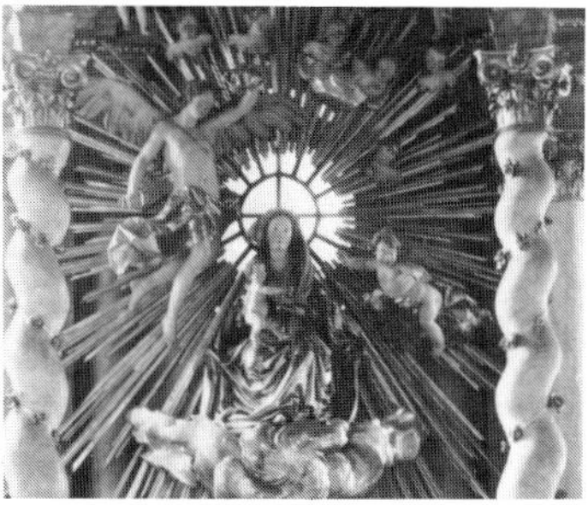

Thalkirchen: *Gnadenbild* von M. Erhart

FREIHAMER ALLEE 73 **28**

Heiligkreuz in Freiham Kirche des bereits 1190 erwähnten Edelsitzes ›Friheim‹. ***Beschreibung:*** Wuchtiger Westturm (Mitte 15. Jh.) mit Blendgliederung und 2teiligem Spitzhelm; das niedrige Langhaus mit Satteldach in 3/8-Chor mit Strebepfeilern übergehend; an Südseite Sakristei und Vorhalle angebaut. ***Inneres:*** 2jochiger Hauptraum und 2jochiger Chor, frühbarock verändert (geom. Modelstuck um 1620), bei Umgestaltung 1781 Verlust der älteren Ausstattung (heute z. T. in Pfarrkirche von Wangen/Lkrs. Starnberg); 1969/70 renoviert. Ausstattung spätrokoko: Hochaltar mit Kreuzigungsgruppe, flankiert von Hl. Konstantin und Hl. Helena; das modern überarbeitete Altarblatt viell. von Kirzinger. In den Seitenaltären Hl. Leonhard (links) und Schmerzensmutter (rechts) in hervorragend geschnitzter Altararchitektur. Im Altarraum 2 Reliefs: ›Predigt des Hl. Johannes‹ und ›Tod des Hl. Nepomuk‹; im Hauptraum Apostelfiguren. ***Bedeutung:*** Seltenes Beispiel eines in Anlage und Gebäuden erhaltenen Edelsitzes im Großraum München mit Ökonomiegebäuden, Schlößchen und Kirche.

FRIEDENSENGEL* **20**

Optischer Abschluß der Prinzregentenstraße am östl. Isarufer zusammen mit der **›Prinzregententerrasse‹:** Diese durch Hildebrand vorbereitet, von Möhl entworfen, 1891 von W. Zimmermann vollendet. ***Beschreibung:*** An leicht über Straßenniveau erhobenem Vorplatz mit Springbrunnen von Pilastern, Säulen und 3 Rundbogennischen gegliederte Terrasse, zu der beidseitig doppelläufige Freitreppe emporführt. Von der Balustrade des Plateaus zurückgesetzt der **Friedensengel** (eigentlich ›Friedensdenkmal‹). Ab 1893 Vorschläge für ein Denkmal zur 25. Wiederkehr des Sieges über Frankreich 1871 mit Standplatz Wörth- oder Orleansplatz; bis 1895 Wandlung zum Friedensdenkmal. Ausschreibung eines Wettbewerbs 1895, dessen Bedingungen wohl auf die Skizze eines ›Säulendenkmals‹ von Th. Fischer (1894) zurückgehen. Entwurf von Düll, Pezold und Heilmaier zur Ausführung bestimmt: Grundsteinlegung 1896, Einweihung 1899. Angebliche Baufälligkeit des Engels führte 1981 zu unsachgemäßer Demontage, die eine erhebliche Restaurierung der orig. Bronzefigur notwendig machte, Standbein u. Flügel erneuert; 1983 mit steileren Flügeln wieder aufgestellt. ***Beschreibung:*** Auf hohem quadratischen Sockel ›Halle‹, über 2 seitliche Treppen zugänglich; je Seite 2 Koren (urspr. mit vergoldeten Lorbeerzweigen in den Händen) zwischen reich geschmückten Eckpfeilern; an den Außenseiten der westlichen Pfeiler je 3 Reliefmedaillons mit Porträts der Kaiser Wilhelm I., Friedrich I. und Wilhelm II., der Herrscher aus dem Haus Wittelsbach Ludwig II., Otto und Prinzregent Luitpold, ferner Bildnisse von Bismarck, Moltke und Roon sowie der Generäle v. d. Tann, Hartmann und Pranckh; an den beiden Pfeilern der Ostseite die 12 Taten des Herakles. Eckbetonung des Dachs durch Kriegstrophäen; im Innern der ›Korenhalle‹ der kubische Unterbau der Säule mit allegorischen Rundbildmosaiken (Entw.: Düll/Pezold): Friede, (Stadtseite), Krieg und Sieg (im N und S) und die Segnungen der Kultur (O-Seite). Die Säule, aus flachem Zeltdach, 23 m hoch aufragend, mit korinthischem Kapitell und dem Standsockel für die schwungvolle Engelfigur★ (nach Nike des Paionios) aus vergoldeter Bronze (Guß: 1897) bekrönt. ***Bedeutung:*** Von dominierender städtebaulicher Lage, bei Vermeidung der Theatralik des Historismus eines der besten Denkmäler jener Epoche. Steht Terrasse noch in der Tradition florentinischer und römischer Gartenarchitekturen, so erfolgt im Friedensdenkmal selbst der Rückgriff auf griechisch-klassische Motive, ohne sklavische Kopie zu freierer malerischer Wirkung gesteigert: Abkehr vom reinen Historismus in den Mosaiken am deutlichsten spürbar: Aufnahme sezessionistischer Tendenzen. (Münchner Denkmal wohl vorbildhaft für das ›Milleniumsdenkmal‹ in Budapest von Albert Schickedanz und György Zala, begonnen ebenfalls 1896, vollendet ca. 1926.)

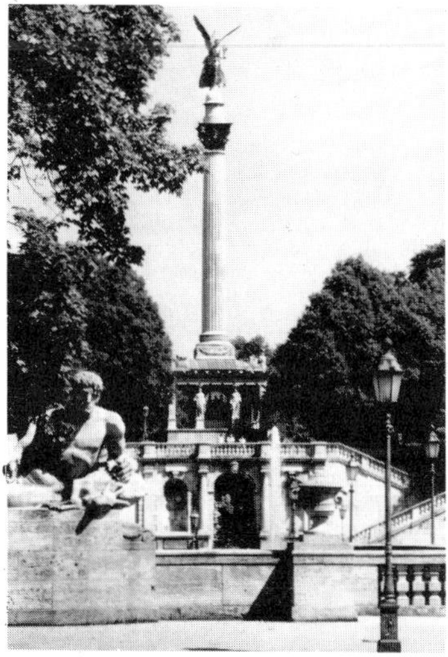

Prinzregententerrasse mit *Friedensengel*

F

FRIEDRICHSTRASSE 9–11 19

Mietwohnhäuser 1898/99 in großbürgerlichem Zuschnitt von Dülfer erbaut. Reich mit Rechteck- und Polygonalerkern, Loggien, Balkonen, Giebeln, Dachreitern, Verdachungen und Ornamentfeldern gegliederte, spiegelbildlich-symmetrisch angelegte 5geschossige Doppelhausfassade, leicht variierte Schmalseite an der Konradstr. ***Bedeutung:*** Trotz nachklingender historisierender Tendenzen und verändernder Wiederherstellung nach dem Krieg erstes Mietshaus des Jugendstils in München, wahrscheinlich sogar in Deutschland.

FÜRSTENRIED 1 21

Ehem. Jagdschloß Fürstenried Von J. Effner 1715–17 an der Stelle der von Ferdinand Joseph Graf v. Hörwarth errichteten Schwaige *Poschetsried* für Max Emanuel erbaut; ab 1727 im Besitz der Kurfürstin Maria Amalia (1730–34 Umbauarbeiten, verm. durch J. Effner), 1777–97 Witwensitz der Kurfürstin Anna Maria; unter König Max II. und dessen Bruder Adalbert Ausgangspunkt glänzender Jagden; 1883–1916 Aufenthaltsort des geisteskranken Königs Otto (1886–1916); die damit verbundenen Umbauarbeiten (1881) bei Umwandlung in Exerzitienhaus (1925) brachten tiefgreifende Änderungen, die in den Baumaßnahmen 1972–76 korrigiert wurden. ***Beschreibung:*** Von langgestreckten niedrigen Bauten (li: Reitstall; re: Hofküche) gerahmter Ehrenhof vor dem Hauptbau und den beiden seitlichen kleineren Pavillons (li: Kavaliershaus mit Hubertuskapelle; re: Kurprinzenbau); zusätzl. eine Reihe von Nebenbauten. Beherrschend der *Hauptbau,* 3geschossig mit vorgezogenem 3achsigen Risalit (im Giebel kurfürstliches Wappen, von Volpini, 1716) vor 2achsigen Rücklagen; von seiner einst reichen Innenausstattung (Effner, um 1726) nur noch ein Zimmer im 2. Obergeschoß erhalten. Die gesamte Anlage auf die rd. 8 km entfernte Frauenkirche ausgerichtet: die durch doppelreihige Lindenallee gefaßte Achse (früher mit Kanal) heute durch Autobahntrasse zerstört. – Diese Achse auch bestimmend für den rechteckig begrenzten Garten (an der Ostbegrenzung Ziergitter von Houard z.T. erhalten); westlich des Hauptbaus streng symmetrischer französischer Garten von Girard (1715/16), um 1885 von K. Effner wiederhergestellt und durch Steinbildwerke (von C. Fischer, 1889) bereichert; südlich angefügt ein englischer Landschaftsgarten (K. Effner). Nordwestlich davon Wirtschaftsgebäude, darunter das ebenerdige Gebäude der Schwaige (18. Jh.): Satteldachbau mit abgewalmtem Zwerchhaus. ***Bedeutung:*** An Schloß Nymphenburg erinnernde symmetrische Gruppierung einzelner Baukörper, jedoch in Ausmaß und Gestaltung bescheidenere Anlage. Nach Verbauung der Sichtschneise zwischen Schloß Nymphenburg und Schwabing in der Achse des (öst.) Kanals einzig in München erhaltenes Beispiel einer barokken Raumordnung. (Vgl. urspr. Anlage auf Gemälde von Beich in Schloß Nymphenburg.)

FÜRSTENRIEDER STRASSE 288 21

Waldfriedhof In einem, seit 1898 städtischen Waldgebiet südlich Holzapfelkreuth und Großhadern nach Konzeption von Grässel 1905–07 angelegter, durch den Hamburger Parkfriedhof Ohlsdorf angeregter erster echter ›Waldfriedhof‹ in Deutschland. Im ***Alten Teil*** (urspr. rd. 59 ha, auf 85 ha angewachsen) die 1905–07 nach Plänen von Grässel erbaute Aussegnungshalle mit nördl. angefügter Leichenhalle, gegenüber die monumentale Kreuzigungsgruppe von Schreyögg (1908). Im südl. Teil die von Leitenstorfer errichtete St. Anastasiakapelle (1931–33). Der ***Neue Teil*** (bis zur Tischlerstr. im Westen) auf einer Fläche von rd. 77 ha ab 1957 nach Plänen von Roemer als Landschaftspark angelegt, die neue Aussegnungshalle (Lorettopl. 1a) 1963–66 durch Baureferat/Hochbau der Landeshauptstadt errichtet. Von der Forst-Kasten-Allee beim Schloß Fürstenried Zugang zum *Italienischen Militärfriedhof* (angelegt 1966). – Westlich der Tischlerstraße zwischen 1960 und 64 Anlage der ***Kriegsgräberstätte München,*** des größten Soldatenfriedhofs in der Bundesrepublik; die beachtenswerte Gestaltung der Massengräber durch Roemer, die außergewöhnlich gestaltete Kapelle nach Plänen von Schöner-Fedrigotti.

FÜRSTENSTRASSE 1 2

Palais Ludwig-Ferdinand 1825 von Klenze anstelle eines von ihm 1818 im Zusammenhang mit einem Armeedenkmal bzw. der Kirche für die Münchner Protestanten geplanten Tempelbaus im Durchblick zwischen Odeon und Leuchtenberg-Palais erbaut; von Prinz Alfons (›Alfons-Palais‹), nach ihm von Prinz Ludwig-Ferdinand bewohnt; hier auch Stadtwohnung Klenzes, auf den die Fassadengestaltung zurückgeht, nicht aber der Grundriß (vermutl. von M. Widmann). ***Äußeres:*** *Ostfassade:* Schmale 1achsige Seitenteile flankieren kräftig vorspringenden 7achsigen Mittelrisalit mit Einfahrtstor. 4geschossig: Erdgeschoß mit Mezzanin, über Gurtgesims 2 Obergeschosse; in allen Etagen Rundbogenfenster (außer Mezzanin), sparsame Architekturgliederung. Dieselbe Stockwerksteilung an urspr. 9achsiger *Südfassade,* aber ohne Risalit; später 12 Achsen, 4 durch Balkon im Hauptgeschoß zusammengefaßt; die durchgehende ›flächige‹ Front (durch Vorsetzen einer Freitreppe 1968 verändert) als Hintergrund bestimmend für den nördlichen Abschluß des saalähnlichen → Wittelsbacher Platzes. ***Bedeutung:*** Geglückte Gestaltung an städtebaulich wichtiger Situation: nach Osten zum Odeonsplatz, nach Süden zum Wittelsbacher Platz. Herber Klassizismus mit formalen Anklängen an oberitalienische Renaissance.

GALERIESTRASSE 4 3

Galeriegebäude Für die durch Kurf. Karl Theodor nach München gebrachte Mannheimer Galerie von Lespilliez 1780/81 über nördl. Hofgartenarkaden (→ Hofgarten) als ›Churfürstliche Galerie‹ errichtet. Nach Einweihung der Alten Pinakothek 1836 dem

1824 gegründeten Kunstverein überlassen. Durch Riedel 1866 Neubau des *Ausstellungsgebäudes,* durch Thiersch 1890 umgebaut und mehrmals (1897, 1899, 1906) verändert; 1944 schwer beschädigt, Ruinen 1954 beseitigt. Der Galerietrakt ebenfalls 1944 stark zerstört, 1952 vereinfacht wiederaufgebaut. Neben Kunstgalerien im Erdgeschoß und Sitz des Kunstvereins seit 1953 Heimstätte des

Deutschen Theatermuseums. Als ›Clara-Ziegler-Stiftung‹ von der Hofschauspielerin Clara Ziegler (1844–1909) ins Leben gerufen und 1910 in ihrer Villa an der Königinstr. als 1. unabhängiges Institut dieser Art eröffnet; Villa 1944 durch Bomben zerstört; die bedeutendsten ausgelagerten Bestände bilden den Grundstock für Neuaufbau. ***Bestände:*** Neben der *Präsenzbibliothek* (rd. 80000 Nummern: Bühnenmanuskripte, Theaterstücke, Partituren, Libretti; Theaterzeitschriften ab 18. Jh.; wissensch. Sekundärliteratur) *Archiv* mit rd. 300000 Programmheften deutschsprachiger Bühnen, mit Kritikensammlung sowie etwa 50000 Autographen (Rollenverzeichnisse, Regiebücher usw.) und historische Schallplatten; als besonderer Service: Aufliegen aktueller Rezensionen zu den laufenden Theaterstükken. Eigentliche *Museumssammlung* enthält Dokumente zum Theater aller Zeiten und Völker (außer Puppenspiel): nahezu 50000 Entwürfe für Bühnenbilder und Kostüme, Bühnenbildmodelle (u.a. für Münchener Wagner-Aufführungen; nach Bayreuth größte Wagner-Slg.), ca. 10000 Pläne, Zeichnungen, Fotos zum Thema Theaterbau; Fotosammlung. – Jährlich bis zu fünf Einzelausstellungen. Eintrittszeiten → S. 40 f.

GÄRTNERPLATZ 10

Mittelpunkt der zwischen Sendlinger Tor und Isartor südlich der aufgelassenen Stadtbefestigung angelegten Isarvorstadt. Bebauung des ›Eichthalangers‹ als Teil des ehem. Heiliggeist-Angers bereits 1830 durch Ludwig I. (entgegen dem Rat Klenzes) genehmigt, aus Spekulationsgründen aber erst ab 1861 durchgeführt. Bestimmend die vom Viktualienmarkt (bzw. ehem. Angertor) ausgehende Nordsüdachse der Reichenbachstr.; um 45° gedreht das Achsenkreuz von Klenze- und Corneliusstr.; Kreuzungspunkt dieser 3 Straßenzüge der kreisrunde *Gärtnerplatz,* dessen einheitliche Fassaden vermutlich auf einen Entwurf des Baumeisters G. Fischer 1861 zurückgehen. ***Bedeutung:*** In der Münchener Stadtbaugeschichte bildet dieses erste größere, planmäßig erbaute Wohnquartier der 2. Hälfte des 19. Jh. den Übergang von der klassizistischen Stadterweiterung unter Max I. Josef und Ludwig I. (→ Maxvorstadt) zum kommunalen gründerzeitlichen Städtebau des Ostbahnhofviertels (ab 1870). Das Viertel, in dem erstmals in München in größerem Umfang mehrstöckige Miethäuser als Kapitalanlage errichtet wurden, ist mit streng einheitlich dimensionierten und geschlossenen Gebäudefronten in überwiegend spätklassizistischen Formen (beeinflußt durch Maximiliansstil) bebaut; z.T. durch verständnislosen Wiederaufbau nach 1945 urspr. Geschlossenheit maßstäblich gestört. Einzige architektonisch-städtebauliche Dominante der Theaterbau (→ Nr. 3).

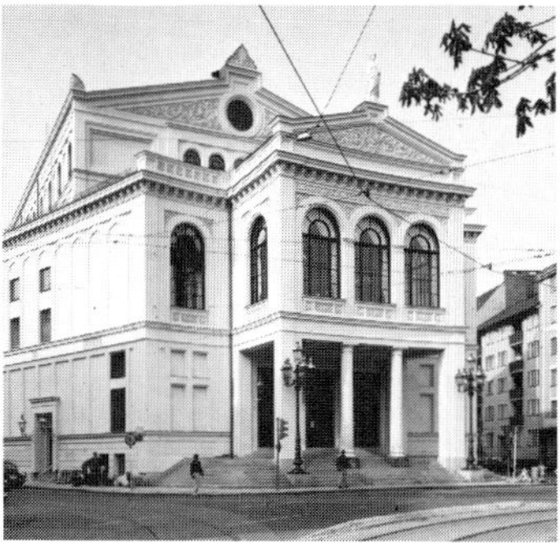

Theater am Gärtnerplatz

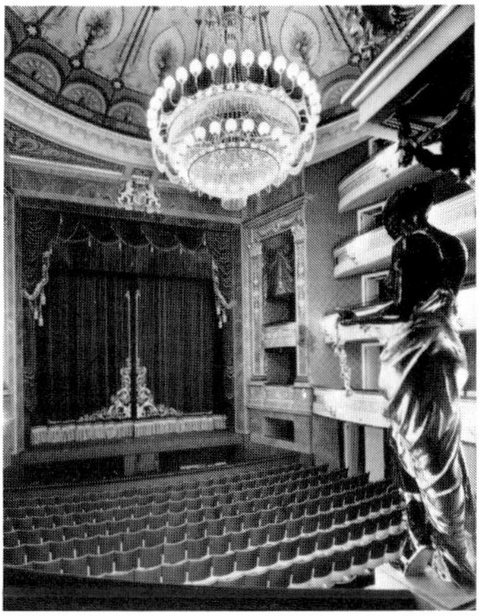

Theater am Gärtnerplatz, Zuschauerraum

GÄRTNERPLATZ 3 10

Theater am Gärtnerplatz Als ›Münchener Aktien-Volkstheater‹ nach Entwürfen von F. M. Reifenstuel 1864/65 errichtet (Ausmalung: Neureuther), nach Bankrott 1868 Übernahme durch Ludwig II. als ›Königliches Volkstheater‹ (1870); nach wechselnden Repertoire-Schwerpunkten seit ca. 1926 hpts. Operettentheater, 1937 ›Bayerische Staatsoperette‹, seit 60er Jahren Münchens Bühne für heitere Spieloper, Operette und Musical. – Durch Umbauten, z.T. technisch bedingt, zunehmende Veränderung des urspr. Baus: 1898 Umbau des Zuschauerraums durch E. v. Seidl (dabei Reduzierung von 1600 auf rd. 940 Plätze); grundlegende Umbaupläne (E. v. Seidl, 1905, sowie von Helbig und Walchers, beide Wien, 1909) nicht ausgeführt; 1913 völlige Neugestaltung des Zuschauerraums durch Drollinger (Erhöhung auf rd. 1400

G

Plätze); 1926 Umgestaltung von Foyer, Wandelgängen, Garderoben; 1937 erneute Umgestaltung unter vereinfachender Annäherung zu urspr. Ausstattung (dabei Einfügen der Mittelloge mit seitl. Figuren von Mikorey, nach Wackerle, sowie Deckengemälde ›Geburt der Schönheit‹ von Kaspar). Die durch Bomben 1945 verursachten Schäden zwischen 1946 und 1948 behoben (Spielbeginn 1948), 1968/69 Wiederherstellung des Zuschauerraums in urspr. Form,

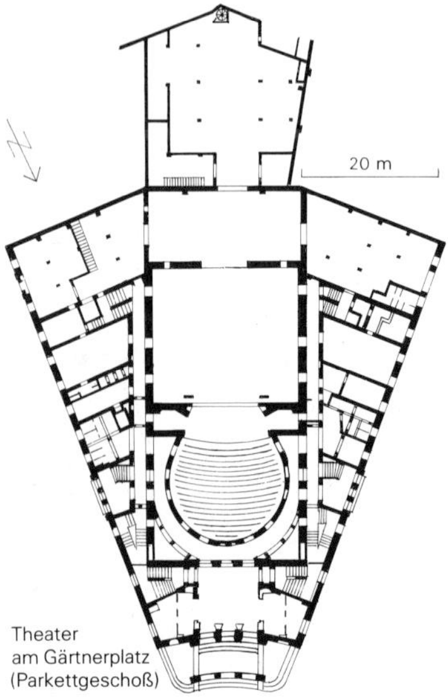

Theater am Gärtnerplatz (Parkettgeschoß)

dabei die durch Übertünchen zerstörten Neureuther-Fresken durch E. Albrecht neu gemalt; 1976/78 Rekonstruktion der 1937 veränderten originalen Reifenstuel-Fassade. ***Beschreibung:*** In der dem Rund des Gärtnerplatzes angeglichenen Blockspitze zwischen Klenze- und Reichenbachstr. errichtet, in der Raumfolge Foyer – Zuschauerraum – Bühne – Hinterbühne genaue Kopie des Nationaltheaters, wegen des trapezförmigen Grundrißzuschnitts kleiner und in den Seitenräumen abweichend. Einfache, vom Spätklassizismus und von Schmuckelementen des Maximiliansstils geprägte Gestaltung der Fassaden; Hauptfront zum Gärtnerplatz 2geschossig, der 3achsige Mittelrisalit (Portikus, darüber Rundbogenfenster) von 1achsigen Rücklagen flankiert und von Flachgiebel bekrönt; Figur nach orig. Modell Widnmanns erneuert; dahinter das hohe Bühnenhaus mit 5 gekuppelten Rundbogenfenstern und Rundfenster im flachen Giebel. – ***Inneres:*** Der kreisrunde Zuschauerraum von zeltähnlicher Decke überspannt (vgl. Nationaltheater) mit 4 Rängen, im Proszenium die ehem. Königs- und Fürstenloge; heutige Mittelloge spätere Zutat (1937). ***Bedeutung:*** Abgesehen von der durch ein Komitee wohlhabender Bürger initiierten Errichtung eines Theaters in einem entstehenden Wohnviertel (Bodenspekulation?) architektonischer Akzent des Platzes und Schwerpunkt des gesamten Stadtviertels; ein auf bürgerliche Dimensionen reduziertes ›Hoftheater‹ in seiner spätklassizistischen vornehmen Zurückhaltung für das städtebauliche Gefüge von regulativer Wichtigkeit.

GASTEIGANLAGEN → Isaranlagen

GEORGENSTRASSE 8 **19**

Wohnhaus 1900–03 von Hölzle errichtetes palastähnliches Wohnhaus, vom Bauherrn urspr. dem päpstlichen Nuntius als Residenz angeboten (ursprüngl. *Kapelle* im Osttrakt). ***Beschreibung:*** Auf schmalem tiefen Grundstück errichtetes Palais, die Straßenfront durch Kolossalsäulen und bekrönendes Turmensemble akzentuiert; die Abwicklung der östl. Fassade nicht minder reich an Erkern und Loggia, an Häufung von pilastergegliederten Risaliten, Attikabekrönungen und Türmen; plastischer Schmuck von Schneider. ***Bedeutung:*** Selbst für ausgehende Gründerzeit auffallend reiche Verwendung von ›Würdemotiven‹ verrät Absichten des Bauherrn, das Haus als ›Stadtpalais‹ zu präsentieren; für München eines der seltenen, allerdings verspäteten Beispiele einer an die Wiener Ringstraßen-Architektur erinnernden Bauform.

GEORGENSTRASSE 10 **19**

Ehem. Palais Bissing In programmatischem Kontrast zum pompösen Nachbarhaus (→ Nr. 8) nach Plänen des Schweizer Architekten E. R. Fiechter 1903 errichtetes Wohnhaus des Privatgelehrten Friedr. Wilh. v. Bissing, der hier seine Sammlung altägypt. Kunst aufstellte; 1914 durch Schenkung an den Staat (→ S. 100). Kriegsbeschädigungen zwar behoben, 1979 aber Wiederherstellung des urspr. Zustands (Arch.: Münzel; Malereien: Albrecht). ***Beschreibung:*** Zurückhaltend gestaltete Fassade mit flachem Mittelrisalit und 2geschossigem Runderker als Übergang zur einfachen Seitenfront; über 3 Hauptetagen eine 4. im hohen Mansardendach. Sparsamer, jedoch akzentuierender farblicher Dekor; am Erker Medaillonporträts von Schiller, Raffael, Donatello, Sophokles. ***Bedeutung:*** In der Reduktion auf klare Formen und einfachen (flächigen) Dekor ist diese Art des Münchener Jugendstils gutes Beispiel für heimische, traditionsgebundene Bauweise (›Heimatschutzstil‹).

GESCHWISTER-SCHOLL-PLATZ 1 **19**

Ludwig-Maximilian-Universität

Geschichte: 1472 von Herzog Ludwig dem Reichen von Landshut in Ingolstadt gegründet; im 16. Jh. geistiger Mittelpunkt der Gegenreformation (Joh. Eck); 1800 durch Max IV. Joseph nach Landshut verlegt, dann (1826) durch Ludwig I. nach München; zunächst im ehem. Jesuitenkolleg an der → Neuhauser Straße 51 untergebracht. Bezug des für 1500 Studenten konzipierten Neubaus: September 1840. – Im Verlauf des 19. und 20. Jh. Entwicklung zu einer der bedeutendsten Universitäten Deutschlands;

aus dem deutschen Geistesleben nicht mehr wegzudenken. ***Baubeschreibung:*** Durch F. Gärtner 1835–40 an Forum der Ludwigstr. errichtet, nachdem Wettbewerb zwischen Gau, Thürmer und Guthensohn ergebnislos verlaufen war. Die das westliche Universitätsforum (seit 1945 Geschwister-Scholl-Platz in Erinnerung an die Widerstandsgruppe ›Weiße Rose‹) umschließende Dreiflügel-Anlage (mit Gesamtlänge 124 m) in die Baulinie der Gebäude an Ludwigstr. eingefügt: südl. Flügel (7 Achsen) und nördl. Kopfbau (3 Achsen an der Einmündung der Adalbertstr.) flankieren die um 9 Achsen zurückgesetzte breite Platzfront von 27 Achsen, durch flache Lisenen in 3 gleiche Abschnitte geteilt; Mittelteil durch 9jochige tiefe Bogenvorhalle akzentuiert. Verputzte Fassade mit Hausteinbemalung; auf hohem Erdgeschoß (mit kleinen Fenstern), Hauptgeschoß mit gekuppelten Rundbogenfenstern in Haustein mit Relieftondi (Bildnisse bedeutender Gelehrter), im Mittelteil durch Maßwerk ersetzt; im 2. Obergeschoß ähnliche, aber kleinere Fenster; durchlaufendes Hauptgesims über Rundbogenfries. Nach Westen (→ Amalienstraße 58) zu 1906–09 durch Bestelmeyer erweitert; der Flügel an der Adalbertstr. 1960–62 errichtet. – Beiderseits der Straße 2 *Brunnen* (Überlaufschalen in 8eckigen Becken), nach Vorbild der Brunnen auf dem Petersplatz in Rom (Entw. von F. Gärtner, 1840). ***Bedeutung:*** In Zusammenklang mit den Bauten um die östl. Hälfte des Forums (→ Prof.-Huber-Platz) trotz romantischer Auffassung Gärtners hervorragende Gestaltung aus dem Geist urbaner Souveränität gegenüber ›historischer‹ Baugesinnung.

GLEISSENBACHSTRASSE 2 **29**

St. Johann Baptist in Johanneskirchen Eine Kirche auf dem seit vorgeschichtlicher Zeit besiedelten Ostrand der Haidhausen-Bogenhausener Lößzunge erstmals 815 erwähnt: wahrscheinlich erste Pfarr- und Taufkirche (Johannespatrozinium!) der bajuwarischen Ursiedlung Feringa/Föhring. Jetzige Kirche inmitten einer einst wasserumgebenen Wehranlage auf

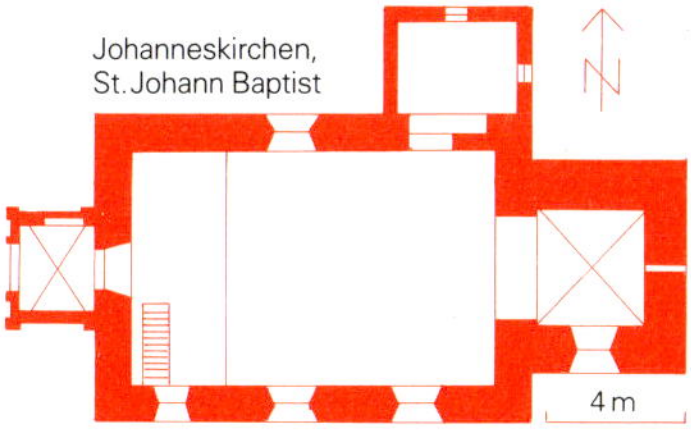

Lößhügel um 1200 entstanden. Einfacher ungegliederter Bau mit gedrungenem Turm (beide mit Satteldach), dessen Erdgeschoß als Chorraum dient, Sakristei unter Schleppdach nordöstl. angefügt; Westportal von 1520. ***Inneres:*** Flachgedeckter Saal mit ungegliederten Wänden und gerade geschlossenem Chor, 1688 barockisiert und dabei neben Errichtung der westl. Portalvorhalle die Fenster zu jetziger Größe erweitert, Stuckierung im Schiff nur als Fenster- und Nischenrahmung, im Kreuzgratgewölbe des Chors reicher, ebenso im Chorbogen, im Scheitel das Wappen des Münchner Patriziergeschlechts der Ridler, die vom 14. Jh. bis 1848 die einstige Hofmark innehatten; (auch Epitaphien). Aufwendiger *Hochaltar*★ von Ignaz Günther, um 1760, urspr. Herz-Jesu-Altar, wohl als Säkularisationsgut (aus der Kapelle St. Max im Allgemeinen Krankenhaus der Barmherzigen Brüder, → Ziemssenstr. 1, oder aus St. Maria in Ramersdorf, → Aribonenstr. 9, die beide Herz-Jesu- und -Mariä-Seitenaltäre von Günther besaßen) hierher übertragen und dabei den engeren Raumverhältnissen sowie den liturgischen Bedürfnissen angepaßt: Aufbau verkürzt, urspr. Altarbild durch Taufe Christi vom Anfang 19. Jh. ersetzt, Tabernakel 1938 in klassizist. Formen nach Entwurf von Thamm ergänzt; Seitenfiguren St. Zacharias und Elisabeth original; das zugehörige Vorsatzbild mit Ecce-homo-Bild und 2 trauernden Putten jetzt auf *rechtem Seitenaltar,* den ein Ovalgemälde des 19. Jh. als Josefsaltar ausweist. Ähnlich lokker gestaltet der *linke Seitenaltar* mit Ovalbild Anna und Maria, 19. Jh., 2 Spätrokokoreliquiare und Rokokoschrein mit provinzieller barocker Madonnenfigur, die wohl einst anstelle jener aus dem 19. Jh. stammenden, in der Mitte des von der Decke hängenden Rosenkranzes befindlichen Figur stand. In stuckierter Nische der Südwand *Kreuzigungsgruppe* von ca. 1520, gegenüber Reste 1938 freigelegter spätroman. Wandmalereien (Heilige unter Rundbogenarkaden, Ungeheuer) aus der Erbauungszeit. Auf der hölzernen Empore barokkes Orgelportativ. Gesamtrestaurierung 1972. ***Bedeutung:*** Im Münchner Stadtgebiet einmaliges Ensemble einer weitgehend ursprünglich erhaltenen Wehranlage mit qualitätvoller Ausstattung inmitten eines zwar reduzierten, aber immer noch bäuerlich strukturierten Dorfkerns von – nach Brand 1838 erneuerten – Bauernhöfen.

GOETHEPLATZ 1 **19**

Postamt und Wohnhaus Von Vorhoelzer und Schmidt 1931–32 errichtetes Büro- und Wohngebäude. ***Beschreibung:*** Zwischen spitzwinklig auf den Goetheplatz treffende Straßen eingepaßter Baukörper. Im Erd- und 1. Obergeschoß durchlaufende putzbündige Fensterbänder (Postdiensträume), darüber drei Wohngeschosse sowie waagrechte Schlitzfenster unter dem kaum vorstehenden Flachdach. ***Bedeutung:*** Putzbündige Fenster, Verzicht auf plastische Behandlung der Fassaden und Flachdach typische Formelemente des ›neuen Bauens‹: neben ähnlichen Postbauten (Am Harras 2, Fraunhoferstr. 22/24, Tegernseer Landstr. 57) eines der wenigen im Geiste des ›Bauhauses‹ gestalteten Gebäude in München. Die ›Goethepost‹ für den an sich amorphen Platz von großer städtebaulicher Bedeutung.

G

GOTTHELFSTRASSE 5 20

St. Johann von Capistran Anlage des neuen Pfarrzentrums mit Kirche durch S. Ruf 1957–60. ***Beschreibung:*** Lockere Gruppierung von Kirche, Glockenstuhl (als Eingang zum Kirchenbezirk gestaltet), Pfarrsaal und Pfarrhaus; die Kirche runder Zentralbau mit weit überstehendem Flachdach und als Zuganker ausgebildeten dünnen Stahl›säulen‹. An der Ausstattung beteiligt Kirchner (Hauptportal), Oberberger (Westfenster) und Henselmann (Denkmal des Kirchenpatrons).

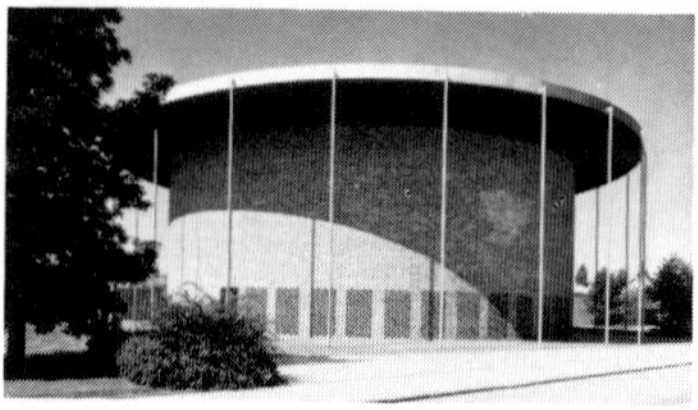

St. Johann von Capistran

GRANDLSTRASSE 2 (Obermenzing) 28

Leiden Christi Pfarrkirche von Obermenzing, nach Plänen von G.W. Buchner 1922–24 errichtet; Bauplastik von Panzer. ***Beschreibung:*** Das mächtige, an Nordseite abgeschleppte Satteldach verbirgt basilikales Schema; im O angefügter 3/8-Chor, südl. davon gedrungener Turm mit Zwiebelhaube. Dieser und das basilikale Kirchenschiff sowie Taufkapelle urspr. die eigentliche Schauseite der Kirche zum Hauptplatz einer geplanten Neubebauung. Hohe Westfassade mit Strebepfeilern, dazwischen reliefgeschmücktes Hauptportal (Passionsszenen). ***Inneres:*** Basilika mit flachgedecktem Mittelschiff; Polygonalchor, westl. Vorhalle (mit 8eckiger Taufkapelle) und die beiden Seitenschiffe (nur über nördlichem Empore) von prismatisch geschnittenen Sterngratgewölben überdeckt und durch Verwendung von Spitzbogen zusätzl. betont. – In dem 1975 von Östreicher umgestalteten Altarraum *Kreuzigungsgruppe* von Lorch; *Glasfenster* von Baumhauer (1924). In den Seitenschiffen *Flügelaltäre:* im nördl. Hl. Elisabeth (Relief von Frey-Hock, Gemälde von Eberz, 1939), im südl. Marienaltar (im Schrein thronende Muttergottes, von Panzer, Gemälde von Burkart.) ***Bedeutung:*** Die Transponierung historischer Architekturformen in ›kubistische Expressivität‹ als Möglichkeit der Kombination von ›heimischer Bauweise‹ mit modernen Architekturtendenzen denkbar; bedauerlicherweise ohne Nachfolge geblieben. Die durch Weltwirtschaftskrise und Eingemeindung nach München (1938) unterbliebene Anlage eines neuen Ortszentrums südl. der Kirche verhinderte architektonisch-städtebauliche Eingliederung des Kirchenbaus.

GROSSHESSELOHE 30

Eisenbahnbrücke Übergang über die Isar der Eisenbahnstrecke München–Holzkirchen (urspr. Streckenführung nach Rosenheim und Salzburg), 1851–57 durch den Ingenieur F.A. v. Pauli entworfen; erbaut von Ludwig Werder durch Maschinenfabrik Cramer-Klett (Nürnberg; später MAN). Zwischen mächtigen, durch Sandstein verstärkten Ziegel-Brückenköpfen sowie auf 3 Freipfeilern (etwa 31 m über Niederwasser; Weiten von 29,8 m, 55,4 m, 55,4 m und 29,8 m) Fischbauch- oder Linsenträger (sog. ›Paulische Träger‹) in Schmiedeeisen; 1908/09 durch Parabelträger ersetzt, die 1930 und 1960 verstärkt werden mußten. 1983/84 trotz Denkmalschutz durch die Deutsche Bundesbahn abgetragen und gesprengt und durch Neukonstruktion ersetzt. ***Bedeutung:*** Eine der ältesten Eisenbrükken mit gekrümmten Gurten in Deutschland, ein erstaunlich ›sachliches‹ Werk des beginnenden technischen Zeitalters; in ihm waren Technik, Ästhetik und Wirtschaftlichkeit ausgewogen vereint. (→ Bild S. 54.)

GUARDINISTRASSE 83 21

St. Ignatius Kirche mit Pfarrzentrum und Kindergarten für das Wohngebiet Neuhadern nach Plänen von Wiedemann 1977–79 errichtet. ***Beschreibung:*** Der 12eckige Zentralraum der Kirche mit Zeltdach über durchlaufendem Fensterband konzentrisch von Pfarrsaalbau (mit Clubräumen, Senioren- und Jugendraum), von Amtsräumen, Sakristei, Werktagskapelle, Kindergarten und Wohnungen umhüllt, durch Innenhöfe und ›Binnengassen‹ erschlossen und aufgelockert; von gegeneinander geneigten Pultdächern gedeckt. ***Bedeutung:*** Die konsequent durchgestaltete Baugruppe bemerkenswertes Beispiel, sich mit einfachen architektonischen Mitteln gegen die umgebenden 3- bis 7stöckigen Wohnbauten zu behaupten; der Kirchenraum im Zentrum der Anlage im Sinn einer ›Architecture parlante‹ ideelle Mitte der Gemeinde.

GUNEZRAINERSTRASSE 9 15

Viereckhof Nach einem Besitzer (um 1635) Balthasar Viereck benanntes, bereits zu Ende des 13. Jh. erwähntes Anwesen, dessen heutige Form – 2geschossiger Bau mit Halbwalmdach, jede der 3 frei stehenden Seiten mit 4 Fensterachsen – auf einen Neubau von 1787 zurückgeht. 1977 durch die Katholische Akademie erworben, bis 1980 restauriert und als Seminargebäude für kleinere Arbeitsgruppen genutzt. – Daneben *Maibaum* mit Wappenschildern der 7 bayerischen Diözesen sowie Schilder mit Symbolen für typisch Schwabinger Handwerke. – Der *Löwe* einzig erhaltenes Stück des 1843–49 nach Plänen von F. v. Gärtner errichteten, im Krieg zerstörten und 1949/50 abgetragenen Wittelsbacher Palais, ehemals an der Brienner Straße; Bildhauer: Halbig.

HACKENSTRASSE 7 6

Radspieler-Haus Durch Zusammenbau zweier Häuser 1678 entstanden, seit 1688 ›Palais Rechberg‹, seit 1848 im Besitz der Familie Radspieler. Heutige Gestalt Anfang 19. Jh., wobei 1873 durch Zurückversetzen der Fassade bei Verbreiterung der Hacken-

straße zwischen 1. und 3. Fensterachse der Treppenturm freigelegt wurde; damals auch Aufsetzen des 3. Stockwerks; Kriegszerstörungen (6 Achsen östl. des Treppenturms) durch Rekonstrution behoben. Innenausstattung um 1817 durch Métivier. ***Beschreibung:*** Mit 2 Fronten im Knick der Hackenstr. (angeglichener Anbau Brunnstr. 6 von 1875). Über bossiertem Erdgeschoß (mit rundbogigen Fenstern) 2 Stockwerke (klassizistische Rahmung), 3. Obergeschoß einfacher. Unregelmäßige Achsenfolge der Fenster, Ecke mit 2stöckigem Erker, Fassade zur Brunnstraße mit 2 ebensolchen Erkern (einer schräg vorspringend) besetzt. *Binnenhof* (Aufgang 2, 3, 4) mit Erdgeschoßarkaden an den beiden Schmalseiten. *Gartenhof* (Aufgang 1) mit Brunnen um 1780 (verm. von dem Steinmetz Schweinberger). ***Bedeutung:*** Durch einheitliche klassizistische Fassaden zusammengefaßte Häusergruppe, der *Gartenhof* einzig erhaltenes Beispiel der für München typischen Hausgärten mit Baumbepflanzung, wie sie das Sandtnersche Stadtmodell zeigt.
Gegenüber im Straßenwinkel origineller **Brunnen** (›Radl-Brunnen‹), auf den Namen Radspieler anspielend; von Rauch, 1967.

HACKENSTRASSE 10 6
Haus zur Hundskugel 1741 durch Umbau des ›Hundsfutbads‹ des Heiliggeistspitals (seit Ende 15. Jh.) entstanden, Architekt möglicherweise J. M. Fischer; einfache, 5achsige Fassade, durch Glattputz und Rieselbewurf gegliedert; 3 Stockwerke (oberstes niedriger) über Erdgeschoß mit außenliegenden Eingangstüren; die rechte führt zu kleinem Hof, die linke am Ende des 19. Jh. eingebrochen; über ihr das urspr. gemalte ›Hauszeichen‹: 6 Hunde spielen mit Kugel, von Boos durch Holzrelief ersetzt, seit Restaurierung der Fassade (1980) durch Terrakotta-Kopie ersetzt. Madonnenbüste von J. B. Straub, ehedem über mittlerem Fenster des Hauptgeschosses, heute im Nat.-Mus., 1984 Kopie von Strixner angebracht. ***Bedeutung:*** Charakteristisches einfaches Bürgerhaus des 18. Jh. mit weitgehend erhaltener Innengliederung. Als Wohnhaus der bedeutenden Barockbildhauer J. B. Straub und Roman A. Boos bezeichnend für die Anspruchslosigkeit eines Künstlerwohnsitzes im Rokoko.

HACKERBRÜCKE 18
Straßenbrücke Stadtnächste Überbrükkung der Bahnanlagen zwischen dem Gleisfächer des Hauptbahnhofs und der Ortsgutanlage. Erste Brücke zu Beginn der 1870er Jahre in Eisenfachwerk über 5 Öffnungen auf paarweise angeordneten Hausteinpfeilern errichtet; heutige Brücke auf den bestehenden Pfeilern (unter Hinzufügung eines weiteren an der Nordseite) von 1890–92 durch die Maschinenfabrik Augsburg–Nürnberg (MAN; vorm. Cramer-Klett). Im 2. Weltkrieg teilweise zerstört, 1953 rekonstruiert; 1983/84 gründliche Sanierung unter Beibehaltung der historischen Konstruktion. **Beschreibung:** 6 Fachwerkbogenträger zu je 28,4 m Stützweite, Bogenhöhe knapp 8 m mit untergehängter Brükkentafel. ***Bedeutung:*** Nach Demolierung der Eisenbahnbrücke in → Großhesselohe und durch Verlust von Glaspalast (→ Alter Botanischer Garten) und Schrannenhalle (→ Viktualienmarkt) bedeutendstes erhaltenes Beispiel eines reinen Ingenieurbaus des 19. Jh. in München.

HARLACHINGER BERG 30 23
St.-Anna-Wallfahrtskirche in Harlaching. Bereits 1163 genannt, 1653 Wiederherstellung der 1632 durch Schweden ausgeraubten Kirche; Umbau 1751–61 (Planung durch J. M. Fischer?) unter Beibehaltung des alten gotischen Turms (in diesem der quadr. Altarraum). 1957 Beseitigung der Folgen der Restaurierungen von 1899 und 1933; 1960 Außenrenovierung, 1972/73 Wiederherstellung der urspr. Farbgebung. ***Beschreibung:*** Einfacher Baukörper; Hauptraum, mit Westempore, von Flachkuppel mit Stichkappen überwölbt. Zurückhaltende Wandgliederung (Pilaster), in der Gewölbezone sparsame *Stuckornamentik* und in den Dekkenfeldern zwei *Fresken* 1756 von J. B. Zimmermann. Rokoko-Hochaltar★ mit spätgotischem Gnadenbild der *Anna Selbdritt* um 1500 (heute im Pfarrhof zu Hl. Kreuz in Giesing). Die beiden *Seitenaltäre* in Wandabschrägungen beiderseits des Chorbogens eingestellt: urspr. 1754 von I. Günther entworfen, 1757 von unbekanntem Meister verändert ausgeführt unter Verwendung älterer hervorragender Rahmen★, die nach Entwurf von Cuvilliés d. Ä. von Münchner Werkstatt (wohl Straub) 1744/45 gefertigt wurden; wohl fürstliche Votive aus Vorgängerbau: der Dekor im rechten Altar bringt damalige Kaiserwürde der Wittelsbacher zum Ausdruck. Die für Festtage bestimmten größeren Altarblätter (›Vermählung Mariä‹ und ›Unbefleckte Empfängnis‹) heute im Pfarrhof zu Hl. Kreuz, die kleineren Bilder (18. Jh., Maler unbek.) Hl. Joachim (links) und Hl. Anna (rechts). *Kanzel* 1767 mit zierlicher Rokoko-Umrahmung. ***Bedeutung:*** Stimmungsvoller Rokoko-Raum unter Beibehaltung der alten Bausubstanz einer mittelalterlichen Dorfkirche. Deckenfresko wohl letztes Werk von Zimmermann († 1757). – Die Kirche bildete im 18. Jh. eine enge architektonische Einheit mit dem 1700ff. durch Freiherrn Marx Christoph v. Mayr errichteten, am 18.9.1800 abgebrannten *Schloß Harlaching* mit seinen ehemals berühmten Gartenanlagen.

HEINRICH-GROH-STRASSE 11 26
St. Nikolaus in Freimann Aus frühgotischer Zeit erhaltener Bau mit spätromanischem Satteldachturm (wohl 13. Jh.) über Altarraum; um 1524 Umbau, seit 1880 flachgedeckt. Grundlegende Restaurierung durch Hackelsberger, abgeschl. 1984; dabei Wiederherstellung (nach Befund) der Architekturmalerei am Turm und teilweise Ergänzung seiner romanischen Gliederungselemente. Mehrere gotische und barocke Einzelfiguren (u. a. Hl. Nikolaus und Hl. Margaretha). ***Bedeutung:*** Bemerkens-

H

wert als Typus der romanisch-frühgotischen Chorturmkirchen (vgl. Heilig Kreuz in Fröttmaning, → Kranzberger Allee 66).

HERTERICHSTRASSE 54 **31**
Alt-St.-Johann-Baptist in Solln 1315 als Filialkirche von Thalkirchen erwähnt. Neubau mit Turm, 1450 geweiht; tonnengewölbtes 1schiffiges Langhaus mit Chor und 5/8 Schluß; 1650 Renaissance-Stukkierung; 1760 neuer *Hochaltar* (Straub-Umkreis?) mit Gemälde von Albrecht; als Pfarrkirche abgelöst durch Neubau (1904–06, Arch. J. Rank) am Diefenbachplatz 8. Dorthin übertragen *Gnadenstuhl** um 1520 und *Rosenkranzmadonna* um 1650.

HERZOGSPITALSTRASSE 8 **5**
Weinhaus Neuner Ab 1580 in Besitz von Sustris (Wohnhaus?), ab 1622 zum Gregorianischen Seminar (→ Nr. 12) gehörend (bis 1806); danach Neubau; im 2. Weltkrieg bis auf Fassade zerstört. ***Beschreibung:*** Durch flache Wandpfeiler gegliederte 7achsige frühklassizistische Fassade mit bossiertem Erd- und 2 Obergeschossen; in der Mitte Einfahrtstor; die Rechteckfenster des 1. Stockwerks durch Halbkreisbogen mit stuckierten Fruchtgirlanden hervorgehoben; Dachgauben spätere Zutat.

HERZOGSPITALSTRASSE 9 **5**
Herzogspitalkirche St. Elisabeth Nach Plänen von Schöttl als 1. Renaissancekirche für das von Albrecht V. für kranke Hofbedienstete 1552–70 erbaute Spital errichtet; Weihe nach 1572; Umbau des Spitals und der Kirche 1676; in das 1715 gestiftete Kloster Servitinnen aus Venedig berufen; *Turm* über Nonnenchor 1727/28 von J. B. Gunetzrhainer. Aufhebung des Spitals und Zusammenlegung mit Josephspital (1800). Kirche und Kloster 1944 bis auf Turm zerstört; 1954–55 nach Plänen von Branca modern aufgebaut (neues Patrozinium ›Mater Dolorosa‹), ebenso das Kloster der Servitinnen und ihr Mädchenheim. ***Inneres:*** Neuer, stimmungsvoller Kirchenraum in Backstein und Sichtbeton mit wertvoller Holzfigur* der *Schmerzhaften Maria* (als Mater dolorosa urspr. unter Kruzifix), 1651 von T. Pader, Mittelpunkt einer vielbesuchten Wallfahrt (rechter Seitenaltar).

HERZOGSPITALSTRASSE 12 **5**
Ehem. Gregorianisches Seminar Von Albrecht V. 1574 als Studentenheim gegründet; durch Zukäufe an Herzogspitalstraße und bis zur Neuhauser Straße erweitert. (Hier, z.T. heute Nr. 21, die Seminarkapelle *St. Maria und Gregorius* 1645–46 errichtet, 1806 abgebrochen.) Das von Jesuiten (bis 1773) geleitete Gymnasium 1806 ins säkularisierte Karmelitenkloster (→ S. 109) verlegt, die Gebäude abgebrochen. 1807 Errichtung des Neubaus und an russischen Gesandten am bayerischen Hof, Graf Woronzow, vermietet (›Woronzow-Palais‹); ab 1830 Schule, dann Augenklinik, seit 1921 Finanzamt München-Land. Während Fassade erhalten blieb, ist Innenausstattung von Métivier (1823) verloren. ***Beschreibung:*** Über rustiziertem Erdgeschoß 2 Stockwerke mit 10 Fensterachsen; 4 der Rechteckfenster im Mittelteil des Hauptgeschosses durch reizvolle weibliche Kopfmasken und Empire-Tücher in Halbkreisfeld ausgezeichnet und mit den 4 Fenstern des 2. Obergeschosses verbunden; im Erdgeschoß 2 Rundbogenportale (das linke vermauert), über den rechteckigen Fenstern Mezzanin-Motiv mit Blattornamentik. ***Bedeutung:*** Gut durchgeformte Empire-Fassade, in Originalzustand erhalten; Architekt unbek. (Métivier?).

HIRSCHGARTEN **17**
Einfriedung eines Teils des Forstenrieder Parks zwischen Laim und Neuhausen 1720, Einrichtung als Fasangarten, 1767 dazu Hasengarten; später Anlage eines Hopfenbau-Versuchsgartens und einer Maulbeerplantage (1776; 17000 Bäumchen für Seidenraupenzucht); von Karl Theodor 1780 durch Einzäunen von 131 Tagwerk (ca. 44,6 ha) eines Teils der südl. Schloß Nymphenburg gelegenen ehem. Neuhauser Waldweide als »churfürstlicher Thiergarten« angelegt. Bei Anlage der München–Augsburger Eisenbahn (1839/40) wesentlich verkleinert. 1958–59 Umgestaltung des nordöstl. Teils in eine städt. Grünanlage, 1968–70 Erweiterung nach Süden mit Ausgestaltung zu einem weiträumigen Spiel- und Freizeitzentrum (gegen die Bahnanlagen durch bis 8 m hoch aufgeschüttete Lärmwälle abgeschirmt). Der heute noch z.T. als Wildfreigehege bestehende ›Hirschgarten‹ unter Landschaftsschutz gestellt (im W- und SW-Teil ca. 150jähriger Eichenbestand). – *Gaststätte* am Eingang des Gartens (Hirschgartenallee) 1791 als Jägerhaus errichtet, 1970/71 renoviert, 1980 restauriert; daneben beliebter typischer Biergarten, durch das Wildgehege von besonderer Naturverbundenheit; Magdalenenfest → S. 230.

HOCHBRÜCKENSTRASSE 8 **7**
Moradelli-Haus Typisches Altmünchner Bürgerhaus des 17. Jh. mit ›Ohrwaschl‹, durch Aufstockung eines bereits im 16. Jh. bestehenden 3geschossigen Hauses entstanden, 1969 von Schleich rest. bzw. zum Teil neu gebaut mit neuer Fassadenmalerei (Entw.: H. Kaspar). Sehr stimmungsvoll der wiederhergestellte Laubenhof* mit 3seitig umlaufenden Holzbalkonen sowie offenem orig. Stiegenhaus: Eines der letzten Beispiele dieser Art im heutigen München.

HOFGARTEN* **3, 7**
Bereits unter Wilhelm IV. Anlage eines Hofgartens östl. der Neuveste auf dem Areal des heutigen Marstallplatzes; dort auch das ›Lusthaus‹, für das der Herzog eine Folge von Historienbildern in Auftrag gab (u. a. Altdorfer, Alexander-Schlacht, jetzt Alte Pinakothek). Der jetzige Hofgarten unter Maximilian I. nördlich der Residenz 1613–17 als italienischer Garten angelegt; von geringfügigen Wandlungen abgesehen, seither kaum geändertes Schema. 2 Hauptachsen mit Diagonalwegen, einem umlaufenden Wege-Geviert eingeschrieben. Im Osten,

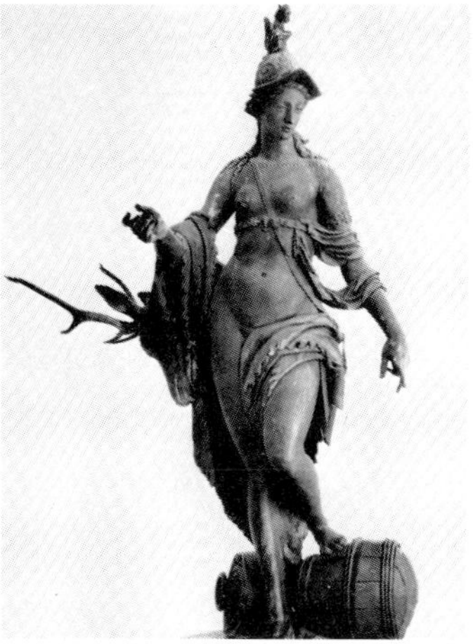

Tellus Bavarica (1594) von Hubert Gerhard

tiefer gelegen, früher ein zweigeteiltes Wasserbecken mit Weiherhaus und umgebenden niedrigen Gartenbauten. Unter Max Emanuel Kastanienbepflanzung, im 18. Jh. zeitweise Gemüsegarten für die Hofküche; der dann 1780 der Öffentlichkeit zugänglich gemachte Garten unter Karl Theodor mit Linden bepflanzt; unter Prinzregent Luitpold Bepflanzung der ganzen Fläche mit Kastanien (1895–97), im letzten Krieg schwer getroffen; seither Wiederherstellung des urspr. Schemas unter Hinzufügung von 4 Schalenbrunnen. – In der Mitte der wahrscheinlich von H. Schön d. Ä. 1615 erbaute **Hofgartentempel:** 12eckiger Pavillon mit 8 großen Rundbögen, von Flachkuppel überwölbt; bekrönt von einer Kopie der hervorragenden Bronze-Bavaria von H. Gerhart; das Original* (1594 entstanden) urspr. für den Garten südlich der Residenz bestimmt (heute im Residenzmuseum); die Putti auf dem Postament erst 1613 hinzugefügt. Kopien nach verlorenen Originalen von Krumper. – 1660/61 Errichtung eines *Turnierhauses* durch Schinnagl (→ Odeonsplatz 6–18); dieses durch Gang über Graben und Hofgartenstraße hinweg mit der Residenz verbunden. An dieser Stelle als monumentaler Eingang vom Odeonsplatz und in der Achse der Brienner Straße das 1816/17 errichtete **Hofgartentor,** das 1. Bauwerk im Vorfeld des ehem. Schwabinger Tors und zugleich Klenzes 1. Werk in München, einen Entwurf von Thurn verdrängend; Bauplastik von F.J. Schwanthaler. Die seit Kurfürst Maximilian I. bestehenden Arkaden an der West- und Nordseite beibehalten, der nördliche Trakt 1780/81 durch Aufstockung zur Gemäldegalerie ausgebaut (K.A. Lespilliez. → Galeriestr. 4); nach Nordosten abschließend das im 2. Weltkrieg zerstörte *Gebäude* des 1823 gegründeten *Kunstvereins.* (1865–66 nach Plänen von Riedel errichtet, durch Thiersch 1890 erweitert). An der Ostseite, anstelle der 1801/07 erbauten Hofgartenkaserne (Entw.: Frey), als einer von 4 Standorten für geplanten Semperschen Festbau vorgesehen (1867), später Errichtung des *Armeemuseums* 1900–05 (Arch.: Mellinger), eines breitgelagerten Baus mit überkuppeltem Mittelrisalit, der als einziger Bauteil den Krieg und die Demolierung der Ruinen überstand; Restaurierung 1982. Davor *Reiterdenkmal* für Otto von Wittelsbach (F. v. Miller, 1911). In der Senke des ehem. Weihers **Kriegerdenkmal** (urspr. unter Kuppel des Armeemuseums, dann in geplanter Krypta unter der Feldherrnhalle vorgesehen): 1924–26 nach Plänen der Architekten Wechs und Finsterwalder; in den Wänden des eingetieften Vorhofs urspr. Reliefs von Knappe sowie eingemeißelt die Namen der 13000 im 1. Weltkrieg gefallenen Münchner; nach Bombenzerstörung durch kleinere Reliefs, ohne Namen, ersetzt; in dem von einem Monolithblock gedeckten Gruftraum ›Toter Soldat‹, von Bleeker (urspr. Rotmarmor, seit 1972 Bronzekopie): in der Abkehr von heroisierendem Pathos eine der besten Anlagen ihrer Art.

In den von Klenze 1822 erneuerten **Westarkaden,** später in sein Bazargebäude (→ Odeonspl. 6–18) eingefügt, urspr. die *Fresken* von Karl Rottmann (1830–34: Italienische Landschaften; heute abgenommen, im Residenzmuseum); davor auf hohem Sockel die anmutige *Bronzenymphe** (1852; nach dem 1841–46 für Schloß Anif bei Salzburg geschaffenen Marmororiginal von L. Schwanthaler). In den Arkaden beiderseits des Hofgartentores erneuerte bzw. rekonstruierte 16 *Fresken* zur Geschichte des Hauses Wittelsbach und Bayerns, entworfen von Cornelius, 1826–29 ausgeführt von seinen Schülern W. Kaulbach (von diesem auch die Allegorien der Bavaria und von 4 bayerischen Flüssen). E. Neureuther, Lindenschmit, Foltz, Monten, Hiltensperger u.a. – Im **Nordflügel** früher Fresken zum griechischen Befreiungskampf: Originale von P. Heß abgenommen, von seinem Schüler F.C. Nilson durch Kopien ersetzt, 1835ff.; an ihrer Stelle nach Zerstörung im 2. Weltkrieg ›graphische‹ *Wandbilder* von Seewald 1961 mit Texten von klassischen Schriftstellern. – Im östl. Teil des Nordflügels (heute zerstört) standen die (geborgenen aber teilweise beschädigten) *Kolossalfiguren* ›Die Taten des Herakles‹ von Boos

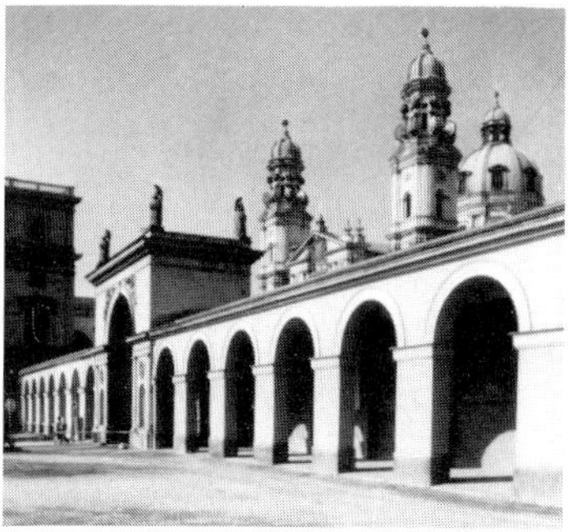

Hofgartentor und *-arkaden* von Nordosten

1780 ff. (heute in der Haupttreppe des Königsbaus der Residenz, → S. 149, und in Schloß Dachau). ***Bedeutung:*** In seiner urspr. Anlage und Gestaltung eines der überzeugendsten Beispiele deutscher Gartenkunst der Renaissance.

HOFGARTENSTRASSE (Eingang) **7**
Neuer Herkulessaal Nach Zerstörung der urspr. Raumfolge im Festsaaltrakt 1944 völlige Neugestaltung nach (modifizierten) Plänen von Esterer (1951–53 und 1957–58). ***Beschreibung:*** Anstelle der ehem. Durchfahrt zum Apothekenhof (→ Plan S. 150 ff.) und der Räume im Ostflügel großzügige Eingangshalle und Vorraum (mit Garderoben). Im Erdgeschoß-Foyer seit 1985 die 12 Statuen der Wittelsbacher-Herrscher von L. v. Schwanthaler (aus dem ehem. Thronsaal) aufgestellt. Die 2läufige Haupttreppe nimmt die Stelle des ehem. Ballsaals ein und ist zugleich Gelenkstelle zum Nordost- und Osttrakt, der heute die Bayer. Akademie der Wissenschaften enthält. (Vor Zerstörung hier die monumentale Haupttreppe, einige kleinere Säle, u. a. die Schönheitengalerie Ludwigs I. sowie der Schlachtensaal.) An den Wänden des Foyers zum Konzertsaal, das die Stelle der ehem. Kaisersäle (Karl d. Gr. und Friedrich Barbarossa) einnimmt, Abguß des *Alexanderfrieses* von Thorwaldsen nach seinem 1811/12 für den Quirinal in Rom entstandenen Original, 1819 bestellt, 1822 geliefert für den Speisesaal im Leuchtenberg-Palais, → S. 167. Der 3. Kaisersaal (Rudolf von Habsburg) mit ehem. Thronsaal zum Neuen Herkulessaal vereint. An den Wänden des Saals und des Foyers hervorragende Antwerpener *Wandteppiche** mit den Taten des Herkules (17. Jh.). (Der Alte Herkulessaal im Hofdamenstock der Residenz, ›Max-Josef-Saal‹, wiederhergestellt: → S. 145)

HOFGARTENSTRASSE (Eingang) **7**
Staatliche Sammlung Ägyptischer Kunst
Eine der ältesten Sammlungen dieser Thematik in Europa, zurückgehend auf einzelne Stücke in der Kunstkammer Albrechts V.; die bei späteren Erwerbungen hinzugekommenen Objekte im Antiquarium der Residenz innerhalb des ›Museums Antiker Kleinkunst‹ untergebracht; mit der einsetzenden ernsthaften Sammeltätigkeit durch Max I. Josef und Ludwig I. gelangen Papyri, inschriftl. Zeugnisse und Stelen, Särge, Mumien, Grabbeigaben zuerst in die ›ägyptische Abteilung der Vereinigten Sammlungen der Bayer. Akademie der Wissenschaften‹ sowie Großplastiken, Denkmäler, Reliefs in die Glyptothek (›Ägyptischer Saal‹).

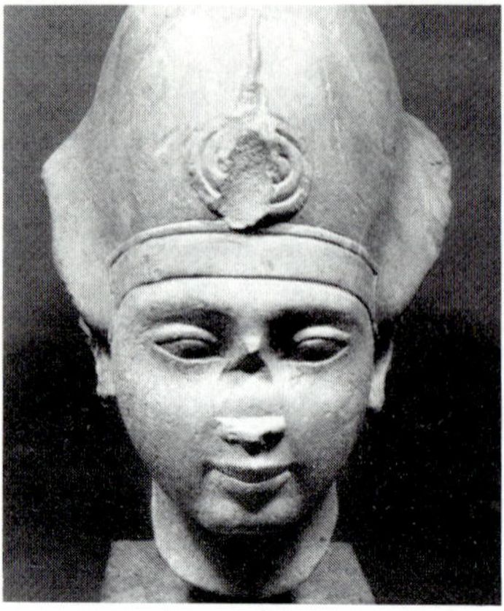

Königsköpfchen (um 1280 v. Chr.) in der Staatlichen Sammlung Ägyptischer Kunst

1935 Aufstellung der Objekte aus Akademie und Glyptothek als ›Ägyptische Staatssammlung‹ in der Residenz. Abgesehen von den Erwerbungen im 19. Jh. bedeutende Schenkungen (durch Friedr. Wilh. v. Bissing, 1914; Wilhelm Esch u. Heinz Herzer, 60er und 70er Jahre) und Erwerbungen. Nach 1960 Vereinigung aller ägyptischen Objekte aus bayer. Besitz in der ›Staatlichen Sammlung Ägyptischer Kunst‹, seit 1972 im westl. Trakt des Festsaalbaus, davor *Obelisk*. **Bestände:** Vierschäftesaal mit assyr. Reliefs und Würfelhocker* des Bekenchons (Ägypten, Neues Reich). Westlicher Gang: Vorgeschichte und Frühzeit Ägyptens, Reichseinigungszeit, Altes Reich. Raum I: Altes Reich, Mittleres Reich, Neues Reich. Raum II: Neues Reich (mit Amarnakunst), Spätzeit und Ptolemäerzeit. Östlicher Gang: späte Kult- und Grabbilder. Raum III: Mumiensärge. Raum IV: Grabzubehör. Raum V: Nubien und Sudan. Raum VI: Koptische Kunst.

HOFGRABEN 4 **7**
Hauptmünzamt und Münzhof Unter Albrecht V. von seinem Hofbaumeister Egkl 1563–67 durch Umbau eines älteren Teils (etwa 1465) als ›fürstlicher Marstall‹ errichtet, durch gedeckten Gang mit → Altem Hof und Neuveste (→ S. 142) verbunden. In den Obergeschossen einst Bibliothek und ›Kunstkammer‹ des Herzogs untergebracht: eines der ersten Museen nördlich der Alpen; 1571–78 Ausstattung der Räume, nichts erhalten. Ab 1809 Nutzung als

Staatliche Sammlung Ägyptischer Kunst

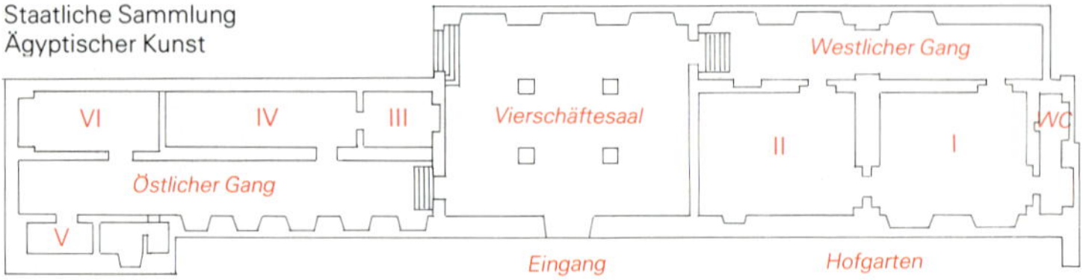

staatl. Münze (in der alten Münze in der benachbarten Münzstraße durch Georg von Reichenbach 1803 Aufstellung einer für das Talerprägewerk entwickelten Dampfmaschine: die erste in Bayern); durch Bomben schwer beschädigt, alt nur noch der Hof* und einige Räume (mit Rotmarmorsäulen) im Erdgeschoß (Gebäude 1950–62 in urspr. Form wiederhergestellt). Neubau des Bayerischen Hauptmünzamtes 1983ff. in Riem (Prägezeichen D); nach dessen Fertigstellung Sitz des Bayerischen Landesamts für Denkmalpflege. ***Äußeres:*** Westfassade von A. Gärtner und Thurn 1809 in vornehm zurückhaltender, frühklassizistischer Gestaltung mit gut komponierter *Giebelgruppe* (Gipsstatuen) von F.J. Schwanthaler: 3 Frauen mit Waagen und Füllhörnern als Personifizierung der 3 ›Monetae‹ Gold, Silber und Erz sowie der ›Aequitas‹, der Gleichheit in der Zumessung der Güter. *Nordseite* als Blendfassade im Zuge der Anlage der → Maximilianstraße. 1859–63 durch Bürklein gestaltet: im Erdgeschoß Spitzbogenarkaden (15 Joche) mit Skulpturen auf Balustrade vor dem zurückgesetzten Obergeschoß; mit diesem bündig 2 die Arkaden rahmende 5achsige Rücklagen. ***Bedeutung:*** Die palastähnliche Fassade A. Gärtners eines der frühesten Werke des höfischen Klassizismus, durch die Lage an mittelalterlicher enger Straßenschlucht nicht voll zur Wirkung kommend. Durch Aufnahme des Arkadenmotivs der benachbarten Hauptpost (Klenze, → Residenzstr. 2) an der Nordseite durch Bürklein Überleitung zu den ›gotischen‹ Formen der Maximilianstr.

Architekturhistorisch am bedeutsamsten der leicht trapezförmige, in seiner ursprünglichen Form nahezu erhaltene **Münzhof*** (etwa 35 : 12 m, volkstümlich fälschlich ›Turnierhof‹): Laubengänge in gedrungenen Proportionen, nur im 2. Obergeschoß zierlicher; unregelmäßige Rhythmisierung der Joche negieren italienisches Renaissance-Schema: Im Erdgeschoß rustizierte Keilsteine, Obergeschoß-Säulen auf Konsolen aufruhend; skulptierte Kapitelle; Steinmetzarbeiten von Weinhart. ***Bedeutung:*** Durch Einführung italienischer Renaissance-Arkadenarchitektur und deren selbständige Abwandlung in München zählt der Hof zu den großen Leistungen süddeutscher Profanbaukunst, an Bedeutung nur mit Hof des Alten Schlosses Stuttgart vergleichbar.

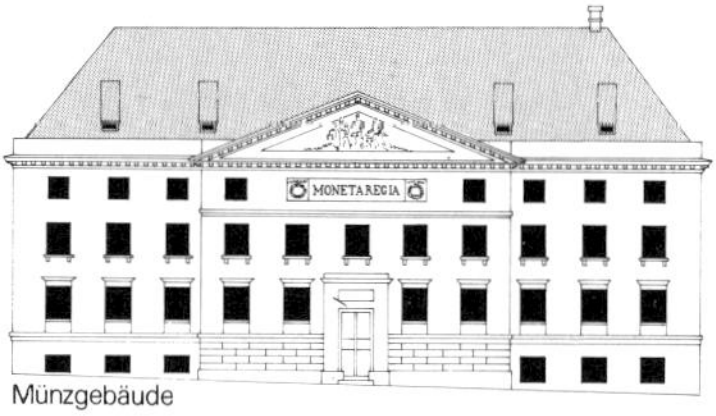

Münzgebäude

HOHENASCHAUER STRASSE 24

Ehemalige ›Mustersiedlung‹ Ramersdorf

Anläßlich der Deutschen Siedlungs-Ausstellung 1934 auf trapezförmigem Areal (knapp 17,5 ha) zwischen Rosenheimer (O), Chiemgau- (SO), Hohenaschauer (W) und Wilramstraße (N) errichtete Wohnanlage aus 192 Eigenheimen in 36 verschiedenen Haustypen mit dazugehörigen Kleingärten. Entwurf: Harbers, unter Mitarbeit von Freymuth, Haindl, Knidlberger, Panitz, F. und S. Ruf, Wisneth u.a. ***Beschreibung:*** Durch leicht geschwungene Straßenzüge erschlossene, um Spielwiese, Anger und Grünstreifen angeordnete Flachsiedlung, deren dörflicher Charakter durch die auf die Kirche Maria Ramersdorf (→ Aribonenstr. 9)

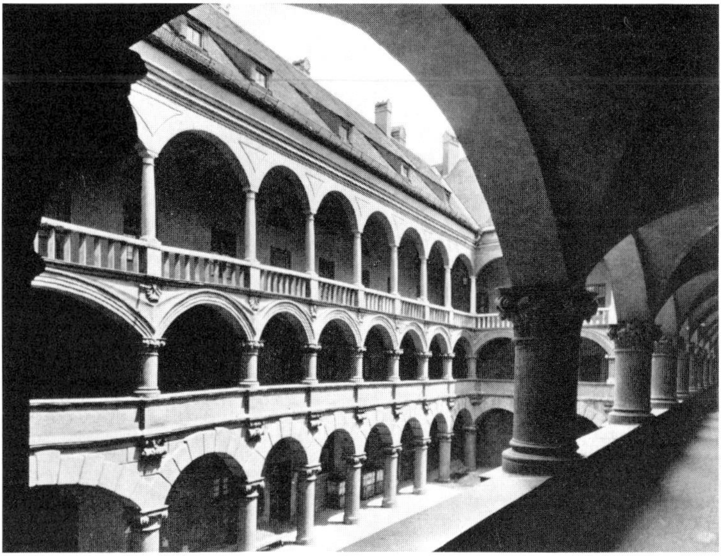

Der *Münzhof*, 1563–67 durch Wilhelm Egkl errichtet

orientierte Anlage unterstrichen wird. Bebauung durch 1- bis 2geschossige ›Siedlungshäuser‹ von unterschiedlich architektonischer Qualität. ***Bedeutung:*** Aus der Frühzeit des 3. Reiches erhaltene Wohnanlage, als Alternative zum großstädtischen Mietshaus mit seiner vermeintlichen Förderung der Proletarisierung entworfen.

HOPFENSTRASSE 1 **19**
Bayerischer Rundfunk Als Sendeanstalt für den Sender ›Deutsche Stunde in Bayern‹ nach Plänen von Riemerschmid 1927–29 errichtet. Nach Kriegszerstörungen instand gesetzt, erfolgten Um- und Erweiterungsbauten (an Marsstr.) durch Wiedemann, Eichberg und Roth 1957–60; Aufsetzen zweier Stockwerke 1979/80. (An der Arnulfstraße das 17stöckige Rundfunkhochhaus, nach Plänen von Werz, Ottow und Partner 1974–77 errichtet.) ***Beschreibung:*** Über hohem Betonsockel 3 durch vertikale Mauerstreifen zusammengefaßte Stockwerke; beiderseits des 3achsigen Mittelrisalits mit früherem Haupteingang (dahinter die bemerkenswerte ovale Wendeltreppe, einziges im Innern noch erhaltenes urspr. Gestaltungselement) je 12 Fensterachsen. Über schmalem Konsolgesims 2geschossige Aufstockung anstelle eines urspr. zurückgesetzten Obergeschosses. ***Bedeutung:*** Erstes gesellschaftseigenes, gezielt geplantes Funkhaus in Deutschland; Riemerschmids ›moderne‹, gemäßigt kubische Formsprache (ebenso bei der von ihm stammenden Innengestaltung; heute nicht mehr erhalten) schließt an Münchner Traditionen an; die urspr. Ausgewogenheit von Horizontal und Vertikal durch die Aufbauten von 1979/80 gestört.

HOTTERSTRASSE 18 **6**
Gaststätte zur Hundskugel Eckhaus mit hohem Pultdach über 3 Geschossen; über Eingangstür flacher 2stöckiger Erker; im Giebel kleine Rundbogenfenster über einem größeren Aufzugbalken. ***Bedeutung:*** Selten gewordener Typus eines Altmünchner Hauses; älteste bestehende Gaststätte der Stadt (1440).

ICHOSTRASSE 1 **23**
Heiligkreuz in Giesing Hier bereits im 6./7. Jahrhundert alter Bajuwarenfriedhof (1899 und 1914 entdeckt; Funde in der Anthropologischen, → S. 110, und Prähistorischen Staatsslg., → S. 118). *Alte Kirche* Heiligkreuz um 1200, wohl anstelle einer älteren, errichtet, im 16. Jh. vermutl. neu ausgestattet (aus dieser Zeit Figuren der Hl. Barbara und Katharina im Pfarrhof); 1619 durch Huetter neu gestaltet, 1888 abgebrochen. *Neue Kirche* mit gleichem Patrozinium von 1866–68 und 1875–86 nach Plänen von Dollmann erbaut, Ausstattung bis 1897 abgeschlossen. ***Beschreibung:*** 3schiffige Hallenkirche mit hochragendem 8eckigen Westturm (95 m), im Schnittpunkt des polygonalen Chors mit den Querarmen (5/8 Schlüsse) Dachreiter. Qualitätvolle *Innenausstattung,* vor allem in den Plastiken (Hochaltar: E. Beyrer, 1886; Josefsaltar: Sprenger, Sager u.a., 1888; Marienaltar: Blanchaert/Flandern, 1889); die 1944 zerstörten Glasfenster im Chor ersetzt (Geyer, 1961). ***Bedeutung:*** In städtebaulich exponierter Lage 1. Kirchenbau Münchens im Sinn des dogmatischen Historismus; somit Abkehr vom romantisch-›unrichtigen‹ Stil der Vorgängerbauten Mariahilf in der Au (→ S. 128) und Johann Baptist in Haidhausen (→ S. 103). Neben St. Paul (→ S. 195) einzige, weitgehend unverändert erhaltene neugotische Kirche Münchens.

INNERE WIENER STRASSE 1 **12**
Sankt-Nikolai-Kirche am Gasteig 1315 als Kirche des 1213 bereits erwähnten und 1861–63 abgerissenen Leprosenhauses beurkundet. (Ein weiteres Leprosenhaus in Schwabing am Nikolaiplatz, aufgehoben 1819, abgetragen 1898.) In 2. Hälfte 16. Jh. Inneres im Renaissancestil umgestaltet, Neubau des Turms 1581. Instandgesetzt 1839–41, von 1871–82 Kirche der Altkatholiken, 1908 Abbruchabsichten, 1912 und 1929–31 renoviert; 1944 beschädigt, 1950 außen erneuert und 1959/60 innen restau-

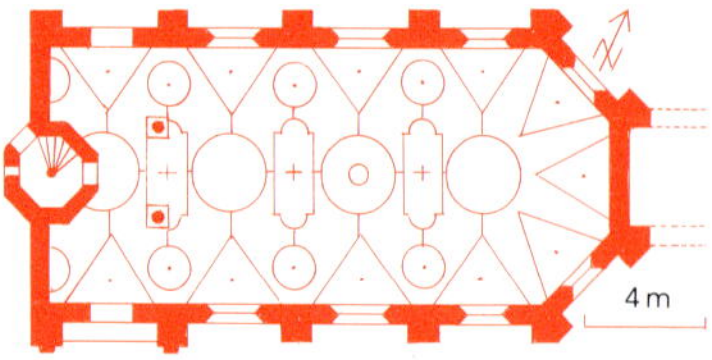

St. Nikolai am Gasteig

riert. Dabei Entfernung von 3 Altären und Aufstellung eines Frühbarockaltars; im Innern Kruzifix zum Gedenken an Eucharistischen Weltkongreß (1960). Die danebenstehende **Altöttinger Kapelle** 1678 als kleine (nur bis etwa zur 1. Bankreihe reichende) Loretokapelle errichtet; 1738/40 bereits als ›Altöttinger Kapelle‹ bezeichnet, 1820 abgebrochen und größer wiedererbaut; 1827 renoviert, 1867/68 neuromanisch umgebaut (Gedenktafel an S-Seite), nach Westen verlängert und mit neuem Altar ausgestattet. 1926 entfeuchtet (nachdem seit 1913 geschlossen) und nach Plänen von Meitinger erneuert, mit Umgang nach Vorbild der Gnadenkapelle Altötting versehen, 1933 im Innern erneuert; 1944 ausgebrannt, nach Wiederaufbau 1955 geweiht. Die **Kreuzigungsgruppe** vor Nikolaikirche Rest eines 1630 an der Gabelung von ehem. Salzstraße (= Innere Wiener Str.) und Rosenheimer Straße errichteten Kalvarienbergs, der schon Anfang 19. Jh. nur mehr in einer 1720/21 von Luidl geschaffenen Kreuzigungsgruppe zu Füßen der Osterwaldschen Sternwarte (anstelle des heutigen Kulturzentrums, → Am Gasteig) bestand. Der 1721 von Luidl in Blei gegossene Kruzifixus im Krieg zerstört und 1959 in Bronze von Panzer neugestaltet und zusammen mit den beiden noch urspr. Steinfiguren Maria und Johannes wieder aufgestellt. Im Zug der Errichtung des Kulturzentrums abgetragen und nach Restaurierung an heutigen Standort verlegt.

ISARANLAGEN 8, 12, 20

Am Ostufer der Isar vom Müllerschen Volksbad bis zur Max-Joseph-Brücke im Sinn des englischen Landschaftsgartens gestaltetes Gelände, urspr. geplant (1840) als Bestandteil eines Grüngürtels um die Stadt. ***Entstehung:*** Bereits 1832 als Kronprinz projektiert Max II. auf der Isarhöhe neben einem »Nationalbau« und einem neuen Stadtteil die Anlage eines Parks. 1856–61 Entstehung der *Maximiliansanlagen* zwischen Maximilianeum und ›Achtersee‹ nördlich der Auffahrtsrampe zum Friedensengel durch K. Effner; die südlich gelegenen Gasteiganlagen 1857–61 von der Stadt, die nördl. gelegenen durch W. Zimmermann 1893–94 gestaltet; neuerliche Änderung bei Errichtung des → Friedensengels (1896–99). Nach Isarregulierung 1880–94 war Bebauung und Bepflanzung des Westufers möglich. (Das auf den Isarhöhen durch Ludwig II. geplante Festspielhaus kam nicht zur Ausführung: seine Placierung südl. des Maximilianeums war erster Vorschlag, später etwas nördlich der jetzigen Luitpoldterrasse, → Friedensengel, vorgesehen: Habel). In Erinnerung daran nördlich des Maximilianeums 1967 Denkmal für *König Ludwig II.* von Rückel. In den Anlagen bei der Maria-Theresia-Str. seit 1920 ›Ruederer-Brunnen‹ von Beyrer 1908. ***Bedeutung:*** Geschickte Ausnutzung der Gegebenheiten an Fluß und Steilufer; Isarregulierung ermöglichte Urbanisierung der Gelände am Fluß: keine Weltstadt kann einen derart in ihr Weichbild natureingebundenen Flußlauf aufweisen.

Von Museumsinsel/Corneliusbrücke flußaufwärts bis Tierparkstraße zu Beginn der 1960er Jahre sukzessiver Ausbau der *Südlichen Isarauen* zwischen Fluß und rechtem Hochufer sowie der *Flaucheranlagen* mit vielseitigem Sport- und Freizeitangebot; beim Wettbewerb ›Hilfe durch Grün‹ (1965) erhält München 1. Preis für landschaftl. Gestaltung der Isarauen.

ISARINSEL OBERFÖHRING 16, 27

Langgestreckte, 20 ha große Insel, gebildet durch Isar und Mittleren Isarkanal nördlich des Stauwehrs Oberföhring. 1976–78 nach Entwurf von Hansjakob unter weitgehender Schonung der Auwaldlandschaft erschlossen. – Vom Nordbereich neu errichtete *Fußgängerbrücke* (Holzbauweise mit Schindeldach) über die Isar in Höhe des ›Aumeisters‹ im → Englischen Garten; an östl. Brückenkopf Bronzefigur des Hl. Emmeram (von Nida-Rümelin, 1979 aufgestellt).

ISMANINGER STRASSE 109 20

Bundesfinanzhof Im Auftrag des Piloty-Schülers und Produzenten von Malmaterialien Fleischer von der Firma Heilmann und Littmann errichteter schloßähnlicher Bau (nicht von Littmann entw.), 1909 begonnen, vorl. Bauabschluß 1910 wegen Bankrotts des Bauherrn (notdürftig eingedeckt, einer der Ecktürme unvoll.). 1918 Prüfung des Objekts durch Reichsvermögensbauamt; zweiter Bauabschnitt 1919–23: nach Entwürfen von Pérignon Abbruch u. Umbau des Mitteltrakts sowie Innenausbau. ***Beschreibung:*** Abweichend gestaltete Fassaden mit Mittelrisaliten, an den Ecken achtseitige Türme (die Diagonalseiten konkav) unter barockisierenden Hauben. Über bossiertem Erdgeschoß 2 Stockwerke, die Bel étage durch alternierende Dreieck- und Segmentbogengiebel gekennzeichnet; im Mansardwalmdach große Dachhäuschen. Die 3achsigen Mittelrisalite der beiden Längsseiten von 5achsigen Rücklagen flankiert. ***Bedeutung:*** Unter Einfluß barocker Schloßbauten (Oberes Belvedere Wien, Mannheim, Rastatt) errichtetes eindrucksvolles Beispiel späthistorischer Architektur, in seiner Zweckbestimmung als Künstlerwohnsitz (weit über die Ansprüche Lenbachs, → S. 124f., Kaulbachs, → S. 111, oder Stucks, → S. 181, hinausgehend) bezeichnend für den gesellschaftlichen Anspruch eines arrivierten Künstlers vor dem 1. Weltkrieg.

JOHANNISPLATZ 22 20

St. Johann Baptist Erste Pläne für den Bau einer neuen Pfarrkirche von Haidhausen 1837/38; wegen Krankenhausbau (heute: Klinikum rechts der Isar) Wiederaufnahme erst 1848: 2 Projekte von Ziebland an der Stelle der alten Johanniskirche (→ Kirchenstr. 39), der seine Pläne zurückfordert, weil bei Konkurrenz-Ausschreiben übergangen (1849); im selben Jahr Entscheidung für ehem. ›Metzgeranger‹, heute Johannisplatz, als Standort des Neubaus; Planungsauftrag an Berger. (Finanzierungsbeihilfe durch aufopfernde Sammeltätigkeit des 1. Pfarrers, Joh. Gg. Walser, des ›Bettlers von Haidhausen‹, in 29 Sammelreisen zwischen 1854 und 1863.) Grundsteinlegung 1852, vollendet 1874, Weihe 1879 (Verzögerungen durch Rechtsstreit). Außen- und Innenrenovierung 1928; Wiedereinbau der 1943 geretteten Glasgemälde zwischen 1950 und 54; Purifizierung des Innenraums 1956, des Außenbaus (z.T. aus Sicherheitsgründen) 1963–69 (gefühllossachliche Spitzhelme anstelle der gotischen Turmhelme, Entfernen der Fialen, Strebebögen etc.); abermalige Innenrenovierung 1978–79. ***Beschreibung:*** Als Baukörper ohne Beziehung zur Umgebung in Platzareal gestellt; hochragende Einturmfassade mit 3 Portalen, der Turm über Uhrgeschoß 8eckig; die urspr. 8 Giebel mit filigranem Helm durch kupferverkleidete Spitzen ersetzt; 7jochiges Langhaus mit hohen Spitzbogenfenstern, am Übergang zum eingezogenen Chor mit 3/8-Schluß beidseitig 8eck-Türme mit urspr. ebenfalls filigranen Helmen. Außenseiten in Terrakotta verkleidet. ***Inneres:*** 7jochiger Wandpfeilerraum, von ehem. Ausmalung (Joh. Bapt. Schmid) nur noch Fresko um Chorbogen z.T. erhalten; die Gewölberippen 1956 abgeschlagen und durch gemalte Bänder unzureichend ersetzt. Hochaltar und Seitenaltäre von Knabl, um 1870, Kruzifix im Chorbogen von A. Mayer; 21 Glasgemälde zwischen 1903 und 1918, zumeist nach Entwürfen von Pacher, angefertigt. In der Taufkapelle seit 1956 spätgotische ›Taufe Christi‹, wahrsch. vom Meister von Mauern. ***Bedeutung:*** Der

J

Innenraum als ›Wandpfeilersaal‹ typologisch bemerkenswert: barocke Raumform in neugotischer Gestalt. Der formal spröde Bau ist aber, obwohl er durch ungekonnte Vereinfachung der Helme seine stilistische Einheit und Wirkung einbüßte, entwicklungsgeschichtlich von lokalem Interesse, da er in der Nachfolge der Mariahilfkirche (→ Mariahilfplatz 42) steht und nach deren modernistischem Wiederaufbau das einzige – freilich nicht mehr ganz urspr. erhaltene – Beispiel der Neugotik zwischen romantisierendem und doktrinärem Historismus (Hl. Kreuz in Giesing, → Ichostr. 1) darstellt; durch Terrakotta-Verkleidung dem ›Maximiliansstil‹ verbunden. Nach Vernichtung der Glasfenster der Mariahilfkirche besitzt St. Johann Baptist den einzig noch vollständig geretteten Glasgemäldezyklus der späten Neugotik in München.

JOSEPHSPLATZ 1 **19**

St. Joseph 1898–1902 von Schurr erbaut; 1944 so schwer beschädigt, daß Wiederherstellung (1949–52) nur noch als schmuckloser Bau möglich. 1985 Innenrestaurierung durch Leitl: Gliederung des bislang schmucklosen Raums durch frei empfundene Stuckelemente. ***Beschreibung:*** Breite Fassade in vereinfachten Barockformen, 3achsiger übergiebelter Mittelteil (mit offener, 3jochiger Bogenhalle), schmale, 1achsige Seitenteile; seitlich abgerückter Westturm mit hoher Laternenhaube. Tonnengewölbte Wandpfeilerkirche (6 Joche) mit eingezogenem, 3seitig geschlossenem Chor. ***Bedeutung:*** Erster Neu-(Früh-) Barock-Bau unter den mittelalterlich-historisierenden Kirchen Münchens.

JUNGFERNTURMSTRASSE **6**

Letzter Rest der inneren **Stadtmauer**, beim *Jungfernturm,* wohl 1430 begonnen, einschließlich der benachbarten Werke 1493 fertig: als doppelter Mauerturm den Zwinger zwischen innerer und äußerer Stadtmauer unterteilend. 1666 als Salpetermagazin vorgesehen (damals erstmals ungeklärt »Jungfernturm« genannt: ›Eiserne Jungfrau‹ nicht nachweisbar). Nach Errichtung des Opernhauses am Salvatorplatz (1651 bis 1654) obere Geschosse des Jungfernturms als Kulissenmagazin verwendet.

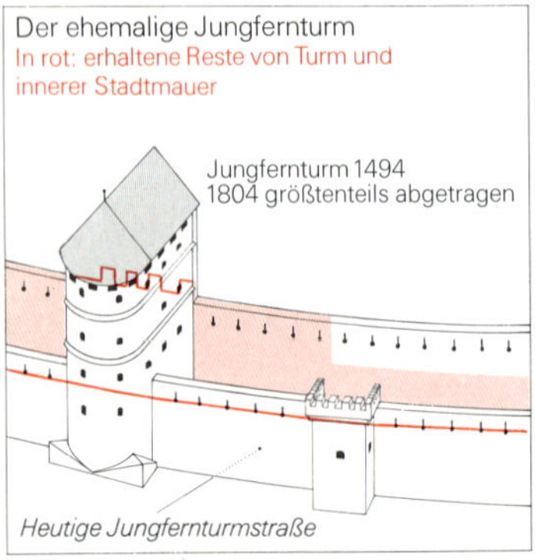

1804 im Zug der Entfestigung (→ S. 22) »behufs Verschönerung des umgebenden Stadtteils« bis auf die Hälfte der Südwand abgebrochen, der einzige oberirdisch erhaltene Teil der *inneren* Zwingermauer.

KAISERPLATZ 1 **15**

St. Ursula Als Pfarrkirche des neuen Stadtteils Schwabing (→ Biedersteiner Straße 1a) 1894–97 von A. Thiersch erbaut; 1978/79 restauriert unter Wiederherstellung der originalen farbigen Raumfassung. ***Beschreibung:*** Fassadenaufbau (dreijochige Vorhalle und aufragendes Hauptschiff; beiderseits querbedachte Flügel) entspricht basilikalem Aufriß: 3 Schiffe und Querhaus mit 8seitiger Vierungskuppel; Chor (beiderseits Anräume mit Seitenaltären) mit halbrunder Apsis; schlanker Campanile am linken Querschiff. Kirchenbau mit Pfarrhaus und neuem Wohnheim (1956) bildet architektonisch schön geschlossene Gruppe. *Portal-Typmpanon* und *Marienaltar* von Balth. Schmitt in Majolika (Vorbild: della Robbia); *Josefsaltar* und *Kreuzweg* von L. Glötzle. ***Bedeutung:*** Erste der neueren Kirchen Münchens, die nicht mehr in mittelalterlichen Stilen erbaut ist; hervorragend proportionierte Adaption des florentinischen Quattrocento im Langhaus (S. Spirito in Florenz) und oberitalienischer Kreuzkuppelkirchen um 1500.

KANALSYSTEM **25, 26, 28**

Bereits vor 1611 Anlage eines ›*Treibwasserkanals*‹ für die Mühlen beim *Alten Schloß* → Schleißheim durch Ableitung der Würm bei Karlsfeld: ***Alter Würmkanal.*** Mit Errichtung von *Schloß Lustheim* Planung eines Kanalsystems durch Zuccalli: Neuausbau des ***Würmkanals*** 1687, Anlage der Seitenkanäle zwischen Altem Schloß und Lustheim (1687/88) sowie des ***Schleißheimer Kanals*** 1689 zum Transport von Baumaterial (Anstechen des Schwabinger Bachs bei Freimann, nach N bis Dirnismaning, mit Hafenbecken, von hier westwärts bis Lustheim). Wahrscheinlich zwischen 1690 und 94 Bau des ***Dachauer-Schleißheimer Kanals*** durch Ableitung der Amper südl. Dachau; durch Schiffsschleuse westl. Schleißheim Regulierung der beidseitigen Beaufschlagung des Kanals und Abgabe des Überwassers in das Moor. Die Verbindung von München zu den Schleißheimer Schlössern 1702–04 durch Kanal (sog. ***Türkengraben*** bis Georgenschweige, Petuelring/Belgradstr., 1811 zugeschüttet) begonnen, wegen Spanischem Erbfolgekrieg nicht vollendet. – Für großangelegten Ausbau von → *Schloß Nymphenburg* 1701 Anlage eines ***Kanals*** aus der Würm bei Pasing, nach Kammerschleuse Einleitung in Parkanlagen; Wasserablauf durch Anlage des ***Nymphenburg-Biedersteiner Kanals*** (1702/04); in Georgenschweige Vereinigung mit ›Türkengraben‹ und Abfluß durch ›Schwarze Lacke‹ zur Isar. – Als Achse für die von Karl Albrecht östl. von Schloß Nymphenburg geplante *Carlstadt* 1728–30 Anlage des ***Nymphenburger Kanals*** (mit Weiterführung bis Schwabing?). – Das wohl

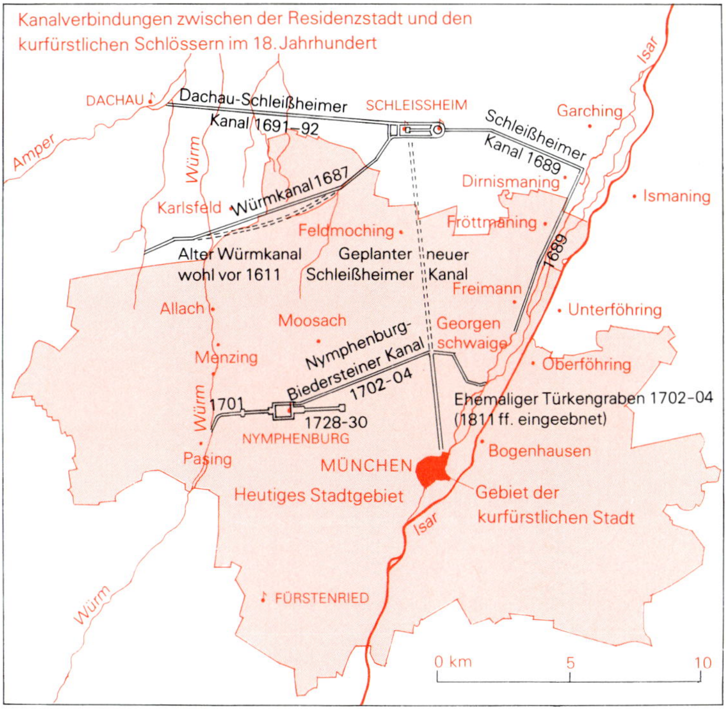

durch die künstlichen Wasserstraßen der Niederlande angeregte Kanalsystem in Gesamtlänge von rd. 60 km ausgebaut; Wasserspiegelbreite zwischen 8 und 10 m. Für verschiedene Nutzung vorgesehen: Gütertransporte, Antrieb von Wasserrädern (Mühlen, Pumpen für Fontänen) und, bei vollständigem Ausbau, Verbindung der Residenz in München mit den Schlössern Nymphenburg, Schleißheim und Dachau. (Mehrere Boote durch holländischen Schiffbaumeister für Max Emanuel gebaut, später auch Gondeln. Ende der Schiffahrt des Hofs 1846.) ***Bedeutung:*** Durch die Kanäle Einbindung von Schloßbauten und Gartenanlagen in ein einzigartiges System barokker Raumordnung, leider nicht vollendet, heute teilweise vernachlässigt und zu urbanistischer Aufwertung herausfordernd.

KAPUZINERSTRASSE 36 23

Kapuzinerkloster 1846/47 Niederlassung der Kapuziner bei der Schmerzhaften Kapelle (→ Kapuzinerstr. 38) und Errichtung eines Hospizes durch Kuppelmair als Südflügel im Anschluß an den neuen Mönchschor der Kapelle; Erweiterung 1850–52 durch Westflügel, 1854–56 durch Nordtrakt, der die ganze Anlage – im Verein mit der nach Norden verlängerten Kapelle – zum Geviert schließt. **Klosterkirche St. Anton:** 1892 Neubau zunächst anstelle der Schmerzhaften Kapelle geplant, 1893–95 westl. des Klosters errichtet und mit diesem durch einen Südwesttrakt verbunden. Entwurf der neuromanischen Anlage durch Marchert nach renaissancehaftem Grundriß des Guardians P. Linus Mörner, Ausführung durch Zimmermeister Georg Leib, Bauführer Johann Schurr. Die meist von Laienbrüdern geschaffene eklektizistische Ausstattung bei der Rest. 1966 teilweise wieder entfernt. Auf dem 3. Seitenaltar rechts das alte Gnadenbild der *Hl. Sippe* (1602) von Candid, ein Hauptwerk des Meisters aus dem 1600–02 am heutigen Lenbachplatz errichteten und 1802 abgebrochenen Kapuzinerkloster, das 1896 aus der Schmerzhaften Kapelle hierher übertragen worden ist.

KAPUZINERSTRASSE 38 23

Schmerzhafte Kapelle Eine von Herzog Albrecht V. erbaute und 1578 konsekrierte ›Kapelle zum leidenden Heiland‹ (beim ehem. Friedhof vor dem Sendlinger Tor) wegen Erweiterung der Befestigungswerke 1625–28 abgebrochen. Nach dem 30jährigen Krieg Errichtung einer Gebetsstätte an einem Baum, die um 1670 zu offenem Bethäuschen erweitert und 1702/03 von Stadtmaurermeister Mayr (viell. nach fremdem Plan) durch die heutige Rotunde mit Kuppel und Laterne ersetzt wird (1705 geweiht). Dem an der Eingangsseite im Norden vorgelegten querrechteckigen Vorbau entsprach im Süden ein Sakristeibau, der 1736 durch Mesnerwohnung und Türmchen ergänzt und 1740 zur Errichtung eines eigenen Altarraums (1. Arkadendurchbruch) mit neuem Hochaltar verwendet wird (da-

K

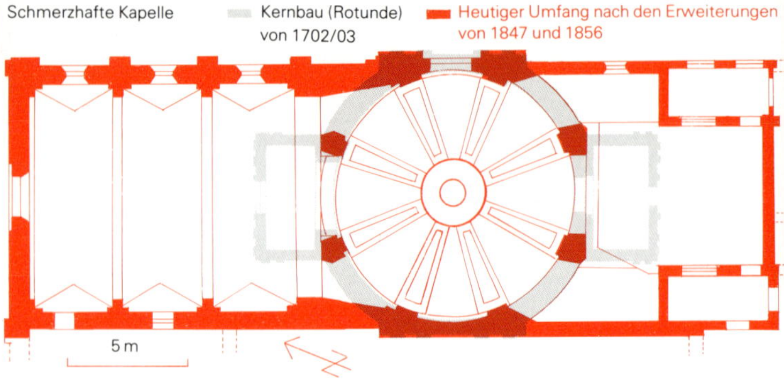

neben Bau zweier Seitenaltäre). Nach Niederlassung der Kapuziner (→ Kapuzinerstr. 36) 1846/47 Anfügung eines Mönchschors im Süden durch Baumeister Kuppelmaier (1847 Weihe), 1854–56 Anfügung eines dreiachsigen Langhauses nach Norden durch Berger (2. Arkadendurchbruch) sowie einer (1894 wieder entfernten) Kapelle im Osten, in der 1858–94 das Gnadenbild von Candid (heute Klosterkirche St. Anton, → Kapuzinerstr. 36) aufgestellt war. 1880–84 Restaurierung und Neueinrichtung im Stil der Zeit nach Entwurf von Marggraf durch 3 Konventualen. Die Annexe von 1846/47 und 1854/56 haben die barocke Rotunde im Erd-geschoß ummantelt, die urspr. Form nur mehr im Obergaden erkennbar. 1950/51 und 1981/82 rest. (Errichtung eines Volksaltars). Auf dem Hochaltar das 1849 entstandene und 1850 aufgestellte Vesperbild von Bendel (Meran), rechts in der Rotunde Kruzifixus (1625) und Christusfigur, im Langhaus links hinten Erbärmdechristus (mit realistischen Glasaugen) Anf. 17. Jh. ***Bedeutung:*** Interessantes Beispiel einer aus lebendiger Volksfrömmigkeit hervorgegangenen und mit privaten Spenden errichteten Wallfahrtskirche, deren reizvoller, im Kern der heutigen Anlage noch gut erkennbarer Zentralbautypus ein seltenes Zeugnis der Hausstätter Bauschule in M. darstellt.

KARDINAL-FAULHABER-STR. 1 **6**
Bayerische Vereinsbank 1893–94 von A. Schmidt errichtet, 1907–08 an der Salvatorstr. erweitert. ***Beschreibung:*** Mächtiger 3geschossiger Baublock mit übergiebeltem 4säuligen Mittelrisalit, flankiert von 5achsigen Rücklagen; Übergang zu den Fassaden an Prannerstr. (7 Fenster) und Salvatorstr. (8 Fenster) durch runde 3achsige, säulenbestandene Eckrisalite; Balustrade mit Figuren besetzt. ***Bedeutung:*** Dem Schema der Palastarchitektur des Gründerstils verpflichteter, klar geschlossener Baublock, dessen Schauseiten in Kronacher Sandstein ausgeführt wurden.

KARDINAL-FAULHABER-STR. 7 **6**
Erzbischöfliches Palais* (früher Palais Holnstein, dann Königsfeld), 1733–37 von Cuvilliés d. Ä. erbaut. ***Fassade:**** 9 Fensterachsen, die mittleren 3 durch Risalit zusammengefaßt; über dem Einfahrtstor in der Mitte vorschwingender Balkon, in der Dachzone flacher Giebel mit Wappen. Über bossiertem Erdgeschoß mit vergitterten Bogen- und runden Mezzaninfenstern die auf Gesimsband aufstehende kolossale Pilasterordnung; dazwischen die hochrechteckigen Fenster der Bel étage mit Segmentbogen und die Stichbogenfenster des 2. Obergeschosses. Über breitem Architrav mit Konsolen das Gesims unter dem Dachansatz. Die Stuckdekorationen, J. B. Zimmermann zugeschrieben, gleichmäßig über die Wandflächen verteilt, dem tektonischen Prinzip der Fassadengliederung untergeordnet; lediglich Häufung im Giebel und in der Zone über dem Portal (›Marienhuldigung‹). ***Grundriß:*** Schema des barocken Stadtpalais, wobei Cuvilliés die Dreiteilung der Fassade auf die Plandisposition überträgt: der dem Mittelrisalit entsprechende tiefrechteckige Hof von zwei Trakten flankiert. Die Anordnung der (nicht zugänglichen) ***Innenräume*** – durch J. B. Zimmermann vermutl. nach Entwürfen von Cuvilliés ausgestattet – folgt demselben Stadtpalais-Schema: im *Erdgeschoß*-Westflügel Durchfahrt (unter 4 u. 7) und Hauskapelle (unter 3); im Süd- und Ostflügel (unter 9) Wirtschaftsräume (Stallung, Remisen u. ä.); im Nordflügel Vestibül (unter 2) mit Zugang zur Haupttreppe **1:** im Erdgeschoß Kopie der einst hier, heute im Palais Portia (→ Kard.-Faulhaber-Str. 12) aufgestellten ›Bellona‹ (Minerva als Kriegs-

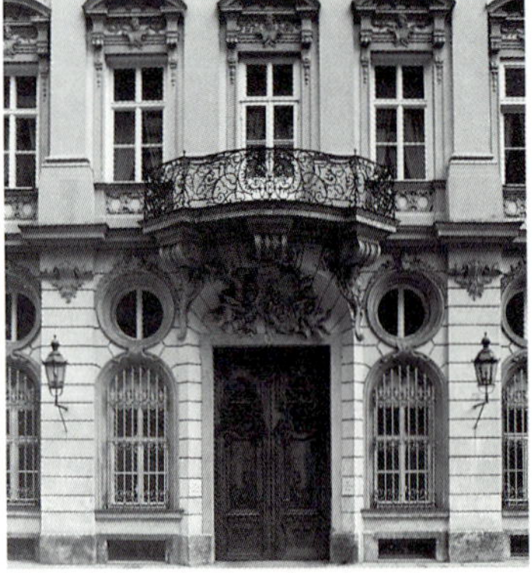

Palais Holnstein, Fassaden-Ausschnitt

göttin); das 1970/71 freigelegte Deckenfresko von Zimmermann zeigt ›Gerechtigkeit und Friede‹; Stuckfiguren ›Architectura‹ und ›Ingenium‹ im *Hauptgeschoß.* Die im folgenden verwendeten Raumbezeichnungen entsprechen der derzeitigen Nutzung: **2** Vorraum. **3** Sitzungszimmer (in der Mitte der Decke Stuckfigur ›Flora‹). **4** Empfangszimmer/Salon (früher Schlafzimmer; im Mittelfeld der Decke ›Apollo auf dem Sonnenwagen‹). **5** Arbeitszimmer (mit Planetendarstellungen). **6** Kabinett mit Alkoven (mit stilistisch am weitesten entwickeltem Stuck). **7** Vorraum. **8** Speisezimmer. – Im 2. Obergeschoß (über 1) Bibliothek mit verrestauriertem Deckengemälde von Zimmermann (›Apollo musizierend‹). Über 5 und 6 Gastzimmer mit Kabinett (mit Boiserien, Spiegel, Wandbespannung und Gemälden der am ursprünglichsten erhaltene Raum des Palais: das einzige erhaltene Rokokokabinett* in einem Münchner Stadtpalais, das die Kriegszerstörungen überstanden hat). Bei der nur noch teilweise vorhandenen Stuckierung bemerkenswert die abwechslungsreiche Nuancierung zwischen Régence- und Rokokoformen. ***Bedeutung:*** Einzig annähernd unversehrt erhaltenes Stadtpalais Cuvilliés' in München. Einklang von Raumdisposition und Fassadengestaltung, straffe Reihung der Pilasterordnung im Kontrast zur dekorativen Plastik, Dreier-Rhythmisierung der Fassade und ausgewogene Proportionierung des Erdgeschosses sowie der Bel étage und des 2. Obergeschosses verleihen dem Palais seinen überragenden künstlerischen Rang.

Erzbischöfliches Palais
(ehem. Palais Holnstein), Hauptgeschoß

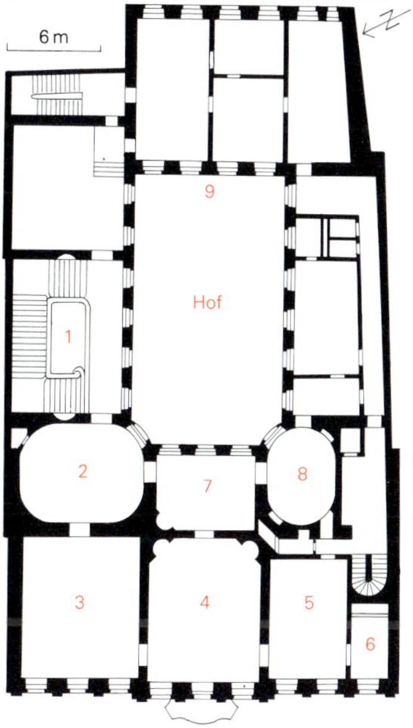

KARDINAL-FAULHABER-STR. 10 6

Bayerische Hypotheken- und Wechselbank 1895–98 von E. Schmidt erbaut. ***Beschreibung:*** 4stöckige, reich gegliederte Fassade zu 13 Achsen mit schmalen Flankenbauten und mächtigem Mittelrisalit; plastisch betont der tektonische Aufbau sowie die Gliederung mit Rustikasockel, Pilastern, Lisenen, Fensterumrahmungen, Giebel und Figuren. ***Bedeutung:*** Typischer Bankpalast der Gründerepoche, ohne deutliche Abhängigkeit von einem bestimmten Vorbild geschickt angewendete Häufung tektonischer wie dekorativer Motive. Das harmonische Maß der alten Adelsstraße zwar empfindlich störend, im Schrägblick den barocken Duktus jedoch wahrend.

KARDINAL-FAULHABER-STR. 12 6

Palais Portia Umbau des Vorgängerbaus 1693–94 nach Plänen von Zuccalli (Bauleitung: Zwerger) im ital. Palastschema für Gräfin Fugger; der geplante Zwerchgiebel über Mittelrisalit u. 2 Giebel über seitlichen Fensterachsen nicht ausgeführt. 1731 durch Karl Albrecht erworben und 1733 an die Freiin Topor-Morawitzki (1737 verh. Portia) geschenkt. Bereits um 1731–33 neue Raumeinteilung und Inneneinrichtung durch Cuvilliés unter Mitwirkung von J. B. Zimmermann (Stuck), Pichler, Miroffski u. Dietrich (Paneele, Supraporten) und Stuber (Fresken); behutsame ›Modernisierung‹ der Fassade. 1819 Erwerb des Anwesens durch literar. Gesellschaft ›Museum‹ (Auflösung 1947): Einbau eines großen Tanz- und Konzertsaals im Rückgebäude durch Klenze und Métivier 1820; durchgreifende Renovierung und Modernisierung 1900–1902. Seit 1934 im Besitz der Bayer. Vereinsbank. 1944 bis auf Fassade zerstört; 1950–52 Wiederaufbau unter Neugestaltung des Inneren. ***Fassade*:*** Über rustiziertem Sokkelgeschoß mit (schräg ansetzendem) Säulenportal 2 Obergeschosse zu 7 Fensterachsen, durch 4 Pilaster im Verhältnis 2:3:2 gegliedert; kräftiges Konsolgesims. Aufriß noch auf Zuccalli zurückgehend, Cuvilliés beschränkte sich auf Anbringen von Stuckdekor, wohl durch J. B. Zimmermann (außer den Kapitellen praktisch alles heute beige gefaßt), und ersetzte die Balkon-Balustrade durch ein Schmiedegitter. In der Nische über dem 1. Stock Madonna, Kopie des heute im Treppenhaus verwahrten Originals aus Basalt. ***Vestibül*** wie Treppenhaus beim Wiederaufbau verändert, aber in Anpassung an den alten Stilcharakter gestaltet. In der Wand einige bei der Fassadenerneuerung übriggebliebene Ornamentabgüsse. In der Nische Stuckplastik einer ›Bellona‹, um 1735, urspr. im Palais Holnstein. ***Bedeutung:*** Frühestes und für die barocke Palastarchitektur Münchens vorbildliches Adelspalais im Stil italienischer Palazzi. Die im Krieg untergegangenen Innenräume mit der von Cuvilliés entworfenen und von J. B. Zimmermann, J. Dietrich und N. G. Stuber geschaffenen Ausstattung zählten zu den schönsten Privatgemächern des bayerischen Rokoko. – Von 1819–1937 Heimstätte Münchner Musikpflege.

KARLSPLATZ 5

Angelegt durch Karl Theodor, als 1791 ff. die Anfang des 14. Jh. errichteten Stadtbefestigungen aufgelassen wurden. Danach ›Neuhauser-Tor-Platz‹ genannt, erhielt er ca. 1798 die offizielle Bezeichnung ›Karlsplatz‹; die volkstümliche Kurzform ›Stachus‹ von Eustachius Föderl hergeleitet, der an der Stelle des heutigen Kaufhofs die ›Wirtschaft zum Stachus‹ (seit 1755) betrieb. (Die andere Version, daß der Name von den ›Stachel‹ genannten Eisenbolzen der Armbrustschützen stamme, die in der Gegend des Alten Botanischen Gartens ihre Schießstätte hatten, ist kaum zutreffend.) – Von der mittelalterlichen → Befestigung das *Obere* oder *Neuhauser Tor* (1302 bezeugt) z. T. erhalten, seit Karl Theodor ***Karlstor*** genannt; 1791/92 unter Schedel von Greifenstein Errichtung von Wache und Zollhaus bei weitgehender Erhaltung des alten Tors; nach Zerstörung des 1302 voll. Hauptturms durch Pulverexplosion (1857) Umbau der restlichen Toranlage (großes Mitteltor unter Beseitigung des klassizistischen Tors anstelle des mittelalterl. Barbakanetors) durch Zenetti 1861; Pläne für monumentale Umgestaltung (Cuvilliés d. J. 1773/77 oder K. v. Fischer 1810) kamen nie zur Ausführung. Dafür anschließend ***Rondellbauten*** unter Einbeziehung der Vortürme von Thurn (bei Mitwirkung von Rumford) sowie Errichtung der nördl. und südl. angefügten Flügelbauten 1792– ca. 1803/05; altes Rondell 1899 abgebrochen und bei Freistellung der Vortürme vereinheitlichender Neubau durch G. v. Seidl 1899–1902: nach 2 parallelen Flügelbauten vermitteln turmähnliche Eckrisalite (urspr. mit überkuppelten Laternen bekrönt) zu den zwei 10achsigen Flügeln des Rondells (über Erdgeschoß mit Korbbogenarkaden 2 durch Halbsäulen zusammengefaßte Obergeschosse, darüber Attikageschoß mit Figuren und Vasen), das durch abschließende und zu den Seitenbauten überleitende 5achsige Pavillons verfestigt wird. Von Bomben beschädigt, z. T. vereinfacht restauriert. – Im Zuge der Neugestaltung der Verkehrsführung am Karlsplatz (1966–70) wurde die seit Gründung der Stadt bestehende Ost-West-Trasse der

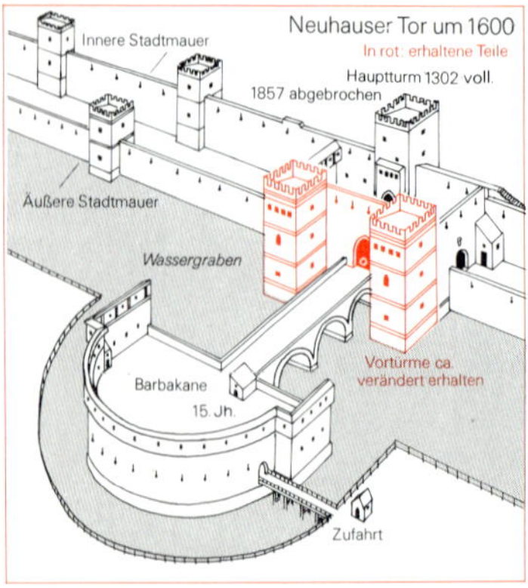

Salzstraße durchschnitten, zugunsten des Altstadtrings der urspr. urbane Platzcharakter zerstört und darüber hinaus durch Anlage einer gestaltlosen Brunnenanlage (Entw.: Winkler, 1972) der ›Empfangsraum‹ vor dem Karlstor zwischen den Rondellbauten sinnlos ausgefüllt. – Dem Anreger des hier beginnenden ***Fußgängerbereichs*** (eröffnet 30. 6. 1972) Herbert Jensen ist an der Nordwand des Mitteltors ein Gedenkstein gewidmet unter Verwendung von 3 Bronzestatuetten (›Stadtmusikanten‹) von Knoll vom ehem. Fischbrunnen (1865) am → Marienplatz. – Bei Anlage der mehrgeschossigen Tiefbauten (Entwurf: Nestler) unter dem Karlsplatz (mit Haltestellen von S- und U-Bahn) Freilegung der *Barbakane* (1494–99) vor dem Karlstor sowie eines *Fluchtstollens* in Richtung Bayerstraße; Reste beim nordöstl. Aufgang konserviert.

KARLSTRASSE 34 1

St. Bonifaz Als Kirche des Benediktinerklosters und Pfarrkirche (früher auch ›Basilika‹ genannt) für die neu angelegte → Maxvorstadt nach Plänen von Ziebland erbaut. Mehrere Planungsphasen: 1. (1827) und 2. (1829) noch auf Königsplatz, erst ab 3. Entwurf auf Karlstraße bezogen; 5. Entwurf (1834/35) zur Ausführung bestimmt: Grundsteinlegung 1835, vollendet 1848, Weihe 1850. (Das nördl. anschließende Kloster ca. 1839–50, ebenfalls von Ziebland.) 1943–45 Kloster teilweise, Kirche bis auf Außenmauern zerstört; nach 1945 Wiederaufbau des Klosters, bis 1949 durch Döllgast Sanierung des südl. Teils der Kirche und Abschluß durch gerade Nordwand (nach ehem. 7. Joch); auf Restareal zwischen Rumpfbasilika und ehem. Apsis Errichtung eines Seelsorge- und Bildungszentrums nach Plänen von Horn 1968–71. Anschließend Restaurierung der Rumpfbasilika (bis 1974/75). ***Beschreibung*** (des urspr. Baus): Langgestreckter Backsteinbau mit 9jochiger Vorhalle; über Pultdächern zurückgesetzt das Hauptschiff. Am Mittelportal Figuren der Apostelfürsten, im Scheitel Brustbild des Architekten, von Schönlaub. – Anschließend an Halbkreisapsis im Norden das Klostergebäude um 2 Innenhöfe, das dem Baublock des ehem. Kunstausstellungsgebäudes, heute Antikensammlung (→ Königsplatz 1) angefügt ist. ***Inneres*** (des urspr. Baus): 5schiffige, flachgedeckte Basilika mit 17 Jochen; große Apsisnische mit konzentrischen Sakristeien. (Darunter Krypta und Grablege der Benediktiner.) Im östl. Seitenschiff Sarkophag Ludwigs I., dahinter Gruft seiner Gemahlin Therese (seit 1974). Die heute vernichtete Bemalung der Wände durch Heß, Schraudolph und J. K. Koch: Arkadenzone mit 34 Papstmedaillons, Mittelzone mit 12 Gemälden ›Leben und Wirken des Hl. Bonifaz‹, Fensterzone mit 36 Darstellungen aus deutscher Kirchengeschichte; am Triumphbogen Gotteslamm mit 4 Evangelisten, in der Apsis (auf Goldgrund) 8 Glaubensboten in Bayern, darüber Christus in Mandorla. (Das Programm für Ausmalung durch Ignaz v. Döllinger.) ***Bedeutung:*** Oberflächlich betrachtet Über-

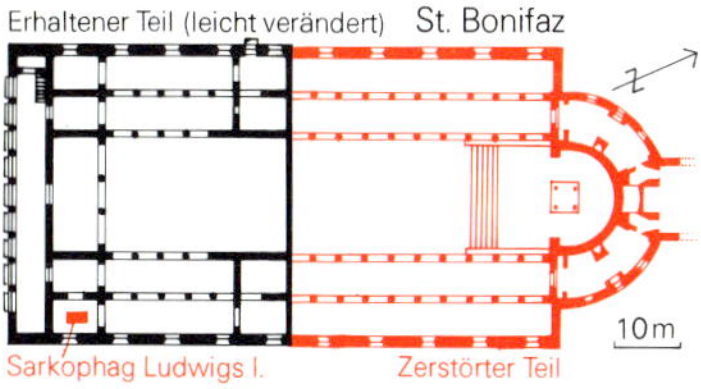

nahme des Schemas frühchristlicher Basiliken (in Rom: S. Paolo, S. Lorenzo fuori le mura; in Ravenna: S. Apollinare in Classe); in eigenständiger Gestaltung des Außenbaues Anlehnung an Romanik erkennbar (Baudekor). In der urspr. Konzeption Ludwigs I. als Apostelkirche gegenüber der Glyptothek geplant; in der ausgeführten Form typisch für romantisches Bildungsideal: Dreiklang von Kunst (Ausstellungsgebäude), Wissenschaft (Kloster) und Religion (Basilika). ***Der heutige Bau:*** Fassade an Karlstraße mit 9jochigem Portikus und hochragendem Mittelschiff nach urspr. Zustand restauriert, die frühere Längenausdehnung bei Verkürzung um nahezu 3/5 kaum mehr vorstellbar; die 3 *Bronzeportale* 1969 (aus der Schule von Brenninger, das linke und rechte von Seyffart). Der triumphale Tiefenzug des ehem. Kirchenschiffs aufgehoben durch Breitenerstreckung der Rumpfbasilika, durch Zentralaltar (1975) und Orgel (1976) mit gotischem Kruzifix an abschließender Nordwand zusätzlich betont. Am Nordende des rechten Seitenschiffs *Marienkapelle,* des linken Seitenschiffs *Bonifatiuskapelle* (mit abgelaugter Holzstatue aus der alten Basilika). – Das *Seelsorge- und Bildungszentrum* als niedriger, 2geschossiger Bau aus Fertigbeton zwischen Rumpfbasilika und ehem. Apsiswand eingefügt; im Kern gegen Süden Werktagskirche (zugleich Taufkapelle), gegen Norden Festsaal; darunter Unterkirche. Künstlerische Ausgestaltung von Alt- und Neubau durch die Bildhauer Gerg, Koller, Chr. Stadler, Schweizer u. a. sowie Gobelins der Benediktinerin Sr. Deocara. ***Bedeutung:*** Unter Berücksichtigung der Kriegszerstörungen und der veränderten kirchlich-seelsorgerischen Situation bemerkenswerter Versuch, Tradition (Kloster!) und heutige Gegebenheiten ohne historisierende Verbrämung miteinander zu verbinden.

KARMELITENSTRASSE 1 — 6

Karmelitenkirche Unsere liebe Frau vom Berg Karmel und St. Nikolaus Votivkirche Maximilians I. (zum Dank für seinen Sieg am Weißen Berg 1620), erst 1657–60 (nach Konventbau 1654–57) nach Entwürfen von Asper durch Schinnagl errichtet: 3flügelige Klosteranlage östlich der Herzog-Max-Burg (→ Lenbachplatz 7), an 4. (Nord-) Seite Kirchenbau. Nach Säkularisation Kloster teils als (Ludwigs-)Gymnasium, teils als Erziehungsinstitut (›Hollandeum‹) verwendet, später als Ordinariat; Kirche durch Schedel von Greifenstein 1802–05 zur ›Studienkirche‹ umgestaltet. 1943 und 1944 wiederholt z. T. schwer beschädigt, wurden die Klostergebäude zugunsten eines Neubaus des Erzbischöflichen Ordinariats völlig abgeräumt (1955); Restaurierung der Kirche durch Ruf 1955–57 mit Umfunktionierung des Langhauses zu einem Saal, des ehem. Querhauses zur Kapelle für das Ordinariat und des Chorraums zur Bibliothek; die anschließende frühere Sakristei nach Restaurierung (1980/81) zum Archiv- und Bibliotheks-Lesesaal umgestaltet. ***Äußeres:*** Basilikaler Aufriß mit Querhaus (in den Rechteckgrundriß eingebunden), rechteckiges Altarhaus, mit Südturm. Rundbogenfenster in Seitenwänden und Hochschiff, mit zurückhaltender Pilastergliederung. Einzig die Ostfassade reicher gestaltet; durch

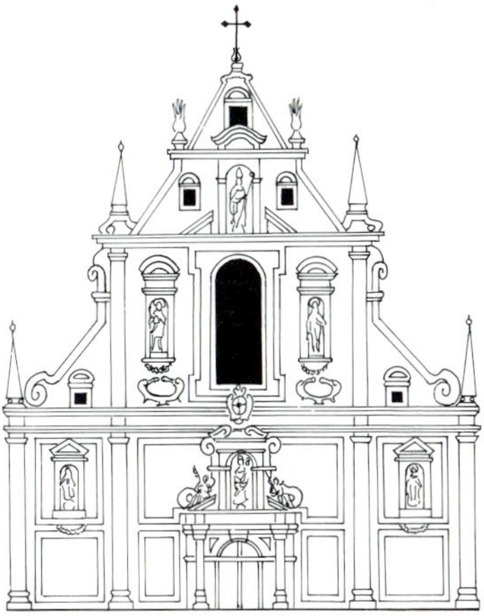
Karmelitenkirche, ursprüngliche Fassade 1657, 1802 verändert

Umgestaltung 1802 ff. sehr viel nüchternere Fassade. ***Inneres:*** Hauptschiff mit Kreuzgewölben auf pfeilerhaften Trennwänden zwischen den flachrechteckigen Kapellen (4 Joche, Querhaus, 4 Joche, Altarraum). Von der urspr. Ausstattung Tabernakel in der Allerheiligenkirche auf dem Kreuz (→ S. 116) und Schutzengelgruppe von I. Günther im Bürgersaal (→ S. 161) erhalten. In der reichstuckierten ehem. Sakristei* (Quadratraum mit Mittelsäule und 4 Kreuzgewölben) bei der Restaurierung 1981 Fresken von Gumpp (um 1715–19) freigelegt; Thema: Maria als Ordens- und Kirchenpatronin. ***Bedeutung:*** 1. barocker Kirchenbau Münchens in städtebaulich wichtiger Lage; der trockene Fassadenstil durch Eingriff des 19. Jh. noch verstärkt, bei Wiederherstellung abermalige Vereinfachung. (13 Ölgemälde des späten 17. Jh. schildern die Umstände, die zum Bau von Kirche und Kloster in München geführt haben. Heute im Chorumgang der 1921–24 erbauten St.-Theresia-Kirche an der Dom-Pedro-Str. 39; Arch.: Boemmel.)

KAROLINENPLATZ — 1, 2

Am Schnittpunkt der 1807 fertiggestellten Max-Joseph-Straße mit dem Rechteckraster der geplanten → Maxvorstadt einge-

K

fügter Rundplatz, der zusammen mit der neu angelegten → Brienner Straße konstituierend für das Neubauviertel wurde. Der Bau des ersten Gebäudes 1809 (Palais Asbeck, Nr. 3) führte zur Diskussion über die künftige Form der Rondellbebauung: geschlossene (konkave) Platzfronten oder durch Vegetation gerahmte, zurückgesetzte Einzelbauten. Mit dieser ›offenen‹ Bauweise setzte sich K. v. Fischer bei 4 Grundstükken durch; auf dem 5. Areal bereits 1822/23 mehrstöckiger Baublock (Nr. 2) errichtet, der das Gleichgewicht der Fischer-Konzeption aufhob. – Die Einmündungen der Barer und Brienner Straße jeweils durch niedrige Nebengebäude flankiert; sie sind als einzige Bauten von Fischer heute noch erhalten (z.T. geringfügig verändert restauriert), während die ebenfalls nach Plänen von Fischer errichteten dazugehörenden Hauptgebäude durch frühere Umbauten geändert oder durch Bomben zerstört wurden. Dadurch urspr. Platzidee heute kaum noch erkennbar. – Bereits 1812 Überlegungen angestellt, den Platz durch eine Fontäne oder einen Obelisken zu zentrieren. 1833 kam es zur Aufstellung des von Klenze urspr. für den Odeonsplatz vorgesehenen 29 m hohen ***Obelisken*** (als Denkmal für die im Rußlandfeldzug 1812 umgekommenen 30000 Bayern): die über Ziegelkern montierten Erzplatten aus gehobenen Kanonen von türkisch-ägyptischen Kriegsschiffen, die 1827 in der Seeschlacht von Navarino (SW-Peloponnes) gesunken sind. (Das Motiv des Obelisken durch K. v. Fischer in seinem 1812 geplanten ›Armeedenkmal‹ auf dem → Königsplatz vorgeprägt.) – ***Umbauung des Platzes:*** Nr. 1: Kirchmaier-Haus von 1811/12, abgebrochen 1859 und durch 3geschossigen Wohnblock ersetzt; nach Kriegszerstörungen Neubau als *Landesbausparkasse* 1952–54 durch Wiedemann. Nr. 2: ehem. Palais Montgelas, erster 3geschossiger Bau mit geschlossener Platzfront (und Flügelbauten an beiden Seitenstraßen) bereits 1822/23 durch Métivier errichtet; im 2. Weltkrieg zerstört, als Bürohaus 1957 von Dürr neu erbaut. Nr. 2a (→ Karolinenpl. 2a): Nebengebäude von Nr. 3: ehem. Palais Asbeck 1809/10 als 1. Gebäude am Karolinenplatz von K. v. Fischer errichtet, später geringfügige Änderungen; durch Frh. von Lotzbeck 1896/97 neubarock umgebaut (›Lotzbeck-Palais‹); obwohl in der Bausubstanz erhalten, 1955–57 durch Neubau *Amerika-Haus* ersetzt (Arch.: K. Fischer). Nr. 3a: urspr. Gartensalon (mit Gewächshäusern), heute Ateliergebäude bei vorsichtiger Umgestaltung der Straßenfassaden. Nr. 4: früher *Palais Törring,* urspr. 1812 als Palais für Kronprinz Ludwig gegenüber der Einmündung der Max-Joseph-Straße als deren Point de vue errichtet; trotz relativ geringfügiger Kriegszerstörungen 1951 abgebrochen und nach Plänen von Kergl für *Staatliche Lotterieverwaltung* bei scheinbarer Übernahme der Fischerschen Architektur neu erbaut. (Ebenso bei Nebengebäuden, bei denen nur noch andeutungsweise originale Formen erhalten.) Nr. 5: urspr. Palais Hompesch, 1812 in Anlehnung an Palladios Villa Rotonda errichtet, 1895–96 einschneidender Umbau zum neubarocken herrschaftlichen Wohnhaus durch L. Deiglmayr; heute *Bayern-Versicherung.* Daneben gründlicher Umbau der beiden zugehörigen Nebengebäude (1813): Nr. 5a ehem. Palais Freyberg-Schätz in biedermeierlichen Formen (1902; Arch.: Helbig und Haiger unter Einbeziehung des urspr. Baus von K. v. Fischer) und Nr. 6 urspr. Wohnbau (Arch.: L. Deiglmayr, 1894/95) an der Einmündung der Brienner Straße.

KAROLINENPLATZ 2a 1

Anthropologische Staatssammlung

Diensträume und Ausstellungsgebäude in der ehem. Remise des Palais Asbeck, von Karl v. Fischer 1809/10 erbaut (Pendant: ›Gartensalon‹, Brienner Str. 3a), 1944 ausgebrannt, 1947–48 leicht modifiziert wieder aufgebaut: Übergiebelter Mittelbau mit beiderseits angefügten 2achsigen Seitentrakten unter flachem Satteldach. Die **Sammlung** verdankt ihr Entstehen der Privatinitiative von Johannes Ranke (Prof. für allgem. Naturgesch. an der Universität München, 1869); Schenkung der Sammlung an den bayer. Staat 1885, in der Alten Akademie aufgestellt; als ›Anthropologisch-Prähistorische Sammlung des Staates‹ seit 1902 in Personalunion verbunden mit Lehrstuhl für Anthropologie und Urgeschichte (1886 als 1. selbst. Lehrstuhl an einer deutschen Universität in München eingerichtet). 1944 schwere Einbußen bei Zerstörung der Alten Akademie. Nach dem Krieg notdürftig in alter Kunstgewerbeschule (Richard-Wagner-Str. 10) untergebracht, seit 1972 Magazinräume in Theresienstraße 37–41; seit 1974 wieder unter eigener Leitung. – *Schwerpunkte der Sammlung* (Besichtigung nach Anmeldung) – neben Affen- und vorgeschichtlichen Menschenfunden – Belegfunde aus der Vor- und Frühgeschichte Bayerns; *Forschungsgebiete:* Dokumentationszentrum für vor- und frühgeschichtliche menschl. Skelettreste, Erforschung der biologischen Bevölkerungsgeschichte, insbes. Bayerns.

KAUFINGERSTRASSE 6

Vom → Marienplatz ausgehender Straßenzug, der die Ost-West-Richtung der alten Salzstr. vom Tal her aufnimmt und nach Stadterweiterung des 14. Jh. durch → Neuhauser Str. in Richtung Augsburg fortgeführt wird. Alte Bebauung durch Geschäfts- und Bürohäuser verdrängt; seit 1972 *Fußgängerbereich,* dessen Bepflanzung der Urbanität eines gewachsenen Stadtbildes zuwiderläuft. Beim Haus Nr. 22 im Pflaster Standort und Grundriß des 1807 abgebrochenen *Schönen Turms* markiert; dieser als Modell an der Hausecke im 1. Stock.

KAULBACHSTRASSE 13 3

Ehem. Palais Seyssel d'Aix Von den Gebrüdern Rank anstelle eines 1856 err. biedermeierlichen Wohnhauses 1913–14 erbautes Adelspalais; heute Sitz des Institut Français. ***Beschreibung:*** Regelmäßiger Baublock (6 zu 6 Achsen); über dem genuteten Erdgeschoß (mit Stichbogenfenstern und Mittelportal) das pilastergegliederte Hauptgeschoß (durch hohe Bogenfenster als ›Bel étage‹ ausgezeichnet), darüber kräftiges Gesims und das niedrigere Obergeschoß; die Gartenseite aufgelockerter als die übrigen 3 Seiten. (An den beiden abgerundeten Ecken der Straßenfront Reliefmedaillons mit der Darstellung des Vorgängerbaus.) ***Bedeutung:*** Spätes Beispiel eines vorstädtischen Schlößchens, das sich als Baukörper an französischen Landsitzen orientiert und Formen des Regencé-Stils adaptiert. Der nicht zugängliche *Park* hat noch Elemente eines Privatgartens aus der Zeit der Entstehung des Schönfeldviertels (1795 ff.) bewahrt.

KAULBACHSTRASSE 15 — 3

Ehem. Villa Kaulbach Für den Maler August Friedrich v. Kaulbach von G. v. Seidl 1887–89 errichtete Villa mit Atelier. Durch Adaptierung des Hauses für Studentenverbindung, Einrichtung als Amtssitz des NS-Gauleiters (30er Jahre) sowie für amerikanischen Soldatensender (AFN, 1945–83) von der einst prächtigen Inneneinrichtung nichts mehr erhalten. ***Beschreibung:*** Über unregelmäßigem Grundriß 2geschossiger Baublock mit 2 Hauptfassaden: die Straßenseite dreiteilig mit leicht vorgezogenem Mittelrisalit, von Segmentbogen abgeschlossen; im Erdgeschoß offene Eingangshalle. Vornehme Gartenseite: von 2 kurzen Seitenflügeln flankierter 3achsiger Mittelteil, im Erdgeschoß Rundbogenfenster, im Obergeschoß Loggia in Palladio-Motiv mit hoher Attika; darüber 5 Plastiken (heute entfernt). ***Bedeutung:*** Typus der an römischen Vorbildern (Villa Medici) orientierten ›Villa suburbana‹ als anspruchsvoller Sitz eines ›Malerfürsten‹ der Prinzregentenzeit.

KIRCHENSTRASSE 39 — 20

St. Johann Baptist Filial- und 1820–79 Pfarrkirche von Haidhausen; der Ort bereits 808 als Kirchenschenkung an Bischof von Freising bezeugt. 1524 erstmals als Johann-Baptist-Kirche benannter, vielleicht 1493 anläßlich der Errichtung des Inkuratbenefiziums entstandener spätgotischer 2schiffiger Bau mit 5/8 Chor, 1634 beschädigt, 1698–1700 nach Plänen von M. Gunetzrhainer barockisiert, dabei das Lang-

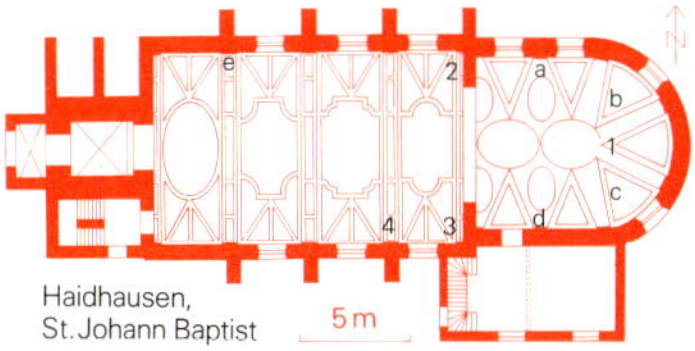

Haidhausen, St. Johann Baptist

haus aufgestockt und der Chor neu gebaut. Der im Kern roman. und urspr. wohl satteldachte Turm 1675 erhöht und mit Zwiebelhaube bekrönt, nach Brand 1712 mit einfachem Helm versehen, der 1863/64 der jetzigen neugotischen Spitze wich; Vorhalle 1612. Renoviert 1776 durch Gießl, ferner 1928 und 1980–82: dabei Aufdeckung der gotischen Chorfundamente und Säulenbasen, von Rötelskizzen des 16. Jh. (südl. Außenwand) und von gemauerter Grabstele (18. Jh.) im Schiff; Kreuzweg (wohl um 1670) und Farbgebung des Stucks wiederhergestellt. (Im Friedhof Beinhaus von 1638, mit Gemälden von Zwerger um 1776, heute abgetragen.) ***Äußeres:*** Einfacher Baukörper mit Strebepfeilern, leicht eingezogenem Chor mit Rundapsis und Westturm. ***Inneres:*** Pilastergegliederter Saal mit Korbbogentonne, in die Stichkappen (mit Querovalfenstern) über durchlaufendem Gesims einschneiden; stilistisch rückständige Gewölbestuckierung durch Profilrahmenfelderung. ***Ausstattung:*** **1** Hochaltar in byzantinischen Formen nach Entwurf von Berger 1852 (anstelle des 1776 von F. X. Feichtmayer geschaffenen Spät-Rokoko-Bühnenaltars mit vollplastischer Darstellung der Taufe Christi), Altarblatt *Taufe Christi* von Langer (1846 unvollendet hinterlassen und 1852 von dessen Schüler Gegenbaur ergänzt); **a–d** die vier Kirchenväter Gregor, Ambrosius, Augustinus und Hieronymus 1630 von Angermayer; beiderseits des Chorbogens eingestellt und über die Ecke bis zum jeweils anschließenden Langhausfenster vorgezogen die Seitenaltäre: **2** Marienaltar 1776, 1852 leicht verändert, mit zeitgenössischem, wohl später überarbeitetem Altarblatt *Thronende Madonna* eines unbekannten Meisters; **3** Josefsaltar 1776, 1852 verändert, Altarbild *Traum Josefs* von A. Seidl 1776, 1852 teilweise übermalt; **e** Kruzifix um 1520 viell. vom Meister der Rasso- und Georgsfigur in der Frauenkirche, **f** Pietà 1758, von unbekannter Hand, umgeben von Putti (17. Jh.) mit Leidenswerkzeugen; **g** Kanzel wohl 1776 ff. mit Verwendung älterer Teile; an der unteren Emporenbrüstung 4 Ölbilder mit Szenen aus dem Leben des Hl. Johannes, 1622/23 von Zehetmair. ***Bedeutung:*** Am Westrand der hier steil abfallenden Haidhauser Lößzunge gelegen bildet der ehem. Mittelpunkt des einstigen Dorfes Haidhausen zusammen mit dem nördlich gelegenen alten Friedhof heute noch ein stimmungsvolles Ensemble. Die gotische Vorgängerkirche mit ihrer Zweischiffigkeit eine Besonderheit für den Münchner Raum.

KÖNIGINSTRASSE 1 — 3

Prinz-Karl-Palais* Als Palais Salabert 1804–06 von K. v. Fischer erbaut. Nach Salaberts Tod (1807) im Besitz von König Max I. Joseph, dann von König Ludwig I., der es seinem Bruder Prinz Karl überließ; auch Pavillon oder Palais Royal genannt. 1826 Anbau eines langgestreckten Trakts an der Von-der-Tann-Str. durch J. B. Métivier, der 1827–30 auch die Innenräume neu ausstattete. Von 1875–1919 Sitz der k. u. k. österr. Gesandtschaft, ab 1924 Sitz des bayerischen Ministerpräsidenten; 1937 Umbau und Erweiterung als Gästehaus durch Gablonsky. Dabei Abbruch des Seitentrakts bei Verbreiterung der Von-der-Tann-Str. im Zug des Straßenausbaus von Bogenhausen nach Nymphenburg. ***Beschreibung:*** Das urspr. in Grünflächen gelegene Palais mit seiner Hauptfassade Blickpunkt der → Prinzregentenstr. 2geschossiger Baukörper auf niedrigem Rustikasockel; Gliederung durch kolossale ionische Pilaster, die die beiden Stockwerke zusammenfassen; kräftiges ionisches Gebälk mit hohem Walmdach. *Hauptfront**: neun Achsen, davon 3 durch einen vorgezogenen Mittelteil mit vorgestellten, freistehenden Säulen betont, durch Dreiecksgiebel zusammengefaßt; zusätzlich hervorgehoben durch Rundbogenfenster im Obergeschoß. Rundbogenportal seit 1937 über Stufen zugänglich (urspr. Durchfahrt). *Südfront:* Zurückhaltender als Hauptfront; 5 Achsen, Mitteljoch durch Halbsäulen gerahmt. (Die *Nordfront* bei Erweiterung 1937 von 3 auf 5 Achsen verlängert, der Südfront nachgebildet.) *Erweiterungsbau:* Unter Verzicht auf Pilastergliederung um 5 Achsen nach Westen erweitert;

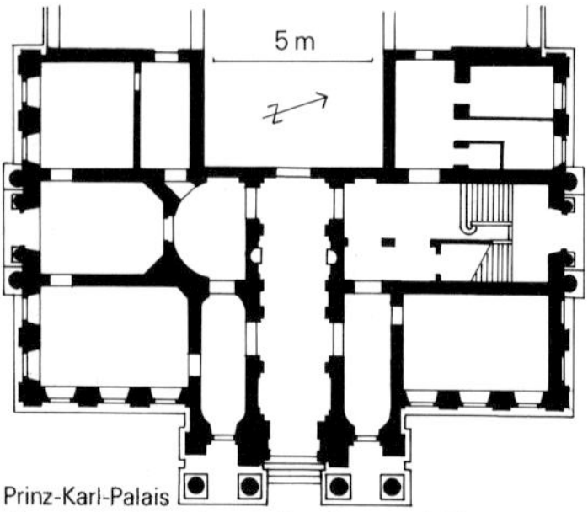

Prinz-Karl-Palais
Historischer Bau (ohne die Erweiterung 1937)

Weiterführung der Bossierung des Erdgeschosses; einfache Rahmung der Obergeschoßfenster; Einfügung eines Mezzanins in die vom Fischerbau übernommene Gebälkzone. Die Gartenfassade (9 Achsen) durch 3achsigen, schwach vorgezogenen Mittelrisalit (nur hier Pilastergliederung und Rundbogenfenster) mit Giebel betont; bei Umgestaltung 1971 um 1,5 m vorgezogen. ***Inneres:*** Raumanordnung von 1937 beließ die in beiden Geschossen hinter Haupt- und Südfassade liegenden originalen Métivier-Räume*, allerdings Verlegung der Treppe, Einbau von Vortragssaal sowie Wohnräumen für Gäste. Nach 1945 Notunterkunft für Staatl. Antikensammlungen und Sitz der Bayerischen Akademie der Schönen Künste; 1971 Ausbau zum Amtssitz des bayerischen Ministerpräsidenten. (Westlich anschl. ›Finanzgarten‹ mit letztem Rest der Wallbefestigung (→ S. 23) des 17. Jahrhunderts; in derem Gewölberaum Heinrich-Heine-Brunnen; Bronzestatue von Stadler, 1962.) ***Bedeutung:*** Einziger, annähernd original erhaltener Fischerbau; an städtebaulich exponierter Stelle behauptet sich dieses durch überlegene Gestaltung ausgezeichnete Bauwerk, in dem sich Nachklänge eines Palais des Ancien régime mit klassizistischen Formen verbinden. Nach Wölfflin der »schönste Aristokratensitz Münchens seit Cuvilliés' Bauten«. Bereits durch Anlage der → Prinzregentenstraße (ab 1891) und ihre Bebauung an der Südseite Zerstörung der engen Beziehung von Hofgarten und Englischem Garten: damit Verlust des Charakters einer Gartenvilla (nach dem Muster der Villa Valmarana); durch phantasielos-technokratische Straßenführung und Untertunnelung in seiner künstlerischen und städtebaulichen Funktion schwer beeinträchtigt. – Die erhaltenen Innenräume erweisen Métivier als hervorragenden Innenarchitekten. Die Erweiterung durch Gablonsky gutes Beispiel für Einfühlung in kunsthist. wertvollen Baubestand.

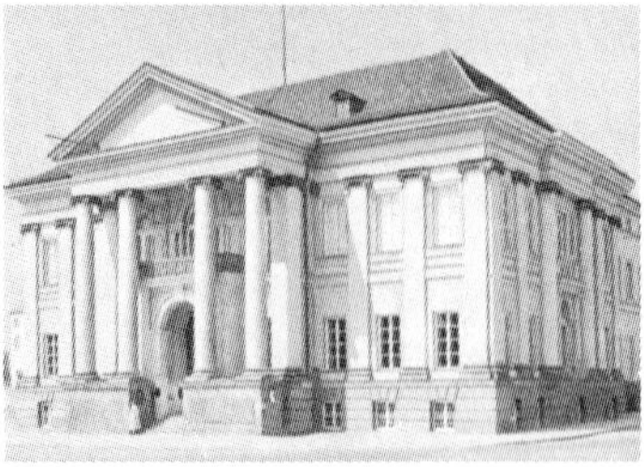

Das *Prinz-Karl-Palais* von Karl von Fischer

KÖNIGSPLATZ **1**

Erster Plan eines Viereckplatzes mit Propyläen bereits 1808, dann in den Generalplan für die → Maxvorstadt übernommen (1810/11), von → Brienner Straße durchlaufen. Zu dieser Zeit erster Entwurf für Glyptothek an der Nordseite von Quarenghi, als Pendant an der Südseite ein von General von Wrede angeregtes Armeedenkmal (1812; Arch.: K. v. Fischer) nicht ausgeführt. – Von Fischer und Sckell lockere, symmetrische Bebauung vorgesehen; endgültige Gestaltung durch Klenze, nach Absicht des Kronprinzen Ludwig als Platz der Kultur (mit architektonischer Verkörperung der 3 Bildungsmächte Geschichte, Kunst, Religion): An der Nordseite die (›ionische‹) *Glyptothek* (1816 ff.); gegenüber Zieblands (›korinthisches‹) *Ausstellungsgebäude* (1838 ff.; urspr. hier Apostelkirche geplant); im Westen riegeln die (›dorischen‹) *Propyläen* (1846 ff.) den Zug der Brienner Str. ab. An seiner Ostseite Schließung durch niedere Gebäude geplant, jedoch nicht ausgeführt; dafür lockere Begrenzung durch Häuser beiderseits der Brienner Str. (südlich Fischers eigenes Wohnhaus, 1809), 1933–35 durch ›Ehrentempel‹ (P. L. Troost) ersetzt, 1947 gesprengt. ***Bedeutung:*** Einzigartige Platzgestaltung als westlicher Eingangsplatz in die Stadt konzipiert; im späteren Verzicht auf die von Klenze vorgesehene allseitige Umbauung zugunsten der Bepflanzung der Randzonen beiderseits der Museumsbauten wird Wandlung von klassizistischer zu romantischer Kunstauffassung sichtbar. Steinpflasterung und Mauereinfassung (1935) beeinträchtigen in ihrer ›Härte‹ die historischen Bauten und heben durch ›Richtungsneutralität‹ (nach Entfernung der 1935 aufgestellten Kandelaber, 1947) die Ost-West-Tiefenachse im Verlauf der Brienner Straße auf. Wiederherstellung der ›biedermeierlichen‹ Rasenflächen vorgesehen.

KÖNIGSPLATZ 1 1

Staatliche Antikensammlungen im ehemal. ›Kunst- und Industrie-Ausstellungsgebäude‹ an der Südseite des Königsplatzes. Museumsbau von Ziebland 1838–48. ***Beschreibung:*** Eingeschossiger, durch flache Pilaster klar gegliederter, breitgelagerter Baukörper auf hohem rustizierten Sokkel; Fassadenmitte betont durch 8säuligen korinthischen Portikus (Giebelfiguren von L. Schwanthaler entw.) über hoher Freitreppe. Vor den schweren Zerstörungen im 2. Weltkrieg mit südl. anschließendem Klosterbau und Kirche *St. Bonifaz* (→ Karlstr. 34, ebenf. von Ziebland) verbunden. Urspr. als Ausstellungsgebäude zur Förderung der Künste und Gewerbe in Bayern errichtet, von 1898–1916 Haus der ›Secession‹, seit 1919 der Neuen Staatsgalerie. Nach Wiederherstellung 1962–66 als Museum für die Antikensammlungen eingerichtet. ***Bedeutung:*** Spätklassizistisch vornehmer Bau, der jedoch durch die Treppenanlage und die damit erreichte Höhe die Harmonie des Platzes stört. **Staatliche Antikensammlungen:** Hervorragende Beispiele griechischer, großgriechischer und etruskischer Vasenkunst, Kleinbronzen, antiken Silbers sowie griechischen und etruskischen Goldschmucks, hervorgegangen aus der 1920 zum ›Staatlichen Museum antiker Kleinkunst‹ vereinigten ›Sammlung griechischer Töpferkunst‹ Ludwigs I. (seit 1836 in der Alten Pinakothek), ›Vereinigten Sammlungen Ludwigs I.‹ und Beständen aus der ehem. Kunstkammer Albrechts V. ***Hauptgeschoß:*** Griechische Töpferkunst aller

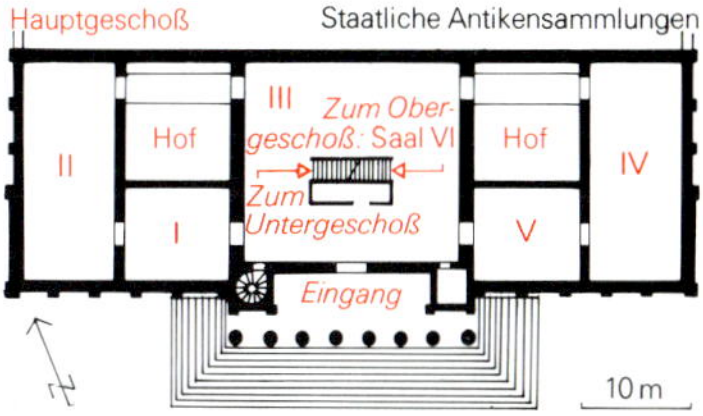

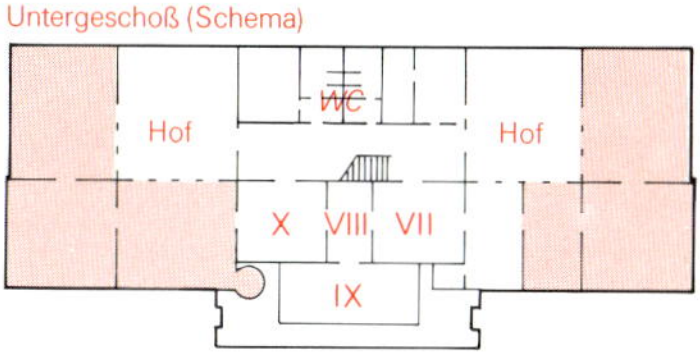

Epochen, im einzelnen in Saal **I** der Vor- und Frühgeschichte, in **II** des 8.–6. Jh., in **III** des 6. und 5. Jh., in **IV** des 5. Jh. und in **V** des 5.–2. Jh. sowie griechische Terrakotten, Tongefäße und Bronzen der Schenkung Hans v. Schoen in Saal **I** und James Loeb in Saal **V**. Im ***Obergeschoß*** des Mittelsaals III: Griechische Gefäße aus Unteritalien, etruskische Tongefäße und Bronzen. ***Untergeschoß:*** im **Korridor** Tongefäße des 8.–6. Jh. aus Böotien und des 10.–6. Jh. aus Cypern, in Raum **VII** Etruskischer Goldschmuck und antikes Silber, **VIII** Antikes Glas und griechische Bronzen, **IX** Griechische und andere Terrakotten und Bronzen, **X** Griechischer Goldschmuck. (Archaische und klassische griechische, hellenistische und römische Großplastik in der Glyptothek, → Königsplatz 3, ausgestellt.) ***Bedeutung:*** Antikensammlungen und die zugehörige Glyptothek reichstes Museum antiker Skulptur und Vasenkunst in der Bundesrepublik; die Münchener Vasensammlung nach der des Britischen Museums und des Louvre wichtigste ihrer Art.

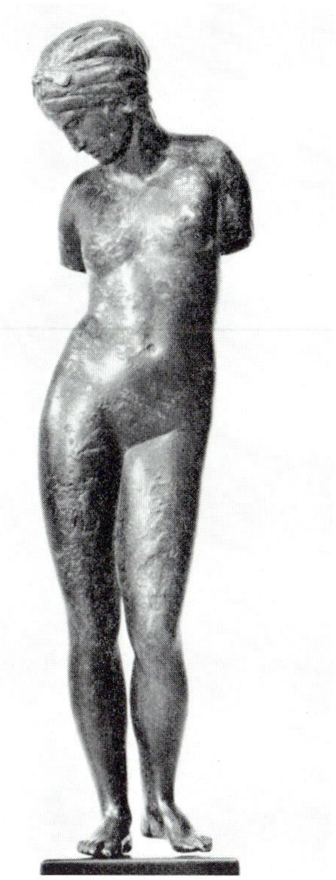

Antikensammlungen: *Mädchen von Beroia*

KÖNIGSPLATZ 2 1

Propyläen Bereits 1817 durch Klenze als Abschluß der Stadtausfahrt gegen Nymphenburg vorgeschlagen; auch als Denkmal für die bayerische Armee, für den griechischen Freiheitskampf und für den wittelsbachischen König Otto von Griechenland (Sohn Ludwigs I.) konzipiert. Als Standort auch die architektonisch ungestaltete Gasteig-Höhe (1838) oder das Nordende der Ludwigstraße vorgesehen. Entwurfsauftrag an Klenze für die Westseite des Königsplatzes erst 1846 durch Ludwig I., Bauauftrag 1848; Grundsteinlegung 1854, vollendet 1862. An den Wänden der Hauptdurchfahrt die Namen der Philhellenen und griechischen Freiheitskämpfer. ***Beschreibung:*** Zwischen 2 mächtigen, sich nach oben ver-

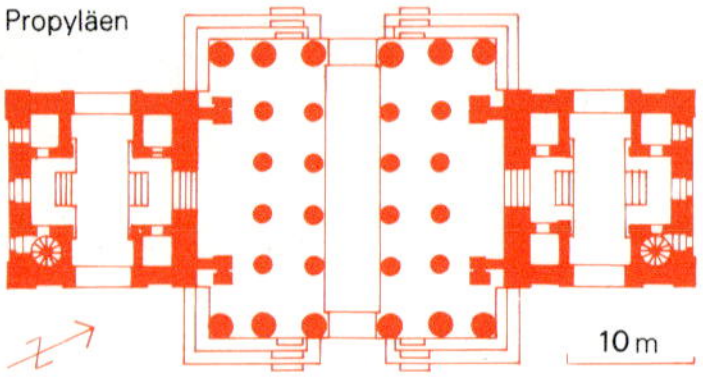

jüngenden Türmen (mit großem Durchfahrtstor und ägyptisierendem Gesims) 6säulige dorische Giebelfront nach Ost und West auf 3stufigem Stylobat; in Durchfahrtsraum beiderseits Doppelreihe von je 4 ionischen Säulen; farbig gefaßte Kapitelle und Kassettendecke. *Giebelplastiken* von L. Schwanthaler entworfen (außen: Verherrlichung des griechischen Befreiungskampfes; zum Platz: Huldigung vor König Otto von Griechenland); *Reliefs* mit Kampfszenen unter den Turmfenstern, ebenfalls von Schwanthaler entworfen. ***Bedeutung:*** Mit diesem »Torbau von erhabener Zwecklosigkeit« (Lieb) Vollendung der Platzkonzeption Ludwigs I.; letzter echter klassizistischer Bau Münchens, in der Verschmelzung ägyptischer Motive (Pylonen) mit griechischen ungemein proportionssicherer und organischer Baukörper.

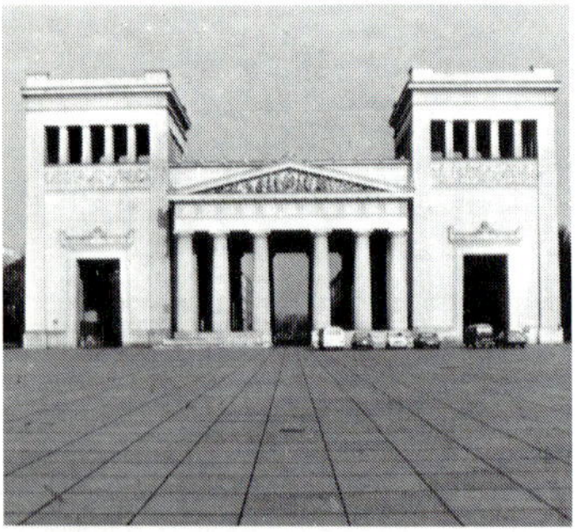

Propyläen (1846–62) von Leo von Klenze

KÖNIGSPLATZ 3 **1**

Glyptothek* Für die von Kronprinz Ludwig erworbenen Antiken und für die durch Haller von Hallerstein (mit Robert Charles Cockerell) 1811 ausgegrabenen ›Ägineten‹ sollte ein würdiger Bau erstellt werden. Erste Entwürfe von Quarenghi (1810/11), ferner von K. v. Fischer (ca. 1813), Hallerstein (1813/14), die in dem 1814 von der Kunstakademie ausgeschriebenem Entwurfswettbewerb eingingen. Beteiligung Klenzes (1815) unter Zusicherung, daß Ludwig die Arbeiten ›richtet‹: Klenze 1816 mit endgültiger Ausführung (unter Verwendung von Fischers Konzeption – Vierflügelanlage, aber ohne Mittelsaal) beauftragt: sein 1. Großbau in München. (Nachgereichter Entwurf von Wolff, 1816, nicht mehr berücksichtigt.) Grundsteinlegung: 1816, Bau 1830 vollendet. Im 2. Weltkrieg schwer getroffen; 1947–53 provisorischer Wiederaufbau, 1964–71 Innenausbau nach architektonischen Gegebenheiten sowie Neugestaltung des Innenhofs (Entw.: Wiedemann); 1972 Wiedereröffnung. Restaurierung der Giebelfiguren 1984. ***Fassaden:*** Die *Schauseite* überragt von einem von 8 glatten ionischen Säulen getragenen Giebel (die Figuren von J. M. Wagner, 1818: ›Athene Ergane, Werkleute anführend‹); der ganze Baublock auf 3stufigem Stylobat, an den Ecken und am Mittelgiebel von Pilastern gerahmt, schmuckloses Gebälk; anstelle von Fenstern Rundnischen in Ädikula-Rahmungen mit Statuen: Hephaistos, Prometheus, Daidalus, Phidias, Perikles u. Kaiser Hadrian (nach Modellen von J. N. Haller u. Lazzarini 1838–41 in Marmor ausgeführt von Lazzarini, Leeb, Schaller u. Schöpf). *West-* und *Ostfassade* einfacher; Nischen zu Zweiergruppen zusammengefaßt; an Westseite Bildhauer aus der Renaissancezeit: Ghiberti, Donatello, Peter Vischer, Michelangelo, Benvenuto Cellini, Giovanni da Bologna (nach Modellen von Brugger u. Widnmann ca. 1857–62 in Marmor ausgeführt von Lossow); an Ostseite zeitgenössische Bildhauer (damit Ludwigs urspr. Programm andeutend, daß in der Glyptothek auch jüngere Werke aufgestellt werden sollten, die der Vorbildlichkeit der Antike folgten): Canova, Thorwaldsen, Christian Daniel Rauch, Tenerani, Gibson u. Ludwig Schwanthaler (nach Modellen von Brugger u. Widnmann 1857–59 in Marmor ausgeführt von Lossow. Wiederaufstellung vorgesehen). *Nordseite:* In der Mitte 4säuliger Portikus mit Eingang; in den beiden Seitenfeldern gekuppelte Fenster. ***Inneres:*** Alle Säle gewölbt, vor der Zerstörung reich ausgestattet (nach Entwürfen von Klenze durch J. B. Métivier): Farbige Stuckmarmorwände, Stuckreliefs (z. T. vergoldet), Marmorsockel und -fußböden. – Die Säle **7** und **9** von P. Cornelius 1820–30 mit Fresken ausgemalt (Göttermythos und Szenen aus dem Trojan. Krieg; nahezu total zerstört). ***Bedeutung:*** Das beispielhafte Werk des Klassizismus ist 1. eigens für antike und zeitgenössische Plastik errichtetes, für die Öffentlichkeit bestimmtes Museumsgebäude in Deutschland (vergleichbar: Villa Albani, 1760, und Musée Napoléon); in seiner Konzeption König Ludwigs I. persönlichstes Werk, die Exponate erstmals nach Chrono-

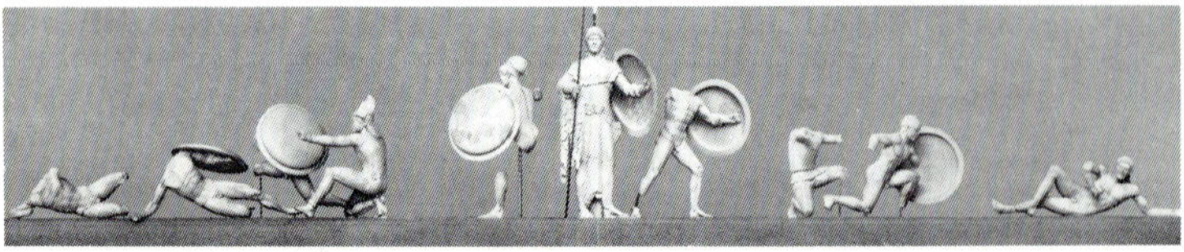

Der *Westgiebel* des Aphaia-Tempels in Ägina (Staatliche Antikensammlungen, Glyptothek)

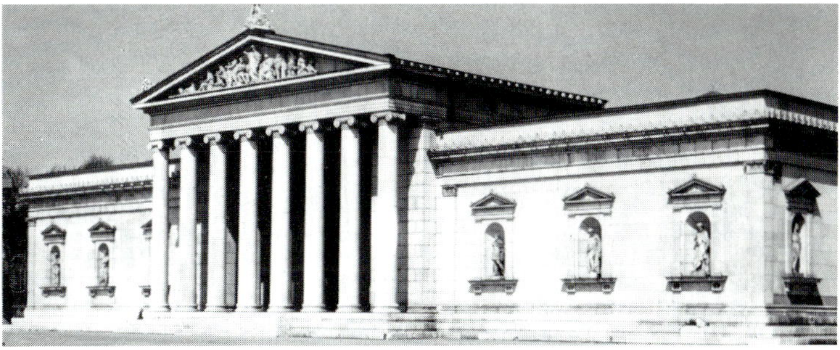

Die *Glyptothek* (1816–30) von Leo von Klenze, nach Kriegsbeschädigung 1972 wiedereröffnet

logie ihrer Entstehung (und nicht mehr nach Inhalten) geordnet. Mit Auftrag zur Ausmalung der Säle an Cornelius Wiederbelebung monumentaler Wandmalerei. **Rundgang I** Saal der frühgriechischen Jünglinge, **II** Saal des Faun, **III** Saal des Diomedes, **IV** Saal des Grabreliefs der Mnesarete, **V** Saal der Eirene, **VI** Saal des Grabreliefs mit dem Jäger, **VII** Saal der Westgiebelgruppe des Tempels von Ägina, **VIII** Saal der Sphinx, **IX** Saal der Ostgiebelgruppe des Tempels von Ägina, **X** Saal des Alexander, **XI** Saal der römischen Bildnisse, **XII** Saal des Apollon, **XIII** Saal des Knaben mit der Gans. – Antike Kleinkunst → Königsplatz 1.

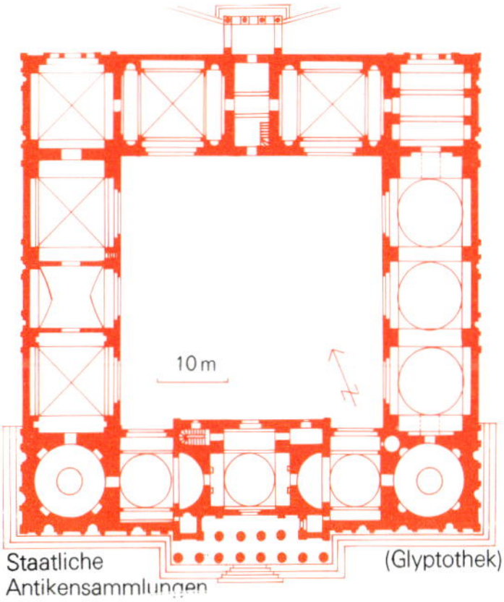

KRANZBERGER ALLEE 66 — 26

Heilig Kreuz in Fröttmaning Von der bereits im 9. Jh. erwähnten Ansiedlung in der ›Fröttmaninger Heide‹ nichts mehr erhalten, Weihe der ersten Kirche 815 überliefert; heutiger Bau im Kern romanisch, im 14. Jh. verändert, 1735/36 barockisiert. Restaurierungen 1892–1902 und 1934 (Deckenbilder); erst Renovierung 1979–80 verhinderte Verfall der Kirche durch Dachschäden und ihre weitere Ausraubung; Innenrestaurierung 1981–83. ***Beschreibung:*** Rechteckiger Baukörper mit Satteldach, östlich der wuchtige Turm (ebenf. mit Satteldach). Das Innere ein 3jochiger Saalraum mit barockem Spiegelgewölbe, im Osten quadratischer eingezogener Altarraum, im Westen von gefaster Stütze (17. Jh.) getragene hölzerne Empore. Das *Deckengemälde* ›Verehrung des Hl. Kreuzes‹, umgeben von 4 Medaillons (Hll. Petrus, Magdalena, Franziskus, Franz Xaver), wohl um 1736/40. Maler unbekannt. Im *Hochaltar* Kreuzigungsbild, flankiert von den Hll. Erasmus und Silvester, in den *Seitenaltären* links Hl. Sebastian, flankiert von Georg und Florian, rechts Mater dolorosa, flankiert von Katharina und Clemens (alle 3 Altäre: 17. Jh.). Von besonderer Bedeutung die 1981 entdeckten *Ornamentmalereien*★ (12./13. Jh.) an den Ost-, Süd- und Nordwänden: überwiegend geometrische Symbolzeichen, die direkt auf die Ziegel gemalt sind. ***Bedeutung:*** Eine der ältesten Kirchen im Stadtgebiet; als Bautypus ›Chorturmkirche‹, vgl. St. Nikolaus in Freimann (→ Heinrich-Groh-Str. 11). Die nur z. T. freigelegten romanischen Malereien aus zweierlei Gründen bemerkenswert: sehr wenige Reste romanischer Wandmalereien in Bayern und speziell im Raum München aus dieser Epoche erhalten; einzigartig die Technik.

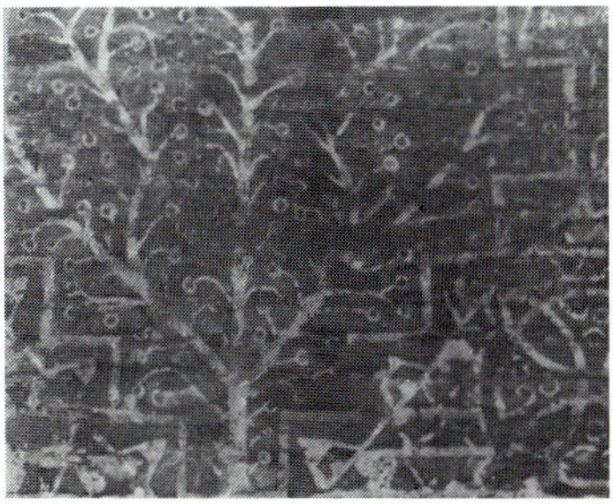

Roman. *Ornamentmalerei* in Heilig Kreuz

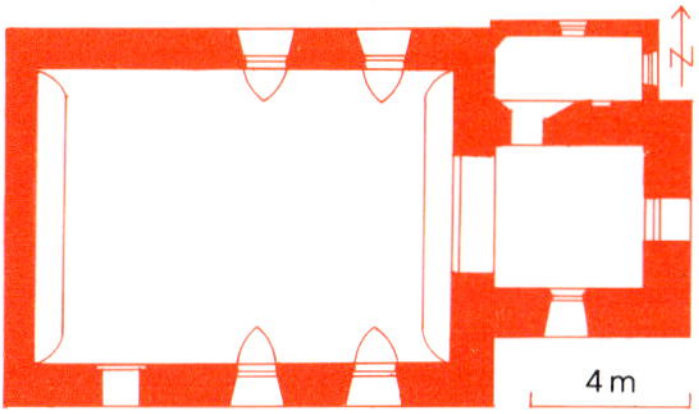

Fröttmaning, Hl. Kreuz

Allerheiligenkirche am Kreuz

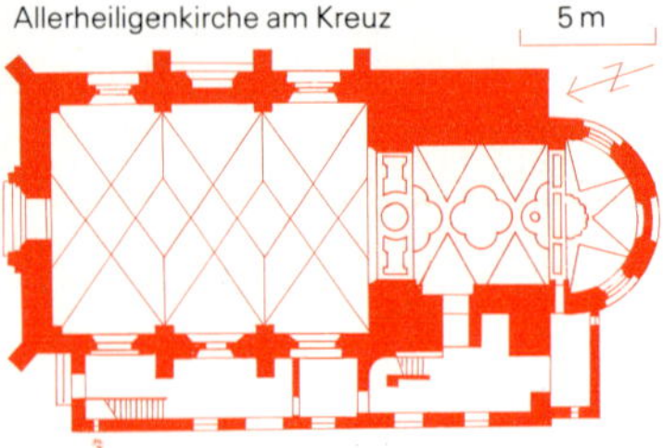

KREUZSTRASSE 10 **5**

Allerheiligenkirche am Kreuz Urspr. Kapelle für den 1478 angelegten Friedhof der Peterspfarrei (1782–89 an die Stephanskirche verlegt, → Thalkirchner Straße 17: Südfriedhof). 1480–85 von Jörg von Halsbach erbaut, Dachstuhl wohl vom Meister Heinrich von Straubing aufgesetzt; Umbauten 1620, 1722, 1772, zwischen 1796 und 1814 öfter profaniert; 1847 erstmals im Innern renoviert, dann 1935 umfassend instandgesetzt. 1944 schwer beschädigt, 1948 wieder aufgebaut und 1950–52 restauriert; bis 1979 ukrainische Kirche, seitdem Schulkirche. ***Äußeres:*** Gesüdeter unverputzter Ziegelbau mit Strebepfeilern, Apsis beim Wiederaufbau leider verputzt; Turmhelm urspr. mit Zeltdach, jetzt mit 4 gekappten Giebeln. Als Friedhofskirche zwei seitl. gegenüberliegende Eingänge, mit Auflassen des Friedhofs vermauert und durch Portal in der Nordseite (unter Verwendung älterer Teile) ersetzt. ***Inneres:*** Langhaus einschiffig, 3jochig, mit gotischem Netzgratgewölbe, Fenster seit 1620 gerundet; Altarraum urspr. im Turmuntergeschoß, 1620 Einzug eines barocken Tonnengewölbes mit Stichkappen und Felderteilung sowie Anfügung des heutigen halbrund geschlossenen Chors; Empore 1722. *Hochaltar:* 1814 mit älterem Bild ›Maria erscheint Augustinus‹ von Rottenhammer; Tabernakel 1770 aus der Straubschule, 1820 aus Karmelitenkirche übernommen; *Seitenaltäre* links Reliquiar in Rokokoschrein (flankiert vom Hl. Isidor und von der Hl. Notburga), darüber Hl. Sebastian; rechts ikonenhafte Madonna mit Kind, darüber Mater dolorosa. *Plastiken:* Holzkruzifix um 1520 über der Westtüre, Pietà von 1626 links unter der Empore. Rest gotischer Freskierung ›Christus in der Mandorla‹ über dem vermauerten Ostportal. Ehem. *Chorabschlußgitter* heute unter der Empore, 1750. *Epitaph** für Bankier Philipp Goetz (1627) von Krumper, ›Auferweckung des Lazarus‹, rechts im Triumphbogen. ***Bedeutung:*** Kleiner Bau des Meisters der Münchner Frauenkirche, im Innern die Spuren seiner Hand durch Barockisierung teilweise verschwunden. Krumpers Epitaph ein hervorragendes Beispiel für Münchner Bronzeguß, in der Haltung noch Renaissance.

LACHNERSTRASSE 8 **18**

Herz-Jesu-Kirche Nach Kriegszerstörung (1944) der 1890 konsekrierten Kirche Übertragung von Teilen der hölzernen Kinohalle vom Obersalzberg (Arch.: Fick, 1937/38) nach München und 1948–51 Neugestaltung zur Pfarrkirche durch Haindl: Pfeiler in Stülpschalung teilen Rechteckraum in 3 Schiffe; querrechteckiger, angefügter Altarraum und durchgehende (imitierte) Holzbalkendecke. ***Ausstattung:*** z.T. aus alter Maria-Trost-Kirche (→ Winthirstr. 15): In *Marienkapelle* 4 Reliefs (Marienleben) eines spätgotischen Flügelaltars (Umkreis Erhart, 1495/1500; viell. vom ehem. Hochaltar der Wallfahrtskirche Maria Thalkirchen: dort die Schreinfiguren Mutter Gottes, Hl. Ulrich u. Hl. Korbinian, → Frauenbergplatz 1). *Hängekreuz* von Chorherr (vor 1960), *Hochaltar* moderne Kopie (von Bresgen) des Bamberger Passionsaltars (1429, Orig. in Nürnberg, German. Nat. Mus.); im rechten Schiff *Holzkruzifix* (K. Knappe, um 1960) und 5teiliger *Passionsaltar* (Köhler), im linken Schiff *Altarpolyptychon* (Szenen aus Marienleben, von Köhler, 1979); an 5. und 6. Pfeilern beider Seiten Bilder von Molzahn (rechts: ›Alpha und Omega‹, 1950, ›Verkündigungsengel‹, 1962; links: ›Verkündigung‹, 1962, ›Auferstehung‹, 1961); an den Pfeilern (altarseitig) spätnazarenische *Apostelbilder* (süddeutsch, 19.Jh.), gegen die Seitenschiffe *Kreuzweg* (Linolschnitte von Seewald, 1952); *Kanzel* mit ungefaßten Reliefs (um 1925), *Pietà* (um 1930) und *Hl. Georg* von Panzer. Die *Glasmalereien** der 17 Fenster (Szenen aus dem Alten und Neuen Testament) von Seewald 1968.

LEDERERSTRASSE 3 **7**

Zerwirkgewölbe Das von Herzog Albrecht V. 1558 gegründete ›Wildpraetgwelb im Hofzehrgarten‹ diente zur Aufnahme des bei Hofjagden erlegten Wilds und war urspr. in der Maxburg untergebracht; 1808 hierher verlegt. Ehedem herzogliches Falkenhaus, 1264 unter Herzog Ludwig dem Strengen errichtet und wohl nicht vor Ende des 15.Jh. weitgehend erneuert oder umgebaut; dann bis zur Errichtung des neuen Herzoglichen Brauhauses im Alten Hof (1589–91) Braustätte, seither unverändert. Das ›Herzoglichs Haus‹ genannte Gebäude 1590 von dem Hofkistler Wendel Dietrich gekauft; bis 1808 in Privatbesitz, seither ›Hof-Zerwirkgewölbe‹. ***Bedeutung:*** Eines der ganz wenigen mittelalterlichen profanen Gebäude Münchens mit schönen kreuzgratgewölbten Innenräumen. Durch **Schlichtingerbogen** (an der Stelle eines Durchgangs, um 1385, in ältester Stadtmauer) Verbindung zur Burgstraße.

LENBACHPLATZ **5, 6**

In der irregulären Geländesituation im Vorfeld der alten Stadtbefestigung zwischen → Maximiliansplatz (mit Einmündung der ›Rumford-Chaussee‹/Ottostraße), → Altem Botanischen Garten und → Karlsplatz sich ergebende amorphe Platzgestalt, in ihrer Staffelung und Bebauung typisch für spätes 19.Jh.: durch mehrere, ohne engere Beziehung zueinander gruppierte Baukörper wechselnde malerische Perspektiven. Im Blick von Süden die breitgelagerte Schaufassade der *Deutschen Beamtenversicherung* (Nr. 1; von Schleich, 1977–81); daneben der verfestigende Baublock der *Deutschen Bank/Bayerischen Börse* (→ Nr. 2) an der Nahtstelle zwischen Karls- und Lenbachplatz, nach Norden anschließend die malerische Baugruppe des *Bernheimer-Hauses* (→ Nr. 3), ferner der aus 3 Gebäuden bestehende Baublock, nach Plänen von E. v. Seidl erbaut (Nr. 4: 1904–05; Nr. 5: 1903–04; Nr. 6: 1904–05); an der aufgelokkerten gegenüberliegenden Seite → Nr. 8 *Künstlerhaus*, der Ausstellungspavillon von BMW und das *Justizgebäude* anstelle der ehem. Maxburg (→ Nr. 7); im Norden offen zum → Maximiliansplatz übergehend. Hier, vor Baumgruppen, der

Wittelsbacher Brunnen* von 1893–95 durch Hildebrand geschaffen, eingeweiht am 12.6.1895, 1944 z.T. zerstört (linke Figur), 1951/52 durch Georgii restauriert. An Geländestufe komponiert: in kreisbogenförmigem Becken plastisch gegliederte Mauer des oberen, quergelagerten Bekkens, in dessen Mitte Schalenbrunnen; die beiden Skulpturen (steinschleudernder Mann und Frau mit Schale) symbolisieren Kraft und Segen des Wassers. (Brunnen angelegt von der Stadtgemeinde München anläßlich der Vollendung der Quellwasserleitung; dabei Stiftung eines großen Betrages durch die Wittelsbacher als Dank für den

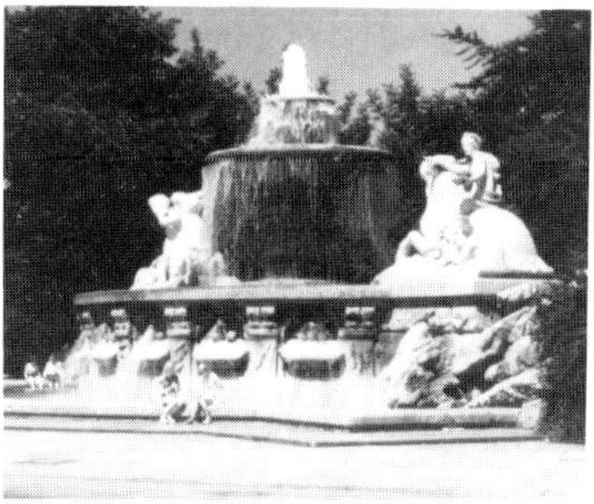

Der *Wittelsbacher Brunnen* am Lenbachplatz

Anschluß der Residenz an die städt. Wasserversorgung.) ***Bedeutung:*** An städtebaulich exponierter Lage meisterhaft komponierte, römischen Hochbarock mit antikischem Geist verbindende Anlage: Münchens schönster Brunnen.

LENBACHPLATZ 2 5

Deutsche Bank und Bayerische Börse Anstelle des seinerzeit spektakulären und angefeindeten ersten neuzeitlichen Miethauses in München (err. 1816–18 durch Himbsel: ›Himbsel-Haus‹) nach Plänen von A. Schmidt 1896–98 errichteter beherrschender Baublock. ***Beschreibung:*** Über hohem rustizierten Sockelgeschoß durch Kolossalordnung kräftig gegliedertes 2stökkiges Obergeschoß; darüber schweres Gebälk (Dachgeschoß nach 1945 ausgebaut). Die durch große Fensteröffnungen 3achsig gegliederten Fassaden zwischen markanten Eckrisaliten; abgerundete Ecken steigern Plastizität des Baukörpers, durch die heute nicht mehr vorhandenen 4 Eckkuppeln ehedem noch besonders betont (Anklänge an den Michaelertrakt der Wiener Hofburg 1889–93). ***Bedeutung:*** Am städtebaulich problematischen Übergang von Karls- zum Lenbachplatz beherrschender Baublock des klassischen Historismus, in seiner urbanistischen Qualität Wiener Ringstraßen-Architektur vergleichbar.

LENBACHPLATZ 3 5

Bernheimer Haus 1887–89 errichteter Baublock mit aufwendiger Fassade zum Lenbachplatz; Planung durch F. Thiersch, der seinen Fassadenentwurf zugunsten des Vorschlags seines Schülers Dülfer zurückzog. Erweiterungsbau an Ottostraße (Nr. 16) von Thiersch (1909) durch Überbauen des ›Englischen Cafés‹; zwischen Alt- und Neubau italienisierender stimmungsvoller Hofraum. ***Beschreibung:*** Über hohem Sokkel mit Geschäftsräumen 3 Wohnetagen unter urspr. gerundetem Walmdach; 3achsiger, kräftig gegliederter Mittelrisalit (Anklänge an das Palais im Großen Garten zu Dresden) mit Rundgiebel in der Dachzone (Giebelrelief ›Welthandel‹ von Vogel), darüber barocke Laterne (im Krieg zerstört); beiderseits 3 Achsen gekuppelter Fenster, flankiert von 1achsigen Seitenrisaliten, der südl. in Angleichung an Deutsche Bank (→ Nr. 2) abgerundet. – Fassade an Ottostraße (Entw.: Lömpel) unter Verwendung barokker Elemente in Flächigkeit eines sezessionistischen Klassizismus umgedeutet. ***Bedeutung:*** Eines der ersten kombinierten Geschäfts- und Wohnhäuser Münchens, avantgardistisch dabei die sichtbar belassene Eisenkonstruktion des Geschäftsgeschosses, was zum überregionalen Aufsehen des Gebäudes erheblich beigetragen haben dürfte. – Sehenswert der prächtige *Gobelinsaal* als selten gewordenes Beispiel einer Raumgestaltung der Jahrhundertwende.

LENBACHPLATZ 7 6

Herzog-Max-Burg Nach ihrem Erbauer, Wilhelm V., ›Wilhelminische Veste‹ genannter weitläufiger Gebäudekomplex; in den 1590er Jahren durch Schön d.Ä. errichtet; in der 2. Hälfte des 17. Jh. Residenz von Herzog Maximilian Philipp (seither ›Maxburg‹). 1944 völlig zerstört; Gelände mit Gebäuden aus Stahl, Beton und Glas bebaut (1953–55; Architekten Pabst und Ruf): Polizei- und Justizbehörden. Einzig erhaltener alter Bauteil der jetzt vor der Nordseite stehende restaurierte *Turm*. Im Hof *Moses-Brunnen:* auf Granitmonolith Bronzestatue des Moses, von Henselmann 1955.

LENBACHPLATZ 8 5

Künstlerhaus Als Vereinsbau der Münchener Künstlergenossenschaft von 1892 bis 1900 nach Plänen von G. v. Seidl erbaut. Der ebenerdige Flügel zum Karlsplatz durch Brinkmann 1937/38 um Obergeschoß erhöht. Im Krieg Saalbau ausgebrannt, Resträume von 1945–49 durch Besatzungsmacht genutzt; Wiederaufbau 1955 ff. durch Schleich. ***Äußeres:*** Dem zurückgesetzten hohen Saalbau mit gestuften

L

Giebeln (von Türmchen überragt) gegen NO rechteckiger Innenhof vorgelagert; an 2 Seiten von niedrigen Flügeln begleitet (nordwestl.: Restaurant, gegenüber Büros), während 4. (NO-) Seite durch Mauer mit stattlichem Rundbogenportal geschlossen ist. ***Inneres:*** In urspr. Zustand nur noch das prunkvolle Vestibül mit Treppe im Saalbau sowie das ›Venezianische Zimmer‹ (nördl. Eckraum des Restaurants) erhalten, die Ausstattung des Lenbachzimmers und des Festsaals annähernd in den urspr. Formen rekonstruiert: Sie geben Vorstellung von der einstigen, heute größtenteils restaurierten prächtigen Ausstattung (u.a. von Lenbach). ***Bedeutung:*** Malerisch reich silhouettierte Baugruppe am Übergang von Karls- zum Lenbachplatz; im architektonischen Instrumentarium von norddeutscher Renaissance angeregt (z.B. Universität von Helmstedt, von Francke, 1593–1612); die urspr. Innenräume galten als hervorragende Beispiele für die von italienischer Renaissance geprägte üppige Raumkunst der ›Prinzregentenzeit‹: Das *Venezianische Zimmer* einziger allgemein zugänglicher Raum dieser Stilstufe in München.

LEOPOLDSTRASSE 19

Verlängerung der Ludwigstraße nördlich des Siegestors bis zum Platz *Münchner Freiheit;* heute beliebte und berühmte Flanierstraße (→ S. 237) und Verkehrsachse Schwabings. Bereits bei Baubeginn von Odeonsplatz und → Ludwigstraße (1817/18) wurde deren Straßenachse (auf Anraten K. v. Fischers) auf die Gabelung der ehem. Freisinger Landstraße (heute: Ungererstr.) und der Straße nach Schloß Schleißheim (›äußere‹ Leopold-/Ingolstädter Str.) ausgerichtet, ohne damit bereits die endgültige Ausdehnung festzulegen; diese erfolgte 1827: die Gesamtlänge des Straßenzugs beträgt rd. 2200 m, was dem nahezu doppelten Durchmesser der Altstadt entspricht. Das → Siegestor markiert die Halbierung, ist einerseits optischer Abschluß der architektonisch geprägten Ludwigstraße, andererseits stadttorähnlicher ›Empfangsbau‹ (vgl. Propyläen, → Königsplatz 2) für die Stadtzufahrt am Südende der urspr. ›ländlichen‹ Leopoldstraße (deshalb auch die Quadriga stadtauswärts orientiert). – Bebauungsplan 1845 von Gärtner aufgestellt: Baulinie (bis Franz-Joseph-Str.) auf rd. 70 m verbreitert (Ludwigstr.: ca. 35 m); Bepflanzung mit doppelreihiger Pappelallee, wobei die äußere Reihe auf die Bauflucht der Ludwigstraße, die innere Reihe auf die Breite des Siegestors ausgerichtet ist; ›offene Bauweise‹ mit Einzelbauten entspr. dem einst ländlichen Charakter: Situationsplan für die neuen Villen von Gärtner (1845). Urspr. Bebauung (Vorstadt-Villen; Palais Leopold mit Park) im Zug der Verstädterung (ab ca. 1880/90) durch ›geschlossene Bauweise‹ verdrängt, wie im Nordabschnitt ab Franz-Joseph-Straße; ab hier Verschmälerung der Baulinie auf rd. 43 m, Reduzierung auf einreihige Pappelallee. – Bauten der Gründerzeit im 2. Weltkrieg weitgehend zerstört, vereinzelt erhaltene Bauten von Anfang des 20. Jh.; Wiederaufbau in der einförmigen Bauweise der 50er Jahre oder in den schematischen Formen moderner Architektur; der ehem. Leopoldpark (zwischen Nr. 9 und 17) durch Universitätsbauten weitgehend zerstört. – Erwähnenswert: Nr. 4 ehem. *Wohnhaus* (Arch.: Dülfer, 1895), 4geschossig mit kräftigem 3achsigen Mittelrisalit in den Formen barokker Stadtpaläste (Wien), gemeinsam mit den anschließenden Häusern als Gegengewicht zur Akademie vis-à-vis (→ Akademiestr. 2) konzipiert. Nr. 28 *Verwaltungsgebäude der Rhein-Main-Donau AG* (→ Leopoldstr. 28). Nr. 30 *Raiffeisen- und Volksbanken Versicherungen* (Arch.: A. v. Branca, 1964–68): der an sich architektonisch bemerkenswerte 6stöckige Bau (Natursteingliederung sowie Metall und Glas) an dieser Stelle (Eckbau!) zu dominierend. ***Bedeutung:*** In der Fortführung der Ludwigstraße städtebaulich folgenreich für die Anbindung der 1890 eingemeindeten Stadt Schwabing an München; ähnlich wie → Prinzregentenstraße von Bebauung und Bepflanzung geprägter ›malerischer‹ Straßenzug; bewußter Gegensatz zur Monumentalität der Ludwigstraße.

LEOPOLDSTRASSE 28 19

Verwaltungsgebäude der Rhein-Main-Donau-AG Nach Plänen von Pfaller 1928–29 errichteter kubischer Baublock mit 5 Stockwerken und 11 Fensterachsen; hinter der leicht ausgestellten Mauer über der obersten Etage das Flachdach. Das 2. Obergeschoß durch Fenstertüren und durchlaufenden Balkon (großer Sitzungssaal) betont. Kontrast von starkfarbigem Putz zu hellem Donaukalkstein der Fensterwände und der 3gliedrigen Portalumrahmung mit Reliefs von Klein (›Handelsschiffahrt‹, ›Brücken- und Schleusenbau‹, ›Elektrizitätsgewinnung‹). ***Bedeutung:*** Der stereometrisch klar definierte Baukörper mit der streng gegliederten Fassade gutes Beispiel für die Ende der 20er Jahre als modern geltende Architektur ohne Bruch mit der Tradition.

LERCHENFELDSTRASSE 2 4, 19

Prähistorische Staatssammlung Flachbau inSkelettbauweise, mit Cor-Ten-Platten verkleidet, 1973–75 nach Plänen von Werz, Ottow und Partner errichtet. ***Baubeschreibung:*** Schräg zur Lerchenfeldstraße angeordnete Baugruppe aus Verwaltungs- und Werkstättenbau (mit Eingangshalle) und dem eigentl. Museumstrakt aus 6 gegeneinander versetzte Kuben um 2 Innenhöfe;

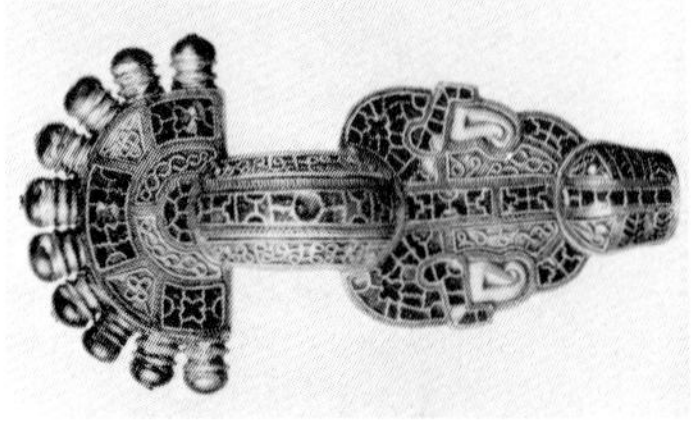

Fränkische Fibel (Prähist. Staatssammlung)

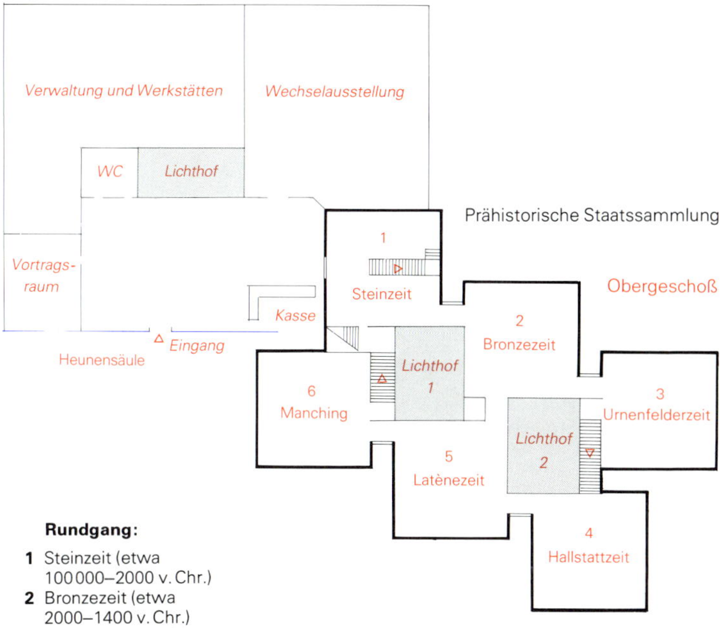

Rundgang:

1 Steinzeit (etwa 100000–2000 v. Chr.)
2 Bronzezeit (etwa 2000–1400 v. Chr.)
3 Urnenfelderzeit (etwa 400–800 v. Chr.)
4 Hallstattzeit (800–500 v. Chr.)
5 Latènezeit und
6 Manching (etwa 500 bis um Christi Geb.)
7–9 Römerzeit (etwa 15 v. Chr.–400 n. Chr.)
10 Merowinger- und
11 Karolingerzeit (5.–8. Jh.)
12 Frühes Mittelalter (9./10. Jh.).

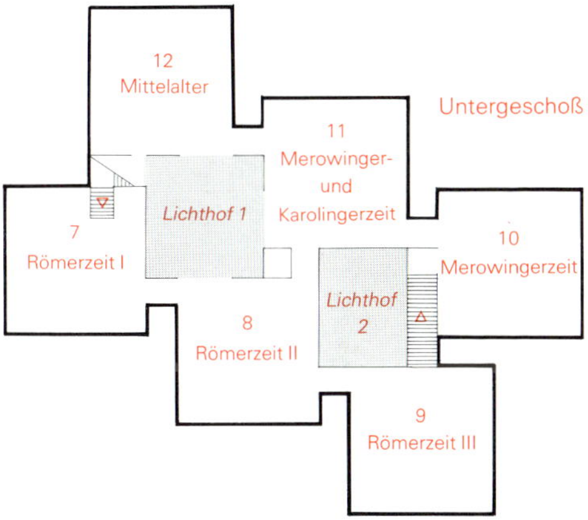

Niveauunterschiede der 12 Schauräume ermöglichen Zusammenfassung von jeweils 3 Sälen entsprechend den 4 chronologisch geordneten Themenbereichen des Museums: Vorgeschichte (2 Abteilungen) – Römerzeit – Frühes Mittelalter. Vor dem Museum der monolithische Rohling einer der ›Heunensäulen‹ (wohl romanisch, viell. frühes 11. Jh.) aus einem bereits zur Römerzeit abgebauten Steinbruch aus Miltenberg/Main. ***Sammlungen:*** Erste Ansätze bei Gründung der Bayerischen Akademie der Wissenschaften (1759), durch Max I. Josef 1807 »Centralstelle für Untersuchung und Aufsammlung der im ganzen Lande gefundenen urgeschichtlichen Altertümer«; 1867 dem Bayerischen Nationalmuseum angegliedert. Mit Schenkung der Sammlung vor- und frühgeschichtlicher Funde von Prof. Johannes Rank an den Staat (1885) zunächst selbständige Abteilung der Paläontologischen Sammlung (gegr. 1843); erst 1934 und 1937 Übergabe der Bestände des Histor. Vereins von Oberbayern und des Nationalmuseums. Einbußen durch Zerstörung der Sammlungsräume in der Alten Akademie (1944), seit 1949 im ›Studiengebäude‹ des Bayerischen Nationalmuseums untergebracht; Eröffnung im eigenen Bau 1976. ***Bedeutung:*** Das Münchner Museum eine der größten regionalen vor- und frühgeschichtlichen Sammlungen in der Bundesrepublik (mit Zweigmuseen in der Burg Grünwald, → Zeillerstr. 3; in Amberg/Opf., Neuburg a.d.D., Weißenburg i.B., Bad Windsheim/Mfr. in Planung).

L

LILIENSTRASSE 11

Augia-Brunnen (Schöner Brunnen) Nach Entwurf von L. Schwanthaler um 1848 errichtet. ***Beschreibung:*** In 8eckigem Bekken auf einem Vierkantpfeiler mit abgeschrägten Kanten und einfachen Wasserspendern eine Frauenfigur als Allegorie der Vorstadt Au: In einfachem Kleid mit Umhang, auf dem Kopf Mauerkrone, in der rechten Hand Blumenkranz, die linke auf Schild mit Lilienemblem gestützt.

LUDWIGSBRÜCKE 11, 12

An dieser Stelle wohl die von Heinrich dem Löwen um 1156/58 angelegte Isarbrücke. Mehrmalige Zerstörungen durch Hochwasser (1633, 1813). Erste moderne Brücke 1890–92 durch F. v. Thiersch errichtet, 1934–35 durch jetzige breitere Brücke im Zug des Ausbaus der Ausfallstraße vom Stadtzentrum zur Autobahn Salzburg ersetzt; die 1892 an den Brückenköpfen aufgestellten Pylonen (mit allegorischen Sitzfiguren von Floßfahrt, Industrie, Kunst und Fischerei, von Eberle, Kaufmann und Halm, 1891–92). 1935 paarweise an Stadtseite versetzt, im Krieg schwer beschädigt; 2 davon (Floßfahrt und Industrie) restauriert, der einzeln stehende Pylon mit neuer Figur (Kunst, 1979, von Dietz). – Auf der Kalkinsel (zwischen ›großer‹ und ›kleiner‹ Isar) seit 1931 der **Vater-Rhein-Brunnen** angelegt, von A. v. Hildebrand 1897–1902 im Auftrag des Straßburger Rechtsanwalts Sigismund Reinhard geschaffen, als ›Reinhardbrunnen‹ vor dem Stadttheater in Straßburg aufgestellt; 1919 abgebrochen, gelang Rettung der Bronzefigur für München; hier veränderte und verkleinerte Nachbildung der Brunnenanlage: an der Schmalseite des rechteckigen Beckens mehrtreppige Kaskade, flankiert von Puttengruppen mit Fischen; über 3 Rundschalen Sockel mit Bronzestatue des Vater Rhein (1900/01). ***Bedeutung:*** Hervorragende Adaption klassischer Vorstellungen in die Plastik des ausgehenden 19. Jh.; in der Gesamtwirkung durch Fehlen des urspr. Architektur-Hintergrundes beeinträchtigt.

LUDWIGSTRASSE 2, 3, 6, 19

Mit Genehmigung der Klenze-Pläne für den → Odeonsplatz (1817) Anlage der Ludwigstraße (bis zum Regierungsantritt Ludwigs 1825 dessen privates Unternehmen) gesichert: Ausrichtung der Straßenachse auf Gabelung der Freisinger Straße (heute: Ungererstraße)/Fürstenweg nach Schleißheim (heute: Leopoldstraße) nördl. des Dorfs Schwabing; endgültige Ausdehnung der Straße damals noch nicht entschieden. Grundzüge ihrer architektonischen Gestaltung von Klenze festgelegt, nach dessen Ablösung 1827 durch F. Gärtner auch von diesem bei weiterer Bebauung der Straße (nördl. der Theresienstraße) übernommen: durch breitgelagerte Häuserfronten, gleiche Traufhöhe und schmale Einmündungen der Querstraßen entstand die kristalline Festigkeit dieser Prachtstraße, die weder durch die Rhythmisierung der Fassade des ehem. Damenstifts noch durch die lockere Baugruppe von Ludwigskirche, Arkaden und Pavillonbauten gestört werden konnte. Erst der Durchbruch der Von-der-Tann-Str. (1937) und des Oskar-von-Miller-Rings (1968 ff.) unterbricht den Tiefenzug der Straße. Von Klenze urspr. (1826) Abschluß der Straße durch Kreisplatz mit Triumphtor (Propyläen) geplant, von Gärtner 1827 ersetzt durch Gegenvorschlag eines Rechteckforums mit Brunnen und Umbauung in strenger Form (*Universität*, → Geschwister-Scholl-Platz; *Georgianum* und *Max-Joseph-Stift*, → Professor-Huber-Platz 1 und 2). – Bebauung der Straße anfangs mit palastartigen privaten (Miet-) Häusern geplant; Farbgebung der Fassaden durch Klenze festgelegt. Bestimmend für Stil war die Neurenaissance des *Leuchtenberg-Palais* → Odeonsplatz 4. Übergang von Platz zur Straße an der Westseite durch (Eck-) Haus *Nr. 1* (Staatsrat v. Kobell; 1818 voll.); *Nr. 3* von Métivier 1825/26 erbaut; Miethäuser gegenüber *Nr. 2:* 1820–22, *Nr. 4:* 1824/25, beide von Klenze entworfen, 1938/39 aber durch allzu gewalttätigen Bau des ›*Zentralministeriums*‹, heute Landwirtschaftsministeriums, von Gablonsky ersetzt; die im Krieg völlig zerstörten Häuser von Klenze (Nr. 6–10 ›Haßlauer Block‹, 1822–23) in urspr. Form als einziger Block mit 4 Portalen wiederaufgebaut (1960–68; Architekt: E. Schleich). Auf der Westseite (→ Nr. 13) ehedem *Palais Herzog Max;* anschließend die geschlossene symmetrische Dreier-

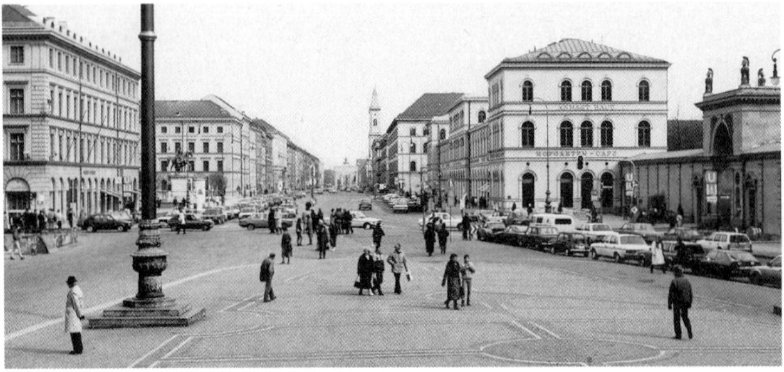

Blick von der Feldherrnhalle nach Norden in die *Ludwigstraße*

gruppe Nr. 15, 17, 19 von Klenze 1829 als Wohnhäuser vollendet, seit 1979 Sitz des *Bayerischen Landessozialgerichts;* Nr. 21: im Zug der Ludwigstraße nördlichster Bau von Klenze (voll. 1827), 1910/11 Neubau (Arch.: Littmann), heute *Bayerische Versicherungsbank.* – Weiterer Ausbau durch Gärtner: *St. Ludwig* (→ Nr. 20) ab 1829, *Staatsbibliothek* (→ Nr. 16) ab 1832, ab 1833 das ehem. *Blindeninstitut* (→ Nr. 25) und ab 1840 die ehem. *Bayerischen Berg-, Hütten- und Salzwerke AG* (→ Nr. 27) sowie das frühere *Damenstift* (Nr. 23) 1840–43, heute Bayerischer Verwaltungsgerichtshof; dahinter das ›Riederer-Haus‹, 1823 (heute: Bayer. Landesverein für Heimatpflege), das letzte erhaltene klassizistische Haus an der früheren Schwabinger Landstraße vor Anlage der Ludwigstraße. 1834 war bereits mit der Bebauung des *Forums* an der Universität begonnen worden; nach den flankierenden nördlichen Flügelbauten erneute platzartige Erweiterung, urspr. mit Pappelreihe in der Fassadenflucht der Ludwigstraße bepflanzt und zur → Leopoldstraße überleitend. An der Westseite symmetrischer 3teiliger Block (mit Wohnhäusern) *Nr. 29:* 1881–90 (Architekt: Herrmann), *Nr. 31:* 1880–82 (Architekt: Kleinschmidt), *Nr. 33:* 1878 (Arch.: Neumeyer); an der Ostseite *Nr. 28* als 1. Bauabschnitt des ›Hauses des Deutschen Rechts‹ 1935–39 von Bieber errichtet. Abschluß der Straße durch → Siegestor (1843–1852). ***Bedeutung:*** Diese »monumentale Straße Europas« (Wölfflin) in ihrer architektonischen Einheitlichkeit Klenzes Werk, kongenial von Gärtner im Sinn romantisch-individualisierender Baugesinnung fortgeführt und vollendet. Durch Anspruch und Weitblick Ludwigs I. eine der städtebaulich bedeutendsten Straßenanlagen des 19. Jh., die ›Via triumphalis‹ des ludovizianischen Königtums mit der Verkörperung staatspolitischer Anliegen durch Mittel der Architektur. Durch nahezu ausschließliche Beschränkung auf Staats- und Verwaltungsbauten jedoch ›steril‹ und der Entwicklung urbanen Lebens abträglich; Bebauung der westlich gelegenen → Maxvorstadt ohne Bezug zu den repräsentativen ›Fassaden‹ der Ludwigstraße.

LUDWIGSTRASSE 13 — 3

Landeszentralbank Anstelle des von Klenze 1822–26 errichteten Stadtpalais für Herzog Max in Bayern als Reichsbank-Hauptstelle erbaut: im ersten Bauabschnitt (Erdgeschoß, 1938–41) nach Plänen von Wolf reduzierte Übernahme der Klenzeschen Fassadenstruktur; vereinfachte Fertigstellung nach Plänen von Carl Sattler (1949–51) führt zur blockhaften Vergröberung. Von der urspr. reichen Innenausstattung – beteiligt waren die bedeutendsten Künstler Münchens (unter anderen Robert von Langer, Clemens von Zimmermann, Wilhelm von Kaulbach, Ludwig von Schwanthaler) – nur mehr 14 (Fresken-)Bilder des *Psyche-Zyklus* von Zimmermann aus dem Festsaal (heute in den Räumen der Musiksammlung der Bayerischen Staatsbibliothek) und fragmentarisch der *Bacchus-Fries* 1828/29 von Schwanthaler, in falscher Reihenfolge in der Kassenhalle der Bank, erhalten.

LUDWIGSTRASSE 14 — 3

Ehem. Kriegsministerium (heute Staatsarchive) Erste Überlegungen für Neugestaltung des ehem. Montur-Magazins an der Schönfeldstraße bereits 1822 durch Klenze, nach Festlegung der Baulinie der verlängerten Ludwigstraße (1826) von 1827–30 Errichtung des Hauptgebäudes an der Ludwigstraße im Anschluß an das 1826 fertiggestellte Kommandantur- und Wohngebäude des Kriegsministers an der Schönfeldstraße. Nach den Kriegszerstörungen 1964–66 in alter Form wiederhergestellt.

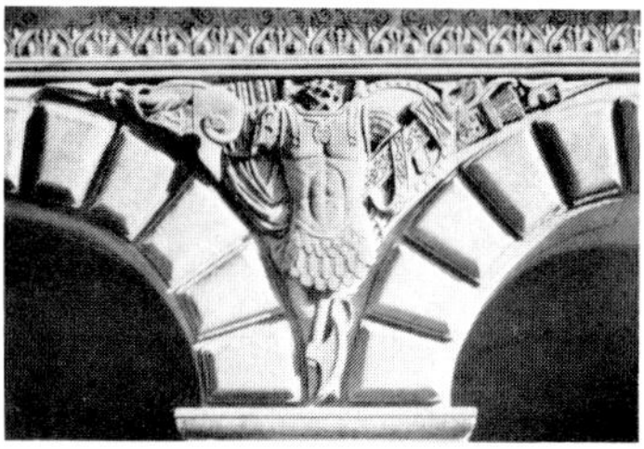

Bauplastik am ehemal. *Kriegsministerium*

Beschreibung: Breitgelagerter, 3teiliger Baukörper, der das Wandsystem des östl. gelegenen ehem. Kommandanturgebäudes (→ Schönfeldstr. 3) aufnimmt. Der 7achsige Mittelbau um ein Stockwerk höher als die 2geschossigen 5achsigen Seitenflügel; durch offene Pfeilerarkaden akzentuiert, in ihren Bogenzwickeln vorzügliche Trophäenreliefs★ (Entwurf wohl von Klenze, ausgeführt von Eichinger). Waagrecht-Bossierung im Erdgeschoß, darüber glattverputzte Wände mit Hausteingliederung (Rustikalisenen, Fensterumrandung); Rundbogenfenster (nach Wiederaufbau leider keine Sprossenteilung) in jedem Geschoß. ***Bedeutung:*** Durch breite Horizontalbänder zwischen den Geschossen und durch Konsolengesims Betonung des Tiefenzugs der Ludwigstr. Bei freier Adaption florentinischer Renaissance-Motive eine der eigenständigsten Klenze-Fassaden. (Archive → S. 246).

LUDWIGSTRASSE 16 — 3

Bayerische Staatsbibliothek Planungsauftrag an Friedrich Gärtner 1827 für Bau an der Ludwigstraße (1. Projekt), dann (1828) als Pendant gegenüber der Glyptothek am Königsplatz vorgesehen (2. Projekt: 4 Entwurfsvariationen); noch im selben Jahr unter Einfluß Gärtners abermalige Verlegung an Ludwigstraße (3. Projekt: 3 Variationen). Die urspr. vorgesehene Gliederung des Baus (Risalite, Nischen, Säulen) von Ludwig zugunsten einer nahezu ungegliederten Straßenwand vereinfacht; Entwürfe bis 1831 abgeschlossen. Aus Geldmangel Grundsteinlegung erst 8. 7. 1832, Westtrakt 1833 unter Dach, mit den beiden Querflügeln 1837 und dem Ostflügel bis 1842 voll-

L

endet; anschließend Einbau des monumentalen Treppenhauses (Vorbild Scala dei Giganti im Dogenpalast Venedig). Nach schweren Kriegszerstörungen Wiederherstellung (1950–66), Anfügung eines Traktes (Hauptkatalog und Lesesäle) an der Ostseite (1966; Arch.: Ruf, Döllgast, Kirsten und Werner). ***Äußeres:*** Freistehender, von rustizierten Ecklisenen gefaßter Baublock auf hohem Rustikageschoß und 2 Obergeschossen (in unverputzter Ziegelmauerung), durch ausladendes Konsolengesims abgeschlossen; 25 Achsen, in der Mitte 3 große Rundbogenportale über vorgelegter Freitreppe. – Die urspr. 4 Sitzfiguren an der Freitreppe wohl nach Entwurf von Schwanthaler ausgeführt (1837) von Sanguinetti (Aristoteles und Hippokrates) und von E. Mayer (Homer und Thukydides), 1843 aufgestellt; im 2. Weltkrieg beschädigt; heute im Hof der Schule von Bernau am Chiemsee. Jetzige Figuren Nachschöpfungen (1966) von Vogel (Thukydides), Dietz (Homer), Bohr (Aristoteles), Kroher (Hippokrates). – Der östl. angefügte Neubau (3geschossig) in Stahl und Glas, durch Doppel-T-Träger gegliedert. ***Inneres:*** Nur noch im Westflügel einige Räume (wie ›Fürstensaal‹) original erhalten; die monumentale Treppe wiederhergestellt, allerdings ohne die urspr. reiche Bemalung. ***Bedeutung:*** Verwendung von Elementen florentinischer, genuesischer und sienesischer Palastarchitektur der späten Frührenaissance; Horizontalgliederung der flächigen Front (155 m lang, 24 m hoch: größter Blankziegelbau Deutschlands) unterstreicht Tiefenzug und Fassadenhaftigkeit der Ludwigstraße. Schon der 1. Direktor der Staatsbibliothek, Johann Andreas Schmeller, kritisierte jedoch die gegenüber der architektonisch-künstlerischen Gestaltung vernachlässigte bibliothekstechnische Funktionalität.

Bibliothek mit derzeit über 4,7 Mill. Bänden größte Universalbibliothek der BRD; Kriegsverluste etwa 500000 Bde. ***Geschichte:*** Hervorgegangen aus der Bibliothek Albrechts V. (→ Hofgraben 4), durch Wilhelm V. umsichtig gefördert: typisch humanistische Büchersammlung. Während des 30jährigen Kriegs Stillstand; kaum nennenswerte Weiterentwicklung in der (wenig erforschten) Zeit zwischen 1650 und 1740, trotz der von Ferdinand Maria erlassenen Verordnung, Exemplare der im Kurfürstentum gedruckten Schriften abzuliefern. Neuer Aufschwung unter Max III. Josef und seinem Bibliothekar F. v. Oefele (1780). 1772 Übernahme der Bibliothek des (aufgelösten) Jesuitenordens, 1801 Übernahme der umfangreichen Büchersammlung der Theatiner. Zuerst durch Auflösung der Mendikantenklöster (1802), dann durch Säkularisation (1803) gelangt bedeutender Zuwachs an die Münchner »Zentral-Bibliothek«; nach Erhebung Bayerns zum Königreich (1806) Zugänge aus Franken und Schwaben. Bereits durch Karl Theodor war pfälzische Bibliothek nach München gekommen. Nach enger Verbindung mit der (1759 gegr.) Bayer. Akademie wird die Bibliothek 1832 eigene Staatsbehörde. – Systematischer Ausbau der Bestände im 19. Jh. und vor allem im 20. Jh. ***Bestände:*** Wiegendrucke, Handschriften, Einblattdrucke u.ä. (etwa 58700); Musikbibliothek (etwa 174000); Orientalistik und Osteuropa-Literatur (etwa 650000); Kartensammlung (etwa 240000 Karten sowie 4000 Atlanten und Topographien); etwa 13000 laufende Zeitschriften. ***Schwerpunkte:*** Geisteswissenschaft (v.a. Geschichte, Philosophie, Theologie), Bavarica, Genealogie, Karten und Reisewerke, Rechtswissenschaft, Medizin, Naturwissenschaft, Kunst und Architektur. (→ auch S. 247 f.)

LUDWIGSTRASSE 20 3

St. Ludwig* Pfarr- und Universitätskirche, auf Anordnung Ludwigs I. nach Plänen von F. Gärtner errichtet. Anfangsschwierigkeiten (Vorentwurf von Klenze, Finanzmisere der Stadt, Situierung der Kirche annähernd in Achse der Schellingstraße nach Wunsch Ludwigs sowie verschiedene Entwurfsphasen) noch bei Grundsteinlegung

St. Ludwig

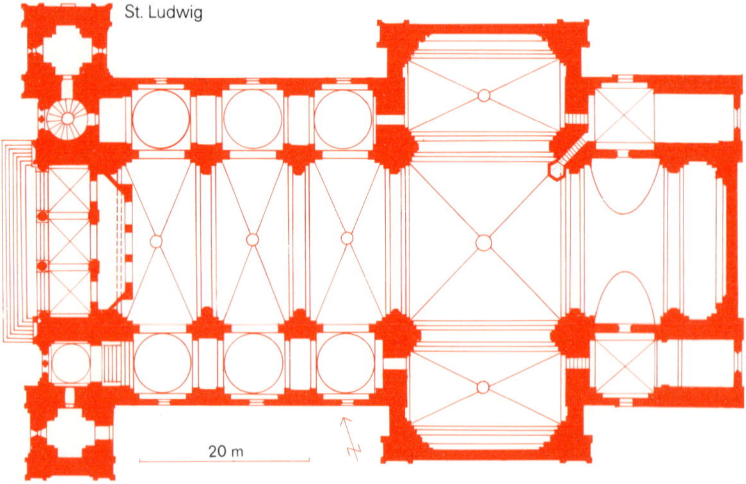

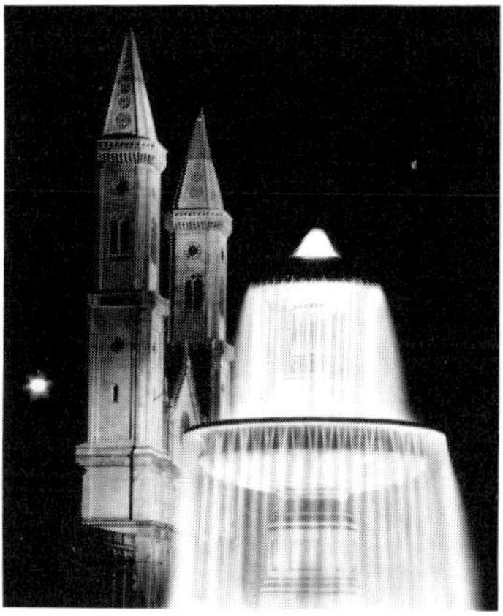

St. Ludwig und *Brunnen* vor der Universität

25.8.1829 nicht behoben: urspr. 1 Turm an Apsis, dann 3türmig, schließlich (1830) 2-Turmfassade; Rundapsis zugunsten des Corneliusfreskos für geraden Chorschluß aufgegeben. Einsetzen des Schlußsteins 1833, Vollendung von Turm und Hauptdach 1837/38, Weihe 8.9.1844; Restaurierung von 1903–04 verfälschte farbliche und architektonische Konzeption; nach Behebung der Bombenschäden (1944) Wiederherstellung 1955–56 durch Schleich unter Rekonstruktion der originalen Farbgebung des Inneren und Restaurierung der Gewölbebilder durch Hunnemann. ***Äußeres:*** *Doppelturmfassade* zusammen mit den flankierenden 5jochigen Arkaden (mit den 1964 enthüllten Denktafeln für Gärtner und Klenze, von Mikorey) und den beiden kubischen Häusern (nördl. *Pfarrhaus,* südl. Wohnhaus Gärtners, heute *Universitätsbauamt*) in der fassadenhaften, strengen Bebauung der Ludwigstr. akzentsetzend. Zwischen den weit auseinandergerückten auf Schrägansicht komponierten Türmen und schmalen Zwischenstücken breite Giebelfront mit 3jochiger Vorhalle über Freitreppe, von breiten Lisenen gegliedert. *Fassadenfiguren* ›Christus und die 4 Evangelisten‹ nach Entwurf von L. Schwanthaler 1832–35 (Christus u. Hl. Lukas von Schwanthaler ausgeführt). Gerader Schluß von Querschiffen und Chor; über dem Dach der Seitenschiffe eigenwillige ›Strebebogen‹. ***Inneres:*** Der überraschend weite Innenraum beherrscht vom *Chorfresko* ›Jüngstes Gericht‹* von Cornelius 1836–40. Wandgliederung durch 2fach abgestufte Kreuzpfeiler; Gurtbogen teilen die 3 querrechteckigen Kreuzgewölbe und den 1 1/2jochigen Chor, flankiert von Sakristei (nördl.) und Marienkapelle (südl.), geweiht 1953, mit gotischer Madonna (Ulmer Schule um 1480). Kreuzgewölbe über quadratischer Vierung; darunter Kreuzaltar und Verlegen der Kanzel vom nordwestl. zum nordöstl. Vierungspfeiler (1956). Seitenschiffjoche mit Nebenaltären kuppelüberwölbt, an rechtes westl. anschließend Taufkapelle. Einbau eines lärmdämmenden Windfangs und der Orgelempore (1955). Alle Ausstattungsstücke sowie Architekturplastik auf Entwürfe Gärtners zurückgehend. Auf dem Hochaltar rechts Figur des *Hl. Ludwig* mit Gesichtszügen des königlichen Bauherrn. *Fresken* in ihrem christologischen Programm von Cornelius konzipiert, außer **1** ›Jüngstes Gericht‹ von Schülern (bes. Hermann, daneben Dorner, Halbreiter, Hellweger, Kranzberger, Moralt, Schabet, Stürmer) ausgeführt: **A** ›Gott als Schöpfer‹; in den Stichkappen Engelsgruppen. In der Vierung Heiliger Geist, umgeben von **B** Patriarchen und Propheten, **C** Aposteln und Märtyrern, **D** Missionaren, Königen und Jungfrauen, **E** Kirchengelehrten und Ordensgründern. In den 4 Gewölbekappen des südl. Querarms **F** die Kirchenväter Hieronymus, Gregor, Ambrosius und Augustinus; an der Wand **2** Kreuzigung sowie in 2 Feldern Auferstandener Christus und Maria Magdalena. In den 4 Gewölbekappen des nördl. Querarms **G** die Evangelisten Matthäus, Markus, Lukas und Johannes; an der Wand **3** ›Erscheinung des Herrn‹ sowie in 2 Feldern Verkündigungsengel und Maria. In den Rundfeldern im Langhaus rechts St. Wolfgang, Valentin, Emmeram, links St. Benno, Korbinian, Rupert (von Fugel 1903). ***Bedeutung:*** Für Profilierung der Ludwigstr. entscheidende Vertikalgruppe, dem Komplex der Theatinerkirche antwortend, deren Grund- und Aufrißschema zwar übernommen, aber im Sinne der romantisch-byzantinistischen Baugesinnung Gärtners umgedeutet ist. Im Innern ist die fein abgewogene Farbgebung – Flächigkeit gegen ornamentierte Gliederung; gedämpfte Wände gegen starkfarbige Gewöl-

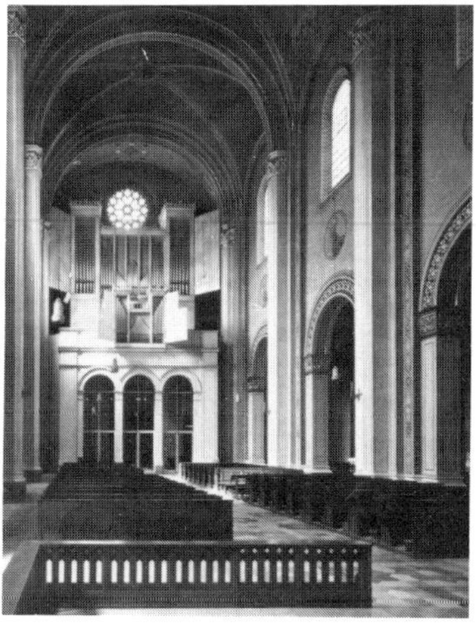

Inneres von *St. Ludwig* gegen Westen

bemalerei (vor allem in Vierung und Chor) – wesentlicher Stimmungsträger des von klar strukturierter Architektur bestimmten Raums. – Durch Cornelius-Fresko Wiederbelebung der Großmalerei: nach Michelangelos ›Jüngstem Gericht‹ in der Sixtinischen Kapelle größtes Wandfresko (18,3 m hoch, 11,3 m breit) der Welt.

L

LUDWIGSTRASSE 25 **3**
Ehem. Blindeninstitut 1833–37 durch F. Gärtner errichtet. 1970 für Universitätsseminare ausgebaut. ***Beschreibung:*** Sparsam gegliederter, dreigeschossiger Bau auf glattem Steinsockel; 15 Achsen in gequaderter (gemalter) Wand; Akzentuierung durch 2 romanisierende *Portale* (2. u. 14. Achse) mit 1970 erneuerten, urspr. von Eberhard entworfenen 4 Heiligenfiguren (Ottilia und Lucia, Benno und Rasso), ausgeführt von Sanguinetti (1834). Schmalseite an der Schellingstr. (4 Achsen) gleiche Fassadenstruktur: Rundbogenfenster, im 2. Obergeschoß Stichbogenfenster. In der – allerdings durch Eingriffe Ludwigs I. mitverschuldeten – Schwerfälligkeit der Proportionierung und Fassadendurchbildung wohl der sprödeste Bau Gärtners an Ludwigstr.

LUDWIGSTRASSE 27 **19**
Ehem. Bayerische Berg-, Hütten- und Salzwerke AG Der heute zur Universität gehörige Bau von F. Gärtner 1838–43 errichtet; schließt die Lücke zwischen der Schellingstr. und Universität (seit 1835 in Bau). ***Beschreibung:*** Blockhaftes, 3geschossiges Gebäude mit 17 Achsen; Schmalseite an Schellingstr. 4achsig. Durch glatte, breite Bänder und Lisenen (in den beiden Obergeschossen) großflächig gegliederte Backsteinfassaden; Archivolten der Fenster und des Mittelportals mit reliefierten Formsteinen ummauert. ***Bedeutung:*** Meisterhafte Backsteinmauerung (Riemchenverkleidung in Klinker) – rote Steine für Architekturglieder, gelbe Steine für Mauerflächen; Stereometrie des Baukörpers erhält durch Exaktheit der Verarbeitung zusätzliche Steigerung: Durchbruch zu neuer ›Sachlichkeit‹ (Einfluß Schinkels); 1. repräsentativer Verwaltungsbau in Bayern.

LUISENSTRASSE 33 und **35** **1**
Lenbach-Villa und Städtische Galerie ›Residenz‹ Lenbachs: asymmetrische Baugruppe aus Atelierflügel (1887–89) und Wohnhaus (1891 voll.), entworfen von G. v. Seidl unter Mitwirkung von Lenbach; Verbindung beider Bauten erst 1912. Von der Witwe Lenbachs der Stadt 1924 verkauft, dabei Stiftung der Einrichtung und der Sammlung. 1927–29 Anbau des Nordflügels für Städtische Galerie (H. Grässel). Bombentreffer 1941, ausgebrannt 1945; sukzessive Wiederherstellung (1954, 1955, 1957/58); Neubauflügel an der Richard-Wagner-Straße (1970/71). ***Beschreibung:*** Dem *Wohnhaus* axial vorgelegter *Garten* (mit Wasserbecken und 3schaligem Brunnen; geschnittene sowie lockere Bepflanzung): 3geschossiger Baublock mit Zelt-

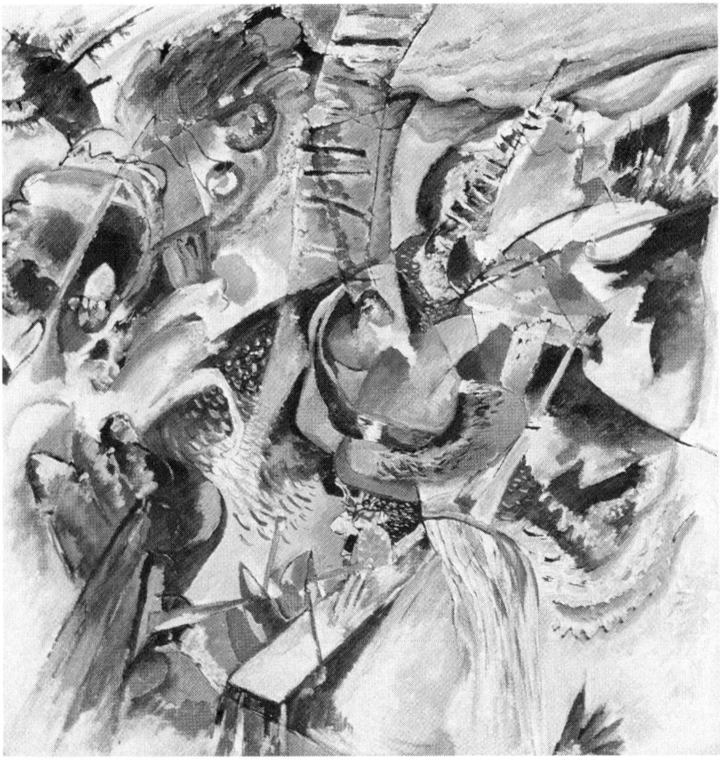

Wassily Kandinsky: *Improvisation ›Klamm‹*, 1914 (Städtische Galerie im Lenbachhaus)

dach, von ›Belvedere‹-Türmchen bekrönt; 3 Fensterachsen, in der Mitte Balkonportal, über 2armige, geschwungene Freitreppe zugänglich; darüber Rundbogenfenster. – Zurückgesetzte Bauteile verbinden Wohnhaus mit den beiden Flügeln; der südliche *Atelierbau:* malerisch gegliederter 2geschossiger Trakt mit asymmetrischem Kopfbau gegen die Luisenstraße; der nördliche Trakt, ebenfalls 2geschossig, als Sammlungsbau einfacher, dem urspr. Bau untergeordnet. – Die ehem. Repräsentationsräume Lenbachs geben trotz Wiederinstandsetzung kaum Vorstellung von früherer prächtiger Ausstattung. ***Bedeutung:*** Als Sitz des ›Malerfürsten‹ Lenbach bezeichnend für die gesellschaftl. Stellung dieses Künstlers am Ende des 19. Jh. Im Stil der italienischen Villa suburbana von Seidl unter freier Verwendung von Renaissance-Motiven, bereichert durch barocke Details, erbaut. **Sammlungen:** Nach dem Erwerb der Lenbach-Villa durch Stiftungen und steigende Ankaufsetats war 1929 Eröffnung der stadteigenen Gemäldegalerie möglich; allmählicher Ausbau mit Schwerpunkt Münchener Malerei. In den Nachkriegswirren Diebstahl von Hunderten von ausgelagerten Gemälden; darüber hinaus zahlreiche Bilder aus den Beständen der Galerie an städtische Amtsräume ausgeliehen. Durch *Schenkung Gabriele Münters* (1957) entscheidende Akzentuierung des Museums (Kandinsky, Blauer Reiter); weiterer Ausbau durch ›Bernhard-Koehler-Stiftung‹ (1965) sowie ›Gabriele-Münter-‹ und ‹Johannes-Eichner-Stiftung‹ (1966); Angliederung des ›Kubin-Archivs‹. ***Bedeutung:*** Neben bedeutenden Beispielen alter Münchner Malerei einzigartige Dokumentation des ›Blauen Reiter‹. Deutschlands größte Kandinsky-Sammlung. – Wechselausstellungen zur Gegenwartskunst und zur Kunst der klassischen Moderne.

Saal	Schule bzw. Stil	Werke folgender Künstler
Erdgeschoß		
1 bis 6		Sonderausstellungen
Obergeschoß		
Treppenhaus	Münchner Malerei 15.–18. Jh.	Mäleßkircher, Polack, Mielich, Schwarz, Edlinger, Desmarées
7	Vom Rokoko zum Klassizismus	Haubner, Horemans, J. A. Wink, Dorner d. J., Lochbihler, Wagenbauer, Thorwaldsen
8	Klassizismus und Romantik	D. Quaglio, Warnberger, W. v. Kobell, Dillis, Fearnley
9		E. N. Neureuther, Rottmann, Heideck, Klenze, Thorwaldsen
10	Romantik und Früher Realismus	Bürkel, Wagenbauer, H. Adam, Kaiser, A. Adam, Morgenstern
11		Wichmann, Naue, Heideck, Schulz, Förster, Göthenberger, H. M. Heß, Schwind, M. Neher, Seeberger
12		Spitzweg, Busch, Lier, Millner, A. Seidel
13	Frühe ›Münchner Schule‹	Voltz, Wopfner, Lier, Ebert, Schleich d. Ä., Willroider, Ezdorf, Morgenstern
ohne Nr.		Wenglein, Röth, Max, Baisch, Strützel, Weber, Willroider
14	Münchner Historismus	Piloty, F. A. v. Kaulbach, Makart, Faber du Faur, A. M. Heß, Pille, Grützner, Max, Defregger, Hildebrand
15	Realismus	Eibl, Trübner, H. Thoma, Leibl, Sperl, Th. Alt, Schuch, Schider, Kuehl, Kotschenreiter
16	Impressionismus	Corinth, Slevogt, Liebermann, Uhde
17	Vom Realismus zum Jugendstil	T. T. Heine, Langhammer, Becker, Behn, Piglhein, Dill, Stadler, Hölzel, Gulbransson
18	Jugenstil und Secession	Rich. Riemerschmid, Strathmann, Lugo, Hildebrand, Stuck, Putz, Taschner, Janssen, Oberländer, Olde, Herrmann, Wrba, Schmithals, Hahn

L

Saal	Schule bzw. Stil	Werke folgender Künstler
19	Der Blaue Reiter	Kandinsky, Jawlensky, Münter
20		Münter, Kandinsky, Macke, Marc
21		Macke, Marc, Kandinsky
22		Kandinsky
23		Burljuk, v. Werefkin, Bloch, Erbslöh, Bossi, Kogan
24		Jawlensky, Münter
25		Kandinsky
26		Muche, Macke, Marc, Campendonk
27		Macke, Klee, R. Delauney
28		Klee, Jawlensky, Belling, Kandinsky
29	Neue Sachlichkeit Zeitgenössische Kunst	Davringhausen, Behn, Schrimpf, Tiebert, Hubbuch, Radler, Weinmair, Koelle, Unold, Wimmer, W. Geiger, Scharl, Stadler, Röhrig, Heise, Godron, Belling, Kanoldt
30 bis 34	Franz von Lenbach Historische Räume (restauriert)	Oberländer, F. v. Lenbach, K. Lenbach
Gang zw. 29 u. 35		Rometsch
35	Neue Sachlichkeit Zeitgenössische Kunst	Nitsch
36		Hinrichs, Pezold, Kahlen
37		Heizer, Arakawa, Spagnulo
38		Beuys
39		Beuys, Gies, Paladino, Disler
Erdgeschoß		
ohne Nr.		Faltz, Buhl
ohne Nr.		Schäuffelen, Wittenborn
40	Malerei und Plastik der Gegenwart	Penck, Hitzler, Baselitz, Hiller
41		Jorn, Jacobsen, Hofmann
42		Longobardi, Vogt, Bernhard, Wörsel, Tannert, Barcelo, Kaden
43		Lenhart
44		Fruhtrunk, W. Nestler, Merz, R. Geiger, Kleinknecht
45		Richter
46		Rainer, Pichler
ohne Nr.		Pichler
ohne Nr.		Schwarzkogler, Burson, Appelt, Baruchello, Förg, Huebler
ohne Nr.		Klauke, Huebler, Horndash

Städtische Galerie
im Lenbachhaus

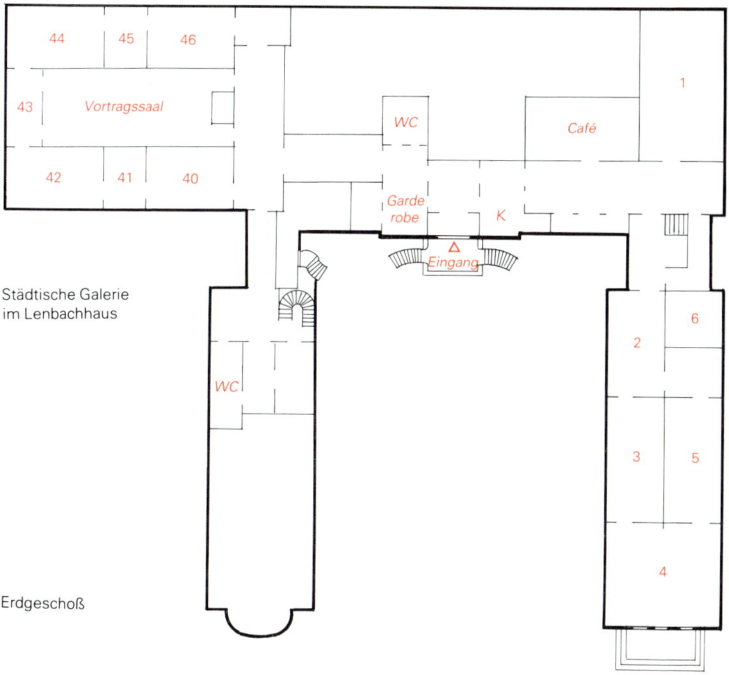

Erdgeschoß

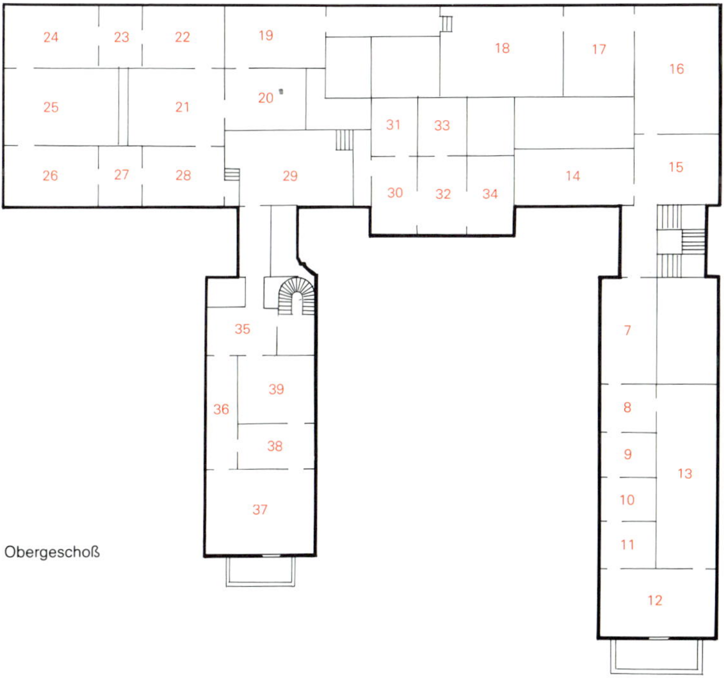

Obergeschoß

LUITPOLDPARK 15

Nördlich der Karl-Theodor-Straße 1911 zum 90. Geburtstag von Prinzregent Luitpold angelegter Park, dessen Achse durch einen Hain aus 90 Linden um eine Rasenfläche mit dem 17 m hohen Gedenk-Obelisken (mit Bronze-Gedenktafel) gebildet wird und in einen frei gestalteten Landschaftsgarten übergeht. (Die Achse wird südlich der Karl-Theodor-Straße von der Grünanlage des Bayernplatzes aufgenommen und bis zur Clemensstraße durchgeführt.) – Nordöstlich (bis zur Belgradstraße) der aus rd. 2 Millionen Kubikmetern Trümmer der zerbombten Stadt bestehende ›Schwabinger Schuttberg‹ (37 m hoch). Als ›Freizeitpark Luitpold‹ 1958 in der heutigen Form gärtnerisch angelegt, im selben Jahr auf dem Schuttberg Errichtung eines Kreuzes; im östlichen Teil Denkmal für den Landeskundler und TH-Professor Wilhelm Götz (1913); an der Westseite das *Bamberger Haus* (→ Brunnerstr. 2). Der landschaftlich reizvolle Park mit Blick vom Schuttberg über die ganze Stadt (an Föhntagen bis ins Gebirge) umfaßt eine Fläche von 33 ha.

MARGARETENPLATZ 1 22

Neu-St.-Margaret 1901–06 in Formen italienischen Hochbarocks von Dosch begonnen, 1910–12 von Boemmel vereinfacht vollendet. 1944 schwer beschädigt, 1945–60 wiederhergestellt. ***Äußeres:*** Stark plastisch gegliederter Baukörper mit Turm am nördl. Querhaus; aufwendiger Chor, von 2 Achtecktempelchen flankiert. ***Inneres:*** Tonnengewölbtes Langhaus mit Kapellen zwischen Innenpfeilern (Anklänge an St. Michael SJ). Historische *Ausstattungsstücke:* Rokokoaltar mit versilbertem Tabernakel und Reliquienaufsätzen des Meisters ICR, vielleicht Johann Christoph Reinhard (2. Seitenkapelle links); schöne Holzfiguren, Hl. Margaret und Hl. Georg, um 1500 (rechtes Querschiff). – Alt-St.-Margaret → Plinganserstr. 1.

MARIAHILFPLATZ 17 a 23

Landratsamt München 1902–04 als Amtsgerichtsgebäude von Adelung und Branschowsky errichtet und bis 1955 vom Amtsgericht München II genutzt. Der im Sinne der malerischen Architekturauffassung Gabriel von Seidls asymmetrisch gegliederte Komplex imitiert frühbarocke Bauformen und nimmt dabei bewußt Gestaltungselemente des einstigen *Paulanerklosters* auf, das sich bis 1902 südlich davon erstreckt hat und von dem im Hofareal – teilweise bis direkt zur Ohlmüllerstraße reichend – noch Reste in verwahrlostem Zustand erhalten sind (1807–1967 als Strafvollzugsanstalt und Gefangenenwerkstätten dienend sowie zu Dienstwohnungen benützt). Es handelt sich um den pilastergegliederten, zweigeschossigen *Südwest-* und *Mitteltrakt* des 1660–65 nach Entwurf des Ordensbaumeisters Gebhard anstelle eines kleineren Vorgängerklosters errichteten, um 2 Binnenhöfe gruppierten Klosters, das nach der Selbstauflösung des Konvents 1799 säkularisiert wird und 1803 den Turm und die Franz-von-Paula-Kapelle verliert; seit 1807 als Strafarbeitshaus bzw. Zuchthaus verwendet, und (mit Ausnahme der genannten Flügel) 1902 zusammen mit der Klosterkirche *St. Karl Borromäus* abgebrochen. Dieser architekturgeschichtlich wertvolle Sakralbau war von Herzog Wilhelm V. als Votivkirche 1621 gestiftet, 1621–23 von Krumper errichtet und zunächst (samt den zum Kloster bestimmten ehem. Jagdschloß Neudeck) 1621/22 Basilianermönchen, dann den 1627 aus Burgund berufenen Paulanern (Minimiten) anvertraut worden. Der originelle Innenraum mit hoher, schlanker – realistisch als Palme gestalteten – Mittelstütze nach 1807 für die Zwecke einer Anstaltskirche unterteilt und im Obergaden bis 1902 erhalten gewesen (Abformung der stilgeschichtlich wichtigen Stuckdecke im ›Paulanersaal‹ des Bayerischen Nationalmuseums). Jenseits der Ohlmüllerstraße erstreckten sich einst Klostergarten und – durch einen Verbindungsbogen mit dem Westflügel des Klosters verbunden – Klosterbrauerei: Urquelle des jährlich am 4. April (Tag des Ordensstifters Franz de Paula) ausgeschenkten Salvatorbiers und Vorläufer der heute an dieser Stelle stehenden modernen Salvatorbrauerei. – Es ist vorgesehen, die beiden noch erhaltenen Flügel des Paulanerklosters in einen geplanten Erweiterungskomplex des Landratsamts einzubeziehen und dabei zu restaurieren.

MARIAHILFPLATZ 42 23

Mariahilfkirche Erste Kapelle (1631–39) auf Stiftung des Seidenstickers Sebastian Rothon für eine Marienstatue (als *Gnadenbild* erhalten) zurückgehend, von Paulanern des benachbarten Klosters (→ Mariahilfplatz 17 a) betreut; Hochaltar von Straub (1734/35; verloren); Erweiterungsbau 1723–25 nach Plänen des Paters Kitzer, Gewölbemalereien von Zick, 1725/26; seit 1803 Pfarrkirche der Au, abgetragen. 1839. Das Anwachsen der Bevölkerung macht Neubau notwendig: jetzige Kirche als 4., von Ludwig I. geförderter Kirchenbau 1831–39 entstanden; Hauptwerk des Fischer-Schülers Ohlmüller, nach dessen Tod (1839) durch Ziebland vollendet. 1944 bis auf Außenmauern zerstört. 1947 erste Pläne (von Holzbauer) zu vereinfachter Wiederinstandsetzung der urspr. Hallenkirche; 1949 Vorschlag Döllgasts: Saalraum mit Flachdecke. Sanierung des Turms durch Peter 1950. Döllgast entwirft 1951 Saalraum mit seitlichen Pfeilern und Flachdekke; gleichzeitig ähnlicher Entwurf von Steinbrecher: beim vereinfachten Wiederaufbau 1952/53 (durch Steinbrecher) ohne Einfühlung in die historische Bausubstanz Änderung des einzigartigen romantischen neugotischen Innenraums durch auseinandergerückte Betonpfeiler, Flachdecke, Fensterschlitze und weitgehende Vereinfachung des Äußeren. Baufällige Turmspitze 1974 abgetragen, in Spezialbeton nach alten Formen rekonstruiert (1977–81). ***Beschreibung*** (des urspr. Baus): Als architektonischer Gegenstand beziehungslos in den großen ungestalteten Platz hineingesetzter

M

Rohbacksteinbau (mit Hausteindekor); in die Westfront eingebundener 90m hoher Turm; Fenster zwischen umlaufenden Stützpfeilern. – 3schiffige Halle mit Netzgewölben, 7 Joche mit 5/12 Schluß; halbrunde Altarnische einst von Chorumgang umgeben. *Heutiger Innenraum:* Altarwand mit Gobelin von Nagel (1952); Rekonstruktion des neugotischen Hochaltars (aus erhalten gebliebenen Teilen) geplant. Reliefs über den beiden Seitenaltären von Filler. In der südl. angebauten Kapelle (ausgestattet durch Schleich) *Gnadenbild,* aus der alten Mariahilfkirche seit 1980 in einem spätbarocken Altaraufsatz (urspr. in St. Ursula in Salzburg). ***Bedeutung:*** Erstmals in Süddeutschland Verwirklichung der Romantiker-Sehnsucht nach Wiedergeburt der Gotik, ohne Kopie bestimmter Vorbilder oder Stilstufen; Bildhaftigkeit durch die Glasmalerei (19 Fenster, Entwürfe von H. Heß, J.A. Fischer, Schraudolph u.a.), für Wiedergeburt der Glasmalerei im 19.Jh. wegweisend; heute zerstört.

MARIANNENPLATZ 3 **12**
St. Lukas In städtebaulich hervorragender Lage am Isarkai 1893–96 von Albert Schmidt erbaut. ***Beschreibung:*** Von Oktogonalkuppel überragter Zentralbau auf dem Schema des Griechischen Kreuzes (an den Dächern ablesbar); an der Isarseite durch 7seitig gebrochenen ›Rundbau‹ ummantelt, hier die um 45° gedrehten Türme mit 8seitigen Laternenhelmen angefügt; ›Querhausarme‹ für die Süd- und Nordfassade bestimmend; Westseite mit 3/8 Chor und niedrigen Anbauten. (Anklänge an die 1868–75 nach Plänen von F. Schmidt errichtete Kirche Maria vom Siege in Wien.) ***Inneres:*** Nicht klar überschaubarer, sehr lichter Zentralraum in den Formen rheinischer Frühgotik. Die kriegszerstörten Chorfenster 1946 ersetzt (Entwurf Caspar). ***Bedeutung:*** Verbindung vorreformatorischer Architekturstile (außen: Romanik, innen: Gotik) mit pro-

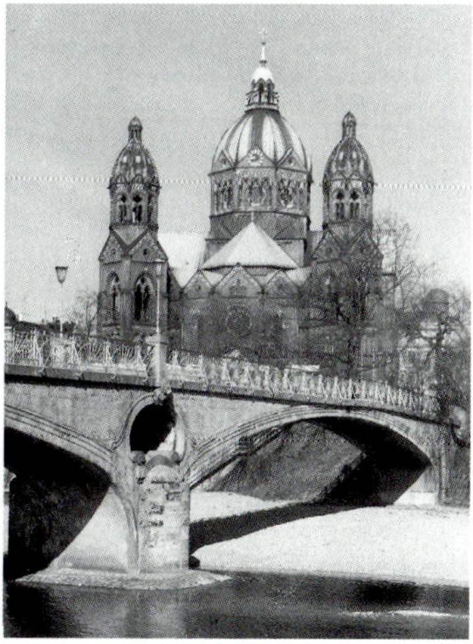

Evangelische Pfarrkirche *St. Lukas*

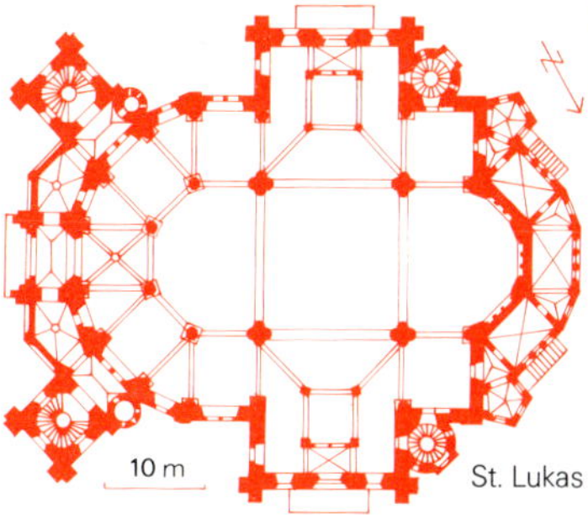

testantisch bedingtem zentralisierten Predigtraum mit Emporen (ähnl. der gleichzeitigen Ringkirche in Wiesbaden) macht die problematische Geisteshaltung des ausgehenden Historismus spürbar, führt aber formal zu überraschender Grundriß- und Detailbildung.

MARIA-EINSIEDEL-STRASSE 45 **22**
Asam-Schlößl ›Maria Einsiedel‹ 1724 erwirbt K.D. Asam den kleinen, bereits seit 1687 bestehenden Landsitz mit Edelmannsfreiheit in Thalkirchen von dem Vorbesitzer Adrian von Kray; Aufstocken des 2geschossigen Gebäudes und Einbau des Zwerchdachs an Nord- und Südseite (Atelierraum); 1729/30 allseits mit Fassadenmalerei versehen und zur Erinnerung an Freskierung der Klosterkirche Einsiedeln (Schweiz) durch Asam 1724–26 »Asamisch Maria Einsidl Dall« genannt; Ökonomiegebäude und Kapelle nördl. des Wohnhauses, östl. Säge und Mühle, südl. streng geometrischer Garten. Nach Asams Tod wechselnde Nutzung als Landgut, Wohnhaus und (ab 1838) als Gaststätte; dafür Anbau eines niedrigeren Seitenflügels an Ostseite. Wohl im Verlauf des späteren 19.Jh. Hebung des Straßenniveaus um knapp 2m. Planung zur Umgestaltung in ein Künstlerheim und Rekonstruktion der Gärten durch Grässel 1922, jedoch nur Bauinstandsetzung 1926/27; Restaurierung der Fresken durch Fuchs 1923 (Nordostflügel), Albrecht 1925 (Nordseite und Nordwestflügel) und 1926 (Westseite) sowie durch Throll 1927 (Südseite); von Grässel (1927) Allegorien der Malereien (mit Tituli) überliefert: *Nordseite* im Giebel St. Michael (heute Engel auf Wolken), zu seiten des Rundbogenfensters im Zwerchgiebel Moses mit Gesetzestafeln und Borghesischer Fechter; in den Feldern beiderseits der 2 Fenster im 2. Obergeschoß ›Architectura‹, ›Imitatio‹, ›Natura‹, ›Exornatio‹, über Portal Madonna mit Kind. Für *Südseite* ›Amoretta‹, ›Victoria‹, ›Scenographia‹, ›Decus‹ überliefert, ferner in Nischen (im Zwerchgiebel?) Kämpfer, dem von Siegesgöttin Lorbeerkranz überreicht wird; im Ovalfeld unter Atelierfenster ›Geschichte der Kunst‹; für *Westseite* ›Iconographia‹ und ›Optica‹. – Entfernung von Anbauten an Nordseite 1937. 1944 schwer beschädigt; 1947/48 Wiederaufbau als Hotel oder Künstlerheim vorgesehen; Wiederein-

M

richtung der Gaststätte im Anbau 1947, das Schlößl durch Notdach gesichert, erst 1958/59 durch Schleich wiederhergestellt und restauriert, dabei die schon veränderte allseitige Fassadenmalerei nach Befund restauriert, 1981/82 nach Fund einer um 1900 entstandenen Vedute von Kunz in der Asamschen Fassung rekonstruiert und durch Manninger nachgemalt; an Ostseite erneuerte Signatur: C. D. Asam fecit. – Die seit 1725 von Ä. Q. Asam geplante aufwendige Hl.-Geist-Kapelle 1730 von K. D. Asam als vereinfachte *Maria-Einsiedel-Kapelle* mit chorseitigem Zwiebeltürmchen errichtet (nordwestlich des Schlößls rechts vor Auffahrt zum Berg), im Zuge der Säkularisation demoliert, Reste 1807/08 entfernt. Von alten Gebäuden um das Schlößl nur noch ›Mesnerhäusl‹ erhalten (1645 erbaut, seit 1810 ›Schulmeisterhaus‹). ***Beschreibung:*** Längsrechteckiger 3geschossiger Baukörper zu 5 Achsen unter Satteldach, in der Mitte der beiden Längsseiten Zwerchgiebel mit großem Rundbogenfenster (Atelierraum) und Balkongitter mit doppelt verschlungenem CDA; in ihrer Achse rundbogige Eingangstür mit vorgelegtem Antritt (Aufriß → Seite 25, Abb. 22). Die restaurierte *Fassadenmalerei* im Detail auf Andeutungen beschränkt, in der Struktur die urspr. Bemalung aufgenommen: die Scheinarchitektur deutet Längsfassade (an der Straße) als Mittelrisalit mit beidseitig 1achsigen Rücklagen: Fenster im 1. Obergeschoß von Karyatiden (nach P. Mignard) gerahmt, dazwischen Ovalfeld (Madonna mit Kind) über Portalgiebel; im 2. Obergeschoß Atelierfenster in illusionistische Pilaster- und Säulenarchitektur ›eingebaut‹, davor Moses mit Gesetzestafeln (links) und Borghesischer Fechter (rechts), im Flachgiebel Engel auf Wolken; die beiden Fenster seitlich des Risalits durch Rechteckfelder (urspr. mit allegorischen Figuren) gerahmt. Schmalseiten einfacher behandelt; analog zur Straßenseite urspr. auch Gartenseite bemalt (nicht restauriert). ***Bedeutung:*** Landsitz eines ›Künstlerfürsten‹ des frühen 18. Jh., verglichen mit den bescheidenen Wohnhäusern von Straub, Günther, Boos von geradezu herrschaftlichem Äußeren. Einziges Beispiel für heute noch im Stadtgebiet – wenn auch rekonstruiert – existierendes Beispiel einer in München häufig vorkommenden gemalten Scheinarchitektur an Fassaden (→ Burgstr. 5).

MARIA-THERESIA-STRASSE 23 20

Hildebrandhaus 1897–98 nach eigenen Entwürfen des Bildhauers Hildebrand errichtetes Wohn- und Atelierhaus (Ausführung: vermutl. Baubüro G. v. Seidl); nach Restaurierung durch Burmeister (1974–77) Sitz der Monacensia- u. Handschriften-Abt. der Stadtbibliothek München. ***Beschreibung:*** Dreiflügelanlage über urspr. L-, dann T-förmigem Grundriß, hoher Sockel mit 2 Hauptgeschossen, darüber Mansardendach mit Gauben; nach SW geöffneter Winkelbau des Wohnhauses mit eingestelltem runden Treppenturm; die Korbbogenfenster der N-Fassade bezeichnen ehem. Atelierräume (heute Lesesaal der Bibliothek). Fassadenreliefs sowie Bronzestatue (Replik der Diana vom Hubertusbrunnen, → S. 224) im nördl. Vorgarten von Hildebrand. Auch im Innern Plastiken und Reliefs sowie Dokumente zum Schaffen des Bildhauers. ***Bedeutung:*** Im Gegensatz zu Lenbach- und Stuckvilla zurückhaltender Künstlerwohnsitz in der Tradition süddeutscher Landschlößchen des Barock, eingebunden in die für Alt-Bogenhausen bezeichnende Villensiedlung.

Monacensia-Bibliothek (im Erdgeschoß): Aus dem Bestand der Münchner Stadtbibliothek hervorgegangene Spezialsammlung, 1921 durch Hans Ludwig Held initiiert. Urspr. beschränkt auf Thematik München und örtlichen Umkreis, heute ausgedehnt auf Großraum (›Region‹) München sowie (seit 1926) erweitert um Werke von Schriftstellern und Illustratoren, die in und um München leben; ferner Münchener Zeitungen und Zeitschriften, Karten und Pläne, Werbe- und Firmenschriften. Derzeitiger Bestand: über 90000 Bände und rd. 135 laufende Zeitschriften.

Handschriftenabteilung (im ersten Obergeschoß): Von Held 1924 ins Leben gerufene Autographensammlung von Schriftstellern, Künstlern, Musikern und Wissenschaftlern, die in München lebten und wirkten. Neben Briefautographen (Bestand 1982: ca. 130000) und Manuskripten (aus über 90 Nachlässen) enthält die Handschriftenabt. zudem geschlossene Archive und Nachlässe, u. a. von Ludwig Thoma, Frank Wedekind, Max Halbe, Otto Julius Bierbaum, Klaus Mann, Annette Kolb, Ludwig Ganghofer, ferner eine Bilder- (12000, u. a. Portraitaufnahmen) und Exlibris-Sammlung (ca. 20000).

MARIA-THERESIA-STRASSE 27 20

Villa Bechtolsheim 1896–98 von Dülfer errichtet, aus annähernd quadratischem Grundriß entwickelte, dreigeschossige Herrschaftsvilla mit allseitig abgewalmtem Mansardendach und an der Nordwestecke vorspringendem, um ein Geschoß erhöhten Turm über ovalem Grundriß. Ornamentgestaltung des Turmaufsatzes von Richard Riemerschmid. 1970 rest. (Fassadenpreis) und weitgehend dem Originalzustand angenähert. ***Bedeutung:*** Mit seiner großzügigen und schwungvollen floralen Ornamentik (und ähnlich gestalteten Details an Balkongittern, Erker und im Innern) wird das sonst konservativ wirkende Gebäude zum ersten Jugendstilbau Deutschlands.

MARIENPLATZ 6

Funde in den ältesten Schichten von ›Zivilisationsschutt‹ beim Petersbergl (1955), Kaufhof am Marienplatz und Neuen Rathaus (1975) machen früheste Besiedlung des Stadt-Gebiets datierbar: 1. Hälfte 11. Jh. Heutiger Marienplatz bei Leoninischer Stadt (→ S. 9) Zentrum der Planstruktur: Tangiert von der Ost-West-Achse und flankiert von zwei Nord-Süd-Straßenzügen war der ›Schrannenplatz‹ seit Gründung der Stadt neben dem vermutlich älteren → Rin-

M

dermarkt merkantiler Mittelpunkt Münchens (Korn- und Salzmarkt); durch Kaiser Ludwig 1315 Verfügung, die Platzfläche nicht zu bebauen. Um 1310 ist *Altes Rathaus* bezeugt (→ Marienplatz 15); neben ihm der nach totaler Bombenzerstörung durch Schleich 1971–74 rekonstruierte *Rathausturm* (als ›Talbrucktor‹ Rest der 1. Stadtbefestigung der Heinrichsstadt). – Im Verlauf des 19. Jh. die durch Lauben aufgelockerte Platzwandung weitgehend umgestaltet. Ab 1854 in ›Marienplatz‹ umbenannt. Zwischen 1867 und 1909 in 3 Phasen Errichtung des *Neuen Rathauses* (→ Nr. 8) an der Nordseite. An Einmündung der Weinstraße die Gaststätte Donisl, benannt nach dem Bierwirt Dionys Härtl, der um 1760 hier wohnte. Platzzentrum durch → *Mariensäule* von 1638 akzentuiert. Vor der Südostecke des Rathauses *Fischbrunnen,* urspr. von Knoll (1862–65), 1944 zerstört, 1954 unter Verwendung erhaltener Figuren durch Henselmann neugestaltet. Unter dem Platzareal Fußgänger- und Ladengeschoß, darunter 3stöckiges Kreuzungsbauwerk von *S- und U-Bahn* (1967–71; Entw. der U-Bahnhöfe von Branca). ***Bedeutung:*** Trotz tiefgreifender Änderungen der Bebauung eine der städtebaulichen Kostbarkeiten Münchens; jahrhundertelang bürgerlicher Mittelpunkt der Stadt.

MARIENPLATZ **6**

Mariensäule★ Von Maximilian I. zum Dank für die Bewahrung der beiden Hauptstädte des Kurfürstentums, München und Landshut, vor der Brandschatzung durch die Schweden 1635 gelobt; begonnen 1637, 1638 zum Jahrestag der Schlacht am Weißen Berg (8. Nov. 1620) eingesegnet; 1639 Anlage der Balustrade. ***Beschreibung:*** Balustrade grenzt quadratischen, ›Heiligen Bezirk‹ vom Platz ab; an den Ekken eherne Leuchtergehäuse. – Auf blockhaftem Marmorsockel mit kämpfenden Putti an den 4 Ecken schlanker Sockelkubus, der die über 11 m hohe Monolithsäule trägt; auf ihrem korinthischen Kapitell die durch Szepter und Krone als Herrscherin

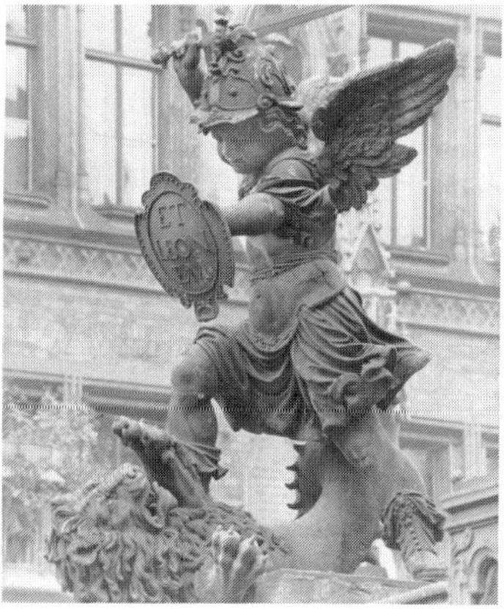

Heldenputto mit Löwe von der Mariensäule

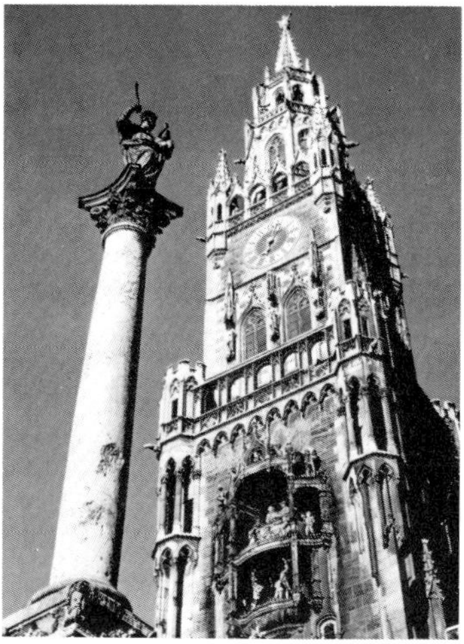

Mariensäule und *Turm* des Neuen Rathauses

ausgezeichnete Marienfigur★, die Mondsichel zu ihren Füßen, das segnende Christuskind mit Reichsapfel auf dem linken Arm: Bronzefigur von H. Gerhart, wohl 1693 für geplantes Stiftergrab Herzogs Wilhelm und der Renata von Lothringen in der Michaelskirche (→ Neuhauser Str. 52) in Rohguß geschaffen, erst 1606 ziseliert und auf dem Hauptaltar der Frauenkirche aufgestellt (bis 1620). – Balustrade mit Sockel 1639; auf ihnen Putti★: sie bekämpfen Drachen, Löwen, Basilisken und Natter als Allegorien von Hunger, Krieg, Pest, Ketzerei; gegossen von Bernh. Ernst um 1638/40, ihr Schöpfer, ›Meister der Heldenputti‹, noch nicht identifiziert: Früher H. Krumper, später Gg. Petel, durch G. Woeckel Reichle zugeschrieben; von Lieb Nachbarschaft zu B. Ableithner angedeutet, neuerdings Murmann zugeschrieben. ***Bedeutung:*** Über den Charakter als öffentliches Weihe-Monument hinaus beherrschende Mitte des Platzes (erst durch Umbauten im 19. Jh. geschmälert). *Bayerische Initialleistung:* Vorbildhaft für nachfolgende Säulen (z. B. Wien, Am Hof, 1646, und Prag, Altstädter Ring, 1650 geweiht, 1918 beseitigt). Die Putten, die bedeutendsten Bronzeskulpturen des 2. Viertels des 17. Jh., zeigen unvermittelt den neuen barocken Duktus.

MARIENPLATZ 8 **6**

Neues Rathaus Anstelle von 24 Altmünchner Häusern (u. a. des Landschaftsgebäudes, 1554–1807 Sitz der Landstände, aber nicht Tagungsort) unter annähernder Einhaltung der alten Baulinien 1867–1909 in 3 Bauphasen von Hauberrisser in Anlehnung an flandrische Gotik um 6 Binnenhöfe errichtet; im letzten Krieg teilw. ausgebrannt und beschädigt (Rückseite teilw. verändert wiederaufgebaut). Der urspr. selbständige und als abgeschlossen betrachtete *Altbau* (1867–74) in Ziegelwerk mit Sandsteingliederung, dessen *Erweite-*

M

rungstrakt (1888–93) fast durchweg in Ziegel, der *Neubau* (1899–1909) in Kalkstein und Tuff aufgeführt und dadurch äußerlich unterschieden. **Fassaden,** vor allem an der fast 100 m langen Platzseite, mit Errichtung des ›Neubaus‹ durch figürliche und ornamentale Bauplastik reich ausgestattet: Standbilder aller Herrscher aus welfischem und wittelsbachischem Geschlecht (der größte Herrscherzyklus an einem deutschen Rathaus, wohl Gegenstück zur Verherrlichung der Hohenzollern in der Berliner Siegesallee, voll. 1901); dazu an den Seitenfronten Figuren von Heiligen, Allegorien, Sagengestalten; Münchner Typen und Ori-

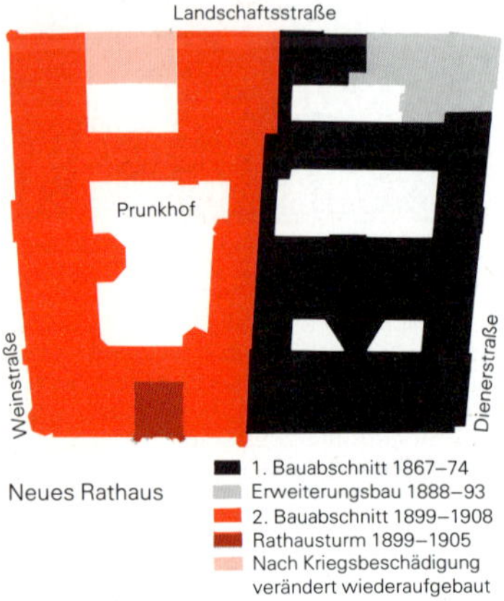

Neues Rathaus

ginale; Tiere, Fratzen und Wappen. An der Nahtstelle zwischen ›Erweiterungs-‹ und ›Neubau‹ im 1. Stock Baldachin mit *Reiterstatue Prinzregent Luitpolds* (Entw. von F. v. Miller, nach Kriegszerstörungen restauriert von Nageler, 1977). Während der seit 1975 durchgeführten grundlegenden Überholung des Gesamtbaus auch Renovierung des *Prunkhofs* mit dem Treppenturm der ›Treppe der Lebensalter‹ sowie Rekonstruktion des Labyrinths. (Dabei Entdekkung von Tonscherben, die früheste Besiedlung des Stadtkerns datierbar machen: 1. Hälfte des 11. Jh.) **Turm** (12stöckig, 85 m) in den unteren Abschnitten wohl von der Halle in Brügge, in den Oktogongeschossen vom Rathausturm in Brüssel beeinflußt; bekrönt von dem in Kupfer getriebenen *Münchner Kindl* (von A. Schmid, 1905); grundlegende Restaurierung 1982/83. In der Turmvorderfront fünftgrößtes *Glockenspiel* Europas (43 Glocken; Nieuwpoort 67, Lüttich, Gent je 44, Antwerpen 47. Tägl. 11 h und, verkürzt, 21 h, im Sommer auch 17 h). Spielwerkserker mit 2 Szenen aus der Stadtgeschichte: Turnier bei der Hochzeit Wilhelms V. mit Renata von Lothringen 1568 (oben), Schäfflertanz (unten). Unter dem Turmhelm das mechanisch gesteuerte, auch individuell spielbare eigentliche Glockenspiel (F0 bis C4, 18 bis 25 cm, 10 bis 1300 kg). In den beiden Erkern des 7. Geschosses erscheinen abends (21 h) links ein hornblasender Nachtwächter mit Laterne, rechts ein das Münchner Kindl segnender Friedensengel. Sehr lohnender **Rundblick** von der 1. (Lift in der Turmhalle) sowie von 2. und 3. Galerie (Treppen). ***Bedeutung:*** Der historischen Münchner Stadtphysiognomie sowohl größenmäßig wie stilistisch fremder Baukörper, nur in den Erdgeschoß-Arkaden heimische Lauben, dennoch dem Mittelpunkt der um die Jahrhundertwende stark aufstrebenden Metropole einen weltstädtischen Akzent verleihend und inzwischen – zusammen mit den Frauentürmen – zu einem Wahrzeichen der Stadt geworden. Sehenswert und von eindrucksvollem Reiz die Stiegenhäuser und weitläufigen Fluchten der Treppenhallen sowie der original erhaltene Kleine Sitzungssaal, ähnlich der Prunkhof nach Art gotischer Schloßhöfe mit Wendeltreppenturm. (Im Sommer Restaurantbetrieb.)

MARIENPLATZ 15 6

Altes Rathaus* Ursprüngl. umfangreicher Komplex, bestehend aus dem um 1310 erstmals erwähnten, 1392–94 umgebauten und 1470–74 neu aufgeführten *Saalbau,* dem seit Ende 14. Jh. als *Ratsturm* verwendeten ›Talbrucktor‹ (dem inzwischen ausgedienten östl. Stadttor der ersten Befestigung), dem 1392 an der Südseite des Marienplatzes errichteten *Kleinen Rathaus* sowie verschiedenen anderen zeitweise zugewachsenen Erweiterungen und Anbauten. 1943–45 weitgehend zerstört, umfaßt die heutige Erscheinung nur mehr den Saalbau und Turm. ***Saalbau:*** 1470–75 durch Jörg v. Halsbach errichtet und bis 1480 ausgestattet, mit dem Turm je nach Zeitgeschmack oftmals umgestaltet. 1877 und 1934 für wachsenden Verkehr untertunnelt. 1952–57 teilweise vereinfacht wiederaufgebaut (Figuren: Ludwig der Bayer am Westgiebel, 1960 von H. Osel; Heinrich der Löwe am Ostgiebel, 1960 von Knoll). In der nördl. Durchfahrt *Denkmal* für die noch nicht zurückgekehrten deutschen Kriegsgefangenen (1954 enthüllt) von Mikorey, neben dem Eingang zum Saal Bronzenachbildung eines Moriskentänzers von Klucker (1980); an der Südseite Bronzestatue der *Julia* (von Bonato), Geschenk der Patenstadt Verona 1972. **Turm** auf das ›Talbrucktor‹, das Osttor der Heinrichsstadt, zurückgehend, 1392–94 als Rathausturm adaptiert, seitdem mehrmals umgestaltet, vor allem der Turmhelm (1462, um 1560, 1672, 1863); Bombenschäden seit 1942, am 17. 12. 1944 bis auf Nordwand zerstört, diese am 28. 12. 1944 aus Sicherheitsgründen gesprengt. Rekonstruktion 1971–74 nach Plänen von Schleich, die auf der erstmals 1493 bildlich überlieferten gotischen Form basieren: 6geschossig, mit Ecktürmchen am Übergang zum Zeltdach mit oktogonaler Laterne unter der Spitze; Bemalung nach Entwurf von Graßmann. (Seit 1983 *Spielzeugmus.*, Slg. Ivan Steiger, → S. 40, untergebracht.) **Rathaussaal:** Nach dem 1. einfacheren Wiederaufbau (1952 ff.) seit 1977 weitgehende Rekonstruktion dieses »vollkommendsten gotischen Saals Deutschlands«: Wiederherstellung der Holztonne

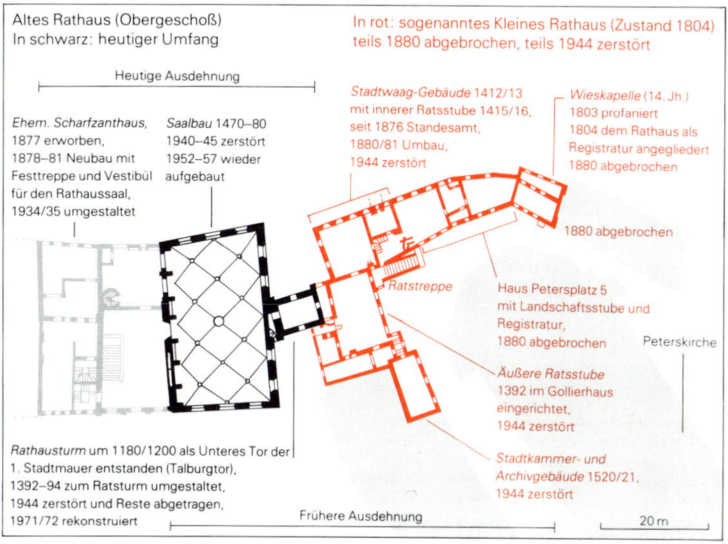

mit z. T. erhaltenen Teilen der von dem Kistler Wenger 1476/77 geschaffenen, diagonal verlaufenden Decken-Ziergurte; an den 11 Schnittpunkten restaurierte Symbole und Wappen von Grasser, ferner einige Zunftstangen; unter dem Deckenansatz Wappenfries aus 96 (von urspr. 99) gemalten Wappen von Fuetrer (1478) im ›Quaternionensystem‹ (Wappen jeweils in Gruppen von 4 ›Säulen‹ des Reiches, vom hohen Adel über Städte bis zum Bauern) neu angebracht. Die früher an den Gewölbekonsolen, jetzt niedriger angebrachten *Moriskentänzer* Kopien der heute im Stadtmuseum verwahrten Originale Grassers von 1480 (von urspr. 16 nur mehr 10 erhalten). ***Bedeutung:*** 2. Münchner Werk des Erbauers der Frauenkirche, trotz der – durch Umbauten und Kriegszerstörung – weitgehend geschmälerten historischen Substanz ehrwürdiges und für das Stadtbild bestimmendes Bauwerk, das überdies als Tagungsort der Bayerischen Landtage von 1392–1669 Stätte des ersten bayerischen Parlaments war.

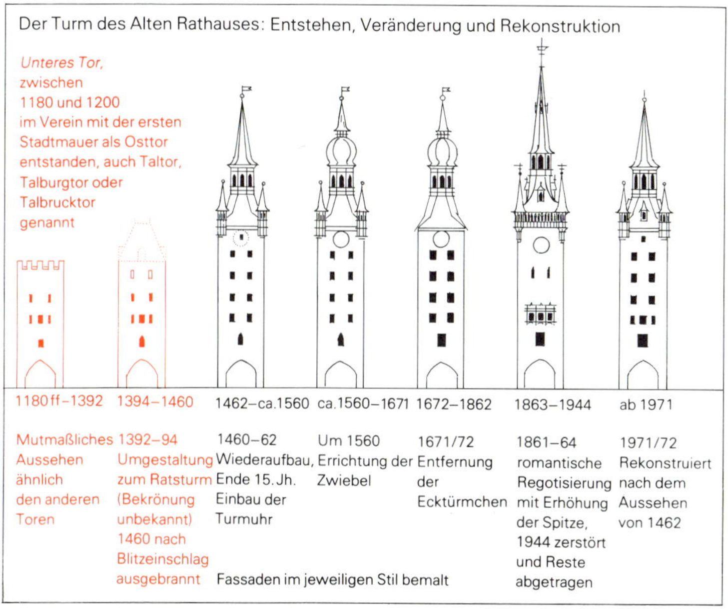

M

MARIENSTRASSE 21 7, 11
Haus der Studentenverbindung Vindelicia e.V. (sogen. Vindelikerhaus) mit Rest des ehemaligen ›Lueg ins Land‹. Dieser nach dem Isartor mit über 20 m höchste Wehrbau im Zuge der zweiten Stadtummauerung um 1340 auf quadratischem Grundriß, etwa 60 m nördlich des Isartors, errichtet. Sein Name ein Hinweis auf die Möglichkeit, von seinen beiden – zwischen 1724 und 1761 verschwundenen – Beobachtungsgalerien das Gelände über dem Gasteig einsehen zu können. Im Verlauf der Entfestigung Münchens 1807 auf Abbruch verkauft, aber teilweise – mit 2 Mauern in der Höhe von 3 statt urspr. 5 Geschossen – in den Neubau des ehem. Hauses Lueg ins Land 5 einbezogen. Beim Niederlegen 1970 dieses im Krieg beschädigten Hauses bleibt die Nordostmauer des einstigen Wachturms als Kommunmauer zum (1820 über dem ehem. Zwinger und auf Resten der äußeren und inneren Stadtmauer errichteten) Haus Marienstraße 21 stehen, wird aber erst bei Umbaumaßnahmen 1978 als Teil des Wehrturms erkannt. Eine von vier nachgewiesenen Schlüsselscharten dabei unbeschädigt geblieben und samt Holzbalken (zum Auffangen des Rückstoßes) original erhalten. Die heute sichtbare Mauer also ursprünglich Innenwand des Turms: Rekonstruktion → Schaubild; Angaben der alten Inschrifttafel und Form des an der Fassade angemalten Turmes teilweise falsch.

Ostecke der ehemaligen Stadtbefestigung: Isartor und Lueginsland
Rot: erhaltene oder rekonstruierte Teile

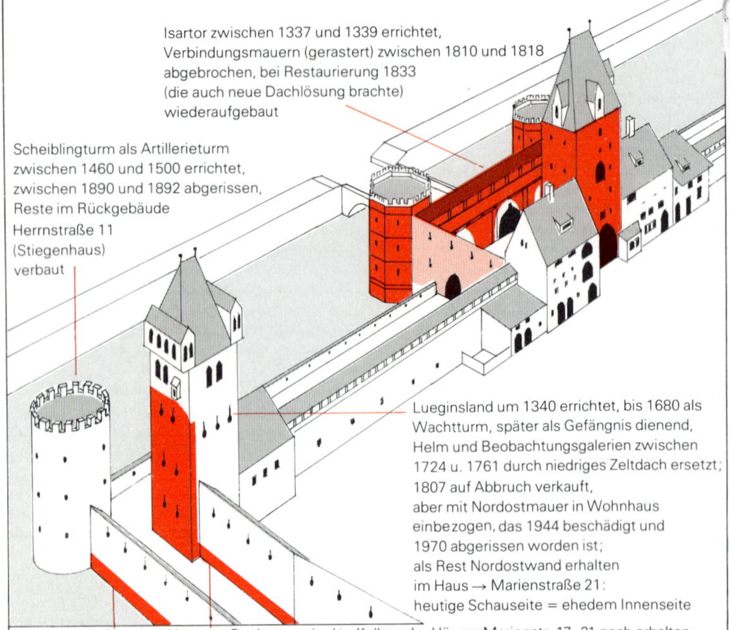

Reste der äußeren und inneren Stadtmauer in den Kellern der Häuser Marienstr. 17–21 noch erhalten

MARSTALLPLATZ 7
Allerheiligen-Hofkirche An der bis dahin ungestalteten Ostseite der Residenz 1826–37 errichtet. Im Krieg schwer beschädigt, erhielt sie erst 1970 nach langen Kontroversen in der Öffentlichkeit ein Notdach; heute verdeckt durch Kulissenmagazin der Staatstheater (1962 f.), das die historische Platzsubstanz mißdeutet. ***Beschreibung:*** Mit ihrer Apsis an den Allerheiligengang der Residenz angeschlossen; ›basilikale‹ *Fassade:* (2 niedere Seitenteile flankieren 3achsigen, 2geschossigen Mittelbau mit Rundfenster), die dem *Inneren* nicht entspricht: eigentlicher Raum (in Anlehnung an San Marco in Venedig) hinter Mittelbau 2 Kuppelräume, durch breite Gurtbogen auf ausgehöhlten, mächtigen Pfeilern getrennt; dazwischen, die Seiten der Kuppelräume flankierend, Emporen (mit Quertonnen) auf 3jochigen Arkaden; erhöhter Altarvorplatz beim 2. Pfeilerpaar, dann eingezogener Chor mit Halbrundapsis. – Für romantisch-mystischen Raumeindruck die im Krieg vernichteten Malereien auf Goldgrund bestimmend (von H. Heß mit Koch und Schraudolph 1830–37 ausgeführt). ***Bedeutung:*** Als »erster Kirchenbau der Gegensäkularisation« (Hederer) und in seiner Stellung innerhalb des Residenzkomplexes programmatisch für die Auffassung Ludwigs I.; zudem einziger, wenn auch widerwillig übernommener Sakralbau Klenzes in München: Wiederaufbau aus geistes- wie kunstgeschichtlichen Forderungen wäre wünschenswert.

MARSTALLPLATZ 5 **7**

Ehem. Hofreitschule und Marstall Als Ersatz für das 1660/61 erbaute und 1822 abgerissene barocke Turnierhaus (›Alte Reitschule‹) an der Stelle des jetzigen Basargebäudes (→ Odeonsplatz 6–18) durch Klenze errichtet: 1820–25. Vorangegangen waren Pläne von A. Gärtner (1807), K. v. Fischer (1809) und Quarenghi (1811), gegen die Klenze seine Konzeption (1817) durchsetzte. 1944 ausgebrannt, 1969/70 unter Wahrung des Äußeren wiederaufgebaut. Von 1923–40 Marstallmuseum (→ Schloß Nymphenburg, S. 207), heute Kulissenhaus, dazu als Studienbühne der Bayer. Staatstheater ›Theater im Marstall‹. ***Plastischer Schmuck:*** 8 runde *Bronzereliefs* mit Pferdeköpfen zwischen den Fensterarchivolten sowie *Kampf der Zentauren und Lapithen* in den Portalzwickeln 1821 von J. M. v. Wagner. ***Bedeutung:*** Als erster Großbau Klenzes im Residenzbereich wichtig für die städtebauliche Akzentuierung des ehem. Zeughausareals östl. der Residenz: der von Leo von Klenze geplante Ausbau zum Ehrenhof (mit Seitenflügeln und Arkaden) jedoch unterblieben. Das monumentale Rundbogenportal, mit Büsten von *Kastor* und *Pollux* bekrönt, eines der reifsten Frühwerke Klenzes; der verlorene Innenraum mit Pilastergliederung und Kassettendecke überzeugte durch klare, harmonische Proportion.

MARTINSPLATZ 1 (Moosach) **14**

Alt-St. Martin Die im 12., spätestens im 13. Jh. neu errichtete romanische Kirche bis 1909 Filialkirche der Pfarrei Feldmoching, bis 1924 Pfarrkirche von Moosach, durch die 1922–24 nach Plänen von Leitenstorfer errichtete Pfarrkirche Neu-St. Martin (Leipziger Str. 11) abgelöst. 1956–58 stilgerecht renoviert, 1979 ff. Äußeres instandgesetzt. ***Beschreibung:*** Einfacher Saalbau, der eingezogene Altarraum halbrund geschlossen, beiderseits durch Anbauten (im N Sakristei, im S Kapelle zur Schmerzhaften Muttergottes, beide um 1630) flankiert; Turm mit Satteldach in der Flucht der Westfassade, wohl im 15. Jh. bei Einwölbung des Chors und Erhöhung des Kirchenraums aufgestockt; an Nordseite des Gemeinderaums 1655–58 Anbau der St.-Anna-Kapelle (nach Brand 1762 erneuert 1763); Architekturmalerei in Rot und Ockergelb nach aufgedeckten Farbresten (spätgot., Reste orig. Fassung des 12./13. Jh. an Apsis) als gezahnte Quaderung an Ecken und um Fenster neu; über Eingang an Südseite Reste der mittelalterl. Sonnenuhr konserviert. ***Inneres:*** flachgedecktes Langhaus mit *Dekkengemälde* (Hl. Martin vor Dreifaltigkeit) von Heigl 1758 (sign. u. dat.), über dem Chor zwischen höfischem Rokokostuck Gemälde (Hauptmann von Kapharnaum) von Hager 1763. *Hochaltar* St. Martin, von Fröhlich (Tölz) um 1760 sowie Seitenfiguren Hl. Joseph und Hl. Johann Baptist, ebenfalls von Fröhlich (um 1767). In der vom Chorraum zugängl. *Seitenkapelle* das ehedem als wundertätig betrachtete Vesperbild ›Schmerzhafte Mutter Gottes‹, wohl Candid-Schule nach 1600 (nach Altmann). *Seitenaltäre* links: der Hl. Helena geweiht, Altarblatt ›Schutzengel‹ (1867), Seitenstatuen Hll. Franz von Assisi und Franz von Paula (von Fröhlich); rechts: Marien- und Michaelsaltar (um 1765), Altarblatt ›Hl. Michael der Seelenwäger‹, Seitenfiguren Hll. Sebastian und Florian (von Fröhlich, um 1760); hier die um 1700 beschaffte ›Schwarze Muttergottes‹, die älteste Nachbildung des Gnadenbilds von Maria Einsiedeln (Schweiz) auf deutschem Boden. – In der *Anna-Kapelle* urspr. die frühbarocke, gefaßte Holzfigur ›Mutter Anna mit Maria‹ (möglicherweise von Pader?), heute in Neu-St. Martin. – Unter dem Kruzifix ›Mater dolorosa‹, Nachbildung der Holzfigur von Pader in der Herzogspitalkirche St. Elisabeth (→ Herzogspitalstr. 8/9). ***Bedeutung:*** Wie die Kirchen von Feldmoching, Allach, Unter- und Obermenzing sowie Lochhausen und Aubing auf frühe Gründungen zurückgehend; im Kern noch weitgehend romanisch, typisch für die alten Dorfkirchen rund um München.

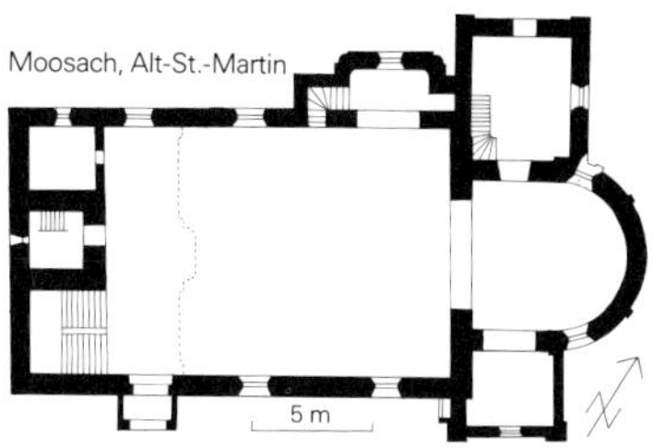

MATHILDENSTRASSE 10 **9**

St. Elisabeth Spitalkirche der Elisabethinerinnen. Grundsteinlegung: 1758, Fertigstellung: 1760; Konsekration: 1777. Errichtet nach Plänen von J. M. Fischer, vollendet von seinem Nachfolger Kirchgrabner (von ihm wohl Fassade etwa 1790). 1943 bis auf Außenmauern zerstört; Restaurierung des Raums 1963–65, der Ausstattung bis 1971. ***Beschreibung:*** Zentralbau mit 4 Flügeln, der westl. als Altarraum tiefer. Deckengemälde über Hauptraum (Verherrlichung der Hl. Elisabeth) sowie die Pendentifbilder (Allegorien auf das Wirken der Elisabethinerinnen) von Matthäus Günther gänzlich zerstört, ebenso ›Moses und eherne Schlange‹ über Chor sowie ›Stigmatisierung des Hl. Franz‹ über der Empore (bez. M. Günther 1765). Ebenfalls zerstört der 1. linke Seitenaltar (Ekstase des Hl. Franziskus) und der 2. linke Seitenaltar (Verherrlichung der Hl. Katharina durch Maria und Jo-

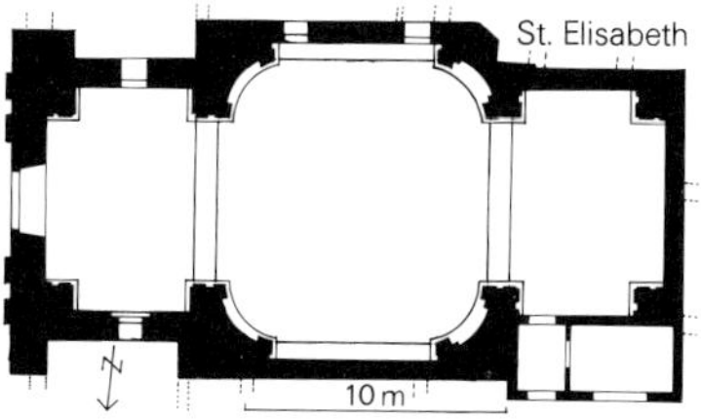

M

seph); rechts Marienaltar und Elisabethaltar. Aus dem Schutt geborgene Plastiken ermöglichten Rekonstruktion des *Hochaltars*★ ›Zu den Hl. 5 Wunden Christi‹ um 1777 mit Kreuzigung und 2 Propheten (Zacharias und, falsch beschriftet, Isaias): urspr. Altar nach stark verändertem Entwurf von I. Günther (1759) ausgeführt von Häringer; *Kanzel* ebenfalls von Günther. ***Bedeutung:*** Durch Zusammenwirken dreier bedeutender Künstler wichtige letzte Kirche des Münchner Spätrokoko, bei der sich aber – vor allem in der Architektur – gewisse Verhärtungen feststellen lassen (wie bei der Fassade, wo sich Frühklassizismus ankündigt).

MAXIMILIANSANLAGEN
→ Isaranlagen

MAXIMILIANSPLATZ **2, 6**
Im Vorfeld der alten Wehrmauer (ehem. ›Kapuzinergraben‹) bis hin zu der 1796/97 zwischen Schwabinger Tor und Karlstor angelegten Ringstraße (›Rumfordchaussee‹, heute Ottostraße) zur Stadterweiterung vorgesehenes Gelände (Festungsniederlegung 1803–05). Erste Bebauungspläne von Thurn 1802; von 1804–27 langgestreckte Wohnbauten parallel zur alten Stadtmauer (damit nachteilige Ringbebauung). Ab 1804 nach Entwurf von Schedel von Greifenstein Anlage des bescheidenen **Maxtors** als Öffnung der Prannerstraße ins Umland (bereits im späten 18. Jh. erwogen): ihre schiefwinklig zur Stadtmauer verlaufende Achse bedingt Schrägstellung des Tors und Rücksprung des Gebäudes der ehem. Torwache (heute Maximiliansplatz 18). Symmetrisch zum eigentlichen Tor ein Blindtor mit Brunnennische. (Wiederherstellung des originalen Zustands 1983 durch Schleich.) – Die beiderseits angefügten Wohnhäuser auf der Trasse der demolierten Wehrmauer als ›Schaufassade‹ der Altstadtbebauung vorgesetzt (Entwurf: Schedel von Greifenstein; im Verlauf des 19. und 20. Jh. sowie durch Neubauten nach Kriegszerstörungen verändert). – Das Gebäude der Torwache Bezugspunkt für die Achse der 1807 angelegten *Max-Joseph-Straße* (mit Anbindung an ›Fürstenweg‹ nach Nymphenburg), die jedoch den verkehrstechnisch mißglückten Versuch einer Stadterweiterung ohne organischen Anschluß an die bestehenden Straßenzüge der Altstadt nicht ausgleichen kann. Dennoch bildete dieser Abschnitt ein konstitutives Element bei Planung der → Maxvorstadt (ab 1808). – Auf dem urspr. gesandeten Areal (im Volksmund damals ›Sahara‹ genannt) Errichtung einer Mauthalle vorgesehen (Entwürfe von K. v. Fischer, Klenze, Lang, 1810–17; nicht ausgeführt); es diente 1822–72 als Dultplatz; die *Grünanlagen* 1876–78 von K. Effner angelegt; ihre Begrenzung zum → Lenbachplatz erhielten sie 1893–95 durch Wittelsbacher Brunnen (→ S. 117); am Übergang zum Platz der Opfer des Nationalsozialismus seit 1963 das *Schiller-Denkmal* (1863 von Widnmann). In den Anlagen, beiderseits der Max-Joseph-Str., südwestlich Denkmal für *Max v. Pettenkofer* (1909, von Rümann), gegenüber für *Justus v. Liebig* (1883, von Wagmüller); dahinter *Karl-Amadeus-Hartmann-Gedächtnisbrunnen* (1971, von Stadler). Der geschlossenen südöstlichen Platzfront (Banken, Büro- u. Geschäftshäuser) gegenüber lockere Bebauung. In der Grünanlage zur Ottostr. hin *Goethe-Denkmal* (1962, von E. Dietz). *Nr. 5* ehem. ›Regina-Palast-Hotel‹ (1908, Architekt: Lukas), seit 1982 als *Regina-Haus* internationales Ausstellungszentrum der ›Mode-Woche-München‹ (gegr. 1963) und Sitz des Deutschen Mode-Instituts; hier auch Deutsches Mode-Museum geplant. *Nr. 8* ehem. Wohn- und Geschäftshaus Drey, 1911/12 von G. v. Seidl erbaut (besonderes wichtiges Element die Verwendung von Terrakotta als Bauzier), heute Industrie- und Handelskammer; daneben das von Friedr. v. Thiersch 1899–1900 errichtete ehem. Haus für Handel und Gewerbe (›Neue Börse‹). Anschließend kleine Grünanlage (›Eschenanlage‹); hier seit 1968 der urspr. in den nördlichen Karlsplatzanlagen stehende *Nornenbrunnen* (von H. Netzer, 1907): 3 Frauenfiguren flankieren den Steinblock der Brunnenschale; in der Bodenebene drei einzelne ovale Bekken). Seine Bedeutung liegt in der Abkehr von Hildebrandscher Klassizität zu blockhafter Vereinfachung. Gegen die Ottostr. der 1924 errichtete *Pfalz-Stein* von Bleeker.

MAXIMILIANSTRASSE **7, 8**
Dieser 3. städtebaulich bedeutsame Straßenzug (nach → Brienner Str. und → Ludwigstr.), der erstmals eine Vorstadt des östlichen Isarufers mit der Stadt unmittelbar verbindet, von Max II. bereits 1832 als Kronprinz vorgesehen; erste Projekte 1851 durch Bürklein. Nach dem Willen des Königs (seit 1848) sollte ein »einheitlich zeitgemäßer Baustil ersonnen« werden und der Straße ihren Charakter geben (als ›Maximiliansstil‹ in die Kunstgeschichte eingegangen). Hierfür erhoffte man sich Klarheit durch den 1850 ausgeschriebenen Wettbewerb für das spätere *Maximilianeum* (beg. 1857; → Max-Planck-Str. 1). 1852 werden die Architekten Bürklein, Gottgetreu, Riedel, Voit und Ziebland mit der Anfertigung von Musterfassaden beauftragt, bei denen neben Zweckmäßigkeit, Schönheit, Einfachheit auch »Nationalität« (!) gefordert werden (die sich in den flachen Satteldächern über den Risaliten einiger Bauten als bayerische Komponente ausdrückt). Entscheidung über die endgültige Richtung der vom Max-Joseph-Platz ausgehenden Straße 1852: Point de vue ist nicht die von Berger entworfene neue St.-Johann-Baptist-Kirche in Haidhausen (→ Johannisplatz 22), sondern das etwas nördlicher vorgesehene Maximilianeum. Bereits 1853 genehmigt der König das Forum, das in der Grundform auf den röm. Circus zurückgeht (halbkreisförmiger Abschluß nur am östl. Ende ausgeführt). – Als 1. Bau *Haus Lorenz* (heute Nr. 32) 1854 nach Entwurf von Bürklein errichtet, gefolgt 1856–57 von dem heutigen *Hotel Vierjahreszeiten* (→ Nr. 17); 1857–63 wird dem *Hauptmünzamt* (→ Hofgraben 4)

die Nordfassade vorgeblendet. (Die Arkaden sollten urspr. auch bei anderen Bauten verwendet werden.) Die übrigen Gebäude (Miet- und Geschäftshäuser) zu Blöcken verfestigt, den Straßenzug streng einfassend. Nach etwa 400 m mündet die Straße in das baumbepflanzte *Forum* (Miethäuser an der Westseite von M. Berger, 1858–60), an dem zurückgesetzt die Gebäude der *Regierung von Oberbayern* (→ Maximilianstr. 39) und des *Völkerkundemuseums* (→ Nr. 42) liegen. (An dieser Stelle 1968/69 durch rücksichtslosen Durchbruch des Altstadt-Rings die architektonische Geschlossenheit des Platzes und durch quer verlaufenden Verkehr der Tiefenzug der Straße unnötigerweise auf das brutalste zerstört worden! Die Lücke durch Neubau im urspr. Fassadenaufriß 1983/84 verkleinert; Arch.: Lanz.) In den Parkanlagen 4 Bronzestandbilder, entstanden zwischen 1856 und 68: an der Nordseite *General Graf Deroy* (von Halbig) und *Graf Rumford* (von Zumbusch), an der Südseite *Frdr. Wilh. Schelling* (von Brugger) und *Jos. Fraunhofer* (von Halbig). – In der Mitte der Straße das von Zumbusch entworfene *Max-II.-Denkmal* erst 1875 hinzugekommen: auf Rotmarmorsockel 4 allegorische Bronzefiguren (Herrschertugenden) und 4 Putti mit den Wappen der bayerischen Stämme (Bayern, Schwaben, Franken, Pfälzer); auf hohem Podest Max II. – Danach tritt der Straßenzug in die freie Natur, überquert auf der nach Plänen von Zenetti 1857–64 erbauten 1. *Maximiliansbrükke* die Isar und erreicht am anderen Ufer das Rondell unter dem *Maximilianeum*. (Auf dem zweiten Teil der Brücke die von F. Drexler 1906 geschaffene *Athena-Skulptur* aufgestellt. Bei Erneuerung der Brücke (F. Thiersch, 1901–05) mit Steingeländer in floralem Jugendstil. Gärtnerische Gestaltung des Isarhochufers 1856 begonnen (→ Isaranlagen). ***Bedeutung:*** Anregungen englischer und niederländischer Gotik, Mischung dieser Elemente mit vereinzelten Formen italienischer Spätrenaissance und strukturelle Verwendung von Gliederungen aus dem Eisenbau (von Zeitgenossen abschätzig als »Strecklisenen« charakterisiert) kennzeichnen die stilistische Eigenart der ›Maximilianischen Gotik‹, deren eigentliche Wurzeln wohl in der Neugotik Schinkels liegen dürften (Hojer). Mit der gotischen Travée kann Bürklein die breiten Baumassen geschickt rhythmisieren. Diese ›Gotik‹ bestimmt das architektonische Bild der Straße; ihr Gefüge erhält sie aus dem Geist der Spätromantik, wo sich die strenge Architekturauffassung der Ludwigszeit zu lockern beginnt und malerisch-naturnahe Tendenzen spürbar werden. Im Gegensatz zur Ludwigstraße betonte Entfaltung urbanen Lebens.

MAXIMILIANSTRASSE 17 **7**
Hotel Vier Jahreszeiten Im Verlauf der Anlage der Maximilianstraße als 2. größeres Gebäude (Mietshaus) von Gottgetreu 1856–57 errichtet; noch während des Baus Änderung der Fassade und Umbau zum Hotel: an den Risalitpfeilern Allegorien der Vier Jahreszeiten, in den Giebelfeldern Büsten des begrüßenden Hoteliers-Ehepaares Schimon sowie Allegorien der vier alten Erdteile. Nach Brand (1859) erneute Änderungen. Urspr. Fassade beim Umbau durch Heilmann & Littmann (1902–03) vereinfacht, dabei Einbau der 4jochigen Einfahrtshalle. Erneut vereinfacht bei Renovierung 1981/82.

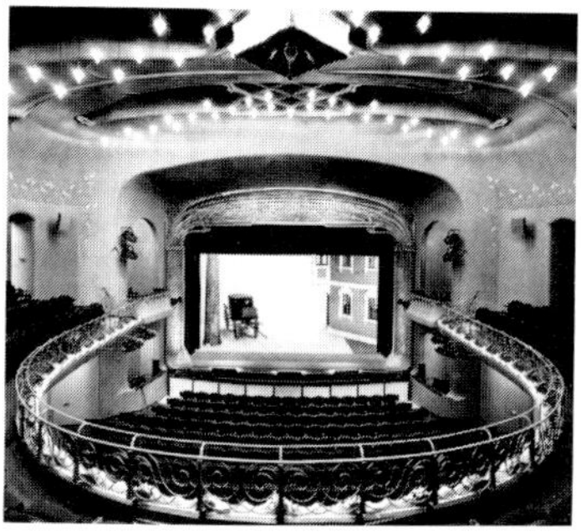

Kammerspiele im Schauspielhaus (1900/01)

MAXIMILIANSTRASSE 34/35 **7, 8**
Schauspielhaus 1900/01 als Rückgebäude zweier Häuser der Maximilianzeit (›Riemerschmid-Block‹) von Littmann mit damals modernster Bühnentechnik errichtet und von Richard Riemerschmid gestaltet. Seit 1926 Heimstätte der früher an der Augustenstraße befindlichen (1939 kommunalisierten) ›Kammerspiele‹, daher vollständige Bezeichnung ›Münchner Kammerspiele im Schauspielhaus‹. Zu diesem Zeitpunkt bereits Umbaupläne (im Einvernehmen mit Riemerschmid) erwogen; 1937 Eingriffe in die urspr. Substanz, aber erst 1950 bei Restaurierung seiner wesentlichen Charakteristika entkleidet und purifiziert. 1970/71 nach den urspr. Plänen durch Reinhard Riemerschmid nahezu vollständig wiederhergestellt. ***Zuschauerraum*** in 2 Etagen (Parterre und Rang, mit Logen) in Rechteckräumen angeordnet sowie 4 Proszeniumslogen; die flächig gemuldete Raumschale mit plastischen Elementen gegliedert, durch hellrote Wände und lichtgrüne Decke mit Golddekor festlich gestimmt, an der ornamental durchbrochenen Decke anstelle Kronleuchter einzelne Glühbirnen; Blattwerk des Balkongitters um Bühnenöffnung wieder aufgenommen; bestickter urspr. Bühnenvorhang 1971 nach Foto nachgeschaffen. – Die originale farbliche Behandlung der ***Foyers*** ebenfalls wiederhergestellt: oberes Foyer in Gelb und Grau, Parkettfoyer in duftigem Grauviolett mit dunkelblauen Deckenfüllungen; die links und rechts anstoßenden ***Garderobegänge*** in Hellgrün mit veilchenblauen Ornamenten; die vorgelegte ***Kassenhalle*** in stumpfem Braun mit hellroten Blattmotiven und roten Türen, das Oberlichtgitter der originalen Form angenähert. ***Bedeutung:*** Einziges Jugendstiltheater Deutschlands, zugleich eine der wenigen reinen, völlig stilsicheren Raumschöpfungen jener Zeit, bis zum klein-

M

sten Detail einheitlich und konsequent als Gesamtkunstwerk konzipiert und gestaltet. Im Dekorativen allerdings nicht ganz frei von Kunstgewerblichem und der Qualität der Architektur nicht ganz angemessen.

MAXIMILIANSTRASSE 39 7, 8
Regierung von Oberbayern An der Nordseite des Forums 1856–84 von Bürklein errichtet. 1944 ausgebrannt. 1948–53 außen leicht, innen stark verändert wiederhergestellt. ***Beschreibung:*** Breitgelagerte, mit hellgelben Terrakottaplatten verkleidete Fassade, 17achsiger Hauptbau (mit 3achsiger Mitte), beiderseits flankiert von Sechsecktürmen, an diese niedrigere Flügel (je 5 Achsen) mit 3achsigen Kopfbauten angefügt. Hohes Sockelgeschoß mit Spitzbogenarkaden, darüber an Triforium erinnerndes Mezzanin mit 5 gekuppelten Fenstern, 2 davon blind; über profiliertem Gesims hohe Spitzbogenfenster, mit 3 bzw. 2 Stockwerken dahinter. Abschluß durch Spitzbogenfries. ***Bedeutung:*** Die Hochrechteckfelder mit eingestellten ›Kathedral‹-Fenstern sowie deren stabwerkartige Vertikalteilung übertragen Möglichkeiten der Eisenkonstruktion (›Strecklisenensystem‹) auf Steinbau in ›gotischen Formen‹. Typisches Beispiel für ›Maximilianstil‹.

MAXIMILIANSTRASSE 42 7
Staatliches Museum für Völkerkunde
An der Südseite des Forums ursprüngl. eine durch Arkaden verbundene, von Bürklein entworfene symmetrische Baugruppe aus 3 Blöcken vorgesehen: westlich *Maximilians-Gymnasium* und *Taubstummen-Institut* (beg. 1855); in der Mitte *Künstlerhaus;* östlich *Polytechnische Schule.* Die im Rohbau fertigen Schulgebäude und das Taubstummen-Institut 1858 jedoch wieder abgerissen zugunsten des Neubaus eines ›Bayerischen Nationalmuseums‹ als architektonisches Gegengewicht zur gleichzeitig entstehenden, repräsentativen Regierung von Oberbayern (→ Nr. 39) an der Nordseite des Forums; nach Plänen von E. Riedel 1859–63 errichtet. (Max II. angeregt durch das ›Musée de Cluny‹ in Paris, eröffnet 1844, das ›Musée de l'histoire‹ in Versailles und das ›South Kensington Museum‹ in London, eröffnet 1851.) Exponate anfänglich als ›Wittelsbachisches Museum‹ in der Herzog-Max-Burg aufgestellt (Pläne von Lange u. a. für eine Erweiterung zu 4-Flügelanlage in Maximilianstil nicht realisiert), dann das Neue Schloß Schleißheim als Museum vorgesehen; schließlich Errichtung des Neubaus an Maximilianstraße, 1867 eröffnet, jedoch bald zu klein. Nach Fertig-

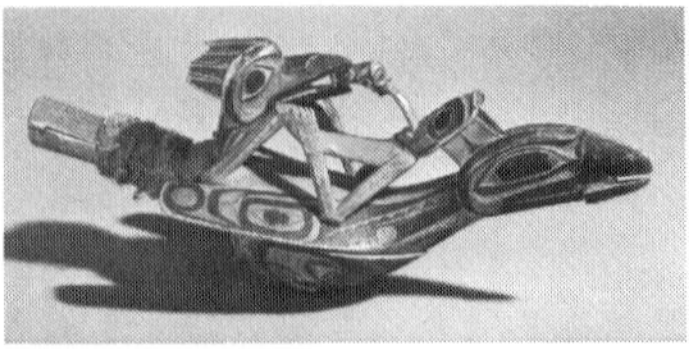

Indianische Rabenrassel

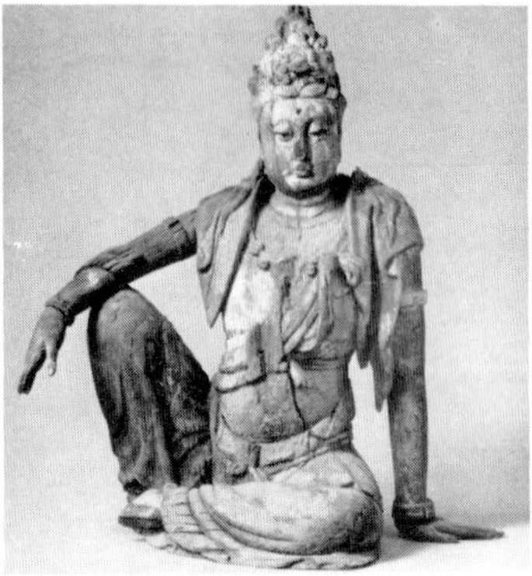

Chin. Holzplastik, 11. Jh

stellung des neuen ›Bayer. Nationalmuseums‹ (→ Prinzregentenstraße 3) von 1906–25 erste Heimstätte des ›Deutschen Museums‹ (→ Museumsinsel). Seit 1926 in diesem Bau *Museum für Völkerkunde* untergebracht. Nach Beheben schwerer Kriegszerstörungen 1954 Wiedereröffnung als ›Staatliches Museum für Völkerkunde‹: im Obergeschoß Wechselausstellungen aus den eigenen reichen Beständen. (Im Erdgeschoß Ausstellungsräume des Berufsverbandes Bildender Künstler.) ***Beschreibung:*** Langgestreckter 5teiliger Baublock zu insgesamt 25 Achsen; zwischen 2geschossigen Flügelbauten (6 Achsen mit 1achsigem Eckrisalit) 3geschossiger Mitteltrakt zu 9 Achsen mit 1achsigen Eckrisaliten; im Erdgeschoß 9bogige Arkade mit Mittelbalkon, das Hauptgeschoß durch Rundbogenfenster und 8 Figuren in den 4 Risaliten hervorgehoben, die die Kardinaltugenden des Bayernvolks symbolisieren; diese Figuren (Vaterlandsliebe, Fleiß, Frömmigkeit, Treue, Weisheit, Gerechtigkeit, Tapferkeit, Großmut), die Reliefs (über den Erdgeschoß- u. Obergeschoßfenstern), die allegorischen weiblichen Figuren mit den Wappen der 4 Stämme Bayerns (erhalten: Franken; Altbayern, Pfälzer, Schwaben: zerstört) sowie die thronende Bavaria (Mitteltrakt) korrespondieren mit der Devise ›Meinem Volk zu Ehr und Vorbild‹ im Architrav. (Derselbe erzieherische Gedanke Max' II. bei den 143 Wandbildern der ›Historischen Galerie‹ in den 29 Sälen des 1. Stocks: Szenen zur bayerischen Geschichte – im O Flügel Schwaben, Franken und bayer. Rheinpfalz, im W Flügel Oberbayern, Niederbayern, Oberpfalz; sie wurden von Flüggen, Schwoiser, Hauschild, Pixis, Moßdorff u. a. gemalt. Heute hinter Wandbespannungen verborgen.) ***Bedeutung:*** In den Architekturformen vom Perpendicular-Style beeinflußt wirken die scharf geschnittenen Vertikalglieder zusammen mit den Achsen der großen Fenster der Breitenlagerung des Baukörpers entgegen; durch harte Putztechnik Betonung der formalen Sprödigkeit, die durch das Nebeneinander heterogener Schmuckelemente noch gesteigert wird; in der atektonischen Verwen-

dung der Bauglieder kündigt sich Auflösung der klassischen Bauordnung an.
Sammlungen: Grundstock für das 1926 hier eingerichtete Völkerkundemuseum die bereits 1782 der Öffentlichkeit in der Hofgartengalerie zugänglich gemachte Kuriositätensammlung der bayerischen Herzöge und Kurfürsten; nach Aussonderung alles Europäischen Einrichtung der ›Ethnographischen Sammlungen im Galeriegebäude‹ (1868). In den folgenden Jahrzehnten systematischer Ausbau unter fachwissenschaftlichen Aspekten und Erwerb bedeutender Sammlungen. Durch rechtzeitige Auslagerung kaum Kriegsverluste. – Der Umfang der Sammlungen umfaßt alle außereuropäischen Länder: vom Umfang her bilden die Sammlungen aus Süd-, Südost- und Ostasien Schwerpunkte; daneben bedeutende Bestände aus Ozeanien, Afrika, Süd- und Mittelamerika. ***Bedeutung:*** Mit rd. 300000 Objekten ist das Münchner Museum das zweitgrößte (nach Berlin) in Deutschland; der hohe Anteil an Kunstwerken erlaubt, das Völkerkundemuseum auch als Kunstmuseum zu bezeichnen. (Wegen der zu geringen Ausstellungsflächen nur Teilgebiete der reichen Sammlungen in Wechselausstellungen gezeigt.)

MAX-JOSEPH-PLATZ 7

Durch Aufhebung und Demolierung (1802/03) des seit 1284 bestehenden *Franziskanerklosters* frei gewordenes Areal südlich der Residenz durch K. v. Fischer als repräsentative Platzanlage des jungen Königreichs Bayern vorgeschlagen. Erste Pläne (1802) für Errichtung eines Hof- und Nationaltheaters an seiner Ostseite (→ Nr. 2), ferner Entwurf einer monumentalen Südfassade der Residenz um 1809 (?), in etwa dem späteren Königsbau entsprechend (→ S. 145). Heutige Anlage bis Mitte des 19. Jh. gebildet: an der Westseite durch Residenzstr. (mit ihren Fronten von Bürgerhäusern) tangiert, an der Südostseite durch die Maximilianstr. geöffnet (die gegenüberliegende Einmündung der Perusastr. ohne Bedeutung), erhält dieser Platz* sein monumentales Gepräge durch die Fassaden des Königsbaus der *Residenz* (1826 ff.), des *Nationaltheaters* (1811 ff.) mit dem 1951 errichteten Foyerbau des *Neuen Residenztheaters* und durch die Säulenarkaden der *Hauptpost* (1836–39 → Residenzstr. 2). – Durch Kandelaber (auf skulptierten Sockeln) und Prellsteine (durch Ketten verbunden) kreisrunde, leicht gewölbte Fläche (mit Kieselstein-Pflasterung) aus dem Platzareal ausgesondert; in der Mitte
Denkmal für Max I. Josef* 1. Skizzen bereits 1823 von Klenze, gemeinsam mit J.M. Wagner in Rom, entworfen, die den König sitzend darstellen; trotz dessen Einspruch in dieser Form aber nach seinem Tod (1825) ausgeführt, enthüllt 1835. – Auf 2stufigem Steinfundament hoher Bronzesockel, an den 4 Ecken von Löwen flankiert; zwischen ihnen Trophäenreliefs, an den Längsseiten zusätzlich Allegorien der ›Bavaria‹ (mit Pflugschar) und ›Felicitas publica‹. Über dem umlaufenden Gesims Relief mit Darstellungen aus dem Wirken des Königs: Sorge für Landwirtschaft, Förderung der Kunst, Einführung der Verfassung, Versöhnung der Konfessionen; dazu Allegorien der Stärke (Herkules), Gerechtigkeit (Dike), Weisheit (Athene) und Wohlfahrt (Demeter). Darüber auf Thronsessel das Sitzbildnis des Königs (Figuralkomposition von Chr. Rauch, Architektur von Klenze). ***Bedeutung:*** Durch die auf 3 Seiten einheitliche Bebauung erhält dieser Platz sein geschlossenes Gepräge als Platzmonument, zentriert durch eines der besten Freidenkmäler des Klassizismus. 1. großer Erzguß von Stiglmaier.

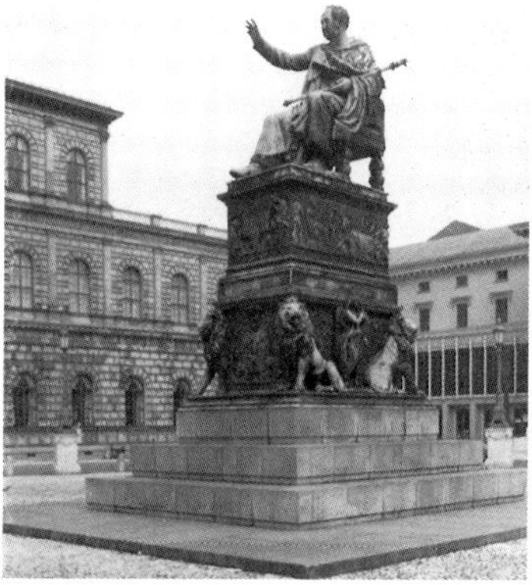

Denkmal für Max I. Josef von Chr. Rauch

MAX-JOSEPH-PLATZ 1 7

Residenztheater Nachdem die Raumhülle des 1943 ausgebauten und geborgenen Cuvilliés-Theaters nördl. des Nationaltheaters im 2. Weltkrieg zerstört worden war, nach Plänen von Hocheder in dieses Areal das moderne Residenztheater eingefügt (1948–51); Eröffnung am 28. Januar 1951. ***Beschreibung:*** Baulücke zwischen Nationaltheater und Königsbau der Residenz durch zurückhaltende Fassade, mit Anklängen an Klassizismus, geschlossen: im Erdgeschoß 7 Eingänge, darüber durchgehende Glasfront des Foyers, durch schlanke Stahlsäulen gegliedert; über schmalem Architrav zurückgesetzte Wandfläche mit 6 Fenstern und Mezzanin. (Die Ostseite des Theaters heute durch Kulissenmagazin am Marstallplatz verdeckt.) ***Inneres:*** Achsenverschiebung von Eingangshalle und Zuschauerraum durch Bauplatz bedingt. Untergeordnete Behandlung der Vorräume und Wandelgänge. Der rechteckige *Zuschauerraum* mit hufeisenförmigem Balkon sowie Rang an der Rückseite; an den Seiten 2 oratoriumähnliche Proszeniumslogen. ***Bedeutung:*** Im Außenbau Anklänge an den von Voit für König Max II. errichteten Wintergarten im Obergeschoß (1854) über den von Kreuter 1852 entworfenen 5bogigen Arkaden im Erdgeschoß. In der Raumdisposition geschickte Ausnutzung der Gegebenheiten zwischen Residenz und Nationaltheater.

M

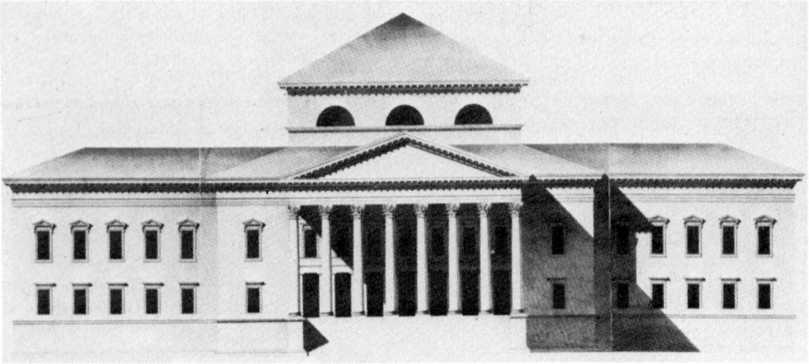

Karl von Fischers *Entwurf* zum Nationaltheater von 1811 (mit Seitenflügeln)

MAX-JOSEPH-PLATZ 2 **7**

Nationaltheater Bereits unter Kurfürst Karl Theodor Neubaupläne: nach 1785 erstes Projekt L. Quaglios d. Ä. als Ersatz für das 1651 von M. Schinnagl eingerichtete Opernhaus am Salvatorplatz (→ Abb. S. 46), das als Dekorationsmagazin weiter benutzt werden sollte; Entwürfe wohl von Peter Anton (oder Maximilian?) von Verschaffelt (1792) für Neubau auf Promenadeplatz. Endgültige Schließung des baufälligen alten Opernhauses 1799, abgebrochen 1802. Im selben Jahr Säkularisierung des Franziskanerklosters am heutigen → Max-Joseph-Platz; 2. Projekt Quaglios (antikisierender Rundbau) wohl für diesen Standort; zur selben Zeit (1802) erste Pläne K. v. Fischers, 1803/04 folgt weiteres, um Redoutensaal erweitertes Projekt (ähnliche Lösung von A. Gärtner, 1808); bei Paris-Besuch von Max I. Josef (1810) Anregung durch Théâtre de l'Odéon (1779–82) für das als »Denkmal der Bayerischen Nation« gedachte neue ›Königliche Hof- und Nationaltheater‹: 1811 Entwurfsarbeiten von Thurn, Herigoyen und Fischer; letzterer erhielt für sein Projekt (Anschluß an Altes Residenztheater; Redoutensaal an der Südseite) den Bauauftrag: Grundsteinlegung (12. 10.: Namenstag des Königs) 1811; aus finanziellen Gründen langsamer Baufortgang (1816 erst Logenbau unter Dach), dennoch am 12. Oktober 1818 Eröffnung. Noch vor endgültiger Fertigstellung durch Brand zerstört (1823); sofortiger originalgetreuer Wiederaufbau unter Leitung Klenzes (Dekorationen von Métivier ausgeführt), allerdings Verzicht auf die nördlichen und südlichen Flügelbauten, dagegen 2. Giebel anstelle des urspr. Walmdachs über Logen- und Bühnenbau: 1825 Wiedereröffnung. (Ein Jahr später, auf Befehl König Ludwigs I., Schließung des 1811/12 von Herigoyen erbauten *Isartortheaters* aus Konkurrenzgründen.) Im 2. Weltkrieg (1943) bis auf Außenmauern zerst., Wiederaufbau bis 1958–63; 1972 Giebelfiguren von Brenninger. ***Beschreibung:*** Giebel-Portikus (mit 8 korinth. glat-

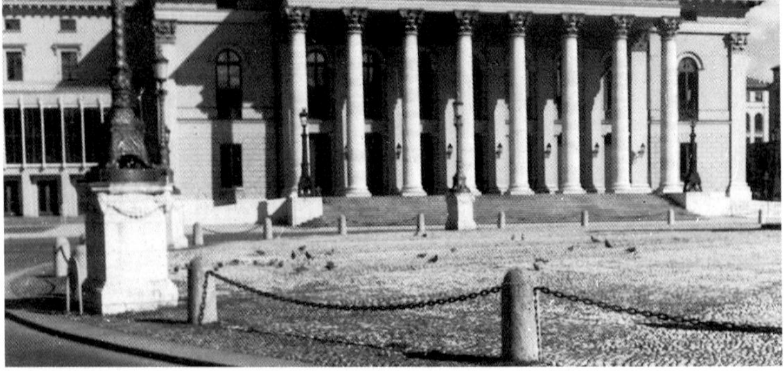

Nationaltheater, 1811–18 von Karl von Fischer, 1943 zerstört, 1960–63 wieder aufgebaut

M

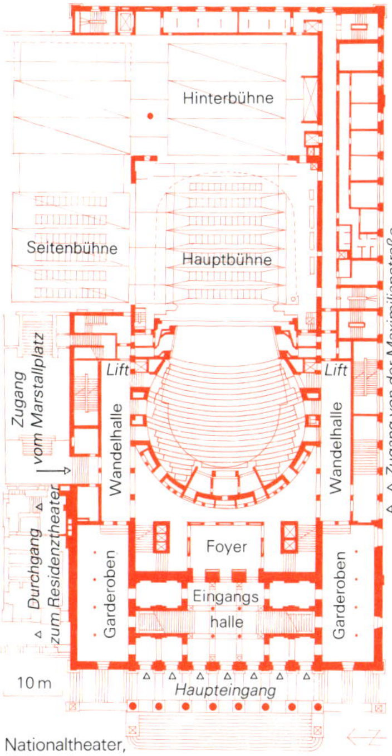

Nationaltheater, Parkettgeschoß (nach Wiederaufbau)

ten Säulen) der insgesamt 9achsigen Hauptfassade vorgelegt, die von Eckpilastern verfestigt wird; rustiziertes Erd- u. glattes Obergeschoß; darüber kräftiges Gebälk mit Pultdächern, aus denen Zuschauerraum u. Bühnenhaus aufragen (Giebel von Klenze; anstelle des urspr. vorgesehenen plastischen Schmucks Enkaustikmalerei nach Entwurf von L. Schwanthaler; diese 1894 durch Glasmosaik ersetzt.) Im Hauptgiebel Bronzefiguren ›Apollo und die 9 Musen‹ von Brenninger 1972. – Südflanke des Baus (hier urspr. Redoutensaal vorgesehen) 1856f. von Bürklein bei Anlage der → Maximilianstraße verändert. ***Inneres*★:** Nach ergebnislos verlaufenem Wettbewerb für neue (weitgehend ›moderne‹) Innengestaltung (1955) Entscheidung zur Rekonstruktion unter vorwiegend denkmalpflegerischen Gesichtspunkten durch Graubner und K. Fischer: Eingangshalle im Parkettgeschoß mit Aufgängen zu den festlich in Weiß, Blau und Gold gestimmten *Ionischen Sälen* und zum *Weißen Saal* (ehem. ›Königssaal‹) im Ranggeschoß originalgetreu wiederhergestellt; durch Einfügen eines eigenen Foyers vor der Staats- (ehem. Königs-)Loge und Schaffung verbindender Wandelhallen (mit zusätzl. Treppenanlagen) mußte der zylindrische Zuschauerraum mit der Bühne gegenüber seiner urspr. Situierung in den Bauteil des früheren Bühnenhauses hineingeschoben werden; die 5 Ränge und kreisrunde Decke heute zur Bühne hin leicht geneigt (Sichtverbesserung); doppelgeschossige Staatsloge von Karyatiden flankiert, Proszenium durch Kolossalsäulen akzentuiert: monumentale Rahmung der Bühnenöffnung (mit 13 m Höhe und 15 m Breite größte eines dt. Opernhauses). ***Bedeutung:*** Östl. Dominante des Max-Joseph-Platzes, seinerzeit eines der größten Theater Europas (2123 Zuschauerplätze); letztes großes Opernhaus der klassischen Richtung. Auch nach Wegfall der von Fischer geplanten seitlichen Anbauten ein in seinen Proportionen hervorragender Baukörper. Der Innenraum in Rot, Weiß und Gold als festlicher klassizistischer Theaterraum rekonstruiert.

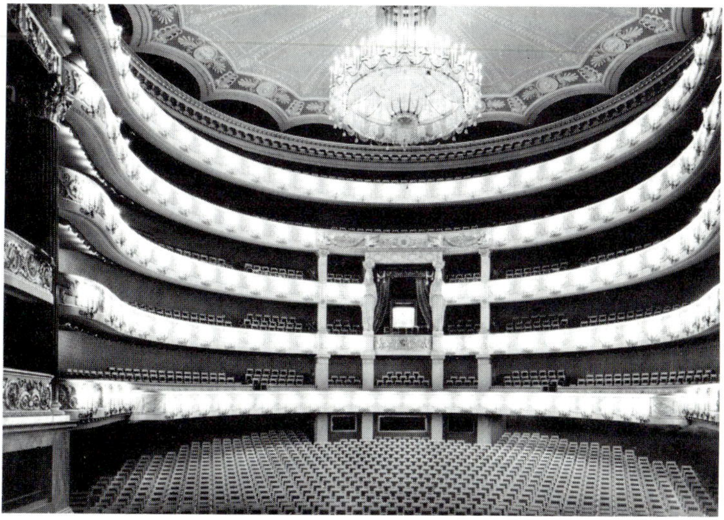
Nationaltheater: *Innenraum* mit Blick zu den fünf Rängen und zur Königsloge

M

MAX-JOSEPH-PLATZ 3 7

Residenz und **Residenzmuseum** Seit dem späten Mittelalter bis 1918 Residenz der Wittelsbacher; in dieser Zeit Entwicklung von der Burg zum königlichen Schloß. 1920 als ›Residenzmuseum‹ der Öffentlichkeit zugänglich gemacht; 1943–45 aufs schwerste zerstört, seit 1946 Wiederaufbau, 1980 im wesentlichen abgeschlossen. Der weitläufige Komplex umschließt 6 große Höfe; durch 3 repräsentative Fassaden bestimmt: Westseite durch *Maximilianischen Trakt* (→ S. 143 ff.), Südseite durch den *Königsbau* (→ S. 145), Nordseite durch den *Festsaalbau* (→ S. 146), die Ostseite nicht einheitlich (Projekt von Cuvilliés d. Ä. 1764/65: → S. 144).

Bau der Neuveste: Im Zuge der Stadterweiterung (1. Hälfte 14. Jh.) war bisherige Herzogsburg, der → *Alte Hof*, vom Stadtgebiet eingeschlossen; deshalb ab 1385 (Bürgeraufstand) Anlage der *Neuveste* an der Nordostecke der neuen Stadtmauer: viereckige Wasserburg, die an ihrer Ostseite 2 Türme der Stadtmauer einbezog; an der Westseite Palas, an der Südwestecke Bergfried (später Silberturm); der Zugang erfolgte von Süden über einen Grabensteg.

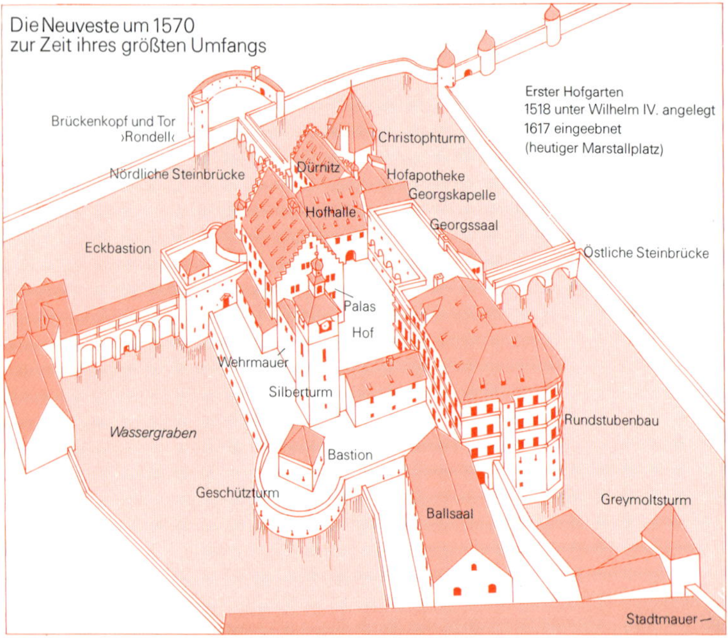

Nach endgültiger Aussöhnung mit der Bürgerschaft Einbeziehung der Burg in die bis dahin unterbrochene Stadtbefestigung (1476). In 6 festgestellten Bauperioden (Freilegung von Grundmauern während des Wiederaufbaus 1956–60) Ausbau zu prächtigem Fürstensitz: Torhaus im Norden und Zwingermauern (um 1470); Anlage von zwei Geschütztürmen (1460–1500); um 1540 äußerer Christophturm und Rundstubenbau; mit Errichtung des Georgssaalbaus (Ausstattung durch Egkl) Abschluß des Ausbaus (→ Schaubild. Zustand um 1570). Durch Abbruch aller Gebäude der Westseite (um 1620) Öffnung zu Residenzbauten Maximilians I. und Verbindung mit diesen. Nach Brand der Neuveste (1750) notdürftig instand gesetzt. Reste erst durch Neubauten unter Ludwig I. beseitigt.

Residenzbau, 1. Periode (unter Herzog Albrecht V.): zwischen 1560 und 1570 Errichtung eines Ballhauses an der Südwestecke der Neuveste. (Hier befand sich nach dem 2. Weltkrieg das Brunnenhoftheater, bei Einbau des Cuvilliestheaters, → S. 184, in den Apothekenstock beseitigt, jedoch 2schiffige Kellerhalle gesichert.) Anlage des *Antiquariums*★ durch Egkl 1569–71 (unter Beteiligung von Hans Jakob Fugger und Jacopo Strada) für die 1558 gegründete herzogliche Bibliothek (Obergeschoß) und die z. T. antiken Skulpturen im ›Gewölbe‹ (Erdgeschoß: Bedeutendster und größter Renaissanceraum nördlich der Alpen, → Plan S. 150, **7**); durch Sustris ab 1586 Tieferlegung des Fußbodens. Die Schräglage, durch den Burggraben bedingt, bringt Diagonalrichtung des *Brunnenhofs* in den Residenzkomplex. ***2. Bauperiode*** (unter Wilhelm V.): 1580/81 Errichtung eines 2geschossigen Gebäudes (mit 7 Achsen) an der Schwabinger Gasse (heute Residenzstr.) als *›Witwenbau‹* für Herzogin Anna. Obergeschoß des Antiquariums anstelle der Bibliothek Wohnräume für Wilhelm V. (1581), mit **13** *Schwarzem Saal* (gegen 1590) verbunden: Einbau der ›Schwarzer-Saal-Treppe‹ um 1600, eines der frühesten Beispiele

M

1. Bauperiode unter Albrecht V. (1550-79)

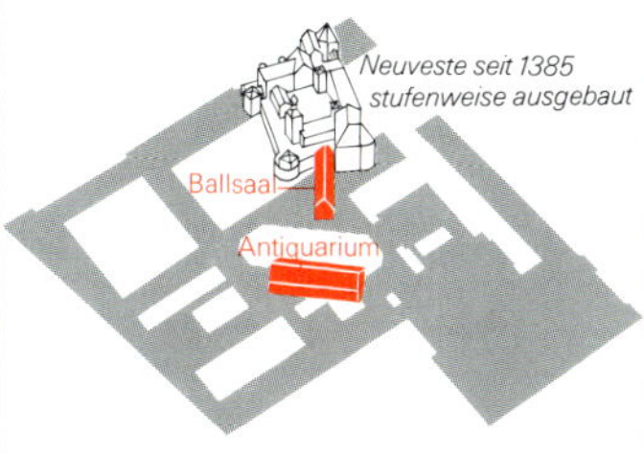

2. Bauperiode unter Wilhelm V. (1579-97)

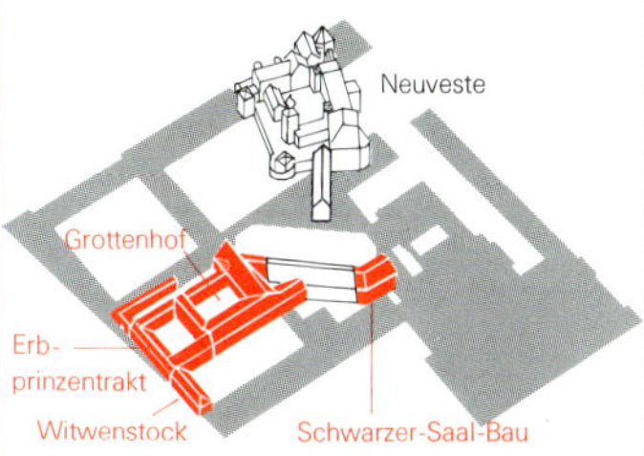

der gegenläufigen italienischen Treppen nördl. der Alpen. Bedeutendster Beitrag Wilhelms die Errichtung des 4flügeligen *Grottenhof-Traktes* (1581–86, Architekt: Sustris) um ein ›Geheimes Lust- und Residenzgärtlein‹*: Urspr. 2 Bogenhallen, nach Umbauten durch Cuvilliés (1730/31) nur noch östliche (**6**) erhalten: Typisch manieristische Anlage mit Groteskzieraten sowie Steinchen- und Muschelverkleidung; vergoldete Bronzefigur des Merkur (wahrsch. von A. de Vries, 1590–1600). In der Mitte Perseusgruppe von Gerhart, um 1595, an den 4 Ecken Bronzeputti, vor 1600. (Der von Krumper 1611 konzipierte ›Jahreszeitenbrunnen‹ nicht ausgeführt; Figuren heute im Bayer. Nationalmuseum.) An der Südseite **4** Ahnengalerie (1726–31) an der Stelle des *Gartensaals* (1580) des Großen Residenzgartens; heute Königsbauhof. In den folgenden Jahren *Grottenhofbau* zur Schwabinger Gasse hin erweitert (1. Residenzkapelle, 1593–94). Jedoch erst in der ***3. Bauperiode*** (unter Maximilian I.) grundlegender Ausbau dieses Teils; damit Festlegung der Fassade an der Schwabinger Gasse. Das bisherige Jägergaßl (Kapellenhof) in den Komplex einbezogen, an seiner Südseite dann Errichtung einer **89** Hofkapelle (1601–03), ferner Einbau eines kostbar ausgestatteten Privatoratoriums Maximilians, der **98** *Reichen Kapelle** (Weihe 1607; wohl von Krumper). Zwischen 1610 und 20 Gestaltung des längsoktogonalen *Brunnenhofes:* Im Nordwesten der *Residenzturm* 1612–15 (1944 zerstört, 1957 wiederhergestellt), Anlage der **44** *Breiten Treppe* mit Durchgang zum sog. *Alten Herkulessaal* (1600 ff.), Einbeziehung des Ballhauses durch Ausbau der Nordostfassade des Hofes. In seiner Mitte der *Wittelsbacher Brunnen* (→ S. 117). – Bedeutendster Beitrag Maximilians die nördlich des Jägergaßls errichtete regelmäßige Vierflügelanlage um den *Kaiserhof* (1613–18); im 2. Weltkrieg weitgehend zerstört, ausgenommen die 1616 datierte *Kaisertreppe**. Wiederinstandsetzung der Maximilianischen Residenz seit 1973: Südtrakt mit Hofdamenstock (1600 bis 1603) und Altem Herkulessaal; im Westtrakt die Steinzimmer (1612–17), **104–111,** im Osttrakt die Trierzimmer (um 1616; später nach dem hier wiederholt wohnenden Kurfürsten von Trier benannt), **46–53;** im Nordtrakt derzeit Wiederherstellung des durch Kaisertreppe zugänglichen Kaisersaals mit Vierschimmelsaal (1611–16). Diese beiden Säle 1799

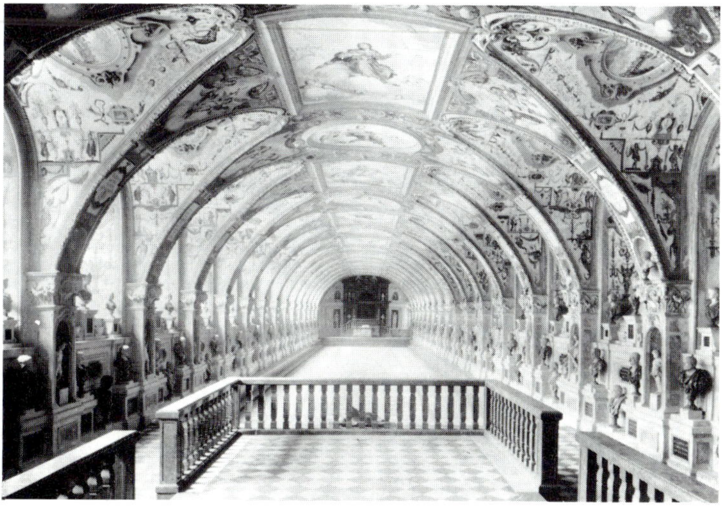

Antiquarium der Residenz, 1569–71 errichtet, 1944 beschädigt, 1958 wiederhergestellt

M

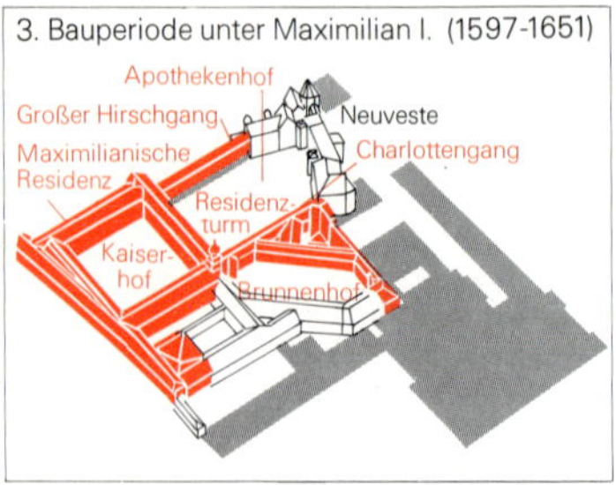

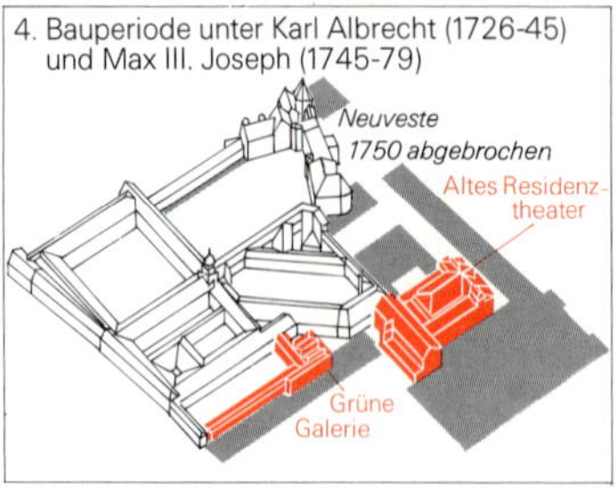

durch die Hofgartenzimmer ersetzt, ausgestattet durch Ch.P. Puille unter Verwendung von rechtzeitig geretteten Einrichtungsstücken aus dem 1793 von den französischen Revolutionstruppen niedergebrannten Schloß Carlsberg bei Homburg; heute in einigen Räumen (**33–37**) des Charlottenzimmertrakts eingebaut. Durch Verbindungsgänge zur Neuveste (im Süden der erhalten gebliebene *Charlottengang,* 1612, im Norden der bei Errichtung des Festsaalbaus beseitigte *Große Hirschgang,* 1614) der spätere *Apothekenhof* gebildet. Zur gleichen Zeit Anlage des → Hofgartens. Unter Maximilian entsteht 1611–19 die lange *Westfront*★ (33 Achsen) an der Residenzstr., bis zum 19.Jh. die einzige Schauseite der Residenz: 2 Hauptgeschosse mit rechteckigen und runden Oberlichtfenstern sowie Mezzanin unter mächtigem Satteldach. Betonung der Fassadenmitte durch Figurennische mit Krumpers *Patrona Boiariae*★; darunter *Ewiges Licht* mit Weiheinschrift und Jahreszahl 1616. Nach beiderseits 6 Achsen 2 monumentale *Portale*★ mit Marmorrahmung (um 1614/16): auf den Giebeln bronzene Liegefiguren (von Krumper) der 4 weltlichen *Kardinaltugenden* (Weisheit und Gerechtigkeit am nördlichen, Tapferkeit und Mäßigung am südlichen Portal); über den Seitentüren *Wappenreliefs* (Krumper); die 4 flankierenden *Löwenstatuen* von Pallago (urspr. für Grabmal von Herzog Wilhelm V. um 1594 geschaffen), seit 1616 hier aufgestellt. Heutige Fassadenmalerei vereinfachte Nachgestaltung alter Vorbilder (Entwurf H. Kaspar, 1958). – Im weiteren Verlauf des 17.Jh. (unter Ferdinand Maria) trat Bautätigkeit im Bereich der Residenz in Hintergrund – dafür Errichtung eines Opernhauses am Salvatorplatz (1651 ff.), eines riesigen Turnierhauses am Hofgarten (1661, → Odeonsplatz 6–18) und des Mitteltraktes von → Schloß Nymphenburg (1664 ff.). Daneben Innenausbau in italienischem Barock: **66–71** Päpstliche Zimmer (1665–67; benannt nach dem hier 1782 wohnenden Papst Pius VI.) und gleichzeitig ehemaliger *Goldener Saal;* die von Barelli und Pistorini ausgestatteten Zimmer für Kurfürstin Henriette Adelaide (1667 vollendet) bei Brand 1674 vernichtet.

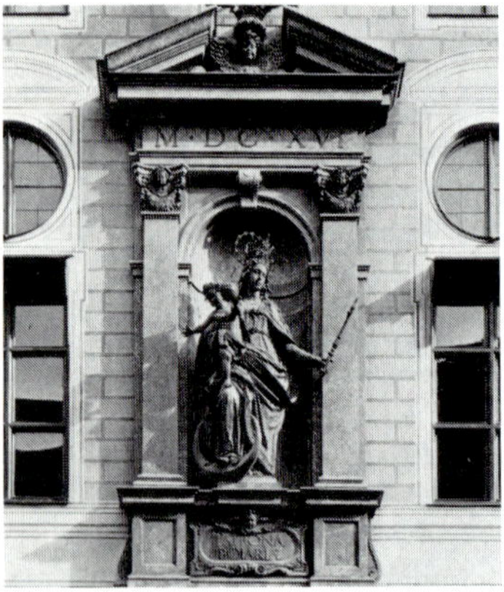

Krumpers *Madonna* an der Residenz

4. Bauperiode (von Max Emanuel bis Max IV. Josef): Bei der sonst so reichen Bautätigkeit Max Emanuels (Schloß Nymphenburg, Schleißheim) Beschränkung auf Innenausstattung, abgesehen von Umgestaltung des Grottenhofs (Cuvilliés, 1730/31). Unter Karl Albrecht vorerst Neugestaltung der beim Residenzbrand 1729 vernichteten Räume: *Reiche Zimmer*★ (**55–62)** zwischen 1730 und 37 von Cuvilliés, J.B. Zimmermann, J. Dietrich, Miroffsky; 1733–37 Errichtung der *Grünen Galerie* (**50**) an der Ostseite des heutigen Königsbauhofs durch Cuvilliés': ihre 2geschossige Fassade★ mit 7 Rundbogenfenstern gilt als Hauptwerk Cuvilliés; die repräsentative 3läufige Treppe 1764 wieder abgetragen. Als Ersatz für den beim Brand der Neuveste 1750 vernichte-

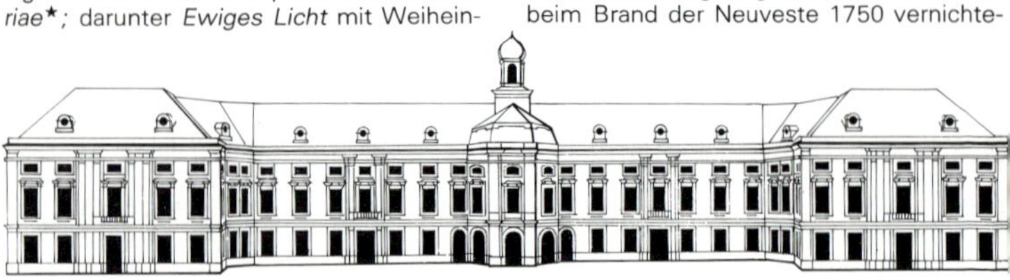
Cuvilliés d. Ä.: Unausgeführter Entwurf zur Ostfassade der Residenz, 1764/65

M

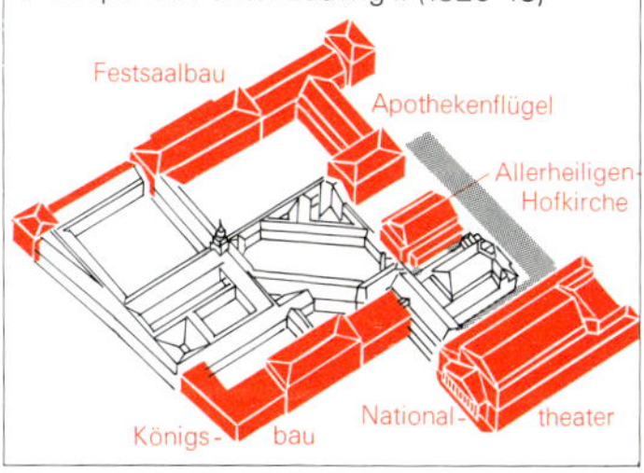

5. Bauperiode unter Ludwig I. (1826-48)

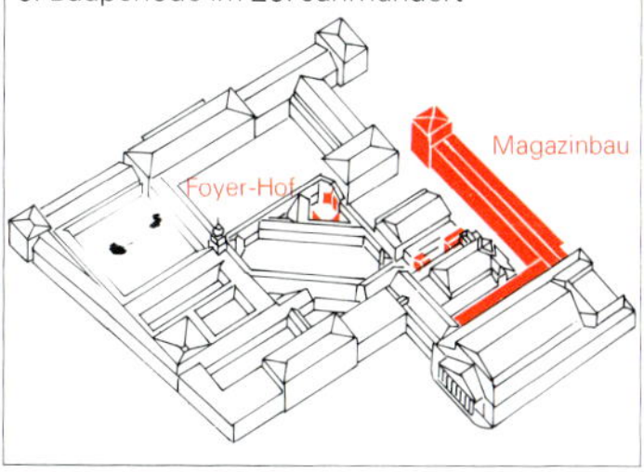

6. Bauperiode im 20. Jahrhundert

ten St.-Georgs-Festsaal unter Max III. Josef Errichtung des *›Neuen Opera-Hauses‹* (1751–53, Architekt: Cuvilliés: heute Altes Residenztheater★ → S. 184), zusammen mit einem westlich gelegenen Bau mit Vorräumen. (Die geplante riesige Nordfassade

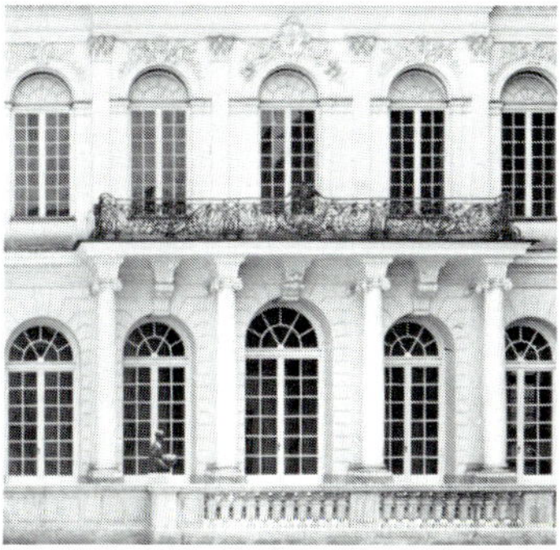

Grüne Galerie (1733–37) von F. Cuvilliés, heute Ostfassade des Königsbauhofs

bis vor den Chor der Theatinerkirche im Westen mit Einbau des Schwabinger Tors, nach Osten bis etwa zu heutigem Kopfbau des Festsaalbaus, hier anschließend die Ostfassade: beide Projekte wohl an finanziellen Schwierigkeiten gescheitert. (Cuvilliés-Modell für Ostfassade 1764/65 in Saal **54,** → Aufriß S. 144.) – Unter Max IV. Josef durch Puille 1799 Einbau der *Hofgartenzimmer* in Kaisersaaltrakt, dem eine klassizistisch gedachte, stilistisch jedoch erstaunlich frühe Form einer Neurenaissance-Fassade vorgeblendet wurde (von Puille, 1799 ff.); Umbau des *Alten Herkulessaals* (1803, durch A. Gärtner; in dieser Form 1961 wiederhergestellt; heute ›Max-Josef-Saal‹ genannt). ***5. Bauperiode*** (Max I. Josef, Ludwig I.): Erste Pläne einer monumentalen Vereinheitlichung der Nordfassade durch Puille und Verschaffelt sowie der Süd- und Ostfassaden (Verschaffelt 1799) blieben ebenso unausgeführt wie die 4 Projekte von K. v. Fischer (1808/09); Fischers Projekt IV als Neubau auf dem Areal des Hofgartens mit Achsenbezug auf Brienner Straße (Neuanlage Maxvorstadt) gedeutet (Nerdinger). Die Nordseite der Residenz erhält, wohl zwischen 1803 und 09, neue Fassade von kühler Einfachheit. Außerhalb des eigentlichen Residenzkomplexes südl. des (alten) Residenztheaters entsteht das ›Kgl. Hof- und Nationaltheater‹ 1811–18 durch K. v. Fischer (→ Max-Joseph-Platz 2). Unter Ludwig I. erhielt die Residenz ihre endgültige Gestalt: Klenze errichtet 1826–35 nach Vorbild florentinischer Renaissancepaläste an Nordseite des → Max-Joseph-Platzes

Die Nordseite der Residenz um 1700

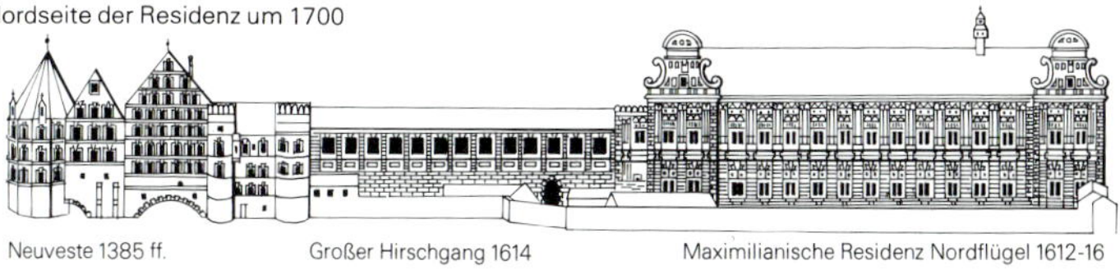

Die Nordseite der Residenz heute

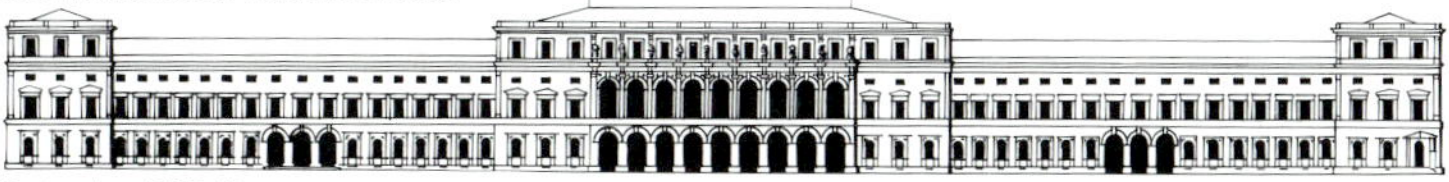

Festsaalbau 1835-42

Königsbau★. 21- bzw. 11achsige monumentale Schaufront in 2 bzw. 3 Geschossen mit 3 Portalen in der Mitte; Rundbogenfenster in allen 3 Stockwerken, im Erdgeschoß diamantierte Rustikaquaderung, die Obergeschosse durch ionische und korinthische Pilaster gegliedert. Im Krieg zerstört, sind Erdgeschoßräume seit 1960 wiederhergestellt (Nibelungensäle **74–79,** im Ostflügel *Schatzkammer,* I–X, → S. 149, seit 1958); im 1. Obergeschoß die Appartements der Königin und des Königs (**112–119** bzw. **120–124**) nach Kriegszerstörung 1973–80 rekonstruiert und nach Möblierungsplan von 1835 wieder eingerichtet. (Im 2. Obergeschoß: Bayer. Akademie der Schönen Künste.) – An der Ostseite der Residenz 1826–37 *Allerheiligen-Hofkir-*

M

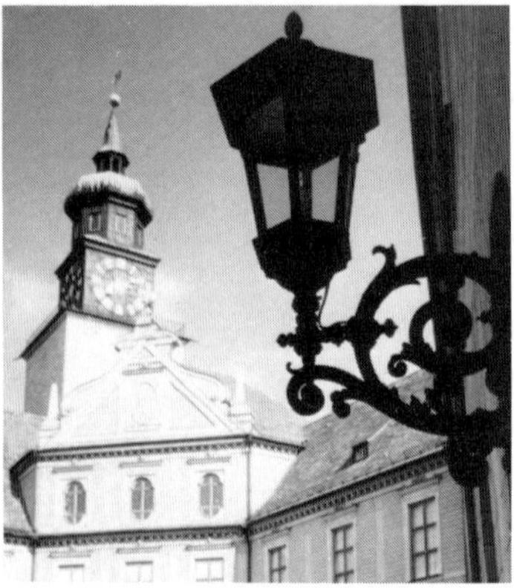

Motiv aus dem *Brunnenhof* mit Residenzturm von 1612–15 (restauriert)

che von Klenze → Marstallplatz. Mit Ausbau der Nordfassade durch Einbeziehung der maximilianischen Bauten entsteht 1832–42 der *Festsaalbau**: die 252 m lange Fassade gegliedert durch 2 Eckpavillons und blockhaften Mittelbau mit vorgesetztem Portikus, von K. v. Fischers Projekt für Fassade zum Max-Joseph-Platz (1809) übernommen; über dem Gebälk 8 *Steinskulpturen* ›Die 8 Kreise Bayerns‹ von L. Schwanthaler; zwischen diesen 3geschossigen Bauteilen 2geschossige Verbindungsflügel, deren östlicher vor der Zerstörung Repräsentationsräume enthielt: Schlachtensaal (heute Räume **14a–c**), Ballsaal, Schönheitengalerie Ludwigs I. (heute → Schloß Nymphenburg, S. 203) und im Mittelbau Thronsaal (heute *Neuer Herkulessaal*, 1952, → S. 100). Fassadensystem am Marstallplatz (›Apothekenflügel‹) fortgeführt (1837–42; heute Sitz der Bayerischen Akademie der Wissenschaften) und *Apothekenstock* errichtet; in diesem 1957/58 das *Cuvilliéstheater* eingebaut → S. 184. ***6. Bauperiode*** (20. Jh.) Nach den tiefgreifenden Zerstörungen (bei Kriegsende waren von 23500 qm überbauter Fläche nur noch 50 qm überdacht) wurde in rund 30 Jahren der einstige Bestand weitgehend wiederhergestellt und die Residenz als ein einzigartiges Raumkunstmuseum eingerichtet (→ S. 147). 1948–51 Einbau des *Neuen Residenztheaters* → S. 139; an den Baukörper des Nationaltheaters am Marstallplatz 1962/63 Anbau eines Kulissenmagazins; bei Einbau des Cuvilliéstheaters entstand kleiner Foyerhof an der Stelle des alten Ballhauses.

Rundgang durch die Höfe: Vom Eingang an der Residenzstr. wird *Kapellenhof* betreten, dessen längsrechteckige Form auf früheren Straßenzug (Jägergaßl) hinweist, überragt vom *Residenzturm* (1612–15). Der nördlich des linken Gebäudetraktes gelegene *Kaiserhof* von den Trakten der Maximilianischen Residenz umgeben, die in ihren Ausmaßen und im Programm der Repräsentationsräume den dynastischen Anspruch Maximilians I. verdeutlichen. In der Durchfahrt links (hier der Eingang zur Münzsammlung, → Residenzstr. 1) erinnern ein *Stein* und eiserne *Wandhaken* an mittelalterliche sportliche Ausübung des Steinschleuderns und Mauerlaufens durch Herzog Christoph; rechts durch eine Gittertüre Einblick in die **6** Bogenhalle des *Grottenhofes**. Man betritt den längsachteckigen *Brunnenhof** an seiner Westseite; seine Diagonallage durch die Anlage des Antiquariums (**7**) entlang des ehem. Burggrabens bedingt. In der Mitte der *Wittelsbacher Brunnen**; auf vierpaßförmigem Becken

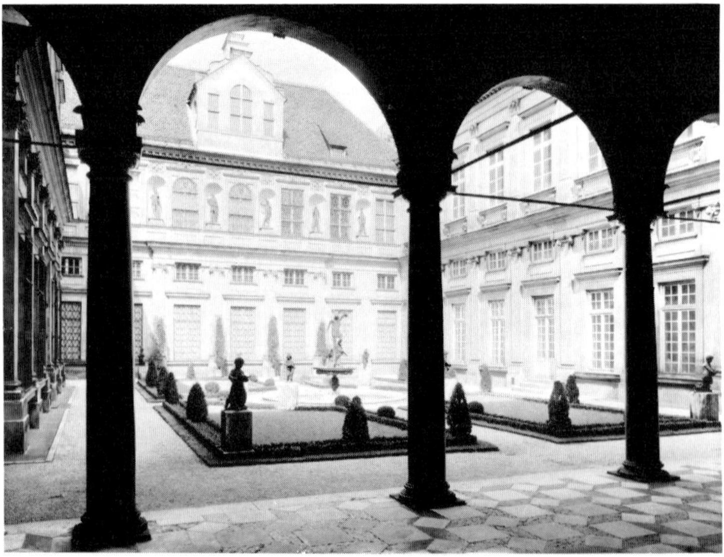

Grottenhof (1581–86) von F. Sustris mit der Perseusgruppe (um 1592) von Hubert Gerhard

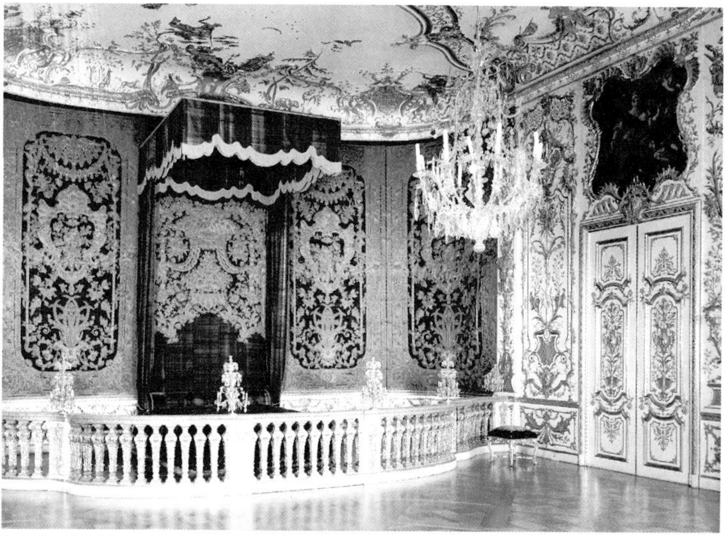

Paradeschlafzimmer, eines der von Cuvilliés 1730–37 eingerichteten ›Reichen Zimmer‹

Bronzefiguren, alle wohl von Gerhart und seiner Werkstatt vor und um 1600 geschaffen (urspr. für Brunnenanlage Ferdinands I. auf dem Rindermarkt): 4 lagernde *Flußgötter* (Donau, Lech, Isar, Inn), stehende *Götterfiguren* als Allegorien auf die 4 Elemente (Ceres für Erde, Vulkan für Feuer, Neptun für Wasser, Juno für Luft) sowie Tritonenknaben und drachenartige Mischwesen; im Brunnenbecken auf hohem Sockel (mit Monogramm ME für Maximilian und Elisabeth von Lothringen) Bronzefigur *Ottos von Wittelsbach,* von H. Gerhart 1593 (urspr. für Grabmal Wilhelms V. in St. Michael vorgesehen). In dem dem Antiquarium gegenüberliegenden Trakt 2 Tore als Zugang zum neuen *Schmuckhof* vor dem Cuvilliéstheater (→ S. 184). (Bei günstigem Sommerwetter finden im Brunnenhof Konzertaufführungen statt. → S. 233) Entweder durch westliche Durchfahrt zurück zur Residenzstr. oder durch nördliche in den *Apothekenhof,* bereits unter Maximilian I. angelegt, seine heutige Gestalt durch Anlage des Festsaaltraktes (1835 ff.) entstanden; neu am Nordtrakt die Freitreppe mit Terrasse vor dem Herkulessaal (→ S. 100); im östlichen Teil des Hofes durch Pflasterung die Situation der Neuveste angedeutet. Durch Doppelportal im Ostflügel zum Marstallplatz; rechts der 1961 aufgestellte *Kronprinz-Rupprecht-Brunnen* von Bleeker: Doppelschalenbrunnen, von allegorischer Frauengestalt (mit Waage und Pallas-Athene-Figur) bekrönt.

Residenzmuseum: Obwohl die Bauten der Residenz schwer zerstört wurden, konnten bewegliche Kunstgegenstände nahezu vollständig, die wandfeste Ausstattung teilweise gerettet werden; sie bilden heute den reichen Bestand der Sammlungen. ***Vormittags-Rundgang:*** Durch Vestibül in 2 Gartensäle, von hier zur **4** *Ahnengalerie** mit 121 Bildnissen von Ahnen des Hauses Wittelsbach (Ausstattung von J. B. Zimmermann, Dietrich, Miroffsky) und **5** *Porzellankabinett* als Schatzkammer nach Entwürfen von Cuvilliés 1731–33 eingerichtet. Durch Halle am Grottenhof (→ S. 143) ins *Antiquarium** (→ S. 142) mit seinen antiken Skulpturen* und der dekorativen Ausstattung um 1588–96; in den Stichkappen zeitgenössische Darstellungen bayerischer Städte* von Hans Donauer (früheste gemalte Topographie Bayerns). Nach **8** *Oktogon Treppe* (**12**) *zum* **13** *Schwarzen Saal* (um 1590) mit Ausblick

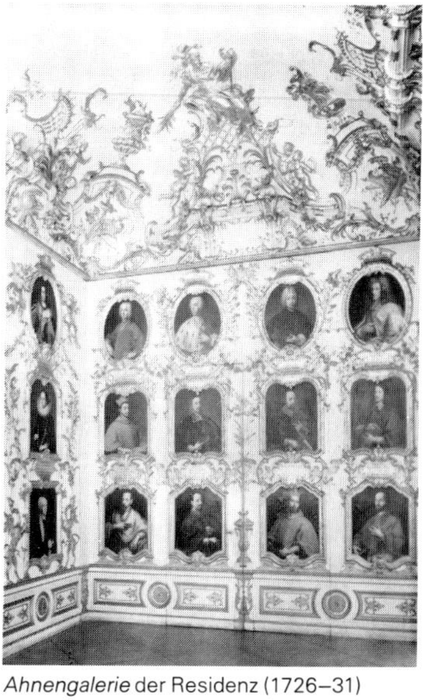

Ahnengalerie der Residenz (1726–31)

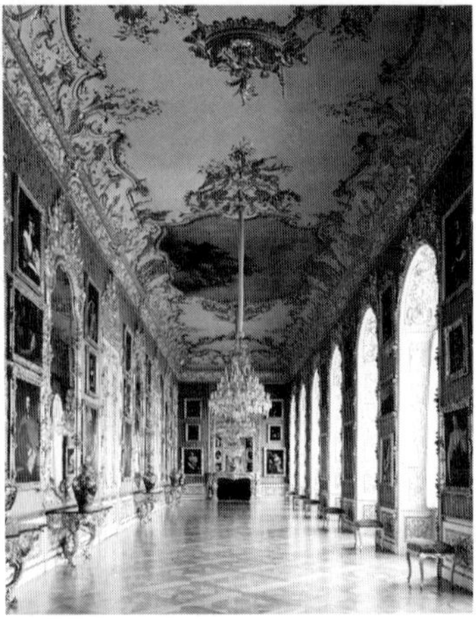

Die *Grüne Galerie* der Residenz (1733/34)

zur **14** *Gelben Treppe,* die zu den Gemächern Ludwigs I. im Königsbau führte; hier die ›Venus Italica‹* von Canova, 1812. Die früheren Vorzimmer zum Königsappartement heute Schlachtensäle (**14a–c**), daran anschließend **14d–14g** Porzellankammern (Manufakturen des 19.Jh.). Über Gelbe Treppe zurück; die folgenden kleineren Räume **15–21** enthalten Sammlung ostasiatischen Porzellans; Raum **22–31** die für Max III. Josef 1760–63 eingerichteten *Kurfürstenzimmer.* Zurück im Schwarzen Saal erreicht man **32** Allerheiligengang mit den 1966 hier untergebrachten 25 Fresken *Italienischer Landschaften** von Rottmann 1830–33, urspr. in den westlichen Arkaden am Hofgarten. Es folgen **33–37** die ehem. *Hofgartenzimmer* im Charlottentrakt, genannt nach der späteren Gemahlin Kaiser Franz'I., Charlotte Auguste, die die Räume **38–41** bewohnte. Nach mehreren Vorräumen **46–53** die zum Kaiserhoftrakt gehörenden *Trierzimmer,* dann zurück zum vereinfacht wiederhergestellten **54** *St.-Ge-*

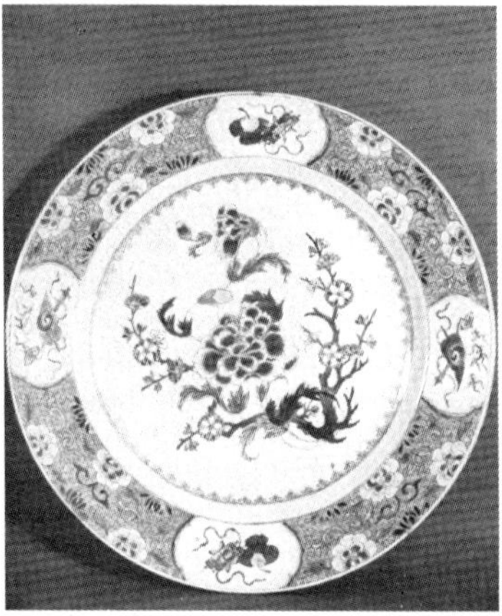

Chinesischer Teller (18.Jh.) aus der Porzellankammer des Residenzmuseums

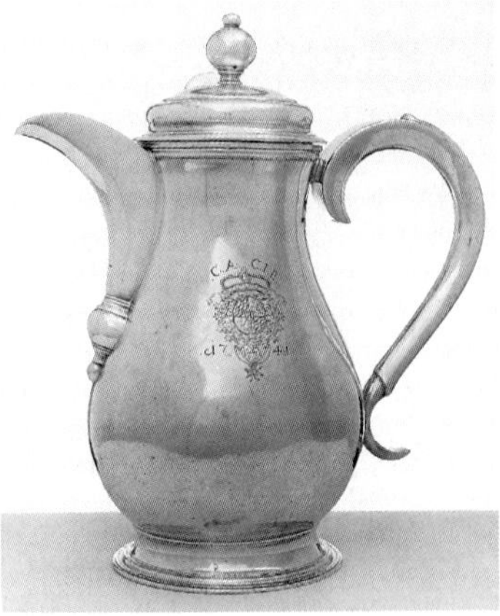

Rokoko-Kanne von 1741 aus der Silberkammer des Residenzmuseums

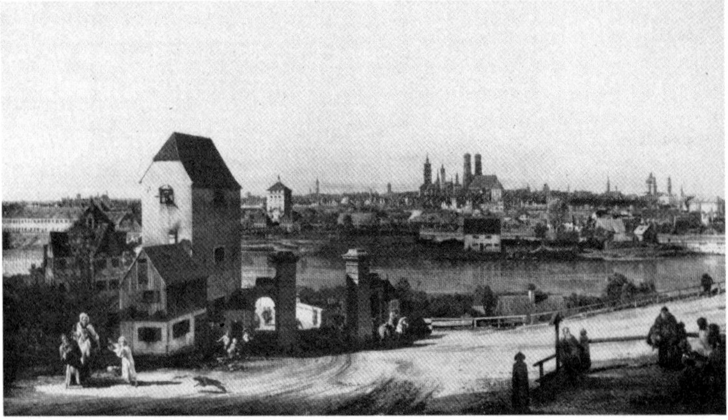

Bernardo Bellotto genannt Canaletto: *München von Osten,* 1761 (Residenzmuseum)

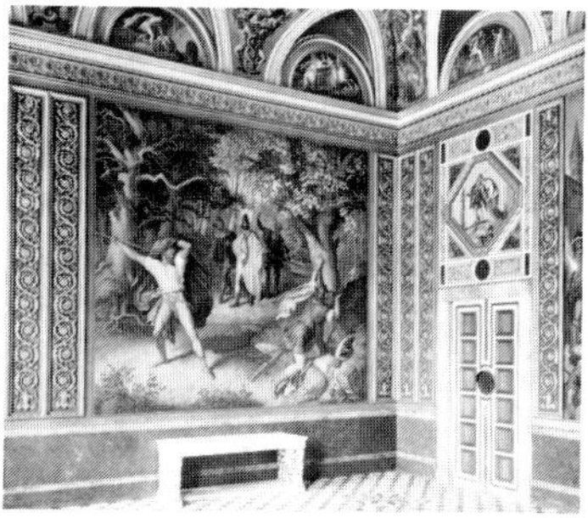

Nibelungensäle: *Saal des Verrats*

orgs-Ritter-Saal mit Cuvilliés' *Modell* für die Ostfassade der Residenz, 1764/65. Von hier Zugang zu den **55–62** *Reichen Zimmern*★, zuerst 1726–29 durch J. Effner, dann 1730–37 durch Cuvilliés unter Mitwirkung von J. B. Zimmermann, Dietrich, Miroffsky und Pichler ausgestattet – selbst nach ihrer Instandsetzung nach den Zerstörungen im 2. Weltkrieg Beispiele für die hervorragende Raumkunst des Rokoko. Die *prunkvolle Ausstattung* der **66–71** *Päpstlichen Zimmer,* urspr. 2. Hälfte des 17. Jh., ging 1944 großenteils zugrunde; heute z. T. restauriert. Über die **72** *Königin-Mutter-Treppe* zurück zum Erdgeschoß in die **75–79** *Nibelungensäle*★, nach Entwürfen von Klenze ausgestattet, Fresken (1. monumentale Darstellung des Nibelungenliedes) von Schnorr von Carolsfeld unter Mitarbeit von Olivier und Hauschild (1827–37, 1843–67; restauriert 1955–60). In der Haupttreppe seit 1978 die *Kolossalfiguren* ›Die Taten des Herkules‹ von Boos (1779/81) aufgestellt (2 davon im oberen Vestibül von Schloß Dachau). ***Nachmittags-Rundgang*** umfaßt die ersten 5 Räume, führt dann von Raum 3 in die *Porzellankammern* **47–80** mit europäischem Porzellan des 18. Jh. Es folgen die 1601–03 erbaute **89** *Hofkapelle* und die *Paramentenkammern* **91–93,** über die **94** *Kapellentreppe* zur **95** *Reliquienkammer;* Höhepunkt ist die **98** *Reiche Kapelle*★, die trotz schwerer Zerstörungen weitgehend restauriert werden konnte. Über **99** *Geweihgang* und **55–62** *Reiche Zimmer* zu **100–102** ehem. *Staatsratszimmern,* heute *Silberkammern*; daran anschließend **103** *Hartschiersaal,* von hier zu **104–111,** den zum Kaiserhoftrakt gehörenden *Steinzimmern*; in **111** Original der *Bavaria*★ von Gerhart, um 1594, vom Tempel im →Hofgarten. Zurück bis **71** Goldenen Saal und **72** Königin-Mutter-Treppe, von hier **112–119** *Appartements der Königin* und **120–124** *Appartements des Königs.*

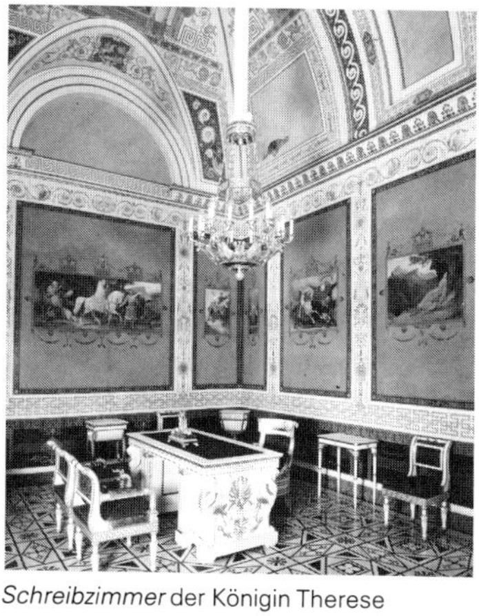

Schreibzimmer der Königin Therese

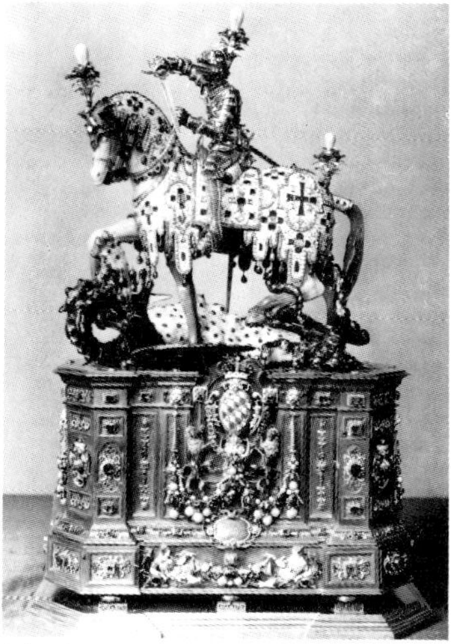

Schatzkammer: *Ritter St. Georg* (um 1590)

Schatzkammer★**:** Die im östlichen Erdgeschoßflügel des Königsbaus untergebrachten Schätze dürfen zu den großen, noch bestehenden Sammlungen dieser Art gezählt werden. Grundstock bildeten die unveräußerlichen ›Hauß clainodes‹ der Wittelsbacher, die 1565 aus der herzoglichen Kunstkammer ausgesondert wurden. Nach Zugängen im 17. und 18. Jh. kamen durch Karl Theodor die Hauskleinodien aus Heidelberg, Düsseldorf und Mannheim hinzu; letzter Zuwachs durch Säkularisation sowie durch die Insignien des neugeschaffenen Königreichs Bayern (1806). ***Rundgang*** Raum **I.:** Spätantike und Mittelalter (*Arnulfziborium* um 890; *Krone* der Kaiserin Kunigunde, um 1010–20; *Krone* einer englischen Königin, um 1370–80). **II:** Spätgotik und Frührenaissance. **III:** *St.-Georgs-Statuette* um 1590. **IV:** Kirchliche Kunst (Kultgegenstände, kirchliches Gerät und religiöse Kleinkunst). **V:** Insignien und Orden (*Insignien* Kaiser Karls VII., um 1742; *Kroninsignien* des Königreichs Bayern von 1806). **VI** und **VII:** Steinschneidekunst. **VIII:** Hoch- und Spätrenaissance (Bernstein- und Goldschmiedearbeiten). **IX:** Barock, Rokoko, Klassizismus (Goldschmiedearbeiten, Tafelgerät, Toilettengarnituren). **X:** Exotisches Kunsthandwerk.

M

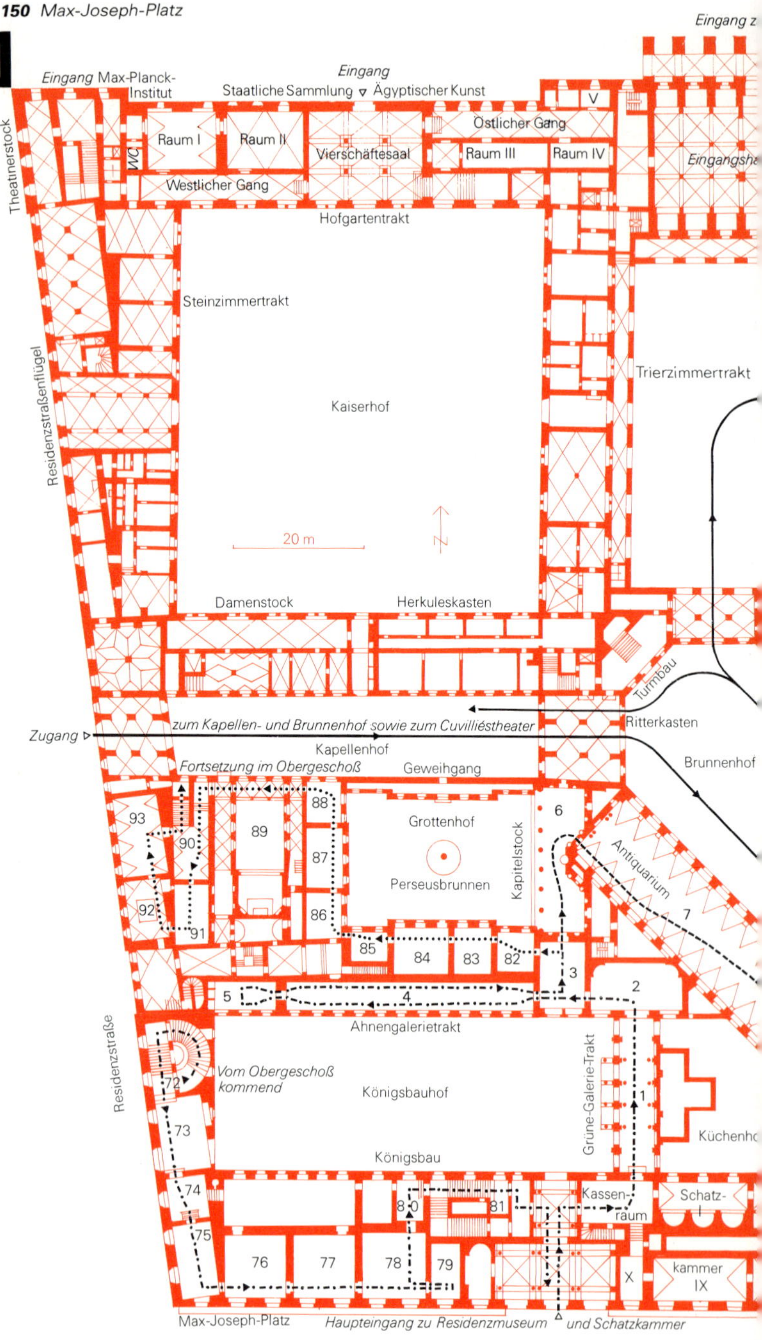

Erdgeschoß: **1** Vestibül am Königsbauhof, **2** 1. Gartensaal, **3** 2. Gartensaal, **4** Ahnengalerie, **5** Porzellankabinett, **6** Grottenhof-Halle, **7** Antiquarium, **8** Oktogon, **9** Torweg, **10** Herkules-Relief, **11** Treppengang zum Schwarzen Saal; **72** Königin-Mutter-Treppe, **73** Durchfahrt, **74** Vorraum; *Nibelungensäle:* **75** Saal der Helden, **76** Saal der

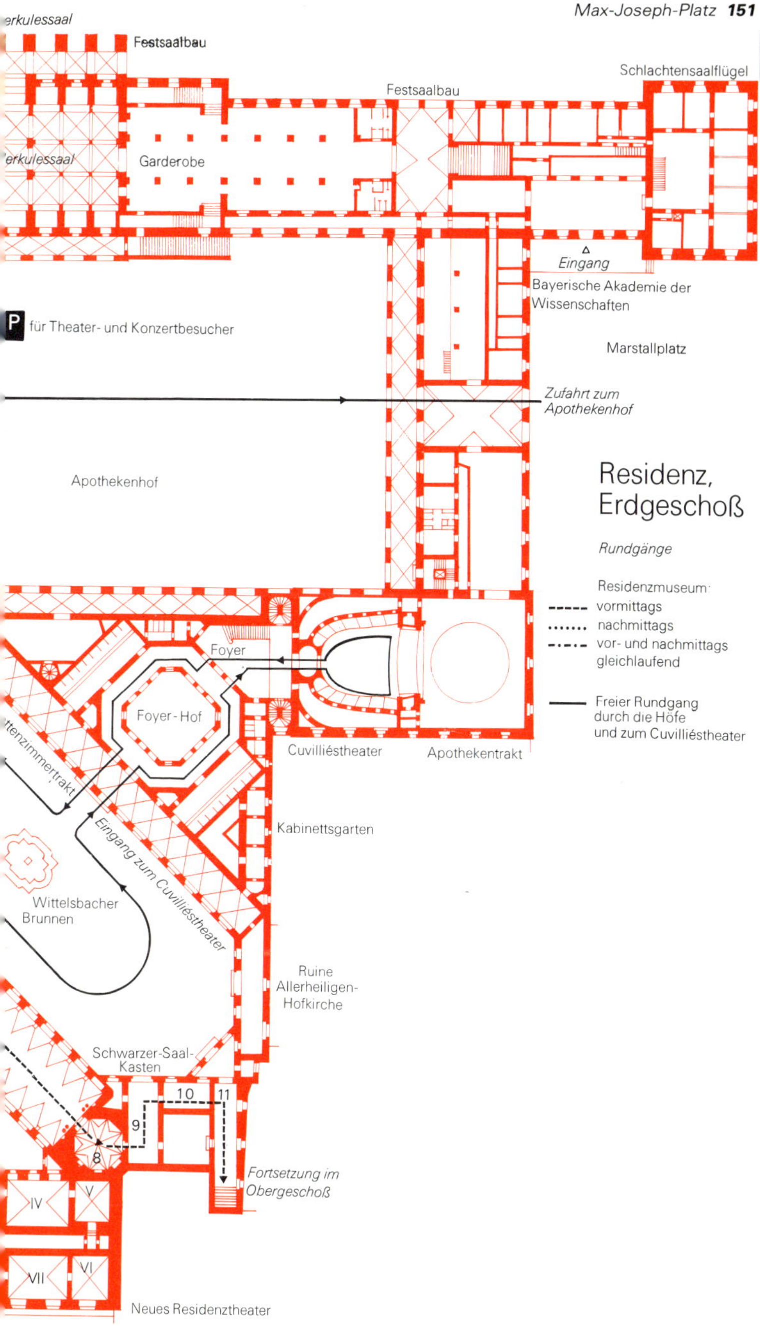

Hochzeit, **77** Saal des Verrats, **78** Saal der Rache, **79** Saal der Klage, **80** Durchgang, **81** Haupttreppe, **82–88** Porzellankammern (82, 83: Manufaktur Meißen; 84: Manuf. Frankenthal; 85, 86: Manuf. Nymphenburg; 87: Frz. Manufakturen; 88: Dt., engl., frz. Manufakturen), **89** Hofkapelle, **90** Vorplatz, **91–93** Paramentenkammern.

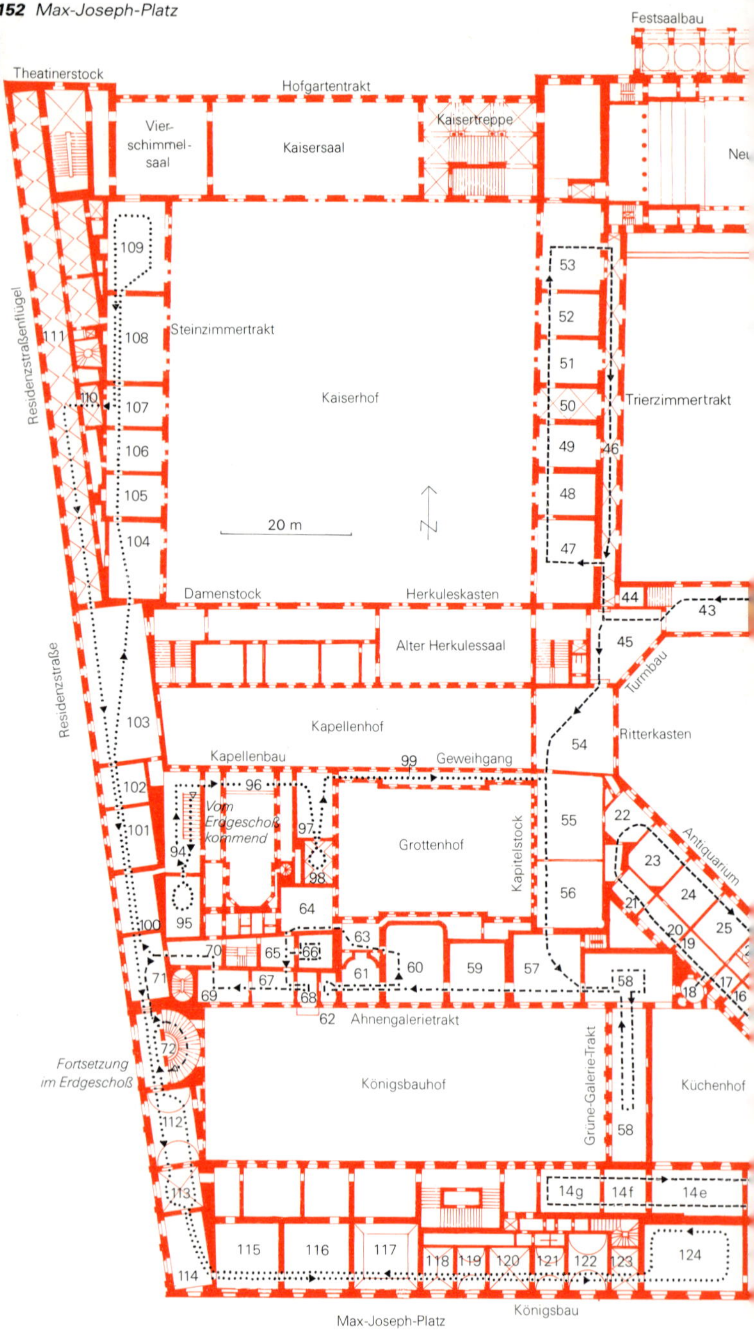

Obergeschoß: **12** Schwarzer-Saal-Treppe, **13** Schwarzer Saal, **14** Gelbe Treppe, **14a–14c** Schlachtensäle; *Porzellankammern:* **14d** Französische Manufakturen, **14e, f** Manufaktur Nymphenburg – Porzellanbilder, **14g** Manufaktur Berlin; *Rückwärtige Kurfürstenzimmer:* **15** Porzellangalerie, **16–17** Ostasienporzellan, **18** Holländisches Kabinett, **19–21** Ostasienporzellan; *Kurfürstenzimmer:* **22** Vorzimmer, **23** Vorzimmer, **24** Konferenzzimmer, **25** Schlafzimmer des Kurfürsten, **26** Blaues Kabinett, **27** Gelbes

M

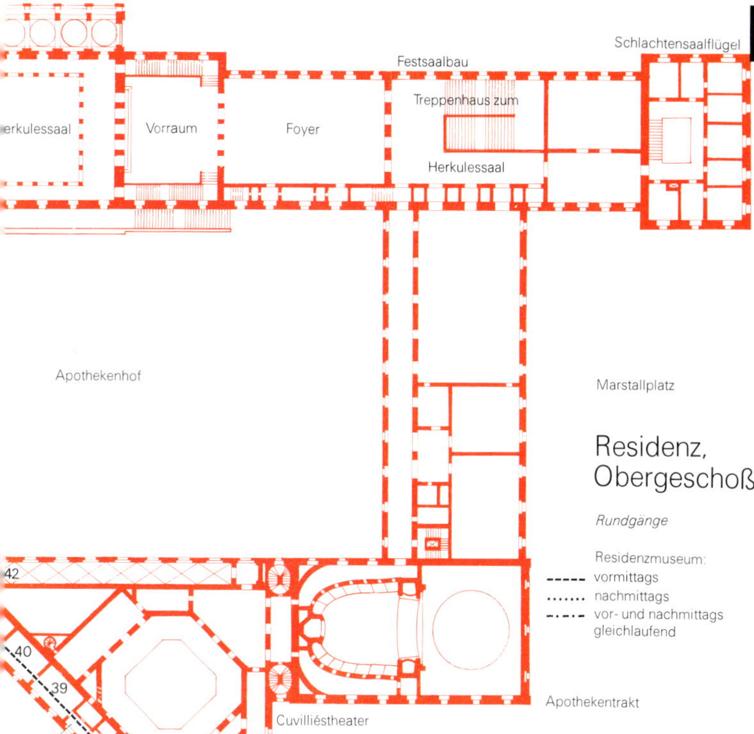

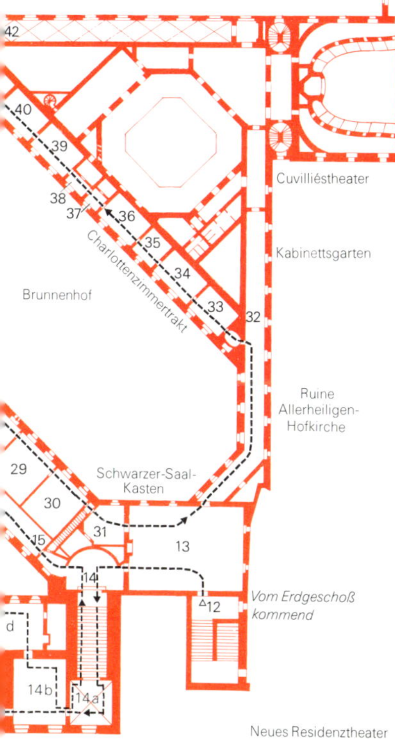

Kabinett, **28** Ehem. Schlafzimmer der Kurfürstin, **29** Audienzzimmer, **30** Vorzimmer, **31** Garderobe, **32** Allerheiligen-Gang; **33–37** *Ehem. Hofgartenzimmer:* **35** Kabinett, **36** Schlafzimmer, **37** Puille-Kabinett, **38** Durchgangsraum; *Charlottenzimmer:* **39** Schlafzimmer, **40** Musikzimmer, **41** Empfangszimmer, **42** Charlottengang, **43** Vorplatz, **44** Breite Treppe, **45** Vorraum; *Trierzimmer:* **46** Triergang, **47** Ritterstube, **48** Saal des Rechts, **49** Südliches Vorzimmer, **50** Eingangsraum, **51** Nördliches Vorzimmer, **52** Saal der Entscheidung, **53** Saal des Rates; **54** Sankt-Georgs-Ritter-Saal; *Reiche Zimmer:* **55** Antichambre, **56** Äußeres Audienzzimmer, **57** Inneres Audienzzimmer, **58** Grüne Galerie, **59** Konferenzzimmer, **60** Schlafzimmer, **61** Spiegelkabinett, **62** Miniaturenkabinett, **63** Chinesisches Kabinett, **64** Garderobe, **65** Durchgangsraum; *Ehem. Päpstliche Zimmer:* **66** Josefskapelle, **67** Rotes Zimmer, **68** Herzkabinett, **69** Grünes Zimmer, **70** Durchgangsraum, **71** Ehem. Goldener Saal, **72** Königin-Mutter-Treppe, **94** Kapellentreppe, **95** Reliquienkammer, **96** Hofkapelle (Empore), **97** Vorraum, **98** Reiche Kapelle, **99** Geweihgang, **100–102** Ehem. Staatsratszimmer, **103** Hartschiersaal; *Steinzimmer:* **104** Zimmer der Kirche, **105** Zimmer der Religion, **106** Zimmer der Ewigkeit, **107** Zimmer der Jahreszeiten, **108** Zimmer der Welt, **109** Zimmer der Elemente, **110** Durchgangsraum, **111** Theatinergang; *Appartement der Königin:* **112** 1. Vorzimmer, **113** 2. Vorzimmer, **114** Servicesaal, **115** Thronsaal, **116** Salon, **117** Schlafzimmer, **118** Schreibkabinett, **119** Bibliothekszimmer; *Appartement des Königs:* **120** Schlafzimmer, **121** Ankleidezimmer, **122** Arbeitszimmer, **123** Empfangszimmer, **124** Thronsaal.

M

MAX-JOSEPH-STRASSE 9 2

Ehem. Palais Schrenck-Notzing Nach Entwurf von G. v. Seidl 1904–06 erbaut; Renovierung 1980–82 (mit Instandsetzung der originalen Innenräume). Seit 1946 Sitz des Generalsekretariats des Bayerischen Bauernverbands. ***Beschreibung:*** Über dem blockhaft glatten Erdgeschoßsockel 2geschossige 4achsige Fassade mit gekuppelten Säulen, die Metopengebälk tragen; darüber Balustrade, die das Dachgeschoß verbirgt. Das Hauptgeschoß mit Rundbogen-, Obergeschoß mit Rechteckfenstern. ***Bedeutung:*** Für ein Privatpalais sehr anspruchsvolle Verwendung monumentaler Architekturmotive (Kolossalsäulen); für G. Seidls malerische Architekturauffassung erstaunlich streng (Anklänge an Bramantes Casa di Raffaelo in Rom), in Reduzierung auf Massenhaftigkeit Vorwegnahme eines Neoklassizismus (wie er im 3. Reich angestrebt wurde).

MAX-PLANCK-STRASSE 1 8

Maximilianeum Der von Kronprinz Maximilian bereits 1832 aufgestellte ›Stadtverschönerungsplan‹ sieht auf Isarhöhe »großen Nationalbau, dazu einen Park« (→ Isaranlagen) vor; ungewiß ist, ob der 1837 vorgelegte Plan eines adeligen Erziehungsinstituts (Vorbilder: Kadettencorps Berlin, Ritterakademie Dresden, Theresianum Wien) für diesen Standort gedacht war; weitere Vorschläge für das ›Athenäum‹ genannte Institut von Metzger (1845) und Lange (1848). Bei Schinkel 1839 eingeholtes Gutachten über die »Möglichkeiten eines neuen Baustils« enthält Anregung, eine Konkurrenz für eine bestimmte Bauaufgabe auszuschreiben. In Zusammenhang mit geplanter → Maximilianstraße erfolgt 1850 Ausschreibung eines der größten internationalen Architekturwettbewerbe des ganzen 19. Jh. zur Erlangung eines »Bauplans zu einer höheren Bildungs- und Unterrichtsanstalt«, wobei sowohl auf Grundlage der Neugotik die besten Elemente historischer Stile ebenso vereint sein müßten wie die Fortschritte der Bautechnik und die Verwendung neuer Materialien. Auf die 100 verschickten Einladungen nur 17 Einsendungen (1852), u. a. von Bürklein, Klenze, Voit, Ziebland (München), Hittorf (Paris), van der Nüll (Wien), Stüler (Berlin), Zwirner (Köln). – Bei Planungen Bürkleins für Maximilianstraße 1851 eine stadtbeherrschende ›Akropole‹ auf Isarhochufer projektiert; Grundsteinlegung des von Bürklein entworfenen Baus 1857, Erdarbeiten wegen schwierigen Baugrunds erst 1861 abgeschlossen, *Sockelzone* 1864 fertig, als Max Änderung der urspr. vorgesehenen Spitzbogen in Rundbogen befiehlt (also nicht, wie immer behauptet, durch Semper!); nach seinem Tod im selben Jahr Stockung des Baus; *Wohnbau* erst 1872, *Gesamtanlage* 1874 vollendet. Erweiterungsbauten 1959 (nördl.) und 1965 (südl.); 1984/85 Außenrestaurierung und Säuberung. ***Fassade:*** die Hauptfront zur Stadt hin ausgebildet; auf hohem Sockel 2geschossige Fassade, an den äußersten Ecken von zwei 3stöckigen Türmen abgeschlossen; 7jochige offene Arkadenflügel leiten über zum 5teiligen *Mittelbau:* 3achsige Eckrisalite und konvex eingezogene, 5jochige Rücklagen flankieren 3achsigen erhöhten Mittelrisalit. Gliederung der terrakottaverkleideten Fassade: Im Erdgeschoß Pilaster, im Hauptgeschoß Halbsäulen bzw. an den Risaliten Rundsäulen; darüber hohe Attika mit Mosaiken auf Goldgrund in Halbkreisfeldern (1902 anstelle der verdorbenen Fresken von Piloty). ***Inneres:*** Von der Stadtseite Eingang und Vestibül mit gegenläufiger Treppe zu den Sälen und Loggien der urspr. Gemäldegalerie. Von alter Ausstattung erhalten die *Fresken* im Konferenzzimmer (Allegorien in den Lünetten, Bildnisse von 12 deutschen Erfindern und Wissenschaftlern sowie an der Ostwand ›Versammlung von Nobilitäten der Wissenschaft und Kunst, welche der Regierungszeit König Maximilians II. ... angehört ... haben‹ von Seibertz; hier Darstellung des Maximilianeums), vom einstigen umfangreichen Historienzyklus noch erhalten: im jetzigen Plenarsaal ›Seeschlacht von Salamis‹, von Wilh. Kaulbach (heute verdeckt); im Steinsaal links ›Kaiserkrönung Karls des Großen (800)‹ 1861 von F. Kaulbach, rechts ›Krönung Kaiser Ludwigs des Bayern in Rom 1327‹, von Kreling. (Besichtigung nach An-

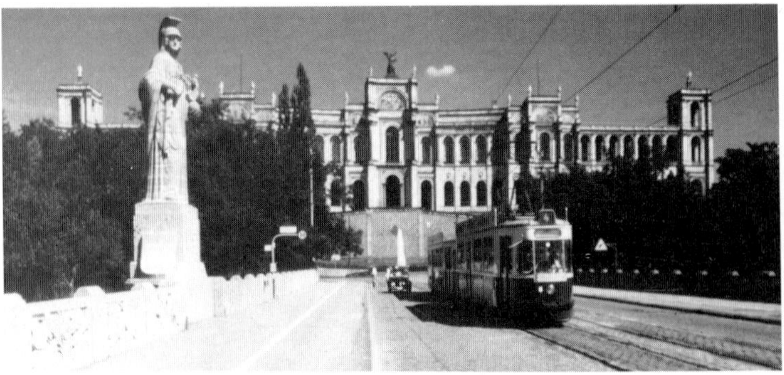

Maximilianeum (Friedrich Bürklein, 1857–74) und Standbild der *Pallas Athene* (Franz Drexler, 1906) auf der Maximiliansbrücke (Friedrich von Thiersch, 1901–05)

Maximilianeum, Zweites Obergeschoß
In schwarz: Historischer Bau mit teilweise veränderter Raumeinteilung
In rot: Spätere Erweiterungsbauten

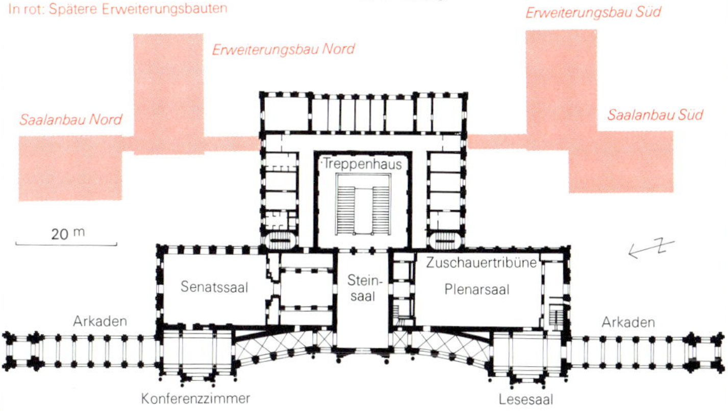

meldung beim Pförtner.) Hinter der Schaufront nüchterner Zweckbau für die einstige kgl. Pagerie und die 1876 gegründete, heute noch bestehende Stiftung Maximilianeum (für kostenloses Wohnen und Studium der 26 besten Abiturienten Bayerns), seit 1949 auch Sitz des Bayer. Landtags. ***Bedeutung:*** In einem 1. Plan von Kronprinz Max bereits 1832 von »großem Nationalbau auf der Isarhöhe« die Rede. Im anfänglich vorgesehenen Spitzbogenstil formal konsequenter Abschluß der → Maximilianstr.; die von Max II. selbst befohlene Abänderung zu Rundbogen beweist die Einsicht, daß das bei der Stilerfindung geforderte »altdeutsche Formelement« des Spitzbogens sich in der Anwendung auf Arkadenreihung nicht bewährte. Im ganzen betrachtet ist dieser romantische ›Kulissenbau‹ durch offene Arkaden in die umgebende Natur eingebunden, in der Fernsicht zu phantomhafter Großartigkeit gesteigert; in seiner auf die Stadt bezogene Schaufront allerdings einseitig nach Westen orientiert und deshalb als Ausgangspunkt für die Neugestaltung des östlich gelegenen Stadtteils Haidhausen (der 1854 eingemeindet worden ist) ungeeignet.

MAXVORSTADT **1, 2, 3, 19**

Im Norden bzw. Nordwesten der Altstadt angelegtes Neubauviertel, erste geplante Stadterweiterung seit der Entfestigung (ab 1791). Nach Errichtung der Rondellbauten am Karlstor (→ Karlsplatz) und ersten Plänen für die Bebauung des Geländes zwischen Karlstor und Sendlinger Tor (1803) Konstituierung der ersten Baukommission Münchens (Mitglieder: A. Gärtner, Thurn, Schedel von Greifenstein und Stetten); Oberaufsicht aller Bauvorhaben erhält K. v. Fischer, der ›Generalpläne‹ für einzelne Stadtgebiete anfordert. Ende 1807 Ausschreibung des ersten städtebaulichen Wettbewerbs in Deutschland: »Generalplan für die Stadterweiterung am Max-Tor«; Planungsgebiet erstreckt sich nördl. des von Sckell ab 1804 angelegten → Alten Botanischen Gartens über das Areal des → Maximiliansplatzes bis zum Vorfeld des Schwabinger Tors (heute → Odeonsplatz). Sckell macht die Residenz zum Ausgangspunkt eines Koordinatensystems, dessen Nord-Süd-Achse die spätere Ludwigstraße vorwegnimmt, während die Ost-West-Achse (Verlängerung der Hofgartenstraße) der → Brienner Straße (begradigter ›Fürstenweg‹ nach Schloß Nymphenburg) entspricht; von Sckell auch die Konzeption eines flexiblen Rechteckrasters (Anbindung an Struktur der Altstadt) sowie die gärtnerische Auflockerung. – Aus 15 eingereichten Entwürfen (u.a. von Sckell, Thurn, A. Gärtner, Schedel von Greifenstein) erstellt Baukommission den genehmigungsfähigen Vorstadtplan (1808); K. v. Fischer wird 1809 Mitglied der Kommission, der in Sckells ›Gartenstadt‹-Konzept die architektonische Komponente einbringt: beide erarbeiten den endgültigen Generalplan, der 1812 genehmigt wird. Er reicht im Westen bis an die Dachauer Straße, während die Grundregulierung auf der Basis des Rastersystems (rd. 230 zu 190 m) bereits 1810 die heutige Schellingstraße erreicht. – Der begradigte ›Fürstenweg‹ im Süden ist Hauptverkehrsstraße, die durch zwei Rundplätze (Karolinen- und späteren Stiglmaierplatz), dazwischen Rechteckplatz (Königsplatz) rhythmisiert wird; entsprechend Sckells Intention, die Bauten in einen Landschaftsgarten zu stellen, wählt Fischer die ›offene‹ Bauweise, die er am konsequentesten um den → Karolinenplatz realisieren kann. – 1816 beauftragt Kronprinz Ludwig seinen Architekten Klenze mit der weiteren Planung: damit Monumentalisierung des → Königsplatzes und des → Wittelsbacher Platzes sowie Verlagerung der Bautätigkeit zur Nord-Süd-Achse der → Ludwigstraße. Während die Repräsentationsbauten durch König Ludwig errichtet wurden, blieb die Bebauung des Geländes der Maxvorstadt sich selbst überlassen. Selbst die Errichtung der Alten Pinakothek (ab 1824, → Barer Str. 27) blieb ohne Einfluß auf die Struktur der Vorstadt.

M

Das Gebiet des heutigen »5. Stadtbezirks Maxvorstadt-Universität« erstreckt sich zwischen Brienner- und Georgenstraße und zwischen Barer- und Königinstraße. Die Wohn- und Geschäftshäuser, auf zumeist tiefen Parzellen errichtet, zeigen überwiegend die Stiltendenzen des 19. Jahrhunderts: *Spätklassizismus,* ca. 1820–50, in der Nachfolge Klenzes und Himbsels (z. B. → Von-der-Tann-Str. 2 sowie Nr. 3 und 7; Schönfeldstr. 18, 24 und 28; → Amalienstr. 38); *›Maximiliansstil‹,* ca. 1840–60 (z. B. Amalienstr. 10, von Bürklein, 1847; → Türkenstr. 4, sowie Nr. 30, von Kreuter, um 1847); *Neurenaissance,* ca. 1870–95 (z. B. Georgenstr. 7 sowie 9/11 und Nr. 4, von Thiersch, 1892/93; Amalienstr. 43–55; Türkenstr. 99/101, von Steffan, 1886/87; Königinstr. 27, ›Defregger-Haus‹, von Hauberrisser, 1893/94, sowie Nr. 35/35a; → Kaulbachstr. 15); *Neobarock,* ca. 1890/1900 (z. B. Amalienstr. 65 und 67; Türkenstr. 57, Gaststätte ›Alter Simpl‹, seit 1903 Künstlerlokal ›Simplicissimus‹; → Georgenstr. 8); *Jugendstil,* um Jahrhundertwende (z. B. Schellingstr. 21, 23, 26, von Dülfer, zwischen 1895 und 1900); *Neoklassizismus,* Anf. 20. Jh. (z. B. Georgenstr. 3, von Troost, 1905/06; Schellingstr. 32; Königinstr. 11 und 17, von Deininger, 1908); *Moderne Architektur,* nach 1945 (z. B. Theresienstr. 46/48, von Ruf, 1950; Oskar-von-Miller-Ring 18: Siemens-Verwaltungsgebäude, von v. d. Lippe und Maurer, 1955–56; Königinstr. 5: Generalkonsulat der USA, von Skidmore, Owings and Merril, New York, sowie Ruf, 1957–58; Amalienstr. 87, ›Amalienpassage‹: von Gagern, Ludwig und von der Mühlen, 1976/77). ***Bedeutung:*** Mit geraden Straßen und rechtwinkligem Rastersystem bezeichnend für rationalistisch-aufklärerische Stadtplanung zu Beginn des 19. Jh., gemildert durch gärtnerische Durchdringung bei ›offener‹ Bauweise und lockerem Übergang zum freien Umland: Konzept von Sckell, architektonische Gestaltung durch Fischer. Ab etwa Mitte des 19. Jh. zunehmende Bebauung mit Mietshäusern und Kleingewerbebetrieben (ähnlich → Gärtnerplatz- und Ostbahnhof-Viertel, → Orleansplatz), was sich – trotz Großbauten der Universität und Firmenverwaltungen – bis heute positiv auf die Struktur dieses Wohnviertels auswirkt.

MEISERSTRASSE 10 **1**

Haus der Kulturinstitute Nach Entwurf von Troost 1933–35 als NS-Verwaltungsbau errichtet: Blockhafter 3geschossiger Baukörper mit 21 Fensterachsen und 2 Eingängen unter pfeilergetragenen Balkonen. (Gleichartiges Pendant der zur selben Zeit entstandene ›Führerbau‹, in dem 1938 das *Münchener Abkommen* unterzeichnet wurde. Heute Staatl. Hochschule für Musik, Arcisstraße 12.) Nach 1945 amerikanischer Collecting Point für Kunstwerke, dann Haus verschiedener Kulturinstitute: 1. **Staatl. Graph. Sammlung:** Grundstock das 1758 von Karl Theodor in Mannheim gegr. und 1794 nach München überführte ›Zeichnungskabinett‹; 1846 in der Alten, seit 1917 in der Neuen Pinakothek, hier 1944 rd. ein Drittel der Bestände (hauptsächl. frz. u. engl. Druckgraphik) verbrannt. Seit 1949 in Meiserstraße, Wechselausstellungen seit 1981 in der Neuen Pinakothek (→ S. 36). ***Bestände:*** Säkularisationsgut und königl. Ankäufe, Zuwachs bes. durch Stiftungen (1889: Halm-Maffei; 1908: Moy; 1913: Reisinger; 1958: Gutbier; 1964: Max-Kade-Foundation; 1980: E. u. K. Rössing). ***Bedeutung:*** Mit mehr als 300000 Blatt Zeichnungen u. Druckgraphik (v. a. 15.–19. Jh., Expressionismus u. intern. Graphik seit 1945) bedeutendste deutsche Sammlung nach Berlin (West). – 2. *Zentralinstitut für Kunstgeschichte* (mit Spezialbibliothek, → S. 249, und umfangreicher Fotothek). – 3. *Archäologisches Institut der Universität* (mit *Museum für Abgüsse klass. Bildwerke* sowie Fotoslg.; → S. 34 f.).

MENZINGER STRASSE 63 **13**

Botanischer Garten* Die erste Anlage des → Alten Botanischen Gartens (5 ha) durch wachsende Stadt und auch Luftverschmutzung so beeinträchtigt, daß Verlegung notwendig wurde: Neuer Garten (20 ha) durch Karl v. Goebel veranlaßt und 1909–14 durch Ullmann nördl. des Nymphenburger Parks angelegt; aus dieser Zeit die Majolikafiguren von Wackerle aus der Nymphenburger Porzellanmanufaktur. Gebäude des *Botanischen Instituts* und der *Botanische Staatssammlung* am Nordrand, *Gewächshäuser,* im Nordostteil mit rd. 9000 m² unter Glas (5000 m² als Schauhäuser für Besucher zugänglich) zählen zu den reichhaltigsten Sammlungen der Welt. (Die 1910–14 durch Ullmann errichteten Gewächshäuser beachtliche Glas-Eisen-Konstruktion, die von 1974–77 unter Beibehaltung der historischen Gegebenheiten mit modernen Materialien vorbildhaft renoviert wurden.) Freiland nach wissenschaftlichen Gesichtspunkten, jedoch unter Berücksichtigung künstlerischer Gartengestaltung angelegt. ***Bedeutung:*** Einer der größten botanischen Gärten Deutschlands, in der harmonischen Verbindung von wissenschaftlichen und ästhetischen Forderung einer der schönsten Europas. – Führungslinie (→ Plan) erfaßt alle wichtigen Abteilungen.

MILBERTSHOFENER PLATZ 1 **15**

St. Georg Als neue Pfarrkirche von 1910 bis 1912 nach Plänen von E. Herbert und O. O. Kurz errichtet (neubarocker Bau mit mächtigem Seitenturm). Ersatz für die zu klein gewordene alte **St.-Georgs-Kirche** am Alten St.-Georgs-Platz 6: Von diesem für den Übergang von Spätgotik zu Renaissance charakteristischen Bau (um 1510) nur mehr Chor und Turm erhalten. In dieser Form nach Bombenzerstörungen (1944) des flachgedeckten Langhauses durch Hanauer wiederhergestellt. Erhalten das beschädigte *Sakramentshäuschen* sowie der sehr gute *Flügelaltar** mit Statue des Hl. Georg (Münchner Schule um 1510) und Flügelgemälden (Werkstatt Polacks). (Flügelaltar während der vorges. Restaurierung der Kirche in neuer Pfarrkirche aufgestellt.)

M

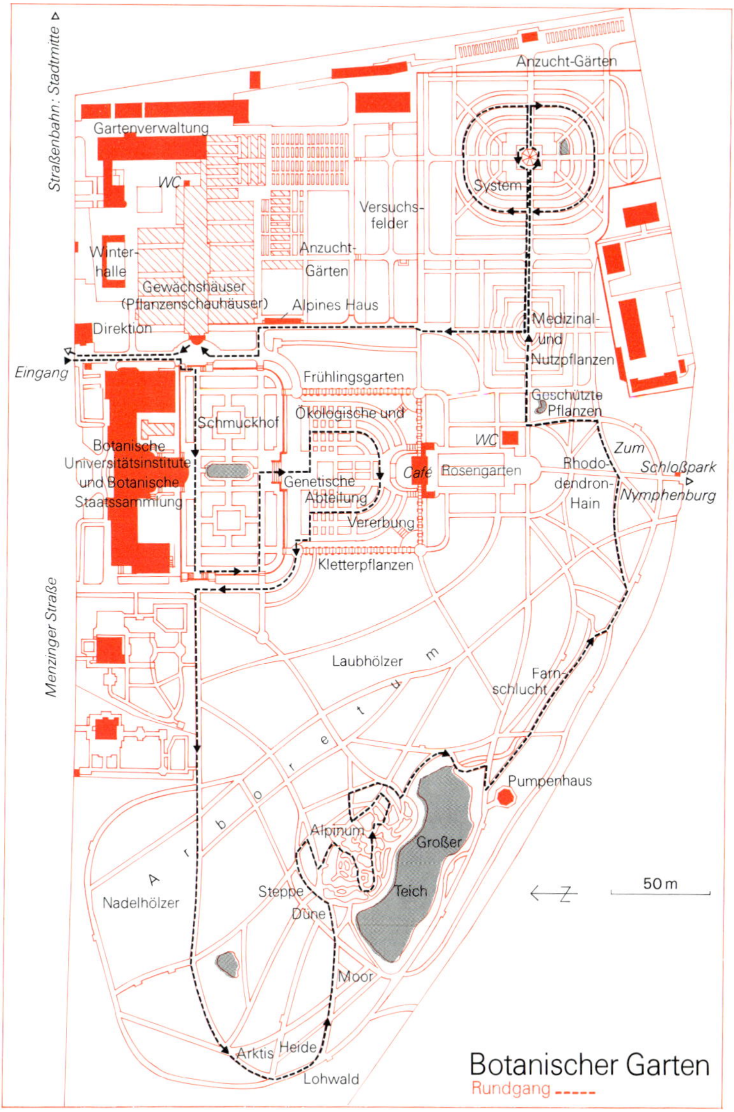

MÜLLERSTRASSE 40 **10**

Ehemaliges Optisches Institut von Georg Sigmund Merz (seit 1859), vormals Utzschneider und Fraunhofer. Von Baumeister Höchl 1829 errichtetes Gebäude. ***Beschreibung:*** Auf hohem, 2geschossigen rustizierten Sockel 2 Obergeschosse, die 2achsigen Seitenrisalite durch Pfeiler gefaßt, der 6achsige Mittelteil der Fassade zurückhaltender gestaltet. Auffallend die plastische Betonung der tektonischen Glieder (Keilsteine, Sohlbänke, Fenstergebälke). Zwischen den Fenstern des 1. Stockwerks in der Mittelachse auf Konsolen Statue der *Maria mit Kind,* in den beiderseits folgenden Fensterintervallen auf Konsolen *Büsten,* links: Joseph Utzschneider, rechts: Joseph Fraunhofer. ***Bedeutung:*** In der Nachfolge des Klassizismus stehende, durch Übersteigerung plastischer Elemente eigentümlich eklektische Fassadengestaltung. 1859 bis 1903 Sitz des zu seiner Blütezeit berühmtesten und technisch fortschrittlichsten optischen Unternehmens Europas, das u. a. die Sternwarten von Berlin, Cambridge, Greenwich, Kapstadt, Kiew, Lissabon, Madrid, Mexiko, Moskau, Oxford, Rom und Washington ausgerüstet hat.

M

Deutsches Museum

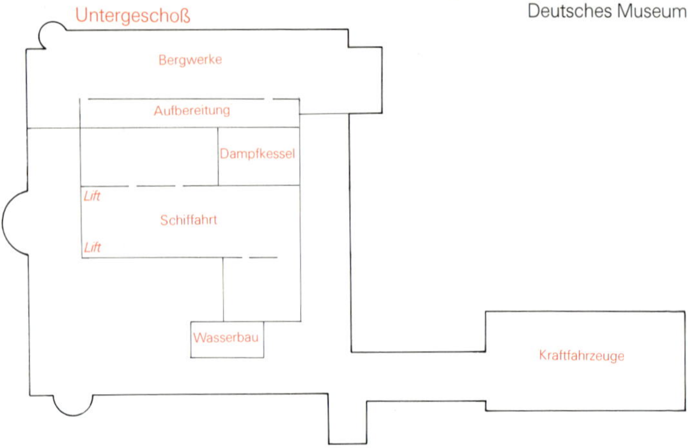

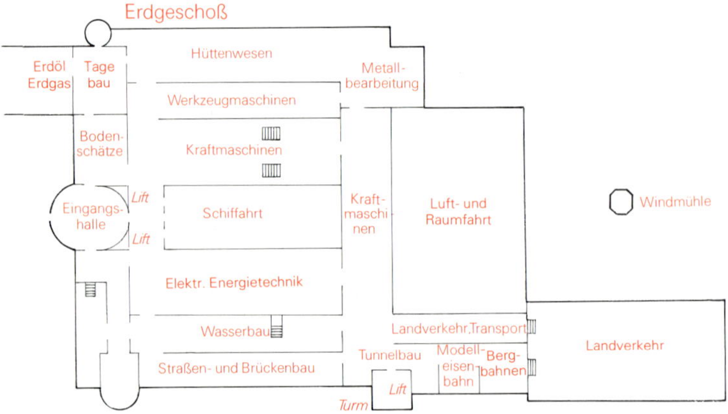

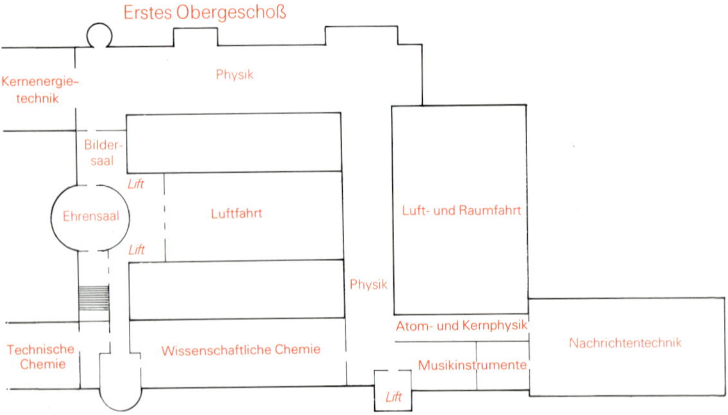

MUSEUMSINSEL **11**

Deutsches Museum von Meisterwerken der Naturwissenschaften und Technik

Anregungen zum Aufbau eines Technikmuseums erhielt der Gründer Oskar von Miller bereits 1878 durch das ›South Kensington Museum‹ in London (heute ›Science Museum‹) und 1881 durch das ›Conservatoire des Arts et Métiers‹ in Paris; Gründung eines Museumsvereins 1903. **Sammlungs-**

M

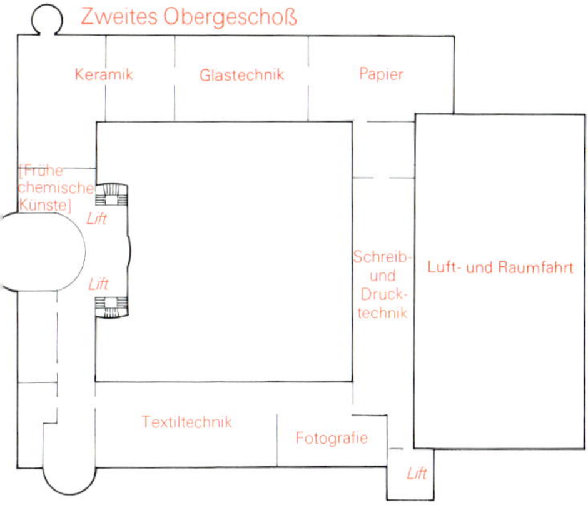

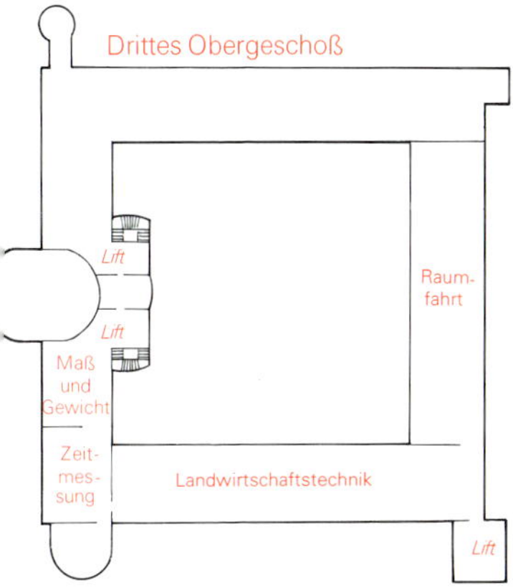

bau: Grundsteinlegung 1906 durch Kaiser Wilhelm II. und Prinz Ludwig von Bayern auf der ehem. sogen. Kohleninsel; 1908 Baubeginn nach den beim Wettbewerb 1905 prämiierten Entwürfen von G. v. Seidl; 1911 Richtfest; 1914 – nach dem Tode G. v. Seidls 1913 – von dessen Bruder E. v. Seidl und O. E. Bieber vollendet; 1925 eröffnet. 1936/37 von Bäßler um die Kraftfahrzeughalle erweitert, 1944/45 schwer beschädigt, 1946 ff. durch Bäßler u. a. wiederhergestellt und zugleich ständig erweitert, zuletzt 1970–72 mit der ›Glashalle‹ im westl. Verbindungsflügel sowie 1978–82 mit Errichtung der ›Halle für Luft- und Raumfahrt‹ (Arch.: S. Ruf und Partner). ***Beschreibung:*** Große, urspr. symmetrisch angelegte, aber (mit Turm, Sternwarte u. a.) asymmetrisch akzentuierte, später sukzessive erweiterte Vierflügelanlage mit einem – zwei längsrechteckige Binnenhöfe ausscheidenden – Mitteltrakt in der Achse des konvexen Risalits in der *Nordfassade:* diese vor Errichtung der Erweiterungsbauten (mit → Bibliotheksbau) dominierend, formal von palastartiger Architektur kulturhistorischer Museen des 19. Jh. beeinflußt. (Über der ovalen Eingangshalle gleichfalls ovaler ›Ehrensaal‹.) Der 68 m hohe *Turm* an der Isar durch Thermometer und Barometer (N-Seite), durch Windmesser (S-Seite) und Hygrometer (O-Seite) als ›meteorologischer Turm‹ ausgewiesen. – Die bereits von G. v. Seidl vorgeplante Ergänzung durch → Bibliotheks- und Kongreßsaalbau von Bestelmeyer in veränderter Form ab 1929 ausgeführt. (In den 30er Jahren vorgesehene Erweiterung um ein ›Haus der Deutschen Technik‹ auf der nördl. gelegenen Kalkinsel, Entw. Bestelmeyer, bzw. nach Entw. von Bäßler am heutigen Standort des Deutschen Patentamts durch Krieg verhindert.) **Sammlungen** urspr. im ehem. Bayer. Nationalmuseum an der → Maximilianstraße 42 (1. Abteilung ab 1906) und in der Isarkaserne (2. Abteilung ab 1911) ausgestellt, seit 1925 im Neubau zugänglich. Nach Kriegsverlusten seit 1948 laufend Wiedereröffnung alter und Einrichtung neuer Abteilungen, darunter vor allem 1960 des Zeiß-Planetariums (6. Obergeschoß des Kuppelbaus). Angeschlossen das ›Forschungsinstitut des Deutschen Museums für die Geschichte der Naturwissenschaften und Technik‹, das ›Kerschensteiner Kolleg‹ als Fortbildungsinstitution des Deutschen Museums (gegr. 1963) sowie ein Kongreßzentrum. ***Bedeutung:*** Der *Bau* letztes größeres Werk G. v. Seidls; bezeichnend für dessen Entwicklung vom malerisch disponierenden Historismus (Nationalmuseum) zur strenger gliedernden, funktionalistischen Sachlichkeit mit antikisierenden (Turm) und barockisierenden (Klostergrundriß, Kuppelbau) Reminiszenzen; Kaschierung des ersten großen Stahlbetonbaus Münchens durch historisierende Dekorationen und steinmetzmäßig bearbeiteten Vorsatzbeton. – Die ***Sammlungen*** bilden erstes, größtes und bedeutendstes ausschließlich der Technik und Naturwissenschaften gewidmetes Museum der Welt: rd. 15 000 Objekte zu 30 technischen und naturwissenschaftlichen Bereichen ausgestellt (etwa 15 km Führungslinie), dazu weitere ca. 50 000 Objekte in Studiensammlungen. Durch allgemein verständliche Darstellung, überwiegend in Funktion befindliche Geräte sowie zahllose Modelle

M

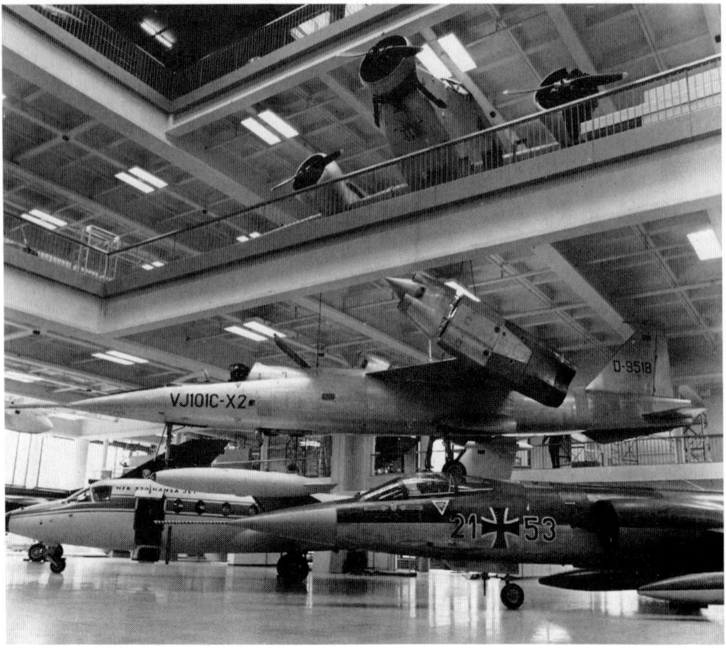

Die 1984 eröffnete neue *Luft- und Raumfahrtshalle* des Deutschen Museums

und Versuchsanordnungen, die vom Besucher selbst bedient und in ihrem Ablauf nachvollzogen werden können, von höchstem Reiz und unübertrefflichem didaktischen Wert. (Jährlich durchschnittlich 1,5 Millionen Besucher.)

MUSEUMSINSEL **11**
Bibliotheksbau Unter Aufnahme der urspr. Konzeption G. v. Seidls Vorarbeiten für Bibliotheks- und Kongreßsaalbau nördl. des Sammlungsbaus durch Neithardt; Ausschreibung eines Architektenwettbewerbs 1927 (1. Preis: Freese), jedoch Auftrag an Bestelmeyer; Grundsteinlegung 1928 durch Hindenburg, Einweihung 1932. ***Beschreibung:*** Rechteckiger 4stöckiger Baukörper um 2 Binnenhöfe; auf 280 Bohrpfählen fundierter, mit Ziegel- und Bimsstein ausgefachter Stahlskelettbau (damals größte und modernste Konstruktion in Süddeutschland); durch 2 Flügel mit Sammlungsbau verbunden. Am östl. Turm astronomische Uhr (künstlerische Gestaltung durch E.A. Rauch). Die ***Bibliothek*** (bereits bei Gründung des Museumsvereins 1903 von Miller als Volksbibliothek vorgesehen) umfaßt derzeit eine Präsenzbücherei mit etwa 700000 Bänden und rd. 1400 laufenden Zeitschriften sowie sehr bedeutende Sondersammlungen (→ S. 248).
Der nördl. anschließende **Kongreßsaalbau,** ebenfalls nach Plänen von Bestelmeyer, 1929–35 errichtet. 1944 beschädigt, 1946 wiederhergestellt. ***Beschreibung:*** Hoher, durch schmale Fenster gegliederter Kubus des Saals von 2geschossigen Bauten ummantelt und mit dem Bibliotheksbau verbunden; neben dem eigentlichen Kongreßsaal für 2400 Personen (im Innern an 3 Seiten umlaufender Mosaikfries von H. Kaspar, 1938ff; 1950) Wandelgänge und Nebenräume sowie 3 kleinere Vortragssäle. ***Bedeutung:*** Der streng disponierte Baublock, der von der Ludwigsbrücke her den architektonischen Auftakt zur Gesamtanlage des Deutschen Museums darstellt, zeigt mit dem anschließenden Bibliotheksbau in der Reduktion auf Material und Form den gelungenen Kompromiß zwischen traditionsgebundener Bauweise (unter Verwendung von Natursteingliederung und glatten Putzflächen) und den Forderungen modernen Bauens nach eindeutig stereometrischen Baukörpern mit scharf eingeschnittenen Fensteröffnungen.

MUSPILLISTRASSE 14 **16**
St. Lorenz in Oberföhring Vor der 1678 wegen Bauschäden abgebrochenen Kirche (1315) ein Bau bereits 822 erwähnt; Neubau 1680 von Zwerger. Turm an Südwestecke des Langhauses 1893. ***Beschreibung:*** 4jochiger Saalbau mit stuckierter Stichkappentonne und Gliederung durch kannelierte Pilaster; gleiches System im 2jochigen, gerade geschlossenen Altarraum. Barocker Hochaltar (Gemälde modern), die Seitenaltäre aus der 2. Hälfte des 18. Jh. Im Gewölbe Rosenkranzmadonna vom Ende des 17. Jh. – Im *Friedhof* die Gräber von Rochus Dedler, Komponist des Oberammergauer Passionsspiels, und Adolf von Hildebrand.

N

NEUHAUSER STRASSE 5, 6
Zwischen dem 1807 abgerissenen Schönen Turm und dem Neuhauser-, später Karlstor (→ Karlsplatz), Fortsetzung der → Kaufingerstr. Durch Geschäfts- und Bürohäuser ihres alten intimen Charakters beraubt; jedoch Straßenzug heute noch geprägt von den Kirchen der Augustiner, der Jesuiten (mit Kolleg) und dem Bürgersaal. 1971 als *Fußgängerbereich* gestaltet. Vor Statistischem Landesamt (Nr. 51) *Richard-Strauss-Brunnen* (von Wimmer, 1962) mit Szenen aus der Oper ›Salome‹; am westl. Ende der Straße das *Brunnenbuberl* (früher am Karlsplatz) neuaufgestellt: liebenswürdige jugendstilbarocke Gruppe von Gasteiger (1895); im Hauptdurchgang des Karlstors *Gedenkstein* für Herbert Jensen, Initiator des Fußgängerbereichs, errichtet 1972 unter Verwendung von 3 bronzenen ›Stadtmusikanten‹ (von Knoll, 1865) vom ehem. Fischbrunnen am → Marienplatz.

NEUHAUSER STRASSE 16 6
Augustiner-Bräu Erste urkundliche Erwähnung einer Braustätte im Augustinerkloster (→ Neuhauser Str. 53) 1328, bis Säkularisation am Frauenplatz; 1803 verpachtet, 1817 an Neuhauser Gasse verlegt; Erwerb der Brauerei (linke Hälfte des heutigen Gebäudes) 1829 durch Anton Wagner (Begründer der sog. ›Augustiner-Dynastie‹), durch Zukauf des westl. Nachbaranwesens Erweiterungen 1853 und 1855. (Nach Erwerbung des Buttler-Kellers an der Landsberger Straße 1857, heute Nr. 25–33, Errichtung der neuen Brauerei 1884–85: frühes Beispiel für gute ›Industriearchitektur‹ in München.) – Neubau der *Gaststätte:* erste Pläne von Fincke & Vent 1895, Ausführung des Entwurfs von E. v. Seidl 1896–97 auf tiefgestaffeltem Grundstück: die Fassaden der beiden Häuser an der Neuhauser Straße verschieden gestaltet: die rechte mit Mittelerker (heute ohne Haube) dem Historismus verhaftet, die linke mit Hausteingliederung kaschierte ›moderne‹ Fensterreihung. 1945 schwere Schäden, in den Folgejahren nach und nach behoben. ***Bedeutung:*** Die zum Großteil erhaltene Innenausstattung (Restaurierung durch Schleich 1982–83) vermittelt, nach weitgehender Zerstörung bzw. Modernisierung ähnlicher Gaststätten, exemplarisch münchnerische Brauhaus-Atmosphäre aus der Zeit vor dem 1. Weltkrieg. (→ Bild S. 235)

NEUHAUSER STRASSE 44 5
Kaufhaus Karstadt/Haus Oberpollinger
An der Stelle des Hotels Oberpollinger nach Plänen von Max Littmann 1904–05 errichteter, durch 3 hohe Giebel differenzierter Baublock; nachteilige Veränderung der Schaufensterzone. Erweiterung nach Norden 1960/61 (Fassaden: Gg. Werner). ***Beschreibung:*** Über durchgehendem Erd- und 1. Obergeschoß 3 durch Rücksprünge getrennte 2stöckige, steilgiebelige Häuser, deren verhältnismäßig große Fensterflächen durch Natursteingliederung ›verkleinert‹ werden; plastischer Fassadenschmuck und Giebelkrönung (2 Kauffahrteischiffe und Merkur) von Düll und Pezold. ***Bedeutung:*** Neben Kaufhaus Hertie (→ Bahnhofplatz 7) und dem Berliner Kaufhaus Wertheim (von Alfred Messel, 1904) ältester und bemerkenswertester deutscher Kaufhausbau; seine streng gerasterte Grundrißdisposition und die Ständerbauweise in Eisenbeton durch historisierende Detailformen kaschiert, was Angleichen an das bestehende Altstadtbild erleichterte (seinerzeitige Forderung der Münchener Monumentalbaukommission), wenngleich die hanseatischen Motive dem Geist der Stadt nicht entsprechen.

NEUHAUSER STRASSE 48 5
Bürgersaal Versammlungsraum der 1510 gegründeten und seit 1610 von den Jesuiten geleiteten Marianischen Männerkongregation. Die hohe Mitgliederzahl erforderte einen eigenen Saal, der nach Plänen von Viscardi durch Ettenhofer 1709/10 errichtet wurde; Gesamtentwurf der *Ausstattung* J. A. Wolff zugeschrieben. (Die 1772 wegen Baufälligkeit geplante Neuaustattung durch Th. Ch. Wink und I. Günther unterblieb, verändert jedoch ausgeführt 1773/74 durch Knoller, Feichtmayr und Kirzinger.) Konsekration als Kirche erst 1778. 1944 bis auf Außenmauern zerstört, 1945 neu gedeckt (bis 1947 Bischofskirche), allmähliche Wiederinstandsetzung bis 1959. 1970/71 starkfarbige Restaurierung mit neuen Deckenfresken von H. Kaspar. ***Beschreibung:*** Bis auf die (von Feuerpolizei geforderten) beiden Seitenportale *Fassade* original: 2geschossig in 3 Achsen mit Mittebetonung (Nische mit sitzender *Madonna mit Kind* v. F. Ableithner unter Einfluß von Faistenberger; über Attika Segmentbogengiebel); Gliederung durch Doppelpilaster u. ver-

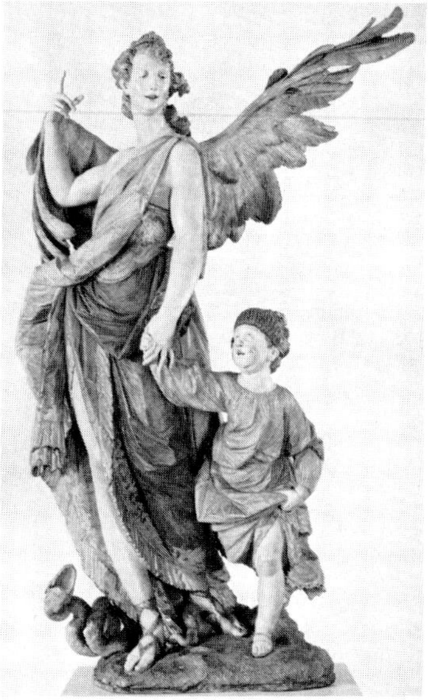

I. Günther: *Schutzengel* (1763) im Bürgersaal

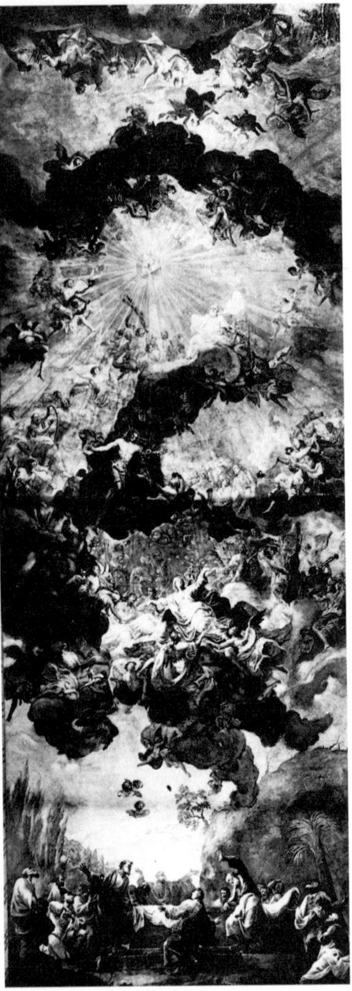

Das 1944 zerstörte *Deckenfresko* von Martin Knoller (1774) im Bürgersaal

kröpfte Gesimse. ***Inneres:*** 2stöckig: Niedrige *Unterkirche,* 3schiffig, mit dem *Grab* von P. Rupert Mayer SJ († 1945); an den Seiten bemerkenswerte *Kreuzwegstationen* 1898 von Elsner. – Über 2 Treppenläufe Aufgang zum *Kirchenraum:* rechteckiger Saal von 9:3 Achsen; Wände durch Pilaster auf hohen Sockeln gegliedert; Spiegelgewölbe über einer Deckenvoute mit Stichkappen; nach Stichen aus der Erbauungszeit rekonstruiert (das 1774 von Knoller geschaffene riesige Deckenfresko ›Himmelfahrt Mariae‹ 1944 zerstört). *Stuck* P.F. Appiani (Decke), J.G. Bader (Wände). Mariologisches Programm in den *Wandbildern* von Gumpp und *Medaillons* von Kirzinger 1772–74; Deckenfelder durch Kaspar 1970/71 mit modernen Fresken ausgemalt. – Vom alten Hochaltar nur noch Relief der *Verkündigung** 1710 von Faistenberger erhalten; auf der Mensa *4 Silberbüsten** von Kanzler 1775/76 nach Modellen von Günther 1768. Von Günther auch die *Schutzengelgruppe** um 1763 unter der Empore (aus der ehem. Karmelitenkirche) sowie urspr. die *Kanzel,* die heute aus geretteten Einzelfiguren Günthers komponiert ist. Unter den Fenstern 17 *Landschaftsbilder** um 1710 von Beich, die bayr. Wallfahrtsorte darstellen. ***Bedeutung:*** Typischer, trotz der Zerstörungen und der letzten sehr problematischen Restaurierung sehenswerter Kongregations-Betsaal mit einzigartigen Ausstattungs-Stücken: die berühmte *Schutzengelgruppe* ein Hauptwerk Günthers, die *Verkündigung* das beste erhaltene Werk Faistenbergers.

NEUHAUSER STRASSE 51 **6**

Alte Akademie Westl. der Michaelskirche von 1585–97 in 4 Flügeln als Jesuitenkolleg mit Kongregationssaal und Räumen für den Bauherrn Wilhelm V. errichtet; das von Petrus Canisius 1559 gegründete Gymnasium seit 1589 im Kollegiums-Südflügel untergebracht. *Entwurf* wohl Sustris zuzuweisen, der vortretende Baukörper (heute Kaufhaus) wohl auf W. Dietrich zurückgehend; daran 1808–11 von A. Gärtner neuer Westflügel angefügt. 1944 stark zerstört, nach 1954 unter Wahrung der alten Bausubstanz wiederaufgebaut (Westtrakt Neubau von Wiedemann; Kopfbau mit Durchgang versehen). – 1783 (nach Aufhebung des Ordens 1773!) Sitz der Bayerischen Akademie der Wissenschaften, ferner der Hofbibliothek und des Archivs (1774–1843), der Maler- und Bildhauerschule (1784 bis 1885: ›Alte Akademie‹) sowie der Universität (1826–40); hier auch bis zur Zerstörung eine Reihe staatl. Sammlungen (u.a. Münz-Sammlung, Prähistor. Staatssammlung) untergebracht. ***Fassade*** einfach gestaltet, rustiziertes Erdgeschoß, 3 Obergeschosse, davon das 3. mit Ovalfenstern in edlen Renaissanceformen; 16fenstrige Straßenfront mit einem um 7 Achsen vortretenden übergiebelten Baukörper. Heute Sitz von bayrischen Landesbehörden. ***Bedeutung:*** Bildet zusammen mit Fassade der Michaelskirche einen architektonisch hervorragend gestalteten Platzraum, im Zug der Neuhauser Straße eine städtebaulich akzentsetzende Komposition.

NEUHAUSER STRASSE 52 **6**

St. Michael* An der Ostflanke des ehem. Jesuitenkollegs (→ Neuhauser Str. 51) errichteter mächtiger Kirchenbau mit Hauptfassade gegen Süden und langer Seitenfront gegen Osten (Ettstraße). Kirche in 2 Bauperioden errichtet; ***1. Abschnitt:*** wohl 1581/82 erster Plan (Längsachse parallel zur Neuhauser Gasse, d.h. geostet); zweiter Vorschlag, 1582/83, wohl durch Sustris angeregt (Kirche genordet), durch Rom genehmigt: entspricht heutigem Kirchenraum bis Querhaus; an dessen Stelle eingezogener Chor mit Turm an seiner Ostseite); Grundsteinlegung 1583, Einwölbung des Langhauses 1587 (Spannweite der Tonne rd. 20 m, möglicherweise von dem ›Arith-

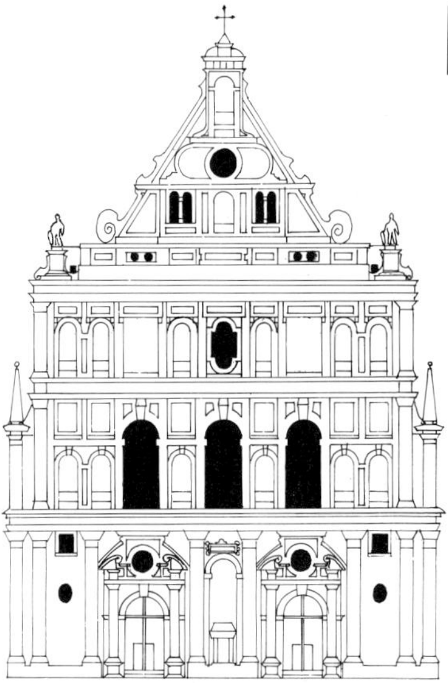

Figurenprogramm der Fassade von St. Michael: **1** Christus Salvator. ***Agilolfinger-Herzöge als Ahnherren der Wittelsbacher:*** **2** Otto, **3** Theodo, **4** Theodovalde, **5** Tassilo; ***Wittelsbacher-Herzöge und Deutsche Kaiser:*** **6** Otto von Wittelsbach, **7** Karl der Große, **8** Christoph von Dänemark und Norwegen, Pfalzgraf bei Rhein, **9** Albrecht der Weise, **10** Ruprecht von der Pfalz, **11** Maximilian I. von Habsburg, **12** Ludwig der Bayer, **13** Albrecht IV., **14** Wilhelm V. (der Bauherr mit dem Modell der Kirche), **15** Karl V. von Habsburg, **16** Ferdinand I. von Habsburg. – **17** Erzengel Michael.

meticus‹ Andreas Gundelfinger berechnet); Stuckierung und Ausstattung bis 1589. Durch Einsturz des Turms 1590 Beschädigung der Kirche und Zerstörung des Chors; im selben Jahr Abmauerung am Choransatz und Weihe des Langhauses. Nach Stillstand bis 1593 im ***2. Bauabschnitt*** Vergrößerung der Kirche: Projekt Sustris mit Vierungskuppel über geplantem Grabmal für Herzog Wilhelm V. (wohl durch den Ordensbaumeister Joseph Valeriani aus Rom angeregt); Einwölbung 1595, Niederlegung der Trennwand und Konsekration der Kirche 1597. Während als Architekt für 1. Abschnitt kaum Sustris angenommen werden darf (Bauführung: Wolfgang Miller), ist seine Urheberschaft an dem bestehenden Bau gesichert. (Baunaht vor dem letzten Langhaus-Pfeiler.) Renovation der Fassade sowie Erneuerung aller Nebenaltäre, der Kanzel und der Orgel 1696/97 durch Frater Hörmann SJ. Nach Aufhebung des Jesuitenordens (1773) wird St. Michael Hofkirche, von 1782–1808 Malteserordenskirche, seit 1825 auch Garnisonskirche, ab 1921 wieder Jesuitenkirche. Renovierungen: 1852–57 unter Bürklein (außen u. innen) sowie 1907/08 (Fassade). Schwerste Zerstörungen 1944 (Einsturz des ganzen Chor- u. Langhausgewölbes); 1946–48 teilw. vereinfachter Wiederaufbau, 1953 Weihe. 1959/60 dunkelgrauer Fassadenanstrich, 1971/72 in lichterem Farbton erneuert; gründliche Renovierung 1980–83 mit Rekonstruktion des urspr. Gewölbestucks, der barocken Orgelempore und Orgel (1696/97), sowie Errichtung eines Volksaltars an den Stufen zum Chor. Unter der ›Vierung‹ urspr. *Stiftergrabmonument* Wilhelms V. und Renatas v. Lothringen vorgesehen: von Sustris 1592 konzipiert, bis 1597 ausgeführt: Maria mit Kind (→ Marienplatz, Mariensäule), kniende Wächter (heute an Grabdenkmal für Ludwig den Bayern, → Frauenplatz 1), Löwen an Residenz, Herzog Otto von Wittelsbach auf Brunnen im Brunnenhof; Kruzifix mit Magdalena, 4 Bronzereliefs sowie Weihwasserengel in St. Michael. ***Äußeres:*** Linear gegliederte 3geschossige *Hauptfassade* mit hohem Giebel; das 1582 von Wilhelm V. festgelegte Programm demonstriert seinen Anspruch als Herrscher: in der obersten Nische Christus als ›Salvator mundi‹ (1944 zerstört, von Gerhart wohl in Kupfer getrieben und 1696 barock modifiziert; nachgeschaffen 1982 von Schreiner); im Erdgeschoß zwischen den beiden Rotmarmorportalen vergoldete Mittelnische mit bronzenem *Erzengel Michael★* von Gerhart 1588 (nach Zeichnung von Schwarz modelliert); zwischen Gott und liturgischem Patron ›Ahnentafel‹ Wilhelms und damit des Hauses Wittelsbach: die Figuren 9, 13 und 14 auf Entwürfe von Gerhart (1582) zurückgehend, die restlichen aus dem Antiquarium von unbekannter Hand – das einzige nachgotische Beispiel einer ›Königsgalerie‹. (1907 und nach 1946 teilweise erneuert, 1971/72 in Bronzeton gefaßt.) Die *Ostflanke* an Ettstraße uneinheitlich und schmucklos, nur gegliedert durch Apsiden der Kapel-

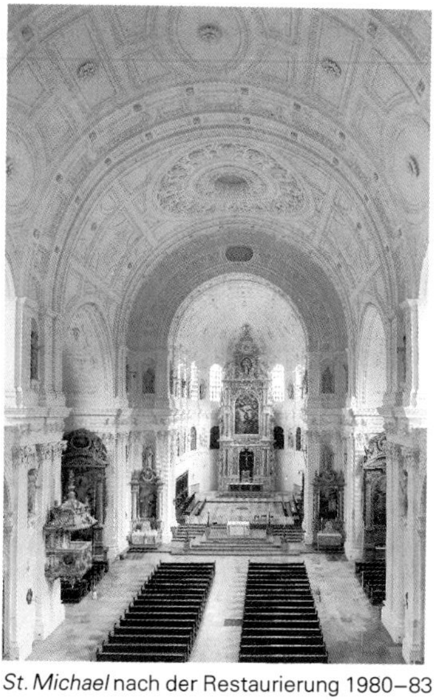

St. Michael nach der Restaurierung 1980–83

len zwischen Streben, die im Emporengeschoß leicht einspringen, und im 2. Obergeschoß nach außen treten; Marmorportal ist Zugang zur Kreuzkapelle. ***Inneres:*** Von freitragender Tonne überwölbter Raum; beiderseits 3 Kapellen (durch mächtige Wandpfeiler mit Pilastern und Nischen, Engeln mit Leidenswerkzeugen getrennt), darüber in der hohen Attika (ebenfalls mit Pilastern und Nischen) durchlichtete Emporen; die kurzen Querhausarme deuten Vierung an (Sustris plante hier eine Kuppel); nach eingezogenem Triumphbogen Chor (modifizierte, zierlichere Gliederung des Langhauses) und 5/10 Apsis: der auf Entwürfe von Sustris zurückgehende figürliche Stuck von Gerhart (Nischenfiguren), Thoma, Diefelder, G. und M. Castello sowie Martino ausgeführt; Stuck an Langhaustonne, ›Vierung‹ und Chor rekonstruiert. ***Ausstattung:*** Im Chor **1** *Hochaltar* nach Entwurf von Sustris von W. Dietrich, 1589; *Altarbild* ›Engelsturz‹ 1591 von Schwarz, im Antependium 4 *Bronzereliefs*★ von Gerhart, etwa 1595, urspr. für Grabmal Wilhelms V. bestimmt; *Chorgestühl* von W. Dietrich; in den Nischen zwischen den Oratorienfenstern *Stuckfiguren* der 12 Apostel, darüber Heilige und Propheten. Die Architekturen aller Seitenaltäre von 1697 unter Beibehaltung der alten Altargemälde. Am Chorbogen östl. kleiner **2** *Franz-Xaver-Altar,* Gemälde von U. Loth, 1624 aufgestellt; im östl. Querhaus **3** Dreifaltigkeitsaltar, Gemälde Viani, 1588/89; **a** *Bronzekreuz*★ von Giov. da Bologna mit *Hl. Magdalena*★ 1594/95 von Reichle, urspr. für geplantes Grabmal Wilhelms V.; **b** Rundbild ›Verklärung des Hl. Aloysius‹. **4** *Ursula-Altar,* ›Martyrium der Heiligen‹ von Candid, 1588; **c** *Schrein*★ der heiligen Ärzte Cosmas und Damian (Bremen, um 1400; seit 1649 in St. Michael). **5** *Sebastian-Altar,* Gemälde von Scalzi, 1588/89. **6** *Fatima-Kapelle.* **d** *Weihbrunnengel*★, Bronzestatue von Gerhart, 1593–96, und **e** Grabplatte (Bronzeguß wohl von Reichle nach Entwurf von Sustris, um 1595), beide urspr. für Grabmal Wilhelms V. vorgesehen; darüber in Wandnische segnendes *Christkind,* urspr. Tonstatue von Gerhart 1585/88 (zerst.), heute nachgeschaffen. An Ausgangsfront 1979 ff. barocke *Orgelempore* (von Hörmann 1696/97) und *Orgel* (1698) nachgebaut; Prospekt rekonstruiert von H. Frank. **7** *Peter- und Pauls-Altar,* Gemälde von Viani, 1587/88. **8** *Andreas-Altar,* Gemälde von Schwarz und Scalzi, 1586/90. **9** *Englischer-Gruß-Kapelle,* Gemälde von Candid, 1587, die beiden Altarfiguren, *Hl. Anna*★ und *Hl. Joachim*★, von Straub um 1770, zusätzliche Wessobrunner Stukkaturen. **f** *Kanzel* von 1697 mit eingefügten älteren Rundbildern. Nördl. Querhaus: **g** *Rundbild* ›Martyrium von Japanern mit 3 Jesuiten‹; **h** *Marmorgrabdenkmal*★ für Eugène Beauharnais († 1824) von Thorwaldsen nach Idee von Klenze, Porträtsstandbild von Thorwaldsen ausgeführt, die übrigen Figuren von Tenerani (1827–29), 1830 aufgestellt; **10** *Namen-Jesu-Altar,* Gemälde von Viani ›Opfer des Neuen Bundes‹, 1588/89. **11** *Ignatius-Altar,* Gemälde von Paduano, 1624 aufgestellt. Von den urspr. 12 Rokoko-Beichtstühlen in den Kapellen 6 gerettet und seit 1954 in St. Kajetan 2 und 4 in St. Peter. – Östl. neben dem Chor die architektonisch bemerkenswerte **Kreuzkapelle** mit überkuppelten 8eckigem Altarraum (errichtet 1592); *Altarbild* von Hans von Aachen. Unter dem Chor die zeitlich zweite der 3 Münchner Grablegen der Wittelsbacher. → Seite 43. ***Bedeutung:*** Dieser von Hans Jantzen als ›Schöpfungsbau‹ der Kunstgeschichte, allgemein als größte Renaissancekirche des Nordens (mit dem nach St. Peter in Rom zweitgrößten Tonnengewölbe der Welt) bezeichnete Bau leitet in Stil und Programm (Fassade★), in Idee und Gestalt (Triumphalbau der Gegenreformation), trotz der renaissancehaft wirkenden Formen, den Barock in Süddeutschland ein: beispielgebend für mehr als 100 Nachfolgebauten. Städtebaulich im Zug der Neuhauser Straße eingebunden in die Waagrechtgliederung der Augustinerkirche, Giebel in Korrespondenz zu Frauentürmen; Akzentuierung an leichter Straßenbiegung.

NEUHAUSER STRASSE 53 **6**
Augustinerkirche St. Johann Evangelist und Baptist Um 1290 Berufung von Augustinereremiten nach München, ihre Kirche erster größerer Sakralbau außerhalb der Heinrichsstadt, beg. 1291 anstelle einer bereits bestehenden Johanneskapelle; 1294 geweiht; nach Stadtbrand 1327 Erweiterung 1330–40, Chorweihe 1341; basilikales Langhaus erst um Mitte des 15. Jh. vollendet, 1458 geweiht. (Das nördl. anschließende Kloster 1458 erweitert.) Kirche 1618–21 als 1. Sakralbau Münchens barockisiert: Wölbung des Langhauses, Stuckie-

St. Michael

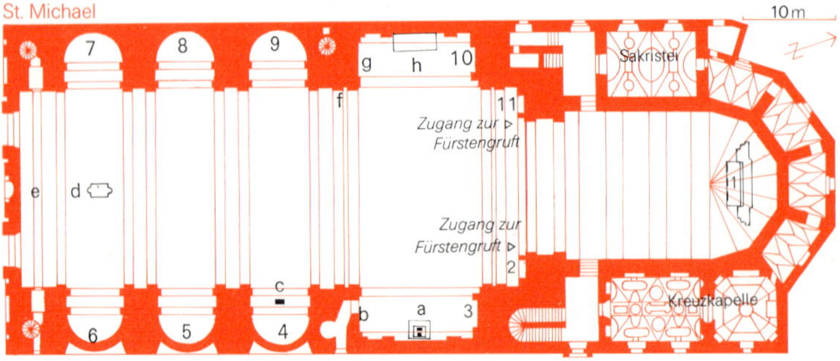

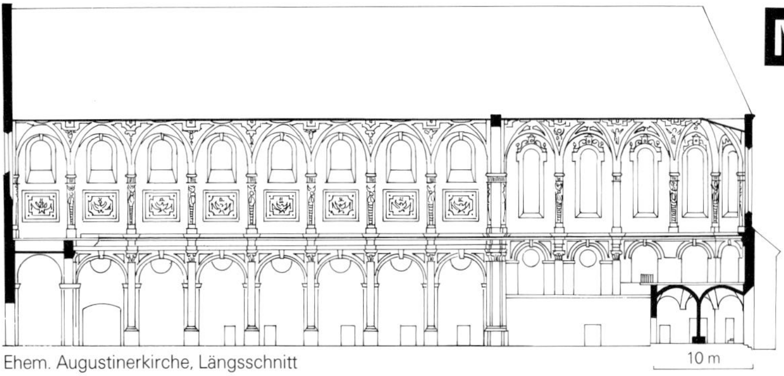

Ehem. Augustinerkirche, Längsschnitt

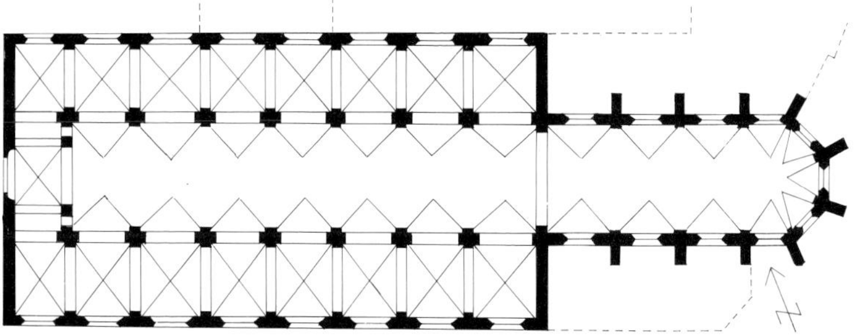

Ehem. Augustinerkirche, Grundriß

rung durch V. Schmidt, vielleicht nach Entwürfen von Krumper. Wertvolle Ausstattung (u.a. Gemälde von Candid, Rubens, Loth, Tintoretto) durch Säkularisation (1802) verstreut. Kirche wird Mauthalle (bisher in dem 1406 erbauten Salzstadel an der Stelle des Montgelas-Palais, → Promenadepl. 2), Klostergebäude und ›Augustinerstock‹ (zwischen Löwengrube und Ettstr.) werden profaniert, 1911–13 durch *Polizeigebäude* (von Th. Fischer) ersetzt. G. v. Seidl bewahrt 1906 die Kirche vor Abbruch; 1915 reichere Putzgliederung von Giebel- und Straßenfront (Einbau von Läden 1911), Umgestaltung des Kirchenraums durch Einzug einer Zwischendecke zum ›Weißen Saal‹ (als Konzertsaal) und Anlage der dreiläufigen Treppe im Chor (durch Th. Fischer 1915) unter Beibehaltung der barocken Gliederung. (›Weißer Saal‹ von 1938–44 Notkirche für den evangelischen Landesbischof wegen Abbruch der alten St. Matthäuskirche in der Sonnenstraße → Nußbaumstraße 1.) Im 2. Weltkrieg schwer beschädigt, 1962–64 für das Deutsche Jagdmuseum von Schleich wiederhergestellt. ***Bedeutung:*** Eines der edelsten Bauwerke der Stadt, trotz späterer Umgestaltungen in der Verbindung Michaelskirche/Domtürme eine der faszinierendsten Architekturgruppierungen deutscher Städte.

Deutsches Jagd- und Fischereimuseum* seit 1966 in Erd-, Zwischen- und Obergeschoß des ehem. Kirchenbaus eingerichtet. Bereits um Jahrhundertwende Absicht, ein ›Reichsjagdmuseum‹ zu schaffen; Anlaß für die 1934 endlich erfolgte Gründung die 1933 erworbene weltberühmte Geweihsammlung des Maximilian von Arco-Zinneberg; Eröffnung des Museums 1938 (Nordflügel von Schloß Nymphenburg), 1941 evakuiert. ***Sammlungen:*** Jagdtrophäen, Hieb-, Stich- und Feuerwaffen sowie Jagdutensilien, ferner umfangreiche Sammlung von Gemälden, Original- und Druckgraphik; in Dioramen (Entwurf: E. Oberle) Darstellungen von Tiergruppen in ihrer Umwelt. Seit 1982 durch historische Fischereigeräte, Entwicklung der Fangmethoden und Präsentation von heimischer Süßwasserfauna zum »Jagd- und Fischereimuseum« erweitert. ***Bedeutung:*** Umfassendstes und in seiner Art einmaliges Museum zur Geschichte der Jagd und Fischerei.

Vor dem Museum *Bronzeplastiken:* ›Eber‹ (1976) von M. Mayer, ›Waller‹ (1982) von Nageler.

NÖRDL. SCHLOSSRONDELL 8 13

Porzellanmanufaktur Als ein typischer merkantilistischer Versuch zur Hebung der Wirtschaft 1747 gegründet, konnte sie anfangs kein echtes Porzellan herstellen; erst unter Leitung des Obrist-Münzmeisters und Oberbergdirektors Sigmund v. Haimhausen gelang 1753 durch den ›Arkanisten‹ Jos. Jak. Ringler und den Münchner ›Chymikus‹ Joh. P.R. Härtl Erzeugung echten Porzellans. Zuerst im Schlößchen Neudeck in der Au untergebracht, wurde die ›Curfürstliche Porcelain-Fabrique‹ durch Erlaß Max III. Josef 1761 im mittleren Pavillon des nördl. → Schloßrondells untergebracht. Ihr genialster Formmeister, zugleich der be-

N

deutendste Porzellanfigurist des Rokoko war Bustelli, der in der kurzen Zeit von 1754–63 († 1763) rund 150 Figuren schuf, darunter mit den 16 Gestalten der *Italienischen Komödie* absolute Spitzenleistungen der Porzellankunst. Die Manufaktur erreichte dadurch bereits zu Beginn internationalen Rang, den sie auch unter den Nachfolgern Auliczek 1763–97 und Melchior, der mit der kurpfälzischen Frankenthaler Manufaktur nach Nymphenburg übersiedelte, 1797–1822 beibehielt. ***Bedeutung:*** Neben Fürstenberg, Berlin und Meißen ist Nymphenburg die einzige bis heute ununterbrochen tätige historische Porzellanmanufaktur Deutschlands. Das weiterentwickelte derzeitige Programm an Zier- und Gebrauchsporzellan umfaßt auch technisch wie künstlerisch meisterhaft nachgebildete alte Formen.

NÜRNBERGER STRASSE 54 **14**

St. Laurentius Nach Plänen von Steffann und Östreicher 1954/55 erbaut. ***Beschreibung:*** Rohziegelbau mit Satteldach; der zentral konzipierte Raum mit freistehendem Altar durch Halbrundapsis geöffnet, gegenüber Bogenhalle mit Sakramentsaltar (Mosaik: K. Knappe). ***Bedeutung:*** Einer der 1. neuen Kirchenbauten, der die liturgische Einbeziehung der Gläubigen durch quergestellten Längsbau versucht.

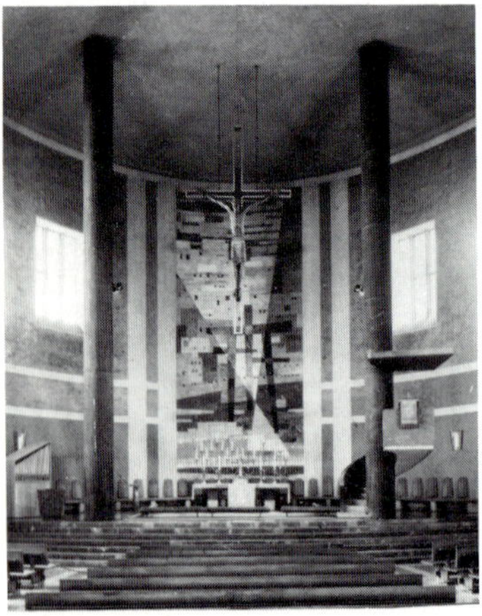

Evangelische Bischofskirche *St. Matthäus*

NUSSBAUMSTRASSE 1 **9**

St. Matthäus Im Zug der vom 3. Reich geplanten »Neugestaltung der ›Hauptstadt der Bewegung‹« 1938 Abbruch der alten Matthäuskirche (1827–33 in der Sonnenstraße als 1. protestantische Kirche Münchens nach Plänen von Pertsch errichtet); von Bestelmeyer 1939 Konzipierung eines repräsentativen Neubaus (12eckiger Zentralbau mit hohem Kampanile) am Westrand der Parkanlage westl. des Sendlinger-Tor-Platzes, wegen des Krieges nicht mehr ausgeführt. Dafür in demselben Gelände, jedoch zum Platz vorgezogen, Neubau von

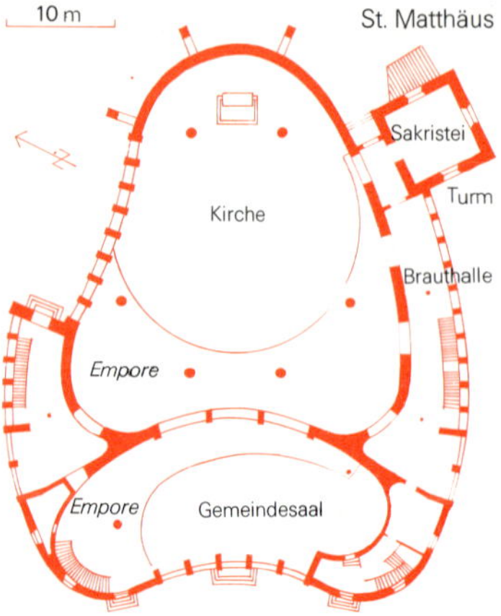

Gustav Gsaenger 1953–55. ***Äußeres:*** Über asymmetrischem, stark gekurvten Grundriß aufgeführter Bau mit wechselnder, dynamisch geschwungener Höhenerstreckung; an der Südostseite Akzentuierung durch stereometrisch klaren Turmkörper. Zwischen geschlossenen Mauerpartien großflächige Fenster mit Betonlamellen. ***Inneres*** durch zentralen, jedoch architektonisch nicht eindeutig definierten Gottesdienstraum bestimmt; Ergänzung durch Anräume (Brauthalle im Süden und nierenförmig gekrümmten ovalen Gemeindesaal im Westen). Altarbereich durch Apsis mit Marmormosaik von A. Gsaenger hinterfangen. ***Bedeutung:*** In städtebaulich hervorragender Lage trotz Fehlens einer eigentlichen Schauseite architektonische Pointierung des gestaltlosen Sendlinger-Tor-Platzes. Durchdringung von Konstruktionsgliedern (Sichtbeton in rot gefärbten Putzflächen) und dynamisch bewegten konvexen und konkaven Wandpartien. Als eine der 1. ›modernen‹ Kirchen Münchens ist diese evangelische Bischofskirche richtungweisend für nachfolgende Zentralbauten, auch für katholische Kirchen.

In der kleinen **Parkanlage** (urspr. von Sckell, 1972 neu gestaltet) südwestl. der Matthäuskirche *Denkmalbrunnen* für den Mediziner Friedrich Bezold (von Hoepf und Mattes, 1914) sowie *Denkmal* für Obermedizinalrat Ernest von Grossi (Büste von L. Schwanthaler, 1831); urspr. war diese Grünanlage Teil des ›Sanitärzirkels‹ um das anschließende Krankenhaus links der Isar (→ Ziemssenstr. 1).

ODEONSPLATZ **2, 3**

Bei der notwendig gewordenen Stadterweiterung (Anf. 19. Jh.) erhielt Gestaltung des Areals vor Schwabinger Tor grundlegende Bedeutung für spätere Entwicklung. Bereits von Karl Theodor nach Norden führende Straße geplant (bezogen auf Nordfassade der Residenz), von Sckell bereits begonnene Straße auf Theatinerkirche orientiert (1815); Klenze gelang, die Ausrichtung der zukünftigen → Ludwigstr. auf die Mitte zwischen Residenz und Theatinerkirche durchzusetzen. In der Folge Abbruch der Wirtschaft *Bauerngirgl* und des *Schwabinger Tors* (angelegt 1319), Planierung des Vorfeldes; architektonische Fassung der → Brienner Str. durch *Palais Moy,* → Theatinerstr. 24; Errichtung des *Tors* zum → Hofgarten und des *Bazargebäudes,* → Odeonsplatz 6–18; durch Zurücksetzen von *Leuchtenberg-Palais* (→ Nr. 4) und *Odeon* (→ Nr. 3) – ersteres für die architektonische Gestaltung des gesamten Platzes ausschlaggebend – entsteht Platzerweiterung (hier 1862 Reiterdenkmal für Ludwig I. errichtet; nach Entwurfsskizze für ein Reiterdenkmal König Stephans von Ungarn von L. Schwanthaler durch Widnmann ausgeführt, ebenso Allegorien am Sockel: Religion, Kunst, Poesie, Industrie), ehe die Flucht der Ludwigstraße ansetzt. Südlich, jedoch nicht mehr zum eigentlichen Odeonsplatz gehörend, Freifläche zwischen Residenz und Theatinerkirche mit 2 monumentalen Fahnenstangen (1886 zum 100. Geburtstag Ludwigs I. von A. Seitz entw., 1888 aufgestellt) und

Feldherrnhalle* Zunächst Konkurrenz zwischen Klenze und F. Gärtner, der mit Errichtung nach Vorbild der Loggia dei Lanzi in Florenz beauftragt wird; Grundsteinlegung: 18.6.1841 (Jahrestag der Schlacht von Waterloo); Fertigstellung: 1844 mit Enthüllung der beiden Denkmäler für die Generäle Tilly und Wrede am 18.10.1844 (Jahrestag der Völkerschlacht bei Leipzig). ***Beschreibung:*** Die 3bogige offene Halle – bis auf höheren Sockel und reicheren Gesimsabschluß – in engster Anlehnung an das Vorbild errichtet; Bauplastik von Sickinger und Sanguinetti; Mitteltreppe mit Seitenwangen (die beiden Löwen ausgezeichnete Tierstudien von Ruemann, 1906), in den beiden Seitenarkaden die Bronze-Standbilder von Tilly und Wrede (Entw.: L. Schwanthaler); an der Rückwand ›Denkmal für die bayerische Armee‹ von F. v. Miller, 1882 (nach Familienüberlieferung urspr. für eine südamer. Republik geschaffen). ***Bedeutung:*** Konzipiert als Point de vue der Ludwigstraße sowie als architektonische Trennung von Residenz- und Theatinerstraße, bildet die Feldherrnhalle den vermittelnden Übergang von Altstadt zu Neustadt und ist »elastisches Gelenk für die verwirrende Vielzahl der Achsen am Odeonsplatz« (Hederer). Durch Hitlers ›Marsch zur Feldherrnhalle‹ (9.11.1923) mit der bayerischen und deutschen Geschichte verhängnisvoll verbunden: das 1933 zum Gedenken an die 16 ›Blutzeugen der Bewegung‹ nach Entwurf von Troost errichtete Mahnmal in der östl. Arkade 1945 entfernt.

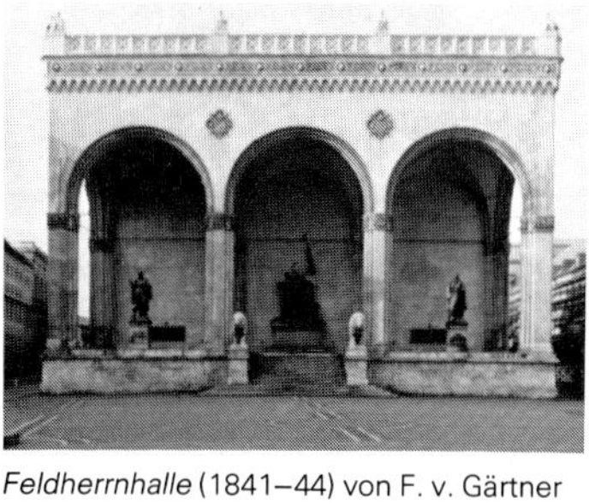

Feldherrnhalle (1841–44) von F. v. Gärtner

ODEONSPLATZ 3 — 2

Odeon Als Gebäude für Bälle und Konzerte von Klenze 1826–28 erbaut; beherbergte Musikhochschule. 1944 nahezu völlig vernichtet, von 1951–54 durch Wiedemann als Innenministerium wiederaufgebaut unter Beibehaltung des ehem. Konzertsaal-Raums als Innenhof. ***Beschreibung:*** Auf 3 Seiten freistehend, erhielten Fassaden auf Wunsch Ludwigs I. gleiche

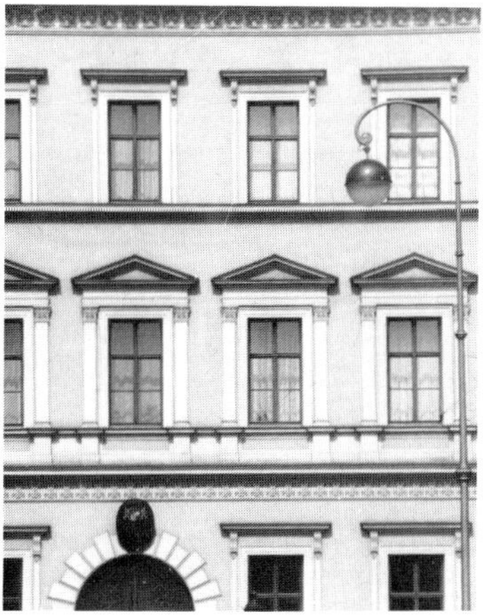

Odeon: Ausschnitt aus der Ostfassade

Gestaltung wie das gegenüberliegende Leuchtenberg-Palais (bis auf 3 Portale zum Wittelsbacher Platz). – Der heutige *Innenhof* bewahrt den traditionsreichen, wegen seiner hervorragenden Akustik berühmten Konzertsaal wenigstens in der Vorstellung: Er war, bei 34 m Länge und 22 m Breite, von Säulen umstellt und durch eine halbrunde Apsis als Orchesterraum abgeschlossen. ***Bedeutung:*** Wie Leuchtenberg-Palais (→ Odeonsplatz 4) für die architektonische Gestaltung des Odeonsplatzes verbindlich. Das Odeon mit Musikleben Münchens des 19. und 20. Jh. aufs engste verbunden.

ODEONSPLATZ 4 — 2

Leuchtenberg-Palais* Als erster Bau im Bereich der → Ludwigstr. 1816–21 von Klenze errichtet für Eugène Beauharnais, Herzog von Leuchtenberg (Schwiegersohn von Max I. Josef). (Bei Planung war gefordert, daß das Palais auch als herrschaftliches Mietwohnhaus verwendet werden könnte.) Im 2. Weltkrieg bis auf Außenmauern zerstört, unter Wahrung der alten Fassaden 1963–66 für Finanzministerium wiederaufgebaut. (Stahlbetonskelett mit vorgeblendeter Ziegelschicht; Fassadengliederung in Steinguß. Portal am Odeonsplatz, analog Odeon, neu eingefügt.) Von der einstigen Innenausstattung, neben den großenteils aus Malmaison stammenden Möbeln, jetzt in Schloß Nymphenburg, nur noch Abguß des *Alexanderfrieses* von Thorwaldsen erhalten; heute im Foyer des Neuen Herkulessaals → S. 100. ***Beschreibung:*** Blockhafter Baukörper um Innenhof (mit Neptunbrunnen von Rauch) aus 3 gleichwertig gestalteten Fassaden; nach Norden anschließend urspr. 2 Wirtschaftsflügel sowie kleiner Garten; die 11achsige Südfront mit säulengetragenem Balkon über Eingangsportal. In den 3 Geschossen über niedrigem Sockel Rechteckfenster, nur die im Hauptgeschoß auf Gesimsband aufsitzend, durch Ädikulen ausgezeichnet; über Konsolengesims Walmdach. ***Bedeutung:*** Eines der schönsten Werke des frühen Münchner Klassizismus, 1. Beispiel einer klassizistisch umgedeuteten Neu-Renaissance in Deutschland, dem Palazzo Farnese in Rom verwandt; größtes Adelspalais seiner Zeit. Verbindlich für das gegenüberliegende Odeon (→ Nr. 3).

ODEONSPLATZ 6–18 **3**

Bazargebäude An der Stelle des durch Schinnagl 1660/61 erbauten riesigen Turnierhauses und des Café Tambosi 1825/26 von Klenze an der Ostseite des Odeonsplatzes errichtet. Bereits 1808 an dieser Stelle Erweiterungsbau der alten Gemäldegalerie (→ Galeriestr. 4) vorgesehen; diese Bestimmung auch von Klenze 1816 bei ersten Planungen übernommen; danach versch. Vorschläge für westlichen Abschluß des Hofgartens (Gitter oder offene Arkaden ohne Aufbauten zwischen 2 Pavillons); schließlich ›Bazargebäude‹: der Name hergeleitet von je 5 Läden in den niedrigen, 10fenstrigen Flügelbauten beiderseitig des um ein Geschoß erhöhten Mittelteils, der in die Achse der Straße zwischen Odeon und Leuchtenberg-Palais gesetzt ist. Abschluß des langgestreckten Baus durch Pavillons, die erst später (1854/56) nach Vorschlag von Himbsel um ein Geschoß aufgestockt wurden. Die *Arkaden* zum → Hofgarten 1830–34 mit Fresken italienischer Landschaften von K. Rottmann geschmückt, heute abgenommen, im Residenzmuseum (→ Seite 148). ***Bedeutung:*** In ihrer disziplinierten Fassadengestaltung und raffinierten Rhythmisierung der Fenster in den Pavillons und im Mittelbau (3er- und 5er-Gruppen) Meisterwerk klassizistischer Zurückhaltung. Als Bautypus bemerkenswert frühes Beispiel für Deutschland.

OHLMÜLLERSTRASSE 33, Landratsamt München → Mariahilfplatz 17 a

OLYMPIAPARK **14, 15**

Weitläufiges Sport- und Erholungsgebiet auf dem ehem. Oberwiesenfeld, seit 1970 ›Olympiapark‹; das Gelände 1887–1960 Exerzierfeld, 1. Landung eines Zeppelin-Luftschiffes 1909; ab 1925 Einrichtung als Verkehrsflughafen (der älteste Bayerns), mit Eröffnung des Flughafens München-Riem 1939 aufgelassen; nach 1945 Aufschüttung des bis 60 m hohen Trümmerbergs (heute: ›Olympiaberg‹) aus dem Bombenschutt des 2. Weltkriegs. *Parklandschaft:* Nachdem 1966 die XX. Olympischen Sommerspiele München zugesprochen worden waren, erfolgte 1968–72 Umgestaltung des 2,8 qkm großen Areals zum Olympiagelände nach dem Konzept für die Gesamtanlage von Behnisch und Partnern: 1968 Sprengung des ehemaligen architektonisch bedeutenden Flughafengebäudes (›Neues Bauen‹, Arch.: Mossner, 1928–29); Landschaftsgestaltung nach Plänen von Grzimek (gemeinsam mit Behnisch) durch Anlage eines künstlichen Sees von 86 000 qm (Aufstauen des Nymphenburger Kanals) und durch Einbeziehen des Trümmerbergs (Bepflanzung mit sog. ›Leitbäumen‹: an Fußwegen Linde, am See Erle und Weide, an Verkehrswegen Ahorn, Esche und Pappel, auf dem Olympiaberg Bergkiefer). *Friedensmal* ›Schuttblume‹ von Belling 1972. **Bauten:** an NO-Ecke des Geländes (Lerchenauer Straße/Georg-Brauchle-Ring) das bereits 1967 errichtete ***Eissportstadion*** (Arch.: Schütze), 1972 auf 7000 Plätze erweitert; daneben die *Freieisfläche,* seit 1983 zur ganzjährigen Nutzung mit Zeltdach (kunststoffverstärkte transparente Folie auf Holzlattenrost) überspannt (fast 4800 qm) und von einem Stahlfachwerkbogen (Spannweite 97 m) gehalten (Arch.: Ackermann und Partner sowie

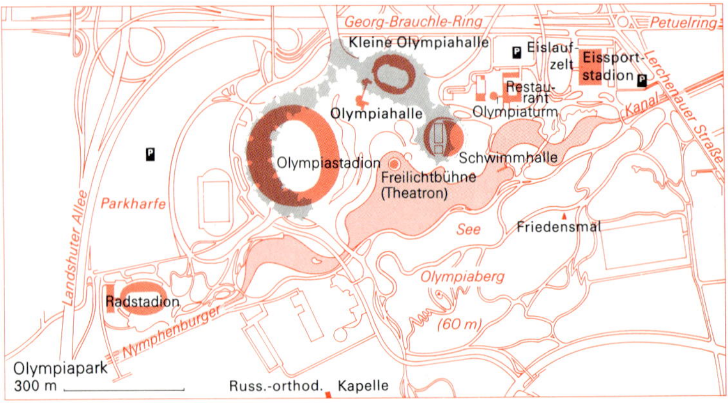

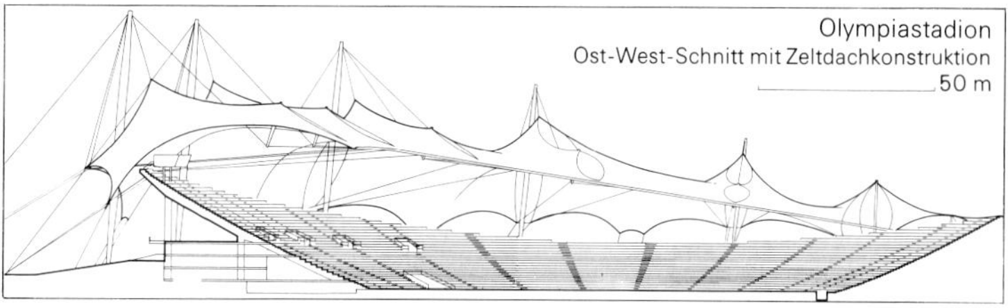

Olympiastadion
Ost-West-Schnitt mit Zeltdachkonstruktion
50 m

Schlaich und Partner). – Westlich der ***Olympia-*** oder ***Fernsehturm*** (290 m), 1965–68 nach Plänen des Baureferats Hochbau und der Deutschen Bundespost errichtet: über dem 2stöckigen (Dreh-)Restaurant (→ S. 239) Aussichtsplattformen (189 bzw. 192 m; → S. 239), darunter ›Postkorb‹ mit Funk-, Fernmelde- und Fernseheinrichtungen. – Bestimmend für Erscheinungsbild des Olympiageländes die *Hauptsportstätten* (Olympiahalle, Olympia-Schwimmhalle, Olympiastadion) und das sie verbindende *Zeltdach*★ (Arch.: Behnisch und Partner, 1968–72): 12 große, zwischen 50 und 80,5 m hohe Pylonen und 36 kleinere tragen rd. 75 000 qm Dachhaut (Acrylglasplatten). Direkt am Georg-Brauchle-Ring die vom Zeltdach gänzlich überdeckte ***Olympiahalle,*** als Mehrzweckhalle (12 000 Plätze) konzipiert: neben sportlichen Veranstaltungen für Kongresse, Festivals und Gastspiele genutzt. Südlich davon ***Olympia-Schwimmhalle*** (9000 Plätze, 5 Becken), als »Europas schönstes Garten-Hallenbad« bezeichnet. Gegenüber ***Olympiastadion*** (urspr. 80 000 Plätze, nun 75 000), zu $^{2}/_{3}$ als Erdbauwerk und $^{1}/_{3}$ als Hochbauwerk errichtet, das Spielfeld (105 : 68 m) mit Unterrasenheizung, der westl. Tribünenring vom Zeltdach überspannt; meistbespieltes Stadion der Bundesrepublik. Zwischen diesen 3 Sportstätten der *Coubertinplatz* mit Schale für Olympisches Feuer, im Rasenbogen auf eingelassenen Platten die Namen aller Medaillengewinner von 1972, in der Asphaltfläche davor die Inschriften der Grundsteine für alle Olympia-Bauten. Gegen die Schwimmhalle das stufenförmige Ufer um die Freilichtbühne des ***Theatron;*** im See ›Wasserwolke‹ (Entw.: Mack). – An der Westgrenze des Geländes das ***Olympia-Radsportstadion*** (5000 Plätze), 1970–72 nach Plänen von Schürmann. – Nördlich des Geländes mit den Sportstätten die Bauten des ***Olympischen Dorfes:*** im S das ›Frauendorf‹ für 1800 Sportlerinnen (Arch.: Wirsing und Eckert), heute Studentenwohnstadt; nördl. das ›Männerdorf‹ für 9000 Sportler (Arch.: Heinle, Wischer und Partner, 1968–71), heute Wohnanlage. Zwischen beiden Bereichen die Connollystraße; bei Nr. 31 weisen 2 Tafeln in deutscher und hebräischer Sprache auf den Überfall arabischer Terroristen am 5. 9. 1972 hin, dem 11 Israelis und 1 Polizist zum Opfer fielen. – Im W der Wohnbauten die *Zentrale Hochschulsportanlage* mit ***Volleyballhalle*** (3700 Plätze), 1969–72 von Heinle, Wischer und Partner, Hockeyplätze u. a. ***Bedeutung:*** Die harmonische Verbindung von Menschenwerk und Natur führte zu einer selten gelungenen ›Architektur-Landschaft‹; in ihr sind Gegebenheiten des Geländes (Schuttberg) und künstlicher See mit den Dimensionen von Großbauten durch den ›Geniestreich‹ der Zeltdachlandschaft in Einklang gebracht. Das ›menschliche‹ Maß der gesamten Anlage bildete Voraussetzung für das Konzept der ›heiteren Spiele‹. Als architektonische Schöpfungen wegweisend für die Abkehr von der ›Diktatur des rechten Winkels‹ und der Reißbrett-Ideologie mißverstandener Bauhaus-Forderungen.

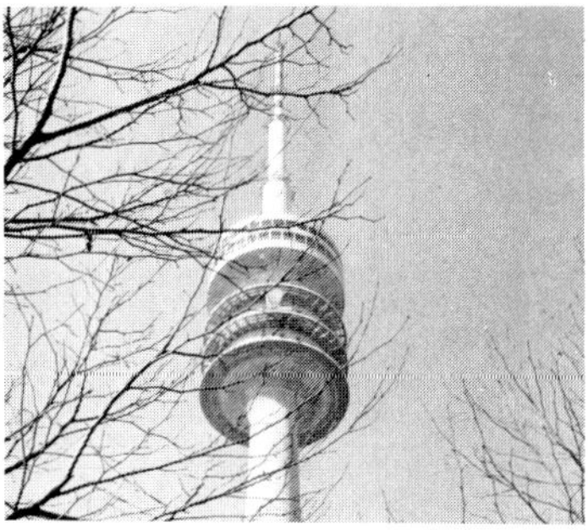

Olympiaturm (290 m), 1965–68 errichtet

ORLEANSPLATZ 20

Mit dem 1871 eröffneten *Ostbahnhof* (Architekt: Bürklein, im 2. Weltkrieg aufs schwerste zerstört) bildet der halbrunde Orleansplatz die Basis für die symmetrisch konzipierte ›Dreistrahlanlage‹ des ›*Franzosenviertels*‹ beiderseits der Hauptachse der Wörthstraße (Entw.: Zenetti 1870) zwischen Bahnanlage, Rosenheimer Straße und Preysingstraße (hier Anbindung an Bebauung von Alt-Haidhausen). Das nördl. gelegene ›Kloster der Frauen zum Guten Hirten‹ (Errichtung von Kirche und Kloster 1841–47 auf dem Areal des ehem. Schlosses Preysing, 1841 abgetragen; seit 1967 durch Gymnasium ersetzt) verhinderte Durchführung der urspr. Konzeption, am deutlichsten sichtbar durch Vergleich mit südl. Bereich mit dem quadratischen Pariser und dem runden Weißenburger Platz. (Hier seit 1973 der mehrschalige Zierbrunnen, der 1853 von Voit für den Glaspalast, → Alter Botanischer Garten, entworfen und 1897 aus ihm entfernt worden war: eines der wenigen erhaltenen Beispiele für einen Brunnen im ›Maximiliansstil‹.) Im Unterschied zu den vorhergehenden Neubauvierteln → Maxvorstadt und → Gärtnerplatz hier unterschiedlich breite Querprofile der Straßen, deren Bebauung sich von 1871 bis zum Anfang des 20. Jh. hinzog: trotz Kriegszerstörungen erhaltene ›Mustersammlung‹ von Gründerzeit-Fassaden (Neurenaissance, Neubarock) bis Jugendstil. – In den Grünanlagen des Orleansplatzes seit 1976 der *Daphne-Brunnen* (Bildhauerin: Neubauer) aufgestellt. ***Bedeutung:*** Das Motive der französischen Barockklassik aufweisende Ostbahnhofviertel ist Beispiel für »›klassische‹ Stadterweiterung der Gründerzeit« (Selig).

OSTPARK **24, 29**

Vor Errichtung der Entlastungsstadt Neuperlach (seit 1967) für rd. 80000 Bewohner Planung einer großen Grünfläche nordöstl. von Ramersdorf/Altperlach unter Einbeziehung des städt. Michaelibads (1953–55). Erster Entwurf durch Roemer 1965, Ausführungskonzept durch Stadtgartendirektion (Wurzer). 2 Ausbaustufen: 1969–75 (25 ha) und 1974–79 (30 ha). Gelände durch Aussichtsberge (bis 22 m hoch für Wintersport) aus Bauschutt, Aushub- und Abraummaterial aus U-Bahn-Bau modelliert, bepflanzt mit 3800 Laub- und Nadelbäumen sowie 25000 Sträuchern (Bevorzugung der im O Münchens heimischen Vegetation); Anlage eines aus Grundwasser gespeisten Sees (3 ha) und natürlich wirkendes Bett für den teilweise verrohrten Hachinger Bach; im südwestlichen Teil des Parks geschickt ins Gelände eingefügte große *Eissportanlage* (Arch.: Grass, 1979–81).

PACELLISTRASSE 4 **6**

Klassizistisches Haus An der Stelle des Ballhauses der Maxburg (sog. Ballhaus Herzog Albrechts [V.], 1820 abgebrochen) von Himbsel errichtetes Wohnhaus. 1949–52 von Rackl wiederaufgebaut. ***Beschreibung:*** 4stöckige Front zu 9 Achsen, im Erdgeschoß Mittelportal; 1. und 2. Obergeschoß zwischen durchlaufenden Gesimsbändern; Rechteckfenster mit flachen Architraven, 1. Obergeschoß mit Dreieckgiebeln. (Der 1820 abgebrochene ›Kühbogen‹ verband einst das Ballhaus mit der Maxburg. Nicht zu verwechseln mit dem im letzten Krieg zerstörten ›Kühbogen‹ an der Salvatorstraße.) ***Bedeutung:*** Für den Münchner Klassizismus typisches herrschaftliches Wohnhaus von palastartiger Erscheinung.

PACELLISTRASSE 6 **6**

Dreifaltigkeitskirche★ Votivkirche der bayrischen Landstände und der Münchner Bürgerschaft, 1704 zur Abwendung der als göttl. Strafgericht empfundenen Kriegsgefahr im Spanischen Erbfolgekrieg auf Grund einer Vision der Mystikerin Anna Maria Lindmayr gelobt (Ex-Voto-Tafeln beiderseits des Innenportals); erste Entwurfsidee und Modell 1705 von J. A. Wolff, insges. 12 Bauplätze im Gespräch, schließlich 1711 Grundsteinlegung, 1714 Benediktion, 1716 Bauvollendung, 1718 Weihe, 1718 Ausstattung vollendet; *Entwurf:* Viscardi, Bauleitung: Ettenhofer; nach Tod Viscardis (1713)

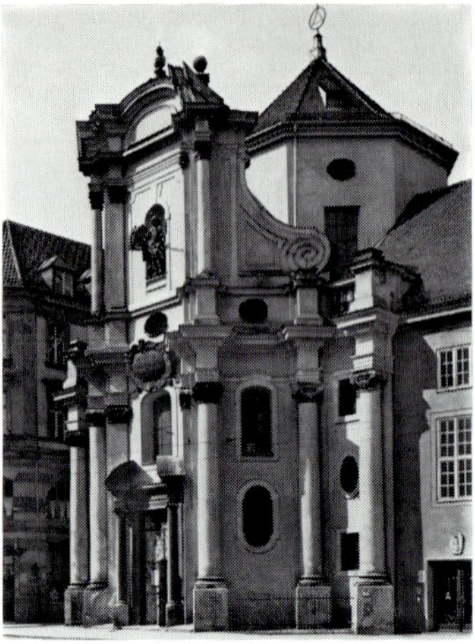

Dreifaltigkeitskirche (1711–16) von Viscardi

weitergeführt – viell. unter Leitung Zuccallis – vom bauverständigen Karmelitenfrater Dominicus a S. Euphrosina (G. Schorn), der auch den 1944 zerstörten Turmaufsatz ausführte. 1731 Übergabe der Kirche an Karmeliterinnen, deren Kloster 1711–14 nördl. der Kirche errichtet worden war (→ Rochusstr. 6, 7), 1802 an die Congregatio Maior Latina. Seit 1983 Innenrestaurierung. ***Fassade:*** italienische turmlose Straßenfassade★ in borrominesker, höchst plastischer Durchformung, in der Mitte mit 3 Seiten eines Achtecks nach vorne gewinkelt, mit 6 Säulen auf übereckgestellten Sockeln (die äußeren aus optischer, nicht tektonischer Konsequenz, wie das Gesims zeigt!); in der Giebelnische Kupferstatue Hl. Michael nach Modell von Fichtl, 1726/27. ***Inneres:*** Qua-

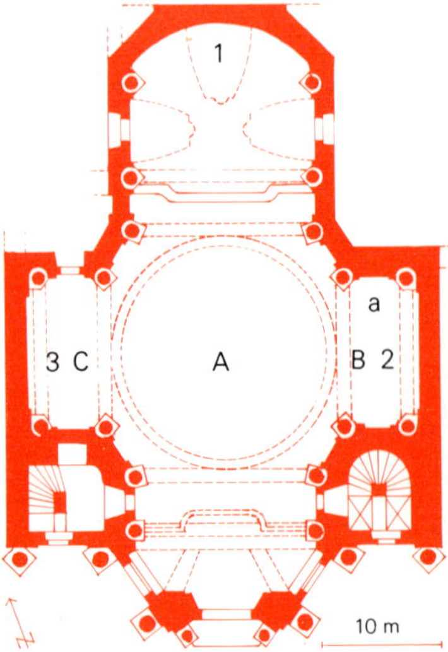

dratischer Hauptraum mit abgeschrägten Ecken und Rundkuppel auf Hängezwickeln sowie 4 Kreuzarmen, deren nördlicher (!) zum Chor verlängert, der südl. zur Vorhalle mit Orgelempore erweitert ist; strenge Wandgliederung mit kannelierten Säulen und Stuckfelderung. *Stuck:* 1714/15 von Bader in flachem, wenig abwechselndem Laubwerkzierat auf leicht getöntem Fond. *Fresken:* 1714/15 v. K.D. Asam; **A** Dreifaltigkeit in der Glorie (Selbstporträt Asams rechts oben neben dem nordöstl. Fenster). **B** Taufe Christi und **C** Verklärung Christi. *Altäre:* **1** Hochaltar (Gesamtentwurf Wolff zugeschr.) mit Altarblatt ›Dreifaltigkeit über der Stadt München‹, 1716 von J.A. Wolff begonnen, 1717 von J. Degler vollendet; Engelfiguren von Fichtl (zugeschr.), Tabernakel mit Rokoko-Relief von Straub 1760. **2** (wie 3) evt. nach Entwurf Viscardis mit Bild ›St. Joseph‹, 1718 von Ruffini, Figuren Hll. Johannes und Petrus 1717–20 von Faistenberger (zugeschr.), Dekor von F. Ableithner. **3** Bild ›St. Theresia‹ von Degler, Figuren Elias und Hl. Johann vom Kreuz sowie Dekor 1717 von F. Ableithner. *Epitaph:* **a** für Graf Rechberg † 1741 aus der Straub-Werkstatt. ***Bedeutung*** liegt weniger in der Qualität der Durchführung oder Ausstattung, sondern im Typus: entscheidendes Entwicklungsglied in der Ausformung des süddeutschen Spätbarock- und Rokoko-Kirchenraumes (Verbindung von Längs- und Zentralbau!). Die Fassade, Viscardis beste Leistung, erstmals in Bayern konvex vortretend, für die Münchner Stadtlandschaft von betont römischem Akzent. Kunstsoziologisch an einem Wendepunkt: Beginnende Ablösung der bisher führenden ital. Kräfte durch Deutsche. Die Fresken 1. Münchner Werk Asams, zugleich frühestes Beispiel der barocken Gewölbemalerei in der Stadt.

PAOSOSTRASSE 25 28

St. Hildegard in Pasing Zusammen mit Studentenwohnheim (Sankt-Albertus-Magnus-Haus), Pfarrzentrum und Kirche von Östreicher 1961–62 errichtet. ***Beschreibung:*** Der quadratische Kirchenbau (in unverputztem Naturstein) von Faltdach mit 8 Firstlinien überdeckt; seitlich angebaut die Sakramentskapelle. Zum Kirchenbau versetzt die übrigen, einfach gestalteten Gebäude des Pfarrbezirks. Die Glasfenster stammen von Meistermann, der Taufstein und das Kreuz in der seitlichen Sakramentskapelle von Dumanski, die Holzfigur der Muttergottes (1965) von Gerg.

PETTENKOFERSTRASSE 1 9

Gaststätte ›Bürgerhaus‹ Als Wohnhaus im Vorfeld des → Sendlinger-Tor-Platzes von Höchl 1827 errichtetes biedermeierliches Gebäude, 1877 reich stuckiert (von Karl Huber); vorbildliche Wiederherstellung des verwahrlosten Gebäudes 1978/79. ***Beschreibung:*** 7achsige Fassade mit rundbogiger Mitteltüre; Erdgeschoß bossiert, 1. Obergeschoß durch stark plastische Rundgiebel hervorgehoben; über dem 2. einfachen Obergeschoß Satteldach mit eingefügten Dachgauben.

PETTENKOFERSTRASSE 11 9

Anatomie Nach Plänen von Littmann 1905–07 errichteter Kuppelbau, von 5 Apsiden umschlossen; an der Südseite Flügelbauten. ***Bedeutung:*** Erster fast ganz in Stahlbeton errichteter größerer Bau in Deutschland.

PETUELRING 130 15

BMW-Verwaltungszentrum Südlich des Werkgeländes der Bayerischen Motoren-Werke von 1970 bis 1973 nach Plänen von Schwanzer errichtete 3teilige Baugruppe aus Betriebsgebäude, Turmbau und Museum. ***Beschreibung:*** Auf der von Rampen und Treppen erschlossenen Terrasse (mit

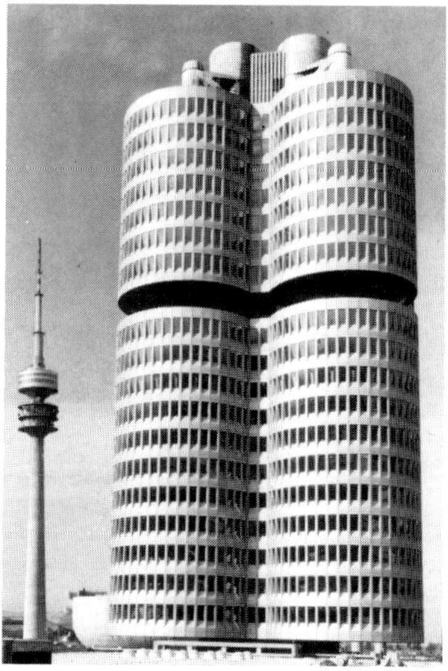

BMW-Verwaltungsgebäude (1970–73)

Grünanlagen) das langgestreckte *Betriebsgebäude* mit EDV-Bereich sowie Speisesaal und Bildungszentrum; in der durchgehenden Eingangshalle Zugänge zum Gebäudekern (Versorgungsschaft) des *Turmbaus.* Dieser als ›Hängehaus‹ konstruiert – über Grundriß aus 4 Dreiviertelkreisen errichtet und durch Einzug über Betriebsgebäude von diesem abgehoben; darüber folgen 11 Geschosse, das eingezogene ›Technikgeschoß‹ und weitere 7 Geschosse; an dem hinausragenden Gebäudekern die (4) Kragarme sichtbar, an denen die Turmgeschosse hängen. Fassadengliederung durch 30 Fensterachsen je Turmviertel, strukturiert durch schräge Leibungen und gegenläufig geneigte Fenster; Aluminiumverkleidung. – An der Kreuzung Petuelring/Lerchenauer Str. der eigenwillige Rundbau des *Museums:* auf 6 Rundstützen über Tragring der schüsselförmige Bau in Leichtbetonguß (Durchm.: 40,90 m), mit silbriger Farbhaut überzogen. Das *BMW-Museum* zeigt die 1966 gegründete Sammlung von Automobilen, Motorrädern, Motoren und Triebwerken in einer von bekannten Künstlern konzipierten und etwa alle 4 Jahre wechselnden attraktiven Inszenierung (→ S. 40). ***Bedeutung:*** Architektonisch ausgezeichnete Gestaltung eines Verwaltungszentrums: Überwindung bloß funktionaler Erfordernisse durch klare künstlerische Konzeption, über die inhaltliche ›Vierzylinder‹-Interpretation hinausreichend. Im Bereich amorpher Wohnviertel, Werksanlagen und großer Durchgangsstraßen wichtiger städtebaulicher Akzent, der sich auch gegen Olympiabauten und Fernsehturm (→ S. 168) behaupten kann.

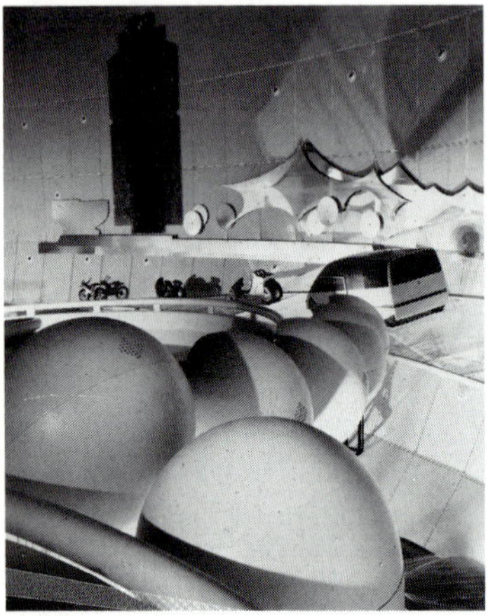

Design der Zukunft im *BMW-Museum*

PFANZELTSTRASSE 1 **24**

St. Michael in Perlach Bis 1727 anstelle des jetzigen Baus romanische Kirche des 12./13. Jh. im Typus der Dorfkirchen des Münchner Raums. Nach mehreren Vorentwürfen (M. Pröbstl) endgültiger Plan von Joh. Mayr (Schwiegervater von J.M. Fischer); Grundstein 1728, Weihe 1732; Altäre 1766, Hochaltar erst 1796; Turm bis 1788; bei Renovierung 1931/32 Zutaten des 19. Jh. beseitigt. 1944 Chor zerstört, 1951/52 wiederaufgebaut; geschickte Restaurierung 1968. ***Beschreibung:*** Einfach gegliederter Hauptbau mit halbrunder Apsis, Westturm. Das Innere einschiffiger Raum mit Tonnengewölbe auf Wandpfeilern; eingezogener Chor, von Anbauten (mit Oratorien) flankiert, mit Halbrundapsis, *Stuck* 1728 von M. Hörmannstorfer und Schmidtgartner. ***Fresken:*** **A** ›Dreifaltigkeit‹ (1745 von Rom verbotene Darstellung der Trinität in Form von 3 gleichen Männern), 1968 durch Leitenmeier (nach Photo) nachgemalt; gleichzeitig Restaurierung der anderen Fresken; **B** ›Erscheinung des Hl. Michaels am Monte Gargano‹ – diese beiden

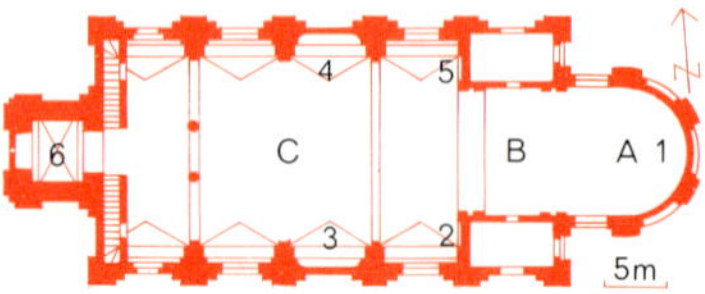

St. Michael in Perlach

Fresken 1729 von Zächenberger, 1944 zerstört, 1968 neu gemalt; **C** ›Engelsturz‹ 1730 von Stuber. ***Altäre:*** **1** Hochaltar, 1796 aus verschiedenen alten und neuen Teilen zusammengesetzt; Gemälde ›Hl. Michael‹ 1796 von Widmann, flankiert von 2 Figuren der Wetterheiligen *Johannes* und *Paulus*, Ende 17. Jh. **2** Altar mit Gemälde ›Allerheiligen‹ 1850 von Osterried; darunter Sitzfigur des *Hl. Koloman*, Anfang 16. Jh. **3** Altar mit Figur des *Hl. Johann Nepomuk*, Ende 18. Jh. in der Art des Boos. **4** Altar mit *Kruzifix* und *Mater dolorosa*, 18. Jh., Nachbildung des Gnadenbilds in der Herzogspitalkirche von T. Pader (1651). **5** Altar mit Gemälde ›Hl. Familie‹ 1850 von Osterried; darunter spätgotische Figur der *Anna Selbdritt*. **6** interessantes klassizistisches *Epitaph* für Maria Cäcilia von Effner († 1787). Gemahlin eines Enkels des berühmten Baumeisters J. Effner.

PFISTERSTRASSE **7**

In Fortführung des Hofgrabens und im südl. Vorfeld des Alten Hofes nach der 1. Stadterweiterung (Anf. des 14. Jh.) entstandener Straßenzug, dessen traufseitige Bebauung an der Südseite im wesentlichen bis zum Ende des 15./Anfang des 16. Jh. nachzuweisen ist. *Nr. 7:* vor 1572 (Sandtner-Modell!) als Giebelhaus entstanden, später bei Aufstockung zum Traufenhaus umgewandelt, mit 3stöckigem Flacherker und Putzbandgesims, um die Fenster geohrte Putzbandrahmen; *Nr. 8:* Altmünchener Haus, erstmals 1502 erwähnt; *Nr. 9:* Altmünchener Haus, über Erdgeschoß Gurtgesims und profiliertes Traufgesims, um die Fenster Profilrahmen; *Nr. 10:* Hofpfisterei (→ Pfisterstr. 10). Die Häuser an der Nordseite (Nr. 3–5) Neurenaissance-Bauten, *Nr. 4:* 1898, *Nr. 5:* 1895, beide von Grässel. ***Bedeutung:*** Eine der wenigen heute noch erhaltenen Altmünchener Wohngassen mit teilweise spätmittelalterlichem Erscheinungsbild. Haus Nr. 7 besitzt den einzigen noch in München erhaltenen 3achsigen Flacherker und gehört zu den ältesten erhaltenen kleinbürgerlichen Wohnhäusern.

PFISTERSTRASSE 10 **7**

Hofpfisterei An der Stelle eines bereits 1483 im Grundbuch erwähnten Anwesens am heute trockengelegten Stadtbach Rest eines um 1590 wohl als Mühle der Hofbäkkerei errichteten und im 2. Weltkrieg teilweise zerstörten Gebäudes. Im Erdgeschoß alte Treppe und gewölbte Räume z.T. erhalten, heutiges Dach beim Wiederaufbau verändert.

PIPPINGER STRASSE 49 a **28**

St. Wolfgang* Kirche im Weiler Pipping erstmals 1352 erwähnt; mit dem umgebenden Friedhof und den Häusern Pippinger Str. 37, 39, 41, 45, 47 und 49 als »eigenständiges Ortsbild« 1978 unter Ensembleschutz gestellt. Kirche um die Mitte des 19. Jh. im Innern restauriert. Bei den umfassenden Restaurierungsarbeiten seit 1975 kleinerer romanischer Vorgängerbau (nicht vor 1315) festgestellt (Saalbau mit

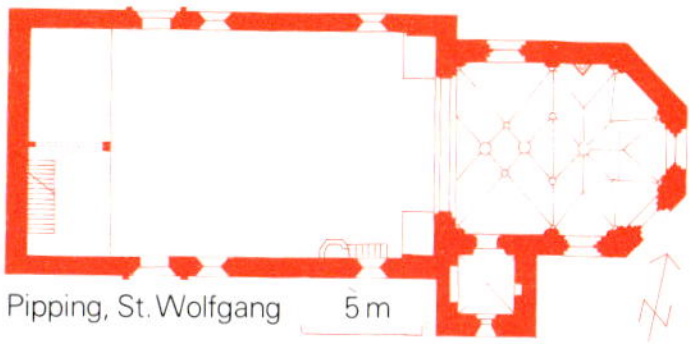

eingezogenem Rechteckchor). Der heutige Bau wohl durch Herzog Sigismund angeregt, 1479–80 errichtet; Baumeister (nach mögl. Portrait im Triumphbogen, dat. 1479): Jörg von Halsbach. ***Beschreibung:*** Typus der spätgotischen Dorfkirche mit stark eingezogenem Altarraum; an der Südseite Turm mit Spitzhelm (ursprüngl. Satteldach durch Blitz 1794 zerstört, Boden in der Apsis und Holzdecke im Langhaus beschädigt); 5/8 Apsis; gemalter Maßwerkfries mit Wappen (ähnlich am Torhaus der Burg Grünwald, → Zeillerstr. 3) unter Dachansatz. (Bemalung von Turm und Fassaden nach 2. Fassung des 16. Jh. 1982/83 wiederhergestellt.) ***Inneres:*** rechteckiger Saalraum mit flacher Holzdecke (alte Bemalung 1984 restauriert), Ziegelfußboden erneuert (1979), Altarraum mit Apsis unter Tonrippengewölbe auf Kopfkonsolen. Bei derzeitiger Restaurierung originale Fassung der im 19. Jh. aufgefrischten und ergänzten *Chorfresken* freigelegt: Passion Christi, Marientod, Propheten (bisherige Zuschreibung an Polack nicht mehr haltbar), ferner kluge und törichte Jungfrauen; dat. 1479 und 1480; in der Sockelzone bemerkenswerte illusionistische Wandmalereien (Maßwerkimitation und textile Behänge) freigelegt (1984); spätgot. *Glasmalereien* dat. 1478 und 1479. Bedeutendstes Ausstattungsstück der spätgotische *Hochaltar*★ (1480/85, wohl Münchner Werkstatt): im Schrein Hl. Wolfgang flankiert von 2 Diakonen, auf den Flügelgemälden Szenen aus der Wolfgang-Legende (beachtl. Realistik in der Wiedergabe der Landschaft um St. Wolfgang/Salzkammergut); an Schreinrückseite 2 sehr qualitätvolle Engel mit Leidenswerkzeugen freigelegt (1972), vermutl. zu einem verschollenen Andachtsbild (Schmerzensmann) gehörig; auf Predella Christus und Maria mit den Aposteln Matthias, Petrus, Johannes und Matthäus. – *Linker Seitenaltar:* im Schrein Mutter Gottes mit Wolfgang und Leonhard, auf den Flügeln Enthauptung des Hl. Sigismund und Befreiung Gefangener durch Leonhard; *rechter Seitenaltar:* im Schrein Auferstandener zwischen Antonius dem Eremiten und Laurentius, auf den Flügeln Martyrium von Sebastian und Laurentius. (Die schmalen Tafeln an N-Wand, Sigismund und Wolfgang, Altarteile.) Steinerne *Kanzel* mit bemalter Brüstung (4 Kirchenväter) und perspektivisch gemaltem Schalldeckel. (Im Bayer. Nat. Mus. Figuren Maria und Johannes von einer verschollenen Kreuzigung, um 1480, Grasser zugeschrieben.) ***Bedeutung:*** Zusammen mit der Kapelle des → Schlosses Blutenburg und St. Georg in Obermenzing (→ Dorfstr. 37a) einzigartiges Beispiel einer weitgehend erhaltenen Innenausstattung (Habel: »lückenlos farbig gestaltetes, ikonographisch dicht ausgestattetes spätgotisches Gesamtkunstwerk«) in einer Landkirche des Großraums München; trotz höfischer Stifterinitiative (Herzog Sigismund) der bäuerlichen Umwelt hervorragend angepaßt. – Von Augsburg 1. Station für Pilger nach St. Wolfgang/Salzkammergut (Patrozinium!); bei der Anlage des Mittelkanals für Nymphenburger Park (1701) diente der Turm von St. Wolfgang als Point de vue.
Kirche bis zum Abschluß der laufenden Restaurierung (ca. 1987) nicht zugänglich.

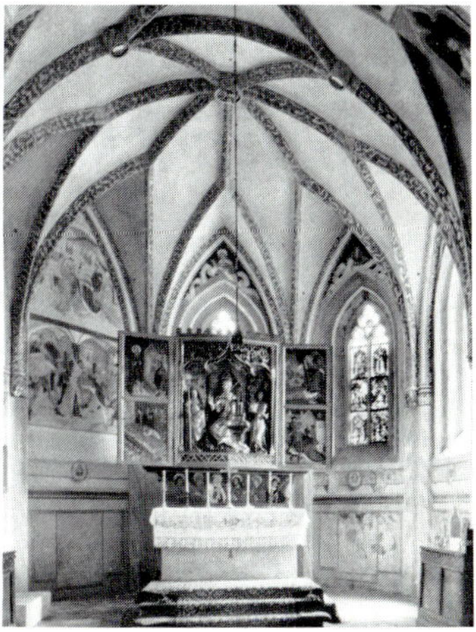

St. Wolfgang in Pipping (1479–80)

PLATZL → Am Platzl

PLINGANSERSTRASSE 1 22

Alt-St.-Margaret Durch starke Zerstörung der vermutl. gotischen Kirche bei der ›Sendlinger Bauernschlacht‹ (1705) Neubau 1711/12 wohl unter Verwendung alter Mauerreste (vor allem im Turm) durch Zwerger. Renovierungen 1935/36 und 1964/65 nach Beseitigung von Bombenschäden. ***Beschreibung:*** Die inmitten des 1705 heftig umkämpften Friedhofs gelegene Kirche besitzt lisenengegliedertes 4achsiges Langhaus mit angefügtem 3/8-Chor unter gemeinsamem Walmdach; Turm an der Westseite, in den oberen beiden Geschossen achteckig mit Haube und Laterne; an der Südseite Sakristei und Portalvorbau. ***Inneres:*** Rechteckraum unter Flachtonne (mit Stichkappen), Gurtbogen auf flachen Pilastern aufsetzend; reiche, farbig gefaßte Gewölbestuckierung am Übergang vom Barock zum Rokoko, vermutlich wessobrunnisch (wohl 1715 voll.). *Altäre* von Gräßl, um 1710: Hochaltar (mit Hl. Margaret), seitl. Holzfiguren Hl. Johann Ev. und Hl. Georg; linker Seitenaltar: Hl. Familie, rechter Seitenaltar: Mutter Gottes mit Jesuskind und Hl. 3 Königen (Künstler unbek.); *Kanzel* am 1. Pfeiler der S-Wand ebenf. von Gräßl. In den Scheitelfeldern des Gewölbes

Sendling, Alt-St.-Margaret

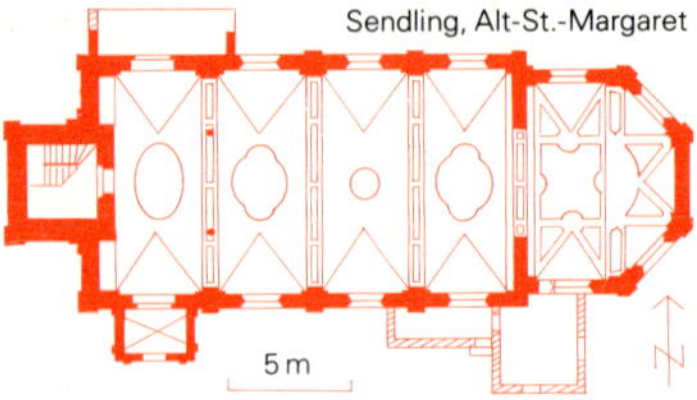

(von O nach W) *Fresken* (anonym): Maria Immaculata; Gott Vater erschafft Himmel und Erde; von Strahlenkranz mit Engeln umgebenes ›Heiliggeist-Loch‹; Sündenfall und Erlösung; über der Orgel: Christus als Weltenrichter (Jüngstes Gericht). – Aus der Vorgängerkirche einzig erhalten: *Glasgemälde* im linken Chorfenster, sign. und dat.: »Lienhart Ötl 1493«. ***Bedeutung:*** Typisch oberbayerisch-barocke Dorfkirche mit unbeeinträchtigt erhaltener homogener Ausstattung der Erbauungszeit.
Darüber hinaus historisch bedeutsam als Schauplatz der Niedermetzelung aufständischer Bauern und Kleinbürger aus dem bayerischen Oberland durch die österreichischen Besatzungstruppen (Spanischer Erbfolgekrieg) am 24./25. 12. 1705 (›Sendlinger Mordweihnacht‹); auf dem die Kirche umgebenden Friedhof 800 erschlagene Oberländer beigesetzt. An das Ereignis erinnert das mehrmals (zuletzt 1964) aufgefrischte *Fresko* (von Lindenschmit 1830) an der nördl. Außenwand der Kirche ›Die Sendlinger Bauernschlacht‹: erste Darstellung des 1830 von F. Maßmann als ›Schmied von Kochel‹ bezeichneten Volkshelden, dessen Legende und Kult von hier ihren Ausgang nahmen; gegenüber das *Schmied-von-Kochel-Denkmal* (Plastik von Ebbinghaus, Architektur von Sattler, 1906–11).
Neue Pfarrkirche *St. Margaret* → Margaretenplatz 1.

PRANNERSTRASSE **6**

Zusammen mit der heutigen Kardinal-Faulhaber-Straße (früher: Promenadestr.) bildete die dazu im rechten Winkel verlaufende Prannerstraße durch überwiegende Bebauung mit Stadtpalästen ein Adelsquartier innerhalb des ›Kreuzviertels‹ (→ Kardinal-Faulhaber-Straße Nr. 7 und Nr. 12). Die Prannerstraße erst 1804 (Durchbruch des Maxtors, → Maximiliansplatz) nach Westen geöffnet, an ihrer Nordseite das im 2. Weltkrieg schwer beschädigte und 1946 abgetragene *Hiltlhaus* (neben Nr. 2), dessen frühklassizistische Fassade durch 2 ihre volle Länge einnehmende Relieffriese mit vaterländisch-allegorischen Darstellungen von F.J. Schwanthaler (um 1807) geschmückt war. Daneben (Nr. 8) bestand seit etwa 1720 ein *Redoutenhaus* (in ihm 1775 Mozarts ›Gärtnerin aus Liebe‹ uraufgeführt), nach Plänen von A. Gärtner ab 1809 auf dem tiefen Grundstück neu errichtet, 1818/19 nach Plänen von Klenze zum ›Ständehaus‹ umgestaltet. Dieses Gebäude Sitz des bayerischen Landtags (1884 durch Siebert umgebaut) bis 1933. – Im Haus Nr. 10 **Siemens-Museum** (eingerichtet 1916 in Berlin, seit 1954 in München): Schausammlung zur Entwicklung der Elektrotechnik seit Gründung der Firma Siemens 1847 (rd. 2000 Exponate); Studienräume mit Bibliothek, Bild- und Firmenarchiv (→ S. 40).

PRANNERSTRASSE 2 **6**

Palais Neuhaus-Preysing Um 1735/40 Neubau des 1703 von der Adelsfamilie von Neuhaus erweiterten Anwesens durch einen Cuvilliés nahestehenden Baumeister (viell. Kögelsberger), der Fassadenschema des Palais Holnstein, 1733–37, übernimmt, aber nicht mit gleicher Subtilität durcharbeitet (→ Kard.-Faulhaber-Str. 7); nach mehrfachem Besitzwechsel 1898 an Bayerische Staatsbank. 1944 bis auf Fassade zerstört. Vorgesehene Niederlegung unterblieb, erste Sicherungsmaßnahme 1952; Neubauplanung von S. Ruf 1954 nicht ausgeführt; 1956–58 durch Schleich unter Beibehaltung einer im Klassizismus hinzugefügten Attika wiederaufgebaut; einfühlsamer Innenausbau für Repräsentationszwecke einer Großbank. Im öffentlich nicht zugänglichen Innenhof Doppelschalenbrunnen, von Mikorey 1960. ***Beschreibung:*** 9achsige Front mit 3achsigem Mittelrisalit, von Giebel bekrönt; Erdgeschoß (und Mezzanin) mit 2 Obergeschossen; klare Gesims-, jedoch keine Pilastergliederung. ***Bedeutung:*** Eine der wenigen noch erhaltenen Palais-Fassaden in der Prannerstraße, in der Ausführung nicht so beschwingt und locker wie z.B jene des Palais Holnstein.

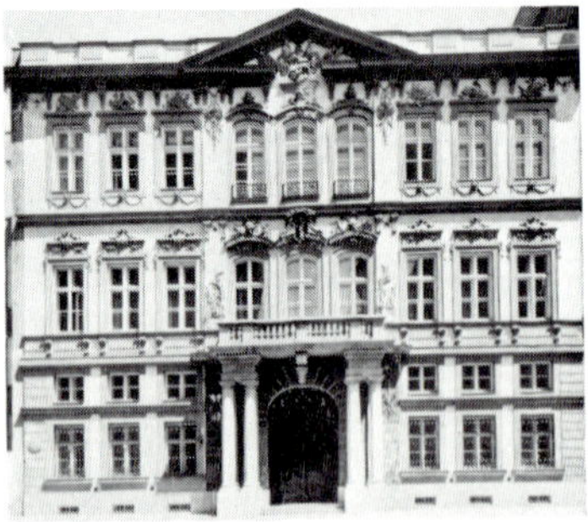

Palais Neuhaus-Preysing von Cuvilliés d.Ä. in der Prannerstraße

PRANNERSTRASSE 7 **6**

Palais Seinsheim Um 1764 errichtet, um 1900 neubarock überarbeitet, nach 1945 verlängert. ***Fassade:*** Über Erdgeschoß 2 Stockwerke zu 12 Achsen, Fenster der Bel étage durch Giebel ausgezeichnet; im Erdgeschoß wird 4. und 5. Fensterachse von pfeilerflankiertem Stichbogentor eingenommen; Korbbogenfenster in ädikulaähnlichen Rahmen. ***Bedeutung:*** Der im Kern wohl noch barocke (oder noch ältere?) Bau Beispiel eines Adelspalais des ausgehenden Rokoko, mit Schmuckformen, die den kommenden Klassizismus anzeigen.

PRANNERSTRASSE 9 **6**

Palais Gise Nach Plänen von Lespilliez wohl in frühen 1760er Jahren errichtet. Im

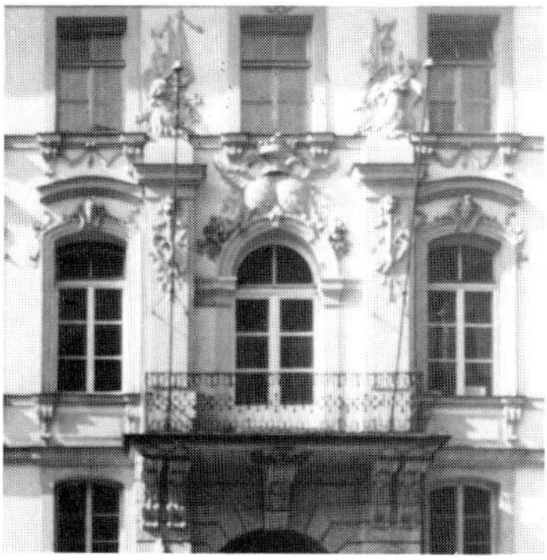

Palais Gise, Ausschnitt aus der Fassade

Krieg stark zerstört, war Rettung der Fassade möglich. ***Beschreibung:*** Beiderseits eines von Rustika umgebenen Rundbogenportals je 3 Achsen eines hohen, 2geschossigen Sockels; auf ihm das Hauptgeschoß: 6 stichbogige Fenster flankieren mittleres Rundbogenfenster (mit Balkon) und 2 Pilastern, die im 2. Obergeschoß lediglich durch Trophäenreliefs fortgeführt werden; Dach auf einfachen, weit stehenden Konsolen. ***Bedeutung:*** Dieses Erstlingswerk von Lespilliez weist in Einzelheiten noch Einflüsse von Cuvilliés d. Ä. auf, während die nur applizierten Rocaillen, die flachen Bedachungen sowie die Pilaster ohne tektonische Aufgabe auf die Stilkrise zwischen Rokoko und Louis-Seize hinweisen.

PREYSINGSTRASSE 58 **19/20**

Üblacker-Häusl Eine für Haidhausen typische ›Herberge‹ aus dem 18. Jh., auf Stadtplänen um 1800 als eines der ersten gemauerten Häuser in dieser Gegend ausgewiesen: Der Erdgeschoßbau unter Satteldach (mit Gauben) von Burmeister 1976/77 renoviert. Als *Herbergen-Museum* unter der Verwaltung des Münchner Stadtmuseums eingerichtet. ***Bedeutung:*** Mit dem ›Herbergenrecht‹ am Ende der Feudalzeit erstmals Erwerb von Hauseigentum auf nicht eigenem Grund möglich (einschl. ›Stockwerks-‹ und ›Gelaßeigentum‹): bemerkenswerte Form früherer Besitzbildung für Arbeiter. (Vgl. auch die vom Ende des 18. Jh. stammenden und 1977–78 restaurierten ›Herbergen‹ *An der Kreppe 2a–d* und am *Wiener Platz 4–6.*)

PRIELMAYERSTRASSE 5 **5**

Neues Justizgebäude 1903–05 in bewußtem Gegensatz zum Justizpalast (→ Elisenstr. 1a) und in Anlehnung an heimische Bauformen der ausklingenden Gotik nach Plänen von F. v. Thiersch errichtet und mit (heute weitgehend zerstörter) Fassadenmalerei dekoriert. ***Beschreibung:*** Tiefrechteckiger, 4geschossiger Baublock auf Nagelfluhsockel von 15 zu 7 Achsen um zweigeteilten Innenhof; die kürzeren Flügel an Prielmayer- und Elisenstraße an ihren Ost- und Westseiten durch hohe getreppte und durch Stabwerk gegliederte Giebel abgeschlossen, ihre Mittelachsen durch je einen Uhrturm mit ebensolchen Giebeln akzentuiert. An ihren Fassadenseiten je eine Rolandsfigur (von Floßmann). Die urspr. farbliche Behandlung auf unverputztem Backsteinmauerwerk (Thiersch berief sich auf die Frauenkirche in München und auf St. Martin in Landshut) bis auf schwache Spuren im Erdgeschoß der Südseite heute verschwunden. ***Bedeutung:*** In unmittelbarer Nachbarschaft zum Justizpalast durch ›gotische‹ Formen und durch sorgfältig ausgeführten Blankziegelbau Kontraststeigerung der beiden Baublöcke. Bemerkenswerter Versuch, die durch den Architekten Theodor Fischer angebahnte Wiederbelebung heimischer Bauformen (abschätzig als ›Heimatschutzstil‹ bezeichnet) zu realisieren. (Ähnliche Lösungen: Nyrops Rathaus in Kopenhagen, 1892–1902, und Berlages Warenbörse in Amsterdam, 1898–1903.)

PRIELMAYERSTRASSE 7

Justizpalast → Elisenstraße 1a

PRINZREGENTENSTRASSE 3, 4, 8, 20

Als letzter der großen Straßenzüge des 19. Jh. von 1891 an angelegt. (Vorgänger: Galeriestraßen-Projekt von 1823; Auffahrtsachse zum Festspieltheater Ludwigs II. von 1867 – beide etwas südlicher geplant.) Die urspr. enge Beziehung von Hofgarten und Englischem Garten durch die nach Osten verlängerten nördl. Hofgartenarkaden und die Errichtung des alten Kunstvereinsgebäudes (1865–66, erweitert 1890) unterbrochen; schließlich völlige Trennung beider Gartenanlagen durch neubarocke Blockbebauung an der Südseite der beginnenden Straße (1893 ff.). Durch Errichtung des *Hauses der Deutschen Kunst* 1933–37 (→ Nr. 1) beginnende ›Versteinerung‹ dieses der Gartenstadtbewegung nahestehenden ›malerischen‹ Straßenzugs; die Anlage des Verkehrsknotens vor dem Prinz-Karl-Palais 1968–71 (mit der im Fernblick störend wirkenden dunklen Einfahrt zur Unterführung) beeinträchtigt vollends diese empfindliche Nahtstelle am Rand der Altstadt. ***Beschreibung:*** Ausgehend vom *Prinz-Karl-Palais* urspr. nur an Südseite bebaut und bis zum *Bayerischen Nationalmuseum* gegen Norden (Englischer Garten) offen; erst ab hier beidseitige Bebauung. – Die *Prinzregentenbrücke,* 1891 von Prinzregent Luitpold der Stadt anläßlich seines 70. Geburtstags geschenkt, errichtet von Sieber, 1899 durch Hochwasser zerstört und 1900/01 neu gebaut (Entwurf: Th. Fischer); an den Brückenköpfen versinnbildlichen 4 Liegefiguren die Stammesgebiete Bayerns (Altbayern: urspr. von Hahn, im 2. Weltkrieg zerst., heute von Wackerle, Schwaben: E. Kurz, Franken: Balthasar Schmitt, Pfalz: Drumm). Am östlichen Hochufer visueller Abschluß der Straße durch *Prinzregenten-Terrasse* mit → Friedensengel★. Auf 2 Rampen erreicht die Straße hinter dem Friedensengel die Höhe der Isarterrasse; Weiterführung zum Prinzregentenplatz. ***Bedeutung:*** Letzte der großen wittelsbachischen Straßenschöpfungen des 19. Jh.,

P

doch in bewußtem Gegensatz zu → Brienner Str., → Ludwig- und → Maximilianstr. als typische Stadtrand-Parkstraße ohne architektonische Verfestigung (Bauten hinter Alleebäumen verborgen); dafür malerisch-naturhafte Auflockerung – besonders durch Einbeziehung des Flusses. In ihrer Grundkonzeption nie vollendet und zudem durch spätere Eingriffe und Baumaßnahmen beeinträchtigt.

PRINZREGENTENSTRASSE 1 3,4

Haus der Kunst Durch den Brand des *Glaspalastes* am 5./6. 6. 1931 (→ Alter Botanischer Garten) verlor München sein repräsentatives Ausstellungsgebäude, dessen Neubau Abel als Nachfolger auf Theodor Fischers Lehrstuhl an der TH München zugesagt worden war. Proteste der Münchener Architektenschaft führten zu Wettbewerb für Neubau im Alten Botanischen Garten. Nach 1933 entschied sich Hitler für die 1932 außerhalb des Wettbewerbs entstandenen Entwürfe von Troost, die für den neuen Standort an der Prinzregentenstraße modifiziert wurden. Grundsteinlegung 1933, nach Troosts Tod 1934 von seiner Frau Gerdy und von Gall fertiggestellt und 1937 als ›Haus der Deutschen Kunst‹ eingeweiht; alljährlich repräsentative Ausstellungen (bis 1944) der offiziellen Kunst des 3. Reichs. Bei Straßenverbreiterung 1971 der vorgelegten Freitreppe beraubt. ***Beschreibung:*** Dem langgestreckten Baublock, an der Ost- und Westseite durch Rücksprünge verschmälert, ist an seiner Nord- und Südseite ein 21achsiger Säulenportikus vorgelegt; der kaum gegliederte Architrav über Portikus und Baublock sowie die kräftigen Lagerfugen der Steinverkleidung betonen lastende Schwere. ***Bedeutung:*** Troosts architektonische Form vom 3. Reich als »germanische Tektonik« interpretiert und für Staatsbauten zum Vorbild erhoben: nach den Parteibauten an Arcisstraße (→ Königsplatz, → Meiserstr. 10) zweiter NS-Repräsentationsbau Münchens in kristallinisch umgeformtem Neoklassizismus. (Die beliebige Verlängerung von Säulenreihen ebenfalls im Klassizismus schon vorgebildet: z.B. Badehaus zu Lauterbach in Mecklenburg, 1820.) ***Innenräume*** für Wechselausstellungen (Osttrakt, ›Große Münchener Kunstausstellung‹) umgeändert, ebenso für die im Westtrakt untergebrachte **Staatsgalerie moderner Kunst:** Urspr. der Neuen Pinakothek angegliedert, beginnen ab 1909 Hugo v. Tschudi und seine Nachfolger mit Ausbau der Sammlung zeitgenöss. Kunst; Einrichtung der ›Neuen Staatsgalerie‹ 1919 im Ausstellungsgebäude an Südseite des Königsplatzes (heute Antikensammlung). Gravierende Verluste durch 3. Reich (›Entartete Kunst‹) können nach 1945 durch bedeutende Ankäufe sowie durch Stiftungen ausgeglichen werden – z.B. ›Sammlung Fohn‹ (1964), ab 1965 Erwerbungen durch »Galerie-Verein München e.V. zur Förderung der Neuen Pinakothek, der Staatsgalerie moderner Kunst und der Staatlichen Graphischen Sammlung«, in den 70er und 80er Jahren Stiftungen Theodor und Woty Werner, Günther Franke, Marino Marini, Francesco Messina. Von rd. 180 Künstlern zeigt die Sammlung etwa 400 Gemälde, Skulpturen und Objekte moderner Kunst vom Beginn des 20. Jh. bis zur unmittelbaren Gegenwart. ***Rundgang:*** Erdgeschoß: Raum **1** Wechselausstellungen. **2** *Fauves und Expressionisten* (Matisse, Derain, Braque, Kokoschka, Corinth). **3** *Ernst Ludwig Kirchner.* **4** *Brücke und Blauer Reiter* (Heckel, Schmidt-Rottluff, Nolde, Marc, Kandinsky, Jawlensky). **5** *Kubismus* (Picasso, Braque, Juan Gris, Lipschitz, Archipenko). **6** *Orphismus und Kubo-Futurismus* (Delaunay, Boccioni, Léger, Chagall). **7** *Bauhaus* (Mondrian, Schlemmer, Feininger, Kandinsky, Moholy-Nagy). **8** *Paul Klee.* **9, 11, 12** *Surrealismus* – Sammlung Stiftung Wormland (de Chirico, Max Ernst, Mirò, Magritte, Dali, Oelze). **10** *Max Beckmann* – Sammlung Günther Franke. **13** *Neue Sachlichkeit* (Davringhausen, Dix, Hubbuch, Kanoldt, Räderscheidt, Schrimpf). **14** *Gegenständliche Kunst der 40er und 50er Jahre* (Hofer, Nay, Morandi, Wols). **15** *Pablo Picasso.* **16** *Schenkung Sofie und Emanuel Fohn* (Kandinsky, Macke, Campendonk, Feininger, Purrmann). **17** *Stiftung Hans Hartung.* **18** *Lyrische Abstraktion* (Winter, Baumeister, Nay, Soulages, Poliakoff, Afro, Santomaso). **19** *Antoni Tapies, Francis Bacon, Henry Moore.* **20** *Stiftung Marino Marini.* **21** *Stiftung Robert Motherwell.* **22a** *Italienische Plastik* (Manzù, Messina, Masche-

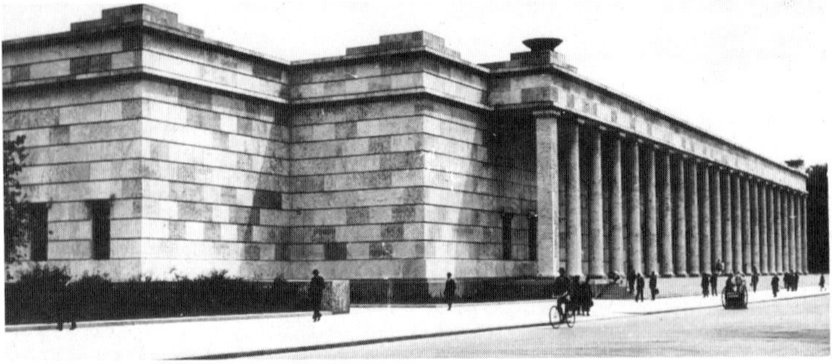

Haus der Kunst mit der ursprünglichen, 1971 entfernten Treppenanlage (Foto von etwa 1937 mit den zu besonderen Anlässen auf den Akroterien aufgestellten Feuerpfannen)

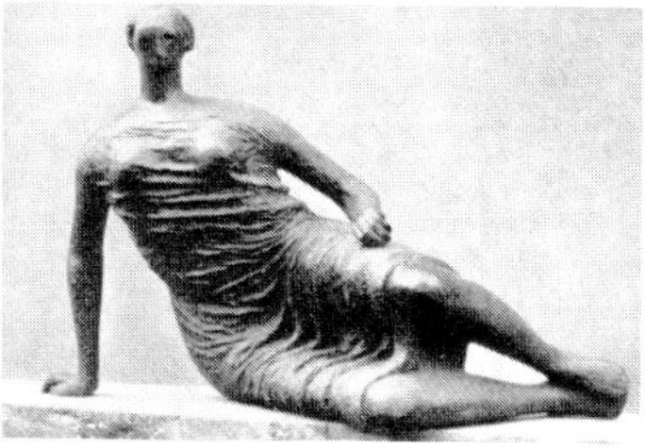

H. Moore: *Sitzende* (Staatsgal. mod. Kunst)

rini, Vangi). – ***Nordgalerie:*** Raum **22b, 23** *Amerikanische Kunst: Abstrakter Expressionismus und Pop Art* (de Kooning, Kline, Rauschenberg, Johns, Stella, Warhol, Lichtenstein, Wesselmann, Segal). **24** *Minimal Art* (Sol, Lewitt, Morris, Andre, Judd). **25**

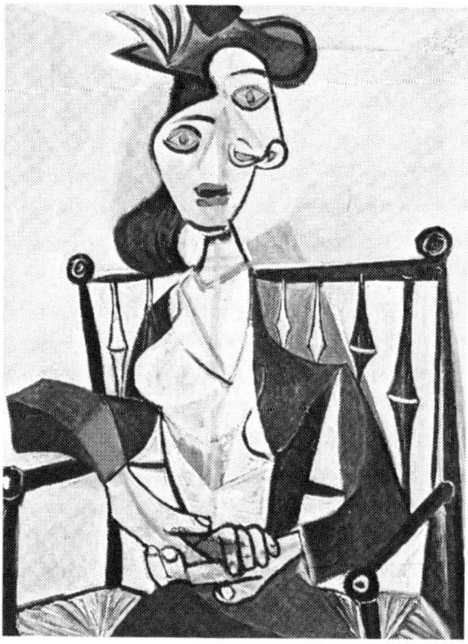

Picasso: *Frau im Sessel sitzend* (1941)

Neue figurative Malerei (Corneille, Hundertwasser, Antes, Klapheck, Botero, Gnoli, Arroyo). **26** *Realismus-Tendenzen* (Richter, Polke, Gertsch). **27, 28** *Neo-Expressionismus* (Baselitz, Penck, Kirkeby, Lüpertz, Dahn, Tannert, Hitzler). ***Südgalerie:* 29, 30** *Chromatische Malerei* (Fruhtrunk, Dorazio, Geiger, Jochims). **31** *Optical Art – Zero* (Vasarely, Soto, Cruz-Diez, Uecker, Piene, Mack). **32** *Formen des Informel* (Schumacher, Rainer, Stöhrer, Schultze, Szymanski). **33** *Lucio Fontana/Alberto Burri.* **34** *Arte povera* (Kounellis, Mario Merz, Spagnulo, Calzolari). **35** *Düsseldorfer Schule* (Palermo, Knoebel, Immendorff). **36** *Joseph Beuys.* ***Bedeutung:*** Die Münchener Staatsgalerie eines der 10 wichtigsten Museen der Welt, die der Kunst des 20. Jh. gewidmet sind. Neben Hauptwerken deutscher Künstler (einer der bedeutendsten Bestände in Deutschland) italienische Moderne sowie eine der umfangreichsten Kubismus-Sammlungen eines deutschen Museums; dazu wesentliche Werke des Fauvismus und Surrealismus sowie amerikanische Kunst (Abstract Expressionism und Minimal Art).

P

PRINZREGENTENSTRASSE 3 4

Bayerisches Nationalmuseum Für die Neuaufstellung des ursprüngl. aus einem ›Wittelsbachischen Museum‹ hervorgegangenen ›Bayerischen Nationalmuseums‹ (→ Maximilianstraße 42) konzipierter Neubau, für den 1893 ein beschränkter Wettbewerb zwischen Hauberrisser, Romeis und G. v. Seidl ausgeschrieben wurde. Grundkonzeption durch das von 1793 bis 1818 bestehende ›Musée des Monuments Français‹ gegeben: Ausstellungsobjekte in historischem Gebäude, didaktische Ausgestaltung, Einbeziehung von Gärten, in Seidls Entwurf am besten verwirklicht: nach seinen Plänen Neubau 1894–99 errichtet; 1937 durch östlichen Anbau des ›Studiengebäudes‹ (Arch.: Bestelmeyer) erweitert bei gleichzeitiger Beseitigung des Gartenparterres (s. u.), Kriegsschäden vereinfacht behoben. ***Beschreibung:*** Durch wechselnde Fluchtlinien der 6 Bauteile parallel zur Prinzregentenstraße und durch verschiedene Architekturgliederungen belebte Fassaden – östlich des barockisierenden Turm-Mittelbaus romanisierender Flügel, westlich in Formen deutscher Renaissance; der zur Straße vorgezogene Trakt (›Die Neue Sammlung‹: → S. 180) im Westen in Spätbarock- und Rokokoformen. Rückseite an Himbselstraße einfacher; hier angebaute Barockkapelle nach Beschädigung im 2. Weltkrieg abgebrochen. Das urspr. vor dem Bau vertieft angelegte und in die Flucht der Prinzregentenstraße hineinreichende *Gartenparterre* (mit dem 1904–07 errichteten *Hubertusbrunnen* von Hildebrand, heute → Waisenhausstraße) bei Errichtung des Forums 1937 entfernt, das im Osten durch ›Studiengebäude‹ mit vorgelegter Terrasse abgeschlossen wird. (Hier Neuaufstellung des *Reiterdenkmals* für Prinzregent Luitpold, 1901–13, von Hildebrand.) ***Inneres:*** Der innere Zusammenhang des Museums entsteht durch unmittelbare Aneinanderreihung der Säle im zeitlichen Ablauf von der Romanik bis zum 19./20. Jh. Nach teilweisem Verlust der Innenausgestaltung (von R. v. Seitz) die urspr. enge Verklammerung der einzelnen Epochen gelockert, die außerordentlich reichhaltigen Sammlungen durch klare Gliederung (und hervorragende Einzelkataloge) zugänglich gemacht. ***Bedeutung:*** Für das Erscheinungsbild der Prinzregentenstraße trotz Veränderung des ›Prinzregentenforums‹ konstituierender Bau im Sinn der malerisch-aufgelockerten Auffassung der Lenbachzeit; typisches Beispiel des ›Agglomerations-Systems‹, bei dem uneinheitliche Bauteile, asymmetrisch aneinandergefügt, ein geschlossenes Ganzes ergeben; als Museumsbau für eine heterogene Sammlung durch Verwendung verschiedener heimischer Stilelemente selbst zum Ausstellungsgegenstand im Sinn einer ›Architecture parlante‹ geworden.

Geschichte des Museums: Die ›Vereinigten Sammlungen‹ (1844–46 in der Hofgartengalerie) und die Sammlungen in der Herzog-Max-Burg Grundstock eines ›Wittelsbacher Museum‹, dessen Konzept auf Karl Maria von Aretin zurückgeht; 1855 mit Auf-

P

bau des Museums beauftragt, im selben Jahr Benennung durch König Max II. »Bayerisches Nationalmuseum«. Seit 1867 in Neubau am Forum der Maximilianstraße (→ Maximilianstr. 42) untergebracht: hier bereits Zweiteilung in allgemeine kulturgeschichtliche Abteilung und in Fachsammlungen (Vorbildersammlungen für Künstler, Handwerker usw.). 1900 Eröffnung des neuen Museums an der Prinzregentenstraße, dessen Ausstellungsflächen aber nicht auf Zuwachs berechnet; die üppige Raumausstattung im Stil der jeweiligen Exponate (durch R. v. Seitz) verwischt Unterschiede zwischen Original und Nachbildung. Wertvolle Zugänge durch Stiftungen und Ankäufe (Krippen, Uhren, Fayencen, religiöse Volkskunst, Barockgemälde, Jugendstilsammlung). ***Führungslinie im Erdgeschoß:*** Raum **1** *Wessobrunner Saal* mit romanischen Stein- und Holzskulpturen sowie Bauplastik. **2** *Saal der Rosenstrauchmadonna* mit Skulpturen des 14.Jh. **3** *Würzburger Saal* mit ritterlichen Grabsteinen. **4** *Bamberger Saal* (Vesperbild aus Seeon; ›Pähler Altar‹) **5–6** *Kunsthandwerk und Textilien* des Mittelalters. **7** *Kleinkunst* um 1400. **8** *Multscher-Saal* mit Plastiken und Bildern der 1. Hälfte 15.Jh. **9** *Augsburger Weberstube;* **10** *Passauer Stube;* **11** *Füssener Stube;* **12** *Weißenburger Saal:* Spätgotische Möbel und Kleinkunst. **13** *Saal der flandrischen Bildteppiche* (Anfang 16.Jh.). **14** *Raum der bairischen Herzöge.* **15** *Kirchensaal* mit spätgotischen Bildwerken, Flügelaltären (Werke von Grasser, Polack, Pacher u.a.). **16** *Riemenschneider-Saal.* **17** *Kleinkunst und Großplastiken* aus der Zeit der Spätgotik um 1500. **18** *Waffenhallen.* **19** *Saal der Mars-Venus-Gruppe.* **20** *Geschützhof.* **21** *Leinberger-Saal.* **22** *Deutsche Renaissance.* **23** *Italienische Renaissance.* **24** *Ottheinrich-Saal* mit Gegenständen aus der 1. Hälfte des 16.Jh. **25** *Paulanerkapelle* (mit Werken von Krumper, Candid, Petel). **26** *Italienische Spätrenaissance.* **27** *Prielauer Zimmer mit Donauwörther Kabinett* (Renaissance-Innenraum). **28** *Lauinger Saal* (Schmuck und Gewänder aus der Fürstengruft in der Lauinger Pfarrkirche). **29** *Deutsche Spätrenaissance.* **30** *Saal Wilhelm V.* mit Gemälden (Candid, Hans von Aachen) und Plastiken (Gerhart, Krumper) des ausgehenden 16.Jh. **31** *Maximilian-Saal* mit Zierschränken und kostbaren Möbeln. **32** *Saal der Henriette Adelaide* mit barocker Kleinkunst. **33–34** *Erster* und *Zweiter Max-Emanuel-Saal* mit Wandteppichen und Möbeln um 1700–20; Bronzearbeiten von W. de Groff; Diana-Figur von D.F. Carlone. **35** *Johann-Wilhelm-Saal* mit Bronzebildwerken des beginnenden 18.Jh. **36** *Hofkunst des Spätbarock und Rokoko.* **37** *Ferdinand-Tietz-Saal.* **38** *Religiöse Kleinkunst des 18.Jh.* **39** *Landshuter Zimmer* (Innenraum um 1730). **40** *Kleinplastik des Rokoko.* **41** *Kabinett aus dem Tattenbach-Palais in München* (um 1770/80). **42/43** *Ignaz-Günther-Saal:* Arbeiten von I. Günther, Ä.Q. Asam, J.B. Straub u.a. **44** *Karl-Theodor-Saal* mit Arbeiten des späten Rokoko und beginnenden Empire. **45** *Erster Königs-Saal* mit Werken aus der Zeit Max I. Josef. **46** *Zweiter Königs-Saal* mit Werken aus der Zeit Ludwigs I. und Max II. (durch Vernichtung des Schwanthaler-Museums 1944 die hier gezeigten Kleinplastiken besonders wichtig). **47** *Stadtmodell-Saal* mit maßstabgetreuer Darstellung (1:616–750) von Straubing (1568), Landshut (1570), München (1572), Ingolstadt (1573), Burghausen (1574) von Jakob Sandtner; in der Mitte Rundmodell Münchens (ebenf. 1:616–750) von Johann Bapt. u. Franz Seitz, 1846–68.

Fachsammlungen Obergeschoß Ostflügel: **51** *Glasgemälde* (13.–19.Jh.). **52** *Miniaturmalerei.* **53/54** *Barocke Ölskizzen* des 18.Jh. (Sammlung Reuschel). **55/56** *Elfenbeinskulpturen* des 16.–18.Jh. **57** *Holz- und Steinintarsien* des 16. u. 17.Jh. **58/59** *Uhren und Automaten.* ***Obergeschoß Westflügel:*** **84** *Meißener Porzellan.* **85** *Nymphenburger Porzellan.* **86** *Nymphenburger und Ansbacher Porzellan.* **87** *Verschiedene Manufakturen* (Sèvres, Fürstenberg, Kassel, Wedgwood u.a.). **88** *Edelmetall* (Ende 16.–18.Jh.). **89** *Plaketten der Renaissance.* **90** *Deutsche Hafnerware* des 16.–18.Jh. **91** *Deutsches Steinzeug* des 14.–18.Jh. **92** *Majolika und italienische Fayence des Barock.* **93** *Frühe deutsche Fayence* des 16./17.Jh. **94** *Deutsche Fayence.* **95** *Süd- und Mitteldeutsche Fayence.* **97** *Bayreuther Saal* (Innenraum von 1760/65). **98** *Ostasiatisches Porzellan.* **99–100** *Porzellan* aus verschiedenen Manufakturen. (Dem Bayerischen Nat.Museum die *Porzellansammlung Schneider* im Schloß Lustheim, → S. 199, unterstellt.) ***Fachsammlungen Untergeschoß Westflügel:*** **101–109** *Bauernstuben und Möbel* aus Altbayern, Franken und Schwaben (17.–19.Jh.). **110–117** *Religiöse Volkskunst* (Sammlung Kriß), größte Spezialsammlung Europas. **119–124** Altes bayerisches *Hafnergeschirr.* **110, 125, 128–131** *Volkskunst* (Andachtsbilder, Glas, Schnitzereien, Textilien, Flechtarbeiten, Tracht und Schmuck, Masken). ***Unterge-***

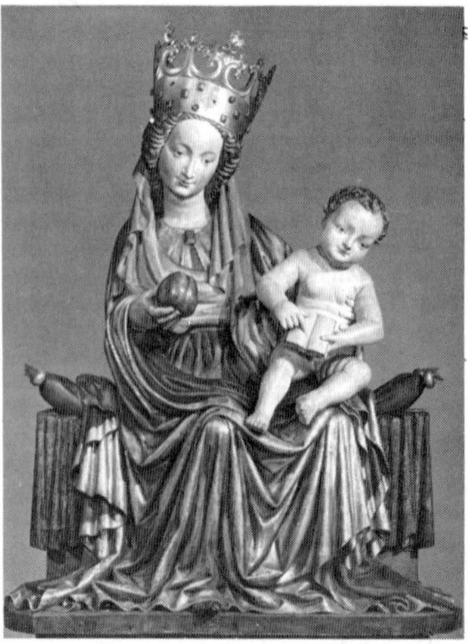

Seeoner Madonna (Bayer. Nationalmuseum)

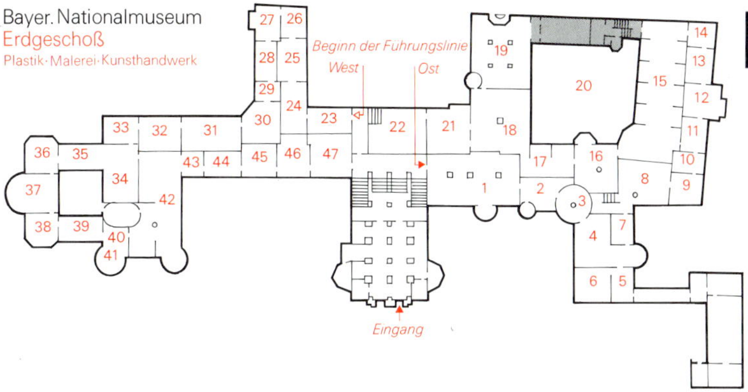

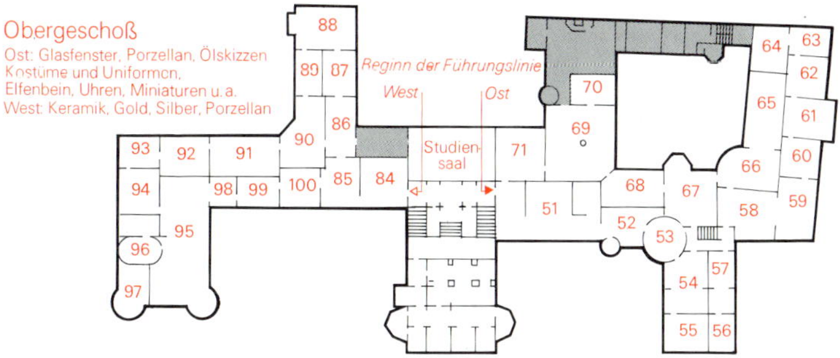

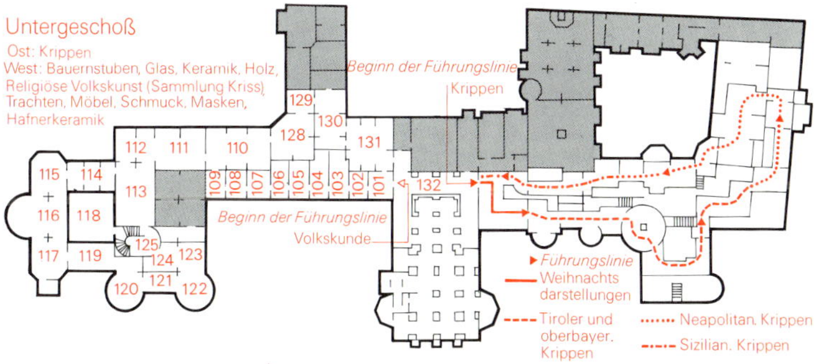

Die Raumdisposition kann sich während der laufenden Umbauarbeiten teilweise ändern

schoß Ostflügel: Das Nationalmuseum besitzt eine der reichhaltigsten *Krippensammlungen* Deutschlands. In den ersten beiden Räumen Skulpturen, Brauchtum und Kastenkrippen als eigentliche Vorläufer der mit Einzelfiguren arrangierten Krippenszenen. Die Sammlung zeigt in über 60 Schaukästen Krippen aus Bayern, Österreich und Mähren (Nr. **1–9** und **21–34**), aus Nord-, Mittel- und Süditalien/Neapel (Nr. **35–52**), aus Süditalien und Sizilien (Nr. **55–63**). – (Ab ca. 1986 Aufstellung der *Sammlung Weinhold* in → Schleißheim, Altes Schloß.)

Bedeutung: Bayer. Nationalmuseum mit rd. 18000 Exponaten aus 9 Jahrhunderten in vorderster Reihe der großen europäischen Nationalmuseen; nach heutigen Kriterien 3 Kategorien von Spezialsammlungen mit gelegentlichen Überschneidungen – als *kunsthistorisches* Museum abendländische Kunst (v.a. Skulpturen) vom frühen Mittelalter bis Mitte 19. Jh.; als *Kunstgewerbemuseum* Kunsthandwerk vom Mittelalter bis Renaissance und (ab hier als Fachsammlungen) bis 19. Jh.; als *kulturhistorisches Museum* Volkskunst und Volkskunde. Demgegenüber ist der wichtigste urspr. Leitgedanke eines landesgeschichtlichen (vaterländisch-dynastischen) Museums zurückgetreten.

P

PRINZREGENTENSTRASSE 3 **4**
Die Neue Sammlung – Staatliches Museum für angewandte Kunst, 1925 als ›Abteilung für Gewerbekunst‹ des Bayerischen Nationalmuseums gegründet, hervorgegangen aus der Vorbildersammlung der Münchner Ortsgruppe des Deutschen Werkbunds; seit 1981 selbständiges Museum. In der Abkehr vom Zweck eines Museums moderner Werkkunst versucht Die Neue Sammlung jene Erzeugnisse (auch historische) zu präsentieren, die »geschmackbildend und beispielhaft sind für gut gestaltete Produktformen«. Hauptsammelgebiete aus mehr als 20 Bereichen: Textil, Plakat, Keramik und Porzellan, Metallwaren, Glas, Beleuchtungskörper, Sitzmöbel, techn. Gebrauchsgeräte aller Art (Telefon, Bügeleisen, Rundfunkgeräte usw.). Aus Raummangel derzeit nur Wechselausstellungen; Neubau geplant. ***Bedeutung:*** Widmet sich das Bayerische Nationalmuseum der Darstellung historischer Kunst- und Kulturepochen, versteht sich Die Neue Sammlung – in Fortführung dieser Absichten bis hin zur unmittelbaren Gegenwart – als »Bayerisches Museum des 20. Jahrhunderts«. Sein mehr als 20000 Objekte umfassender Bestand kann nur mit dem *Department of Architecture and Design* des New Yorker Museum of Modern Art verglichen werden. (→ S.36.)

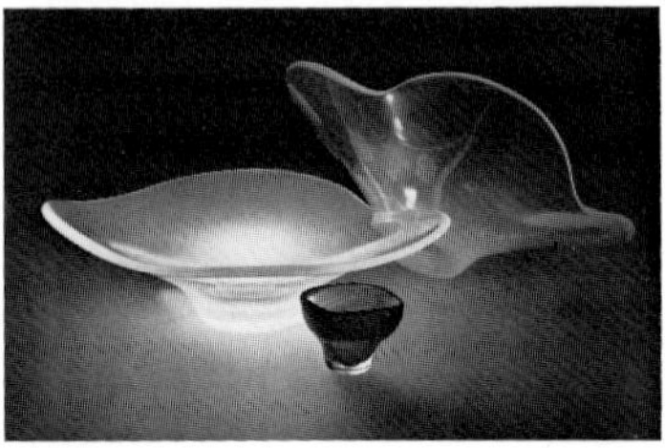

Glasschalen, um 1955, Owefors, Schweden (Neue Sammlung)

PRINZREGENTENSTRASSE 9 **4, 8**
Schackgalerie Die urspr. im Palais des Grafen Adolf Friedrich von Schack (1815 bis 1894) an der Brienner Straße (Arch.: Gedon, 1872–74; 1944 zerstört) aufgestellte Privatsammlung durch Vermächtnis an Kaiser Wilhelm II., auf dessen Anordnung die Sammlung in München blieb und in einem eigenen *Galerieflügel* beim Neubau der ehem. *Preußischen Gesandtschaft* (heute Bayerische Staatskanzlei) eingerichtet wurde. Für den **Bau** Vorentwürfe von Hildebrand 1903–05, der sie zurückzog, als der Hofbaumeister Kaiser Wilhelms II., Ihne, in die Planung eingriff; dessen Skizzen Grundlage für Littmann bei Errichtung der Zweifassadenarchitektur 1907–09: entlang der Reitmorstraße Galerieflügel, durch übergie-

Raumfolge der Schackgalerie

Erdgeschoß	Schule	Werke folgender Meister
Eingangshalle	(Porträts von Gründer und Stifter)	Lenbach, F. Zimmermann, Hildebrand, Schwind, Bamberger, Seeboeck
I	Klassizismus und Frühromantik	Ross, Koch, Schnorr v. Carolsfeld, Genelli, Klenze, Catel, Rebell, Dillis
II	Romantik	Rahl, Rottmann
III	Wiener Spätromantik	Führich, Steinle
IV und V		Schwind
VI	Romantik	E. Neureuther
VII		Spitzweg, Schleich d. Ä.
VIII	Spätromantische Landschaftsmalerei	Fries, Werner, Gerhardt, C. Morgenstern, Chr. Morgenstern
IX		C. Morgenstern, A. Zimmermann, Bamberger, Schweinfurth
1. Obergeschoß		
Treppe und Vorplatz		Steinle, Wislicenus, Lenbach-Kopien nach Giorgione, Murillo, Tizian, Velasquez
I und II	Romantik,	Böcklin
III	Idealismus,	Lenbach
IV	Symbolismus	Feuerbach, Preller, Dreber
V		Marées, Lenbach- und Marées-Kopien nach Pordenone, Rubens, Tizian, Velasquez
2. Obergeschoß		
Treppe und Vorplatz	Münchner Landschaftsmaler	Gebhardt, Bamberger, Bode
I		Kraus, Bode, Millner, Stademann, R. A. Zimmermann, Stange, Kaiser, Larsson, Zwengauer
II	Deutsche Landschaftsmaler	Willers, Stange, A. E. Kirchner, M. Schmidt, A. Zimmermann, Köbel, Schweinfurth
III	Späte deutsche Historienmaler	A. Wolf, Marshall, Böheim, Liphart, Henneberg, Ludwig, Hagn

P

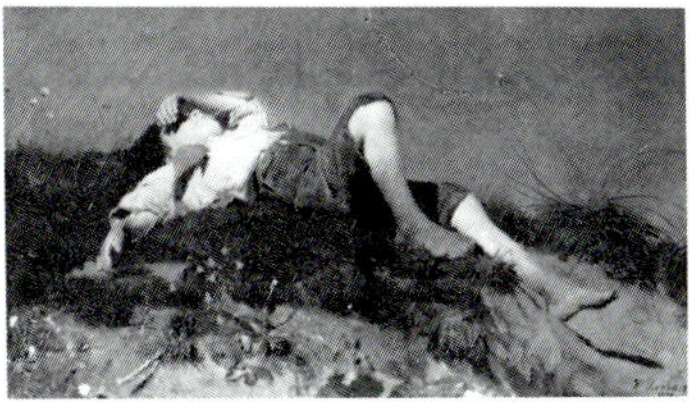

Lenbach: *Der Hirtenknabe* (Schackgalerie)

belte Säulenloggia (mit Widmungsinschrift des Kaisers im Architrav) hervorgehoben, westl. anschließend der 5achsige Trakt der preuß. Gesandtschaft, durch 8 Achsen bis Oettingenstraße erweitert (1926/27). Die **Gemäldesammlung** 1926 im Besitz des preuß. Staates, 1939 auf Befehl Hitlers den Bayerischen Staatsgemäldesammlungen übergeben, nach dem Krieg in den provisorisch wieder hergestellten Räumen aufgestellt, die bei Neuordnung der Sammlung (1978 ff.) wieder ihren privaten Charakter erhielten.
Bedeutung: Schacks Sammlertätigkeit galt in erster Linie Ermutigung der Künstler und Pflege der Malerei seiner Zeit; trotz subjektiver Maßstäbe bei der Auswahl gelang Schack eine beispielhafte Dokumentation der dt. Malerei von der Früh- bis zur Spätromantik: die Sammlung umfaßt rd. 270 Gemälde, davon 31 Hauptwerke von Moritz von Schwind, 16 von Arnold Böcklin, 11 von Anselm Feuerbach. Die Galerie Schacks, der für die meisten Maler seiner Sammlung der erste Förderer war, stellt eines der bemerkenswertesten Beispiele für eine Privatgalerie des 19. Jh. dar.

PRINZREGENTENSTRASSE 28 4, 8

Wirtschaftsministerium Durch G. Bestelmeyer 1937–39 als Luftgaukommando errichtet; damals Umgestaltung des Vorplatzes des Nationalmuseums (→ Nr. 3) und Schaffung des jetzigen, in das Straßenniveau eingefügten Forums; dessen Südseite durch langgestreckte, 3geschossige Fassade bestimmt, im Osten durch vorgezogenen 5stöckigen Kopfbau abgeschlossen, im Westen Gartenhöfchen und 4geschossiger Anschlußtrakt an die Baulinie der alten Wohnhäuser. An der Ecke der Hofmauer Brunnenhaus mit *Pinienzapfenbrunnen*★ von Wackerle 1937. ***Bedeutung:*** Der diszipliniert gegliederte Bau steht in beruhigendem Gegensatz zur malerischen Erscheinung des Nationalmuseums; dennoch brachte er zusammen mit dem neugestalteten Forum eine gewisse ›Versteinerung‹ und Monumentalisierung in die naturbezogene Prinzregentenstraße. Wackerles Brunnen eine der besten Anlagen jener Zeit.

PRINZREGENTENSTRASSE 60 20

Villa Stuck Nach Entwurf von Stuck 1897–98 Errichtung des Hauptbaus, dem 1913/14 östlich ein Verbindungs- und Atelierbau angefügt wurde; 1944 schwer beschädigt, von 1965–68 unter enger Anlehnung an ehem. Raumpläne durch Ziersch wiederhergestellt. Seitdem Sitz des **Jugendstilmuseums** (→ S. 38) mit umfangreicher Fachbibliothek; ohne eigene Sammeltätigkeit widmet sich das Museum der Erforschung der Schaffensperiode der Jugendstilkünstler zwischen 1890 und dem 1. Weltkrieg und ihrer Darstellung in wechselnden Ausstellungen, wobei die Stuck-Villa selbst ein wesentliches Element der Präsentation darstellt. ***Beschreibung:*** Das *Hauptgebäude* kubischer Baukörper mit turmartigen Eckrisaliten, durch Lisenen und Gesimse sowie rechteckige Felder streng gegliedert; über dem Hauptgesims des 2stöckigen Baus hohes Architravgeschoß mit seitlichen Relieffeldern mit Götterzügen; über den beiden Eckrisaliten 4 überlebensgroße, im Krieg zerstörte Kopien berühmter antiker Bildwerke: von links ›Herkules Lansdowne‹, ›Venus Pudicitia‹ (Vatikan), Amazone des Polyklet (Berlin), ›Ares Borghese‹ (Paris). Im Vorgarten vor dem 4säuligen Portikus Replik der reitenden, speerwerfenden Amazone★ von Stuck (1897), über der seitl. Pergola Kopie der Kapitolinischen Wölfin. – Der *Atelierbau,* ebenfalls 2stöckig, zurückhaltender gestaltet; im Erdgeschoß Bildhaueratelier, darüber das 1982/83 wiederhergestellte Maleratelier Stucks. – Die ***Innenräume***★ der Villa Eigenschöpfung des letzten Münchener ›Malerfürsten‹, die in ihrem feierlichen antikisierenden Dekor klassizistische Formen und symbolistische Thematik mit barocken und präraffaelitischen Tendenzen verbinden. ***Bedeutung:*** In Architektur und Ausstattung einzigartiges Gesamtkunstwerk mit Betonung der Einheit von Kunst und Leben als Ausdruck ›kultureller Geborgenheit‹ in einer Epoche des Umbruchs an

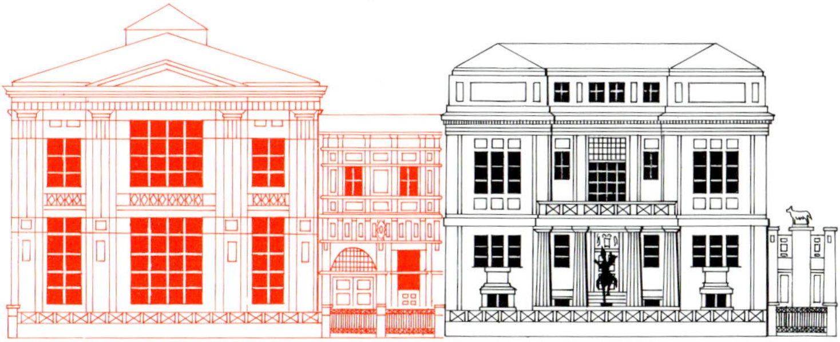

P

der Schwelle des 19. zum 20. Jh. Bei Verwendung klassizistischer Formen richtungweisende Schöpfung des Secessionsstils, wie er z. B. von Otto Wagner in Wien, von Peter Behrens und von Heinrich Tessenow realisiert wurde.

PRINZREGENTENSTRASSE 82 — 20

Prinzregententheater Nach Plänen von Littmann 1900/01 als Festspielhaus (angeregt durch Ernst v. Possart) erbaut; dekorative Malereien von Mössel und Selzer, plastischer Fassadenschmuck von Waderé und Pfeifer. Beherbergte nach Zerstörung des Nationaltheaters bis 1963 die Münchner Staatsoper; derzeit geschlossen, Instandsetzung geplant. ***Äußeres:*** Einfach gegliederter Baukörper, Straßenfassade konvex vorschwingend mit Auffahrtsrampe und Vorhalle. Veränderter Neubau des im Krieg zerstörten Foyertrakts an der Ostseite 1957–58. ***Inneres:*** Zuschauerraum★ als Amphitheater ausgebildet; die Rückwand mit 9 Logen, die Seitenwände durch freistehende Säulen auf hohen Postamenten gegliedert; Decken in Groteskornamentik; die urspr. konkaven Felder zwischen den Säulen (→ Abb. S. 47) 1937 verkleidet. ***Bedeutung:*** Architektur formal ein versachlichter Klassizismus, Dekoration von Renaissance-Elementen der Lenbach-Ära bestimmt. Im Zuschauerraum nach Bayreuther Vorbild Verzicht auf Ränge sowie Abkehr von der konventionellen Raumform mit vorbildlichen Sichtverhältnissen; Einbindung des ›Orchestergrabens‹ in das Proszenium.
In der westlich gelegenen Grünanlage **Richard-Wagner-Denkmal** von H. Waderé, 1913.

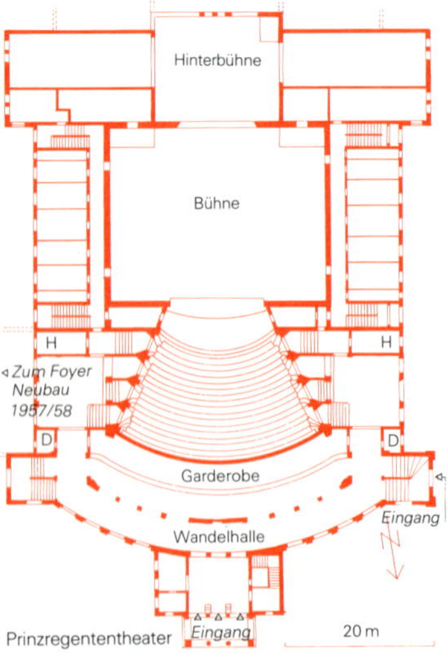

Prinzregententheater

PRINZREGENTENSTR. 99–111 — 20

Wohnhäuser 1942–44 errichteter Baublock nach Plänen von Norkauer, Landauer und Kratz. ***Beschreibung:*** Zwischen 2 Luftschutzhochbunkern zusammengefaßt 7 Wohnhäuser, in der Mitte der rd. 165 m langen Fassade 3schiffige Durchfahrt zum Hof; über erhöhtem Erdgeschoß 4 Obergeschosse, 3 davon durch Sohlbänder hervorgehoben; durch kräftiges Gesims und einheitliches Walmdach Wohnbau und Bunker zu Einheit zusammengefaßt. ***Bedeutung:*** Die nach Richtlinien des ›Reichswohnungskommissars‹ errichtete Anlage mit Sozialwohnungen (bei über 3 m Raumhöhe!) als ›Musterbauten‹ für die im 3. Reich zwischen Ostbahnhof und heutigem Fasangarten geplante ›Südstadt‹ gedacht. Einzige im Zusammenhang mit dem von den Nazis beabsichtigten großangelegten Ausbau Münchens nach der Planung des ›Generalbaurats‹ Giesler fertiggestellte Wohnanlage.

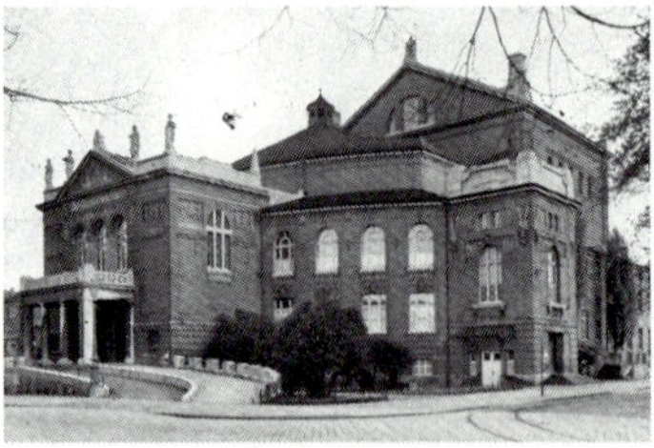

Prinzregententheater, 1900/01 von M. Littmann als Festspielhaus errichtet

PROFESSOR-HUBER-PLATZ 1 — 19

Georgianum Durch Herzog Georg den Reichen 1495 zur Erziehung von Priestern an der Universität Ingolstadt ins Leben gerufene Stiftung, von König Ludwig I. nach München übertragen. Gegenüber der Universität (→ Geschwister-Scholl-Platz 1) nach Plänen von F. Gärtner errichtet; Grundsteinlegung: 25. 8. 1835 (wie Universität), 1840 vollendet. ***Beschreibung:*** Südlich der Einmündung der Veterinärstraße und von Ludwigstraße um ca. 40 m zurückgesetzter 7- bzw. 4achsiger Winkelbau, dessen 2 Obergeschosse durch Fenster in Dreiergruppen hervorgehoben sind; über Konsolengesims Walmdach. Dieser Bauteil von mächtigem Kopfbau an der Ludwigstraße erheblich überragt: über hohem Sockel Hauptgeschoß, in dem Rundbogen- und Lünettenfenster durch Rundbogenblenden zusammengefaßt sind; darüber einfacheres 4. Geschoß unter Gesims und Balustrade. – Präsentation der bedeutenden *Kunstsammlung* (hauptsächl. mittelalterl. Werke) in den Erdgeschoßräumen geplant.

PROFESSOR-HUBER-PLATZ 2 — 19

Max-Joseph-Stift Nördlich der Einmündung der Veterinärstraße symmetrisch zum Georgianum (→ Nr. 1) von Friedr. Gärtner erbautes ›Erziehungsinstitut für Töchter höherer Stände‹ (gegründet 1809 durch König Max I. Josef); Grundsteinlegung: 8. 7. 1835 (Geburtstag der Königin), 1840 vollendet. Im 2. Weltkrieg schwer beschädigt, etwas verändert (Fenster) für Juristische Fakultät wiederhergestellt. ***Beschreibung:*** Winkelbau zu 13 bzw. 6 Achsen als nordöstlicher Abschluß des Universitätsforums; die beiden Obergeschosse urspr. unter Stichbogen gekuppelte Fenster (heute sprossenlose Rundbogenfenster); der 3achs. Kopfbau unter Zeltdach an der Ludwigstraße in Höhe und Dimension dem gegenüberliegenden nördlichen Flügelbau der Universität angeglichen. (Als bes. Neuheit wurden die bereits 1840 von Steinheil durch galvanisch-telegraphische Drähte unter sich verbundenen Uhren in verschiedenen Sälen und Zimmern hervorgehoben.) ***Bedeutung:*** Das Max-Joseph-Stift und das Georgianum bilden gemeinsam mit der gleichzeitig errichteten Universität die monumentale Umbauung des quadratischen Forums, das den Straßenraum der Ludwigstraße vor ihrem Abschluß ausweitet. Der weitgehende Verzicht auf Plastizität der Fassaden steigert die Geschlossenheit dieser Platzanlage, die durch die 4 Kopfbauten architektonisch verfestigt und durch die Schalenbrunnen akzentuiert wird.

PROMENADEPLATZ 6

Langgestreckter Rechteckplatz, als einstiger Salzmarkt Standort von 2 Lagerhäusern sowie des landesherrlichen Mautgebäudes; 1. Salzstadel 1406 erbaut, beide 1778 abgebrochen und in heutiger Arnulfstr. (Höhe Starnberger Bf.) errichtet (1858 abgerissen); Mautgebäude 1806 entfernt, danach die säkularisierte Augustinerkirche (→ Neuhauser Str. 53) bis 1905 als Mauthalle verwendet. 1780 als Paradeplatz mit Linden bepflanzt, seit etwa 1810 als »Promenadeplatz« bezeichnet. Bereits im ausgehenden 17. und im 18. Jh. Errichtung von Adelspalais und Bürgerhäusern, im 19. Jh. von Palais und Geschäftshäusern. Beschädigungen des 2. Weltkriegs durch Restaurierungen (Nr. 15) oder durch vereinfachte Rekonstruktion behoben (z. B. Nr. 12), Neubauten der 50er Jahre (z. B. Nr. 8) zu vordrängend. Einzelbauten: Nr. 6 *Hotel Bayerischer Hof,* 1960–63 durch Schleich verändert wiederaufgebaut; Nr. 9 *August-Lenz-Haus,* 1909/10 als Jugendstilbau von Cube und Stöhr errichtet; Nr. 11 *Wohnhaus Promenadeplatz 11* durch Münzel 1982–83 in Anlehnung an die Fassade von 1822 neu erbaut; Nr. 12 *Parcus-Haus,* 1887–88 anstelle zweier Barock-Palais von F. v. Thiersch errichtet; bemerkenswerte Bauten: *Montgelas-Palais* (→ Nr. 2), *Dresdner Bank* (→ Nr. 7), *Gunetzrhainer-Haus* (→ Nr. 15). – In der Grünanlage heute 4 *Denkmäler: Christoph Willibald Gluck* (von Brugger, 1848), *Orlando di Lasso* (von Widnmann, 1849), Kurfürst *Max Emanuel* (von Brugger, 1861) und *Lorenz Westenrieder* (von Widnmann, 1854). Das Denkmal für den Gesetzgeber Kreittmayr (von Schwanthaler 1837–45) im Krieg zerstört; die als Ersatz dafür gedachte Neufassung 1960/61 von A. Fischer auf Ablehnung gestoßen, 1962 vom Stadtrat an die Gemeinde Offenstetten geschenkt und dort 1963 vor dem Schloß Kreittmayrs aufgestellt.

PROMENADEPLATZ 2 6

Ehem. Palais Montgelas* Nach Plänen von Herigoyen 1811–13 erbautes Palais für Maximilian Graf Montgelas an der Stelle des barocken Perusa-Palais und des östlich anschließenden, 1406 errichteten Salzstadels; gleichzeitige Innenausstattung durch Métivier. Verkauf des Palais an Staat (1817) und Verwendung als Ministerium des königlichen Hauses und des Äußeren (bis 1918), als Deputiertenkammer und als Erzbischöfl. Ordinariat (bis 1962); seit 1969 zum westl. anschließenden Hotel Bayerischer Hof gehörend, 1971–73 durch Schleich grundlegend restauriert und unter Beibehaltung historischer Gegebenheiten zur Hotel-Dependance ausgebaut. ***Beschreibung:*** Über rustiziertem Erdgeschoß 2 Obergeschosse, von breitem Gebälk mit zurückhaltendem Empire-Fries abgeschlossen. (Proportionen durch Aufsetzen des 3. Obergeschosses zwischen 1865 und 1870 beeinträchtigt.) *Platzfassade** aus 6achsigem Mittelrisalit, durch Pilaster gegliedert und von 3achsigen Rücklagen flankiert; das linke Rundbogenportal früher Einfahrt des urspr. 8achsigen Perusapalais. Analog dazu die 17achsige *Straßenfassade* mit 5achsigem pilastergegliederten Mittelrisalit (in urspr. Entwurf durch Säulen besonders hervorgehoben). An beiden Fronten Eingreifen der Mittelrisalite in das Walmdach. An ***Innenräumen*** von Métivier erhalten (und restauriert) *Königssaal, Montgelas-Salon* und *Ministerzimmer;* daneben mehrere Repräsentationsräume 1971/72 mit Antiquitäten ausgestattet (Bibliothek: Eichentäfelung aus Loire-Schloß; ›Watteau-Salon‹: bemalte Panneaux aus Schlößchen bei Versailles); Gaststätte in den Kellergewölben des 15. Jh. eingebaut. ***Bedeutung:*** Am Übergang vom frühklassizistischen zum monumentalen Stadtpalais Klenzescher Prägung (Leuchtenberg-Palais, → Odeonsplatz 4) stehender Bau, der in den ausgewogenen Proportionen, dem zurückhaltenden Empire-Dekor und der urspr. Innenausstattung – entsprechend der Herkunft des Bauherrn – französischen Einfluß verrät; durch sorgfältige Restaurierung Rettung eines der wenigen erhaltenen Hauptwerke Herigoyens. Die 3 Prunkräume im 2. Obergeschoß – neben jenen im Prinz-Karl-Palais (→ Königinstr. 1) – einzige original erhaltene Innenausstattungen Métiviers.

PROMENADEPLATZ 7 6

Dresdner Bank Von Littmann 1906–07 errichtetes Verwaltungsgebäude; im Krieg teilweise beschädigt, im Inneren neugestaltet und durch Anbau erweitert (von Wiedemann, 1966–67). ***Beschreibung:*** 8achsige Fassade, über bossiertem Erdgeschoß mit schmalem Gesims 2 durch Mauerpfeiler zusammengefaßte Obergeschosse; darüber kleinteiliges Mezzanin unter Balustrade und Walmdach; an der Einmündung der Hartmannstraße akzentuierender Eckrisalit mit Haupteingang, ausgezeichnet durch Kolossalpilaster und Giebel, urspr. auch noch durch 4 Statuen (fehlen heute); plastischer Schmuck durch Düll und Pezold. ***Bedeutung:*** In die urspr. Platzbebauung (18. u. frühes 19. Jh.) geschickt eingefügter Repräsentationsbau bei disziplinierter Verwendung klassizistischer Formelemente.

P

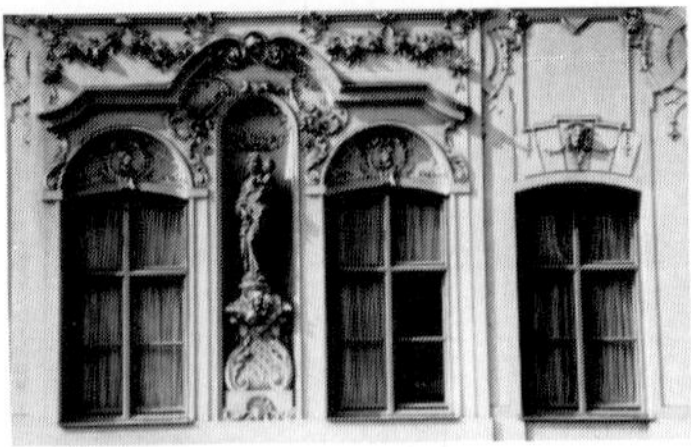

Hausmadonna am Gunetzrhainerhaus

PROMENADEPLATZ 15 6

Gunetzrhainerhaus★ (auch sog. Ostermaierhaus), 1726 vom späteren Oberhofbaumeister J.B. Gunetzrhainer erworben und kurz darauf umgebaut, 1944 großenteils zerstört, 1960 Neubau unter Rekonstruktion der ***Fassade*** in ihrer charakteristischen Mischung von Putzgliederung und zierlichem Stuckdekor in Régenceformen; in schmaler Rundbogennische Hausmadonna (möglicherweise von I. Günther). ***Bedeutung:*** Schönes und nach dem letzten Krieg selten gewordenes Beispiel eines bürgerlichen Wohnbaus und Künstlersitzes des Rokoko (wenn auch nur durch Nachbildung überliefert).

RESIDENZSTRASSE 1 6

Staatliche Münzsammlung★ Erste Anfänge durch Albrecht V., unter ihm und Wilhelm V. Erwerbung der Kollektion von Bischof Knöringen von Augsburg und Joh. Fickler; unter Maximilian I. besaß das Münzkabinett bereits 1500 römische Goldmünzen (bei Plünderung durch die Schweden im 30jähr. Krieg beträchtlich geschädigt); Max III. Josef unterstellte die Sammlung der Bayerischen Akademie der Wissenschaften. Bedeutende Zugänge durch Karl Theodor sowie, nach 1803, durch die Schätze aus den säkularisierten Klöstern, ferner Erwerb der Sammlungen von St. Emmeram in Regensburg und von St. Peter in Salzburg. Ludwig I. sammelte vor allem altgriechische Münzen, erwarb die Sammlung Cousinéry (1811 u. 1816), Max II. keltische ›Regenbogenschlüsselchen‹ (1858); ferner gelang Ankauf der Sammlungen Möhl, Castilio und Steiglehner. Der bedeutendste Zugang 1956 durch die Kollektion Arndt (antike Gemmen); 1961 gelingt Erwerb der Sammlung Koenig (›Rechenpfennige‹). Seit 1960 befindet sich die Münzsammlung im ›Hofdamenstock‹ der Residenz. ***Bedeutung:*** Hervorgegangen aus dem humanistisch bestimmten Interesse der Renaissance-Fürsten, bereichert durch den repräsentierenden Anspruch der Barockzeit und ergänzt durch das wissenschaftliche Interesse des 19. Jh., ist die Münchner Sammlung durch die Erwerbungen im 20. Jh. zu internationalem Rang aufgestiegen. Sie ist die größte Sammlung ihrer Art in der Bundesrepublik (ca. 2500 Objekte ausgestellt, ca. 250000 in Studiensammlung) und besitzt die umfangreichste Präsenzbibliothek (über 14000 Bände) zu Numismatik, Geldgeschichte, Glyptik.

RESIDENZSTRASSE 1 (Eingang) 7

Altes Residenztheater (Cuvilliéstheater)★ Nach Brand der Neuveste von 1750, dem das von Stuber im alten St.-Georgs-Saal 1740 eingerichtete Logentheater zum Opfer fällt, Cuvilliés 1750 mit der Planung für das ›Neue opera Hauß‹ beauftragt; 1751 Grundsteinlegung nordöstl. des heutigen Max-Joseph-Platzes, 1753 Einweihung; 1755 verfügt Max. III. Josef Abschluß der Bauarbeiten; 1801 und 1823 geringfügige Änderungen im Sinn des Klassizismus, jedoch Grundsubstanz nicht allzu empfindlich antastend; 1823/24 Verbindungsbrücke zwischen Residenz und Nationaltheater (von Thurn), Theater 1831 wegen Baufälligkeit geschlossen; 1856/57 Wiederherstellung des Rokoko-Zustands durch Foltz. 1943/44 Auslagerung der Schnitzereien, 1944 Vernichtung von Bühne und Zuschauerhaus; 1948–51 Einbau des *›Neuen Residenztheaters‹* in die alten Umfassungsmauern durch Karl Hocheder (→ Max-Joseph-Platz 1); 1956–58 Wiederherstellung des Cuvilliésschen Theaters und Einbau in Apothekenstock der Residenz; Zugang vom Brunnenhof (→ Plan S. 150) bzw. von Durchfahrt Brunnenhof zum Apothekenhof. ***Künstler:*** Cuvilliés, Vater und Sohn, sowie Lespilliez (Entwürfe und Bauleitung), Gießl (Bauausführung), J.B. Zimmermann (Fresko und Stuck), Straub (Figuren und Hauptverzierungen), J. und M. Dietrich (Ornamentschnitzereien); Giov. Paolo Gaspari (Bühneneinrichtung). ***Beschreibung:*** Von langer Eingangsgalerie zum Foyer-Umgang um 8eckigen Innenhof mit 3 *Bronzegöttinnen* (Venus, Ceres, Pomona) frühes 17. Jh. wohl Umkreis von Krumper und Petel, die 4. Figur ergänzte Bronzenachbildung (1958) eines römisch-antiken Marmortorso; im Umgang *Gemälde* aus der sog. ›Großen Schönheitengalerie‹ Max Emanuels von Corlando, Ende 17. Jh. Vom *Vestibül* (mit Treppe zum 1. Rang) Zugang zum Parterre; *Gemälde* von Pellegrini und Desmarées (Werkstatt). Der ***Zuschauerraum*** über annähernd hufeisenförmigem Grundriß im Farbklang Weiß-Gold-Rot; Decke heute wolkenartig graublau bemalt (Zimmermann-Fresko, ›Athene und Merkur‹ 1753 entstanden, bereits 1801 aus originalem Bau beseitigt; ebenfalls zerstört sein Fresko im Vorraum zur Kurfürstenloge, 1754). Beiderseits der 2geschossigen, durch reiche Ornamentierung zum künstlerischen wie zeremoniellen Mittelpunkt akzentuierten *Kurfürstenloge★* über marmoriertem Eingangsportal zum Parkett (sein Boden einstmals durch Cuvilliés' Hebemaschinen zur Bühne zu absenkbar) je 28 Logen: *Parterrelogen* (ehem. für Stadtadel) mit einfachen ornamentierten Brüstungen und Stützen; darüber *1. Rang* (ehem. für Hochadel), hervorgehoben durch rote (geschnitzte) Draperien, reiche, plastisch behandelte Stützen★ (Atlanten und Karyatiden symbolisieren Jahreszeiten) und reiche Kartuschen im oberen Rahmenabschluß; der *2. Rang* (ehem. für niederen Adel) nur noch ausgezeichnet durch Brüstungsreliefs und emblemgeschmückte Köpfe★ in bekrönenden Kartuschen (Allegorien der Tageszeiten, Elemente, irdische Reichtümer und Erdteile), die Stützen als Palmstämme ausgebildet; der *3. Rang* (ehem. für Hofbeamte) einfach ornamentiert, die Kartuschen in der umlaufenden Hohlkehle bereits in den Jahren 1851–57 verlorengegangen) 1957/58 ergänzt, ebenso der Plafondrahmen. *Proszenium* als Bühnentor durch kräftige Säulenstellung ausgezeichnet, die 2geschossigen Logen von Kurhut bekrönt; an der Hohlkehle des *Bühnenbogens,* von Genien flankiert, Allianzwappen Bayern-Sachsen; *Bühnenöffnung* durch geschnitzte, geraffte Vorhänge gerahmt (Wiederherstellung von 1959–62).

Bedeutung: In seiner Einheitlichkeit und der Qualität der künstlerischen Ausgestaltung einzigartige Rokokoschöpfung Bayerns; trotz der Anregung durch das Markgräfliche Opernhaus zu Bayreuth (Galli-Bibiena, 1744–48) und des (Cuvilliés wahrsch. bekannten) Theaterprojekts für Versailles (Gabriel, 1748) zeigt das Münchner Theater die geniale Umsetzung barocker Formendichte in geschmeidig-fließendes Überspielen der Architektur durch das Ornament. Bei Aufführungen vor allem zeitgenössischer Opern des 18. Jahrhunderts vollkommener Zusammenklang von Raumkunst, Musik und Theater.

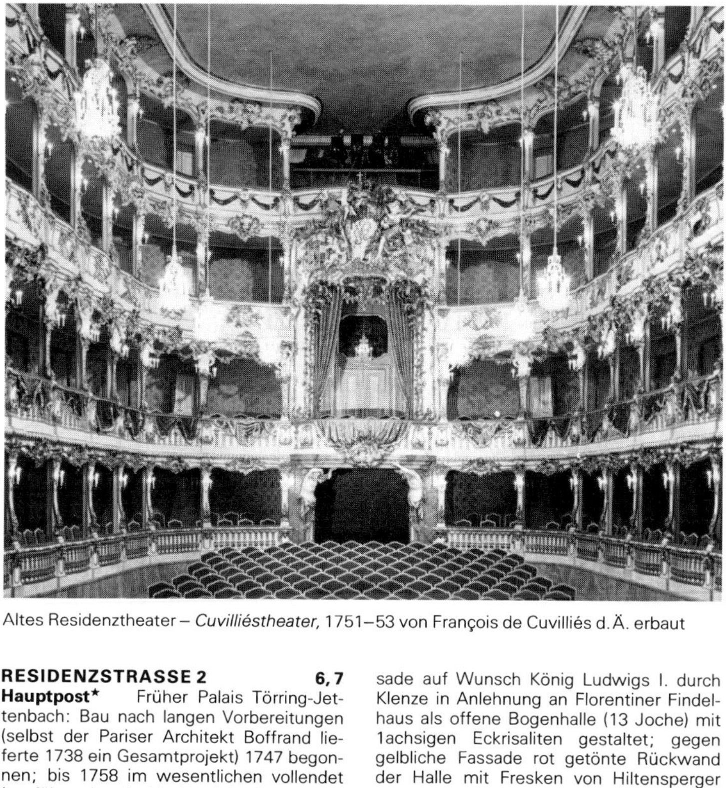

Altes Residenztheater – *Cuvilliéstheater,* 1751–53 von François de Cuvilliés d. Ä. erbaut

RESIDENZSTRASSE 2 **6, 7**

Hauptpost★ Früher Palais Törring-Jettenbach: Bau nach langen Vorbereitungen (selbst der Pariser Architekt Boffrand lieferte 1738 ein Gesamtprojekt) 1747 begonnen; bis 1758 im wesentlichen vollendet (ausführender Architekt: I. A. Gunetzrhainer, Innenausstattung: J. B. Gunetzrhainer; Stukkaturen: J. B. Zimmermann). Seit 1834 Hauptpost, 1836–39 von Klenze umgestaltet und beiderseits um je 2 Fensterachsen erweitert. 1945 bis auf Nordfassade am Max-Joseph-Platz schwer beschädigt; diese beim Wiederaufbau 1949–56 restauriert (1953) im Gegensatz zur urspr. Hauptfassade, die unter Hinzufügung eines 3. Obergeschosses pseudosachlich neu errichtet wurde; dabei das erhaltengebliebene 4säulige *barocke Hauptportal* abgetragen und ins Innere (!) der Schalterhalle versetzt. ***Beschreibung:*** Als tiefe 4-Flügel-Anlage errichtet. Die urspr. anspruchslose Nordfassade auf Wunsch König Ludwigs I. durch Klenze in Anlehnung an Florentiner Findelhaus als offene Bogenhalle (13 Joche) mit 1achsigen Eckrisaliten gestaltet; gegen gelbliche Fassade rot getönte Rückwand der Halle mit Fresken von Hiltensperger (Rossebändiger; zum Oktoberfest 1839 enthüllt, von Loeber 1951 neu gemalt und 1953 restauriert). Im ***Innern*** nur noch barockes Portal erhalten, ferner 2 Götterstatuen aus ehem. Treppenhaus (von J. B. Straub entworfen, 1772 ausgeführt, 1773 aufgestellt, seit 1952 in der Vorhalle; von den urspr. 9 Statuen 7 im Nat.-Mus., ferner 3 Tonmodelle; 8 Puttengruppen zerstört.) ***Bedeutung:*** Nach Wiederaufbau unter Verzicht auf Rekonstruktion der barocken Hauptfassade an der Residenzstraße kunsthistorisch und städtebaulich wesentlich die Fassade★ am Max-Joseph-Platz, die neben Königsbau der Residenz und Nationaltheater bestimmend für Platzcharakter ist.

R

RESIDENZSTRASSE 13 6

Eilles-Hof* Das gotische Haus von 1714 bis Säkularisation Bestandteil des Püttrichklosters; erhalten der schöne Hof, wohl frühes 16. Jh. 1971 vorbildlich restauriert. (In den folgenden Jahren, bis 1979, in ein umfangreiches Passagensystem zwischen Residenz-, Perusa- und Theatinerstraße eingebunden.) ***Beschreibung:*** 3stöckiger schmaler Hofraum mit Bogengängen und durchbrochenen Backsteinbrüstungen; im Erdgeschoß geschickt eingebaute Schaufenster. ***Bedeutung:*** Letzter vollständig erhaltener Altmünchner Innenhof mit nach innen verlegten urspr. nicht verglasten Altanen (Lauben); ähnliche Lösungen noch in den Innstädten erhalten.

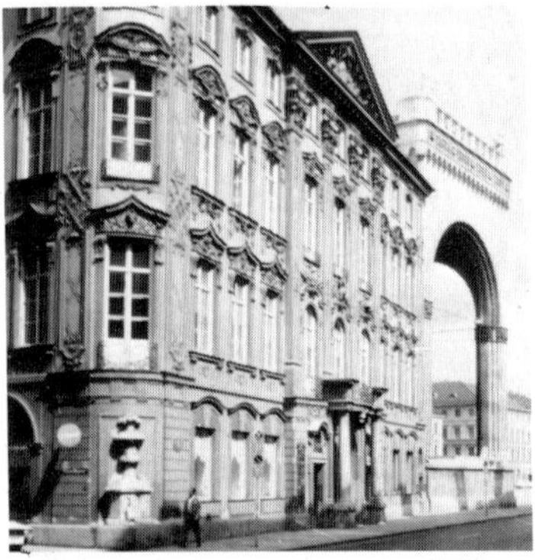

Preysing-Palais (1723–28) von Josef Effner

RESIDENZSTRASSE 27 6

Preysing-Palais* Für den kurfürstlichen Oberstjägermeister Graf Maximilian von Preysing 1723–28 von J. Effner erbaut. Im 2. Weltkrieg so schwer beschädigt, daß nur noch Fassade an Residenz- und Viscardistraße erhalten werden konnte (Fassade an Theatinerstr. gänzlich zerstört); 1958–60 sorgfältige Rekonstruktion der 3 Fassaden, ebenso des Treppenhauses durch Schleich. ***Äußeres:*** An 3 Seiten freistehender Baublock; 4. Seite lehnt sich an Rückseite der Feldherrnhalle. Besonders reiche Gestaltung der beiden 4geschossigen Fassaden an Theatiner- und Residenzstr.: 9 Achsen mit 3achsigem Mittelrisalit, durch säulengetragenen Balkon (an Residenzstr.), nach unten verjüngte Kolossalpilaster und abwechslungsreich geformte Fenstergiebel ausgezeichnet. Fassadenbegrenzung beiderseits durch paneelartige, stuckierte Flächen anstelle von Pfeilern oder Pilastern; Südostecke abgerundet und zur Fensterachse ausgebildet, im Erdgeschoß mit Brunnenplastik verziert. ***Inneres:*** Mehrmaligem Besitzerwechsel fielen die urspr. Innenräume bereits im 19. Jh. zum Opfer, u.a. der 2geschossige Festsaal und die 2geschossige Hauskapelle (von J.B. Zimmermann in Ölfarben ausgemalt, nach Exsekrierung 1844 Inventar z.T. in Pfarrkirche Niederaschau); erhalten blieb bis zur Zerstörung nur die 3armige gegenläufige *Prunktreppe** mit Wendepodest; Gliederung ihrer Wände sowie Karyatiden in urspr. Form wiederhergestellt. Die beiden Porträts, rechts *Max Emanuel,* links *Karl Albrecht,* Kopien nach Ölgemälden von Desmarées. (Das urspr. von Amigoni gemalte Deckenbild bereits früher, wohl 19. Jh., entfernt; seine Thematik nicht überliefert.) ***Bedeutung:*** 1. Rokoko-Palais Münchens, trotz Cuvilliés' nachfolgenden Bauten das reichste: Erstmals Stuck für die Gestaltung der Fassaden verwendet. Doch bleibt klare Gliederung der Fronten erhalten, weil Effner bei seinem Erstlingswerk den hierarchischen Fassadenaufbau durch Stuckdekor nur überspielen läßt. Eine Besonderheit im Palastbau des 17./18. Jh. das durch 2 Stockwerke geführte Stiegenhaus mit den 3 gegenläufigen Treppenarmen.

RINDERMARKT 6

Einer der ältesten Münchner Straßenzüge, parallel zur ersten Stadtbefestigung verlaufend und gemeinsam mit Dienerstraße und Fürstenfelderstraße innere ›Ringstraße‹ der Heinrichsstadt; früher Viehmarktplatz, von Wohnhäusern vornehmer Patrizier umstanden. Im 2. Weltkrieg schwer mitgenommen, beim Wiederaufbau Straßenzug zum Oberanger begradigt; dabei Freistellung des sog. **Löwenturms** an der SO-Seite: dieser nicht – wie oft zu lesen – Rest des 1. Mauerrings, sondern Wasserturm für die Bewässerung eines ehem. Vorstadtgartens. Nur noch Nordseite folgt der alten Straßenflucht: die hier errichteten nüchternen Neubauten mit den sonst für München typischen farbigen Putzfassaden etwas aufgewertet; erwähnenswert dagegen der an der Ostseite errichtete – ebenfalls Altmünchner Tradition folgende – Blankziegelbau der Gaststätte ›Drei Rosen‹ (Arch.: Eckstein, 1969–71). – In abschüssige Freifläche eingefügt der **Rindermarktbrunnen:** Sitzender Hirte mit Herde über stufenförmigem Brunnenbecken. (Entwurf: Henselmann, 1964 angelegt.)

RINDERMARKT 1 6

St. Peter* Erste und lange Zeit einzige Pfarrkirche der Stadt. Nach Grabungen 1952 ff. (Schleich) während des Wiederaufbaus ist Gründungsbau älter als die Stadt; er stammt aus der ersten Hälfte des 11. Jh.: Typus *romanischer* bayrischer Klosterkirchen (3schiffige Pfeilerbasilika ohne Querschiff, mit Ostapsis und 2 eingebundenen Westtürmen); im Verlauf des 12. Jh. Hinzufügung zweier Apsiden, Anbau der ›Reichen Kapelle‹, Wiederaufbau des an der NO-Ecke gelegenen ›Alten Raums‹ (Rest einer vielleicht weit älteren Bebauung) und seine verm. Überbauung mit einem Wehrturm (neben dem Talbrucktor) der 1. Stadtbefestigung um 1175/80; 1. große Erweiterung (Chor) zwischen 1180 und 1200, nach anzunehmender Brandkatastrophe, 2. große Erweiterung (Westatrium) zwischen 1220 und 1230; *gotischer Neubau* 2. Hälfte 13. Jh. (1278–93: Bauablässe), Weihe 1294; nach Zerstörung durch Stadtbrand 1327 Neubau des Chores mit Chorhauptkapelle (Weihe

R

St. Peter: Von der Zweiturm- zur Einturmfassade

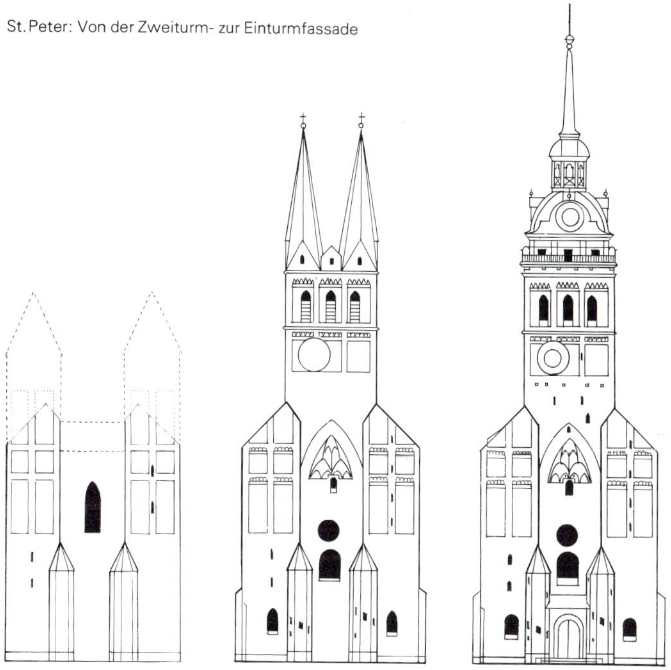

Gotischer Neubau 2. Hälfte des 13. Jh. (1294 Weihe) Doppelturmfassade mit unbekannter Bekrönung, 1327 ausgebrannt

Wiederaufbau mit Einturmlösung 1379–86 mit zwei Spitzhelmen, die 1607 infolge Blitzschlag ausgebrannt sind

Renaissance-Helm 1607–21 1944 zerstört 1946–51 rekonstruiert

1368) und Veränderung der urspr. Zweiturmfassade: Reduzierung der beiden ausgebrannten Turmstümpfe, Vereinigung zu dem heute noch bestehenden *Mittelturm* (zwischen 1379 und 1386) mit nebeneinanderstehenden, viergiebeligen Spitzhelmen (vgl. Sandtner-Modell im Bayer. Nat.-Mus.); 1607 durch Blitzschlag zerstört, Neubau in heutiger Form vermutlich durch Schön d. Ä. 1607–21 (zerstört 1944, rekonstruiert 1946/51); 1630–36 Erneuerung von 2 Ostjochen des Hauptschiffs und Neubau des *Chors* durch I. Pader und Heiß: eine der frühesten barocken Dreikonchenanlagen (Vorbild: Dom zu Salzburg, 1614–28); zwischen 1640 und 1646 *Einwölbung der Schiffe* und *Barockisierung* des Innern sowie weitere

Lage der romanischen Peterskirche

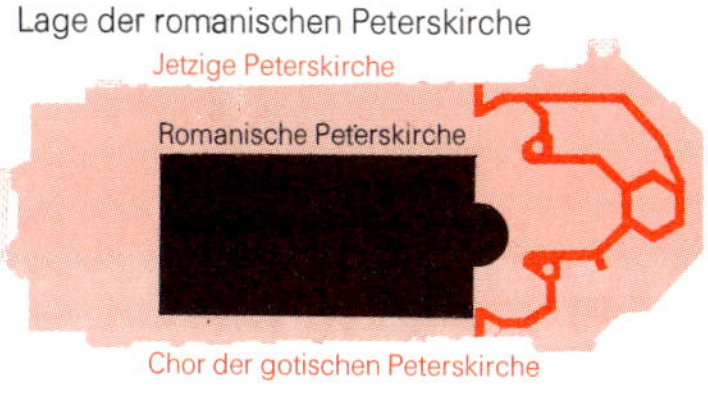

Umbauten durch Heiß, abgeschlossen 1654; Änderungsvorschläge für den Chor von J. A. Müller (1726), Ä. Q. Asam (1729), neues Gewölbe durch I. A. Gunetzrhainer 1730 und Stuckierung des Chors wohl nach Entwurf Stubers; 1753–56 Neugestaltung des Langhauses durch I. A. Gunetzrhainer. (Östlich des Chors romanische Kapelle, 2. Hälfte des 12. Jh., als ›alte Peterskapelle‹, seit 18. Jh. als ›Wieskapelle‹ bezeichnet, 1880 abgebrochen. Der umgebende *Petersfriedhof* 1777 endgültig aufgelassen, die wertvollsten Grabsteine an Außenwänden der Kirche und in einigen Seitenkapellen angebracht.) – 1944 und 1945 schwerste Bombenzerstörungen; Pläne, die aufs schwerste beschädigte Kirche zu sprengen (1945), konnten verhindert werden: erste *Sicherungsmaßnahmen* 1946 (provisorische Turmbedachung) und 1949 (Sicherung des Ostchors); ab 1950 *Wiederaufbau:* bis 1952/53 der Chorpartie, bis 1954 von Langhaus und Seitenschiffen (durch Schleich; von diesem auch Erforschung der romanischen Vorgängerbauten). Renovierung des Turms 1973, des Kirchenbaus 1974/75; Ergänzungen im Innern (seit 1974): Nachschöpfung der (bis auf 6) zerstörten Fres-

R

ken im Langhaus durch Manninger. ***Äußeres:*** Basilika-Typus mit Seitenkapellen zwischen Strebepfeilern; die beiden (gotischen) Westtürme in Firsthöhe des Langhauses zu einem Turm vereint, bekrönt von der für das Stadtbild charakteristischen Haube mit Pyramide; Dreikonchenchor mit (östl.) eingestellten Treppentürmchen; am Sakristeianbau Kurfürstentor von I.A. Gunetzrhainer 1731 (zerst.). ***Inneres:*** Hauptschiff mit Stichkappentonne, im Obergeschoß Oratorienfenster, darüber 16 Felder mit *Fresken* von J.B. Zimmermann: ›Leben des Hl. Petrus‹ (die 6 westl. original erhalten, die 10 zerstörten von Manninger 1974ff. nachgeschaffen); ebenfalls von Zimmermann die großenteils erhaltenen Rocaillestukkaturen (ergänzt) sowie das 1944 zerstörte *Vierungsfresko* ›Martertod des Hl. Petrus‹ (nach 1753; Rekonstruktion durch Manninger 1985). An den Pfeilern **g** *Kanzel* 1750, **h** *Kreuzigung* mit Mater do-

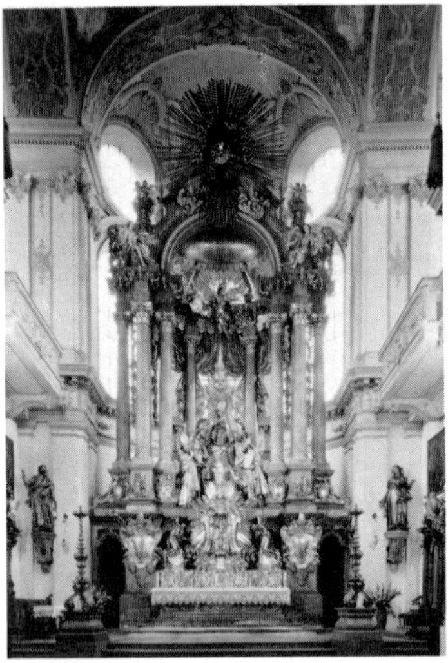

St. Peter: *Hochaltar* von 1730ff.

lorosa um 1753ff. sowie *Apostelfiguren* um 1750 von Prötzner d.Ä. – ausgenommen **e** *Paulus* von Greiff sowie **f** *Andreas*★ von Faistenberger zwischen 1729 und 33. Die *Ölgemälde* an den Pfeilern – ›Leben Jesu‹ und ›Leben Mariae‹ sowie *Kreuzweg* (Station 13 und 14 moderne Kopien) – von Karth 1776. **1** *Hochaltar*★ nach Entwurf von B. Ableitner 1682, von Stuber und Ä.Q. Asam ausgeführt 1730ff.: Einfügen der als Gnadenbild verehrten Sitzfigur des Hl. Petrus★ von Grasser 1517, flankiert von den 4 Kirchenvätern★ des Ä.Q. Asam 1732; restliche Figuren von Greif, die Cherubim beiderseits des Tabernakels (von Canzler 1785) von F. Schwanthaler 1804. **a** und **b** Maria und Christus von Prötzner. **2** *Chorgestühl*★ von I. Günther 1767, **3** *Chorgestühl* von Dietrich 1750, beide bekrönt von urspr. nicht zugehörigen Figuren der 4 Kardinaltugenden von Greif. An den Chorwänden 5 *Flügelbilder*★ des gotischen Hochaltars von Polack 1517 (6 Tf. im Nat.-Mus.), ferner *Dreikönigstriptychon*★ des Pötschneraltars 1477. – Die gerade schließenden Seitenschiffe ebenfalls von Längstonnen mit Stichkappen überwölbt (1951 z.T. neu eingezogen), darüber Oratorien; zwischen Wandpfeilern die Kapellen sowie die 4 Seiteneingänge. An der Ostseite des nördl. Seitenschiffs **4** *Corpus-Christi-Altar* von I. Günther 1755–57 (Tabernakel von Canzler 1758), Gemälde ›Abendmahl‹ von U. Loth um 1644 aus Vorgängeraltar; **c** *Epitaph* für Dekan A.I. Hertl († 1768) von Straub. Im südl. Seitenschiff **5** *Maria-Hilf-Altar* von Günther 1756ff. (rekonstruiert), Gnadenbild von K. Loth 1653 (Kopie des viel verehrten ›Maria-Hilf‹-Bildes in der Innsbrucker Kapuzinerkirche von Lukas Cranach), Rahmen nach Entwurf von Straub 1775 (heute Kopie); **d** *Epitaph* für Dekan Joseph I. v. Unertl († 1759) von Günther. – In jeder Seitenkapelle vor der Zerstörung jeweils ein Altar; heute in jeder 2. Kapelle (8, 10, 12, 15, 17, 19) ein Rokokobeichtstuhl aus der Münchener St. Michaelskirche (seit 1954) sowie aus geretteten Gemälden jeweils ein sog. ›Halbaltar‹ auf Konsolen, darunter Grabsteine (seit 1973); die Kapellen durch Gitter des 17. Jh. geschlossen. **6** Silbergefaßte Verkündigungsgruppe, 2. Viertel 18. Jh., Greif zugeschrieben. **7** *Kreuzaltar* von Schinnagl 1645, die Engel wohl von B. Ableitner; Altargemälde und Oberbild ›St. Michael‹ J.H. Schönfeld zugeschrieben (?); Anna-Selbdritt-Gruppe wohl B. Ableitner (auch K. Pader zugewiesen). **8** Altaraufbau von Schinnagl, Gemälde ›Maria in den Wolken‹ (Leihgabe Alte Pinakothek). **9** *Johannesaltar* von I. Günther 1758, jetzt *Florianaltar:* Heiligenfigur und 2 Engel von Straub 1750; Oberbild ›Hl. Johannes und Andreas‹ von J.U. Loth, Gemälde ›Maria mit 9 Jungfrauen‹, gegenüber ›Der tote Johann Nepomuk‹ von Degle wohl 1756. **10** Reste des ehem. *Dreikönigsaltars* von Straub 1754, Gemälde ›Anbetung der 3 Könige‹ Schönfeld zugeschrieben; in der Predella Hl. Vitus von Straub 1754; **i** Bronzeepitaph von 1613. **11** *Sebastiansaltar,* wohl von Schinnagl um 1650; Altargemälde ›Maria mit den Pestheiligen Sebastian und Rochus und mit dem Stadtpatron St. Benno‹ 1675, früher Schönfeld zugeschrieben. **12** Halbaltar mit Gemälde ›Arme Seelen‹ von Glink; Pestbild von Polack um

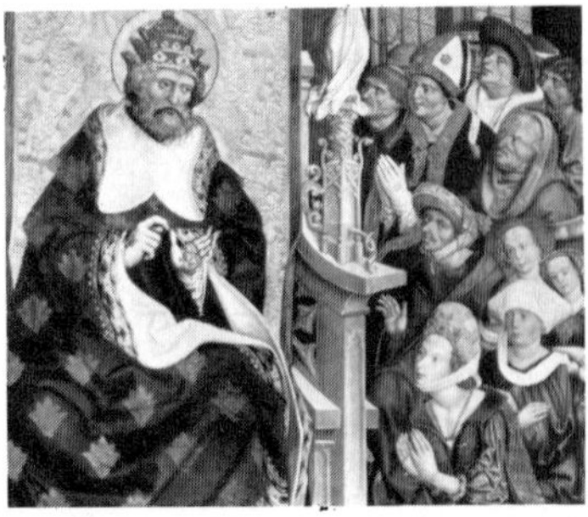

Jan Polack: *Petrus in Cathedra* (Ausschnitt)

St. Peter

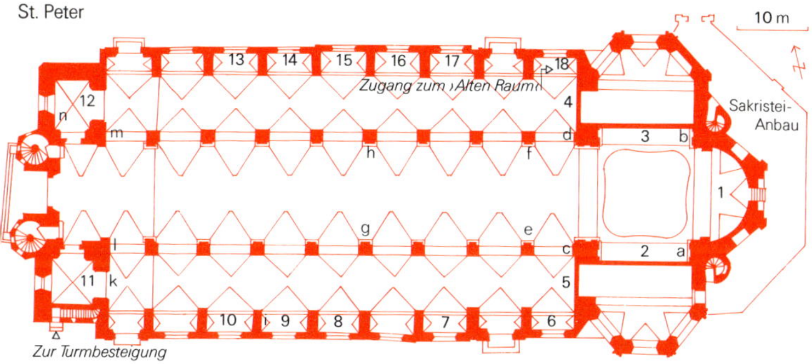

1517. **13** *Taufkapelle:* Taufstein von Krumper 1620, Deckel von Prötzner um 1750; Altarblatt ›Taufe Christi‹ 1706 (anonym), mit Rahmen von Rösner 1974. **k** (über dem Eingang) *Epitaph*★ des Stadtkommandanten J.E. de Courcelles de Wachsenstein († 1755) von Günther 1755. **l** *Pötschner-Epitaph* vielleicht von einem Gehilfen Grassers um 1505. **m** *Epitaph* für Dekan U. Aresinger († 1485) von Grasser 1482. – An den gegenüberliegenden beiden Pfeilern das alte gotische Pfeilerprofil (14. Jh.) freigelegt. In der *Turmhalle* Mahnmal für die Gefallenen und die durch Bomben Umgekommenen: Kruzifix von Lenz ca. 1948. **14** *Katharinenkapelle:* Eligius-Altar von Günther um 1765–70; **n** Epitaph für Graf von Daun († 1792) von Boos; Ölberggruppe: Christus von F.J. Schwanthaler 1795, die 3 Jünger von Entres um 1846. **15** Altaraufbau von Schinnagl, Gemälde ›Beweinung Christi‹ von de Pay (nach van Dyck). **16** *Matthäus- und Matthias-Altar:* Aufbau 1676, wohl von Schinnagl, Gemälde ›Hl. Liborius als Fürbitter bei der Mutter Gottes‹ 1748 wohl von F. Zimmermann; Schrein von 1677 mit den Gebeinen der Hl. Munditia. **17** *St.-Anna-Altar:* Aufbau von Straub 1750, Gemälde ›Joseph und Joachim‹ sowie Oberbild ›Johannes der Täufer‹ von Sandrart 1647. **18** *Sigismundaltar,* seit 1803 im Glasschrein Kopie des Gnadenbildes in der Wies (angeblich aus der 1880 abgebrochenen ›Wies-Kapelle‹); Gemälde im Auszug Sandrart zugeschrieben, auf der Mensa ›Hl. Familie‹ aus Günther-Werkstatt. **19** Altarumrahmung aus vorhandenen Resten komponiert, Gemälde ›Martyrium des hl. Erasmus‹ von K. Loth um 1670. **20** *Martinsaltar,* sog. ›Schrenk-Altar‹★ wohl Münchener Arbeit um 1400. **21** Silber gefaßte Gruppe ›Kreuztragender Christus und Maria‹ (anonym, Anf. 18. Jh.). ***Bedeutung:*** Die erste und älteste Pfarrkirche Münchens ein für die Kunst- und Kirchengeschichte der Stadt gleichermaßen bestimmender Bau, dessen reiche Ausstattung von der Gotik über Renaissance, Barock und Rokoko bis zum Klassizismus reicht. In dem Dreikonchenchor (Übernahme vom Salzburger Dom) frühes Eindringen barocker Vorstellungen in München. – Der Baukörper der Kirche südlich des Marienplatzes, die Plastizität ihrer Choranlage über dem Viktualienmarkt, die Turmfassade im Straßenzug des Rindermarktes sind wesentliche Bestandteile des architektonischen Stadtbildes – abgesehen von der charakteristischen Form des Turms (gleichsam ›Musterlösung‹ für barocke Turmbekrönungen durch Zwiebel-Laterne-Obelisk; vergleichbare Formen in Augsburg: Maria Stern 1574–76, Nordturm von St. Ulrich 1594, Perlach-Turm 1614–16, Rathaus 1618 ff.); Turm als ›Alter Peter‹ eines der charakteristischen Wahrzeichen Münchens. (Nach Verhinderung der Sprengung der Kirche erste exemplarische Leistung der frühen Wiederaufbauphase.)

RINDERMARKT 10 **6**

Ruffinihäuser Die aus 3 Häusern bestehende und auf annähernd dreieckigem Grundstück um einen Innenhof angeordnete Gruppe nach einem durch G. v. Seidl gewonnenen Wettbewerb aus 3 verschiedenen Haustypen 1903–05 errichtet. Im 2. Weltkrieg viele Beschädigungen, 1954 durch Schleich rest. bei Neubau der Ostseite (ausgenommen 2 Giebel an der Sendlinger Str. sowie ein Türmchen). ***Beschreibung:*** Von steilen Walmdächern überdeckte, in ihrer Silhouette malerisch bewegte Baugruppe, über Erdgeschoß (mit Vordach bzw. Rundbogen-Schaufenstern) 3 Stockwerke, überwiegend mit Rechteckfenstern; zwischen ihnen reicher figürlicher, pflanzlicher und allegorischer Dekor; an den 2 Ecken 2stöckige Polygonalerker (Pettenbeckstr./Sendlinger Str.); nüchterne Gliederung des Abschnittes Sendlinger Str./Rosental je 5 Doppelachsen zwischen Pilastern; ähnlich die 11achsige Südostfront am Rindermarkt. ***Fassade:*** Besonders reich dekoriert das Haus Sendlinger/Pettenbeckstraße: Reliefs auf farbigem Grund von Seidler und Widmer, Fresko von Wahler mit Darstellung des 1808 abgetragenen, auch ›Blauententurm‹ genannten Ruffiniturms (urspr. Sendlinger Tor der 1. Stadtmauer). ***Bedeutung:*** Im malerischen Nebeneinander verschiedener Stile Eindruck einer in Jahrhunderten gewachsenen Baugruppe: sozusagen ›Musterkatalog‹ von Seidls Motivquellen.

ROCHUSSTRASSE 6 **6**

Ehem. Karmeliterinnenkloster Nach Stiftung von Herzog Max Philipp und seiner Gemahlin Mauritia Febronia (1687) nach Plänen des Klosterbaumeisters der Münch-

R

ner Karmeliten, Frater Dominicus a S. Euphrosina (G. Schorn) 1711–14 errichteter Bau (Bauleiter: Kögelsperger), gleichzeitig mit der eingebundenen Dreifaltigkeitskirche (→ Pacellistr. 6). Nach 1802 als städt. Pfand- und Leihhaus genutzt, der urspr. Haupttrakt an Pacellistraße 1878 durch Neubau für Bayerischen Kunstgewerbeverein (Arch.: Gedon) ersetzt und nach Kriegszerstörungen vereinfacht wiederaufgebaut; die übrigen Trakte der unregelmäßigen Anlage (an Rochusstraße) 1975–79 gründlich renoviert und zu Bürohaus (Ordinariat) ausgebaut. ***Beschreibung:*** Östlich und nördlich der Dreifaltigkeitskirche auf trapezförmigem Areal errichteter Klosterbau aus 3 Trakten um zentralen irregulären Innenhof; heutige Anlage nach Osten um 2 kleinere Höfe erweitert. Einfache Gestaltung der 3geschossigen Fassaden in Anlehnung an historische Gegebenheiten. Im Haupthof (als ›Pacelli-Passage‹ zugänglich) Wiederherstellung der barocken Brunnenanlage sowie Büste von Herzog Max Philipp.

ROSENHEIMER STRASSE 1 **12**
Müllersches Volksbad Auf Grund einer Stiftung des Zivilingenieurs Karl Müller nach Plänen von Hocheder 1897–1901 erbautes öffentliches Hallenbad Münchens; plastischer Schmuck durch Floßmann, Hahn, Pfeifer, Rauch u.a. Umfassende Restaurierung 1978–84. ***Beschreibung:*** Über einer Kaimauer am östl. Isarufer breitgelagerte 3geschossige Schauseite zwischen überkuppeltem römisch-irischen Bad (im Süden) und dem ›Vierungsturm‹ über Damenschwimmbad (im Norden); neben diesem Trakt parallel verlaufend die eigentliche Achse des Baukomplexes mit Eingangshalle, (Wasser-)Turm und anschließendem Herrenschwimmbad. Das ***Innere*** durch die beiden thermenartigen weiträumigen Schwimmhallen bestimmt, ihre römisch-barockisierende Ausstattung* von Jugendstil geprägt, ebenso die maurischen Anklänge im Schwitzbad. ***Bedeutung:*** In der strukturellen Bejahung der Funktion der einzelnen Bauteile bei Verwendung traditioneller dekorativer Elemente beachtlicher Münchner Beitrag zur Architekturentwicklung vom Historismus zu sachlicherer Strenge. Die als »Deutschlands schönstes Jugendstilbad« bezeichnete Anlage war – abgesehen von der fürstlichen Badenburg (→ S. 204) – Münchens erstes Hallenbad.

ROSSMARKT 15 **10**
Meisterschule für Mode Die Verlegung des Hauses der Landstände (seit 1394) am Schrannen-(Marien-)Platz führte 1774/75 zum Erwerb von 3 Häusern am Roßmarkt, auf deren Grundstücke wohl gleichzeitig mit dem Bau des neuen Gebäudes (›Landschaftshaus‹) nach Plänen von Cuvilliés d.J. begonnen wurde; nach dessen Tod 1777 Weiterführung des Baus durch Widmann bei Vereinfachen bzw. Eleminieren des (Zopf-)Dekors der Fassade (Plan von 1806); bis 1798 bezugsfertig, Fassade aber erst um 1813 durch Herigoyen unter Rückgriff auf Cuvilliés-Entwurf und geringfügigen Modifikationen (Dachgauben, Pilaster statt Säulen am Portal) vollendet. Im 2. Weltkrieg beschädigt, 1949 wiederhergestellt. – Von 1798 bis 1807 Sitz der Landstände, nach deren Auflösung (1808) im Besitz der Stadt (Krankenhaus), 1811–13 Umwandlung in das ›Kgl. weibliche Erziehungsinstitut für höhere Stände‹, ab 1840 Taubstummeninstitut und von 1848–68 Armee-Montur-Depot; danach wieder in städtischem Besitz, seit 1931 Meisterschule für Mode (gegr. 1931). ***Beschreibung:*** Klar gegliederter mächtiger, von kolossalen Eckpfeilern begrenzter Baublock unter hohem Walmdach; monumentale *Fassade:* rustiziertes Erdgeschoß (mit Mezzanin), 6 Fensterachsen beiderseits des Mittelportals (mit Doppelpilastern); über schmalem Gesims 2 Obergeschosse, das Hauptgeschoß durch Fensterbalkone und kräftige Segmentgiebel hervorgehoben. Die imposante *Einfahrtshalle* mit säulengetragenen Gewölben bis zum Hofraum durchgehend, der urspr. von Sckell gärtnerisch gestaltet werden sollte. ***Bedeutung:*** Als Reaktion auf die Rokoko-Phase (z.B. Palais Holnstein, → Kard.-Faulhaber-Straße 7) Hinwendung zu strengerer Auffassung, die sich an der ›Gravitas‹ römisch-monumentaler Palastbauten orientiert (wie z.B. Zuccalli-Epoche: Portia-Palais, → Kard.-Faulhaber-Str. 12) – eine der letzten noch vom Geist des Barock geprägten Fassaden in München vor Beginn des Klassizismus.

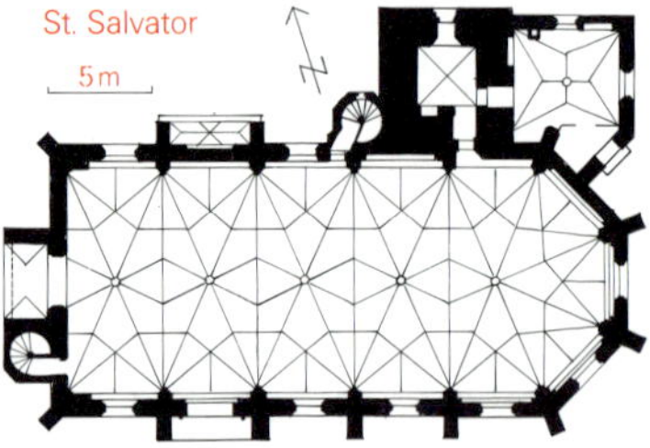

SALVATORPLATZ 17 **6**
Salvatorkirche Als Friedhofkirche der Pfarrei zu Unserer Lieben Frau 1493–94 von Rottaler erbaut, ausgeschmückt von hervorragenden Künstlern (u.a. Fuetrer, Mälesskircher, Mielich, Candid). Kirche 1803 säkularisiert, wertvolle barocke Einrichtung entfernt; 1806 den Münchner Protestanten übereignet, aus Geldmangel für notwendige Reparaturen nicht genutzt; ab 1811 für einige Jahre Atelier des Bildhauers Franz Jakob Schwanthaler; 1818 erneute Pläne: Errichtung eines evangelischen Gemeindezentrums, bei dem nur der Turm erhalten bleiben sollte (Projekt von Vorherr, der 1824 abermals Umbaupläne vorlegt; gleichzeitig auch Himbsel); mit Neubau der St.-Matthäus-Kirche (→ Nußbaumstr. 1) 1827ff. Pläne mit Salvatorkirche gegenstandslos. Seit 1829 ist sie der griechisch-orthodoxen Kirchengemeinde übergeben. 1944 beschädigt (Vernichtung der gotischen Glasfenster), 1948 wiederhergestellt. ***Bedeutung:*** Dieser einschiffige 5jochige Backsteinbau

mit angebautem Nordturm steht als grazilpräzises Werk der Landshuter Richtung neben der gleichzeitigen mächtigen Frauenkirche. Die Fresken an der Nordseite (Ridler-Gedächtnisstätte; mit Kruzifixus) letzter Rest spätgotischer Sakralmalerei am Außenbau. Hier auch *Gedächtnisplatte* mit Aufzählung der berühmtesten Männer (u. a. Mielich, Orlando di Lasso, Cuvilliés; nicht genannt: Maximilian Robespierre, Vater des frz. Revolutionärs), die auf dem Salvatorfriedhof (aufgelassen 1789) begraben worden waren.

SANKT-ANNA-PLATZ 5 **8**
Pfarrkirche St. Anna Nach Plänen G. v. Seidls ab 1887 errichtet, geweiht 1892. 1944 beschädigt, bis 1955 im wesentlichen wieder instand gesetzt. 1971/72 innen restauriert und leicht verändert. ***Beschreibung:*** 3schiffige Basilika mit westl. Querhaus und Turm, nach 4jochigem Langhaus Querschiff mit oktogonalem Vierungsturm; Altarraum und Apsis von Sakristeibauten umschlossen; an Stirnseiten der Querhäuser Apsiden. – Entwürfe für die *Altäre* von Gabriel v. Seidl, *Apsisfresko* von Rudolf v. Seitz (Hauptwerk, 1892); *Querhausfresken* (Kommunion der Apostel und Hochzeit zu Kana) von Becker-Gundahl 1907/08; die 1914 nach dem Tod von G. v. Seidl gegen dessen Intentionen ausgeführte ornamentale Ausmalung bei Restaurierung deshalb nicht mehr angebracht; *Bauplastik* von Pruska; über dem Westportal ikonographisch einzigartiger *Apokalyptischer Christus** (als Reiter mit Bogen und Ölzweig) von F. v. Miller, 1910. ***Bedeutung:*** Unter Einfluß rheinischer Romanik entstandener Bau, durch die umgebende Terrasse aus dem profanen Bereich ausgesondert, aber mit Randbebauung zu harmonischem Platzensemble zusammengewachsen.

SANKT-ANNA-PLATZ 21 **7**
Klosterkirche St. Anna* Berufung der Hieronymiten (seit 1686 in Klösterl am Walchensee) als Seelsorger für den Vorort Lehel (1725); Bau ihrer Klosterkirche durch J.M. Fischer 1727–33; Weihe 1737; Ausstattung 1730–38 durch Brüder Asam. Nach Aufhebung des Klosters 1802 Pfarrkirche von 1807–92; 1827 Übergabe an die Franziskaner, 1852/53 Vorblendung einer neuromanischen Zweiturmfassade durch Voit. 1893 führte geringfügige Umgestaltung des Innern zum Verlust wertvoller Altarblätter von K.D. Asam; 1934 Innenrenovierung. 1944 fast völlig ausgebrannt; 1945–51 Abtragung der ausgebrannten Türme bis auf Höhe des Dachstuhls, Sicherung der übrigen Bausubstanz und Wiederaufbau des Kirchenraums in gewollt einfachster Form. Ab 1965 Rekonstruktion der urspr. Fassade in der Flucht der Voit-Front sowie 1967–79 Wiederherstellung des Innenraums durch Schleich. (1977 Restaurierung des angrenzenden *Klosters:* Architekturgliederung.) ***Äußeres:*** Die in Klosterbau eingefügte Kirche nur durch Fassade hervorgehoben: Heute durch Einbeziehung der Turmstümpfe von 1852–53 und ihre Gestaltung

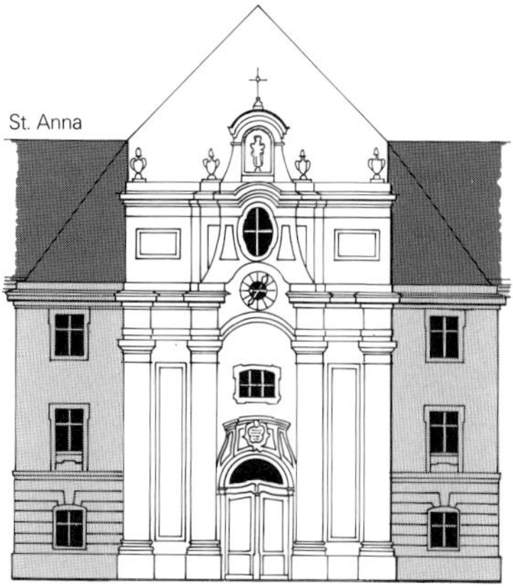

Rokokofassade 1727-1852, 1965-66 rekonstruiert

(als Fensterachse der anschließenden Klostertrakte) jetzt als vorgezogener, gegenüber der urspr. Erscheinung breiter proportioniert wirkender Mittelrisalit; klar durch je 2 Kolossalpilaster beiderseits des Eingangs gegliedert, über Kapitell mit Kämpfern hohe Attika mit 4-Paßfenster; darüber zierlicher Zwerchgiebel und Dachzone. ***Inneres:*** ›Ovaler‹ Hauptraum, von Nischen umgeben (Konchenoval), deren Trennwände vorgelegte Pilaster besitzen; auf diesen über hohen Kämpfern die Deckenvoute mit einschneidenden Bogen, zwischen ihnen der geschwungene, teilweise der Grundrißkonstruktion folgende Rahmen des Deckengemäldes eingespannt. Von der einstmals reichen Innenausstattung nur Bruchstücke gerettet, bei Rekonstruktion mitverwendet. Die zerstörten *Deckenfresken* von K.D. Asam (1729), von Manninger unter Verwendung von 1942 (!) angefertigten Farbphotos nachgemalt: 1967 die großartige *Doppelwappenkartusche* im Scheitel des Triumph-

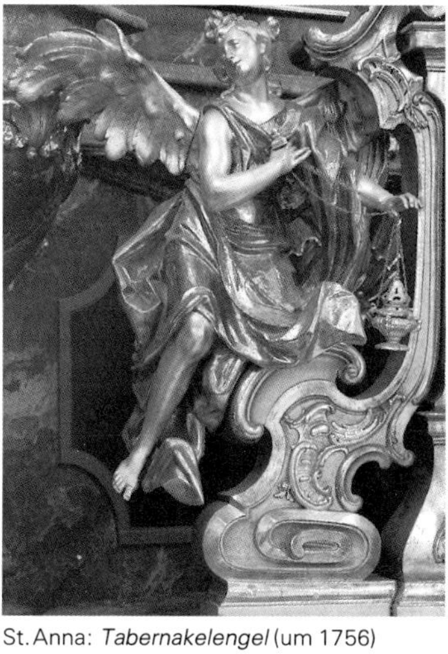

St. Anna: *Tabernakelengel* (um 1756)

S

Ehemalige Klosterkirche St. Anna

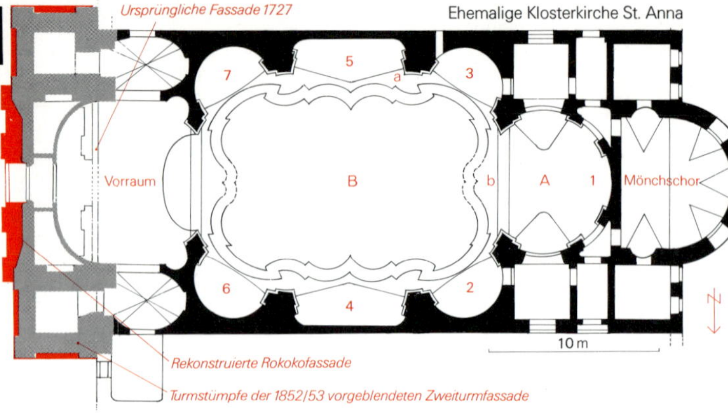

bogens (**b**), 1970 das *Chorfresko* **A** ›Verherrlichung des Namens Anna‹ (›Gnade‹), 1972 das *Hauptdeckenbild* **B** ›Erhebung der Hl. Anna in den Himmel‹, 1976 ›Tod Mariens‹ über der Orgelempore. ***Altäre:* 1** *Hochaltar,* mit Gemälde ›Hl. Anna unterrichtet ihre Tochter Maria‹ (nachgeschaffen durch Manninger 1975), rekonstruiert 1970 unter Verwendung originaler Teile: *Tabernakel* und *Anbetungsengel** ca. 1737 von Straub (viell. nach Entw. I. Günthers) sowie Stuckfiguren *Pius V.* (links) und *Augustinus* (rechts) von Ä.Q. Asam; die beiden Engel auf Baldachin von Schreiner nachgeschaffen. – Die *vorderen Seitenaltäre* im Aufbau am besten erhalten geblieben, ihre Altarblätter durch rechtzeitige Evakuierung die einzigen geretteten Gemälde von K.D. Asam; beide Altäre 1973 restauriert: **2** *Hieronymus-Altar,* Gemälde: letzte Kommunion des Heiligen; davor kleine anonyme Abendmahlsdarstellung, um 1650. **3** ›Hl. Paula von Rom und ihre Tochter Julia Eustochium‹; darunter anonymes Herz-Jesu-Bild, 18.Jh. – Bei **a** *Kanzel* um 1756 von Straub wohl nach Entwurf von I. Günther, Relief am Korpus urspr. ›Guter Hirte‹, Mitte 19.Jh. entfernt, seit 1935 ›Stigmatisation des Hl. Franziskus‹ von Hofmann, wiederhergestellt 1974. – Die beiden *Hauptseitenaltäre* haben am meisten gelitten: **4** *Antonius-Altar,* 1975 völlig neu konzipiert unter Verwendung einer anonymen Antonius-Statue (1682), umgeben von 9 in der Art von Votivbildern gestalteten Medaillons mit der Darstellung der Vita des Heiligen und seiner Verehrung in München (von Auer); der Engel rechts renovierte Stuckfigur von Ä.Q. Asam, der linke Holzkopie nach Asam (von Rösner, 1952); auf der Mensa in Schrein (böhmisch, um 1750) gotisches Reliquiar von 1480. Gegenüber **5** *Kreuzaltar,* flankiert von zwei 1976 restaurierten Asam-Engeln; unter dem Kruzifixus (anonym, um 1800) mit den beiden trauernden Putten (Kopien von Rösner 1976) Mater dolorosa (17.Jh.) mit Krone des Münchner Goldschmieds Stephan Hoetzer 1622. – *Hintere Seitenaltäre* ebenfalls rekonstruiert (1978/79): **6** *Altar der Hl. Margarethe von Cortona,* Gemälde der büßenden Heiligen von Sang 1732 (aus der 1802/03 abgerissenen Franziskanerkirche am heutigen Max-Joseph-Platz). **7** *Portiunkula-Altar,* Gemälde ›Hl. Franz erfleht von Muttergottes Portiunkula-Ablaß‹, Kopie von Manninger 1979 (nach Gemälde des fränkischem Malers J.P. Herrlein in Frauenberg bei Fulda, ca. 1750); auf Mensa Statue Mutter Anna mit Maria (spanisch, frühes 17.Jh.). – In den Seitennischen des Vorraums Holzplastiken Hl. Franziskus (links) und Hl. Antonius, beide von Rösner 1951/52; am Seiteneingang links Rosenkranzmadonna (um 1700; Weltkugel, Kranz mit Medaillons 1978). ***Bedeutung:*** Erste Rokokokirche Münchens (und Altbayerns): In der Grundrißdisposition Abkehr von den italienischen Regeln (Übergang vom Langhausschema von Osterhofen zum zentralisierten Vorentwurf für Berg am Laim), im Aufbau Verzicht auf Wandsäulen, durchgehendes Gebälk, Kuppel, gerade Wände und rechten Winkel. – Die auf gutem Vorlagenmaterial beruhende Wiederherstellung eines nahezu gänzlich zerstörten Kirchenraums bemerkenswertes Beispiel für schöpferische Denkmalpflege.

SANKT-JAKOBS-PLATZ 10

Annähernd im Mittelpunkt des Angerviertels gelegenes unbebautes Areal – das größte innerhalb der alten Ludwigsstadt –, im 2. Weltkrieg weitgehend seiner historischen Substanz beraubt; seine urspr. unregelmäßige Begrenzung trotzdem heute noch erkennbar: im Nordosten der Gebäudekomplex des *Münchner Stadtmuseums* (→ Nr. 1) (östlich davon Verbindung zum → *Sebastiansplatz* mit typisch Altmünchner Häusern), die südlich/südwestliche Platzseite durch Neubau des zerstörten Angerklosters mit der Kirche *St. Jakob am Anger* (→ Unterer Anger 1); an der Westseite von der Altbebauung nur noch *Ignaz-Günther-Haus* (→ Nr. 15) und anschließendes Neubarock-Haus (›Orag-Haus‹) erhalten. Auf dem Platz selbst standen die Heuwaage, ein städtischer Baustadel sowie ein kleines Feuerhaus, im 2. Weltkrieg vernichtet; 1670 erfolgte der Bau des Seidenhauses zur Fabrikation von Seide und 1795 die Errichtung eines großen Feuerhauses durch

S

Schedel von Greifenstein. – Dieser weiträumige Platz (heute durch Parkplätze und halbherzige Begrünung entstellt) war Standplatz der *Jakobidult* und später auch der *Dreikönigs-* oder *Gebnachtdult:* die in der Regel an Heiligenfesttagen abgehaltenen Märkte (›Dult‹ bedeutet soviel wie ›Kirchenfest‹) waren für das Wirtschaftsleben der Stadt von großer Bedeutung und wurden selbst von Kaufleuten aus Augsburg, Nürnberg usw. beschickt. Die *Jakobidult* dürfte vielleicht bis zum Ende des 13. Jh. zurückreichen, erstmals erwähnt ist sie 1310; sie dauerte anfangs 3 Tage (24. bis 26. Juli) und konnte sich, modifiziert und seit 1905 in die Au verlegt (→ S. 230), bis zur Gegenwart erhalten. (Mit der Jakobidult verbunden war das sog. ›Scharlachrennen‹: der Preis bei diesem erstmals 1393 erwähnten Pferderennen war urspr. ein scharlachrot gefärbtes ›Londoner Tuch‹ von meist 26 Ellen Länge. Letztes Scharlachrennen: 1786.) Die *Gebnachtdult* wurde seit etwa 1570 abgehalten. – Nach 1791 Verlegung der Dult in die Kaufinger- und Neuhauser Straße, 1801 auf den Promenade-, 1805 auf den Max-Joseph-Platz; von 1822–74 wurde sie auf dem Maximiliansplatz abgehalten, 1875–1905 auf dem Johannisplatz in Haidhausen; mit der letzten Umsiedlung zum Mariahilfplatz in der Au wurde die Gebnachtdult eingestellt, während die Jakobidult zusammen mit der Mai- und Herbstdult erhalten blieb, auch wenn die wirtschaftliche Bedeutung und der kirchliche Anlaß verlorengingen.

SANKT-JAKOBS-PLATZ 1 10

Münchner Stadtmuseum* Der ausgedehnte Museumskomplex aus 6 verschiedenen Trakten zusammengewachsen. ***Beschreibung:*** An der Nordostseite des Jakobsplatzes ab 1410 Errichtung des Stadthauses, später **Marstall,** neben »der Stadt Wagenfuhr« (Ende 14. Jh.), 1944 durch Bomben zerstört, 1976–77 in Anlehnung an urspr. Bau wiedererrichtet (Arch.: Hofmann, Erdle, Wagner): der östliche Bauteil 2geschossig unter hohem Satteldach mit 3 Reihen Dachfenster und 2stöckigem schlanken Zwerchgiebel; ›Ohrwaschl‹ bildet Überleitung zum westlichen Bauteil mit niedrigem Erdgeschoß unter hohem, 3stökkigem Pultdach. Nach Mauer mit Toreinfahrt das **Zeughaus***, (urspr. Korn- und Büchsenhaus), 1431 erbaut und 1491–93 durch Neubau ersetzt (Arch.: Rottaler): langgestreckter 3geschossiger Baublock mit hohem 3geschossigen (Süd-)Giebel, von diagonal gestellten Ecktürmchen flankiert; (die 6 Spitzbogenfenster an Erdgeschoß-Längsseite, 1926–28 anstelle kleinerer Fenster eingebrochen, entsprechen den 6 Gewölbejochen der 3schiffigen gotischen Pfeilerhalle*), die urspr. Bemalung durch Polack nicht mehr erhalten. Nördlich an das Zeughaus angefügt als 1. Erweiterungsbau des Museums der **Grässeltrakt** (Arch.: Grässel, 1926–28): am Oberanger 4achsige Fassade mit 2achsigem Staffelgiebel (in Anlehnung an gotisches Zeughaus), die Verlängerung nach Osten als Nordtrakt des Eingangshofs eher einem Schulhaus ähnelnd: 3 Reihen breitgelagerte große Fenster und übergiebelter Mittelrisalit. Im rechten Winkel angefügt der **Leitenstorfertrakt** (Arch.: Leitenstorfer, 1930–31), dessen Fassade mit den hohen schmalen Obergeschoßfenstern die Ostseite des Hofs schließt. Nach Kriegszerstörungen (2/3 der Gesamtanlage) Wiederaufbau 1949–51 und abermalige Erweiterung durch **Gsaengertrakt** (Arch.: Gsaenger, 1959–64): Dreiflügelanlage um großen Hof, mit ungegliederten, zu groß geratenen Fassaden aus 4 Stockwerken über Erdgeschoß (am Rosental mit Arkaden) ohne Bezug zur historischen Substanz der Altbauten. Abschluß des Ausbaus durch Verbindung von Leitenstorfer- und Gsaengerbau: 1977–78 Errichtung des **Hofmanntrakts** am Übergang von Sebastians- zum Jakobsplatz: 2 Geschosse unter hohem Walmdach mit 3 Reihen Dachfenster und malerischer Treppenturm am Sebastiansplatz (Arch.: Hofmann, Erdle, Wagner).

Stadtmuseum, Waffenhalle

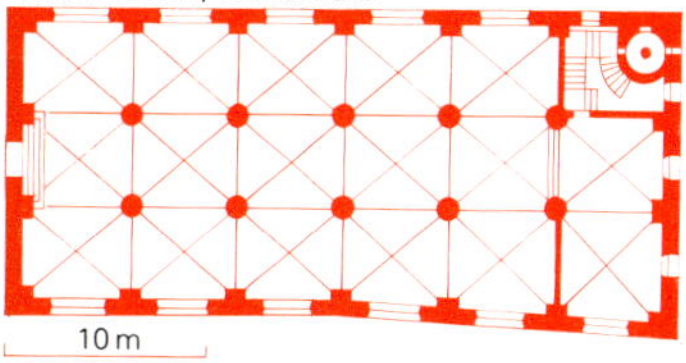

Geschichte des Museums: Bestrebungen, ein historisches Museum der Stadt München einzurichten, bereits 1853: seinen Kern sollten die Bestände des bürgerlichen Zeughauses bilden. Trotz befürchteter Konkurrenz durch Bayer. Nationalmuseum (gegr. 1855) betreiben Ernst von Destouches und Arnold Zenetti Gründung eines eigenen Museums, was seit 1874 Sammeltätigkeit in städtischen Lokalitäten zur Folge hatte und zur notdürftigen Aufstellung im Zeughaus führte; 1879 gelang Erwerbung der ›Maillinger-Sammlung‹ (einer »Bilderchronik der Stadt München«), die ebenfalls im Zeughaus untergebracht wurde. 1888 kann hier das ›Historische Museum‹ der Stadt München eröffnet werden. Die Einrichtung des Stadtarchivs im ehemaligen Wehramtsgebäude an der Winzererstraße (1925–27) sowie die Gründung der Städtischen Galerie im Lenbachhaus (1925) vereitelte eine zentrale städtische Kulturpflege; durch beachtliche Zugänge – Stiftungen Lotzbeck und Otto Gebler sowie die Sammlungen Greis, Neuner, Bürkel, Zettler, Schwanthaler, Rehlen – Ausbau des Museums unter gleichzeitiger Wandlung zum Konzept eines Heimathauses, das nach dem 2. Weltkrieg um die Darstellung historischer Einzelaspekte bereichert und durch Angliederung von Spezialsammlungen, die zu Münchens Geschichte in Beziehung stehen, ausgeweitet wird. Das Münchner Stadtmuseum gliedert sich in folgende **Bestände*,** die in Schauräumen z.T. zugänglich sind: *Münchner Zeughaus:* Rüstungsstücke vom 15. Jh. an, Schutz- und Trutz-

S

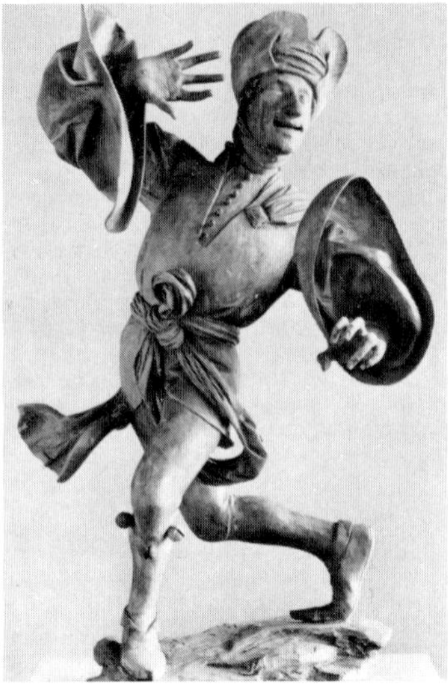

Moriskentänzer (1480) von Erasmus Grasser im Münchner Stadtmuseum

waffen (die reichhaltigste Sammlung der Bundesrepublik, international gesehen an 3. Stelle nach Wien und Graz). *Münchner Wohnkultur* mit Möbeln vom 17. bis 20. Jh. und *Münchner Bürgerkultur,* ferner *Münchner Stadtgeschichte. Plastische Kleinkunst, Kunsthandwerk, Münzen, Medaillen,* u. a. 10 der urspr. 16 Moriskentänzer* Grassers (1480) aus dem Saal des Alten Rathauses (→ Marienplatz 15) sowie Bürkelsche Münzsammlung (nahezu vollständige Sammlung bayerischer Münzen vom Mittelalter bis 1920er Jahre). *Volkskundliche Trachten* sowie *Kostüme, Mode, Textilien* (Objekte von ca. 1700 bis Gegenwart; Modellarchiv der 1931 gegründeten Deutschen Meisterschule für Mode München). *Spielzeug.* Reichhaltige *Graphische Sammlungen* zur Kunst- und Kulturgeschichte Münchens (u. a. Sammlungen Maillinger, Zettler, Proebst), dazu *Plakatsammlung, Kostümdarstellungen* der Sammlung von Parish, *Populärgraphik.* Sammlung von *Gemälden.*

Puppentheatermuseum (mit Abt. *Schaustellerei*): Puppentheater in Europa und Asien sowie Objekte der Schaustellerei (mit Vorführungen, auch während der Woche für Kinder): die Münchner Sammlung größte der Welt. ***Photomuseum*** mit Fraunhofer-Werkstatt sowie Sammlung Loher zur Geschichte der Photographie. ***Filmmuseum*** (tägl. öffentl. Vorführungen). ***Musikinstrumentenmuseum,*** hervorgegangen aus zweitgrößter europäischer Privatsammlung, 1940 von Dr. Neuner der Stadt überlassen (Vorführungen und Konzerte). ***Deutsches Brauereimuseum*** aus dem Besitz des Vereins Brauereimuseum: bes. akzentuiert durch kulturelle und künstlerische Aspekte des Brauwesens (Wechselausstellungen). – Außenstellen: *Von-Parish-Kostümforschungsinstitut,* Kemnatenstraße 50 (Nymphenburg); *Herbergenmuseum* im ›Üblacker-Häusl‹, Preysingstr. 58 (Haidhausen). (→ S. 36.)

SANKT-JAKOBS-PLATZ 15 — 10

Ignaz-Günther-Haus Auf Fundamenten aus dem 14. Jh. errichtetes Doppelanwesen, das der Rokokobildhauer Ignaz Günther 1761 erworben und bis zu seinem Tod 1775 bewohnt hat; nach grundlegender Instandsetzung 1975/76 für die Verwaltung des Münchner Stadtmuseums ausgebaut. ***Beschreibung:*** Über Erdgeschoß 3 Stockwerke mit durchgehendem Mittelerker; ähnlich die ebenfalls 3achsige Fassade am Oberanger. Hier Kopie der ›Hausmadonna‹ Günthers (Original im Bayer. Nationalmuseum) angebracht. In der 2. Hälfte des 17. Jh. aufgestockt. – Im Innern die vom Jakobsplatz zugängliche ›Himmelsleiter‹ erhalten, ebenso ein Hausbrunnen sowie die in einem Raum des 1. Stocks der Haushälfte am Oberanger erhaltene Holzbalkendekke (Anfang 16. Jh.). – Der Werkstattraum Günthers als Gedächtniszimmer eingerichtet. ***Bedeutung:*** Das aus dem Spätmittelalter stammende Wohnhaus (›Traufseitentyp‹) gutes Beispiel für Münchner Bürgerhaus, das als Wohn- und Arbeitsstätte des bedeutendsten Rokokobildhauers besonderen kulturhistorischen Wert besitzt.

SANKT-MARTINS-PLATZ 1 — 23

Ostfriedhof Erster von 4 Friedhöfen, deren Anlage im Zuge des Wachstums der Stadt (1871: rd. 170000 Einwohner, 1890: rd. 350000) notwendig geworden war. Vorschlag von Löwel, einen Zentralfriedhof (ähnlich dem 1874 eröffneten Zentralfriedhof in Wien) anzulegen, wegen Gegenvorschlag von Grässel (1890) nicht ausgeführt; Planung von 4 Einzelfriedhöfen: neben Ostfriedhof (1894 ff.), Nordfriedhof (1896 ff., → Ungererstr. 130), Westfriedhof (1897 ff., → Baldurstr. 28) und der im Süden gelegene Waldfriedhof (1905 ff., → Fürstenrieder Str. 288). ***Beschreibung:*** Anschl. an ehem. Gemeindefriedhof (1821) der Vorstadt Au ab 1894 auf einer Fläche von rd. 30 ha angelegt; die Gebäude nach Entwurf von Grässel 1894–1900 errichtet. Nach Kriegszerstörungen von Döllgast wieder hergestellt. Die um breitgelagerten Vorhof symmetrische neuklassizistische Baugruppe in ihrem Zentrum von Rotunde über kubischem Sockelbau mit vorgelegtem 6säuligen Portikus bestimmt; gegen das Gräberfeld Terrasse mit Schmuckplatz und großer plastischer Gruppe von Müller. – Im Ostteil des Friedhofs *Krematorium* (von Grässel, 1927–29, zusätzl. von Steinhauser 1978–80) und *Urnenhalle.*

SANKT-PAULS-PLATZ 11 — 18

St. Paul Nach Plänen von Georg Hauberrisser 1892–1906 erbaut. 1944 beschädigt, 1949–54 wiederhergestellt; gründliche Restaurierung von 1979 an. ***Beschreibung:*** 3schiffige Basilika mit 4jochigem Langhaus, im Westen zwischen 2 Türmen Vorjoch, im Osten Querhaus mit Vierung, daran anschließend tiefer Chor (vom Chorturm, 97 m, nach Vorbild des Frankfurter Doms überragt). Apsis 3/8-geschlossen. Bei Innenausstattung (Entwürfe von Hauberrisser) Beteiligung bekannter Münchner Künstler: Waderé, Korn, Burger, Busch (Bildhauer) und Hackl (Maler). ***Bedeutung:*** Nach (rheinisch-)gotischen Motiven gestalteter Bau, der trotz seiner bis ins Detail gehenden sorgfältigen Durchbildung den dogmatischen Historismus überwunden hat. Neben Heiligkreuz in Giesing eine der wenigen, kaum beschädigten neugotischen Kirchen – darüber hinaus letzter neugotischer Kirchenbau Münchens.

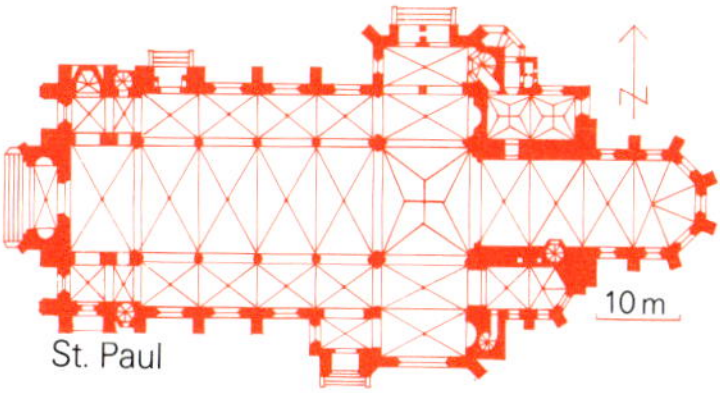

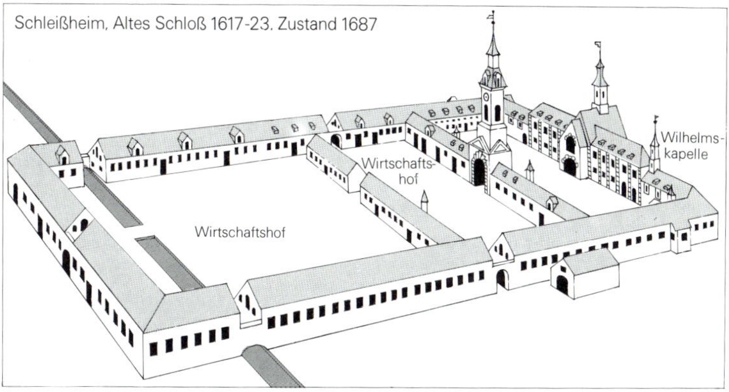

SCHLEISSHEIM **26**

Weitläufiger wittelsbachischer Schloßbesitz im Norden Münchens, aus Schwaigen und Einsiedeleien des 16. Jh. hervorgegangen, zu Anfang des 18. Jh. grandios ausgebaut.

Altes Schloß Neben dem Ausbau von Ökonomiegebäuden (zu geringem Teil noch erhalten) und von 9 Einsiedeleien (in Entsprechung zu den 9 Stationskirchen in Rom) Errichtung des ›*Wilhelmsbaus*‹ 1598–1600 durch Wilhelm V. Dieses Herrenhaus mit 44 Räumen unter Maximilian I. 1616–23 durch stattlichen *Schloßbau* ersetzt; Architekt: H. Schön d. Ä. Im 2. Weltkrieg fast vollständig zerstört, ebenso die südlich angebaute 2geschossige Wilhelmskapelle; im Äußeren Wiederaufbau 1971/72: südlicher Trakt rekonstruiert, nördlicher nur in der Raumanordnung wiederhergestellt. Ab ca. 1986 Aufstellung der **Sammlung Weinhold** mit Objekten religiösen Volksglaubens (›Das Evangelium in den Wohnungen der Welt‹) als Zweigmuseum des Bayer. Nationalmuseums. ***Beschreibung:*** Östlich des Gutshofes nach Durchfahrt in hohem Torturm (Anf. des 18. Jh. vereinfacht) Zugang zu einem Hof; auf gegenüberliegender Seite langgestreckter, 2geschossiger Bau mit rustiziertem Sockel, pilastergegliedertem Obergeschoß und Satteldach; in der Mitte

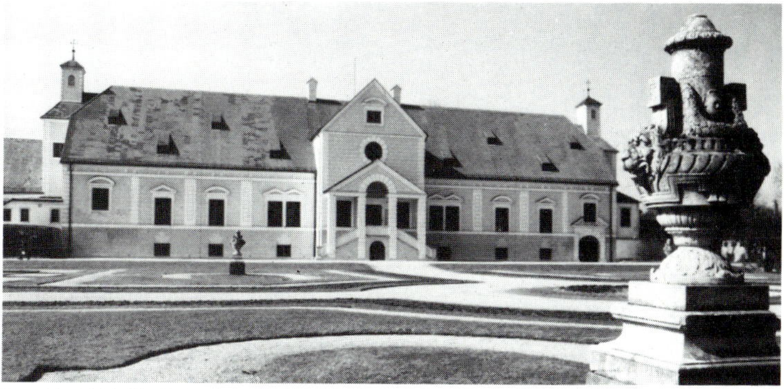

Das *Alte Schloß* in Schleißheim, 1616–23 von Heinrich Schön d. Ä. errichtet

Altes Schloß Schleißheim, Erdgeschoß

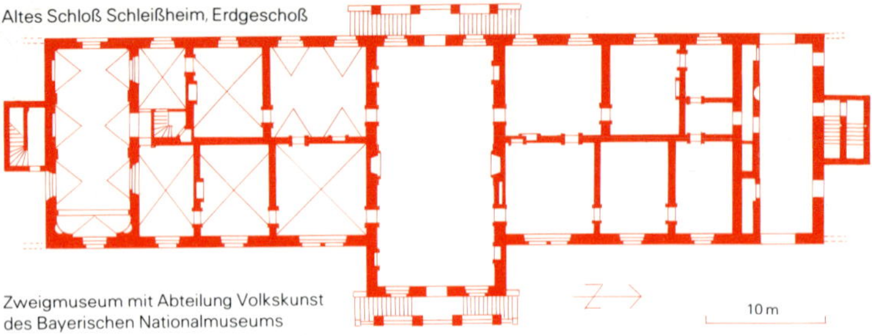

Zweigmuseum mit Abteilung Volkskunst des Bayerischen Nationalmuseums

›Zwerchbau‹ mit vorgelegter Treppenhalle sowie auf Candid zurückgehende Innendekoration.
Durch 2 seitliche Durchfahrten Zugang zum *Ehrenhof* vor dem *Neuen Schloß;* zeitlich vor diesem jedoch, bereits 1684 ff., Errichtung des weiter nach Osten gelegenen *Schlosses Lustheim* (→ S. 197).

Neues Schloß* Unter Kurfürst Max Emanuel 1695 erste Projektierung durch Enrico Zuccalli; einige Jahre später Ausweitung zur 4-Flügel-Anlage, die das Alte Schloß entweder einbezog oder in sich aufgehen ließ; Begutachtung durch den Pariser Architekten Desgots. Grundsteinlegung des Corps de logis: 1701; Einsturz der Ostwand führte zum Verzicht auf drittes Obergeschoß an Parkseite: Deshalb Terrasse über der Galerie; Rohbau 1704 unter Dach. Bauunterbrechung durch Spanischen Erbfolgekrieg; Fortsetzung erst 1715 unter Leitung von J. Effner: Oberflächengliederung der Fassaden, Reduzierung der Verbindungsflügel zum Alten Schloß (siehe Modell von 1725 in Saal 29) und Innenausbau; im wesentlichen 1726 abgeschlossen. Bei Ausstattung hervorragende Künstler und Kunsthandwerker beteiligt: Cuvilliés, Pichler, Dubut, Volpini, Bader und J. B. Zimmermann; als Maler K. D. Asam, Amigoni, Wink und Stuber. – Der Schloßbau unter Max Emanuel nicht fertiggestellt, erst Klenze vollendet das Treppenhaus mit z. T. noch vorhandenen Werkstücken (1847/48) und purifiziert Hofseite; diese 1959–62 zurückrestauriert, allerdings ohne Giebel und Portaltympanon. ***Äußeres:*** Der langgestreckte 5teilige Bau (Mitteltrakt mit Seitenpavillons, miteinander durch zurückgesetzte Flügel verbunden; Achsfolge: 5–8–11–8–5) sparsam gegliedert, nur Mittelbau durch Rundbogenfenster und Kolossalpilaster akzentuiert. Arkadenflügel führen nördl. zum ›Pallas‹-, südl. zum ›Herkules‹-Pavillon (benannt nach ehem. im Gartenparterre davor stehenden Figuren, heute an der Kaskade im Park von Schloß Nymphenburg → S. 286). West- und Ostportal 1762–63 von I. Günther, viell. nach Entwurf der beiden Cuvilliés. ***Inneres:*** Großartige Raumfolge, ***Erdgeschoß:*** **1** Eingangshalle/›Salle des Colonnes‹ (Vestibül) und Sala terrena, **2** Treppenhaus, **28** Speisesaal, **29** Billard- oder Musiksaal, **30–33** Galerieräume (ehem. Appartement der Kurprinzessin), **34** Stukkatur-Kabinett (Arbeitszimmer), **35** Drechselzimmer, **36–39** Galerieräume, **40** Südliche Antecamera, **41–44** Galerieräume (ehem. Appartement des Kurprinzen), **45** Blaues Kabinett, **46** Untere Sakristei, **47** Vorraum zur Kapelle, **48** Große oder Maximilianskapelle (Deckengemälde von K. D. Asam 1721, 1944 schwer beschädigt, 1965–67 restauriert von Schelling und Thiele), **49–50** Nebenräume. ***Obergeschoß:*** **2** Treppenhaus, **3** Weißer oder sog. ›Großer Saal‹, **4** Viktoriensaal*, **5** Große Galerie; *Appartement des Kurfürsten:* **6** Vorzimmer, **7** Audienzzimmer, **8** Schlafzimmer (mit Alkoven), **9** Wohnzimmer (Großes Kabinett), **10** Jagdzimmer (Rotes Kabinett), **11** Niederländisches Malerei-Kabinett, **12** Oratorium, **13** Obere Sakristei, **14** Empore, **15–16** Nebenräume; *Appartement der Kurfürstin:* **17** Vorzimmer, **18** Audienzzimmer, **19** Schlafzimmer (mit Alkoven), **20** Wohnzimmer (Großes Kabinett), **21** Kammer- oder Obere Kapelle, **22–27** Galerie. ***Bedeutung:*** Großartige Manifestation fürstlichen Machtan-

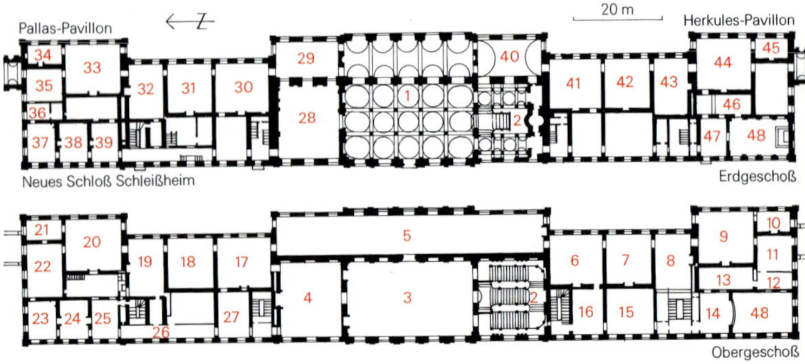

Neues Schloß Schleißheim

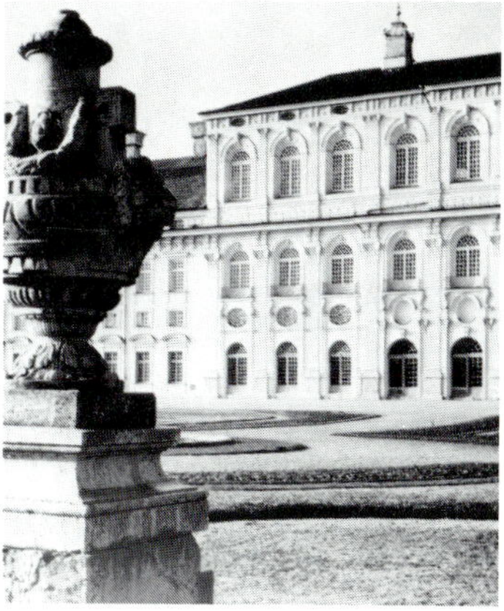

Neues Schloß Schleißheim, Westseite

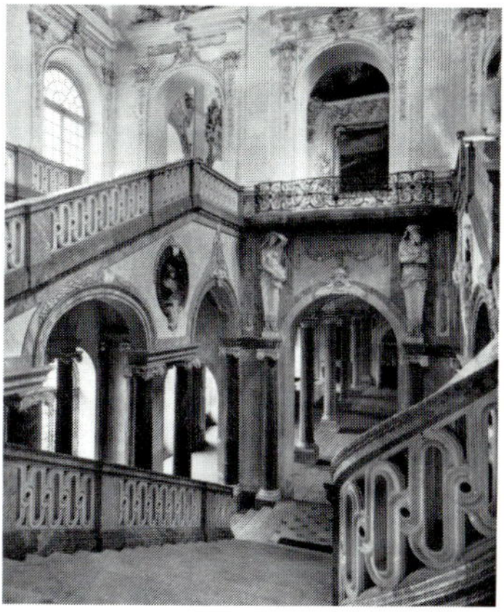

Neues Schloß Schleißheim, Treppenhaus

spruchs in den gravitätischen Formen italienischen Barocks (Zuccalli), gezügelt durch französisch geschulte Disziplin (Effner); in der Raumdisposition großzügige Reihung von Festsälen sowie Wohnfluchten; in der Innenausstattung erstaunlich hohe Fertigkeit und künstlerische Leistung. Gesamtlänge des Schlosses 330 m.

Barockgalerie* im Neuen Schloß: Hervorgegangen aus der Sammlertätigkeit Max Emanuels, hauptsächlich während seiner Statthalterschaft in den Span. Niederlanden (1692–99); bereichert durch Gemälde aus der offenbar zu klein gewordenen ›Cammer-Galleria‹ Maximilians I. Nach Max Emanuels Tod wurde das (unvollendete) Schloß vollends zum Galerieschloß, das bis zur Erbauung des Galeriegebäudes (→ Galeriestr. 4) 1784 auch die Bestände der Mannheimer Galerie aufnahm. Durch Einrichtung der Alten Pinakothek weiterer Gemälde beraubt, beherbergt das Schleißheimer Schloß heute überwiegend holländische und flämische Werke des 17. Jh. 1978 Neuordnung dieser Bestände sowie Erweiterung zur *Staatsgalerie europäischer Malerei des Barock* aus den Beständen der Bayer. Staatsgemäldesammlungen.

Schloß Lustheim* 1684–88 von Zuccalli im Stil ital. Gartencasinos errichtet; dabei Abbruch der unter Herzog Wilhelm V. gegründeten Einsiedelei mit Renatuskapelle (›Klösterl‹), wiedererrichtet im südlichen Gartenpavillon 1686–88 (Entw. von Zuccalli: 2geschossiger Ovalraum; Fresko ›Himmelfahrt des Hl. Renatus‹, von Gumpp), der einzige von Zuccalli geplante und weitgehend erhaltene Sakralraum; der nördliche Pavillon »mit dem schönen Stall« 1688–89. Lustheim 1944 leicht beschädigt, 1970/71 wiederhergestellt, seither öffentlich zugänglich. ***Äußeres:*** 2geschossig mit vorgezogenen Seitenflügeln und Belvedere über dem Mittelbau, plastisch gegliederte Fronten mit sparsamer Stuckzier. ***Inneres:*** Erdgeschoß mit 4 Appartements um einen großen doppelgeschossigen Mittelsaal, im Keller Küche und Dürnitz. Von der urspr. Einrichtung nichts erhalten. *Freskenausstattung* 1686/87 von Rosa, Trubillio, Bernardi und J.A. Gumpp mit Szenen aus dem Diana-Mythos. **1** *Mittelsaal:* Fresko ›Jupiter erhebt Diana zur Göttin der Jagd‹ (Rosa), an den Wänden Ölbilder mit Hofjagden von Corlando, Blumenstilleben von Warée, Porträts Max Emanuels von Vivien, seiner zweiten Gemahlin von unbekannter Hand sowie 6 Kinderbildnisse von Meingaud, Stuck von Manazzi, Ehem. *Rotes Appartement* (Appartement des Kurfürsten): **2** Vorzimmer mit Fresko ›Diana und Opis fangen den Armenischen Tiger‹ (Gumpp), anonymes Ölporträt Joh. Friedr. Böttgers, des Erfinders des Porzellans. **3** Audienzzimmer: Fresko ›Bestrafung des Ampelos‹ (Gumpp); **4** *Galerie:* ›Diana im Kampf mit den Giganten‹ (Trubillio), anonymes Pastellbildnis Moritz' von Sachsen. Ehem. *Grünes Apparte-*

Schloß Lustheim

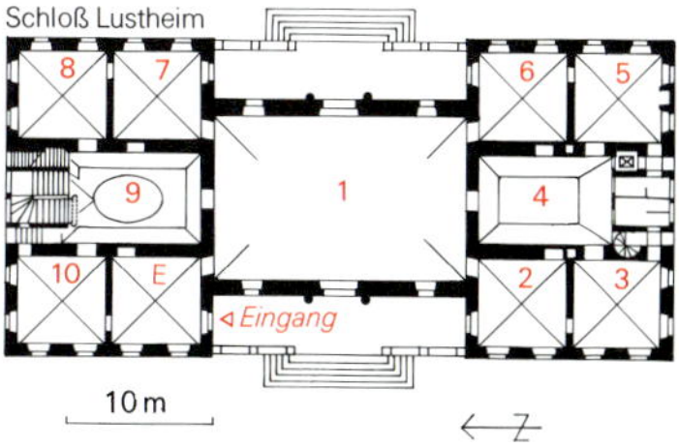

ment: **5** Schlafzimmer des Kurfürsten mit Fresko ›Werbung um Diana‹ (Gumpp), Ölporträt von Silvestre d. J.: Friedrich August II. von Sachsen; **6** Vorzimmer des Kurfürsten: Fresko ›Opferung der Iphigenie‹ (Rosa). Ehem. *Blaues Appartement* (Appartement der Kurfürstin): **7** Vorzimmer ›Diana vertreibt die Stymphalischen Vögel‹ (Rosa); **8** Kabinett ›Diana im Triumphwagen (Rosa). Ehem. *Gelbes Appartement:* **9** *Galerie:* ›Diana in der Schmiede der Kyklopen‹ (Trubillio); **10** Kabinett: ›Bestrafung des Orion‹

S

Schleißheim
Schloß und Park

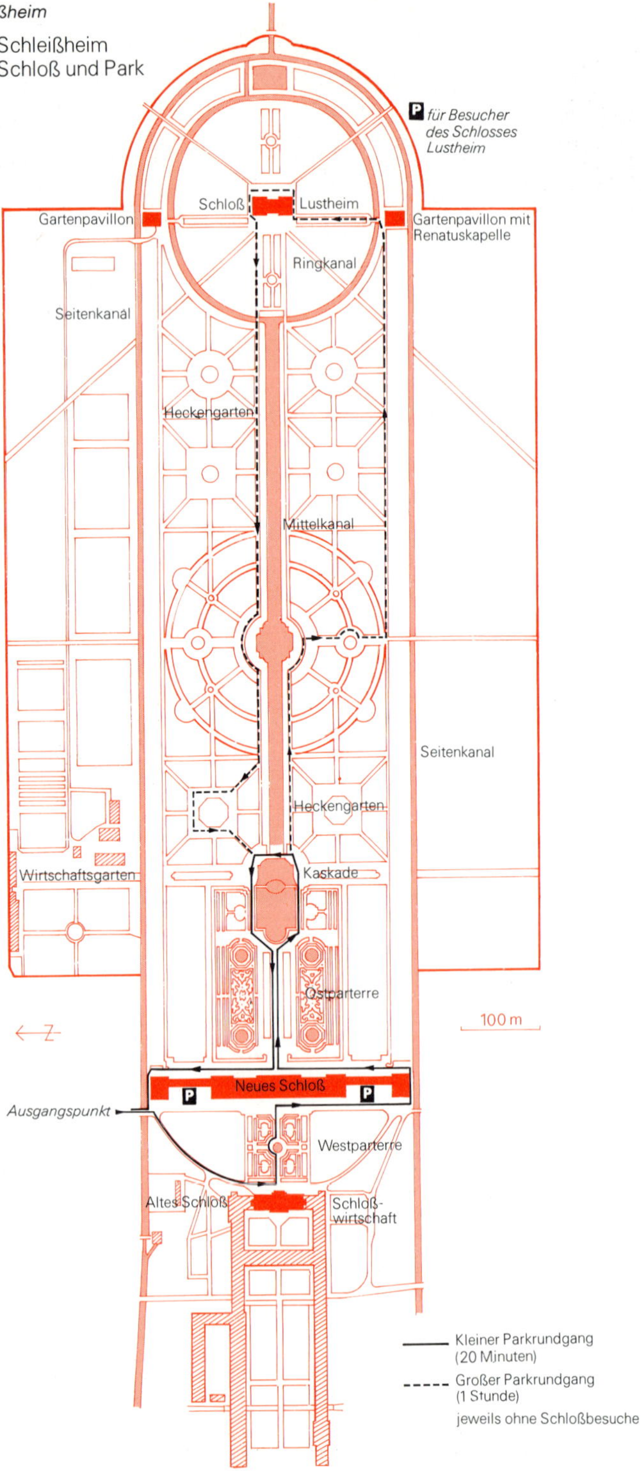

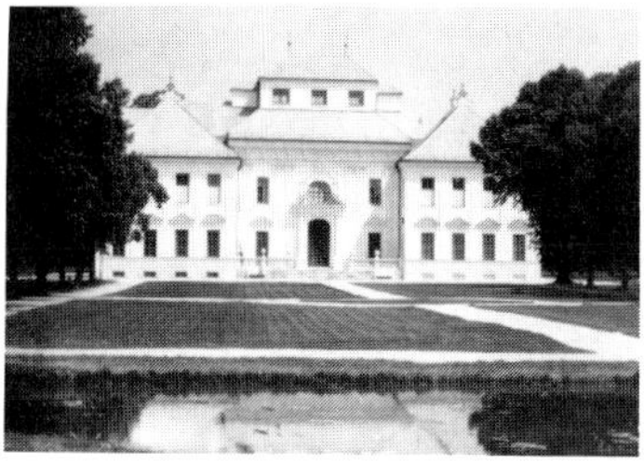

Schloß Lustheim (1684–88) von E. Zuccalli

(Gumpp); **11** Schlafzimmer der Kurfürstin: ›Diana und Endymion‹ (Trubillio); Vorzimmer der Kurfürstin (Eingangsraum): ›Diana lädt Mars, Venus und Herkules zur Jagd ein‹ (Trubillio). ***Bedeutung:*** Zuccallis selbständigstes Werk, in Verbindung von Jagdhaus, ›Lust-Gebäu‹ und Wohnschlößchen damals ohne Vorbild und dadurch architekturhistorisch beispielhaft; stilgeschichtlich Auftakt des spätbarocken höfischen Schloßbaus und der großflächigen Deckenmalerei in Bayern. Die urspr. Gesamtanlage (halbkreisförmige Galerien im Osten) 1695 beg., aber nicht vollendet; bestehende Bauten im 18. Jh. abgebrochen. **Porzellansammlung Ernst Schneider*** (Stiftung 1971) in den Räumen des Erd- und Kellergeschosses: neben der Sammlung im Dresdner Zwinger repräsentativste Kollektion Meißner Porzellans von den ersten Versuchen Böttgers bis zum 7jährigen Krieg, teilweise nach Entwurf Friedrichs d. Gr.

Park* Zwischen Neuem Schloß und Schloß Lustheim angelegter Garten, der in seiner Disposition auf barockes Parkschema zurückgeht und Kanäle in die Disposition einbezieht; ihr Wasser durch weiträumig angelegtes → Kanalsystem von der Würm bzw. Isar herbeigeführt. ***Planungsgeschichte:*** Entsprechend der Baugeschichte des Neuen Schlosses (→ S. 196) Entstehung des Parks ebenfalls wechselvoll: 1. Entwurf durch *Zuccalli* (1684); Alternativvorschlag von *Carbonet* 1701 mit Verbreiterung auf das Doppelte; bei *Desgots* (1713/14) Boskettzone durch ausstrahlende Wege aufgeteilt, unter Beibehaltung des Mittelkanals exedraartige Kaskade in der Mitte zwischen Lustheim und Neuem Schloß; ähnlicher Vorschlag von *de Cotte* (ca. 1715); endgültige Anlage durch *Girard* unter Beibehaltung des Zuccalli-Plans und Erweiterung von dessen Parterre. Anfang des 19. Jh. überläßt *Sckell* den Park dem ›natürlichen Wuchs‹ (Vorschlag 1801), *K. Effner* stellt im Auftrag Ludwigs I. bis auf Einzelheiten den Park nach Girard-Plan wieder her. Derzeit Rekonstruktion nach Plänen von Zuccalli (Boskettzone), Girard (Parterre) sowie Stichen von Disel im Gang. ***Beschreibung:*** Breite durch Anlage der beiden Seitenkanäle (bis 1696 vollendet) bestimmt, die Länge durch das vorgegebene Schloß Lustheim (1684–88) mit Halbkreisabschluß, dem ein Ringkanal konzentrisch einbeschrieben ist; von ihm ausgehend Mittelkanal mit Kaskade gegen Westen (bereits auf Zuccalli-Plan von 1684, noch vor Errichtung des Neuen Schlosses). Beiderseits des Mittelkanals Auffahrtsalleen, von Boskettquadraten (mit nicht ausgeführten Wasserbassins) begleitet. Vor dem 1702 ff. errichteten *Neuen Schloß*, dessen Breite durch die Seitenkanäle festgelegt war, Parterre mit Broderien. Gartenfiguren – u. a. Bleifiguren von G. de Groff, 1724 (später nach Nymphenburg versetzt), Flußgöttinnen auf Kaskade von Volpini, 1723/24, 2 vergoldete Bleivasen von Villemotte (1723) – verschollen; höchstwahrscheinlich nur noch Herkules, 1718–21, und Pallas Athene, 1722/23, von Volpini auf Kaskade von Nymphenburg erhalten; urspr. vor ›Herkules‹- und ›Pallasflügel‹ aufgestellt. ***Bedeutung:*** Grundanlage des Parks auf 18. Jh. zurückgehend, neben dem von Herrenhausen (Hannover) einzig erhaltener Barockgarten in Deutschland.

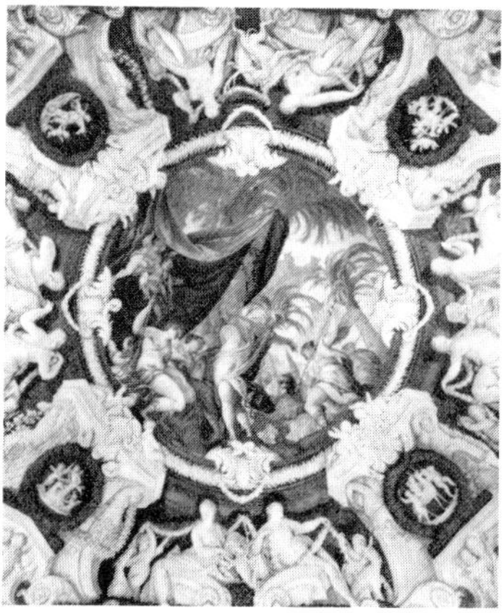

Fresko von Gumpp (Ausschnitt) in Lustheim

SCHLOSS BLUTENBURG* 28

Ehem. Lust- und Jagdschloß der bayrischen Herzöge (etwa 1425–1613 genutzt), 1441 durch Erwerbung des Dorfes Obermenzing vom Kloster Wessobrunn zur ›Hofmark Menzing‹ erhoben. Besitzer: ca. 1425–63 Herzog Albrecht III. (1432–35 Aufenthalt mit Agnes Bernauer!), 1467–1501 Herzog Sigismund, 1663–76 Kurfürstin Henriette Adelaide, 1702–30 Kurfürstin Therese Kunigunde, 1801–25 König Max Josef; dazwischen an Adelige und verdiente Beamte verpfändet oder auch verkauft, darunter 1676–1702 an Freiherrn von Berchem, der durch Restaurierung und Umbau das heutige Aussehen der Anlage weitgehend bestimmt hat (1690 Treffen des Kurfürsten Max Emanuel mit Kaiser Leopold I.); 1827 Staatsgut, bis 1976 an wechselnde Nutzer verpachtet, 1979–83 durch A. und H. Schnierle Gesamtrestaurierung und Adaptierung für die Zwecke der Internationalen Jugendbibliothek (→ S. 250). ***Beschreibung:*** Auf Insel zwischen 2 Armen der Würm (der östliche zu 2 Seen aufgestaut)

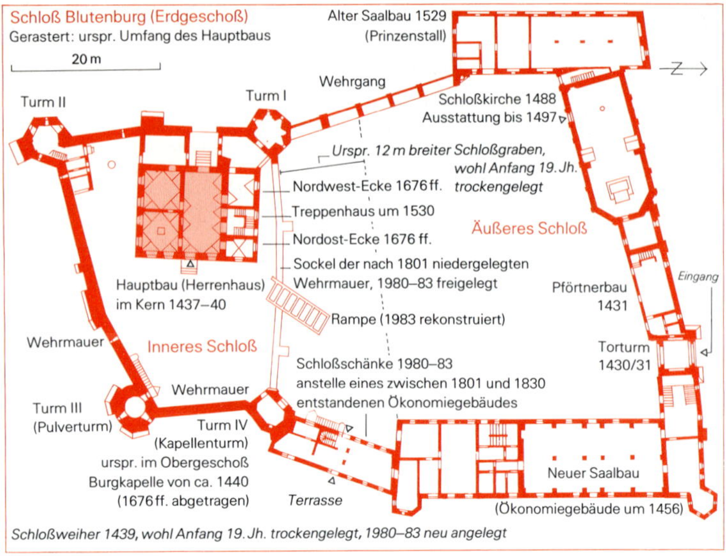

errichteter mehrteiliger burgähnlicher Schloßkomplex, von Norden her zugänglich: beiderseits des *Torturms* 2geschossige flankierende Trakte, in der Flucht der westlichen *Schloßkapelle* mit rechtwinklig angefügtem Baukörper unter hohem Satteldach (›Alter Saalbau‹) und anschließendem Wehrgang; gegenüber das langgestreckte ehem. Ökonomiegebäude (›Neuer Saalbau‹) sowie niedrigeres Gebäude: diese 3 Flügel das ***Äußere Schloß*** bildend, 4. Seite gegen Süden zum ***Inneren Schloß*** offen: auf nahezu quadratischem Areal mit 4 durch Wehrmauern verbundenen Ecktürmen, an der Westseite das 3stöckige *Herrenhaus* mit hohem Walmdach. **Baugeschichte:** An der Stelle einer etwa 1200 auf einer Würminsel errichteten Wehranlage (Fundamente eines Wehrturms 1981 im Südostraum des Herrenhauses festgestellt) bestehender wittelsbachischer Besitz (1425: »Bluytenburg«), 1432 erstmals sicher erwähnt, wohl in den 30er Jahren zur zweiteiligen Wasserburg Plüdenberg/Pluedenburg umgebaut und erweitert (dabei 1439 Erweiterung eines Würmarms zu einem Weiher): *Inneres Schloß* mit 2geschossigem Hauptbau auf quadratischem Grundriß und einer hohen Wehrmauer zwischen 4 zinnenbekrönten Ecktürmen; der zwischen Pulver- und Kapellenturm (Turm III u. IV) eingefügte Ostbau 1676 ff. abgetragen; an der Nordseite heute zugeschütteter Graben und anschließend *Äußeres Schloß*, das in der 2. Hälfte des 15. Jh. ausgebaut wurde: an der Ostseite um 1456 Ökonomiegebäude (heute ›Neuer Saalbau‹), der Torbau mit Pförtnerhaus und ab 1488 die Errichtung der Schloßkirche; der westlich angefügte Prinzenstall (heute ›Alter Saalbau‹) wurde erst

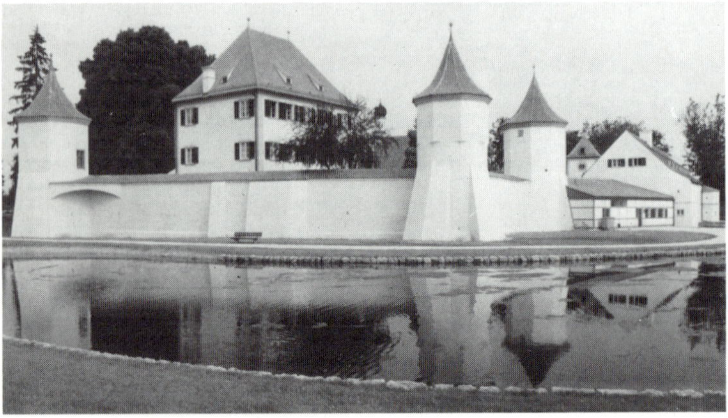

Schloß Blutenburg nach der Wiederherstellung 1979–83 (Internationale Jugendbibliothek)

S

1529 errichtet; zwischen 1801 und 1830 anstelle einer (vom Schloßgraben unterflossenen) Wehrmauer zwischen Kapellenturm und Ökonomiegebäude eingefügt (1980–83 zur Schloßschänke umgestaltet). Gärtnerische Gestaltung der reizvollen Freianlagen durch Teutsch. – ***Herrenhaus*** ca. 1437–40 als zweigeschossiges, walmdachgedecktes Herrenhaus mit 4 Fensterachsen an der Ostseite errichtet, um 1530 an der Nordseite durch nicht ganz mittiges Treppenhaus auf quadratischem Grundriß erweitert und durch zweites Obergeschoß erhöht, 1676ff. durch Ergänzung der Nordwest- und Nordost-Ecke zu geschlossener Rechteckanlage ergänzt. (1979–83 Einrichtung von Direktion und Benutzersaal der Internationalen Jugendbibliothek.) ***Wehrmauern*** auf 3 Seiten das Innere Schloß umgebend, 1676ff. auf heutige (Erdgeschoß-)Höhe abgetragen; einzig die Westmauer des Äußeren Schlosses in urspr. Höhe mit Wehrgang erhalten. Die ***4 Türme*** über Eck stehend in die Wehrmauer eingefügt, in ihrem Bestand dem 14. Jh. angehörend, erst nach 1676 auf jetzige Höhe gebracht und mit steilem Zeltdach versehen; mit Ausnahme des Turms III (›Pulverturm‹) waren die Türme polygonal und 3stöckig (über Untergeschoß); im obersten Geschoß des Turms IV Burgkapelle St. Andreas und Georg eingebaut (›Kapellenturm‹). An Ostseite ***Neuer Saalbau,*** um 1456 als Ökonomiegebäude errichtet: 2geschossig unter Satteldach mit Dachfenstern, an der Außenseite die polygonalen Stümpfe zweier Ecktürme (heute Saal für Wechselausstellungen und Konzerte im Obergeschoß eingebaut); nach Westen im rechten Winkel anschließend 2 niedrigere Flügel beiderseits des ***Torturms:*** über Tordurchfahrt 2 Geschosse, darüber Pyramidendach (heute mit Erinnerungsstücken und Büchern Erich Kästners eingerichtet: ›Erich-Kästner-Turm‹); rechts neben Tor Bronzetafel zum Gedenken an die Gründerin der Intern. Jugendbibliothek Jella Lepman (1891–1970).

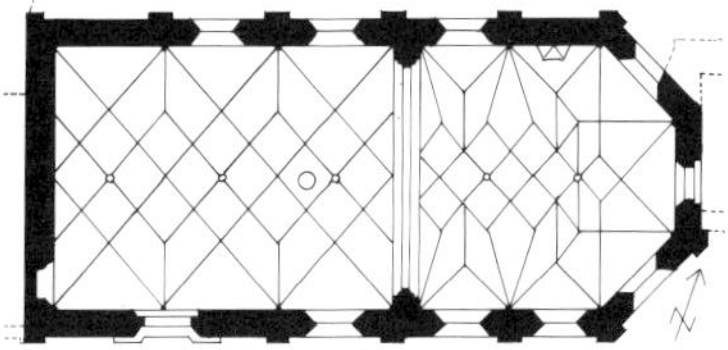

Blutenburg, St. Sigismund 5 m

Die Nordwestseite von der **Schloßkirche St. Sigismund*** eingenommen: 1488 unter Herzog Sigismund wohl durch die Bauhütte der Frauenkirche errichtet, möglicherweise noch geplant von Jörg von Halsbach (nach Ansicht von N. Lieb durch Lukas Rottaler, von Volker Liedke durch Hans Trager errichtet), um 1490 ausgestattet. ***Äußeres:*** Verputzter Backsteinbau mit flachen Strebepfeilern, darüber der farblich restaurierte gemalte Fries (Flechtwerk und wittelsbachische Wappen: möglicherweise von Fuetrer) unter dem steilen Dach mit barockem Giebelreiter (nach 1676 anstelle eines wohl

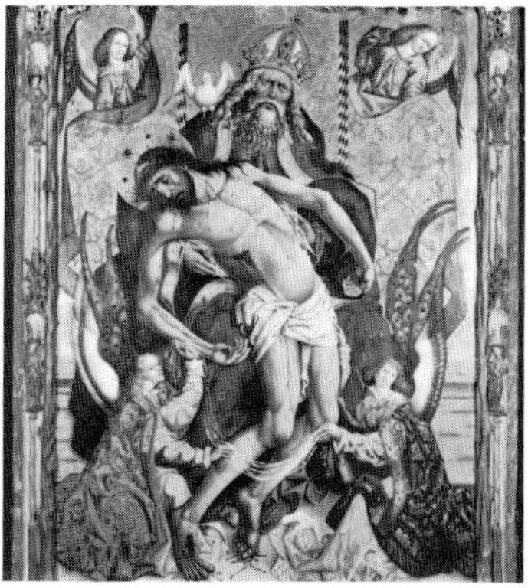

Blutenburg: *Gnadenstuhl* von Jan Polack

gotischen aufgesetzt); Spitzbogenportal und Blendfeld mit Darstellung des Gnadenstuhls in Stufengiebelfeld eingefügt, dazwischen Jahreszahl 1488; in Sockelzone (hinter Schutztafeln) spätgotische Wandbilder (1. Feld: Hl. Sippe, 2.: Anbetung der Könige, 3. u. 4.: zerst.). ***Inneres:*** Einschiffiges Langhaus mit Maschennetzgewölbe auf Wappenkonsolen, kaum abgetrennter Chorraum (1jochig mit 3/8-Schluß unter 6strahligem Chorhauptstern). Altäre mit kielbogigen Tafelbildern von Polack (1491). *Flügel-Hochaltar**: Dreifaltigkeit in der Glorie (Gnadenstuhl); Gespreng: Christus als Weltenrichter mit Maria und Johannes, Adam und Eva; Predella: 4 Evangelisten; linker Flügel: innen Taufe Jesu, außen Hl. Sigismund; rechter Flügel: innen Krönung Mariä, außen Hl. Bartholomäus mit dem Stifter, Herzog Sigismund. *Linker Seitenaltar:* Christus als König; Predella: 14 Nothelfer; Gespreng: Christus. *Rechter Seitenaltar:* Verkündigung Mariä, 1491 datiert; Predella: Hl. Sippe; Gespreng: Maria. *Plastiken:* an den Wänden 12 Apostel mit auferstandenem Christus und Maria*, zurückhaltend polychrom gefaßte Holzfiguren in 2/3 Lebensgröße von dem sog. ›Meister der Blutenburger Apostel‹ aus dem Umkreis Grassers. (Neuerdings Erhard Ölgast durch Liedke in Vorschlag gebracht.) Fialenartiges *Sakramentshäuschen* (1489) im Altarraum. *Glasfenster* (Entw. wohl Polack): 16 Szenen von Verkündigung bis Passion, darüber 16 Wappenscheiben der Wittelsbacher und verwandter Geschlechter (u.a. der mailändische Wurm der Sforza), eine datiert 1497. ***Bedeutung:*** Charakteristischer spätgotischer herrschaftlicher Landsitz von einmaliger Geschlossenheit als Gesamtkunstwerk, dessen Ikonographie in der Kapelle deutlich wittelsbach-dynastische Bezüge aufweist. Kapelle stimmungsvolles unversehrtes spätgotisches Kleinod mit einzigartig qualitätvoller Ausstattung, eine der besterhaltenen des Mittelalters überhaupt. Die Figuren, vorab die ›Blutenburger Madonna‹ in eleganter Lineatur des Faltenwurfs und vornehm verhaltenem Ausdruck, zählen zu den höchsten Leistungen der altbayerischen Spätgotik.

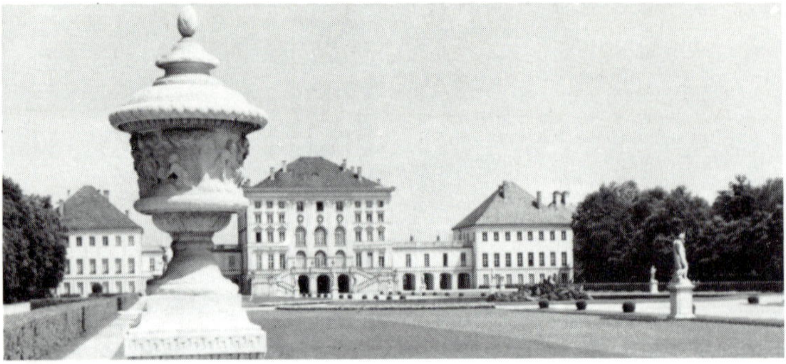

Schloß und Park Nymphenburg: Blick vom Gartenparterre auf die Westseite der Hauptanlage

SCHLOSS NYMPHENBURG 13, 17

Schloß* Die streng symmetrische, weitläufige Anlage (Gesamtbreite 685 m) im Verlauf eines Jahrhunderts zusammengewachsen. ***Baugeschichte:*** Ältester Teil ist der hohe *Mitteltrakt* (**A**), eine stilistisch zwischen Renaissance und Barock stehende Villa suburbana für Kurfürstin Henriette Adelaide ab 1664 nach Plänen von Barelli erbaut, der 1674 durch Zuccalli abgelöst wurde. Max Emanuel erweiterte Nymphenburg nach Plänen von Viscardi zu einer großen Anlage: 1702–04 Errichtung der *Galerien* (**B, C**) auf Arkaden beiderseits des Mittelbaus sowie der 4 seitlichen, über Eck gestaffelten *Pavillons* (**D–G**), in **G** Einbau der Schloßkapelle; im Mitteltrakt Einfügung der Durchfahrt vom Ehrenhof zum Gartenparterre, vermutlich Anlage der Freitreppe zum Garten und Einbruch der Rundbogenfenster für den großen Saal. Nach Unterbrechung durch Spanischen Erbfolgekrieg weiterer Ausbau nach Gesamtplan von J. Effner (1714 – etwa 1730): Umgestaltung des Mittelbaus, urspr. Horizontalgliederung durch Kolossalpilaster ersetzt, Ausbau des Mittelsaals mit Muldengewölbe zu heutiger Gestalt, Stuckdekor an Westseite von J. B. Zimmermann, an Ostseite von Dubut u. a.; Anfügen der Verbindungsflügel **H** und **J.** Ebenfalls von Effner Errichtung von Marstall (heute Marstallmuseum, → S. 207) mit Kavalierswohnungen (**K**) sowie Orangerie (**L**) mit anschließendem Kloster der Kapuziner (1718–1802); Einbau einer Kirche für Chorfrauen 1734–39 nach Plänen von J. Effner in nördl. Teil des Osttrakts; 1836 den Englischen Fräulein übergeben, 1937 Bibliothekssaal des Jagdmuseums; 1943/44 zerstört, Ruinen 1965 abgeräumt, an ihrer Stelle Errichtung einer Volksschule (1967). – Der riesige Ehrenhof durch J. B. Gunetzrhainer und Cuvilliés d. Ä. vom Halbrund der Rondellbauten (→ S. 207) geschlossen.

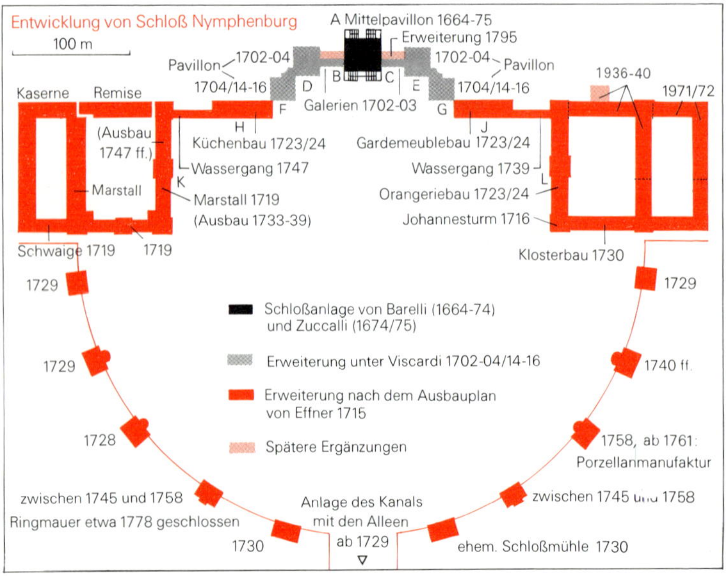

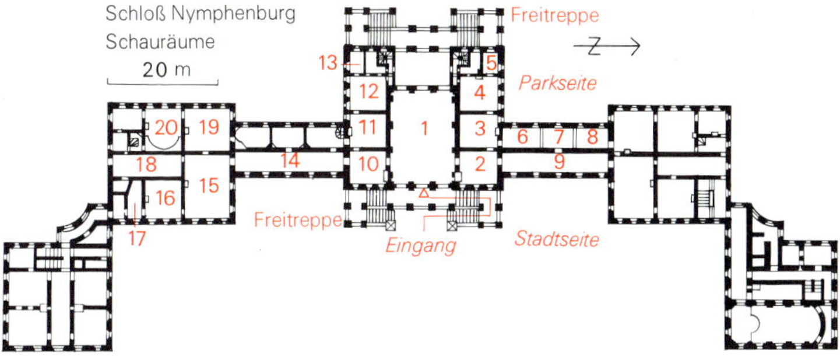

Nymphenburg erscheint so als späte Form der ›Escorial‹-Anlage, die Rittertum (im Schloß) und Religion (im Kloster) verbindet. Rondell sollte Ausgangspunkt für neue Stadtanlage werden: diese von Karl Albrecht geplante ›Carlstadt‹, bis auf einige Handwerkerhäuschen an den Auffahrtsalleen, nicht ausgeführt. Unter den folgenden 3 Wittelsbachern beschränkte sich Bautätigkeit auf Ausstattung der Innenräume. 1826 wurde der Mittelbau von Klenze durch Entfernen des Giebels und durch Vergrößerung des umlaufenden Hauptgesimses dem klassizistischen Geschmack angeglichen. Vollständiger Umfang der Gesamtanlage erst im 20 Jh. erreicht: Ausbau des nördlichen Rechtecks 1936 ff. und 1971/72. Umfangreiche Renovierung sowie Farbgebung nach Originalbefunden 1975–80. ***Äußeres:*** Würfelförmiger Hauptbau mit drei Geschossen und Mezzanin auf hohem Sockel, durch Kolossalpilaster zusammengefaßte Dreiergruppe von großen Rundbogenfenstern, in 2 Geschossen übereinander; seitlich flankiert von je 3 Achsen Rechteckfenstern; auf Hof- und Gartenseite vorgelegte doppelläufige Treppe mit Terrasse vor dem Mittelsaal. ***Inneres:*** Der durch 2 Geschosse gehende *Steinerne Saal*★ (**1**) mit Stuck und Deckenfresko★, ›Nymphen huldigen der Göttin Flora‹ von Joh. Bapt. Zimmermann 1755–57 umgestaltet; von Zimmermann, seinem Sohn Franz und Heigl Fresken an den Seitenwänden sowie unter und über der Empore, keinesfalls aber der Stuck, der von F.X. Feichtmayer nach Entwurf von Cuvilliés ausgeführt wird. Die Räume im Nordflügel zeigen z.T. noch die prächtigen Barockdecken: im *1. Vorzimmer* (**2**) im Mittelfeld der Decke ›Ceres‹ von Zanchi (um 1674/75), in den Eckfeldern Putti von J.A. Gumpp (1701/02). Im *2. Vorzimmer* (*Gobelinzimmer:* **3**) in barocker Decke (ca. 1675) Gemälde ›Triumph der Kriegslist‹ von J.A. Wolff (frühes 18. Jh.); an den Wänden Brüsseler Teppiche um 1720. Ehem. *Schlafzimmer* (**4**): barocke Felderdecke mit Gemälden von Werner (um 1674); im Mittelfeld ›Thetis‹. Das *Drechselkabinett* (**5**) 1763/64 von Cuvilliés umgestaltet; Deckenstukkaturen von F.X. Feichtmayer d.J. (Drechselbank Max Emanuels von 1712.) – In der *Nördlichen Galerie* (**9**), ausgestattet unter Max Emanuel, Veduten von kurfürstlichen Schlössern (Beich, 1722/23); die zum Garten gelegenen 3 Räume (1967 neu eingerichtet) sind: **6** Schönheitengalerie Max Emanuels, **7** Wappenzimmer, **8** Karl-Theodor-Zimmer.

Die Räume im Südflügel zeigen ebenfalls noch die barocken Decken aus der ersten Bauzeit des Schlosses – im *1. Vorzimmer* (**10**) ›Arethusa‹ von Triva 1673, im *2. Vorzimmer* (**11**) ›Kybele‹, anonym (um 1675);

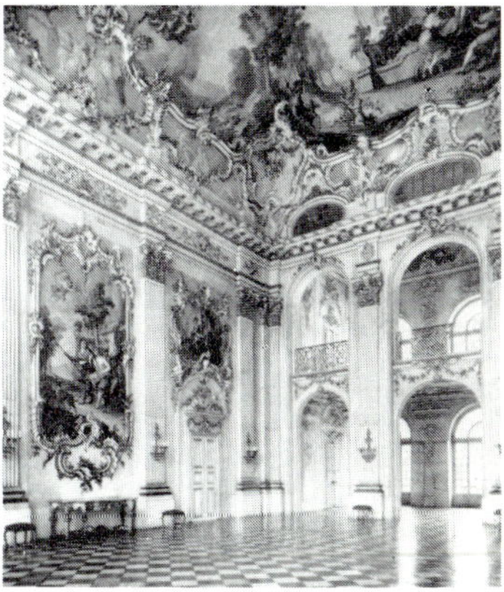

Schloß Nymphenburg: *Steinerner Saal*

an den Seitenwänden allegorische Porträts der Schloßgründer (von S. Catani, um 1675). *Schlafzimmer* (**12**): Felderdecke mit ›Flora‹ im Mittelbild von Werner (um 1675). *Chinesisches Lackkabinett* (**13**) 1763/64 von Cuvilliés umgestaltet; Deckenstukkaturen von Franz X. Feichtmayer. In den großen Wandfeldern Einlagen in Koromandellack (Lackschnitt auf Tongrund). Die *Südliche Galerie* (**14**) erst 1760 ausgestattet; Gemälde von Schloßansichten von Beich, aber auch von Stuber und Stephan (1757). – Im 1. südlichen Pavillon (**D**) enthält ein Raum (**15**) die Schönheitsgalerie Ludwigs I. (gemalt von Stieler 1827–50; zwei aber von Dürck 1861 hinzugefügt); die anderen Räume (**16–20**) mit klassizistischer Einrichtung der Zeit um 1810–1820.

Im 2. nördlichen Pavillon (**G**), dem sog. Kapellenstock, *Schloßkapelle St. Magdalena* (an der Stelle der alten Hofmarkskirche): rechteckiger, 2geschossiger Raum zu 4 Jo-

S

chen mit Kavaliersoratorium (im Süden) sowie Fürstenoratorium (über westl. Seitenschiff); im Norden flache Chornische. Von Viscardi 1713 räumlich konzipiert, innere Gliederung durch kannelierte Pilaster mit Kompositkapitellen von dem Stukkator Manazzi, Stuckfelderdecke von Kögelsberger; *Hochaltar* 1723 mit vollplastisch geschnitzter Gruppe (Christus erscheint Maria Magdalena) von Angermayer, Tabernakelputten, I. Günther zugeschrieben. Umgestaltung im Sinn des Rokoko 1759, vor allem durch Deckengemälde (Szenen aus dem Leben der Kirchenpatronin sowie dekorative Elemente) von Mölck. Profaniert 1938, Restaurierung vorgesehen.

In dem 1716 errichteten ›Johannesturm‹ des Orangerietrakts das von Joseph Baader für die Rondellfontäne 1807 konstruierte *Pumpwerk*★ eingebaut, 1835 von Franz Höß in Gußeisen erneuert und 1974/75 wieder instand gesetzt: gemeinsam mit der Pumpenanlage für die Gartenfontäne (→ S. 202: Brunnhaus **G**) wohl die ältesten noch erhaltenen und funktionsfähigen Vollmetall-Maschinenanlagen des 19. Jh. in der Bundesrepublik und als solche erstrangige Denkmäler der frühen Technik.

Bedeutung: Entwicklung aus Einzelbaukörpern, wie sie in Italien üblich waren, zu einer der weitläufigsten, einheitlichen Schloßanlagen, die als Sommerresidenz der Wittelsbacher den dynastischen Anspruch des Kurfürstentums und des späteren Königreichs manifestiert und in ihrem originalen Bestand beinahe unversehrt auf uns gekommen ist: Die erhaltenen Innenräume des Kernschlosses finden im Steinernen Saal ihre höchste künstlerische Steigerung.

Amalienburg★ Von 1734 bis 1739 als Jagdschlößchen für Kurfürstin Amalie erbaut; Architekt Cuvilliés mit Dietrich (Schnitzereien) und J. B. Zimmermann (Stuck) – dieselben Künstler wie bei Reichen Zimmern der Residenz (→ Seite 149). ***Beschreibung:*** Eingeschossiges Gebäude mit hohen Rechteckfenstern, an der Ostseite erhöhter Kuppelraum (mit Dachplattform) vorspringend, an der Westseite Fassade konkav eingezogen. Hier Zugang zur Führung, eigentlicher Eingang nur im kreisrunden *Spiegelsaal*★ **5** (Dekoration in Blau und Silber); an ihm beiderseits 2 größere Räume in Gelb und Silber: **4** *Ruhezimmer;* **6** *Jagdzimmer* mit Jagddarstellungen (P. Horemans) und Tierstücken (Fr. Hamilton). Die beiden auswärts folgenden kleineren Räume wiederum in Blau und Silber: **3** *Blaues Kabinett,* **7** *Fasanenzimmer* oder ›Indianisches Kabinett‹. Die Räume **1** und **2** sind die

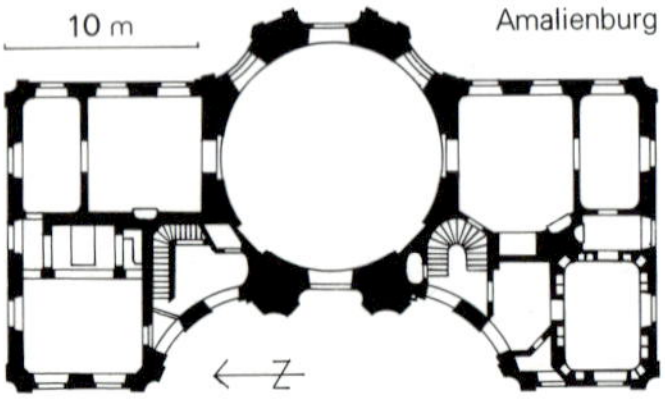

Amalienburg

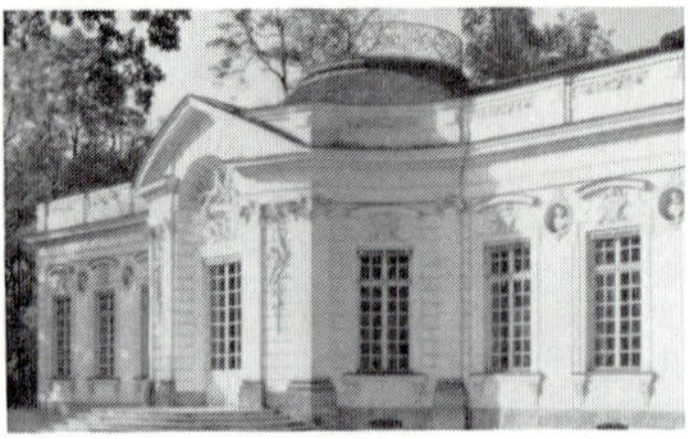

Amalienburg (1734–39) von F. de Cuvilliés

orginelle Hunde- und Gewehrkammer sowie die Retirade, **8** die mit holländischen Fliesen ausgekleidete Küche★. ***Bedeutung:*** Meisterhafte Grundrißgestaltung und hervorragende Dekorationen durch bedeutende Künstler ließen ein Werk von beispielloser Einheit von Außenbau und Raumfolge entstehen. Schönstes deutsches Rokokoschlößchen.

Badenburg, Erdgeschoß

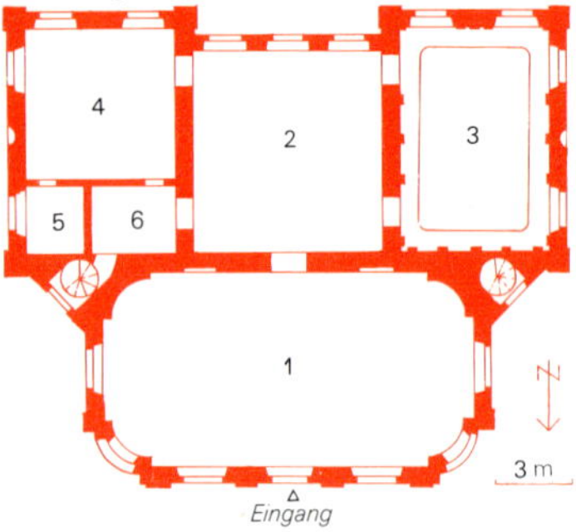

Badenburg, Untergeschoß (Schwimmhalle)

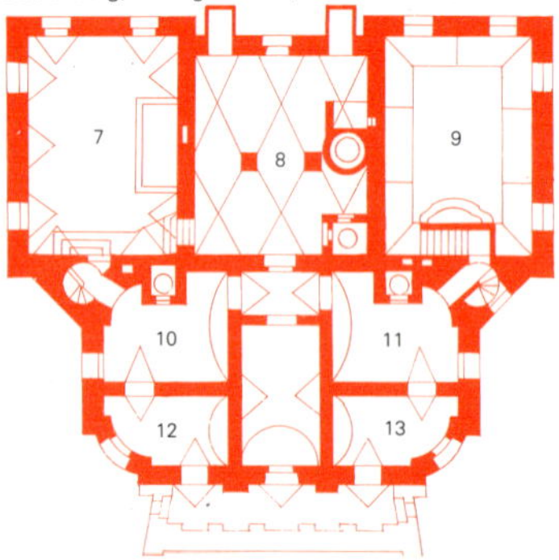

Badenburg★ Als Badeschlößchen von J. Effner 1718–21 für Max Emanuel erbaut; durch Klenze klassizistisch vereinfacht. Bombenzerstörungen (1943) 1952/53 behoben; gründliche Restaurierung 1977–82 mit Wiederherstellung der urspr. Farbgebung. ***Beschreibung:*** Auf hohem Sockel 2geschossiger Baukörper. An der Nordseite **1** *Festsaal* mit vielfigurigem Deckengemälde ›Der Morgen, der Frühling und das Wasser‹ von Amigoni (1719/20), von Körner 1952/53 summarisch restauriert, durch Manninger bei letzter Restaurierung in urspr. Farbigkeit rekonstruiert; über den Wandbrunnen Figuren von W. de Groff. An der Südseite 3 Gemächer: *Vor- und Spielzimmer* **2** mit chinesischen Papiertapeten. Luftraum des *Bades*★ **3** mit dem in das Sokkelgeschoß verlegten Becken **9;** Stuckkonsolen unter der Galerie von Dubut vor den mit Delfter Fliesen verkleideten Wänden. Im ehem. *Schlafzimmer* **4** chinesische Papiertapete, dsgl. im *Kabinett* (mit ›Affenplafond‹) **5;** dahinter *Garderobe* **6.** – Im Untergeschoß *Küche* **7,** daneben *Heizungsraum* **8** mit vollständig erhaltener historischer Heizanlage, **9** *Badebecken* der doppelgeschossigen Schwimmhalle, an der Decke Gemälde von Bertin mit mythologischen ›Wasser‹-Szenen; unter dem **1** Festsaal 2 *Ruhezimmer* **10, 11** sowie 2 *Badezimmer* **12, 13;** der gesamte Baukörper im Untergeschoß von einem überdeckten ›Lüftungsgang‹ ummantelt (im Grundriß nicht eingetragen). – An der *Terrasse* der Südseite 2 Löwen (von Ch. de Groff, 1769, heute durch Kopien ersetzt), die dem angrenzenden Gartenteil den Namen »Löwental« gaben. ***Bedeutung:*** In seiner Art einmaliger Bau. 1. heizbares ›Hallenbad‹ der europäischen Neuzeit, in Anlage (mit Galerie) und Ausstattung (Deckengemälde) Hinweis auf Funktion eines ›Schau‹-Bades. Urspr. gärtnerisch mit der gegenüberliegenden Pagodenburg verbunden.

Magdalenenklause Eremitage in Form einer künstlichen Ruine, ab 1725 von J. Effner für Max Emanuel errichtet, Weihe 1728. ***Beschreibung:*** Ebenerdiger Backsteinbau mit künstlich angebrachten Verfallserscheinungen (Sprünge in der Mauer, abgefallener Verputz). *Kapelle* und *Vorraum* mit Stuckfigur der büßenden Magdalena (von G. Volpini, 1726), Malereien von Stuber; im Brunnenbecken darunter im natürlichen Felsen die wundertätige Quelle. In den 4 *Wohnräumen* neben Mobiliar Ölbilder (von Desmarées, 1739), Zeichnungen (von Chr. Schwarz, 1589), Stiche (von Sadeler) und Wachsbossierungen – alle auf Bußthema bezugnehmend – erhalten. ***Bedeutung:*** Höfisches Gegenstück zu den klösterlichen Eremitorien; eine der frühesten ›ruinösen‹ Gartenarchitekturen in Europa unter Verwendung von romanischen, gotischen und maurischen Bauformen, die später für den sentimentalischen Landschaftsgarten charakteristisch werden sollten.

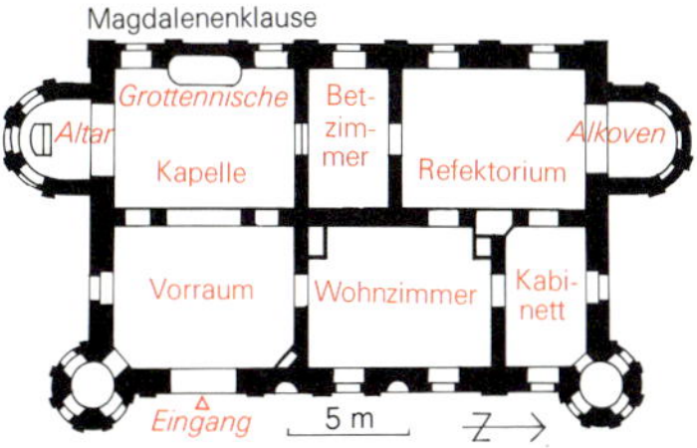

Pagodenburg★ 1717–19 von J. Effner erbaut, nach Überlieferung unter Benützung eines Grundrißentwurfes von Max

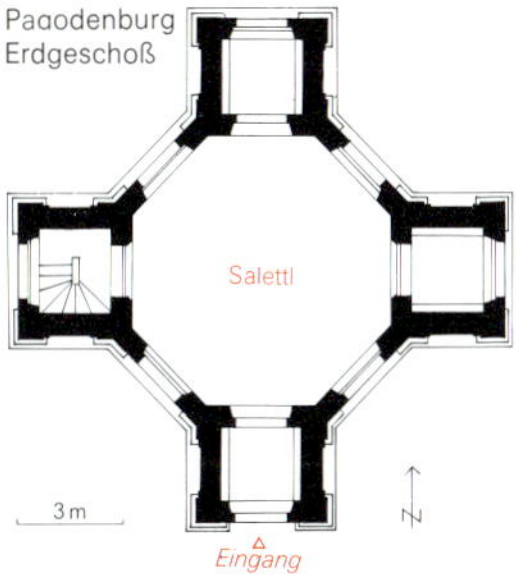

Emanuel (jedoch bei Bouchefort und le Pautre im 17. Jh. bereits vorgebildet). Außengliederung durch kolossale Pilaster; einziger Dekor die Balkongitter sowie Stuck im Gebälk. 1975–79 gründliche Restaurierung und Wiederherstellung der originalen farbigen Fassung. *Erdgeschoßraum* (Salettl) mit holländischen Fayence-Kacheln verkleidet; stuckierte Hohlkehle von W. de Groff. Das *Obergeschoß* enthält 2 längliche Sechseckräume mit Nischen und ein Chinesisches Kabinett. Dieses und das eine größere Zimmer mit Vertäfelung in schwarz-roter Lackmalerei: das andere in weiß-goldener Régence-Vertäfelung. ***Bedeutung:*** Geniale Synthese von französischer Disziplin im Außenbau und raffinierter Raumdisposition unter Wahrung ›exotischer‹ Extravaganzen: Eine der frühesten ›Maisons d'Indes‹ in Europa.

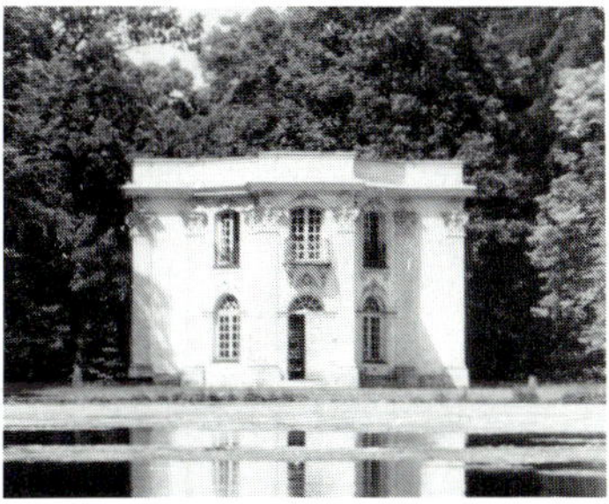

Pagodenburg (1717–19) von Josef Effner

Park★ Weitläufige, rund 200 ha große Anlage im Westen des Schlosses. Der bescheidene, unter Henriette Adelaide 1671 in italienischen Formen angelegte Garten erhält unter Max Emanuel ab 1701 durch Carbonet (Einführung des Mittelkanals → Kanalsystem), ab 1715 durch Girard die barocke Großartigkeit und Weite. (In einer Beschreibung von 1789 wird von 638 ›springenden Wassern‹ berichtet.) Tiefreichender Eingriff durch Sckell bei Umgestaltung des Boskettgartens in englischen Landschaftsgarten 1804–23: Dem Gewinn der Weiträumigkeit des ›natürlichen‹ Parks stehen der Verlust der Binnenornamente der nun leeren Rasenflächen gegenüber sowie die Beziehungslosigkeit der einzelnen Parkburgen mit ihren eigenen, streng gestalteten Gartenbezirken. ***Beschreibung:*** (folgt der Führungslinie → Plan): Westl. vor

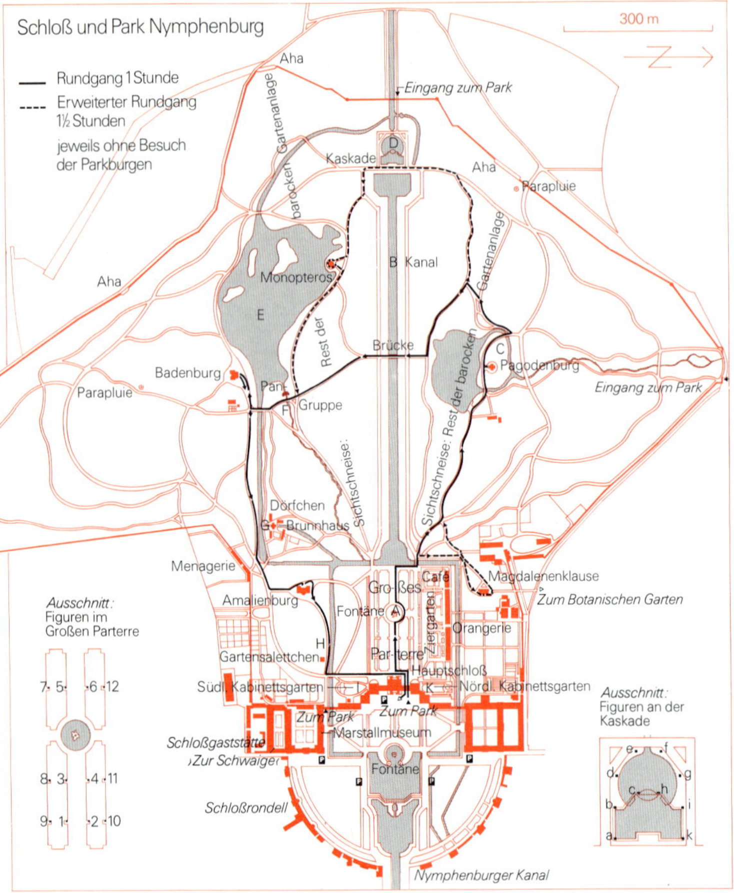

dem Hauptbau das große, bereits unter Max Emanuel angelegte *Parterre;* Neugestaltung 1770: Entfernung der vergoldeten Bleigruppe der Flora von G. de Groff aus dem Mittelbassin **A**; Versetzung der Marmorfiguren vom Parterrerand ins Innere: Von Marchiori **1** Kybele, **2** Saturn; von Auliczek **3** Jupiter (1772), **4** Juno (1772), **5** Proserpina (1778), **6** Pluto (1771; beide nach Entwurf von Straub); von Boos **7** Bacchus (1782), **8** Venus, **9** Merkur (beide 1773 I. Günther in Auftrag gegeben, von Boos 1778 vollendet), **10** Diana (1785) **11** Apollo (1785), **12** Ceres (1782). Nördlich vom Parterre *Ziergarten,* von 3 Gewächshäusern begrenzt: nach Plänen von Sckell errichtet 1807 das ›Eiserne Haus‹ (rechts), daran anschließend 1816 ein 2. Gewächshaus (Mitte) und 1820 das ›Palmenhaus‹ (hier 1830 die 1. Warmwasserheizung Deutschlands eingebaut). – Mittelachse des Parks von *Kanal* **B** bestimmt. An den beiden seitlichen Brücken Einmündung der großen *Schneisen,* die auf den Mittelbau des Schlosses ausgerichtet sind. Nördl. hinter den Orangeriegebäuden die 1725 ff. errichtete *Magdalenenklause* (→ S. 205), weiter westl. *Pagodenburg,* 1711–19 (→ S. 205), mit der gegenüberliegenden *Badenburg,* 1719–21 (→ S. 204), durch Querachse des einst geometrischen Barockgartens optisch verbunden; durch Sckells Umgestaltung ging dieser Bezug verloren; damals Anlage des *Pagodenburger Sees* **C,** dagegen blieb die abschließende *Kaskade*★ **D** in ihrer urspr. barocken Form erhalten: Entwurf viell. von Roëttiers, ausgef. von J. Effner, 1765–68 Marmorfassung von Cuvilliés; *Statuen:* **a** Mars (zunächst I. Günther beauftragt, von Boos 1778 ausgeführt); **b** Thetis (um 1775, von Boos); **c** wohl Donau (1715–17, von Volpini); **d** Flora (um 1725, von Dubut); **e** Pallas Athena (1722/23) und **f** Herkules (1718–21, beide Volpini; beide Figuren urspr. von der Ostseite von Schloß Schleißheim, → S. 199, aufgestellt); **g** Windgott Äolus (1728, von Dubut); **h** wohl Isar (1715–17, von Volpini); **i** Neptun (1737, von G. de Groff); **k** Minerva (wie a). Dem Pagodenburger See entspricht südlich des Mittelkanals der *Badenburger See* **E.** Auf einer Landzunge *Monopteros,* dem ein von Sckell

S

1805 erbauter hölzerner Rundtempel (formal in Nachfolge von Vanbrughs Rotunde in Stowe) vorausging; obwohl bereits 1810 baufällig, unterblieb die noch von Sckell 1812 vorgeschlagene und von K. v. Fischer korrigierte Ausführung eines steinernen Vesta-Tempels (mit Cella); dafür Erneuerung als 10säuliger ionischer Monopteros, wieder in Holz; nach verschiedenen Reparaturen 1864/65 nach Intentionen Klenzes durch Mühlthaler wieder als 10säuliger korinthischer Monopteros in Stein ausgeführt; restauriert 1977/78. – Am östlichen Auslauf des Sees **F** Gruppe des flötenblasenden *Pan mit Ziegenbock,* 1815 von Lamine (schwache Wiederholung seines Pan im Schwetzinger Schloßpark 1774). Am Südufer die *Badenburg,* 1719–21 (→ S. 204), auf dem Weg zur Amalienburg eine Gruppe kleiner Häuschen, ›Hameau‹ und *Brunnhaus* **G,** 1762 angelegt, 1803 neu erbaut für die beiden von Joseph Baader 1803/04 und 1817 konstruierten *Wassermaschinen:* frühe technische Meisterwerke, die heute noch die Fontäne im Mittelbassin **A** betreiben (→ auch S. 204: Pumpwerk für die Rondellfontäne). Nach der urspr. ebenfalls in Boskettgarten einbezogenen *Amalienburg,* 1734–39 (→ S. 204), das 1799/1800 von Mannlich für den Kurprinzen Ludwig erbaute achteckige *Gartensalettchen* **H** mit angefügtem ›Hexenhäuschen‹ (Holzbau mit in Ruinenmanier aufgemaltem Ziegelmauerwerk), davor wiederhergestellter Weiher. – Vor den Seitenpavillons des Hauptschlosses 2 *Kabinettsgärten,* sog. ›Giardini segreti‹, beide im frühen 18. Jh. angelegt: **I** mit der Kleinen Kaskade (1764 von Cuvilliés) und klassizistischer Hintergrundarchitektur; in den Nischen urspr. ›Venus Italica‹ von Canova (heute Residenzmuseum), ›Leda‹ 1810 und ›Satyr mit Bacchusknaben‹ 1812 von Eberhard; von diesem auch ›Diana und Endymion‹, 1820. Das 8eckige Vogelhaus mit (1979 rest.) Fassadenmalerei von Hörmannstorfer, Dach von Cuvilliés, 1757. **K** das sog. *Kaisergärtchen* mit 10 Büsten auf Hermensockeln aus der Volpini-Werkstatt. ***Bedeutung:*** Von der urspr. streng barokken Gestaltung (angeregt durch Venaria Reale bei Turin) nur noch Teile erhalten (Parterre, Mittelkanal, Kaskade, Schneisen): einst Zusammenwirken von Hauptschloß, Gartenanlagen und Parkburgen zu einer großartigen Gesamtanlage. Die Änderung im Sinne des englischen Landschaftsgartens befreite zwar die Natur von den Fesseln architektonischer Gartenkunst, isolierte aber auch die einzelnen Bauten voneinander und in bezug auf ihre Umgebung.

SCHLOSS NYMPHENBURG 17

Marstallmuseum* (im südlichen Flügel → Plan S. 202) ***Geschichte:*** Bereits von Maximilian I. an der Ostseite der Neuveste als ›Reiche Remise‹ eine Wagenburg und Sattelkammer eingerichtet. Die Bestände 1923 in der ehemaligen Hofreitschule am Marstallplatz aufgestellt, 1941 verlagert und 1952 in den früheren Stallungen von Nymphenburg als Marstallmuseum eröffnet; 1977ff. Erweiterung des Museums durch Ausbau des Obergeschosses (dabei die ehem. Kavalierszimmer mit Dienerkammern, bis auf eines dieser Appartements, beseitigt) für Aufstellung der ›Türkenbeute‹ von Max Emanuel. ***Bestände:*** In 4 großen Räumen Prunkkarossen, Kutschen und Schlitten sowie Pferdegeschirre, Gemälde, Zeichnungen und Entwürfe ausgestellt. Besonders zu beachten in Halle 1: *Krönungswagen** Karl Albrechts für seine Kaiserkrönung, gebaut in Paris 1740/41. *Herkulesschlitten,* um 1740, vielleicht aus der Werkstatt Straub. *Paradewagen* aus der Zeit Max III. Josef, Paris 1750. Zwei *Münchener Krönungswagen,* München 1813 bzw. 1818, beide mit Bildhauerarbeiten von Fr. Schwanthaler. In der Halle II: Coupés, Landauer, Berlinen des 19. Jh. Ecksaal und Halle III: Fahrzeuge Ludwigs II.: *Nymphenschlitten,* entworfen von F. Seitz, gebaut 1872–80: *Prunkschlitten,* ausgeführt von Gedon nach Entwurf von F. Seitz 1872–80; *Prunkwagen* (sog. ›Hochzeitswagen‹ für die nicht zustande gekommene Vermählung König Ludwigs II.) 1870/71: Schnitzereien von Gedon und Karg, Malereien von R. Seitz und Schwoiser. ***Bedeutung:*** Neben der Hofwagenburg in Wien eine der reichhaltigsten und vollständigsten Sammlungen dieser Art.

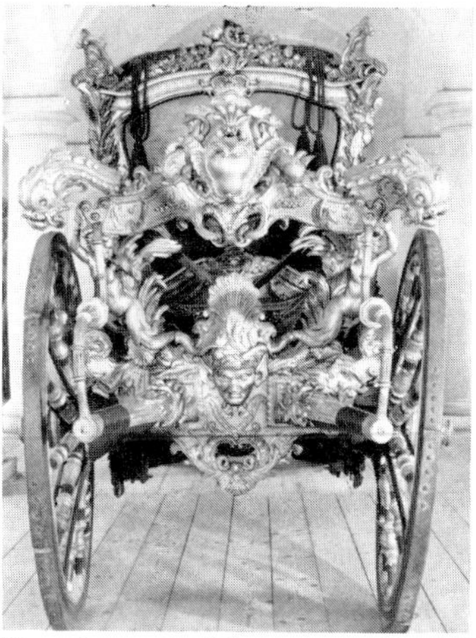

Marstallmuseum: *Krönungswagen* Karls VII.

SCHLOSSRONDELL 13, 17

Rondellbauten (→ Plan Seite 202:) Der 1728–30 nach Osten angelegte, beidseitig von Auffahrtsalleen begleitete Kanal Richtungsachse für die (von Kurfürst Karl Albrecht) geplante, vom Halbkreisplatz vor dem Schloß ausgehende Carlstadt. Im Rondell je Seite 5 Häuser nach Entwurf von J. Effner: 2 Pavillons und 3 einfachere Häuser, durch Mauern verbunden; 1728–58 errichtet, im letzten 1761 die ›Curfürstliche Porcelain-Fabrique‹ untergebracht → Nördl. Schloßrondell 8. ***Bedeutung:*** Architektonisch aufgelockerter Ausklang der Schloßanlage in für seine Zeit einmaliger Konzeption.

S

SCHÖNFELDSTRASSE 3 UND 5 3
Staatsarchive München Auf Fundamenten des 1794 erbauten ›Stuckbohrhauses‹ Errichtung eines ›Montur-Magazins‹ (1807 ff.), das 1816 zum ›Kriegs-Oekonomieratsgebäude‹ umgebaut werden sollte (Pläne von Keck); zur selben Zeit Einbau einer St.-Maximilians-Kapelle im westlichen Flügelbau an der Schönfeldstraße. Klenze erarbeitet seit 1822 Pläne, die einen Neubau mit der Wohnung des Kriegsministers vorsehen (fertiggestellt 1826, weitgehend nach Entwürfen von Klenze ausgestattet) und die Errichtung eines Baukörpers an der Ludwigstraße, das Kriegsministerium (→ Ludwigstr. 14), in die Gesamtplanung einbeziehen. Flügelbauten und zurückgesetzte Fassade bilden breitgelagerten, flachen ›Ehrenhof‹, urspr. von der Schönfeldstraße durch Staketenzaun abgetrennt. Im 2. Weltkrieg schwer zerstört, Ruine 1959 abgetragen; Wiedererrichtung Mitteltrakt 1967, Ostflügel 1971/72 sowie verbindende Arkadenbauten (ohne die urspr. Schließung durch Korridore: dadurch störende Durchblicke) rekonstruiert (Abb. → S. 246); 1977 Magazinbau an Schönfeldstraße vollendet. Seit 1978 Etablierung in den Neubauten: Abteilung I u. II Schönfeldstr. 5, Abt. III Ludwigstr. 14, (Abt. IV Leonrodstr. 57), Abt. V Ludwigstr. 14 und Staatsarchiv München Schönfeldstr. 3 (→ Archive, S. 246). ***Fassade:*** Um 5 Achsen von der Straße zurückgesetzter 2geschossiger Mitteltrakt von 11 Achsen; im Erdgeschoß säulenflankiertes Mittelportal mit Balkon und Horizontal-Bossierung; glattverputztes Obergeschoß mit Hausteingliederung (rustizierte Ecklisenen, Fensterumrandung), darüber im hohen Architrav Mezzanin. Gleiche Wandbehandlung bei den 3achsigen Kopfbauten, die durch zwei 4jochige Galerieflügel mit Hauptbau verbunden sind. Der linke Kopfbau zugleich südl. Flügel des ehem. *Kriegsministeriums*. – Bronzenes **Pferdestandbild** 1960 von Bleeker (Denkmal der deutschen Kavallerie 1870–1945).

SCHUSSENRIEDER STRASSE 6 28
St. Michael in Lochhausen Zuerst Filiale von Aubing, bereits 1315 als Pfarrkirche erwähnt. Satteldachturm noch frühgotisch, Altarraum spätgotisch; barockes Langhaus (mit Stukkaturen und Fresken), 1927 durch Neubau (von Boemmel) ersetzt. An Nordwand Fresko mit Herz-Jesu-Bruderschaftsbild, in Südwand altes Spitzbogenfenster.

SCHWANTHALERSTRASSE 13 5
Deutsches Theater Zwischen den Häuserzeilen an der Schwanthaler- und Landwehrstraße anstelle des ehem. Ateliers von Ludwig Schwanthaler nach Plänen von Bluhm 1894–96 errichteter Bau; von den beiden Straßen durch monumentale neubarocke Toreinfahrten (Nr. 13 und Nr. 20) erreichbare, architektonisch bescheiden gestaltete kleine Höfe; in der Nische rechts neben dem überbauten Haupteingang ›Faunbrunnen‹ (Entwurf: C. Fischer 1896). Einweihung des Baus: 26.9.1896; dessen neubarocke Ausstattung (Ausmalung von Ferd. Wagner d.J. u.a.) durch Brandbomben 1943 nahezu gänzlich vernichtet; vereinfachter Wiederaufbau 1950–51, Renovierung 1959. Bei Architektenwettbewerb für Renovierung 1974 ging 1. Preis an Reinhard Riemerschmid, dieser 1977 mit Gesamtneubau unter Berücksichtigung der traditionellen Doppelfunktion Theateraufführungen/Faschingsveranstaltungen beauftragt; Bauzeit 1977–82. – Durch umfassenden ***Innenausbau*** kaum Reminiszenzen an das frühere Theater – ausgenommen der restaurierte Neurokoko-›Silbersaal‹ sowie in der Kassenhalle verwendete Säulen und Balustradenteile des urspr. Baus. Ungewöhnliche Farbkombinationen, die ›Buntheit‹ des Zuschauerraums, Aluminiumreliefs u.ä. reflektieren die Ambivalenz von Showbusiness und Tanzpalast, die der ***Geschichte*** des Deutschen Theaters entspricht: erfolglos gegen die etablierten Bühnen Münchens wird es ab etwa 1900 Hochburg des Münchener Faschings, beherbergt ab 1903 (mit Unterbrechung) den 1902 von Carl und Ida Krone gegründeten ›Wanderzirkus Charles‹, wird Varieté-Theater und Gastspielbühne; avanciert unter Hans Gruß zwischen 1920 und 1933 zu berühmtem Varieté- und Revuetheater; Auftritte von Karl Valentin (1924–26), Nina Payne (1927), Josephine Baker (1928: 1. Auftritt in Deutschland), Tiller Girls; Gastspiele wie »Porgy and Bess« (1957), Tanzgruppe »Brasiliana« (1959).

SEBASTIANSPLATZ 10
Zwischen → Stankt-Jakobs-Platz und → Viktualienmarkt gelegener kleinräumiger ›Platz‹, von alten, z.T. unversehrt erhaltenen Häusern umstanden: So besitzen die Häuser *Nr. 8 und 9* noch die für München typischen ›Ohrwaschl‹ (halbierte, an das Nachbarhaus angrenzende Zwerchgiebel); ferner ist im Haus *Nr. 8* die in der gotischen Münchner Bauweise übliche ›Himmelsleiter‹ erhalten, eine in geradem Lauf vom Erdgeschoß bis zum Speicher durchgehende Treppe. Die von Burmeister 1977 konzipierte Sanierung berücksichtigt weitgehend die Wiederherstellung bzw. Erhaltung dieses mit historischen Handwerkerhäusern bebauten Quartiers: *Nr. 3* erbaut 1761, von Burmeister 1984 restauriert (im Hof Holzlauben), ähnl. *Nr. 4*.

SEDERANGER 6 19
Bayerische Rückversicherung Nach den Plänen der Architekten Kiessler und Schultz 1976 fertiggestellte Bürohausgruppe, bestehend aus einem Verwaltungsbau (3 viergeschossige Zylinder um einen Versorgungskern) und einem von diesem abgesetzten Casinobau (2stöckig über kreisrundem Grundriß); Fußboden- bzw. Deckenscheiben konzentrisch über Glasfassaden vorkragend und durch schlanke Stahlrohre filigranartig verbunden. ***Bedeutung:*** Bemerkenswerte architektonische Lösung aus dem spannungsreichen Wechselspiel zwischen aufgelöstem Baukörper (Glaswände!) und eindeutig begrenzten Raumbasen, stabilisiert durch Stahlrohr›stützen‹;

durch rechteckige Nachbarbauten beeinträchtigt. – Bemerkenswerte Sammlung von Graphiken des 20. Jh., zusammen mit *Ausstellungstätigkeit* (unter dem Motto ›Erkundungen‹) mäzenatischer Beitrag zur Auseinandersetzung mit moderner Kunst, Architektur und Design der Moderne.

SENDLINGER STRASSE 61 **10**

Asam-Haus* Von Ä. Q. Asam 1733 erworbenes 4stöckiges Gebäude aus dem 16. Jh. mit 4 Fensterachsen und 3geschossigem Flacherker zwischen der 1. und 2. Achse über Einfahrtsportal, hervorragend durch Fassadenstuck, restauriert 1975 (unter Beibehaltung des im 19. Jh. veränderten Erdgeschosses; orig. Aussehen unbek.). ***Programm:*** Neben dem sakralen Bereich der benachbarten Kirchenfassade die künstlerische Welt des Bauherrn. Beherrscht von der Lichtgestalt des *Apoll* der ›Himmel‹ von Kunst und Wissenschaft, zu dem *Pallas Athene* dem willigen Menschen (in Gestalt eines Putto) den Weg weist. Zwischen 1. und 2. Obergeschoß rechts die *Naturwissenschaften,* links die *Schönen Künste;* daran anschließend *Unbeschwertheit* (Satyrn, aber auch die vor der Fama fliehende *Vergänglichkeit* des einfachen, naiven Lebens ohne Heiligung durch Apoll und (katholisches) Christentum, das an architektonisch ausgezeichneter Stelle, am Erker, versinnbildlicht wird: zuoberst das *Christusmonogramm IHS,* darunter die urspr. vergoldete *Immakulata,* in Höhe der Wissenschaften und, im weitesten Sinn, des Irdischen der *Hl. Joseph* (heute unkenntlich) als Patron des Handwerks und – nach damaliger Auffassung damit verbunden – der Künste: *Architektur* (darunter rechts), *Malerei* (links) und *Bildhauerei,* die als Metier des Bauherrn in der Mitte hervorgehoben sind. Am Übergang von Erker zum Portal beiderseits Hermen, Dichtkunst und Musik versinnbildlichend. Die Figuren auf den Portalflügeln (jetzt im Nat.-Mus.) versinnbildlichen Altes und Neues Testament. Zahlreiche Putti und Puttiköpfe ergänzen anspielend auf Reichtum, Fruchtbarkeit, Tugend die allegorischen Aussagen. ***Bedeutung:*** Ungewöhnlich anspruchsvoller Künstlerwohnsitz des frühen 18. Jh. Die Stuckdekoration, frei über die Fläche verteilt, eine ins Plastische umgedeutete Form der in Oberbayern und Schwaben (Augsburg) weitverbreiteten Fassadenmalerei.

Asamhaus, Fassadenprogramm

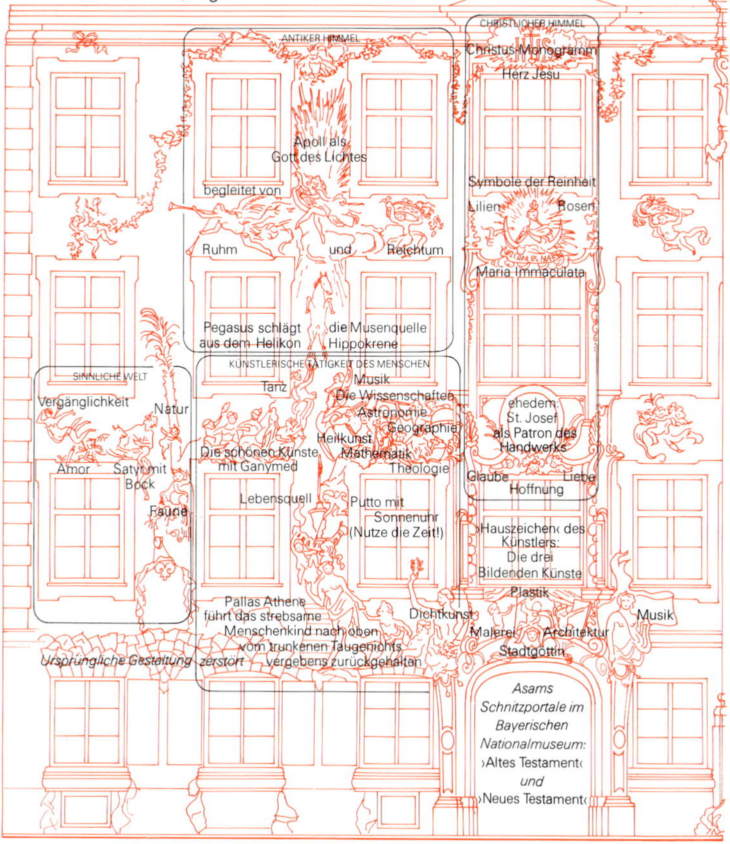

S

SENDLINGER STRASSE 62 10

St.-Johann-Nepomuk-Kirche*

(›Asamkirche‹). Ä. Q. Asam erwirbt 1729/30 zwei Grundstücke an der Sendlinger Gasse: Errichtung des eigenen Wohnhauses, im südl. Teil Errichtung einer Kapelle (dafür Plan 1731); größerer Kirchenbau auf Drängen der Anwohner, nach langwierigen Verhandlungen mit kirchl. und staatl. Behörden Bauerlaubnis durch Karl Albrecht: Grundsteinlegung 16. Mai 1733 durch Kurprinz Max III. Josef; Bauausführung durch Joh. M. Fischer. (Erwerb des nördl. anschl. Grundstücks 1733 zur Errichtung des Priesterhauses, → Sendlinger Str. 63). Deckenbild von K. D. Asam 1735, Arbeiten im Altarraum von Ä. Q. Asam 1738, an der Fassade 1740, Altarraum 1741 voll., Weihe der noch unvollendeten Kirche 1746; Stuckarbeiten 1771 noch nicht alle gefaßt, 1771/74 Umbau bzw. Abbruch des Oratoriums an NW-Ecke. Änderungen im Altarraum bzw. an den Altären 1783 und 1820. Große Innenrenovation 1860/61 durch Maler Schabet und Vergolder Radspieler. 1939 Beginn der gründlichen Restaurierung, vor ihrem Abschluß schwere Kriegszerstörungen 1944 und 1945. Leicht verändernde Wiederherstellung 1946–48, Fassadenrenovierung an Kirche (und Asamhaus) 1972/73 durch Burmeister (Korrektur 1982), Aufsetzen des zerstörten Dachreiters 1975. Umfassende Innenrestaurierung durch Erwin Schleich 1975–83. ***Äußeres:*** Flankiert von Priesterhaus und dem Wohnhaus der Brüder Asam linker Hand (→ Sendlinger Str. 61) die *Kirchenfassade,* aus unbehauenen Felsen – urspr. waren hier Brunnen vorgesehen (Gesuche 1737 und 1740 abgelehnt) – emporwachsend 2 leicht nach innen gedrehte kolossale Pilaster, in den Kapitellen Reliefs: links Papst Benedikt XIII. (Kanonisierung von Johann Nepomuk, 1729), rechts Kardinal Johann Theodor, Fürstbischof von Freising; zwischen ihnen vorgewölbt die eigentliche Schaufront mit säulengerahmtem Portal unter geschwungenem Segmentgiebel; dieser von der vollplastischen Gruppe des in den Himmel auffahrenden Titelheiligen bekrönt, flankiert von 2 Engeln (Hinweis auf Beichtgeheimnis und Martyrium). Dahinter riesiges, konvex verglastes Fenster, von Säulen gerahmt und altarähnlich übergiebelt; im ›Auszug‹ die Allegorien von Glaube, Hoffnung und Liebe. Die ganze Breite der Front übergreifend, auf hohem Gebälk über den rahmenden Kolossalpilastern aufliegend der mehrfach geschwungene Hauptgiebel, durch ein etwas zurückgesetztes Glockentürmchen (1751) bekrönt. ***Inneres:*** Ovale *Vorhalle* mit Beicht-

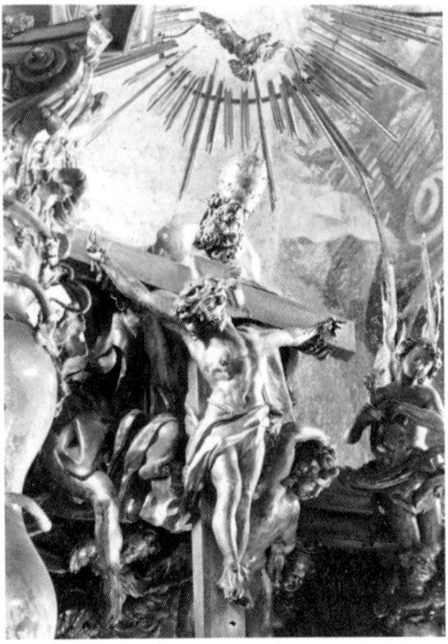

Asamkirche: *Gnadenstuhl* über dem Hochaltar von Ägid Quirin Asam (1738–41)

St. Johann Nepomuk, Vergleich der Raumproportion in Längsschnitt und Querschnitt

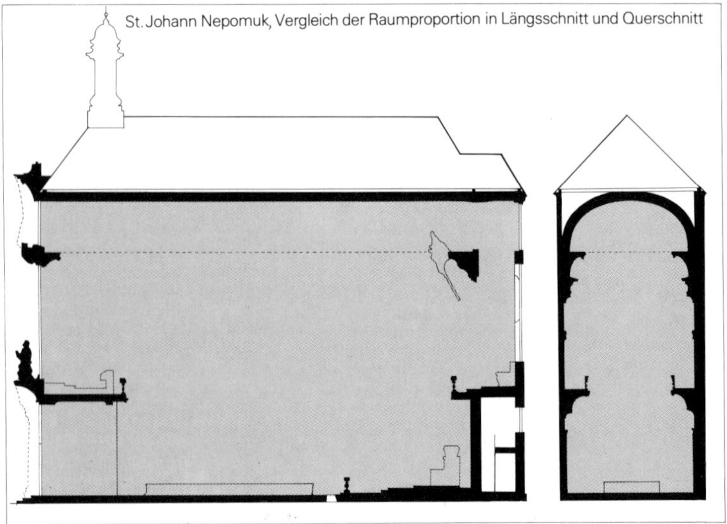

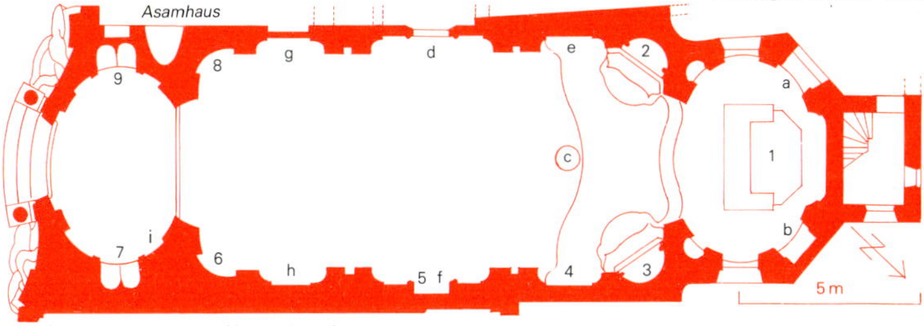

St. Johann Nepomuk (Asamkirche) *Priesterhaus*

stühlen, die Decke getragen von Hermenengeln; durch geschmiedetes Eisengitter (1776 aufgestellt) Zugang zu dem langgestreckten, schmalen, hohen *Kirchenraum:* Dieser beherrscht vom 2stöckigen Hochaltar und den beiden Seitenaltären beim Eingang zum ovalen *Presbyterium,* hervorgehoben durch das ›Würdemotiv‹ der 4 gedrehten Säulen: diese tragen die freischwebende Gruppe des ›Gnadenstuhls‹*. Wiederholung des Säulenmotivs an der Orgelempore, wo 2 Säulen mit ausschwingendem Gebälk den Reichsadler (Hinweis auf den Wittelsbacher Kaiser Karl VII.) rahmen. Die Stuckmarmorwände des Gemeinderaums durch vielgestaltige Architekturelemente mit reichem plastischen Dekor gegliedert, in ›Obergeschoß‹-Höhe von geschwungenem umlaufenden Balkon unterteilt; über der ebenfalls bewegten Hohlkehle 10 Stuckreliefs* mit Szenen aus dem Leben Johann Nepomuks das durchgehende Deckengemälde ›Leben und Sterben des Hl. Johann Nepomuk‹. ***Ausstattung:*** **1** *Hochaltar* im Erdgeschoß: vor rotem Stuckvorhang ›Sarkophag-Altar‹: Altarbank: mit Silberreliefs (um 1783), Glasschrein mit Wachsfigur des Hl. Johann (in ihr Reliquien gefaßt), bekrönt von durchbrochener Pyramide mit Nachbildung des Zungenreliquiars (1981 rekonstruiert nach Skizze Asams anstelle der 1783 von Boos angebrachten ausladenden Strahlenglorie); der ovale Altarraum von 8 Hermenengeln umgeben, in Gestik und Attributen ebenso auf Eucharistie bezogen wie Reliefs der Gerätembleme in der Hohlkehle; über Sakristeitüren Grisailleporträts **a** Ägid Quirin, **b** Kosmas Damian Asam (wohl von diesem gemalt, 1944 zerstört, durch Kopien ersetzt) – im Obergeschoß *Altar der Dreifaltigkeitsbruderschaft* mit Tabernakeln und 2 Anbetungsengeln* 1767 von I. Günther (bis 1913 in Pfarrkirche Griesstätt), darüber die vieldiskutierte Rekonstruktion (1982–83) der Altarrückwand mit Ovalfenster (in Anlehnung an Johann-Nepomuk-Altar der Prämonstratenserkirche in Osterhofen von Ä.Q. Asam, 1735): urspr. asamische Stuckgruppe (Johann Nep. zu Füßen der Muttergottes) sowie das 1795 erwähnte »groß runde Fenster« 1820 durch dunkeltoniges Ölbild von A. Seidl ersetzt, 1944 zerstört; an dessen Stelle 1960 halbplastische Figur des schwebenden Johann Nep. von Lorch. Seitlich des Altars in Nischen Stuckfiguren Johannes des Täufers (links, Kopie des 1944 zerstörten Originals) und Johannes Evang., beide von Ä.Q. Asam. – Über dem Altarraum die Gruppe des *Gnadenstuhls**, in der obersten Gebälkzone Seraphim, überfangen vom Glorien-›Baldachin‹ mit der Heilig-Geist-Taube. *Seitenaltäre* urspr. den Namenspatronen der Brüder Asam zugedacht, die Nischen von Hermenengeln mit Insignien der Heiligen flankiert: **2** Statue Maria-de-Victoria (noch zu Lebzeiten Asams aufgestellt), urspr. Quirinus-Altar, **3** Statue Hl. Joseph (1923 von Drexler), urspr. Kosmas-Altar. **4** *Kanzel,* gegenüber **e** *Wandbild* ›Christus und Nikodemus‹(?), am Wandpfeiler daneben Kruzifixus mit vielverehrter Statue einer ›Mater dolorosa‹; **c** Rundöffnung und **d** Zugang zur Gruft, in der sich Ä. Q. bestatten lassen wollte (nur an Kartagen geöffnet); in der Restfläche *Gemälde* ›Vertreibung der Wechsler aus dem Tempel‹ nach Chr. Wink 1794, gegenüber **f** Beichtstuhl und *Gemälde* ›Fußwaschung Petri‹ von F.E. Asam (beide Gemälde von Manninger rekonstruiert); in den 2 hinteren Flachnischen *Gemälde* **9** ›Hl. Schutzengel‹, **h** ›Übergabe des Rosenkranzes an Hl. Dominikus‹ beide von Manninger 1981. – In der Obergeschoßzone in den Flachnischen geistliche Insignien: über **e** Papsttum, über **4** Kardinalswürde, über **9** Bischofsamt, über **h** Priesterstand; in den beiden Mittelfeldern *Fresken:* über **e** ›Verehrung des Nepomukgrabs im Veitsdom in Prag‹, über **f** ›Verehrung der Zungenreliquie‹. – *Beichtstühle**, wegen Johann Nep. als Beichtheiligen ikonologisch besonders hervorgehoben, durch ihr Programm (Darstellung der Vier Letzten Dinge) Einheit bildend: **6** Schrecken der Verdammnis (Tod), **7** Jüngstes Gericht, **8** Seligkeit der Erlösung (Himmel), **9** Schmerz des Todes (Hölle). An den Pilastern Hermenengel, von denen derjenige bei **i** Exvoto-Bild von 1746 mit Darstellung des damals bestehenden unteren Hauptaltars hält; darunter *Epitaph* des Grafen Zech, von I. Günther 1758 (P. Steiner: »virtuoser Höhepunkt der Münchner Grabmalkunst des Rokoko«). ***Bedeutung:*** Neben Rohr und Weltenburg einzige ausschließlich von den Gebrüdern Asam gestaltete Kirche, soziologisch interessant als Privatkirchenbau bürgerlicher Künstler, kirchengeschichtlich wegen des 1729 heiliggesprochenen Titelheiligen. Als Bauwerk großartiges, einheitlich durchgestaltetes und ikonographisch konsequent ausgestattetes Gesamtkunstwerk im typischen Asamstil: Übernahme römischer Traditionen (Borromini, Bernini), Verwertung böhmischer Anregungen.

S

SENDLINGER STRASSE 63 6

Priesterhaus 1733 erwirbt K.D. Asam das nördlich an die in Bau befindliche Kirche angrenzende Wohnhaus, veräußert es 1734 an den Generalvisitator der Diözese Freising Philipp Franz Lindmayr zur Errichtung eines Priesterhauses; 1771 wegen Baufälligkeit abgebrochen, 1771–72 Neubau (Baumeister unbekannt). Bombenschäden 1944 bis 1954 behoben; restauriert 1981. ***Beschreibung:*** 4achsige Fassade, über bossiertem Erdgeschoß mit Korbbogenfenstern 3 Stockwerke, das 2. durch durchlaufende Segmentbogengiebel akzentuiert; das 4. Obergeschoß stört das Gleichgewicht des Ensembles Asamhaus–Asamkirche–Priesterhaus in der Traufzone empfindlich.

SENDLINGER STRASSE 75 6

Altes Hackerhaus An der Ecke Hakken-/Sendlinger Straße seit 1417 eine der ältesten Münchener Braustätten bezeugt; anstelle mehrerer Häuser wohl nach 1825 vornehmes klassizistisches Bürgerhaus errichtet; 1983/84 durch Lehmann restauriert. ***Beschreibung:*** Über rustiziertem Erdgeschoß 3 durch Gesimse getrennte Obergeschosse, 9 Achsen an beiden Straßen, Rechteckfenster (im 1. Stockwerk durch Rundbogenfelder mit stilisiertem Pflanzendekor ausgezeichnet); Pilastergliederung in der Abfolge dorisch – ionisch – korinthisch klassizistisch modifiziert. – Im 2. Stock der ›Silbersaal‹★ 1982 wiederentdeckt (um 1885 in Neo-Rokokostil ausgestattet: ein seltenes Beispiel großbürgerlicher Wohnkultur); die Kellergewölbe des ehem. Brauhauses und das Erdgeschoß als Restaurant eingerichtet, der Innenhof mit hölzernen Laubengängen als Wirtsgarten verwendet.

SENDLINGER STRASSE 80 6

Süddeutscher Verlag Nach Plänen von Max Littmann 1905–06 als Redaktionshaus der ›Münchener Neuesten Nachrichten‹ errichtetes Gebäude, hinter dem in der Tiefenstaffelung des Grundstückes die technischen Betriebe (Setzerei, Druckerei, usw.) untergebracht waren. Nach Kriegszerstörungen Wiederaufbau, 1983–85 Errichtung des neuen *Druckzentrums München-Steinhausen* (Entw.: Architektengemeinschaft SV – von Seidlein/Fischer/Winkler und Effinger). ***Beschreibung:*** Über Naturstein-Sockelzone (7 Bogenfenster im Erdgeschoß, darüber kräftig reliefiertes und rhythmisiertes Fensterband) zurückgesetzte Obergeschosse, von Erkern gegliedert; darüber weit vorspringende Dachzone. ***Bedeutung:*** Trotz der Abmessungen (65 m) und der Funktion des Gebäudes geschickt in den Straßenverlauf eingefügte Fassade, deren architektonische Qualität durch die starre Schematik der beiden anschließenden Neubauten (Nr. 79 und 85, beide von Raue, 1967–68 bzw. 1960) deutlich gemacht wird.

SENDLINGER-TOR-PLATZ 9

In Zusammenhang mit Entfestigung Münchens 1. Pläne für Gestaltung des Areals vor dem Sendlinger Tor durch Thurn 1803 und 1806: Unter Berücksichtigung der Beziehung von altem Stadttor und annähernd gegenüberliegendem Spital der Barmherzigen Brüder (→ Ziemssenstr. 1) Rechteck- und Halbkreisgestaltung (analog zum → Karlsplatz); 1807 Erweiterung des mehrfach durch barocke Wälle gewinkelten Torwegs, 1810 Herstellung einer der Sendlinger Gasse niveaugleichen Ausfahrt durch Zuschütten des Vorfelds; bereits 1809 von Sckell Planung eines Kreisplatzes mit Einmündung von Lindwurm- und Nußbaumstraße (dazwischen Gartenanlage, urspr. von Sckell, vor dem 1809 begonnenen Neubau des Krankenhauses) sowie Anbindung an projektierte *Sonnenstraße* (benannt nach dem durch Vorherr vorgeschlagenen offenen Bausystem ›Sonnenbau‹) und die vorgesehene Weiterführung nach Süden: 1812 als 2. Abschnitt des Generalplans für die Stadterweiterung (und Errichtung der ›Ludwig-Vorstadt‹) genehmigt. Die aufwendige Planung von Himbsel (1818) nicht ausgeführt; geblieben ist die spätere Rechteckbebauung im Vorfeld des Tores sowie der angesetzte Halbkreis, der im Verlauf des 19. Jh. uneinheitlich umbaut wurde; dabei im westlichen Segment problematische Einfügung der Pettenkoferstraße. Nach weitgehend behobenen Kriegsschäden die 1953–55 errichtete *St.-Matthäus-Kirche* (→ Nußbaumstr. 1) platzbeherrschend, allerdings reduziert durch den 1967–71 erfolgten Verkehrsausbau, der eine empfindliche Störung der urspr. Anlage zur Folge hatte. Als Platzareal erhalten geblieben ein Teil des rechteckigen Vorfelds der Toranlage; in Haus Nr. 11 ›Sendlinger-Tor-Lichtspiele‹, das älteste Kino Münchens (1913 durch Carl Gabriel eingerichtet).

Sendlinger Tor: (→ Abb. S. 23) Bei leoninischer Stadterweiterung nach dem Schema Mittelturm – Torzwinger – 2 äußere Flankentürme errichteter Torbau für die Fernstraße nach Süden (Wolfratshausen–Mittenwald–Innsbruck); das Niveau der Feldseite durch Auffüllung des Grabens heute 7 m höher. Beherrschender Mittelturm 1810 abgetragen, die beiden 6eckigen Flankentürme sowie Seitenmauern des Wehrhofs 1860 durch Zenetti restauriert; 1906 ersetzt Bertsch die 3 Tordurchfahrten durch einen großen Bogen; Kriegszerstörungen behoben, 1978–82 renoviert.

SIEBENBRUNNER STRASSE 6 22–23

Tierpark Hellabrunn An Königinstraße, nördl. Veterinärschule, 1860–70 erster Tiergarten Münchens; bereits 1862 Plan zur ›Gründung eines zoologischen Gartens‹ in den oberen Isarauen; erst 1910/11 unter geschickter Ausnutzung des Hanggeländes und der Auenlandschaft mit Seitenarm der Isar und gewachsenen Nagelfluhfelsen angelegt und von E. v. Seidl architektonisch einfühlsam gestaltet, wobei die Einfriedung der Gehege durch natürliche Hindernisse (Wassergräben, Schluchten) und leichte Gitter möglichst wenig stört. Der 1922 erzwungenen Schließung folgte 1928 Neueröffnung; trotz schwerer Bombenschäden bereits im Mai 1945 wieder zugänglich, aber erst ab 1970 Konzept einer Erneuerung der Gesamtanlage; architektonische Gestaltung des Generalausbauplans ab 1972 durch Gribl, bei dessen Einzelbauwerken und Gehegegestaltungen Formen moderner (Beton-)Architektur z. T. dominieren; Anlage eines ›Kindertierparks‹ 1977; bemerkenswert die 1980 fertiggestellte *Voliere,* ein von 10 Stahlpylonen getragenes Stahlnetz über einer sorgfältig gestalteten Landschaft. Das 1913–14 von E. Seidl errichtete *Elefantenhaus* (Tropenhaus) besitzt erste freitragende Beton-Glas-Kuppel der Welt; restauriert 1967–79.

Bedeutung des Tierparks: Erster nach geographischen Gesichtspunkten angeordneter Zoo (›Geo-Zoo‹, angeregt durch Carl Hagenbeck) mit den hauptsächlichsten Tierarten, zum Teil durch erfolgreiche Züchtungen und Rückzüchtungen (Ur) bereichert; mit über 4800 Tieren in mehr als 480 Arten größter und landschaftlich reizvollster Tierpark Europas. Durch die zunehmende Zerstörung der Biotope und die damit verbundene Verarmung der Fauna fällt den zoologischen Gärten immer mehr die Aufgabe zu, bedrohten Tierarten Zuflucht zu gewähren. Dieser Aufgabe hat sich Hellabrunn im besonderen verschrieben, ferner der wissenschaftl. Tierbeobachtung sowie der Erforschung des Verhaltens, der Physiologie, Pathologie und Biochemie. (Eintrittszeiten → S. 43).

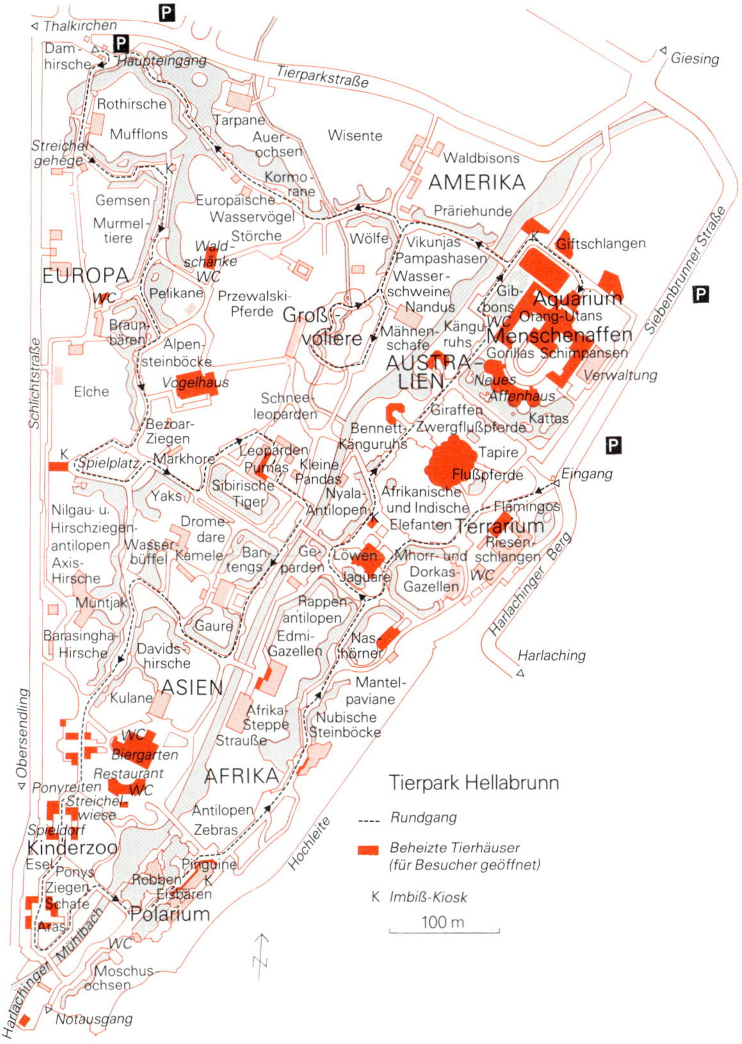

S

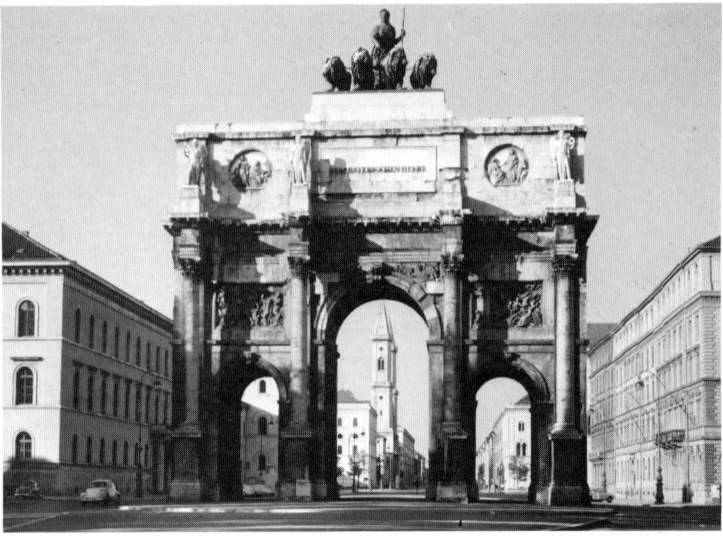

Siegestor von F. v. Gärtner (1843–50) mit der Quadriga nach Entwurf von J. M. von Wagner

SIEGESTOR **19**
Nördlicher Abschluß der Ludwigstr. (südl. Pendant *Feldherrnhalle*, → Odeonsplatz). Errichtet im Auftrag Ludwigs I. als Monument für das bayerische Heer nach Plänen von F. Gärtner, 1843 begonnen, nach dessen Tod (1847) von seinem Schüler Metzger 1850 vollendet (der 1852 ein monumentales Forum vorschlug). Ähnliche Triumphbögen in anderen europäischen Städten (z. B. Arc de Triomphe du Carrousel in Paris, Arco della Pace in Mailand), Vorbild für Münchner Siegestor: Konstantinsbogen in Rom. 1944 stark beschädigt, 1958 zum Teil restauriert, 1972 Quadriga (restauriert durch Dietz) wieder aufgestellt. ***Beschreibung:*** 3torige Anlage, Süd- und Nordfront gegliedert durch vier vorgestellte Säulen (von Viktorien bekrönt, von J. M. v. Wagner); Reliefs (mit Kampfszenen) und Medaillons (bayr. Regierungsbezirke) ebenfalls von Wagner. Bekrönt durch erzene *Bavaria* in Löwenquadriga (Bavaria von Brugger, Quadriga von Halbig, nach geändertem Entwurf von Wagner), stadtauswärts zum Ankömmling orientiert. Südseite im oberen Teil 1958 nachhaltig verändert (Inschrift ›Dem Sieg geweiht, im Krieg zerstört, zum Frieden mahnend‹ von Wilhelm Hausenstein), Nordseite weitgehend restauriert. ***Bedeutung:*** An der Nahtstelle zwischen architektonischer → Ludwigstr. und malerischer → Leopoldstr. künstlerisch wichtig; Fernwirkung in der Sicht vom Odeonsplatz durch Hochhaus an der Münchner Freiheit (errichtet 1963/64) stark beeinträchtigt.

SONNENSTRASSE 24 **9**
Postgiroamt Nach Plänen von Bürklein und Zenetti 1853–56 als ›Frauengebäranstalt‹ errichtet, die ihren Vorläufer in der bereits 1589 erwähnten Anstalt im Heiliggeistspital hatte (wohl die älteste dieser Art in Deutschland). Umbau des Gebäudes für den 1909 in München eingeführten Postscheckdienst durch Vorhoelzer (1929): Öffnung der ursprüngl. Ausfachungsfelder (mit ihren Segment- und Spitzbogenfenstern) durch Glasflächen zwischen Pfeilern. 1978/79 restauriert, Aufstellung der Bronzestatue ›Taubenmann‹ von Mayer (1979). ***Beschreibung:*** Breitflächige Backsteinfassade in 9 Jochen, 3 davon als Mittelrisalit zusammengefaßt, während die seitlichen Joche durch Lisenen getrennt sind; oberer Abschluß durch Bogenfries und Bogen auf Konsolen. ***Bedeutung:*** Wichtige Weiterentwicklung der anglisierenden Neugotik des (kriegszerst.) Wittelsbacher Palais von F. Gärtner; exemplarischer Probebau für die Architektur der → Maximilianstraße.

STADTMAUER, STADTTORE → Befestigung Münchens, S. 22 f.

STANIGPLATZ 13 **26**
St. Nikolaus am Hasenbergl Gebäudegruppe aus Pfarrsaal, Pfarrhof und Kirche nach Plänen von Lill 1962–63 erbaut. ***Beschreibung:*** Kirche als Zentralbau auf vierpaßähnlichem Grundriß errichtet, die 4 Konchen durch Fensterwände getrennt; steilkegelförmiger Turm (im Innern Taufkapelle); der Altarbezirk von 4 Säulen umstanden, Decke in Form eines Zelts. Die Ausstattung stammt von Dumler (Glasfenster), Krug (Glasfenster in der Turmkapelle), Faller (Tabernakelsäule) und Potzler (Bronze-Marienfigur an der Südsäule).

STOLLBERGSTRASSE 18 **7**
Wohnhaus 1857/58 durch Erlacher und Windwart errichtet. ***Beschreibung:*** 3geschossiger unverputzter Backsteinbau; Sandsteingliederung um die gekuppelten Fenster der Seitenteile und des 3achsigen

Mittelrisalits, der durch ein Halbgeschoß mit Flankentürmchen und Zinnen die Dreipaß-›Attika‹ der übrigen Fassade überragt. Über den Fenstern des 1. Stockwerks Relieffelder (Allegorien der 4 Jahreszeiten und religiöse Motive) sowie 2 Statuen unter Baldachinen. ***Bedeutung:*** Für Münchner Architekturlandschaft seltenes Beispiel anglisierender Neugotik.

SÜDLICHES SCHLOSSRONDELL

→ Seite 207

TAL 6, 7, 11

Zwischen (1.) Isarbrücke und östl. Tor der Heinrichsstadt (›Talbrucktor‹, später Turm des Alten Rathauses, → Marienplatz 15) gelegenes Auengelände (›Gries‹ genannt), das durch den verbindenden Straßenzug zum Sammelplatz für Fuhrverkehr wurde; bei 2. Stadterweiterung (1330er Jahre) in neuen Mauerring einbezogen und durch Isartor (→ Tal 43) abgeschlossen. In diesem Gebiet frühe Ansiedlung von Gasthäusern, später bis Mitte des 19. Jh. Schrannenplatz. Urspr. (im Verlauf Radlsteg-/Hochbrückenstr.) in ›Tal Mariae‹ (N-Seite) u. ›Tal Petri‹ (S-Seite) geteilt. Durch Kriegseinwirkung weitgehende Zerstörung der alten Bebauung: aus dem Anfang des 19. Jh. u. a. noch erhalten *Nr. 61* sowie die sorgfältig restaurierten schmalen Fassaden von *Nr. 69* und *70* (bei letzterem die 3 Stichbogenarkaden erst 1962 bei rekonstruierendem Neubau eingefügt). – Vor der Mohrenapotheke (Nr. 13) seit 1975 der *Merkurbrunnen* von F. v. Thiersch und Kaufmann, 1911 in den ›Eschenanlagen‹ am Maximiliansplatz aufgestellt (1968 abgebaut und restauriert).

TAL 43 11

Isartor Durch Einbeziehung des Tals bei 2. Stadterweiterung unter Kaiser Ludwig IV. (1330er Jahre) als östl. Tor errichtet. 1337 Fertigstellung des Hauptturms, 1429–99 Bau der 2 Flankentürme und Anlage des Wehrhofs durch verbindende Mauern (Schaubild → S. 134), Bemalung des Hauptturms; Renovierung 1608. Im Zug der Stadterweiterung Ende 18. und Anf. 19. Jh. mehrere Projekte für das Tor und sein Vorfeld bis zur Isar und für besseren Verkehrsausbau der für München so wichtigen Ost-Zufahrt entwickelt (1792/96 und 1806/07 durch Thurn, 1819 durch Klenze und, als monumentale Gestaltung des Areals zwischen Gasteig und Tal, durch Vorherr); nach Errichtung der Isarkaserne (1811) an der Zweibrückenstraße (heute Deutsches Patentamt → Zweibrückenstr. 12) asymmetrische Zufahrt festgelegt; auch Errichtung des »Königlichen Theaters am Isartor« (Isartortheater, 1812 nach Plänen von Herigoyen im südlichen ehem. Zwingergelände errichtet, 1825 Theaterbetrieb wegen Konkurrenz zum Nationaltheater eingestellt, später Städt. Leihhaus, zuletzt Filmtheater; nach Kriegszerstörungen 1953 abgebrochen) hatte keine städtebauliche Gestaltung des Vorfelds zur Folge. Die verschiedentlich vorgesehene Demolierung des Isartors von Kronprinz Ludwig verhindert: 1823 Sicherungsmaßnahmen durch Klenze, 1833–35 von F. Gärtner restauriert: Neuerrichtung der Zwingermauern zwischen Hauptturm und Flankentürmen; Öffnung der Stirnmauer an der Feldseite durch 3 Spitzbogentore; beiderseits des Mitteltores *Kolossalfiguren* des Hl. Michael (Gerechtigkeit) und Hl. Georg (Tapferkeit) von Eberhard 1835 aufgestellt (nach 1945 entfernt); Wappen unter Dachansatz der Flankentürme weisen hin auf ausgezeichnete Kämpfer in der Schlacht bei Ampfing; an der Stirnwand *Fresko* von Neher (1835) ›Siegeseinzug Kaiser Ludwigs des Bayern nach der Ampfinger Schlacht 1322‹. 1944 beschädigt, 1946–57 wiederaufgebaut, bei Restaurierung 1971/72 der Wehrgang wiederhergestellt. Nördl. des Tores 1984 bei Ausschachtungsarbeiten für einen Neubau Reste der inneren sowie äußeren Zwingermauer der Befestigung des 15. Jh. aufgedeckt (→ S. 22). ***Beschreibung:*** Auf der Feldseite flankieren zwei Achtecktürme die Ecken des Wehrhofs, der von hohem Hauptturm beherrscht wird. ***Bedeutung:*** Einziges, weitgehend in urspr. Aussehen und Umfang erhaltenes Stadttor Münchens.

Valentin-Musäum Im südlichen Flankenturm des Isartors eine durch Valentiniaden und Erinnerungsstücke an den Komiker liebenswürdig-verschrobene Gedächtnisstätte mit gelegentlichen Wechselausstellungen. Im obersten Geschoß originelles Plüsch- und Pleureusen-Café. 1973 *Volkssängermuseum* im nördlichen Turm eingerichtet. (→ S. 36.)

TAL 77 6

Heiliggeistkirche Herzog Ludwig der Kelheimer gründet wahrscheinlich 1208 Pilgerhaus, ›Pflegeheim‹ und Spital mit Katharinenkapelle (1327/28 in ›Weiberbau‹ eingefügt); seit 1250er Jahre Errichtung einer *Spitalkirche,* nach Stadtbrand (1327) Vollendung des *Kirchenneubaus* (mit Heiliggeist-Patrozinium) 1392; 1710 zunächst Absicht, die schadhafte gotische Kirche abzutragen und durch die projektierte Dreifaltigkeitskirche (→ Pacellistr. 6) zu ersetzen; statt dessen 1710–11 Umbaupläne von Viscardi, *Umbauarbeiten* 1724 ff. durch Ettenhofer, *Neugestaltung* des Innern durch die Brüder Asam: Stuck ab 1726, Fresken im Mittelschiff ab 1727 (in den Seitenschiffen von

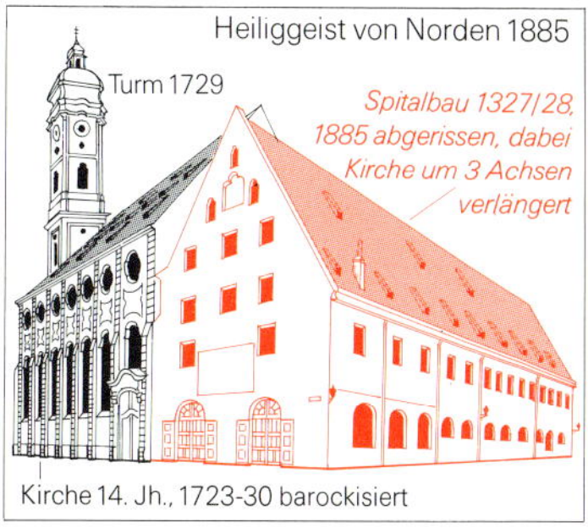

Stuber); Turmbau 1729/30; Weihe der Kirche 1731. Nach Abbruch der Spitalgebäude (1885) anstelle des ›Weiberbaus‹ Erweiterung (bis 1888) der Kirche nach Westen um 3 Joche mit Fassade von Löwel, ferner Anbauten von Sakristei und Taufkapelle. 1944/45 bis auf Außenmauern zerstört, dabei großenteils Vernichtung der reichen und hochwertigen Ausstattung; seit 1946 Wiederaufbau in mehreren Etappen (1946–49; 1950–51; 1957–58 Wiederaufbringen der Turmhaube in ihrer urspr. Form; seit 1963 Wiederherstellung des Innenraums und seiner Ausstattung, noch nicht abgeschlossen). ***Äußeres:*** Einfacher, nur an Nordseite durch Strebepfeiler gegliederter Baukörper mit 7fach gebrochenem Ostabschluß; in der Achse der schlanke Ostturm, im Westen die heute vom Marienplatz einsehbare neubarocke Fassade. ***Inneres:*** 3schiffige Halle mit Chorumgang, Hauptschiff mit Stichkappentonne, Seitenschiffe mit Kreuzgratgewölben auf hohen Pfeilern (urspr. wohl 8eckig, seit 1727 kreuzförmig ummantelt). Die an den Außenmauern erhalten gebliebenen Stuckreste von 1727 (Schmidtgartner nach Stuber) ermöglichten originalgetreue Rekonstruktion an Wänden, Dekken und an den Pfeilern (1969ff.). Rekonstruktion der *Deckenfresken* von K.D. Asam durch Manninger (1971–75): **A** ›Hl. Geist als Spender der 7 Gaben‹, **B** Erzengel und Engel, **C** ›Gründung des Heiliggeistspitals‹ mit Darstellung des Münchner Brauchs des ›Brezenreitens‹ (Orig. v. Asam 1727 datiert), **D** König David (ehem. Emporenjoch); die Fresken in den restlichen Feldern (**E** ›Die Grundsätze der Bulle Leos XIII.‹ und **F** Hl. Cäcilie) von Gloetzle, 1888, sowie die Fresken in den Seitenschiffen von Stuber (1727ff.) nicht erneuert. *Altäre* (alle unter Verwendung originaler Teile neu gestaltet): **1** Hochaltar (rekonstruiert), nach Plänen von Stuber 1728–30 von Matteo errichtet; *Gemälde* ›Sendung des Hl. Geistes‹ von U. Loth 1661; *Anbetungsengel*★ von Greif 1729/30, rest. 1955. **2** Johann-Baptist-Altar, von Matteo 1728–30, *Gemälde* ›Taufe Christi‹ von Steidl um 1720. **3** Josefsaltar: *Gemälde* ›14 Nothelfer‹ von Schönfeld (1660er Jahre) und spätbarocke Plastik des

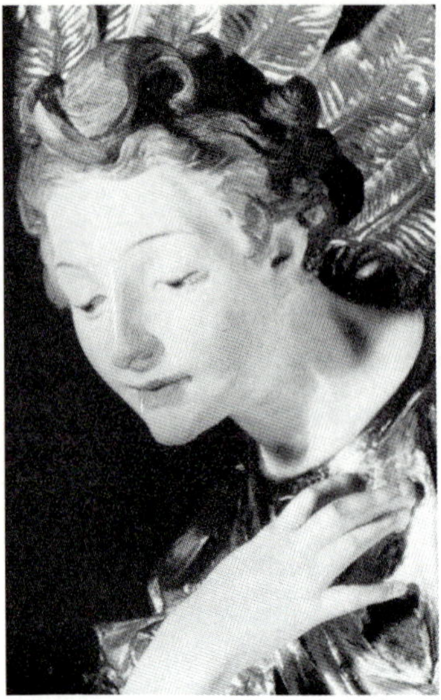

Heiliggeistkirche: *Engel* (Detail) von Greif

Hl. Josef. **4** Kreuzkapelle mit *Kruzifixus* um 1510. **5** Marienaltar: im Schrein Gnadenbild der *›Hammerthaler-Muttergottes‹*★, Mitte 15. Jh., aus Kloster Tegernsee. **6** Dreifaltigkeitsaltar, darüber freischwebende Plastik *›Krönung Mariae‹*, 2. Hälfte des 17. Jh. **7** Sakramentsaltar: *Gemälde* ›Herz Jesu‹. *Gemälde* **a–g** ›7 Gaben des Hl. Geistes‹ von Horemans 1753 (nach einer Radierungsfolge von Bergmüller): **a** Gabe der Frömmigkeit (dat. u. sign.), **b** des Verstandes, **c** des Rates, **d** der Wissenschaft (verbrannt), **e** der Weisheit (vertauscht mit b, ›Verstand‹), **f** der Stärke, **g** der Gottesfurcht. *Gemälde* aus vernichteten Altären: **h** *Hl. Antonius* um 1770 von Desmarées; **i** *Unbefleckte Empfängnis* von Wolff wohl gegen 1716. **k** *Hl. Florian* um 1760 vielleicht von Albrecht in reichem Rokokorahmen. **l** *Hl. Geist und göttliche Tugenden* von Schilling um 1750. An den Pfeilern *Kreuzwegstationen*, um

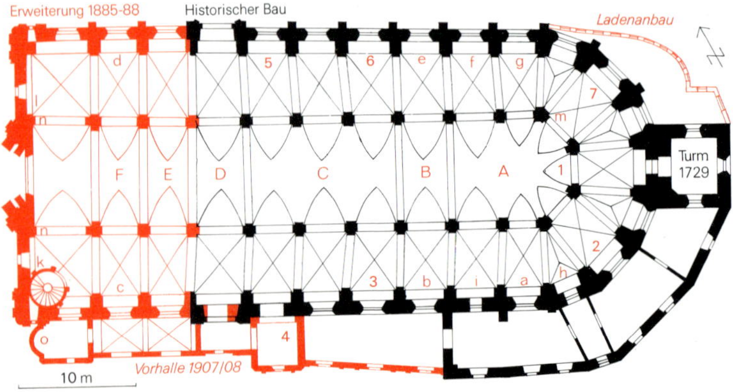

Heiliggeistkirche

1730, mit beachtlichen Rokokorahmen. *Plastiken* und *Reliefs:* **m** *Marmorgrabdenkmal* der Brigitta Manhart, 1576. **n** Teile des bronzenen *Grabmals*★des Herzogs Ferdinand von Bayern, Entwurf von Krumper, nach 1608, urspr. in der Sebastianskapelle im Rosental (1808 abgebrochen), seitdem in der Heiliggeistkirche. **o** *Pietà* von Huber Anfang 20. Jh. Schmiedeeisernes *Gitter* von Dürr 1734. ***Bedeutung:*** Älteste (Staffel-) Hallenkirche Münchens, in ihrer kirchlichen Funktion über ein halbes Jahrtausend mit dem Heiliggeistspital (eine der frühesten Gründungen dieser Art in Bayern) aufs engste verbunden: Spital-Pfarrei seit 1271, seit 1844 Stadtpfarrkirche. Verluste bei der Entgotisierung durch reichste und qualitativ hochstehende barocke Neuschöpfungen ausgeglichen. Die Neubarockfassade Löwels mit Gestaltungselementen Viscardis von erstaunlicher Einfühlung. Die Restaurierung nach den Kriegsschäden (Leitung: Schleich) bemerkenswert in dem Versuch, den durch die Barockisierung geprägten, völlig zerstörten Raum wiederherzustellen.

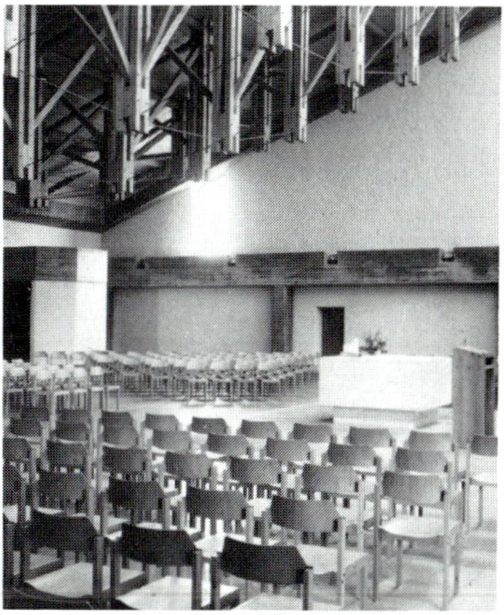

Kath. Pfarrkirche *Erscheinung des Herrn*

TEROFALSTRASSE 68 (Blumenau) **21**
Erscheinung des Herrn Kirche zus. mit Pfarrzentrum für die zwischen 1964 und 67 errichtete Wohnsiedlung Blumenau nach Plänen von Eisele 1969–70 errichtet. ***Beschreibung:*** Die verschiedenen Gebäude in ihrer einheitlichen Gestaltung als Baugruppe von den umgebenden Wohnhäusern abgehoben; Pultdach der Kirche über quadratischem Grundriß von verglastem Aufbau überragt. Eigenwillig die Dachkonstruktion im ***Innern:*** An Stahlseilen aufgehängte Holzbalkenständer.

THALKIRCHNER STRASSE 5 **9**
Fassadenmalerei von Wiehl 1982 an der Schmalseite eines Hauses unter Fortführung der Stockwerkseinteilung seiner Straßenfassade: hierbei malerische Annäherung an die Fassade des urspr. Baus um 1850; verbleibende Wandfläche durch Blick auf illusionistisch dargestelltes Gebäude, Fabrikschornsteine und Himmel ausgefüllt. Diese Art der Fassadendekoration kommt der Trompe-l'œil-Malerei des Amerikaners Haas (→ Frauenstr. 28) am nächsten, während andere Bemalungen wie z. B. Dachauer Str. 26/Karlstr. 43 (ca. 110 m Kommunwände im ›Karlshof‹, 1976), Passage Falkenturmstr. 8/Pfisterstr. 3 (1979/80), Wurzerstr. 7 (1979/80; alle 3 von Gottstein u. Drever) oder Fürstenrieder Str. 57 (1982, von Casagrande) mehr als gefällige dekorative ›Wandkosmetik‹ zu bezeichnen sind.

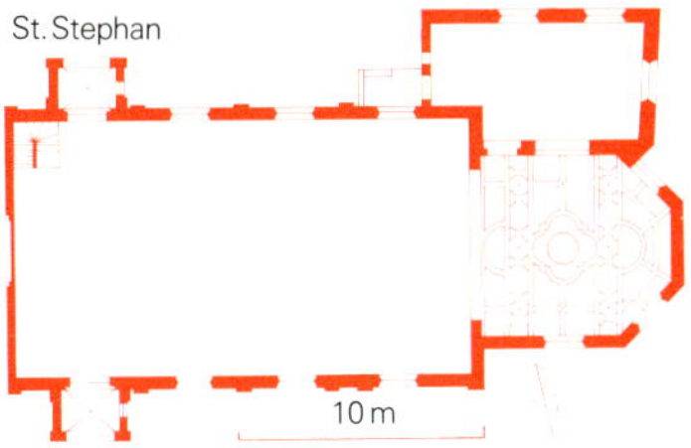

THALKIRCHNER STRASSE 15 **9**
St. Stephan Neubau von 1674 bis 1677 Weihe 1681), als Ersatz für die wegen Bau der Festungsanlagen 1638 abgerissene, von Albrecht V. 1576–78 errichtete Kapelle des Pestfriedhofs vor dem Sendlinger Tor (quadratischer Bau mit geschweifter Kuppel). ***Beschreibung:*** Saalbau mit Dachreitertürmchen an der Westseite, der kurze Altarraum schmäler, 3seitig geschlossen. – Langhaus-Tonne nach Kriegsbeschädigung vereinfacht neu eingezogen, Stuck an Tonne des Altarraumes aus Erbauungszeit erhalten; Altäre und Kanzel aus dem Ende des 18. Jh. – Bis 1876 alljährlich am Namenstag des Kirchenpatrons (26. Dez.) Stephaniritt.

THALKIRCHNER STRASSE 17 **9**
Südlicher Friedhof★ Als Begräbnisstätte armer Leute im 16. Jh. außerhalb der Stadt angelegt, durch Albrecht V. mit erster Kapelle versehen (1576–78), im 17. Jh. vornehmlich Pestfriedhof (die neue Kirche 1674–81 dem Pestpatron St. Stephan geweiht). 1705 in mehreren Massengräbern 682 gefallene Oberländer Bauern beigesetzt. Wird nach Aufhebung der Gottesäcker in der Stadt (Spezialreskript von 1788) Gesamtfriedhof; 1818–21 durch Arkadenhalbkreis zur sinnbildl. Figur eines Sarkophags erweitert (Entwurf von Vorherr); die 1818 beschlossene Errichtung eines Denkmals für die Oberländer (verwundeter Löwe, von Leeb 1825, nicht ausgeführt) erst 1831 realisiert: Brunnen nach Entwurf von F. Gärtner, gegossen von Stiglmaier (1. Werk der Neugotik in München: am 1. 11. 1831 aufgestellt). Abermalige Erweiterung im Süden 1844/45 durch quadratischen ›Campo Santo‹ mit verbindender offener Vorhalle★ (Entwurf von F. Gärtner). Nach schweren Bombenschäden veränderter Wiederaufbau der Anlage durch Döllgast. ***Bedeutung:*** Seit Ende des 18., vor allem aber im 19. Jh. Begräbnisstätte vieler berühmter Persönlichkeiten (→ Plan S. 218).

T

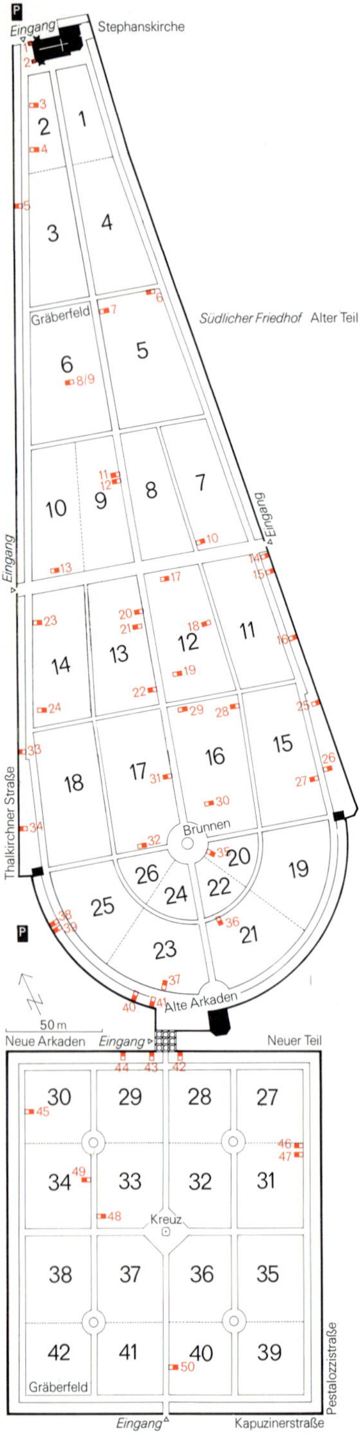

50 berühmte Tote des Südfriedhofs

Die Bezifferung folgt der Ordnung der Gräberfelder von rechts nach links. Die teilweise erwähnte Grabnummer soll das Auffinden in den großen Gräberfeldern erleichtern.

1 Boos, R. A., Bildhauer
2 Straub, J. B., Bildhauer
3 Schlagintweit, Brüder, Asienforscher, 2-7-17
4 Schmeller, J. A., Germanist, 2-7-40
5 v. Miller, F., Erzgießer
6 Senefelder, A., Erfinder der Lithographie, 5-2-1
7 Spitzweg, K., Maler, 5-17
8 Rottmann, K., Maler, 6-7
9 v. Sckell, F. L., Gartenarc
10 Gabelsberger, F. X., Erfi graphie, 7-10-54
11 Métivier, J. B., Architekt, 9-1-
12 v. Herigoyen, E. J., Architekt, 9-
13 Lachner, F., Komponist und Dirigent, 10-6-55
14 v. Döllinger, I., Gründer der Altkath. Kirche
15 Stieler, K., Maler der Schönheitengalerie
16 v. Kaulbach, W., Historienmaler
17 Böhm, Th., Erfinder der Böhmflöte, 12-10-5
18 Jacobi, F. H., Philosoph, 12-2-27
19 Edlinger, J. G., Maler, 12-11-46
20 Bürklein, F., Architekt der Maximilianstraße, 13-1-17
21 v. Dillis, J. G., Maler, 13-2-23
22 v. Heß, P., Schlachtenmaler, 13-1-51
23 v. Baader, F. X., Philosoph, 14-12-13
24 Schleich, E., Landschaftsmaler, 14-11-51
25 v. Martius, K. F. Ph., Botaniker und Brasilienforscher
26 v. Seidl, G., Architekt
27 Ohm, G. S., Physiker, 15-1-41
28 Morgenstern, Chr., Maler und Großvater des Dichters, 16-1-5
29 Fallmerayer, J. Ph., Orientalist, 16-11-2
30 v. Schwind, M., Maler, 16-9-43
31 v. Fischer, K., Architekt, (im Grab Müller, Inschrift an Schmalseite) 17-1-28
32 Krenkl, F. X., Münchner Original, 17-9-57
33 v. Winter, P., Komponist
34 v. Goerres, J., Historiker und Publizist
35 Schnorr v. Carolsfeld, K., Maler, 20-1-3
36 Ett, K., Kirchenmusiker, 21-1-18
37 v. Kobell, W., Maler, 23-13-20
38 v. Reichenbach, Georg, Techniker und Erfinder
39 v. Fraunhofer, J., Optiker und Erfinder
40 v. Utzschneider, J., Techniker und Unternehmer
41 v. Maffei, J. A., Lokomotivbauer
42 v. Schwanthaler, L. M., Bildhauer
43 v. Gärtner, F., Architekt
44 v. Klenze, L., Architekt
45 Jolly, Ph. G., Physiker, 30-13-11
46 v. Pettenkofer, M., Arzt und Hygieniker, 31-1-34
47 v. Possart, E., Schauspieler, 31-1-30
48 v. Siebold, Ph. F., Arzt und Japanforscher, 33-13-5
49 v. Steinheil, K., Optiker und Erfinder, 34-1-20
50 v. Liebig, J., Chemiker, 40-12-11

THEATINERSTRASSE 22 **6**

Theatinerkirche St. Kajetan* Als Votivkirche für die Geburt des langersehnten Erbprinzen Max Emanuel (1662) durch das Kurfürstenpaar Ferdinand Maria und Henriette Adelaide (von Savoyen) nach Entwurf Barellis – ursprünglich turmlos, dann mit zwei Fronttürmen geplant – 1663 begonnen (Vorbild: Theatinermutterkirche S. Andrea della Valle in Rom) und 1669 von Zuccalli weitergeführt, der unter Bauleitung des Theatinerpropstes Spinelli 1675 den Rohbau im wesentlichen abschließt und die Kuppel sowie größtenteils die Ausstattung 1688 vollendet. Während der Nordturm 1676–85 und Südturm 1685–90 aufgeführt und mit den von Spinelli inspirierten (von Santa Maria della Salute in Venedig entlehnten) expressiven Helmen bekrönt werden, bleibt die Front nur notdürftig verputzt und wird erst 1765–68 durch Cuvilliés unter Beteiligung seines Sohnes in Anlehnung an die Disposition Zuccallis im Geist des Rokoko gestaltet. Reparatur- und Erneuerungsarbeiten an der Kuppel (innen und außen) 1720 (Stuck im Tambour von Morazzi), 1732, 1764, 1789. Nach Aufhebung des Klosters 1801 Kirche bis 1809 profaniert (1802–05 Heumagazin), 1826 Erhebung zur königl. Hofkirche und 1838 zur Kollegiatstiftskirche (bis 1953, seit 1954 von Dominikanern betreut). Nach schwerer Beschädigung 1944/45, der vor allem Chor samt Chorschranken sowie Teile der Ausstattung zum Opfer fallen, 1946–49 Sicherungs- und bis 1955 Wiederherstellungs- und Restaurierungsarbeiten. Neudeckung von Kuppel und Turmhelmen 1975. ***Äußeres:*** Die nicht freistehenden Seiten nur durch Streben und Rechteckfelder gegliedert; reiche Gestaltung der 2geschossigen *Fassade* zur Theatinerstr.: Mittelrisalit bis zur Höhe des Hauptschiffs durchlaufend, im Erdgeschoß von Seitenschiff-Partien und Türmen beidseitig flankiert; plastischer Dekor 1767 ff. von Boos, in den beiden oberen Nischen nach Entwurf Günthers; von diesem auch Puttenreliefs, Wappen im Giebel und wahrsch. auch die Vasen entworfen. ***Inneres:*** Kreuzkuppelkirche; kräftige Wandgliederung durch $^{3}/_{4}$-Säulen mit gekröpftem Gesims, wuchtiger reich stuckierter Attika und hoher Fensterzone; Stichkappentonne

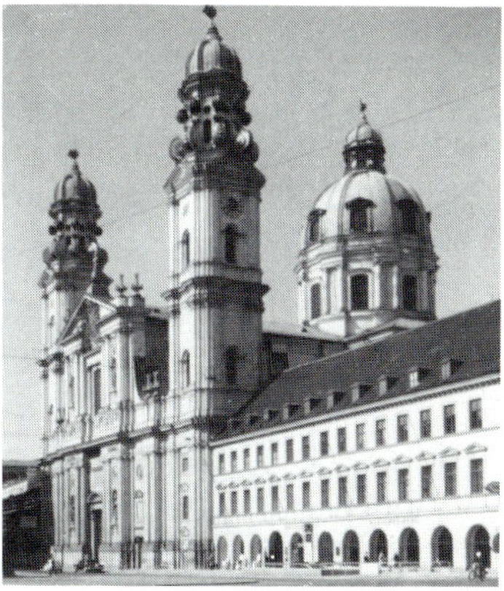

Theatinerkirche (1663–90) von Nordosten

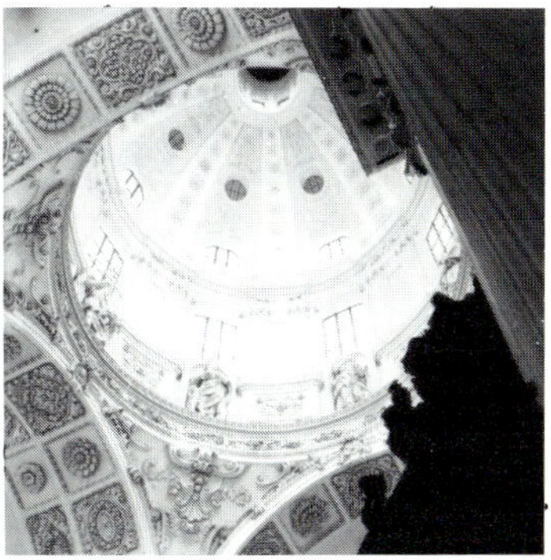

Theatinerkirche: Blick in die *Kuppel*

mit kräftigen Gurtbogen, 3jochige, beiderseits durch schmälere Joche erweiterte Wandpfeilerkirche. Durch rundbogige Arkaden Zugang zu den Seitenkapellen mit klei-

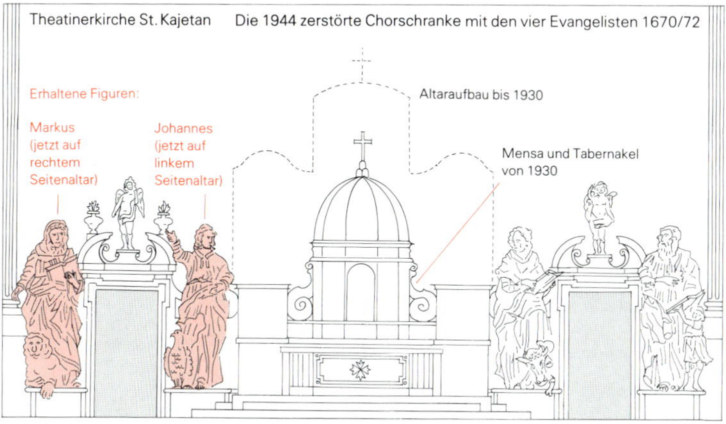

nen Kuppeln. Über der Vierung Tambourkuppel auf Pendentifs; die Engel unter den Kuppelfenstern Allegorien der 8 ›Seligkeiten‹ von Leuthner 1674–75; in der Laterne Gemälde von Amigoni, 1764 von Schilling neu gemalt, 1955 restauriert. Der schwere Akanthus-Stuck ab 1672 von Moretti, ab 1675 von Brenni und dann von Perti vollendet (Chororatorien und Kapellen), 1787/88 durch F. X. Feichtmayer restauriert und teilweise im Zeitgeschmack ergänzt. ***Ausstattung:*** Hochaltar nach Gepflogenheit des Theatinerordens in Mensa (an den Chorstufen) und **1** Altarwand (in der Apsis) getrennt, ihr Säulenaufbau nach Vorbild der zerstörten rekonstruiert, das verbrannte Altarbild (von Zanchi: ›St. Kajetan und Adelaide in der Glorie‹ 1675) durch ›Thronende Maria mit Heiligen‹ 1646 von Crayer (aus der Alten Pinakothek) ersetzt. Auf den gesprengten Giebeln Stuckfiguren geistlicher und weltlicher Würdenträger des Hauses Savoyen: links Ludovica von Savoyen in Klarissinnentracht und ihr Vater Herzog Amadeus IX., rechts König Ludwig IX. von Frankreich und die Dominikanerin Margarete von Savoyen. Davor urspr. Mensa mit Tabernakelaufsatz und Chorschranke, die beiden seitlichen Zugänge zum Presbyterium von überlebensgroßen Holzfiguren der Evangelisten von Ableitner, 1673–75, flankiert. (Mensa 1722, deren Aufsatz 1839/40, 1854/56 und 1929/30 von Seltzer umgestaltet; 1945 zerstört, 1955 erneuert: 2 der geretteten Evangelisten auf den Bekrönungen der Querschiffaltäre aufgestellt.) Hochaltar mit den beiden Querschiffaltären **2** und **10** formal als Einheit, ikonologisch in gegenseitiger Wechselbeziehung zu sehen: **2** Marienaltar: *Gemälde* ›Hl. Sippe‹ von Cignani 1676 (urspr. als Hochaltarbild vorgesehen), auf der Mensa *Vorstellbild* ›Verkündigung Mariae‹ von Desmarées, im Auszug links Stuckfiguren Hl. Christina und Maximilian, rechts Hl. Margaretha sowie (anstelle eines Hl. Rochus, bis 1944) die Holzfigur des Evangelisten* Markus von Ableitner;

Theatinerkirche: *Wappen* (1767) von R. A. Boos nach Entwurf von I. Günther im Fassadengiebel

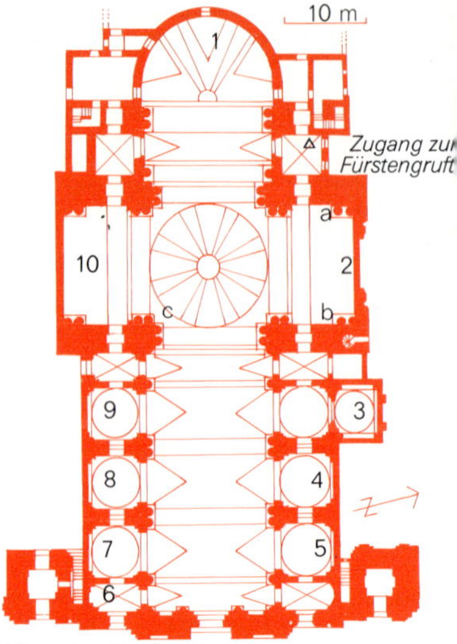

Theatinerkirche St. Kajetan

bei **a** *Epitaph* für Prinz Maximilian Joseph Friedrich († 1803), bei **b** reizvolles klassizistisches *Grabmal** der Prinzessin Josepha Caroline († 1821) von Eberhard 1821–24/25, Architektur nach Entwurf Klenzes 1825; an den Seitenwänden über den Durchgängen *Stuckfiguren* der Kirchenväter Ambrosius und Hieronymus. Durch das Schmaljoch vor der Vierung ehedem Zugang zur *Lorettokapelle* und *Kreuzkapelle* (mit ›Heiliger Stiege‹), von Zuccalli 1683–88 an nördl. Seitenschiff angebaut (›Hl. Stiege‹ seit 1650 auch bei St. Jakob am Anger), 1820 abgerissen. **3** *Grabkapelle* mit den Sarkophagen für Max II. († 1864) und seine Gemahlin Marie († 1889) erbaut von Riedel. **4** Schutzengelaltar: *Gemälde* von Zanchi. **5** Cäcilienaltar: *Gemälde* ›4 Hl. Jungfrauen‹ von Liberi und Triva. **6** Georgsaltar: *Gemälde* von Weiß 1750, davor Nachbildung des Gnadenbilds von Altötting. **7** An Stelle des gänzlich zerstörten Altars heute *Gemälde* ›Selige Margareta von Savoyen‹ von Triva ca. 1665. **8** Kreuzabnahmealtar: *Gemälde* von einem Schüler Tintorettos. **9** Altar mit *Gemälde* ›Hl. Andreas Avellinus‹ von K. Loth 1677. **c** *Kanzel** von Faistenberger 1685–90. Im südl. Querhaus **10** Kajetanaltar: *Gemälde* ›Fürbitte des Hl. Kajetan während der Pest in Neapel‹ von Sandrart 1667–71, im Auszug links Stuckfigur Hl. Cäcilia und Holzskulptur Evangelist Johannes* von Ableitner von der Chorschranke (anstelle eines unidentifiz. Hl.), rechts Stuckfiguren Hl. Antonius und Katharina; über den Durchgängen *Stuckfiguren* der Kirchenväter Augustinus und Gregor. Die *Rokoko-Beichtstühle* beiderseits des Hauptportals aus St. Michael. – Seitlich vom Altarraum Zugang zur **Fürstengruft,** 1679–85 angelegt, 1775 erneuert. 1824 erweitert und in 9 Abteilungen gruppiert; 1952 gründlich erneuert. U.a. hier bestattet Ferdinand Maria († 1679), Max Emanuel († 1726), Kaiser Karl VII.

(† 1745), Max III. Josef († 1777), Karl Theodor († 1799), König Max I. Josef († 1825), König Max II. († 1864), König Otto von Griechenland († 1867), Prinzregent Luitpold († 1912), Kronprinz Rupprecht († 1955). ***Bedeutung:*** Durch Barelli und Zuccalli Überführung italienischer Vorstellungen nach München: Bau im Typus der hochbarocken römischen Basilika auf Kreuzgrundriß mit hoher durchlichteter Tambourkuppel. Diese bringt, zusammen mit den Türmen und ihren originellen Kuppelbekrönungen, den Akzent des Mediterranen in das Stadtbild: die Kirche trägt wesentlich zur Erscheinung Münchens als Barockstadt bei. In ihrer Plastizität und den prunkend-üppigen Stuckdekorationen (Einfluß auf Wessobrunner Stukkatoren!) kaum zu unterschätzende Impulse für die südd. Barockkunst.

Das südl. der Kirche gelegene, ehemalige **Kloster,** 1663ff. von Perti für die 1661 nach München berufenen Theatiner erbaut, bis auf Westtrakt am Salvatorplatz (Kultusministerium) 1944 zerstört; 1970–72 Neubau durch Gsaenger entsprechend den heutigen städtebaulichen und wirtschaftlichen Gegebenheiten sowie den Anforderungen des Bayer. Staatsministeriums für Unterricht und Kultus; dabei Rekonstruktion des ›Theatinertrakts‹ an der Theatinerstraße weitgehend in seiner urspr. Form: rustiziertes Erdgeschoß, darüber 2 Stockwerke unter Walmdach bei leichter Veränderung der Proportionen. Der Innenhof beherrscht vom Blick auf die urspr. nicht frei stehend konzipierte südl. Längsfront der Kirche.

THEATINERSTRASSE 23 — 2

Palais Moy Von Klenze 1819 zwischen Theatinerkirche und Brienner Str. eingefügt. Im 2. Weltkrieg schwer zerstört, 1950–52 Neubau durch Winkler unter Anlehnung an die urspr. Fassade; Hof modern. ***Beschreibung:*** Über bossiertem Erdgeschoß mit 11 modernen Rundbogenfenstern an Ostseite und 12 (+5) an Brienner Straße (der 5achsige Teil um 1 Geschoß höher als der östl. Bauteil); Zugang zum raumstrengen Architekturhof mit Brunnen. 2 Geschosse mit 15 bzw. 12 Fenstern auf durchlaufenden Gesimsen; Hauptgeschoßfenster mit Dreiecksgiebel. ***Bedeutung:*** Sehr geschickter Anschluß klassizistischer Architektur an die barocke Theatinerkirche; mit dem Haus Odeonsplatz 1 architektonische Fassung der Einmündung Brienner Str.

THEATINERSTRASSE 38 — 6

Geschäftshaus, heute Café Feldherrnhalle, nach Plänen von Max Littmann 1904 erbaut. Die bewegte Fassade – vorgewölbter 5fenstriger Mittelteil zwischen 2 zurückschwingenden Seitenrisaliten – durch Pilaster sowie Sohlbänke und Gesimse in Haustein gegliedert; Auflösung des Erd- und Mezzaningeschosses durch Glas (heute nachteilig verändert). ***Bedeutung:*** In der Kaschierung von Jugendstil-Strukturen durch neoklassizistische Gliederungselemente für München und den Architekten typische Lösung.

THERESIENHÖHE — 18

Burgfriedenstein Roh behauener Stein von 1460, überarbeitet 1728 mit Mönchswappen auf Stadtseite, Rautenwappen auf der Außenseite. Zusammen mit dem im Hof des Stadtmuseums (urspr. Thalkirchner Str.), im Englischen Garten (→ S. 82) und dem 1958 am Elisabethplatz aufgestellten Stein einzig erhaltene Markierung der 1460 festgelegten Burgfriedensgrenze, als *Nr. 3* (Theresienhöhe, an urspr. Stelle!), *Nr. 9* (Elisabethplatz), *Nr. 12/13* (Englischer Garten und *Nr. 22* (Thalkirchner Str.) in die Burgfriedens-Bestätigung von 1724 übernommen.

THERESIENHÖHE 15 — 18

Ausstellungspark Bereits 1901 erarbeitet G. v. Seidl erste Pläne für »ständige Ausstellungsbauten« auf der Theresienhöhe; durch ›Verein Ausstellungspark‹ (seit 1964 ›Münchner Messegesellschaft‹) wird 1904 Voraussetzung für Errichtung eines »Ausstellungsplatzes« geschaffen. Gesamtplanung durch Bertsch im Anschluß an den östlich gelegenen Bavariapark: auf einer Fläche von rd. 25 ha 1907–08 Errichtung des *Verwaltungsbaus* (Arch.: Gebr. Rank) an der Theresienhöhe sowie der *Ausstellungshallen* an der (heutigen) Heimeranstraße (Arch.: Bertsch); an der Ganghoferstraße *Hauptrestaurant* (Arch.: E. v. Seidl); innerhalb des Geländes das bemerkenswerte *Künstlertheater* (siehe unten) sowie das *Theater-Café* (Arch.: Pfann). Nach schweren Kriegszerstörungen Neubau der Hallen, 1962–65 Errichtung von Großraumhallen (›Bauzentrum‹, gegr. 1954) im West- und Südteil des Geländes; dabei Überbauung des urspr. nach Plänen von Schachner angelegten *Vergnügungsteils.* 1979–83 abermalige Erweiterung nach Süden durch teilweise Überbauung der Bahnanlagen: Ausstellungsflächen auf rd. 100000 m^2 erhöht; Planung von Obermeyer, Schultz-Brauns und Troberg. – Von eigentlich historischem Interesse nur die *Gartenanlagen* mit plastischem Schmuck von Roemer, Janssen, Georgii und Wackerle (Majolikafiguren). ***Bedeutung:*** Ineinandergreifen architektonischer Gruppierungen und gärtnerischer Pläne mit Sinn für kunstgewerblich-dekoratives Arrangement. – Durch die Entwicklung der ›Münchner Reliefbühne‹ erwähnenswert das 1908 hier von Littmann und Hildebrand entworfene, von Erler und Becker ausgestattete, 1944 zerstörte ›*Künstlertheater*‹.

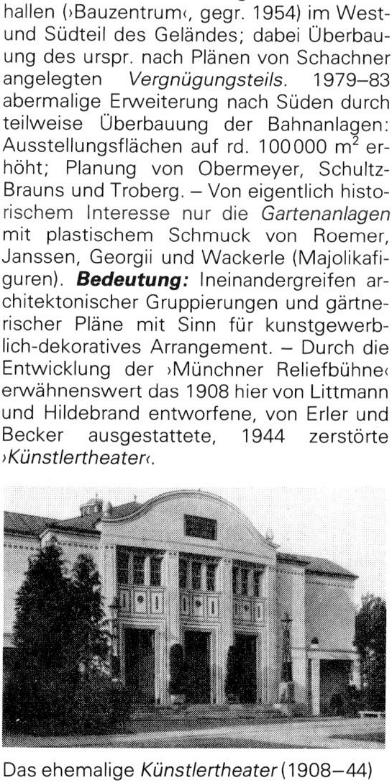

Das ehemalige *Künstlertheater* (1908–44)

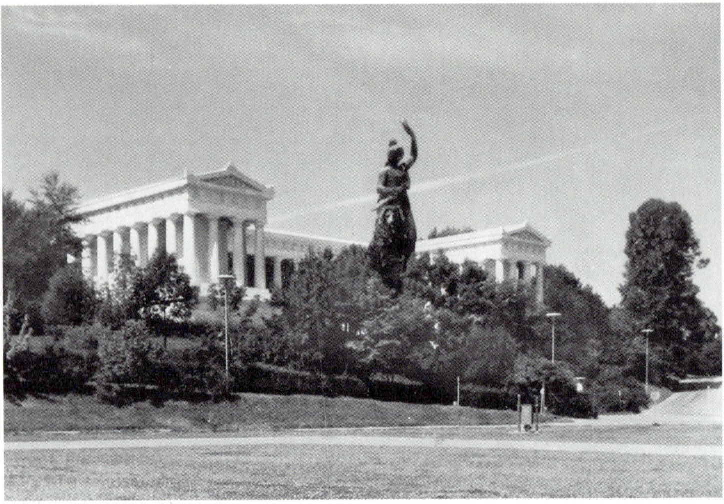

Bavaria mit *Ruhmeshalle* (1843–53) über der Theresienwiese

THERESIENHÖHE 16 **18**

Ruhmeshalle* Als Gedenkstätte für ›ausgezeichnete Bayern‹ 1843–53 von Klenze errichtet (Walhalla bei Regensburg für die größten Deutschen). Von Ludwig I. bereits bei Regierungsantritt erwogen, 1833 Wettbewerbsaufforderung an Klenze, Gärtner, Ziebland und Ohlmüller; 1944 schwer beschädigt, bis 1972 wiederhergestellt. ***Beschreibung:*** Über einem sockelhaften u-förmigen Unterbau (70 × 31,5 m) 3stufiger Stylobat um Hofraum gelegt; 48 dorische Säulen tragen Gesims mit 92 Metopen (Viktorien und symbolische Darstellungen von L. Schwanthaler entworfen, ausgeführt 1843–48); 3jochige Flügelbauten (mit Cella), im Giebel allegorische Figuren (Bayern und Pfalz; Schwaben und Franken; ebenfalls von Schwanthaler). 2 einläufige Treppen zur eigentlichen Halle mit 77 Marmorbüsten.

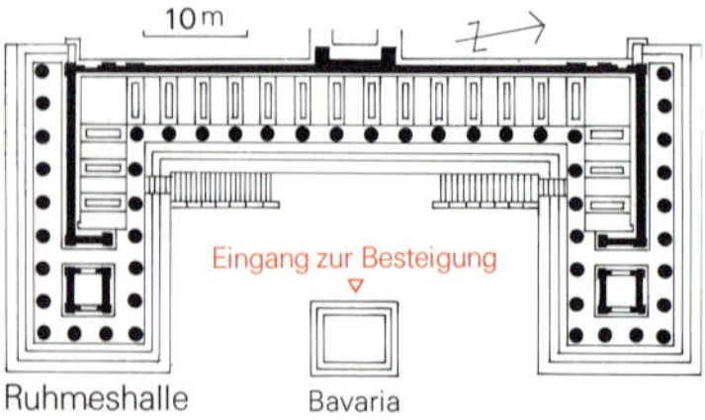

Bavaria* Von Klenze in Anlehnung an antike Vorbilder als klassizistische leichtgeschürzte Frauenfigur konzipiert, aber von Schwanthaler (1837 ff.) ins ›Altgermanische‹ abgewandelt: über langem Untergewand mit Bärenfell bekleidet, in erhobener linker Hand Eichenkranz, in der rechten Schwert, rechts sitzender Löwe. Guß 1843–50 durch F. Miller, Enthüllung 1850. Höhe der Figur vom Fuß bis Kranz 18,5 m (mit Sockel 27,4 m); aus dem Kopf weite Stadtrundsicht* (Öffnungszeiten → S. 239). Am Abhang zur Theresienwiese monumentale Treppe mit Kandelabern. ***Bedeutung:*** Klenzes beste Adaption dorischer Bauformen. Gedanke der Ruhmeshalle aus Erziehungs- und Bildungsideal Ludwigs I. erklärlich. – Bavaria vom König als Konkurrenz zur Kolossalfigur Neros verstanden; bewundernswerte Gußleistung von damals beispielloser Größe.

TITURELSTRASSE 5–9 **20**

Wohnanlage Für Wissenschaftler und Gastdozenten der Münchner Hochschulen nach Plänen von Ebert 1963–69 errichtet. ***Beschreibung:*** Anlage aus 2 Terrassenhaustrakten in Sichtbetonschottenbauweise, der 6–8geschossige Osttrakt mit tiefgestaffelten Appartements in 1stöckigen, der schräg versetzte Westtrakt mit (z.T. Doppelgeschoß-) Wohnungen in 2stöckigen Rücksprüngen. ***Bedeutung:*** Die sorgfältig geplante Anlage 1. Hügelhaus in Bayern, ausgewogen in Proportion und Baumasse (von nachgeahmten Bauten in dieser architektonischen Qualität kaum erreicht).

TÜRKENSTRASSE 4 **2**

Palais Dürckheim Im Auftrag von Georg Friedrich Graf von Dürckheim-Montmartin nach Plänen von Kreuter 1843–44 errichtet; bis 1909 Sitz der Preußischen Gesandtschaft. 1912 Veränderung des Erdgeschosses. Urspr. in Straßenflucht der Türkenstraße eingebunden, erst seit Neuordnung des Gebietes die ungegliederte Nord- und Ostseite zu Straßenfronten geworden. 1977/78 rest. ***Beschreibung:*** Freistehender kubischer Baublock (Hauptfassade an Türkenstr.) mit weit überstehendem flachen Walmdach; auf hohem Erdgeschoß mit Rundbogenfenstern und dem seit 1912 nach rechts aus der Mitte gerückten Einfahrtstor; 2 Obergeschosse mit Rechteckfenstern; Sandstein-Architekturglieder in hell-dunkler Sichtziegelmauerung. ***Bedeutung:*** Dekorative Anwendung von verschiedenfarbigen Backsteinen bei Unterordnung unter tektonische Forderungen (ähnlich Türkenstr. 30, um 1845, wohl ebenfalls von Kreuter); Hauptwerk der Stilstufe zwischen F. v. Gärtner und Maximiliansstil.

UBOSTRASSE 6 (Aubing) **28**

St. Quirin Das Patrozinium der Pfarrkirche von Aubing läßt Schluß zu, daß ihr Bau auf eine Tegernseer Gründung (Patroz. St. Quirin) des 8. Jh. zurückgeht; Aubing erstmals genannt 1010. Von romanischer Kirche nur noch Turm (2. Hälfte 13. Jh.) erhalten, heutiger Bau (1422?) geweiht 1480; mehrmalige Reparaturen (1724, 1787) und Renovierungen (1852, 1899); Erweiterung 1936/37 nach Plänen von M. Kurz, restauriert 1967/68. ***Beschreibung:*** Einfacher Baukörper mit Außenstrebepfeilern, an der Südseite roman. Satteldachturm neben spätgot. Vorhalle; kaum eingezogener Chor mit 5/8-Schluß, an Südseite Sakristei, an Nordseite Oratorium angebaut; Erweiterungsbau nach Westen alten Bauformen angeglichen. ***Inneres:*** 4jochiges Langhaus mit Maschennetzgewölbe (wie Schloßkapelle Blutenburg), an den Außenwänden des Jochs vor dem Triumphbogen sowie im 1. linken Chorbogen *Fresken* (1580/94), freigelegt 1967 (mit anderen, die wegen mangelhafter Qualität wieder übertüncht wurden); der geringfügig eingezogene Chorraum um 1750/70 neu ausgestattet: gotische Dienste durch Rokoko-Pilaster ersetzt, anstelle der abgeschlagenen Gewölberippen dekorative Malerei um Vierpaßfresko ›Verehrung des Lamms‹. (Ähnlichkeiten mit Arbeiten von Zwinck, aber auch Degle: nach ›Corpus der barocken Deckenmalerei‹, Bd. III.) *Hochaltar* von 1668, unter dem Mittelbogen ausgezeichnete Schnitzfigur des Hl. Quirin, flankiert von Sylvester (links) und (der ›Moorheiligen‹) Margarethe (rechts); über der Türe (Nordwand) *Fresko* ›Jüngstes Gericht‹ (Gotzmann-Epitaph, 16. Jh.). *Rechter Seitenaltar:* Hl. Sylvester (Altarblatt von Pichler, 1675), *linker Seitenaltar:* der Hl. Familie geweiht (Altarblatt von Pichler); an den beiden Seitenwänden um die Fenster *Fresken,* um 1590 (rechts: Hl. Gregor u. Hl. Hieronymus, darüber Verkündigung, mit Stifterfamilie; links: Stifterehepaar mit seinen Kindern); an den Wänden von Chor und Langhaus auf Konsolen gute *Figuren* des Salvator, der Maria und der 12 Apostel (wohl Münchner Arbeiten in der Art Prötzners d. Ä., Mitte 18. Jh.); in der nördl. Westkapelle spätgotischer *Schreinaltar:* Hl. Ursula mit 4 Gefährtinnen (dat. 1499); auf der Rückwand Schmerzensmann (1581, gemalt von Manser). ***Bedeutung:*** Für den Münchner Raum typische spätgotische ›Dorf‹-Kirche, die in der kompakten Einfachheit ihrer Baumasse die durch Neubauten ausufernde Ortsmitte bestimmt; trotz beachtenswerter Innenausstattung hinter den benachbarten Kirchen im → Schloß Blutenburg und St. Wolfgang (→ Pippinger Str. 49a) zurückbleibend.

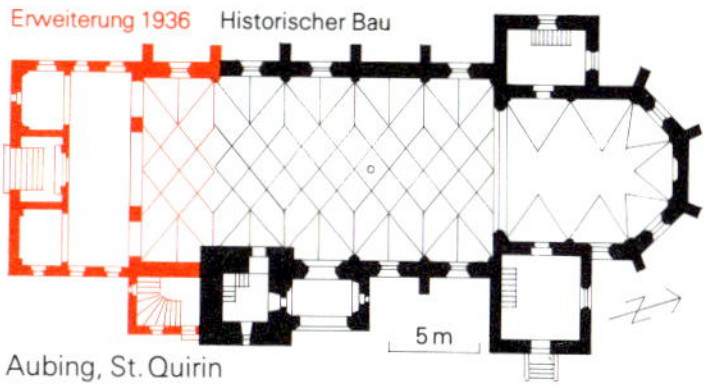

Aubing, St. Quirin

UNGERERSTRASSE 13 **15**

Erlöserkirche 1899–1901 von Th. Fischer erbaut. ***Äußeres:*** Auf 3 Seiten freistehender Baukörper mit Satteldachturm an Nordwestseite; eigenwillig gegliederte Fassaden in großen Flächen und klar konturierten Baukörpern. ***Inneres:*** Saalbau mit Flachdecke (zurückhaltende Ornamentmalerei), auf 3 Seiten von Emporen umzogener Gemeinderaum, Erd- und Obergeschoßarkaden mit jugendstilhaft umgedeuteten ›Kapitellen‹. Ausmalung der Apsis *Christus und Lebensalter* von Koegel 1903/04, urspr. vorgesehene Ausmalung z. T. zerstört bzw. überhaupt nicht ausgeführt. 1938 von Bestelmeyer (gegen Protest Fischers) vereinfacht, 1948 einfarbig weiß gestrichen; Innenrestaurierung 1976 und 1981 mit Freilegung bzw. Wiederherstellung der Wandmalerei (nach Befund). In der Sakristei Jugendstil-Taufstein. ***Bedeutung:*** Vor Errichtung der Neubauten am Platz ›Münchener Freiheit‹ 1971/72 städtebaulich wichtiger Abschluß der Leopoldstr.; darüber hinaus in der Abkehr vom Pomp der zeitgenössischen Sakralbaukunst programmatischer Bau: 1. Kirchenbau Fischers, in dem einheimische Tradition (Dorfkirchen) mit modernen Tendenzen (vereinfachte Formen, sparsame Ornamentik) verbunden wird.

UNGERERSTRASSE 130 **16**

Neuer Nordfriedhof Im Anschluß an den Gemeindefriedhof der (1884) 1890 eingemeindeten Stadt Schwabing auf einer Fläche von 26 ha ab 1897 angel., seit 1920 ff. um ca. 12 ha nach N und O erweitert. Das breitgelagerte Friedhofsgebäude 1896–99 von Grässel in Anlehnung an ravennatische (S. Vitale) sowie byzantinische Architekturmotive (Hagios Sergios und Bakchos) errichtet.

UNTERSBERGSTRASSE 1 **23**

Maria Königin des Friedens Als Seelsorgskirche für den Ostteil Giesings nach Plänen von Vorhoelzer 1936–37 errichtet, seit 1941 Pfarrkirche; schwere Bombenschäden 1944, in Anlehnung an urspr. Bau wiederhergestellt. ***Beschreibung:*** Als städtebaulicher Akzent mächtiger, sparsam gegliederter Baublock mit schmalen, hohen Fenstern; Hauptportal unter Stichbogen in Rundbogennische an Westseite; daneben durch Strebepfeiler gegliederter 4geschossiger Turm mit Pyramidendach. Das Innere ein monumentaler Einheitsraum mit eingezogenen Strebepfeilern unter ebener Holzdecke. In der Chorwand *Thronende Madon-*

U

na 1937 von Burkart (das größte Fresko Münchens des 20. Jh.); vom selben Künstler Seitenaltäre (1938/39) und Kreuzweg (1940/41). ***Bedeutung:*** 1. Kirchenbau Vorhoelzers, in ›Materialgerechtigkeit‹ und Formsprache vermittelnd zwischen Tradition und moderner Sachlichkeit (vgl. Vorhoelzers Postbauten, z. B. → Goethepl. 1); als Baumasse mit dem wuchtigen Turm beherrschend im Straßenbild des damals bereits konzipierten ›Mittleren Rings‹.

UNTERER ANGER 1 10

St. Jakob Kirche des ersten Franziskanerklosters in München, nach Klostertradition 1221/22 bei einer alten Jakobskapelle (Betreuung der Pilger nach Santiago de Compostela: Patrozinium!) vor den Mauern der leoninischen Stadt gegründet; 1257 erstmals urkundlich genannt. Durch Herzog Ludwig den Strengen 1284 auf ein Gelände nördl. des Alten Hofs (heute Max-Joseph-Platz/Nationaltheater) verlegt. Nach Übergabe des Klosters an Klarissen noch im selben Jahr Umbau des Männerchors der in den 1250er Jahren errichteten Basilika (mit breitrechteckigem 3-Apsiden-Chor) wohl unter Einbeziehung der vom Ende des 12. Jh. stammenden Kapelle: Überwölbung mit spitzbogigem Kreuzrippengewölbe (ältestes gotisches Zeugnis in Oberbayern); 1378 Neubau und Erweiterung zum 5jochigen Langhaus (Mittelschiff und doppelgeschossige Seitenschiffe mit geschlossenen Emporen), 1404 Einzug von Netzgewölben; um 1600 renaissancehafte Restaurierung (dabei Übertünchen der gotischen Fresken) und Umgestaltung der Nordfassade als einzige Schaufront. Pläne zu großangelegtem Neubau von Kirche und Kloster (Klosterbaumeister Pröbstl zusammen mit Ä. Q. Asam, der Lösung ähnl. Weltenburg vorschlägt) aus Kostengründen unterblieben (nach Forschungen von Gabriele Dischinger). Von 1735–38 barocke Ausstattung (Fresko und Stuck) durch J. B. Zimmermann. Nach Säkularisation Abbruch (1807) des Franziskanerhospizes (sog. ›Väterhaus‹), was Neugestaltung der Westfassade notwendig machte: erste Entwürfe durch Schauß, dann (verm.) durch Schedel von Greifenstein; Vereinfachung des Außenbaus (N- und W-Fassade) durch Vorherr nach Plänen von K. v. Fischer (1810); Fertigstellung 1811 im Sinn eines herb-spröden Klassizismus. 1944 sehr schwer beschädigt, wurde die durchaus rekonstruierbare Ruine (einzige im Kern romanische Kirche Alt-Münchens) 1954 endgültig demoliert und 1956 durch einen sachlich-puritanischen Neubau aus Beton und Blankziegelbau ersetzt (Arch.: Haindl; Hochaltarplastik von Henselmann, Ausmalung von Nagel).

VIKTUALIENMARKT 6, 10

Der auf dem Gelände des 1807 aufgehobenen Heiliggeistspitals angelegte ›Kräutlmarkt‹ nach und nach erweitert, zu ›Viktualienmarkt‹ umbenannt und bei Abbruch des letzten Spitalgebäudes 1885 auf annähernd heutige Ausdehnung gebracht. Am Fuß des ›Petersbergls‹ (Viktualienmarkt 15) die *Metzgerzeile* 1881 von Zenetti in die Terrasse unterhalb der Peterskirche eingebaut und 1979–81 z. T. erneuert; hier, etwa im heutigen Straßenverlauf, seit 1365 die ›Untere Metzg‹ oder ›Fleischbank‹. An der Südwestecke, Prälat-Zistl-Straße 3, nördlicher Kopfbau der ehem. *Maximilians-Getreidehalle* (›Schrannenhalle‹) erhalten; diese im Verlauf der Blumenstraße zwischen Viktualienmarkt und ehem. Angertor, angeregt durch Marché de la Madeleine in Paris, nach Plänen von Muffat errichtet: mit Gesamtlänge von 403 m zwischen 2 Kopfbauten, unterteilt durch Mittelbau (erbaut 1851, abgebrochen 1914), als 3 schiffig-basilikale, offene Hallen aus vorgefertigten Gußeisenteilen errichtet: westl. Hälfte 1852 (abgebr. 1927), östl. Hälfte 1853 (abgebr. 1933, auf Gelände der Stadtwerke an der Dachauer Straße wiederaufgebaut, seither Lagerhalle. Angemessene Nutzung dieses Denkmals früher Industriebaukunst noch ungewiß). Neben dem Kopfbau (heute städt. Freibank) *Fischerbuberl-Brunnen* (von Taschner, 1934). – Zwischen den Verkaufsbuden und -ständen der alljährlich errichtete *Maibaum* (die urspr. Figuren nach Entwurf von Rattelmüller 1963 ausgeführt (nach Sturmschäden leicht verändert) sowie *Gedenkbrunnen* für die beliebten Münchner Volkssänger *Karl Valentin* († 1948. Von E. A. Rauch 1953), *Weiß Ferdl* († 1949. Von Erber 1953), *Liesl Karlstadt* († 1960. Von Osel 1961), *Elise Aulinger* († 1965. Von Rückel 1977), *Roider Jakl* († 1975. Von Osel 1977) und *Ida Schumacher* († 1956. Von Neubauer-Wörner 1977). Das alltägliche Markttreiben (am Faschingsdienstag ›Tanz der Marktfrauen‹) untrennbar mit dem Flair der Stadt verbunden. Bester Blick von der etwas höher gelegenen Südseite (Frauenstraße) auf den Markt und die Südflanke von Heiliggeistkirche und Altem Rathaus.

VON-DER-TANN-STRASSE 2 3

Bayerische Handelsbank Als Schulbau 1827–29 von Himbsel errichtet. Nach Kriegszerstörung durch Winkler wiederaufgebaut, seit 1964 Bankgebäude. ***Beschreibung:*** Strenggegliederte Fassade in 3 Abschnitten mit 3-5-3gekuppelten Rundbogenfenstern im 1. und 2. Obergeschoß; rustiziertes Erdgeschoß in 7 Achsen. Zwischen den großen, geschweiften Konsolen als drittes Obergeschoß Mezzanin (aufgestockt). ***Bedeutung:*** Einziges, im urspr. Zustand wiederhergestelltes Schulgebäude Himbsels; dessen Architektur, die bereits im Zeichen des Eklektizismus steht, formal ein Fremdkörper innerhalb der Münchner Gegebenheiten.

WAISENHAUSSTRASSE 18

Hubertusbrunnen* Ursprünglich für die Errichtung im Englischen Garten entworfen, dann an der Prinzregentenstr. östl. vor dem Nationalmuseum, 1904–07 von Hildebrand geschaffen; bei Errichtung des Studiengebäudes 1937 entfernt, 1954 an Ostende des Nymphenburger Kanals (→ Kanalsystem) übertragen. ***Beschreibung:*** Überkuppelter Bau (im Innern arkadenumstellte

Brunnenschale mit bronzenem ›Hubertus-Hirsch‹), an den Ecken, flankiert von Halbsäulen, flachrunde Anbauten mit 4 *Bronzestatuen*★ in diagonal gestellten Nischen (Waldfrau, beutebeladener Jäger, Bogenschütze, amazonenhafte Jägerin; möglicherweise Lebensalter des Menschen symbolisierend, zwischen 1911 und 1917 entstanden. Die originalen Gipsmodelle in der Eingangshalle des Stadtarchivs, Winzererstr. 68. ***Bedeutung:*** Im Zusammenwirken von neubarocker Architektur und klassischer Plastik überzeugende eigenständige Modifikation des Hofgartenpavillons; würdiger Point de vue des Nymphenburger Kanals.

WARNBERG 1 (Solln) **30**

Marienanstalt und Erholungsheim

Das Hauptgebäude 1597 von Wilhelm V. den Jesuiten zum Erholungsaufenthalt geschenkt. In diesem eingebaut ***Schloßkapelle*** St. Ignatius: Renaissance-Saal mit flacher Stichkappentonne und gutem Rahmenstuck. Bemerkenswerte 3 *Holzreliefs* (Hll. 3 Könige, Ölberg, Marientod) wohl Münchner Arbeit um 1500; ferner spätgotische *Kreuzigungsgruppe* sowie *Gemälde* der Hll. Sebastian und Laurentius 17. Jh. – Südl. des Hauptgebäudes sog. ›Balde-Laube‹, benannt nach dem Jesuitendichter Jacob Balde (1603/04–68), der hier öfter weilte und die Örtlichkeit auch in lateinischen Versen besang. (Hier höchster Punkt Münchens: 580,6 m.)

WEDEKINDPLATZ **15**

Stimmungsvoller, von Cafés, Bars, Boutiquen, Kunstgalerien umgebener Platz im Herzen Schwabings; unter Baumgruppe *Wedekind-Brunnen* von Filler, 1959.

WEISSENBURGER PLATZ **19**

Zierbrunnen 1853 von Voit für Glaspalast entworfen, 1897–1973 auf dem → Orleansplatz aufgestellt, einzig erhaltenes Objekt des 1931 abgebrannten Glaspalastes.

WERNECKSTRASSE 24 **15**

Schloß Suresnes Herzstück des durch Franz Xaver Ignaz v. Wilhelm († 1741) aus verschiedenen Grundstücken gebildeten Edelsitzes beim Dorf Schwabing, benannt nach dem Ort Suresnes zwischen Paris und Versailles, wo sich Wilhelm als Kabinettssekretär des exilierten Max Emanuel mit seinem Herrn 1713 aufhielt. Errichtung des Schlosses zwischen 1714/15 und 1718, viell. nach Plänen von J. B. Gunetzrhainer; aus derselben Zeit Anlage des barocken Parks. Anfang des 19. Jh. klassizistisch, nach 1880 spätklassizistisch-barockisierend umgebaut; 1925 durchgreifende Erneuerung von Schloß und Park in neoklassizistischen Formen (sowie Erweiterung nach Norden durch Küchentrakt und Arkadengang zwischen 2 kuppelgedeckten Pavillons; Arch.: Bücklers). 1944 schwere Brandbombenschäden, in den folgenden Jahren behoben; 1969/70 gründliche Restaurierung auf der Basis des Umbaus von 1925. Nach außerordentlich häufigem Besitzerwechsel (deshalb versch. Namen wie Manteuffel- oder Steinheilschloß oder Albertusstift) seit 1969 Bestandteil der Katholischen Akademie. ***Äußeres:*** 2stöckiger Bau zu 11 Achsen, Mitte durch 3achsigen 3geschossigen Risalitbau betont (seit 1925 im Erdgeschoß Eingang unter Balkon auf Pfeilern, Gartenseite mit halbrundem Vorbau); im Erdgeschoß putzbandgerahmte Rundbogenfenster, im Obergeschoß Rechteckfenster, nur an Eingangsseite im Risalit durch gesprengte Giebel hervorgehoben. Im ***Innern*** nur noch 2 Räume★ mit zartem, frühklassizistischem Stuckdekor vom Ende des 18. Jh. erhalten. ***Bedeutung:*** Letztes erhaltenes der zahlreichen, einstmals vor der Stadt gelegenen Lustschlößchen des 18. Jh. Von hohem Wert die beiden Innenräume als unzerstört gebliebene Raumschöpfungen des Münchner Klassizismus. Als Wirkungsstätte bedeutender Wissenschaftler und Künstler wichtig für Münchner Kulturgeschichte: Optische Werkstätte von C. A. Steinheil (ab 1855, für 1862 Sternwarte erwähnt), Atelier der Bildhauerin Elizabeth Ney (1869/70) und von Paul Klee (1919–21; Zuflucht von Ernst Toller 1919); Bibliothek von Romano Guardini.

Park★ Verlust der urspr. barocken Anlage bei Umgestaltung (wohl 1818) in Landschaftsgarten Sckellscher Art; weitere Änderungen 1870 und 1924/25. Bei der vorbildlichen Restaurierung 1969/70 des 10000 qm großen Gartens durch Mosbauer Wiederherstellung des barocken Parterres in Verbindung mit Landschaftsgarten; dabei Verwendung von Gartenplastiken des 18. (2 Zwerge Callotscher Prägung) und 19. Jh. (z. T. nicht urspr. hier aufgestellt).

WESTPARK **21, 22**

Unter Berücksichtigung einer möglichen Internationalen Gartenbauausstellung ›IGA 83‹ in München Entwurf eines Planungskonzepts 1977 für das schmale, 2,5 km lange, 72 ha große Gelände westl. von Untersendling. Planung (nach Wettbewerb, 1. Preis) durch Kruska (1977): wegen ungünstiger Randbedingungen (stark befahrene Verkehrsadern) als ›Tallandschaft‹ mit Wasserflächen zwischen künstlich aufgeschütteten, moränenartigen Hügeln angelegt; Bepflanzung mit rd. 6000 Großbäumen und über 100000 Stauden; die zwei Teile durch 12 m breite Fußgängerbrücke über Mittlerem Ring verbunden. – Für die **IGA 83 München** nach 4 Leitideen gestaltete IV. Internationale Gartenbauausstellung (28. 4.–9. 10. 83): Internationalität (durch ›Nationengärten‹) / Natur in der Stadt / Schönheit und Gestalt der Pflanze / Grüne Erholung – Grüne Spiele. – Nach Ausstellungsende vereinfachende Umgestaltung zu Naherholungsgelände.

WINTHIRSTRASSE 15 **18**

Maria Trost in Neuhausen Bis 1882 Filialkirche von Sendling, Nikolaus-Patrozinium bis 1872; Pfarrkirche bis 1890, seither Nebenkirche von Herz Jesu. – Im 15. Jh. Errichtung eines Steinbaus anstelle einer hölzernen Kapelle, um 1600 erweitert, um

W

1700 umgestaltet (Satteldachturm erhält Barockhelm), 1794 Brandbeschädigung und Wiederherstellung; 1867 ff. Neubau von Langhaus und Turm, der 1931 einstürzt und Langhaus beschädigt; Wiederaufbau durch Berndl unter Beibehaltung des gotischen Chors, Weihe 1933. Im ***Innern*** frühbarocker *Hochaltar;* rechts am Chorbogen *Grabplatte* des (nicht kanonisierten) seligen Winthir, eines Glaubensboten unbekannter Herkunft, dessen Gebeine 1931 gefunden wurden und nach wissenschaftlichen Untersuchungen bis zu 1000 Jahre alt sind; seit 1981 drei Glasfenster von Knappe. – Der spätgotische Flügelaltar heute in Pfarrkirche Herz Jesu (→ Lachnerstr. 8).

Im stimmungsvollen **Friedhof** (erstmals 1315 urkundlich erwähnt) Gräber bzw. Epitaphien u.a. von Josef Anton Sambuga (1752–1815; Erzieher von Ludwig I.), des Dichters Peter Dörfler (1878–1955), des Erzgießers Johann Baptist Stiglmaier (1791–1844), der Familie von Miller (Oskar v. Miller, 1855–1934: Schöpfer des Deutschen Museums) und des Kunsthändlers Günther Franke (1900–76).

WINZERERSTRASSE 45 **19**

Institut für Holzforschung der Universität München An der rechten Schmalseite des Gebäudes ist die untere Stammlänge eines ursprünglich über 50 m hohen Makore-Baumes aufgestellt, der im August 1972 im westafrikanischen Urwald gefällt worden ist (Stiftung der Karl-Danzer-Furnierwerke in Reutlingen). Länge 11 m, größter Durchmesser am Fußende 4 m, mittlerer Durchmeser 2,85 m; mittlerer Umfang 9 m, Gewicht 80 t, Volumen 72,725 m^3, Alter 700 Jahre. An der Seite Proben gehobelten und polierten Holzes.

WITTELSBACHER PLATZ **2**

Quadratischer ›Saalplatz‹, im Süden durch Brienner Str. tangiert; erhielt durch *Arco-Palais* im Westen (1820, → Nr. 1), *Palais Ludwig Ferdinand* im Norden (1825, → Fürstenstr. 1) und durch ehem. Palais Méjean (Arch.: Métivier/Klenze, 1823/24, heute Neubau) sowie durch das *Odeon* (1828, → Odeonspl. 3) seine architektonische Geschlossenheit. Neue Pflasterung 1977 mit Granitplatten und Kleinsteinfeldern; Randbepflanzung mit kleinwüchsigen Kugelahornbäumen widerspricht dem architektonischen Konzept. ***Bedeutung:*** Schönster klassizistischer Platz Münchens; Klenze konnte durch Beteiligung an den genannten Bauten ein ergänzendes Pendant zu Odeonsplatz und Ludwigstr. schaffen; zugleich erhält die von K. v. Fischer konzipierte lokkere Bebauung der → Brienner Str. großstädtische Akzente. – In der Mitte **Reiterdenkmal**★ für Kurfürst Maximilian I., eines der besten Denkmäler des Klassizismus: Sockelentwurf von Klenze, Thorwaldsen modellierte die Statue (Vertrag 1830), Bronzeguß durch Stiglmaier; Enthüllung 1839.

WITTELSBACHER PLATZ 1 **2**

Palais Arco-Zinneberg Von Klenze im Auftrag von Bauspekulanten 1820 errichtet,

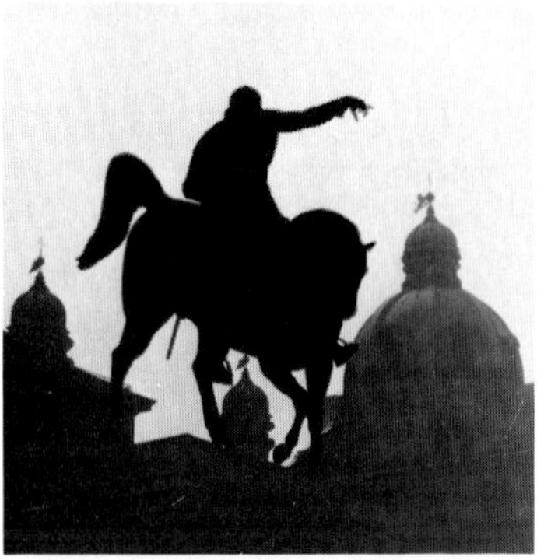

Reiterdenkmal für Kurfürst Maximilian I. von B. Thorwaldsen auf dem Wittelsbacher Platz

später von Arco-Zinneberg erworben. 1945 bis auf die Außenmauern ausgebrannt, 1959–60 im wesentlichen in originaler Form durch Winkler wiederhergestellt. ***Äußeres:*** Westl. Begrenzung des Platzes durch breitgelagerte Fassade★: Je 5 Achsen beiderseits eines 3achsigen Mittelrisalits (das Mittelfenster als ›Palladio‹-Motiv, über säulengetragenem Balkon); je 5 Achsen an Brienner und an Finkenstr. Kräftige Eckrustika rahmt glatte Mauerflächen; durchlaufende Gesimse und gerade Fensterverdachungen in allen 3 Geschossen betonen Breitlagerung der Fassade. (Heute noch verstärkt durch nicht wiederhergestelltes flaches Kegeldach über einstigem 2geschossigem Rundsaal im Risalit.) ***Bedeutung:*** In der Ausgewogenheit seiner Proportionen, der Verteilung von Fenster- und Mauerflächen eines der ausgereiftesten Werke Klenzes.

WOLFGANGSTRASSE (ehemals: 4b) **20**

Kriechbaumhof Einfaches niedriges bauernhofartiges Wohnhaus wohl des 17. Jh. inmitten sehr viel jüngerer Blockbebauung. Nach weitgehender Zerstörung der Vorstadt Au im letzten Krieg wohl letztes Beispiel der früher in den Vorstädten weit verbreiteten Herbergen mit Holzlauben. Ursprünglich eine Gruppe von 4 Einzelhöfen, der älteste erhalten. 1978 abgebrochen, Wiedererrichtung an Ecke Wolfgang-/Preysingstraße als Alpenvereinsheim geplant.

ZEILLERSTRASSE 3 (Grünwald) **30**

Burg Grünwald Zuerst Sitz von Andechser Ministerialen, bereits vor 1272 wittelsbachisch; durch Herzog Ludwig den Strengen möglicherweise Ausbau zum Jagdschloß; durch Herzog Sigmund Anlage eines Wildparks unterhalb der Burg; durchgreifende Erneuerung und Umbauten 1486–87 (Arch.: Meister Jörg von Weikertshofen) unter Albrecht IV.: weder spätgotische Ausstattung (u.a. durch Fuetrer) noch spätere (durch Mielich, 1572) erhalten. Allmählicher Zerfall im 17. Jh. (Unterspülung des Burgbergs durch die Isar), dann Gefängnis und Pulvermagazin, ab 1879 Privatbesitz; seit 1977 im Besitz des Freistaats Bayern: gründliche Restaurierung des Osttrakts 1977–79, des Westtrakts 1980–83; als *Zweigmuseum der Prähistorischen Staatssammlung* (→ Lerchenfeldstr. 2) eingerichtet. ***Beschreibung:*** Über dem östlichen Steilufer der Isar errichtet, urspr. von Ringmauer (mit Wehrgang) umschlossene Burganlage, nur noch Ost- und Nordseite (= Bergseite) sowie ein Teil der Westseite erhalten. An den beiden Bergseiten Trockengräben, dahinter Zwingermauer; Ostseite: am vorgezogenen *Torhaus* (Torflügel mit Reichsadler und gerautetem Brustschild) Wappengiebel mit (einzig erhaltener) Bemalung durch Fuetrer (11 Wappen, von links unten nach oben: Polen, Neu-Burgund und Jerusalem, Holland, Braunschweig, Österreich; im Giebel Bayern; nach rechts unten: Portugal, Mailand/Visconti, Görz, Kleve, Jülich-Berg); nach rechts anschließend Ringmauer mit *Neuem Turm, Glöcklturm* (seit 1727 um 2 Geschosse auf heutige Höhe abgetragen) und *Ökonomiegebäude* (heute für Wechselausstellungen benutzt) und mit *Großem Turm* (in 5 Geschossen *Burgmuseum* eingerichtet; von Plattform prächtiger Fernblick). Nordseite: heute niedrigere Mauer und *Kleiner Turm,* an diesen rechtwinklig Westseite mit ehem. *Stall* und *Dürnitz* (heute: römisches Lapidarium: s.u.). Nach Süden anschließend urspr. *Palas* (wohl ältester Bauteil, Abbruch oder Einsturz 1680er Jahre), an Südseite die 1405 erstmals erwähnte, wohl aber ältere *Kapelle* St. Georg und Katharina (?), zwischen 1671 und 1681 abgebrochen (wie Palas wegen Unterspülung durch Isar), südöstlicher Eckturm Anfang 18. Jh. eingestürzt. Teile der urspr. Ausstattung (Reliefs) heute im Bayer. Nationalmus. ***Bedeutung:*** Durch geschickte Rekonstruktion Bewahrung des äußeren Erscheinungsbildes einer spätmittelalterlichen ›Höhenburg‹ in der ausgedehnten Ebene um die Residenzstadt.

Museum Neben Wechselausstellungen im Ökonomietrakt (hauptsächlich Vorgeschichte der Region um München) im Westtrakt ausgestellt: Meilensteine und rekonstruierte Ansicht eines römischen Reisewagens; anschließend Grabdenkmäler sowie Brandgrab; Urnen, Bauinschriften und Votivsteine; ferner außerbayerische Römersteine sowie Dokumente der römischen Zivilisation.

ZIEMSSENSTRASSE 1 9

Medizinische Klinik Innenstadt der Universität München (Krankenhaus links der Isar) 1750 Niederlassung des Ordens der Barmherzigen Brüder in München, 1752–54 Errichtung ihres Spitals (in Form einer Vierflügelanlage über quadratischem Grundriß; sicher nicht von Kirchgrabner) mit Kloster und Kirche St. Max (wahrsch. von J. M. Fischer entworfen, 1764–69 erbaut, Weihe 1772), 1785 Einbau eines Anatomischen Theaters, 1794–96 auf Veranlassung des Klinikers Franz Xaver Häberl Modernisierung (Zentrallüftung und Wasserklosetts nach eigener Erfindung!) und Erweiterung durch 2 kurze Flügel an der Nordseite. Nach Aufhebung des Ordens 1808 Verschleuderung der Kapellenausstattung von I. Günther, im selben Jahr Neugründung als staatliches Krankenhaus durch König Max I. Josef mit dem Ziel, vier der sechs bestehenden Münchner Spitäler hierher zu verlegen. 1809–13 Entkernung des Altbaus und Wiederaufbau unter Verwendung der Hauptmauern, ferner Erweiterung des urspr. Komplexes nach Westen zu einer Rechteckanlage mit nun 2 Binnenhöfen durch Schedel von Greifenstein nach neuen von Häberl entwickelten Reformideen; Fassade nach Entwurf von K. v. Fischer 1809. 1818 als ›Allgemeines Krankenhaus‹ kommunalisiert, 1837–39 im Westen Errichtung des Mutterhauses der 1832 berufenen Barmherzigen Schwestern (nach Plänen von F. v. Gärtner, durch Höchl ausgeführt), 1878 durch Süd-, 1894 durch Nordflügel erweitert sowie durch zahlreiche selbständige Bauten zu einem weitläufigen Klinikareal zwischen Ziemssen-, Lindwurm-, Goethe- und Nußbaumstraße ausgedehnt (Universitätsklinik links der Isar). – Die urspr. ***Fassade*** Fischers am Hauptgebäude 1898 (während des Umbaus 1896–1902) verändert (Fenstervergrößerung, Aufstockung). Die einstige Inschrift »Aegrorum medelae et solamini providentia Maximiliani Iosephi regis MDCCCXIII« in der Ädikula über dem Eingang später entfernt. Dahinter erhalten die kath. Krankenhauskapelle St. Max und Rochus, beim Umbau 1896–1902 jedoch verändert, erhöht und (anstelle des Fischerschen klassiz. Altars mit Gemälde von Langer) neubarock ausgestattet. In der Eingangshalle Gedenktafeln für den Bauherrn F.X. Häberl und den (nicht mit ihm verwandten) Erweiterer der Anstalt, Simon v. Häberl (Porträtmedaillons vertauscht!). ***Bedeutung:*** Eine der wenigen erhaltenen, wenngleich durch späteren Eingriff beeinträchtigten Fassadenschöpfungen Fischers. Das Krankenhaus zur Entstehungszeit 1813 neben jenem gleichzeitig in Fulda errichteten das größte und modernste Deutschlands. Wirkungsstätte berühmter Ärzte: 1859–74 Josef v. Lindwurm, 1872–90 Johann Nepomuk v. Nußbaum, 1874–1902 Hugo v. Ziemssen, 1918–27 Ferdinand Sauerbruch.

ZWEIBRÜCKENSTRASSE 12 11

Deutsches Patentamt Für das 1950 nach München verlegte Deutsche Patentamt (gegründet 1877) an der Stelle der teilweise zerstörten Schweren Reiterkaserne 1954–58 in zwei Bauabschnitten errichtet: Rohklinkerbau an der Zweibrückenstraße; Arch.: Winkler und Hart. Am obersten Stockwerk erinnern zwei vergoldete Halbkugeln an die Vakuumversuche des Otto von Guericke 1654 (›Magdeburger Halbkugeln‹); der Südtrakt parallel zur Erhardtstraße, vorgelagert die Patentauslegehalle; im Innenhof über Durchgang zur Zweibrückenstraße Steinintarsie mit Darstellung der Schweren Reiterkaserne (1811–18, Entw. von Klumpp). Zwischen 1975 und 1979 Errichtung des *Europäischen Patentamtes* (→ Erhardtstr. 27).

LEBEN MIT MÜNCHEN

DAS MÜNCHNER JAHR

Bei längeren Aufenthalten, ja auch schon bei mehrtägigen Besuchen empfiehlt sich der Kauf der Informationsschrift: **München,** *Offizielles Monatsprogramm mit Unterkunftsverzeichnis und Jahresvorschau. Herausgegeben vom Fremdenverkehrsamt der Landeshauptstadt München. Erscheint monatlich und ist im Zeitungshandel erhältlich (1985: 1,30 DM).*
Kostenlos oder gegen geringe Gebühr verteilt das Fremdenverkehrsbüro im Hauptbahnhof – wie auch verschiedene Reisebüros – Stadtprospekte, Touristenpläne *und den Sonderprospekt* ›Museen und Galerien in München‹ *und die Monatsprogramme* ›Olympiapark München‹ *sowie* ›gasteig‹ *des Kulturzentrums Am Gasteig. Die Adressen* *→ S. 241.*

FEIERLICHE GOTTESDIENSTE

Katholische Gottesdienste im Rahmen historischer Architektur und unter Mitwirkung bedeutender Orchester, Chöre und Solisten veranstalten – nicht nur an den großen Kirchenfesten – regelmäßig an Sonn- und Feiertagen:
Dom (Frauenkirche), Frauenplatz 1, *Hochamt 9 h.*
St. Michael, Neuhauser Str. 52, *Hochamt 9.30 h. (Berühmt Gounods ›Cäcilienmesse‹ an Pfingsten mit Posaunisten, die das ›Sanctus‹ von der kleinen Musikempore hoch oben im Triumphbogen begleiten.)*
St. Peter, Petersplatz 1, *Hochamt 9 h.*
Theatinerkirche St. Kajetan, Theatinerstr. 22, *Hochamt 10.30 h (Vokalkapelle).*
St. Michael in Berg am Laim, Clemens-August-Str. 9 a, *Hochamt 9 h.*
Ein Erlebnis eigener Art ist die Feier der Christmette – außer in den genannten großen Kirchen – in den alten ehem. Dorfkirchen am Rand der Stadt, etwa in **St. Anna** in Harlaching (Harlachinger Berg 30), **St. Georg** in Bogenhausen (Bogenhauser Kirchplatz 1), **Maria Ramersdorf** (Aribonenstr. 9), **Maria Thalkirchen** (Fraunbergplatz 1) oder **St. Michael** in Perlach (Pfanzeltstr. 1), sowie in der Schloßkapelle **Blutenburg** und in **St. Wolfgang** in Pipping (Pippinger Str. 49 a).

UMZÜGE UND PROZESSIONEN

Große Fronleichnamsprozession (seit dem Jahre 1343 nachweisbar) der Dompfarrei in der Innenstadt am Fest Fronleichnam (2. Donnerstag nach Pfingsten): Größte und eindrucksvollste religiöse Manifestation der Stadt, in letzter Zeit durch innerkirchliche Reformbestrebungen allerdings in Frage gestellt und in absehbarer Zeit vielleicht nicht mehr veranstaltet.
Kleine Fronleichnamsprozessionen der einzelnen Münchner Pfarreien am Sonntag nach Fronleichnam.
Einzug der Festwirte und Brauereien anläßlich der Eröffnung des Oktoberfestes: Zug mit prächtig geschmückten Pferdegespannen und schmetternden Blasmusikkapellen von der Innenstadt zur Festwiese jeweils am Vormittag des vorletzten Septembersamstags.
Oktoberfest-Trachten- und Schützenzug (1895 auf Anregung von Maximilian Schmidt, genannt Waldschmidt, erstmals in Verbindung mit Oktoberfest durchgeführt) am 1. Oktoberfestsonntag (vorletzter Septembersonntag) durch die Innenstadt zur Festwiese unter Beteiligung zahlreicher in- und ausländischer Trachtengruppen und Musikkapellen. Größte und schönste folkloristische Veranstaltung dieser Art in Europa.
Festzug am Brauertag In Wiederaufnahme eines bis ins 19. Jh. von den Münchner Brauern begangenen Gewerbefesttages 1962 eingeführte und meist alle 2 Jahre (1985, 1987 usf., bei besonderen Anlässen auch Turnusverschiebung) vom ›Verein Münchner Brauereien‹ jeweils an einem Samstag Ende Mai oder Anfang Juni durchgeführte Veranstaltung: Morgens auf dem Marienplatz Weisung der Zunftfahne, -lade und -stangen, gegen 9 h Einzug der Brauer (teilweise in historischen Kostümen) in die Peterskirche zum feierlichen Gottesdienst, anschließend gegen 10 h Festzug mit Blaskapellen und Prunkgespannen vom Tal zum Viktualienmarkt, wo unter Auftritt der Schäffler und von Trachtengruppen Freibier ausgeschenkt wird.
Der **Faschingszug** *– als rheinischer Import in München nie recht heimisch – ist seit 1971 durch neuzeitliche Happenings und Aktionen ersetzt* → München narrisch *im folgenden Abschnitt.*

FESTE UND FEIERN

Münchner Fasching Das Faschingstreiben hat in München – auf Grund der natürlichen Freude des bairischen Stammes an Theaterspiel und Mummenschanz – uralte Tradition: Früheste nachweisbare Fastnachtsfeier bereits 1294, Tragen von Masken 1459 erstmals belegt. Am Hof wurde der Fasching durch prunkvolle Feste begangen, im 18. Jh. vor allem durch anspruchsvolle, oft eigens komponierte *Fastnachtsopern* (Mozart 1775 und 1781!), *Ballette, Hofbälle, Bauernhochzeiten* (sog. ›Wirtschaften‹) und öffentliche *Schlittenfahrten.* Die seit 1740 in Nachahmung dessen von Studenten veranstalteten ›Schlittagen‹ werden zum Vorläufer des Faschingszugs, der in München nicht heimisch ist und erst seit 1824 in bescheidenem, seit 1893 aber in großem Rahmen durchgeführt wird, nachdem sich die *Münchener Carnevals-Gesellschaft* (aus der 1908 die heute noch existierende *Narrhalla* hervorgeht) dafür einsetzt. Im 19. Jahrhundert berühmt vor allem die *Künstlerfeste,* die 1829 eingeführt, 1840 durch Gottfried Keller im ›Grünen Heinrich‹ literarisch verewigt, in der Zeit des Historismus mit ungeheurem Aufwand an Kostümen und Ausstattung begangen und vom

Ersten Weltkrieg jäh beendet werden. 1890 kommen die volkstümlichen *Redouten* auf, 1894 erscheint erste *Faschingszeitung* und seit 1928 wird ein *Faschingsprinzenpaar* gekürt, das seit 1935 von einer *Prinzengarde* mit 14 feschen Münchner Madln begleitet wird. – Die Ballsaison läuft vom Tag nach Dreikönig (7.1.) bis Faschingsdienstag. Zu den elegantesten Schwarz-Weiß-Bällen zählt der ***Chrysanthemenball*** (meist zu Beginn der Ballsaison im Bayerischen Hof) und der ***Margueritenball***, eine Wohltätigkeitsveranstaltung des Bayerischen Roten Kreuzes (im Deutschen Theater); der wohl phantasievollste Ball ist das ***Fest der damischen Ritter*** (am Freitag vor Faschingssonntag und am Rosenmontag im Löwenbräukeller); die geistvollste Faschingsveranstaltung das ***Faschingskonzert der Hochschule für Musik*** am Rosenmontag und Faschingsdienstag (Arcisstraße 12). Weitere feste Veranstaltungen: *Festliche Inthronisation* des jeweils am 11.11. des Vorjahres gewählten Prinzenpaares meist am 1. Freitag nach dem 7.1. (mit Verleihung des Karl-Valentin-Ordens) im Deutschen Theater; volkstümliche Inthronisation meist am folgenden Sonntagvormittag auf dem Marienplatz (meist mit Freibier und heißen Getränken). Öffentliches *Faschingstreiben* auf dem Marienplatz und in der Innenstadt am Faschingssonntag und -dienstag; *Tanz der Marktfrauen* auf dem Viktualienmarkt am Faschingsdienstag morgens. Anstelle des Faschingszugs seit 1971 am Faschingssonntag (10.30–17.30 Uhr bei freiem Zutritt) die Veranstaltung **München narrisch** mit wechselndem Programm (14–16 Uhr) in der Fußgängerzone vom Karlstor bis zum Marienplatz unter Mitwirkung der verschiedenen Faschingsgesellschaften sowie zahlreicher Pop-, Beat-, Jazz- und Blaskapellen. Die Tradition des *Faschingszuges* wird noch gepflegt im Stadtteil Giesing (Faschingsdienstag) mit eigenem Prinzenpaar samt Prinzengarde. Neuerdings auch in verschiedenen Stadtteilzentren wie in Haidhausen, Schwabing, Blumenau u.a. eigenes Faschingstreiben am Faschingsdienstag. Eigene Prinzenpaare wählen neben Giesing die Stadtteile Neuhausen und Schwabing sowie Nordosten/Johanneskirchen.

Frühlingsfest der Münchner Schausteller jeweils Ende April/Anfang Mai für 2 Wochen auf der Theresienwiese. Meist verbunden mit einem *Feuerwerk* am Eröffnungssamstag.

Schäfflertanz Eine im 17.Jh. geprägte Münchner Sonderform des mittelalterlichen europäischen Kettenschwerttanzes: erstmals 1683 aufgeführt, seit 18.Jh. in 7jährigem Turnus. (Das Entstehen im Pestjahr 1517 eine erst von Lipowsky im 19.Jh. aufgebrachte Legende.) Alle 7 Jahre (1984, 1991 usf.) zur Faschingszeit. Öffentliches Auftreten (der auch heute noch nur aus dem Berufsstand der Schäffler stammenden Tänzer) auf Straßen und Plätzen – auf Veranlassung von Auftraggebern aus Behörde, Wirtschafts- und Geschäftswelt – sowie auf vielen Bällen.

Metzgersprung im Zusammenhang mit der Freisprechung der Metzgergesellen im 18.Jh. aufgekommen, wird im Gegensatz zum Schäfflertanz nicht mehr regelmäßig, sondern nur bei besonderen Anlässen am und im Fischbrunnen am Marienplatz aufgeführt.

Starkbierzeit in der 4. und 3. Woche vor Ostern mit großen Bierfesten in den Bierkellern der Münchner Brauereien, von denen der Paulaner-Thomas-Bräu mit dem Ausschank des *Salvators* – 1651 erstmals von den Paulanermönchen als Fastenbier gebraut – im Salvatorkeller auf dem Nockherberg (Hochstraße) die längste und berühmteste Tradition besitzt. Das Starkbier der anderen Brauereien meist durch Namen mit der Endsilbe -ator (in Anlehnung an Salvator) hervorgehoben.

Maibockzeit nach Ostern mit Ausschank des Frühjahrsstarkbieres (erstmals ausgeschenkt 1872).

Schwabinger Woche mit literarischen und musikalischen Darbietungen, Vorträgen und neuerdings auch Umwelt-Aktionen, jeweils 14 Tage im Juni/Juli.

Oktoberfest Zur Erinnerung an das Hochzeitsfest von Kronprinz Ludwig, nachmals König Ludwig I., mit Prinzessin Therese von Sachsen-Hildburghausen 1810 jährlich auf der Theresienwiese – im Volksmund wird das ganze Fest nur *Wiesn* genannt – vom vorletzten Septembersamstag bis 1. Oktobersonntag veranstaltet. Gilt als größtes Volksfest der Welt. Alle zwei Jahre verbunden mit einem *Zentrallandwirtschaftsfest* (→ Messen und Ausstellungen unten). Über die Festzüge zu Beginn des Festes → Umzüge S. 228.

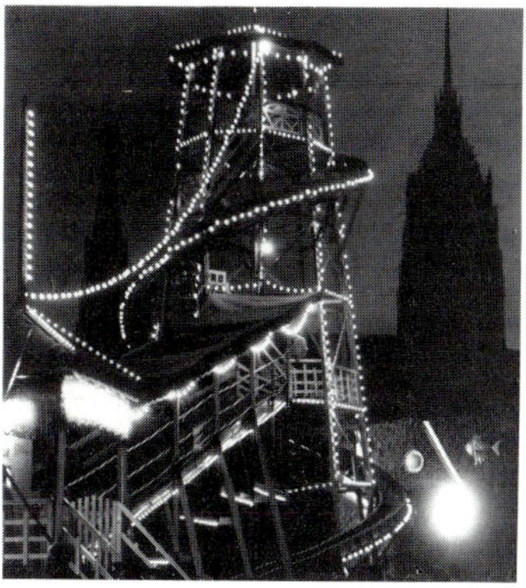

Auf dem Oktoberfest

KUNSTMESSEN UND KULTURELLE AUSSTELLUNGEN

Deutsche Kunst- und Antiquitätenmesse Jährlich etwa Oktober/November im Haus der Kunst.

Große Kunstausstellung Jährlich meist Juni mit September im Haus der Kunst.

Kollektivausstellung des Berufsverbandes Bildender Künstler München e.V. Jährlich etwa Juni/Juli im Staatlichen Museum für Völkerkunde.

Münchner Antiquitätenmarkt Jährlich etwa Februar und November im Pschorrkeller.

Süddeutsche Antiquitäten- und Kunstwoche (der Fa. Rode) Dreimal jährlich im Januar, März und Oktober im Deutschen Museum.

Münchner Bücherschau Neuheiten-Ausstellung bayerischer Verlage, jährlich etwa November/Dezember im Haus der Kunst (mit Schlußverkauf).

MESSEN UND FACHAUSSTELLUNGEN (mit * versehene Messen sind für das allgemeine Publikum zugänglich)

Halbjährlich

ISPO Internationale Sportartikelmesse (jeweils Februar und September).

MWM Mode-Woche München Internationale Fachmesse für Mode (jeweils März und Oktober).

MMT – Münchner Mode-Tage (jeweils Februar und August).

Jährlich

C–B–R München, Caravan – Boot – Internationaler Reisemarkt Internationale Ausstellung für Caravans, Boote, Reise und Urlaub (Februar).* (Mit Buchungsmöglichkeit.)

IHM Internationale Handwerksmesse, Messe des Handwerks und für das Handwerk (März).*

INHORGENTA Internationale Fachmesse für Uhren, Schmuck, Edelsteine und Silberwaren mit zugehörigen Fertigungs- und Betriebseinrichtungen (Februar).

Cosmetics Internationale Fachmesse für Kosmetik, Parfümerie, Körperpflege und Accessoires. Produkt – Technologie – Distribution (Mai/Juni).

Heim + Handwerk Das Handwerk im Wohnbereich mit Sonder- und Leistungsschauen der einzelnen Handwerkszweige (November/Dezember; Einkaufsmöglichkeit)*.

Zweijährlich – in geraden Jahren

Analytica Internationale Fachausstellung mit internationaler Tagung ›Biochemische Analytik‹ (April).

Bayerisches Zentrallandwirtschaftsfest auf der Theresienwiese, Beginn termingleich mit dem Oktoberfest (3. Septembersamstag). Dauer 11 Tage.*

Büro Fachausstellung Büromaschinen – Büromöbel – Zeichentechnik – Organisationsmittel (Mai).

Electronica Internationale Fachmesse für Bauelemente und Baugruppen der Elektronik (November).

ELTEC Fachmesse für Elektrotechnik (Juni/Juli).

Ikofa Internationale Fachmesse der Ernährungswirtschaft (September).

– in ungeraden Jahren

Igafa Internationale Fachmesse für das Hotel- und Gaststättengewerbe (Sept.).*

INTERMONTEC Einrichtungen für Sport, Freizeit und Tourismus im Gebirge. Internationale Fachausstellung mit Tagungen (September).*

LASER OPTO-ELEKTRONIK Internationaler Kongreß und Internationale Fachmesse (Juni/Juli).*

PRODUCTRONICA Internationale Fachmesse für die Fertigung in der Elektroniktechnik mit Fachsitzungen (November).*

SYSTEMS Computer und Kommunikation, Internationaler Anwender-Kongreß und Internationale Fachmesse (Oktober).*

Dreijährlich

Bauma Internationale Fachmesse für Baumaschinen und Baustoffmaschinen (März/April 1986, 1989 usf.).

IFAT Internationale Fachmesse für Entsorgung. Abwasser – Abfall – Städtereinigung – Straßenwinterdienst (Mai 1984, 1987 usf.).

ceramitec Internationale Fachmesse von Maschinen, Geräten, Anlagen und Rohstoffen für die gesamte keramische Industrie mit Kongressen und Tagungen (Oktober 1985, 1988 usf.).*

Vierjährlich

Bau Internationale Fachmesse für Baustoffe, Bausysteme, Bau-Erneuerung (Januar 1988, 1992 usf.).

Interforst Internationale Messe für Forst und Rundholztechnik mit Internationalen Kongressen und Sonderschauen (etwa Juni 1986, 1990 usf.).

Transport Verkehrssysteme für Güter und Personen – heute und morgen. Internationale Fachmesse mit Tagungen (Juni 1986, 1990 usf.).

In unregelmäßigem Turnus

Interbrau Internationale Fachmesse für die Brau- und Getränkewirtschaft (Turnus alle 6–8 Jahre, Mai 1985).*

KONGRESSE UND TAGUNGEN

Kongreß **Deutsche Gesellschaft für Chirurgie** mit Fachausstellung* (jährlich um Ostern).

Europäisches Symposium EAS in Verbindung mit der Internationalen Fachmesse für Abwasser- und Abfalltechnik (dreijährlich, Mai 1987, 1990 usf.).

Internationale Tagung für Mikroelektronik im Rahmen der *Electronica* (in geraden Jahren, November).

Systems Internationales Symposium, Seminare und Ausstellungen (in ungeraden Jahren, Oktober).

DULTEN UND JAHRMÄRKTE

Der süddeutsche Begriff *Dult* leitet sich von den einstmals an Kirchenfesten – althochdeutsch ›Tult‹ – veranstalteten Märkten her.

Auer Dult Traditioneller Jahrmarkt auf dem Auer Kirchplatz, der wegen seiner zahlreichen Antiquariate, Antiquitätenläden und Trödlerbuden auch von Sammlern und Liebhabern gerne besucht wird. Dreimal jährlich jeweils neun Tage: *Maidult*, beginnend Samstag vor 1. Mai, *Sommerdult* (Jakobidult, bereits 1310 erstmals erwähnte und älteste Altmünchner Dult), beginnend

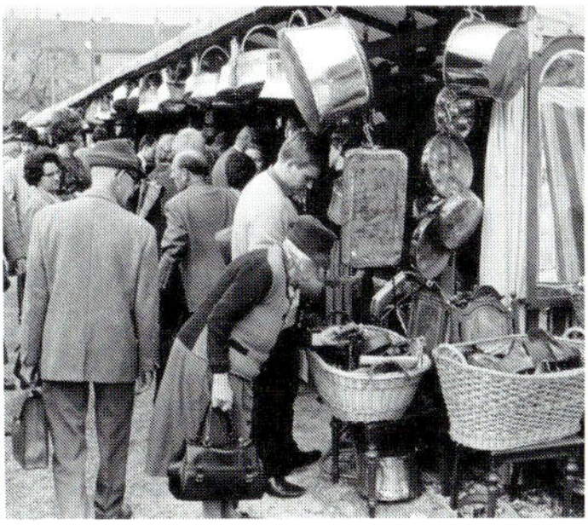

Auer Dult

am Samstag nach dem Jakobifest (25.7.) und *Herbstdult* (Kirchweihdult), beginnend am Samstag vor dem Kirchweihfest (3. Sonntag im Okt.).

Magdalenenfest Anfang des 18. Jh. entstandenes, 1717 bestätigtes Volksfest mit Jahrmarkt des Stadtteils Neuhausen-Nymphenburg im Hirschgarten, jeweils 9 Tage um das Magdalenenfest am 22.7., beginnend 2 Wochen vor der Auer Sommer- oder Jakobidult.

Münchner Christkindlmarkt Schon im 14. Jh. als ›Nikolausmarkt‹ nachgewiesener Weihnachtsmarkt; früher auf dem südlichen Teil des Viktualienmarktes abgehalten, seit Errichtung der Fußgängerzone 1972 auf dem *Marienplatz* sowie in *Kaufinger-* und *Weinstraße*. Krippenmarkt und Weihnachtsverkaufsmarkt, jeweils 4 Wochen vor Weihnachten, werktags 9–19 h, sonntags 10–19 h, 24. Dez. 9–14 h; musikalisches Rahmenprogramm täglich 17 h, 24. Dez. um 12 h (Chöre, Volksmusikgruppen, Bläserensembles auf dem Balkon des Rathauses); vielfigurige altbayrische Krippe, 1954 von Reinhold Zellner geschnitzt, im Prunkhof des Rathauses, eine Oberammergauer Krippe mit fast lebensgroßen Figuren, 1973 vom Schöpfer Richard Lang gestiftet und 1974/75 erweitert, im Marienhof aufgestellt. – Gleichzeitig auch Christkindlmarkt auf der *Münchner Freiheit* (Schwabing), dem *Weißenburger Platz* (Haidhausen), dem *Rotkreuzplatz* (Neuhausen) und vor der *Pfarrkirche* in Pasing.

Flohmärkte finden in der günstigen Jahreszeit in regel- und unregelmäßigen Abständen auf der *Münchner Freiheit*, in der *Kirchenstraße* in Haidhausen sowie in zahlreichen Stadtteilen statt (Ankündigungen in der Tagespresse).

Studentenmarkt mit Kunstgewerbe, Volkskunst, Geschenkartikeln, Schnellmalern und Silhouettenschneidern im Sommer allabendlich auf der *Leopoldstraße*.

FESTSPIELE, WETTBEWERBE, KONZERTZYKLEN

Münchner Festspiele Seit 1900 veranstaltete festliche Theater- und vor allem Opernaufführungen unter besonderer Berücksichtigung des Werkes von Richard Wagner, Richard Strauss und W. A. Mozart, jeweils im Juli–August.

Münchner Saison Opern- und Theateraufführungen im Cuvilliéstheater, Dezember–Februar.

Ballett-Festwoche (seit 1979) im Nationaltheater, Ende April – Anfang Mai.

Theaterfestival der Stadt München, Mai–Juni.

Nymphenburger Sommerspiele Kammermusik-, Oratorien- und konzertante Opernaufführungen alter Musik im *Steinernen Saal* des Schlosses Nymphenburg, jeweils etwa 2–3 Wochen im Juni/Juli.

Münchner Bachtage mit Münchner und Gastensembles 14 Tage im März.

Internationale Blutenburger Gitarrentage im Mai.

Festival der Leichten Musik alle 2 Jahre (1986 usf.), im Großen Sendesaal des Bayerischen Rundfunks.

Internationaler Musikwettbewerb der Rundfunkanstalten der Bundesrepublik Deutschland Seit 1952 im August/September veranstalteter bedeutendster deutscher Musikwettbewerb mit öffentlichem Abschlußkonzert der Preisträger.

Prix Jeunesse Internationaler Wettbewerb der Stiftung ›Prix Jeunesse‹ für Kinder- und Jugendfernsehsendungen im Bayerischen Rundfunk, seit 1964 alle zwei Jahre im Juni veranstaltet.

Großes internationales Professional-Tanzturnier um den Großen Preis von Europa jeweils im Februar während des Münchner Faschings im Deutschen Theater.

Wettbewerb ›Jugend musiziert‹ der Hochschule für Musik jeweils im Januar.

Klavierspiel-Wettbewerb für die Jugend, Veranstaltung des Pianohauses Lang in Verbindung mit dem Verband Münchner Tonkünstler.

Konzertzyklen von etwa 6–10 Abonnement-Konzerten während der Konzertsaison September/Oktober bis April/Mai meist im Herkulessaal der Residenz und im Kongreß-Saal des Deutschen Museums, ab 1985 im Konzertsaal der *Philharmonie* und *Carl-Orff-Saal* des Kulturzentrums Am Gasteig.

Bayerisches Staatsorchester (Musikalische Akademie) Akademie-Konzerte, Kammermusik-Matineen;

Münchner Philharmoniker Abonnementkonzerte (Reihe A, B, C), Kammerkonzerte im Schauspielhaus, Konzerte im Stadtmuseum, Konzerte für die Theatergemeinde, Sonderkonzerte, Volkssymphoniekonzerte zu ermäßigten Eintrittspreisen;

Symphonie-Orchester und Chor des Bayerischen Rundfunks Münchner Funkkonzerte im Funkhaus, Münchner Sonntagskonzerte, Sonderkonzerte des Bayerischen Rundfunks, Symphoniekonzert-Zyklus, musica viva, Studiokonzerte der musica viva im Funkhaus;

Symphonie-Orchester Graunke Abonnementkonzerte, Sonderkonzerte, Sonderkonzerte für die Theatergemeinde, Stunde der Musik;

Münchner Kammerorchester Abonnementkonzerte, Festkonzerte, Festkonzerte in Schleißheim, Serenaden im Brunnenhof der Residenz;

Orchester der Hochschule für Musik Hochschulkonzerte, Meisterklassenpodium der verschiedenen Instrumentalklassen (im Konzertsaal der Hochschule für Musik);

Richard-Strauss-Konservatorium (Fachakademie für Musik) im Kulturzentrum Gasteig (→ S. 245), Konzertreihen der Lehrkräfte und Studierenden: *Studio- und Fakultätskonzerte* (meist wöchentlich, 20 h), *Ladenschlußkonzerte* (18.15 h), *Nachtkonzerte* (22.30 h), *Mittagsmusik* (täglich 13.15 h, Eintritt frei).

Bell'Arte Konzertdirektion Bell'Arte Meisterkonzerte, Freiluftmusik im Brunnenhof in der Residenz, Musikalischer Sommer, Weihnachtliche Barockmusik;

Concerto C. W. Winderstein Europ. Konzerte (2 Zyklen), Europ. Kammermusik;

Konzertdirektion Rüdiger Hoffmann Reihe Stimmen der Welt, Internationale Folklore, Schlager, Jazz und Pop-Musik;

Konzertdirektion Rudolf Vedder Meisterkonzerte, Sonderkonzerte;

Münchner Konzertdirektion Pro Musica Meisterzyklus, Kammermusik der Nationen, Münchner Mozartkonzerte (im Cuvilliéstheater), Sonderkonzerte;

›Sonntags um 11‹, Konzerte verschiedener Ensembles im Saal des Münchner Stadtmuseums (Eintritt frei);

›14.30 Uhr, sonntags in der Alabamahalle‹ Konzerte populärer Musik von wechselnden Ensembles;

›6-Uhr-Konzerte‹ der Bayerischen Vereinsbank in Verbindung mit dem Städtischen Kulturreferat im Theater an der Leopoldstr.;

Blutenburger Konzerte Blutenburger Frühling, Festlicher Sommer und Blutenburger Herbst (Schloßkirche Blutenburg, Schloß Dachau, Rittersaal in Burg Schwaneck bei Pullach);

Münchner Musikseminar Kammerkonzerte, Jugend-Symphoniekonzerte;

Musik-Forum-München Konzerte von verschiedenen Ensembles in der Städtischen Galerie im Lenbachhaus;

Studio für neue Musik Konzerte im Saal der Städtischen Galerie im Lenbachhaus;

Konzerte weiterer Münchner Orchester, Chöre und Musikvereine wie Bach Collegium München, Capella Monacensis, Collegium Musicum, Con-Brio-Kammerorchester, Consortium Musicum, Convivium Musicum, Freies Musikzentrum, Lassus-Musikkreis, Monteverdi-Orchester, Mozartgemeinde München, Münchener Bachchor, Münchener Bach-Consort, Münchner Bach-Solisten, Münchner Chorbuben, Münchner Chorkreis, Münchner Kammersolisten, Münchner Madrigalchor, Münchner Motettenchor, Münchner Orchesterverein Wilde Gungl, Münchner Singkreis, Junge Münchner Symphoniker, Nymphenburger Bachorchester, Nymphenburger Kantatenchor, Residenz-Orchester München, Süddeutscher Kammerchor München u.a. Musikvereinigungen.

Konzerte zu bestimmten Festzeiten

In der Karwoche regelmäßig, oft von mehreren Ensembles, Bachs *Matthäus-* und *Johannespassion* sowie *Passionsmusik* alter Meister, sowohl in weltlichen wie kirchlichen Räumen.

In der Advents- und Weihnachtszeit werden folgende Abende und Zyklen veranstaltet: *Alpenländisches Adventsingen, Münchner Adventsingen, Münchner Transeamus, Weihnachtliche Barockmusik, Weihnachtsoratorium (Bach),* manchmal in Verbindung mit dem Vortrag der *Heiligen Nacht* von Ludwig Thoma, zahlreiche kirchliche *Weihnachtssingen und -konzerte* sowie *Alpenländische Lieder* und *Bläsermusik* täglich 17 h während des Christkindlmarktes vom Balkon des Rathauses.

Konzerte in der Silvesternacht (Beginn zwischen 19 und 22.30 h mit Ende rechtzeitig vor Mitternacht) ***Orgel:*** *Christuskirche,* Dom-Pedro-Platz 5; *Emmauskirche,* Laurinplatz 12; *Lukaskirche,* Mariannenplatz 3; *Markuskirche,* Gabelsbergerstr. 6; *St. Hildegard* Pasing, Paosostr. 25. – ***Instrumentalkonzerte:*** *Bürgersaal,* Neuhauser Str. 48; *Matthäuskirche,* Nußbaumstr. 1; *St. Maximilian,* Auenstr. 1. – ***(Alternativ-)Silvester-Nacht*** mit Musik vom Mittelalter bis zur Neuzeit (mit Buffet) in der Hochschule für Musik (bis 3 Uhr).

Faschingskonzerte der Hochschule für Musik, Arcisstr. 12, am Rosenmontag und Faschingsdienstag: eine geistvolle musikalische Alternative zu den gängigen Veranstaltungen.

Kirchenkonzerte veranstalten in unregelmäßiger Folge, vor allem aber in der Wintersaison (Kirchen geheizt), folgende Innenstadt- bzw. zentrumsnahe ***Katholische Kirchen:*** *St. Anna am Lehel,* St.-Anna-Str. 21; *St. Bonifaz,* Karlstr. 34, *Bürgersaal,* Neuhauser Str. 48, *Frauenkirche* (Dom), Frauenplatz 1; *St. Johann Nepomuk (Asamkirche),* Sendlinger Str. 62; *Heiliggeist,* Tal 77; *St. Kajetan (Theatinerkirche),* Theatinerstr. 22; *St. Ludwig,* Ludwigstr. 20; *St. Michael,* Neuhauser Str. 52; *St. Peter,* Petersplatz 1; sowie in den entfernteren Stadtteilen: *Allerheiligste Dreifaltigkeit, Kirche der Englischen Fräulein,* Maria-Ward-Str. 5; *Frieden Christi,* Helene-Mayr-Ring 23; *St. Franziskus,* Hans-Mielich-Str. 14; *St. Georg,* Milbertshofen; *Herz Jesu,* Lachnerstr. 8; *Mariahilf* in der Au, Mariahilfplatz 42; *St. Joachim,* Aidenbachstr. 110; *St. Michael* in Perlach, Pfanzeltstr. 1; *St. Mauritius,* Hugo-Troendle-Str. 5; *Alte Pasinger Pfarrkirche Mariä Geburt,* Am Klostergarten 9; *St. Sylvester* in Schwabing, Biedersteiner Str. 1; *St. Thomas Morus,* Heckenstallerstr. 104; *St. Ursula,* Kaiserplatz 1; *St. Willibald,* Agnes-Bernauer-Str. 181. Ferner in ***Evangelischen Kirchen:*** *Andreaskirche,* Walliser Str. 13; *Apostelkirche* Solln, Konrad-Witz-Str. 17; *Christuskirche,* Dom-Pedro-Platz 4; *Dreieinigkeitskirche,* Wehrlestr. 8; *Emmauskirche,* Langobardenstr. 16; *Erlöserkirche,* Bandstr. 5; *Himmelfahrtskirche,* Kidlerstraße 15; *Johanneskirche,* Preysingstr. 17; *Kreuzkirche,* Hiltenspergerstr. 57; *Lukaskirche,* Mariannenplatz 3; *Markuskirche,* Gabelsbergerstr. 6; *Matthäuskirche,* Nußbaumstr. 1; *Paul-Gerhardt-Kirche,* Mathunistr. 23; *Stephanuskirche,* Nibelungenstr. 51.

FREILICHTAUFFÜHRUNGEN, THEATER- UND KONZERTVERANSTALTUNGEN IN HISTORISCHEM RAHMEN

Bell'Arte Musikalischer Sommer Freiluftmusiken im Brunnenhof der Residenz (bei schlechtem Wetter im Kongreßsaal), im Juli.

Serenaden des Münchner Kammerorchesters im Brunnenhof der Residenz, Juli–August.

Turmmusik des Bläserquartetts Sertl vom Turm der Peterskirche von Juni–September an Samstagen von 18–18.30 h, sowie an Neujahr und Ostern von 12–12.30 h.

Blutenburger Frühling (April–Mai), – **Sommer** (Juni–Juli) und – **Herbst** (Okt.–Jan.) in der Schloßkirche Blutenburg.

Schleißheimer Barockkonzerte, Schleißheimer Schloßmusik und **Schleißheimer Sommerkonzerte** im Großen Saal sowie **Matineen in der Maximilianskapelle** des Neuen Schlosses Schleißheim, Juni–Juli.

Kirchenkonzerte in besonders festlichem Rahmen während der Hochämter → Feierliche Gottesdienste, S. 228.

Orgel- und Kirchenkonzerte außerhalb der Gottesdienste → Kirchenkonzerte, S. 232.

In der Region:

Bell'Arte Meisterkonzerte im **Dachauer Schloß,** Renaissance-Saal, (17 km), März–September;

Schäftlarner Konzerte in der ehem. Klosterkirche Schäftlarn im Isartal (24 km), Juni–September;

Konzerte im Rittersaal der **Burg Schwaneck,** Pullach (13 km), April–Mai (im Rahmen der *Blutenburger Konzerte)*.

LANDTAGS- UND STADTRATS-SITZUNGEN

Öffentliche Plenarsitzungen des Bayerischen Landtags finden – mit Ausnahme der Parlamentsferien im August und September – in einer wechselnd festgelegten Woche eines jeden Monats im *Plenarsaal des Maximilianeums,* M 80, Max-Planck-Str. 1, statt. Auskunft über Sitzungstermine und Tagesordnung sowie Anmeldung von Einzelbesuchern (1–2 Tage vorher empfohlen, kostenlos) beim Pförtner unter Ruf 4126210.

Öffentliche Vollversammlungen des Münchner Stadtrats werden derzeit, außer in den Stadtratsferien, jeden 2. Mittwoch vormittags etwa ab 9 Uhr im *Großen Sitzungssaal des Rathauses* veranstaltet. Aushang der Tagesordnung jeweils ab Montag vor der Sitzung am Eingang des Rathauses, M 2, Marienplatz 8. Zutritt kostenlos und ohne Voranmeldung. Telefonische Auskunft vom Direktorium, Ruf 2338248.

WERKSBESICHTIGUNGEN

Bavaria Film Tour, Bavaria Filmstadt, 8022 Geiselgasteig (außerhalb des Stadtgebietes, Richtung Grünwald), Bavariafilmplatz 7, Ruf 649067. Etwa einstündige Rundtour mit Kleinbahn vom 1. 4. bis 31. 10. täglich zwischen 9 und 16 Uhr, Abfahrt vom Filmexpreß-Bahnhof am Parkplatz vor dem Filmgelände. Führung durch die Filmstadt Geiselgasteig, in der 1919 der erste Film (›Der Ochsenkrieg‹ nach Ludwig Ganghofer) gedreht worden ist, mit kommentierter Fahrt durch das Freigelände mit wechselnden Kulissenbauten für jeweils aktuelle Dreharbeiten bzw. Rundgang durch Dauerattrappen wie die weltberühmte *Berliner Straße,* die bisher in mehr als einem Dutzend Filmen und Fernsehserien ›aufgetreten‹ ist (Vorführung verblüffender Filmeffekte und Tricks). In Halle 10 vermitteln Szenenarrangements lebendige Eindrücke von der Atmosphäre eines Filmstudios, dessen Arbeit in einer Tonfilmschau mit Ausschnitten aus Bavaria-Filmen vorgeführt wird.

Bayerische Motoren-Werke AG (BMW), M 40, Petuelring 130, Ruf 3895/324. Kostenlose Führungen Mo bis Fr 9 bis 13.30 h, Zutritt für Schüler unter 14 Jahren nur in Begleitung Erwachsener, Gruppen über 5 Personen jedoch nur nach rechtzeitiger schriftlicher Anmeldung an BMW AG, 8 M 40, Postfach.

Löwenbräu, M 2, Nymphenburger Str. 4, Ruf 52001: Kostenlose 2stündige Führungen mit abschließender Brotzeit zwischen März und Oktober/November Mo mit Do zweimal täglich, je nach Anmeldung und Ankunft größerer Gruppen vormittags zwischen 8.30 und 10h, nachmittags etwa 14 h beginnend, am Freitag aber nur vormittags. Anmeldung von Gruppen 2–3 Wochen vorher erforderlich. Genauer Führungsbeginn jeweils am Vortag durch Anruf zu erfahren.

Müllverbrennung Kraftwerk Nord Unterföhring, Ruf über 650051. Besichtigungen ausschließlich für Fachleute nach vorheriger Anmeldung.

Olympiapark, M 40, Spiridon-Louis-Ring 21, Besucherdienst Ruf 30613-424 und 479 (Büro am Fuß des Olympiaturms). Eineinhalbstündige *Standardführungen* durch die olympischen Hauptstadien (mit Filmvorführung) Mo–Do 8–16 h, Fr 8–13 h. Teilnahme: Erw. DM 4.–, Kinder unter 6 Jahren frei. Für Gruppen *Touristenführungen* und für Kenner *Fachführungen* nach Voranmeldung beim Besucherdienst. – *Besichtigung* des Olympiastadions täglich von 9–16.30 h möglich, an Veranstaltungstagen jedoch nur im Rahmen vereinbarter Führungen. Eintritt: Erw. 1,– DM, Jugendliche unter 18 Jahren 0,50 DM, Kinder unter 6 Jahren frei. Weitere Informationen in dem kostenlos verteilten Monatsprogramm ›Olympiapark München‹.

Städtische Einrichtungen und Betriebe sind jährlich einmal am *Tag der offenen Tür* im Oktober/November, zum Teil mit eigenen Führungen, zu besichtigen. Sonderomnibuslinien zu entlegenen Stätten. Das Programm wird jeweils vorher in der Tagespresse bekanntgegeben.

Universitätsbibliothek, M 22, Geschwister-Scholl-Platz 1, Ruf 21802429 (Auskunft). Kostenlose Führungen 6–8mal wöchentlich in der ersten Zeit nach Semesterbeginn im Sommer und Winter. Genaue Termine durch Anruf zu erfahren.

MÜNCHNER FLAIR

ALTMÜNCHNER STRASSEN UND PLÄTZE

Die Substanz des gewachsenen Stadtbildes, die schon im erneuerungswütigen 19. Jahrh. schwere Eingriffe hinnehmen mußte, wurde im 2. Weltkrieg weitgehend beschädigt und oft ganz zerstört. Der Wiederaufbau rettete vieles, zerstörte aber manches zusätzlich. Von dem – außer den berühmten Veduten wie Michaelskirche/Augustinerstock/Dom, Altes Rathaus und Neues Rathaus/Heiliggeist oder Residenz/Nationaltheater/Hauptpost – Verbliebenen, das zwar nicht immer der ganz großen Kunst zugehört, aber doch das unverwechselbare Gesicht der Stadt mitprägt, ist noch bis in die siebziger Jahre vieles vermeintlichen Verkehrserfordernissen, blindem Fortschrittsglauben und bedenkenlosem Gewinnstreben geopfert worden. Erst das ›Gesetz zum Schutz und zur Pflege der Denkmäler‹ (DSchG) vom 25. Juli 1973 und die damit initiierte Erstellung einer Denkmalliste schutzwürdiger Bauten und Ensembles hat dieser verhängnisvollen Entwicklung wenigstens einen gewissen Einhalt gebieten können (wenngleich es auch keinen absoluten Schutz zu verleihen vermag, wie der noch 1984 von der Deutschen Bundesbahn durchgesetzte Abbruch der *Großhesseloher Brücke,* eines bedeutenden technikgeschichtlichen Denkmals, schmerzlich lehrt!). Seitdem ist auch eine spürbare Sensibilisierung der öffentlichen Meinung für die Anliegen der Denkmalpflege eingetreten, die nicht zuletzt auch durch die 1972 erstmals und seither jährlich durchgeführte Verleihung des *Fassadenpreises* für die vorbildliche Restaurierung historischer und Jugendstil-Fassaden gefördert wird.

Einen gewissen Eindruck vom Aussehen Altmünchens vermitteln folgende noch mehr oder weniger geschlossene Straßenzüge und Architekturbilder: *Burg-, Hochbrücken-, Brunn-* und *Hackenstr., Tal* (bes. Südseite), *Heiliggeistgasse, Westenrieder-* und *Sendlinger Straße* (Südwestteil) als Beispiele einfacher und gehobener ***bürgerlicher Wohnviertel.*** Typische ***Altmünchner Winkel*** finden sich noch am *Sebastians-* und *Dreifaltigkeitsplatz,* im Zug *Altenhofstraße, Schlichtingerbogen, Zerwirkgewölbe, Ledererstr.* sowie in der *Falkenturmstraße* zwischen Kosttor und Maximilianstraße.

Letzte Zeugen der einst unzähligen ***Laubenhöfe*** sind die *Eilles-Passage* (→ Residenzstr. 13) und die Höfe des *Moradelli-Hauses* (→ Hochbrückenstr. 8), des *Weinstadls* (→ Burgstr. 5) sowie von Sebastiansplatz 3 und 4. Der Binnenhof des *Radspielerhauses* (→ Hackenstr. 7) besitzt noch die früher übliche Baumgruppe, wie sie das Sandtnersche Stadtmodell (Bayer. Nat.-Mus.) bei fast allen Hausgärten zeigt. Den herrschaftlichen Aspekt einer barocken ***Adelsstraße*** vermitteln noch die *Damenstift-, Herzogspital-, Pranner-* und vor allem – allerdings vermischt mit viel Neubarock – die *Kardinal-Faulhaber-Str.,* besonders in der Perspektive vom Salvatorplatz zum Dom. Die Wohnverhältnisse der sozialen Unterschicht, vor allem in den ehemaligen Vororten, führen noch die bis zum Krieg zahlreichen, heute nur mehr vereinzelt anzutreffenden ***Herbergen*** in der *Au (Lilienstr. 10–14* und *24* sowie im Gebiet *Franz-Prüller-Str., Am Wageck, Sammtstr.),* in Haidhausen an der *Preysingstr. 58–66* (im *Üblacker-Häusl,* Nr. 58, seit 1980 ein *Herbergenmuseum*), sodann *An der Kreppe 1 und 3* (zwischen Wiener Platz und Innerer Wiener Str.) und am malerischsten noch am *Wiener Platz 4–6* vor. Der beispielhafte *Kriechbaumhof* (früher Wolfgangstr. 4b) wurde 1978 abgebaut und soll an der Ecke Preysing- und Wolfgangstraße wiedererrichtet werden → S. 226).

Von den urbanistischen Bemühungen des ***19. Jahrhunderts*** besitzt München einige großartige, zum Teil in ihrer Art einzige Leistungen: → *Brienner,* → *Ludwig-,* → *Maximilian-* und – als letzter Ausläufer zu Beginn unseres Jh. – → *Prinzregentenstr.* sowie → *Wittelsbacher-,* → *Königs-* und → *Odeonsplatz.* Das typische Schachbrettsystem einer klassizistischen Stadterweiterung läßt sich an der nördlichen → *Maxvorstadt,* dem Geviert etwa zwischen Ludwig-, Gabelsberger-, Barer und Adalbertstr., noch gut ablesen. Ihre Bebauung steht soziologisch an einem Wendepunkt: Sie ist zwar von einer Bevölkerungsschicht betrieben, bei der – wie im Mittelalter – Wohnung, Arbeitsstätte und Besitz noch weitgehend vereinigt sind, zeigt aber auch den Beginn planmäßiger Mietshausanlagen, wie sie für die Zukunft bestimmend werden sollten. Die Erscheinungen des industriellen Zeitalters, enge Straßenschluchten mit intensiver Flächennutzung bis in die Hinterhöfe, finden sich andeutungsweise im → *Gärtnerplatzviertel* (1860 ff.) und im → *Ostbahnhofviertel* (1870 ff., sog. ›Franzosenviertel‹) zwischen Rosenheimer Platz und Ostbahnhof. In diesen von Bauspekulanten errichteten Quartieren entstanden nicht jene ›Mietskasernen‹, wie sie etwa in Berlin erbaut wurden und erheblich zur Verelendung des Industriearbeiters beitrugen. Abgesehen davon, daß es in München kaum Proletariat gab, konnten durch die ›Münchener Bauordnung‹ (1895) und nachhaltig durch die Einführung der ›Staffelbauordnung‹ (1904) die übelsten Auswirkungen vermieden werden. ***Gründerstil*** und ›wilhelminische‹ Großbauten – in ihrer Art heute wieder beachtet, aber dem Münchner Stadtmaßstab unangemessen – stehen am *Stachus, Lenbach-* und *Maximiliansplatz* sowie in der *Kardinal-Faulhaber-Str.,* während der *Bavariaring,* die *Widenmayer-* und *Elisabethstraße* den Typ der ***großbürgerlichen Wohnstraße*** jener Zeit vorführen.

Stimmungsvolle ***Friedhöfe*** sind neben dem *Alten nördlichen* und *Haidhauser* der * *Südl. Friedhof,* der Camposanto des gelehrten und künstlerischen München des 19. Jh. Mit dem Anwachsen der Bevölkerungszahl kam es gegen Ende des Jahrhunderts zur Anlage neuer Friedhöfe: *Ostfriedhof* (ab 1894), *Nordfriedhof* (ab 1896) sowie *West-* und *Waldfriedhof* (ab 1897); zu dem seit 1816 bestehenden *Israelitischen Friedhof* (Thalkirchner Str.) kam 1908 ein zweiter im Norden Münchens (heute Domagkstr.). Daneben konnten sich eine Reihe kleinerer Friedhöfe ehem. Vororte bzw. Dörfer erhalten. Der kleine * Friedhof bei *St. Georg* in Bogenhausen hat am besten seinen Charakter eines altbayerischen Dorffriedhofs mit zahlreichen schmiedeeisernen Kreuzen bewahrt (→ S. 75); ähnlich der alte Friedhof *Neuhausen* (→ Winthirstr. 15) mit Grablege der Erzgießerfamilien Stiglmaier und Miller sowie *Oberföhring* (→ Muspillistr. 14).

MÜNCHNER GASTLICHKEIT

München besitzt eine Vielzahl bestens geführter Restaurants, die in Reichhaltigkeit und Güte der Speisekarte internationales Niveau aufweisen, aber nicht unbedingt als besonders typisch für die Stadt gelten können. Dazu gehört auch weitgehend die Gastronomie des heutigen Schwabing. Aus diesem Grunde beschränkt sich das folgende Verzeichnis auf Gaststätten spezifisch Münchner Eigenart.

Bierhallen und Bräuhäuser (*verweist auf Schrammelkapelle)

Augustinerbräu-Großgaststätten, M 2, Neuhauser Str. 16
Bürgerbräu, M 2, Kaufingerstr. 6
Drei Rosen, M 2, Rindermarkt 5
Franziskaner- und Fuchsenstuben, M 2, Perusastr. 5
Hackerkeller*, M 2, Schwanthalerstr. 111
Hofbräuhaus*, M 2, Platzl 9
Hofbräukeller, M 80, Innere Wiener Str. 19
Löwenbräukeller*, M 2, Nymphenburger Str. 2
Märzenkeller, M 2, Bayerstr. 27
Mathäser-Bierstadt, M 2, Bayerstr. 5
Mathäser-Weißbierkeller, M 2, Bayerstr. 1
Max-Emanuel-Brauerei, M 40, Adalbertstr. 33
Nürnberger Bratwurstglöckl am Dom, M 2, Frauenplatz 9
Pschorr-Keller, M 2, Theresienhöhe 7
Ratskeller, M 2, Marienplatz 8
Salvatorkeller, M 90, Hochstraße 77
Schwabinger Bräu, M 40, Leopoldstr. 82
Spaten-Bräuhallen, M 2, Arnulfstr. 10
Spatenhaus Bräustuben, M 2, Residenzstr. 12
Spatenhof, M 2, Neuhauser Str. 26
Weißes Bräuhaus, M 2, Tal 10
Zum Bögner, M 2, Tal 72
Zum Spöckmeier, M 2, Färbergraben 29

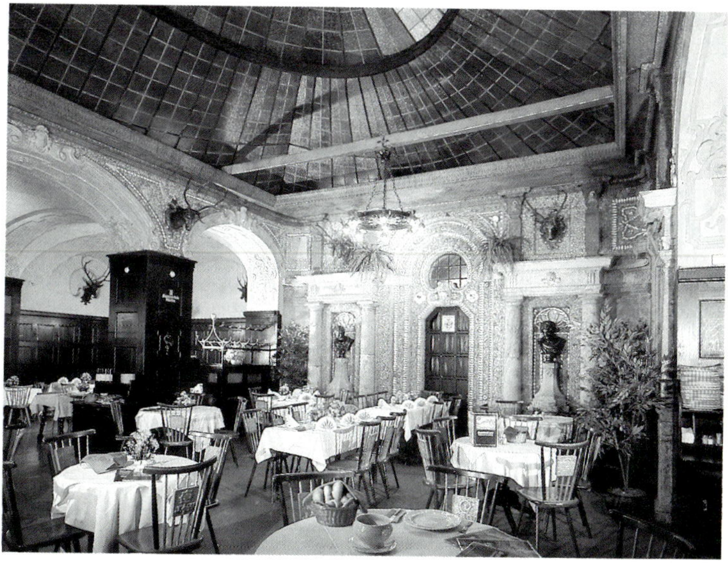

›Muschelsaal‹ des *Augustiner-Bräus* an der Neuhauser Straße 16 (→ Seite 161) nach Entwurf von Emanuel von Seidl (1896–97). Die urkundlich älteste, seit 1328 in ungebrochener Tradition bestehende Brauerei Münchens besitzt das einzige noch ursprünglich erhaltene Interieur der Prinzregentenära und vermittelt damit in einzigartiger Weise die typische Altmünchner Brauhaus-Atmosphäre der Zeit vor dem Ersten Weltkrieg: In seiner Verbindung von großbürgerlich-historisierendem Lenbachstil (Holzvertäfelung, Stuckdekor, Grottenwerk mit klassischer Säulengliederung und Bronzebüsten) mit populären rustikal-waidmännischen Versatzstücken (Grünpflanzen, Hirschgeweihe) und dem modern-fortschrittlichen Element der Kuppel in Glas-Eisen-Konstruktion ein höchst selten gewordenes Beispiel süddeutscher Großstadt-Gasthauskultur der Jahrhundertwende.

Gaststätten in historischen Räumen

Pfälzer Weinprobierstube, M 2, Residenzstr. 1, in den gewölbten Renaissancesälen der maximilianischen Residenz.

Prunkhof-Café des Ratskellers, M 2, Marienplatz 8, im Prunkhof des Neuen Rathauses in den Sommermonaten Mai bis Oktober.

Schloßwirtschaft zur Schwaige, M 19, Schloß Nymphenburg, linker Flügel, Eingang 30. Im Sommer mit Biergarten.

Schloßwirtschaft Schleißheim, Oberschleißheim, in den einst von Herzog Wilhelm V. bewohnten Räumen des Alten Schlosses. Im Sommer auch Biergarten.

Weinhaus Neuner, M 2, Herzogspitalstr. 8, Münchens ältestes Weinhaus in den historischen Gewölben eines Altmünchner Bürgerhauses aus dem frühen 19. Jh.

Weinstadl, Weinstuben, M 2, Burgstr. 5, in den spätgotischen Kellergewölben und Räumen des ältesten erhaltenen Münchner Hauses (→ S. 77). Im Sommer auch der Laubenhof bewirtschaftet.

Besonders originelle Gaststätten

Museumsschenke im Westflügel des Deutschen Museums, M 22, Museumsinsel 1, Ruf über 29 37 41. *Originelles Restaurant mit wechselnder Ausstattung aus dem Museumsbesitz: Essen und Trinken inmitten von Flugzeugen, Dampfmaschinen, alten Uhren oder Musikinstrumenten.* Unter gleicher Leitung das in einem alten Touropawagen untergebrachte *Café auf Schienen* im Freigelände des Museums.

Nürnberger Bratwurstglöckl am Dom, M 2, Frauenplatz 9, *eine Galerie Altmünchner Ansichten, Stiche und Künstlerzeichnungen.*

Volkssängerlokal im Valentinmusäum, Südl. Isartorturm, M 2, Tal 43, Ruf 29 37 62. Öffnungszeiten → S. 36/37. *Amüsantes Plüsch- und Pleureusen-Café.*

Zum Klösterl, M 22, St.-Anna-Str. 2, *Künstlerklause, vor allem nach Theater besucht.*

Welser Küche, M 2, Residenzstr. 27, Ruf 29 69 73. *Mittelalterl. Schlemmen im Stil von 1500.*

MÜNCHNER KELLERLEBEN

Das Kellerleben *hat nichts mit romantischem Treiben in historischen Gewölben zu tun, sondern ganz im Gegenteil mit gemütlichem Essen und Trinken im Freien unter schattigen Bäumen. Der für Fremde zunächst irreführende Begriff* Bierkeller *leitet sich von der Gepflogenheit der Brauereien her, das einst nur beschränkt haltbare Bier (Sommerkeller für das Sommerbier!) in besonders angelegten kühlen Kellern innerhalb, später am Rand der Stadt zu lagern. Auf diesen Kellern waren zum Schutz vor Sonneneinwirkung dichtschattende Bäume, meist Kastanien, gepflanzt und die Flächen gekiest. Das Nützliche mit dem Angenehmen verbindend entfalteten sich dann zur Sommerzeit* auf *diesen Kellern direkter Bierausschank und reger Wirtschaftsbetrieb, wobei die Bezeichnung* Keller *von der eigentlichen Lagerstätte unter oder in der Erde auf die darüberliegende Gartenwirtschaft überging, deshalb auch die von echten Münchnern gepflegte Redewendung »auf den Bierkeller gehen«. Mit der verbesserten Konservierungstechnik und dem Bau moderner Lagerstätten haben die alten Bierkeller weitgehend ihre einstige Bestimmung und Bedeutung verloren. Geblieben ist der Name* Bierkeller, *der freilich heute*

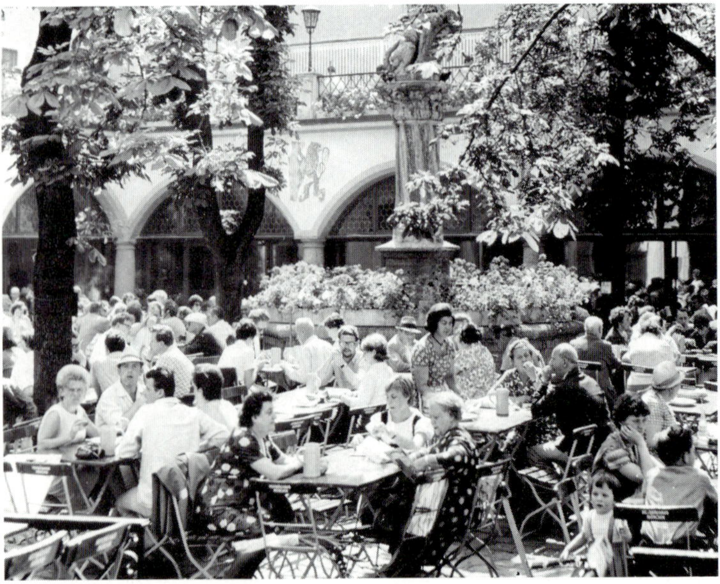

Auf dem *Bierkeller* des Staatlichen Hofbräuhauses am Platzl

mehr und mehr vom Begriff Biergarten *verdrängt wird, vor allem bei neuangelegten Gartenbetrieben. Volllends zur Münchner Spezialität wird das ›zünftige‹ Kellerleben durch die Gepflogenheit, auf den Keller seinen Verzehr von Zuhause mitzubringen oder seine Brotzeit aus dem reichen Angebot der Selbstbedienungskioske an Ort und Stelle nach eigenem Gusto auszuwählen, so daß am Tisch selber nur mehr das Bier bei der Kellnerin bestellt wird. Darüber hinaus führen natürlich die Bierkeller auch attraktive Speisekarten. So sind die Münchner Bierkeller und Biergärten – oft vom Frühsommer bis selbst in einen milden Herbst hinein und an warmen Sommerabenden bis in die späte Nacht besucht – Stätten unbeschwerten Genießens und Ausdruck toleranter Lebensphilosophie.*

Die größten und beliebtesten ***Bierkeller*** sind:
Augustinerkeller, M 2, Arnulfstr. 52
Hackerkeller, M 2, Schwanthalerstr. 111
Hofbräuhaus-Bierkeller, M 2, Platzl 9
Hofbräukeller, M 80, Innere Wiener Str. 19
Löwenbräukeller-Biergarten, M 2, Nymphenburger Str. 2
Mathäser-Bierstadt, M 2, Bayerstr. 5
Pschorr-Keller, M 2, Theresienhöhe 7
Salvatorkeller, M 90, Hochstr. 77

Mehr Parkcharakter und Naturnähe besitzen die ***Biergärten:***
Chinesischer Turm, M 22, Englischer Garten 3 (Samstag- und Sonntagnachmittag mit Blaskapelle)
Hirschau, M 40, Gyßlingstr. 7 (Englischer Garten, Zufahrt vom Mittleren Ring)
Hirschgarten, München-Neuhausen, Hirschgartenallee 1 (mit Hirschgehege)
Seehaus-Biergarten am Kleinhesseloher See im Englischen Garten (Zufahrt vom Mittleren Ring)
Zum Aumeister, M 45, Sondermeierstr. 1 (am Nordrand des Englischen Gartens, erreichbar über Föhringer Ring)

Japanische Teezeremonien (Urasenke) im *Japanischen Teehaus Kanshoan* (gestiftet 1972 von Soshitzu-Sen XV) im Englischen Garten hinter dem Haus der Kunst, Ruf 224319, 92322805. Ein Teemeister zeigt insgesamt 440 Variationen der Teezeremonie, Mai bis Oktober jeden 2. und 4. Wochenende eines Monats, Sa 15, 16 und 17 h, So 14, 15, 16 und 17 h. Teilnahme 4,– DM.

SPAZIEREN UND FLANIEREN

Die Umwandlung der vordem überlasteten Hauptverkehrsader ***Kaufinger- und Neuhauser Straße*** in einen ***Fußgängerbereich*** 1971 hat das Flanieren, Spazieren und Bummeln in diesem Teil der Innenstadt wieder zum Genuß und Vergnügen werden lassen. Die Zone erstreckt sich 800 m vom Karlsplatzrondell bis zum Marienplatz. Die einmündenden Straßen sind etwa zur Hälfte an den Bereich angeschlossen, der Dombezirk, Wein- und Theatinerstraße jedoch vollständig eingebunden. Die städtebaulichen Dominanten und Architekturbilder dieses Bereichs – Stachusrondell/Karlstor, Alte Akademie/Michaelskirche/Augustinerkirche/Dom oder Neues Rathaus/Altes Rathaus/Heiliggeist – haben damit ihre ursprüngliche Wirkung und den menschlichen Maßstab zurückerhalten und machen diesen Bereich – dem noch weitere folgen sollen – zu einer der schönsten Großstadt-Bummel-Straßen Deutschlands.
Romantische Kulissenarchitektur, elegante Geschäfte und fast Pariser Flair besitzt die ***Maximilianstraße,*** die besonders zur späten Nachmittagszeit, wenn der großartige Point de vue des Maximilianeums auf der jenseitigen Isarhöhe im vollen Sonnenlicht rötlich aufleuchtet, ihren besonderen Zauber entfaltet.
Die ***Ludwigstraße*** mit ihren angrenzenden Plätzen und Foren wird, gemäß den Absichten des königlichen Bauherrn, vorab den an weit fluchtenden Architekturen und monumentalen Stadträumen Interessierten begeistern, während die jenseits des Siegestores anschließende ***Leopoldstraße*** mit ihren Straßencafés, Restaurants und Boutiquen den typischen, von Schwabing beeinflußten Charakter einer pulsierenden Flanierstraße aufweist. Des Nachts – außer in der kalten Jahreszeit – verwandelt sich die Straße in einen bunten Jahrmarkt voller kerzenbeleuchteter, oft grotesk-primitiver Verkaufsstände, wo Studenten und solche, die dafür gehalten sein wollen, ein köstliches Angebot zwischen angemessener Brauchbarkeit und genialer Nutzlosigkeit bereithalten.
Fiaker fahren in München nur mehr im Englischen Garten meist an Samstagen und Sonntagen von Frühjahr bis Herbst. Abfahrt beim Chinesischen Turm zu verschiedenen Touren: *Kleine Rundfahrt* halbstündig im südlichen Teil des Parks, *Erweiterte Rundfahrt* etwa einstündig bis zur Hirschau, *Große Rundfahrt* eineinhalbstündig bis zum Aumeister (mit halbstündiger Kaffeepause).
Ruderboot-Verleih befindet sich am Kleinhesseloher See im Englischen Garten, nordwestlich des Seehauses. Geöffnet nur bei günstiger Witterung von Frühjahr bis Herbst.
Platzkonzert im Sommer bei günstiger Witterung an Sonntagnachmittagen – in Verbindung mit dem Gartenrestaurant und Biergarten – am Chinesischen Turm (Blaskapelle).
Glockenspiel am Rathausturm täglich 11 h (von Mai bis zum Oktoberfest auch 17 h) sowie 21 h (nur kleines Glockenspiel); → Marienplatz 8: *Neues Rathaus*.
Floßfahrten auf der Isar von Wolfratshausen bis München (Isarlände in Thalkirchen) vom 1. 5. bis Mitte September täglich außer montags. Gruppenpreis je Floß (bis zu 60 Personen) DM 3000.– bis 4000.– (ohne Mittagessen und Musik). Anmeldungen und Buchungen über die Reisebüros oder direkt bei *Sebastian Angermeier,* 8170 Arzbach-Bad Tölz, Ruf 08042/8255; *Josef Seitner,* Schlederleiten 7a, 8190 Wolfratshausen/Weidach, Ruf 08171/78518; *Sebastian Seitner, Heideweg 9, 8190 Wolfratshausen, Ruf 08171/18320.*

ZAHLEN - NAMEN - FAKTEN

DIE STADT IM ÜBERBLICK

MÜNCHEN IN ZAHLEN

– soweit nicht anders angegeben – Stand vom 1. 1. 1984. Der neueste Stand veröffentlicht in dem jeweils im August erscheinenden *Statistischen Jahrbuch München,* herausgegeben vom Statistischen Amt der Landeshauptstadt München, sowie von Teilbereichen in der monatlich erscheinenden *Münchner Statistik.*

Postleitzahl 8000, **Telefonvorwahl** 089.

Funktion München ist Hauptstadt des Freistaats Bayern und Sitz der Landesregierung, der Regierung von Oberbayern, Landkreisverwaltung, von Bundes- und Landesbehörden, vor allem Bundesfinanzhof und Deutschem sowie Europäischem Patentamt.

Rang Größte Stadt der Bundesrepublik, wenn man von Hamburg und Berlin als Stadtstaaten absieht. Vermessungstechnischer Mittelpunkt Europas im Nivellementnetz: nördlicher Turm der Frauenkirche, der zugleich auch Ausgangspunkt der bayerischen Landesvermessung ist. München liegt auch auf der Eichlinie der europäischen Landesmessung. Größte Hochschul- und (nach Berlin und Hamburg) drittgrößte Industriestadt, zugleich Stadt mit dem größten Bevölkerungszuwachs in der Bundesrepublik.

Verwaltung Einteilung des Stadtgebietes in 41 Stadtbezirke. An der Spitze der Stadtverwaltung steht der Stadtrat mit 80 Sitzen und 3 Bürgermeistern.

Lage 48° 8′ 23″ nördl. Breite und 11° 34′ 28″ östl. Länge. Ortszeit: 13′ 42″ gegenüber MEZ zurück. Durchschnittliche Höhe ü.N.N.: 530 m; höchster Punkt des Stadtgebietes (an der südl. Stadtgrenze bei Kloster Warnberg) 580,6 m, tiefster Punkt (an der nördl. Stadtgrenze beim Schwarzhölzl) 480,6 m.

Größe des Stadtgebietes 310,39 qkm bei einem Umfang der Burgfriedensgrenze von 117,31 km; größte Länge 20,9 km, größte Breite 26,4 km. Isarlauf im Stadtgebiet: 13,7 km.

Bevölkerung *Einwohnerzahl* am 1. 1. 1984 (Fortschreibung): 1 284 868 (höchster Stand am 31. 12. 1972 1 338 924), davon geborene Münchner etwa 30%

Ausländer: 210 680 = 16,4% der Gesamtbevölkerung (31. 12. 1971: 176 358)

Bevölkerungsdichte: 4140 pro qkm (München damit die dichtest besiedelte Stadt der Bundesrepublik)

Männer: 619 413

Frauen: 665 455

Jugendliche (6–15 Jahre): 90 543

Kinder: 55 192.

Religionszugehörigkeit:

katholisch 775 543

evangelische Kirchen 258 891

israelitisch 2797

sonstige 276 173.

Geburtenziffer: 8,1/1000 Einwohner.

Verkehrseinrichtungen

Gesamtlänge des Straßennetzes 2200 km.

Straßenbahn: 11 Linien mit zusammen 83,8 km; U-Bahn (1984): 4 Linien mit 37,2 km, Ausbauplan bis 1990: 40 km U-Bahn;

S-Bahn: 8 Linien mit 482 km, davon unterirdisch 8,7 km;

Omnibusnetz: 73 Linien mit zusammen 386,8 km.

Bahnhöfe: 31; Brücken: 714; Flughäfen: 1.

Zugelassene Kraftfahrzeuge (1. 7. 1984): 552 240.

Kulturelle Einrichtungen

Gotteshäuser: 145 katholische, 50 ev.-lutherische, 38 andere christliche; 2 Synagogen, 1 islamische Moschee.

Museen und Sammlungen: 45.

Große Orchester: 4

Theater: 49 mit insgesamt 15 150 Sitzplätzen,

Kinos: 67 mit insgesamt 16 028 Sitzplätzen,

Volksschulen: 174 mit 50 194 Schülern,

Höhere Schulen: 87 mit 57 598 Schülern,

Hochschulen: 7 mit 76 573 Studenten,

sonstige Schulen: 204 mit 82 344 Schülern.

Tageszeitungen: 5 mit Gesamtverkaufsauflage von 1 139 898 Ex. (Süddeutsche Zeitung, Münchner Merkur, Abendzeitung, Bild-München, tz).

Wissenschaftliche Bibliotheken (1. 1. 1968): 374 mit 9 800 754 Bänden.

Rundfunkanstalten: 3.

Fernsehanstalt: 1.

Krankenhäuser: 65 mit 14 087 Betten.

Sportanlagen: 3530.

Schwimmbäder (städt.): 18, davon 9 Hallenschwimmbäder.

Kindergärten und Horte: 492

Kinderspielplätze (städtische): 433

Öffentliche Grünflächen: 3420 ha

Landschaftsschutzgebiete: 25

Wirtschaft

Haushaltsplan der Stadt: Verwaltungshaushalt 4203,1 Mio DM, Vermögenshaushalt 1436,7 Mio DM.

Gesamtumsatz der Münchner Wirtschaft 1982: 169 948 200 000 DM.

Anzahl der Beschäftigten (30. 6. 83): 818 918, Gastarbeiter: 119 721, Arbeitslose (einschl. Landkreis München): 47 203.

Zahl der Gewerbebetriebe 47 770, davon Einzelhandel 9830.

Brauereien: 7, deren Ausstoß 4 864 440 hl;

Pro-Kopf-Verbrauch an Bier: 208 l (Bundesdurchschnitt: 148 l).

Stadtfarben Schwarz und gold bzw. gelb (nach den kaiserlichen Wappenfarben Ludwigs des Bayern)

Stadtwappen → S. 11 und 15.

Stadtpatron St. Benno (seit 1604) und St. Kajetan (1672 als Stadt- und Landespatron erklärt).

Partnerstädte

Cincinnati (seit 1951, von der amerikan. Stadt jedoch nicht bestätigt), Edinburgh (seit 1954), Bordeaux (seit 1964), Verona (seit 1971), Sapporo (Japan; seit 1972).

Gebäude Insgesamt (31.12.82) 140900, davon 111531 Wohnhäuser mit 588959 Wohnungen.
Brunnen: etwa 700.

Höhe Münchner Gebäude

Olympiaturm	289,53 m
Dampfkraftwerk Isartalstraße (Kamin)	175,0 m
Hypo-Hochhaus	113,67 m
BMW-Verwaltungsgebäude	99,5 m
Frauenturm, nördlicher	98,57 m
Frauenturm, südlicher	98,45 m
Paulskirche (Turm)	97,0 m
Heiligkreuz in Giesing (Turm)	95,0 m
Peterskirche (Turm)	92,0 m
Turm des Neuen Rathauses	85,0 m
Turm des Deutschen Museums	64,0 m
Friedensengel (Gesamthöhe)	36,0 m
Bavaria (Gesamthöhe)	27,4 m

TURMBESTEIGUNGEN

Bavaria Theresienhöhe, mit Treppe zum Aussichtsraum im Kopf des Standbilds. Dienstag mit Sonntag 10–12 und 14–17.30, im Winter nur bis 16 h. Eintritt: 1,50 DM, Studenten ermäßigt, Kinder in Begleitung frei.

Frauenkirche (Dom), südl. Domturm, Frauenplatz: mit Lift bis zur Turmstube in 92 m Höhe. Täglich 9.00–18.00 h. Eintritt: 1,– DM, Kinder 0,75 DM. Besteigung auch zu Fuß möglich: 0,50 DM, Kinder 0,25 DM. Im Winter, meist 1. 11.–1. 4., geschlossen.

Neues Rathaus am Marienplatz, mit 2 Lifts bis zur Aussichtsgalerie im 9. Stockwerk (Höhe 70 m). Montag mit Freitag 8.00–15.45 h; Sa, So, Fei 10–18 h. Eintritt: Erwachsene 1,– DM, Kinder 0,50 DM.

Olympiaturm (Fernsehturm, 289,53 m), im Olympiapark, mit Lift bis zu den Aussichtsterrassen in 189–192 m Höhe. Tgl. 8–24 h. Eintritt 3,– DM, Kinder 1,50 DM, unter 6 Jahren frei.

Peterskirche (Alter Peter, Turm 92 m), Rindermarkt, kein Lift, Treppen bis zur Aussichtsterrasse in 57 m Höhe. Montag mit Samstag 9–17 h, Sonn- u. Feiertag 10–17 h. Eintritt 2,– DM, Studenten 1,– DM, Kinder 0,50 DM. Bei schlechtem Wetter geschlossen.

AUSSICHTSPUNKTE

Monopteros im Englischen Garten, 15 Minuten von der Ludwigstraße, schönster Blick auf die Altstadt mit ihrer Turmsilhouette.

Prinzregententerrasse am Friedensengel (rechtes Isarufer) mit Blick auf die Prinzregentenstraße und die Altstadt.

Maximilianeum am Ende der Maximilianstraße auf dem rechten Isarufer. Blick über die Altstadt und die Maximilianstraße.

Terrasse der Ruhmeshalle auf der Theresienhöhe, besonders zu empfehlen während des Oktoberfestes, vor allem bei Nacht.

Olympiapark Aussichtsberg (60 m, ehedem Schutthügel) mit Blick über die nordöstl. Stadtviertel und die ehemaligen Dorfkirchen Bogenhausen, Oberföhring, Unterföhring.

Neuhofen Schuttberg (Zugang von der Plinganserstraße) mit Blick auf die südwestl. Stadtviertel und in das Isartal im Stadtbereich.

RESTAURANTS MIT AUSSICHT

Peterhof-Hochcafé und **Café Glockenspiel** Marienplatz 22 und 28, im 6. bzw. 5. Stock, mit Blick auf den Marienplatz mit Neuem Rathaus und Mariensäule.

Restaurant-Café im 1. Stock des **Hotels Königshof** am Stachus, mit Blick auf das alte München.

Restaurant des **Hotels Deutscher Kaiser,** Arnulfstr. 2, im 15. Stock, mit Blick über die ganze Stadt und bis zu den Alpen.

Turmrestaurant ›Im Olymp‹ auf dem **Olympiaturm,** im Olympiapark, mit drehbarer Aussichtskanzel in 182 m Höhe, weitester Blick über Stadt und Umland bis zu den Alpen (bei Föhn bis zu 300 km Alpenpanorama).

STADTRUNDFAHRTEN

Mit Aussichtsomnibussen der *Münchner Fremdenrundfahrten oHG,* Hauptbahnhof, Ruf 5904/248. **Abfahrt** am Bahnhofsplatz, gegenüber Haupteingang des Hauptbahnhofs (Preissstand: 1985)

Kleine Rundfahrt Dauer etwa 1 Std., 13,– DM. Täglich 10 und 14.30 h.

Erweiterte kleine Rundfahrt Dauer, samt Auffahrt zum Olympiaturm, etwa 2 1/2 Std., 20,– DM. Täglich 10 und 14.30 h.

Große Rundfahrt Dauer etwa 3 Std., 23,– DM. Mit Besuch der Alten Pinakothek und des Doms. Täglich (außer Mo) 10 h. Mit Besichtigung von Schloß Nymphenburg und der Schatzkammer der Residenz (So nur Schloß und Amalienburg): täglich (außer Mo) 14.30 h.

München bei Nacht Dauer etwa 5 Stunden, mit Besuch von 3 typischen Lokalen, 100,– DM einschl. Abendessen. Fr und Sa 19.30 h.

STADTRUNDFLÜGE

bei guter Witterung veranstaltet von der Fa. *Airtrade,* Executive Charter- und Reiseservice, Drosselweg 7, 8011 Kirchheim, Ruf 9036434, vom Flughafen München-Riem aus. **Stadtrundflug,** Dauer ca. 20 Min., Sa, So und Fei 9 h (oder nach Vereinbarung), 70,– DM je Person; **Cityflug mit Helicopter,** Dauer ca. 15 Min., Sa 11.15 und 12 h, 98,– DM je Person; Mindestbeteiligung 3 Personen. (Ebenso jeden Sa, So und Fei auch Seen-, Alpen- und Schlösserrundflüge 20–90 Min.)

STADTFÜHRUNGEN

Durch das *Münchner Bildungswerk,* M 2, Adolf-Kolping-Str. 1, Ruf 2137240:

Altstadt mit Saal des Alten Rathauses und Münzhof, von Ende April bis Ende Oktober Sa 14 h; Treffpunkt beim Fischbrunnen am Marienplatz, Teilnahme 4,– DM.

Alte Pinakothek Öffentlicher Rundgang, Do 19.15 h; Treffpunkt Kassenraum, Teilnahme 4,– DM.

Neue Pinakothek Öff. Rundgang, Fr 14 h; Treffpunkt Kassenraum, Teilnahme 4,– DM.

Städtische Galerie im Lenbachhaus Rundgang durch die Sammlung des ›Blauen Reiter‹, So 11 h, Treffpunkt Kassenraum, Teilnahme 4,– DM.
Prähistorische Staatssammlung So 10.30 h; Treffpunkt Kassenraum, Teilnahme 4,– DM.
Residenz Schatzkammer Sa 14 h, Vormittagsrundgang Mi 10 h, Nachmittagsrundgang Fr 14 h; Treffpunkt Residenzmuseum, Kassenraum, Teilnahme je 4,– DM.
Münchner Stadtmuseum Moriskentänzer und Stadtmodell So 11 h, Münchner Wohnkultur So 15 h; Treffpunkt Kassenraum, Teilnahme 3,– DM.
Kirchenführungen von Ende April bis Ende Oktober regelmäßig, außer an Feiertagen: ***Dom*** Mo und Fr 14 h; ***St. Michael*** Do 14 h; ***St. Peter*** Mo 14 h; Treffpunkt unter der Orgelempore, Teilnahme 2,– DM. – Ganzjährig Sa 12 h: ***Asamkirche;*** Treffpunkt am Hauptportal, Teilnahme 2,– DM.
Sonderführungen für Interessenten jederzeit nach telefonischer Vereinbarung.

STADTGESCHICHTSKURSE

Institut Bavaricum München, M 2, Maxburgstr. 5, Ruf 22 08 27, bzw. 8031 Gröbenzell, Rotwandstr. 9, Ruf 0 81 41/6 03 82. *Einführungskurse in die Stadt- und Landesgeschichte mit kulturgeschichtlichen Führungen (Ausbildung zum Amateur-Stadtführer: Kursdauer 2 × 4 Wochen).* – Angeschlossen der ›Club Bavaricum München‹ (→ S. 251).

ILLUMINATION

Zwischen etwa 1. 4. und 30. 10., im Winter auch zu Messeterminen, werden folgende Gebäude, Plätze und Denkmäler vom Eintritt der Dunkelheit bis Mitternacht angestrahlt:
Kirchen der *Innenstadt:* Dom (Frauenkirche), Dreifaltigkeitskirche, Heiliggeist, St. Johann Nepomuk (Asamkirche), St. Kajetan (Theatinerkirche), St. Ludwig, St. Lukas, St. Matthäus, St. Maximilian, St. Michael, St. Paul, St. Peter, Salvatorkirche; in den *Außenbezirken:* Heiligkreuz in Forstenried und Giesing, Maria-Hilf-Kirche (Au), St. Achaz (Sendling), St. Georg (Bogenhausen), St. Maria in Ramersdorf und Thalkirchen, St. Theresia (Neuhausen), St. Michael (Perlach).
Öffentliche Gebäude Alte Pinakothek, Alter Hof, Altes und Neues Rathaus, Antikensammlungen, Armeemuseum (Kuppel), Bayer. Nationalmuseum und Deutsches Museum mit Turm, Deutsches Theater, Feldherrnhalle, Glyptothek, Hauptpost, Herzog-Max-Burg, Isartor, Karlstor, Lenbachvilla und Städtische Galerie, Palais Lerchenfeld, Marstall, Maximilianeum, und Müllersches Volksbad, Nationaltheater, Prinz-Karl-Palais, Propyläen, Residenz (Königsbau), Sendlinger Tor, Siegestor, Stadtmuseum, Theater am Gärtnerplatz.
Plätze und Anlagen Eschenanlage am Maximiliansplatz, Maximilianstraße, Kaiser-Ludwigs-Platz, Königsplatz, Wittelsbacher Platz.
Brunnen Anger-Brunnen (Oberanger 28), Arthur-Kutscher-Platz, Daphne-Brunnen auf dem Orleansplatz, Frauenplatz, Brunnen am Friedensengel, Gärtner-Brunnen (Arkaden Ludwigstraße 20), Karl-Hartmann-Brunnen (Maximiliansplatz), Karlsplatz, Klenze-Brunnen (Arkaden Ludwigstr. 20), Merkur-Brunnen (Tal), Neptun-Brunnen (Alter Botan. Garten), Nornen-Brunnen (Maximiliansplatz), Richard-Strauss-Brunnen (Neuhauser Str.), Rinder-Brunnen (Rindermarkt), Sendlinger-Tor-Platz, Brunnen am Universitätsforum, Vater-Rhein-Brunnen auf der Museumsinsel, Vogel-Brunnen (Herzog-Wilhelm-Str.), Volkssänger- und Volksschauspieler-Brunnen am Viktualienmarkt (für Elise Aulinger, Liesl Karlstadt, Karl Valentin und Weiß Ferdl), Wedekind-Brunnen (Wedekindplatz, Schwabing), Weißenburger Platz, Wittelsbacher Brunnen (Lenbachplatz).
Brücken Corneliusbrücke, Maximiliansbrücke, Max-Josef-Brücke, Prinzregentenbrücke, Reichenbachbrücke.
Denkmäler Bavaria mit Ruhmeshalle, Friedensengel, Kaiser-Ludwig-Denkmal, König-Ludwig-I.-Denkmal (Odeonsplatz), Mariensäule, Max-Josef-Denkmal, Pallas Athene (Maximiliansbrücke), Patrona Bavariae (Residenz, Westseite), Reiterdenkmal Kurfürst Maximilians (Wittelsbacher Platz), Amazone vor der Stuckvilla, Otto von Wittelsbach (Wittelsbacher Brücke).

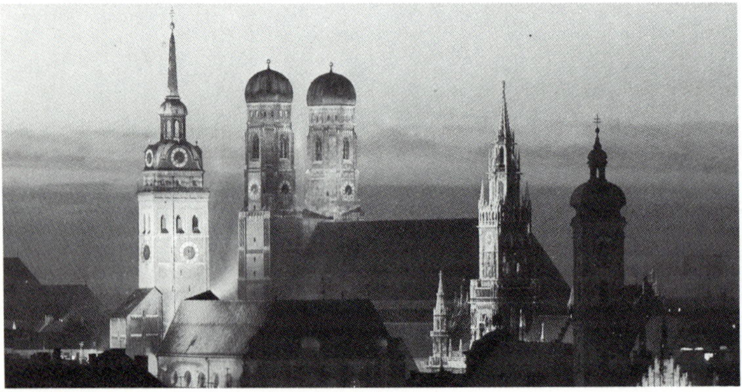

WICHTIGE ADRESSEN

INFORMATIONSSTELLEN

Fremdenverkehrsamt München *Hauptbahnhof,* Bahnhofplatz 2, Ruf 2391256–7, Mo–Sa 8–23 h, So und Fei 13–21.30 h (an manchen Fei abweichende Zeiten!); *Flughafen* München–Riem, Ankunftshalle, Ruf 907256 und 2391266, Mo–Sa 8.30–22 h, So und Fei 13–21 h. (*Zentrale:* M 2, Rindermarkt 5, Ruf 23911, Mo–Fr 8–16 h).

Presse- und Informationsamt der Stadt München, Rathaus, Marienplatz, Zimmer 241, Ruf 233–6447, Mo–Do 7.15–15.45, Fr 7.15–14 h; Sa, So und Fei geschlossen.

Bürgerinformationszentrum am Stachus (Karlsplatz), Laden-Untergeschoß, Telefon 554459, Mo–Fr 8–18 h; Sa, So und Fei geschlossen.

Jugend-Informations-Zentrum, M2, Paul-Heyse-Str. 22, Ruf 531655, Mo–Fr 11–19 h, Sa 11–17 h; So und Fei geschlossen.

Touristische Telefon-Ansage des Fremdenverkehrsamtes München (ganztägig) mit Auskunft (239161) und Information (239171) sowie Hinweisen zu Kongressen, Messen, Tagungen und Ausstellungen (239162), Stadtrundgang (239163), Museen und Galerien (239164) sowie Schlössern und Sehenswürdigkeiten (239165).

KARTENVORVERKAUF

für Theaterveranstaltungen, Konzerte und Veranstaltungen im Olympiapark:

Abendzeitung – Kartenvorverkauf, M 2, Sendlinger Str. 79, Ruf 2377223.

Abendkasse Herkulessaal in der Residenz, Eingang Hofgartenstr. (1 Stunde vor Beginn), Ruf 224641.

abr-Geschäftsstellen (des Amtlichen Bayerischen Reisebüros) in der Sendlinger Straße 70/71, Ruf 2608021, im Hauptbahnhof, Bahnhofplatz 2, Ruf 59041 und in Pasing, Bahnhof, Ruf 838075 (für Veranstaltungen im Olympiapark).

abr-Theaterkasse, M 2, Karlsplatz 12 (Eingang Sonnenstr.), Ruf 59815.

Bauer Otto, Theater- und Konzertkasse, M 2, Marienplatz 8 (Rathaus, Eingang Landschaftsstr.), Ruf 221757.

Buchhandlung Lehmkuhl, M40, Leopoldstr. 45 (nur Konzertkarten), Ruf 398042.

Hallo-Reiseservice in den PEP (Perlach-Einkauf-Passagen), M 83, Ruf 6371044.

Hieber Max, Theater- und Konzertkarten, M 2, Liebfrauenstraße 1 (am Dom), Ruf 227045–47.

Kulturzentrum Am Gasteig, M 80, Rosenheimer Str. 5, Ruf 4181-0 (Sammelnummer), Vorverkauf in der Glashalle Mo–Fr 10.30 bis 14 h und 15.30 bis 18 h sowie 1 Stunde vor Veranstaltungsbeginn.

Kasse der Bayer. Staatstheater
Staatsoper: M 22, Maximilianstr. 11, Ruf 221316. *Staatsschauspiel:* M 2, Max-Joseph-Platz 1, Ruf 2185/413 und 225754. *Staatstheater am Gärtnerplatz* (Operette), Ruf 2603232. Öffnungszeiten → S. 242.

Olympiapark, ständige Vorverkaufsstelle für Veranstaltungen in der Olympiahalle und im Eissportstadion sowie die Fußballspiele im Olympiastadion: Am Eissportstadion, täglich (auch Sa und So) 11–18 h, Ruf 30613-577. Weitere Vorverkaufsstellen: abr-Karlsplatz, abr-Sendlinger Str., abr-Hauptbahnhof, abr-Pasing, Sport-Scheck, Schalterhalle der ›Abendzeitung‹ und des ›Münchner Merkur‹ bzw. ›tz‹, Radio-Rim, Hieber am Dom und Hallo-Reiseservice. Die ›Münchner Olympiapark GmbH‹ bringt ein eigenes kostenloses Monatsprogramm *Olympiapark München* mit Informationen zu den Veranstaltungen, zu Sport und Erholung, über Führungen und Besichtigungen sowie mit Sitzplänen der einzelnen Stadien und Hallen heraus.

Münchner Merkur – tz, M 2, Bayerstr. 57, Ruf 53060 (für Olympiapark).

Radio-Rim, Theater- und Konzertkasse M2, Theatinerstr. 17, Ruf 226503.

Radio Schutter, Theater- und Konzertkasse, M 8, Einsteinstr. 98, Ruf 479244.

Residenz-Bücherstube, M 2, Residenzstr. (nur Konzertkarten), Ruf 220868.

Sport-Scheck, M 2, Sendlinger Str. 85, Ruf 2166252 (für Olympiapark).

Studiosus-Reisen, M 40, Amalienstr. 43, Ruf 280768 (nur Studentenkarten).

MUSEEN UND SAMMLUNGEN → S. 34ff.

KONZERTSÄLE

Fernsprechansage des aktuellen Konzertprogramms: 11517.

Kongreßsaal des Deutschen Museums, M 22, Museumsinsel 1, Ruf 21791, Vorverkauf 221619, 221790 und 298430. 2494 Plätze. *Große Orchesterkonzerte und Galaveranstaltungen.*

Herkules-Saal der Residenz, M 2, Hofgartenstraße, Ruf 224641. 1270 Plätze. *Orchester-, Solisten- und Kammerkonzerte.*

Kulturzentrum Gasteig, M 80, Rosenheimer Str. 5, Ruf 4181-0 (Sammelnummer). *Philharmonie* (Großer Konzertsaal): 2350 bis 2500 Plätze (Eröffnung 10.11.1985); *Carl-Orff-Saal:* 470–593 Plätze; *Kleiner Konzertsaal:* 130–192 Plätze; *Black Box* (Studiobühne): 120–240 Plätze. Information durch eigenes kostenlos verteiltes Monatsprogramm.

Konzertsaal der staatlichen Hochschule für Musik, M2, Arcisstr. 12, Ruf 55911. 620 Plätze. *Hochschul- und Gastkonzerte.*

Saal an der Sophienstraße, M 2, Sophienstr. 6, im Haus der Oberfinanzdirektion, Ruf 599501. 550 Plätze. *Kammer- und Solistenkonzerte.*

Konzerte finden in unregelmäßiger Folge auch statt in folgenden Räumen:

Altes Residenztheater (Cuvilliéstheater), *Matineen und Abendveranstaltungen von Solo- und Kammerkonzerten,* → S. 242.

Münchner Kammerspiele im Schauspielhaus, *Matineen von Solo- und Kammerkonzerten,* → S. 242.

Theater an der Leopoldstraße, *6-Uhr-Konzerte der Bayerischen Vereinsbank in Verbindung mit dem Städtischen Kulturreferat (Solisten- und Kammerkonzerte),* → S. 243.
Städtische Galerie im Lenbachhaus, (Großer Saal) *Solisten- und Kammerkonzerte,* → S. 34.
Münchner Stadtmuseum, (Stadtmuseumssaal), *Matineen ›Sonntag um 11‹ und Abendkonzerte,* → S. 36.
Altes Rathaus, (Großer Saal), → S. 132 f.
Musikwerkstatt des Freien Musikzentrums, M 80, Kirchenstraße 15.
Bayerischer Rundfunk, (Großer Funksaal), M 2, Rundfunkplatz 1, *Sonderkonzerte des Bayerischen Rundfunks mit Live-Übertragung.*
Schloß Nymphenburg, (Steinerner Saal, *Kammerkonzerte und Musikfestspiele,* → S. 231.
Neues Schloß Schleißheim, Viktoriensaal), *Kammerkonzerte,* → S. 233.
Schloß Dachau, (Renaissance-Saal), *Kammer- und Sinfoniekonzerte,* → S. 233;
sowie in zahlreichen **Kirchen** (→ S. 232) und ausländischen **Kulturinstituten** (→ S. 252).

THEATER

Informationen über den Spielplan bringen neben der Tagespresse, der Telefonansage (11517) und dem offiziellen Monatsprogramm (→ S. 228) die jeweils kurz vor Monatsende erscheinende Beilage *›Theater-Journal‹* der ›Abendzeitung‹ sowie verschiedene Flugschriften, die allerdings häufigem Titel- und Herausgeberwechsel unterworfen sind. In den Kartenvorverkaufsstellen ist auch ein Heft mit den Sitzplänen der wichtigsten Münchner Theater- und Konzertsäle erhältlich. Diese Bestuhlungspläne finden sich auch im Titelbogen des *›Münchner Stadtadreßbuchs‹*. Informationen über die Aufführungen sämtlicher Münchner Bühnen mit Programmheften, Zeitungsrezensionen, Textbüchern und Libretti vermittelt der *›Münchener Spielplan‹* im Deutschen Theatermuseum, Galeriestr. 6, Ruf 222554, Mo–Fr 14–18 h, Sa 11–13 h.

STAATLICHE UND STÄDTISCHE BÜHNEN

Bayerische Staatsoper *Nationaltheater,* M 2, Max-Joseph-Platz 2, Ruf 21851. 2115 Plätze. *Große Opern.* Vorverkauf jeweils 7 Tage im voraus: Maximilianstr. 11, Mo–Fr 10–12.30 h, 15.30–17.30 h, Sa 10–12 h, So und Fei geschlossen (Ruf 221316).
Bayerisches Staatsschauspiel *Residenztheater,* M 2, Max-Joseph-Platz 1, Ruf 21851, 1039 Plätze. *Klassiker und Zeitstükke.* Vorverkauf jeweils ab Sa für die Folgewoche: Mo–Fr 10–12.30 h, 15.30–17.30 h, Sa 10–12.30 h, So und Fei geschlossen (Ruf 2185/413 und 225754).
Altes Residenztheater (Cuvilliéstheater), M 2, Residenzstr. 1 (Zugang vom Brunnenhof der Residenz), Ruf 21851. 463 Plätze. Abwechselnd *Opern und Schauspiele* in der Saison Oktober–März. Vorverkauf jeweils 7 Tage im voraus: Maximilianstr. 11, Mo–Fr 10–12.30 h, 15.30–17.30 h, Sa 10–12.30 h, So und Fei geschlossen (Ruf 221316).
Theater im Marstall, Studio und Experimentierbühne des Residenztheaters und der Bayerischen Staatsoper im Marstallgebäude, M 2, Marstallplatz, mit 250–300 Plätzen für *Werkraumaufführungen und experimentelles Musiktheater.* Vorverkauf siehe Nationaltheater. Abendkasse 30 Min. vor Beginn.
Bayerisches Staatstheater am Gärtnerplatz, M 5, Gärtnerplatz 3, Ruf 238081. 855 Plätze. *Komische Opern, Operetten und Musicals.* Vorverkauf ab Sa für Mi–Di der Folgewochen: Mo bis Fr 10 bis 12.30 h, 15.30–17.30 h, Sa 10–12.30 h, So und Fei geschlossen (Ruf 2603232).
Münchner Kammerspiele im Schauspielhaus, M 22, Maximilianstr. 26, Ruf 23721–0. 730 Plätze. *Zeit- und Problemstücke sowie Klassiker.* Vorverkauf jeweils samstags für die folgende Woche (Di–Mo): Mo–Fr 10–18, Sa, So und Fei 10–13 h (Ruf 23721–328).
Werkraumtheater der Münchner Kammerspiele, M 22, Hildegardstraße 1, Ruf 23721–0. 299 Plätze. *Experimentierbühne für neues Theater.* Vorverkauf wie Kammerspiele.
Theater der Jugend → S. 244.

PRIVATTHEATER

Da gerade die kleineren Münchner Privattheater häufigem Besitzer- und Ensemblewechsel und damit entsprechender Namensänderung unterworfen sind, empfiehlt sich jeweils genaue Information in der Tagespresse oder in den oben erwähnten Publikationen. Einen Überblick über den Stand der Privattheater gewährt die vom Kulturreferat der Landeshauptstadt in Verbindung mit dem Institut für Theaterwissenschaft der Universität München herausgegebene Schrift ›Münchner Privattheater 1983/84‹, die in Privattheatern erhältlich ist und wohl jährlich eine Aktualisierung erfahren dürfte.
Deutsches Theater, M 2, Schwanthalerstr. 13, Ruf 593427. Großes Haus: 1750 Plätze, Kleine Bühne im Silbersaal: 213 Plätze. *Operetten, Musicals und Schauspiele* jeweils wechselnder internationaler Ensembles. Vorverkauf Mo–Fr 12–18 h, Sa 10–18 h.
Kleine Komödie im Bayerischen Hof, M 2, Promenadeplatz 6, Ruf 292810. 574 Plätze. *Internationale Boulevardstücke.* Vorstellungen täglich 20 h. Vorverkauf jeweils 10 Tage im voraus: Mo–Sa 11–19 h, So und Fei 15–19 h, Abendkasse ab 19 h.
Kleine Komödie am Max-II-Denkmal, M 22, Maximilianstr. 47, Ruf 221859. 556 Plätze. *Internationale Boulevardstücke.* Vorstellungen Di–So 20 h. Vorverkauf jeweils 10 Tage im voraus: Mo–Sa 12–19 h, So und Fei 15–19 h, Abendkasse ab 19 h.
Münchner Volkstheater am Stiglmaierplatz, M 2, Brienner Str. 50, Ruf 521907. 681 Plätze. *Volksstücke, bayer. und österr. Klassiker des Volksschauspiels.* Vorverkauf täglich 10–13 h, Ruf 5234655.

BALTheater, Berg am Laim Theater im ›Odyssee‹, M 80, Bad-Kreuther-Str. 8, Ruf, 402524. 140 Plätze (bewirtschaftet). *Gesellschaftskritische Stücke des 20. Jh.* Vorstellungen Fr–So 20.30 h. Vorbestellung ab 12 h, Abendkasse ab 19 h.

Das blaue Theater, M 19, Elvirastr. 19, Ruf 186718. 120 Plätze (bewirtschaftet). *Moderne, zeitkritische Stücke in experimenteller Form.* Vorstellungen Fr–So 20.30 h. Vorbestellungen Mi–Mo nachm., Abendkasse ab 19 h.

Blutenburg-Theater, M 19, Blutenburgstr. 35, Ruf 1234300. 91 Plätze. *Kriminalstükke, -grotesken und -komödien.* Vorstellungen Di–Sa, 20 h. Vorbestellung 9–11 h, Ruf 8412670, Abendkasse ab 15 h.

Münchner Boulevard-Theater im Künstlerhaus am Lenbachplatz, M 2, Lenbachplatz 8, Ruf 598287. 150 Plätze. *Boulevardstücke, Musicals.* Vorstellungen täglich 20 h. Vorverkauf Mo–Sa 12–19 h, Abendkasse ab 19 h.

Kleine Bühne Schwabing, M 40, Hesseloher Str. 3, Ruf 349690. 60 Plätze. *Zeitstücke, Stücke unbekannter Autoren, Kabarett.* Vorstellungen meist täglich 20.30 h. Vorbestellung ab 15 h, Abendkasse ab 18 h.

COMÉDIA – Theater im Olympiadorf, Forum 2, M 40, Nadistr. 3, Ruf 268451. 99 Plätze. *Zeit- und Problemstücke.* Vorstellungen Fr/Sa 20.30 h. Vorbestellung 17–20 h, Abendkasse ab 19.30 h.

Theater am Einlaß, M 5, Am Einlaß 4, (beim Reichenbachplatz), Ruf 2608280. 80 Plätze. *Klassische und moderne Stücke.* Vorstellungen Mo–Sa 20.30 h. Vorbestellung 10–12 h, 18–20 h, Abendkasse ab 19 h.

Forum 2 im Olympiadorf, M 40, Nadistr. 4, Ruf 3516387, 3516337. 99 Plätze. *Lesungen, Filme, Theaterstücke.* Vorstellungen Di und Do 20.30 h, Fr 15 h, Sa 10 h. Abendkasse ab 19.30 h.

Theater im Fraunhofer, M5, Fraunhoferstr. 9, Ruf 266460. *Zeitstücke, Satiren.* 70 Plätze. Vorstellungen täglich 20 h bzw. 20.30 h. Vorbestellung 12–19 h, Abendkasse ab 19 h.

Theater ›Kleine Freiheit‹, M 22, Maximilianstr. 31, Ruf 221123 und 220420. 180 Plätze. *Boulevardstücke.* Vorstellungen täglich 20 h. Vorbestellung und Kasse Mo–Sa 11–20 h, So 14–21 h.

Gallo-Studios, M5, Holzstr. 7, Ruf 266057. 80 Plätze. *Experimentelle Stücke in Film und Multivision.* Vorstellungen nach Ankündigung.

Theater im Hofbräuhaus, Dinner-Theater mit Speisen- und Getränkeservice, M 2, Am Platzl 9, Ruf 292239, 598036. Getrenntes Programm in 2 Theatersälen mit je 100 Plätzen. *Lustspiele, Volksstücke.* Einlaß ab 19.30 h, Vorstellungen täglich 20.30 h. Reservierungen im Dinner-Theater-Büro, Ledererstr. 10.

Theater rechts der Isar, M 80, Wörthstr. 9, Ruf 4483657. 140 Plätze. *Moderne Klassiker, sozialkritische Volksstücke, Kabarett, Lieder- und Textvorträge.* Vorstellungen Di–So 20 h bzw. 20.30 h. Telef. Vorbestellung 12–14 h (Ruf 8349138) und ab 16 h (Ruf 4483657).

theater k, Theater in der Kurfürstenstraße, M 40, Kurfürstenstr. 8, Ruf 333933. 85 Plätze. *Klassische und moderne Texte und Stücke, Uraufführungen junger Autoren.* Vorstellungen Mi–So 20.30 h. Vorbestellung ab 17 h, Abendkasse ab 19 h.

Theater im Karlshof, M 2, Karlshofpassage, Eingang Augustenstr. 4, Ruf 596611. 90 Plätze. *Komödien, Boulevardstücke, Satiren.* Vorstellungen täglich 20 h. Vorbestellung 10–14 h, Abendkasse ab 17 h.

TiK – Theater in der Kreide, M 83, Thomas-Dehler-Str. 12 (Neuperlach-Zentrum), Ruf 6706080. 180 Plätze. *Zeit- und Problemstücke.* Vorstellungen Mi–Sa 20 h. Vorbestellung 14–19 h, Abendkasse ab 19 h.

Theater über dem Landtag, M 80, Maria-Theresia-Str. 2a, Ruf 2715481, 479118. 100 Plätze. *Kabarett, Sketches, Lesungen.* Vorstellungen Mi–Sa 20.30 h. Vorbestellung und Abendkasse ab 18 h.

Theater in der Leopoldstraße, M 40, Leopoldstr. 17, Ruf 394081. 529 Plätze. *Von wechselnden Ensembles bespielt.* Vorverkauf täglich 14–19 h, außer Mo.

Manege, M 80, Steinseestr. 2, Ruf 407334. 250 Plätze (bewirtschaftet). *Unterhaltungsstücke.* Vorstellungen 21 h. Vorbestellung ab 16 h, Abendkasse ab 18 h.

Modernes Theater, M 5, Hans-Sachs-Str. 12, Ruf 266821. 96 Plätze. *Boulevard-, Zeit- und Problemstücke.* Vorstellungen Di bis So 20.30 h. Vorbestellung 16–18.30 h, Abendkasse ab 19.30 h.

OFF-OFF, Theater-Club, M 40, Potsdamer Str. 13, Ruf 393729. 60 Plätze. *Moderne Klassiker, Zeitkritische Stücke, Kinder- und Jugendbühne.* Vorstellungen Do–So 20.30, So auch 11 und 15 h. Telef. Vorbestellung ab 17 h.

OFF-OFF-Studio, M 2, Dachauer Str. 17 Rgb., Ruf 595781. 45 Plätze. *Kabarett, Satiren, Gastspiele.* Vorstellungen meist Sa und So 20.30 h. Telef. Vorbestellung an den Spieltagen ab 17 h.

pathos transport 80er Jahre Theater, M 40, Dachauer Str. 112, Gebäude 39, Ruf 184243. *Moderne Klassiker, Zeitstücke.* 90 Plätze. Vorstellungen Mi–So 20 h. Vorbestellung ab 15 h, Abendkasse ab 19 h.

proT bringt Prozessionstheater, Alabama, M 45, Schleißheimer Str. 418, Ruf 4486693 und 3542212. 90 Plätze. *Zeitstücke und Satiren nach Texten von Alexeij Sagerer.* Vorstellungen Mi–Sa 20.30h. Vorbestellung ab 10 h, Abendkasse ab 19 h.

studiotheater münchen, M 40, Ungererstraße 19 (Fuchsbau), Ruf 343827 und 347215. 95 Plätze. *Klassische und moderne Kammerstücke.* Vorstellungen täglich 20.30 h, So auch 16 h. Telefon. Vorbestellungen täglich ab 11 h.

TamS – Theater am Sozialamt, M 40, Haimhauser Str. 13a, Ecke Occamstr., Ruf 345890. 86 Plätze. *Moderne Stücke.* Vorstellungen Di–Sa 20.30 h. Vorbestellung ab 15 h, Abendkasse ab 19.30 h.

Tape Theater, M19, Dachauer Str. 128, Ruf 345563. 200 Plätze (bewirtschaftet). *Performances in Einheit von Musik, Bildkunst und Theater.* Vorstellungen Sa 20.30 h, Abendkasse ab 20 h.

Theaterfabrik Unterföhring, M 81, Johanneskirchner Str. 30, Ruf 9505666. 799 Plätze. *Gastspiele wechselnder Ensembles.* Vorstellungen meist 20.30 oder 21 h. Vorverkauf im ›Theater im Fraunhofer‹, Fraunhoferstr. 9, Ruf 266460, täglich ab 13 h, Abendkasse ab 19 h.

Theater 44, M 40, Hohenzollernstr. 20, Ruf 328748. Großes Haus 100 Plätze (bewirtschaftet), Kleines Haus 50 Plätze. *Stücke der Avantgarde und neuere Klassiker.* Vorstellungen Di–Sa 20.30 h. Vorbestellung ab 16 h, Abendkasse ab 20 h.

Theater im Westend, M 2, Guldeinstr. 47, Ruf 507970. 60 Plätze. *Neuere Stücke.* Vorstellungen Fr–Sa 20.30 h. Telef. Vorbestellung täglich 14–19 h, Abendkasse ab 20 h.

KINDER- UND JUGENDTHEATER

Theater der Jugend in der ›Schauburg‹, M 40, Franz-Joseph-Str. 47, Ruf 23721365. 520 Plätze. *Klassische und neue Stücke sowie Musicals für Kinder und Jugendliche.* Vorverkauf Di–Sa 14–18 h.

theater k, Kinder- und Jugendtheater, M 40, Kurfürstenstr. 8, Ruf 333933. 85 Plätze. Vorstellungen Sa und So 15 h. Vorbestellung ab 10 h, Tageskasse ab 13 h.

Münchner Theater für Kinder, M 2, Dachauer Str. 46, Ruf 592411. 400 Plätze. *Märchen, Jugendstücke, Klassiker.* Schulvorstellungen Mo–Fr 9 h und 11 h, Vorstellungen Mi–So 15 h, Nov–Dez auch 17 h. Vorbestellung und Kasse Di–So 10–14 h.

MARIONETTENTHEATER

Münchner Marionettentheater, M 2, Blumenstr. 29a (nächst Sendlinger-Tor-Platz), Ruf 265712. 198 Plätze. *Marionetten-Aufführungen* für Kinder (nachm.) und Erwachsene (*Opern und Schauspiele* abends). Vorstellungen Sa, So, Mi, Do 15 h, Sa (und Sommer Mi) 20 h. Vorverkauf jeweils 7 Tage im voraus: Di mit Sa 10–12 h und 14–16.30 h, So 10–15 h.

Marionettenstudio Kleines Spiel, M 40, Neureutherstr. 12, Eingang Arcisstr., Ruf 557144. 80 Plätze. *Marionettenaufführungen alter und moderner Stücke.* Vorstellungen Do 19.30 h, Eintritt frei, Spenden erbeten.

Puppentheatermuseum im Münchner Stadtmuseum, M 2, St.-Jakobs-Platz 1, Ruf 2334150, 6413345. 55 Plätze. *Märchen- und Volksstücke.* 2–3mal monatlich So 15 h. Eintritt DM 3,–. Telefonische Vorbestellung empfohlene. Zusätzlich geplant Vorstellungen der ›Gesellschaft zur Förderung des Puppenspiels‹ im Stadtmuseumssaal (ca. 180 Plätze), monatlich einmal Fr 15 und 19 h, Eintritt frei, rechtzeitige Kartenvorbestellung empfohlen.

Spieldose, Mechanisches Theater Münchner Studenten im Künstlerhaus, M 2, Lenbachplatz 8/II, Ruf 591337. 60 Plätze. *Handpuppenstücke.* Vorstellungen meist Mi und Sa 20 h. Eintritt frei.

LITERARISCHE UND POLITISCHE KABARETTS, KLEINKUNSTBÜHNEN

Fernsprechansage: 11518

Drehleier, M 80, Balanstr. 23, Ruf 484337. 170 Plätze (bewirtschaftet). *Kabarett, Varieté, Shows, Gastspiele auswärtiger Gruppen.* Vorstellungen meist Di–Sa 20.30 oder 21 h. Vorbestellung Mo–Fr 13–17 h, Abendkasse ab 19 h.

Hinterhoftheater, Gaststätte ›Am Hart‹, M 45, Sudetendeutsche Straße 40, Ruf 3116039. 150 Plätze (bewirtschaftet). *Zeitgenössische Volksstücke, Kabarett, Gastspiele.* Vorstellungen Mi–So 20.30 h (Winter) bzw. 21 h (Sommer). Vorbestellung 11–20 h, Abendkasse ab 19.30 h.

Münchner Lach- und Schießgesellschaft, M 40, Ursulastr. 9, Ecke Haimhauser Str., Ruf 396129. 130 Plätze (bewirtschaftet). *Zeitkritisches Kabarett.* Vorstellungen Mo bis Sa 20.30 h. Tel. Vorbestellung ab 14 h, (Ruf 391997), Abendkasse ab 19.30 h geöffnet.

Das Münchner Rationaltheater, Ein politisches Kabarett, M 40, Hesseloher Str. 18, Ruf 335040. 85 Plätze (bewirtschaftet). Vorstellungen Di–So 20.30 h. Vorbestellungen ab 14 h, Abendkasse ab 19.30 h geöffnet.

Liederbühne Robinson, M 5, Dreimühlenstr. 33 (Nähe Baldeplatz), Ruf 772268. 100 Plätze. Jeweils So Kleinkunstprogramm (Beginn 21 h), Mi Musikertreff.

Walter Novaks Schwabinger Brettl, M 40, Occamstr. 11, Ruf 347289. 60 Plätze. Vorbestellung am Vortag ab 20 h, Einlaß 20 h, Beginn meist 20.30 h oder 21 h. Eintritt frei, jedoch Verzehr.

Schwabinger Kleinkunstbühne ›Heppel & Ettlich‹, M 40, Kaiserstr. 67, Ruf 349359. 77 Plätze (bewirtschaftet). *Zeitstücke, Satiren, Kabarett.* Vorbestellungen Di mit So 20.30 h. Vorbestellung ab 18 h, Abendkasse ab 19 h.

BAUERN- UND VOLKSBÜHNEN

Bairisches Raritätentheater im Rheinhof, M 2, Bayerstr. 27 (gegenüber Hauptbahnhof, Südseite), Ruf 555170. 300 Plätze (bewirtschaftet). *Alte und neue Volksstücke, bayrische Musicals, Mundartlesungen.* Vorstellungen Di–So 20 h. Vorbestellung, Vorverkauf und Kasse 11–20 h.

Millionendorf-Theater, M 70, Zielstattstr. 6, Ruf 7238343. 288 Plätze (bewirtschaftet). *Volksstücke und Schwänke.* Vorstellungen Fr und Sa 20 h. Vorbestellung Di–Do 9–12 h, Abendkasse ab 18.30 h.

Oberbayerische Heimatbühne in der Taverne ›Odyssee‹ (vormals Gaststätte ›Echardinger Einkehr‹), M 80, Bad-Kreuther-Str. 8, Ruf 402524. 99 Plätze (bewirtschaftet). *Gesellschaftskritische Stücke.* Vorstellungen Fr–So 20.30 h. Vorbestellung ab 12 h, Abendkasse ab 19 h.

Platzl, M 22, Am Platzl, Münzstr. 8–9, gegenüber Hofbräuhaus, Ruf 293101–05. 600 Plätze (bewirtschaftet). *Volkssänger- und Bauernbühne.* Vorstellungen täglich, außer So, 20 h, ab 19 h Musik.

Münchner Volkssängerbühne, M 40, Adalbertstraße 33, im Saal der Max-Emanuel-Brauerei, Ruf 2715158. 200 Plätze (bewirtschaftet). *Bayerische und Münchner Volksstücke.* Vorstellungen Sa 20 h. Vorbestellung 17–20 h, Kasse ab 10 h.

ZIRKUS

Circus Krone, M 2, Marsstraße 43, Ruf 558166. 3000 Plätze. Im Sommer oft Gastspiele internationaler Zirkustruppen. Vorstellungen Mo, Di, Do 20 h; Mi, Fr, Sa 15 und 20 h; So 14.30 und 18.30 h.

FILMKUNSTTHEATER

Fernsprechansage des laufenden Kinoprogramms: Stadtmitte A–K: 11511, L–Z: 11512, rechts der Isar: 11513, Nord-West: 11514, Süd-West: 11515.

Arri-Filmtheater, M 40, Türkenstr. 91, Ruf 393333.

Arena, M 5, Hans-Sachs-Straße 7, Ruf 2603265.

Cinema, M 2, Nymphenburger Str. 31, Ruf 555255.

Europa, M 2, Arnulfstr. 6–8, Ruf 593406. *Engl. und amerik. Filme in Original.*

Isabella, M 40, Neureutherstraße 29, Ruf 2718844.

Maxim, M 19, Landshuter Allee 33, Ruf 168721.

Neues Rex, M 21 (Laim), Agricolastraße 16, Ruf 562500.

Neues Rottmann, M 2, Rottmannstr. 15, Ruf 521683.

Theatiner-Filmkunsttheater, M 2, Theatinerstr. 32, Ruf 223183.

Türkendolch, M 40, Türkenstraße 74, Ruf 2718844.

Stadtmuseum, M 2, Sankt-Jakobs-Platz 1, Eingang Oberanger, Ruf 233/2348. Tägliche Vorführungen des Filmmuseums in eigenem Vorführraum mit wechselndem Programm.

MUSIKHALLEN UND -WIRTSCHAFTEN, JAZZKELLER, POPLOKALE

Domicile, M 40, Leopoldstraße 19, Ruf 399451. 250 Plätze. *Disco-Tanzpalast, einmal wöchentlich Live-Musik* (täglich 21–4 h; Verzehr).

Schwabinger Podium, Ecke Siegesstr.–Wagnerstr. 1, Ruf 399482. 142 Plätze. *Jazz* (täglich 20 h, Verzehr).

Unterfahrt, Jazzclub-Galerie in Haidhausen, M 80, Kirchenstr. 96, Ruf 4482794. 100 Plätze. *Jazz, Jam Sessions* (täglich, außer Mo, ab 19 h; Verzehr).

Lenbach-Palast, Künstler-Treff am Lenbachplatz, M 2, Lenbachplatz 3, Ruf 595080. 300 Sitz- und 250 Stehplätze. *Internationale Beat- und Rock-Bands, Super-Dancing-Live-Programm* (täglich 21–4 h, Verzehr).

Mariandl, Münchens klassische Musikwirtschaft am Beethovenplatz, M 2, Goethestr. 51, Ruf 535158. *Unterhaltende klassische Musik live zu Speis und Trank* (Di–Fr ab 20 h, Mo: Offenes Podium für Gäste zum Mitmachen, Eintritt frei, Verzehr).

KULTURVERWALTUNGEN

Bayerisches Staatsministerium für Unterricht und Kultus, M 2, Salvatorstr. 2, Ruf 21861.

Bayerische Verwaltung der staatlichen Schlösser, Gärten und Seen, M 19, Schloß Nymphenburg, Eingang 8, Ruf 179081.

Bezirksheimatpfleger für Oberbayern, M 22, Maximilianstr. 39, Ruf 2176-413.

Bayerisches Landesamt für Denkmalpflege, Direktion, Verwaltung, Inventarisation, Bau- und Kunstdenkmalpflege, M 1, Pfisterstr. 1 und 2, Ruf 21141. Abt. Vor- und Frühgeschichte: M 81, Arabellastr. 1, Ruf 9214-2573 (Umzug in Zentrale vorges.).

Kulturreferat der Landeshauptstadt München, M 2, Rindermarkt 3–4, Ruf 215-8498

Kreisheimatpfleger für den Stadtkreis München, Dipl.-Ing. Alexander Freiherr von Branca, M 80, Gaußstr. 1, Ruf 986951, 981520.

Bayerische Landesstiftung, M 2, Kardinal-Döpfner-Str. 4, Ruf 286068.

UNIVERSITÄTEN, AKADEMIEN, HOCHSCHULEN

Ludwig-Maximilians-Universität (Hauptgebäude) M 22, Geschwister-Scholl-Platz 1, Ruf 21801.

Amerikanische Universität, Zweigniederlassung der Univ. of Maryland, M 90, Tegernseer Landstr. 210, Ruf 697017.

Louisiana State University, Zweigstelle, M 40, Elisabethstr. 87

Ukrainische Freie Universität, M 80, Pienzenauerstr. 15, Ruf 986928.

Technische Universität München, M 2, Arcisstr. 21, Ruf 21051.

Universität der Bundeswehr, Neubiberg, Werner-Heisenberg-Weg 39, Ruf 60041.

Bayerische Akademie für Arbeitsmedizin und soziale Medizin, M 22, Pfarrstr. 3, Ruf 21841.

Akademie der Bildenden Künste, M 40, Akademiestr. 2, Ruf 38520.

Akademie für Datenverarbeitung im DV-Bildungszentrum, M 2, Karlstr. 44, Ruf 594021.

Akademie für Psychoanalyse und Psychotherapie, M 2, Pettenkoferstr. 22, Ruf 5380516.

Bayerische Akademie der Schönen Künste, M 22, Max-Joseph-Platz 3, Ruf 294622.

Verwaltungs- u. Wirtschafts-Akademie München, M 2, Luisenstr. 27, Ruf 594288.

Bayerische Akademie der Werbung e.V., M 2, Brienner Str. 54b, Ruf 525321.

Bayerische Akademie der Wissenschaften, M 22, Marstallplatz 8, Ruf 228271.

Hochschule für Fernsehen und Film, M 40, Ohmstr. 11, Ruf 238040; Bibliothek und Archiv, M 40, Kaulbachstr. 16, Ruf 23804/213 und 235.

Staatliche Hochschule für Musik, M 2, Arcisstr. 12, Ruf 55911.

Richard-Strauss-Konservatorium, Fachakademie für Musik (der Stadt München), Kulturzentrum Gasteig, M 80, Rosenheimer Str. 5, Ruf 4181-408/409

Hochschule für Philosophie der Jesuiten-Ordensprovinz, M 22, Kaulbachstr. 33, Ruf 23861.

Hochschule für Politik, M 22, Ludwigstr. 8, Ruf 285018.

Münchner Volkshochschule, Geschäftsführung: M 2, Kellerstraße 6, Ruf 418060.

ARCHIVE

Bayerisches Hauptstaatsarchiv mit folgenden Abteilungen:

I Ältere Bestände (bis 1799), M 22, Schönfeldstr. 5, Ruf 2198/596. Geöffnet Mo–Do 8–16 h (Lesesaal –18 h), Fr 8–14.30 h. *Urkunden, Akten und Registraturen der kurbayerischen Zentralbehörden sowie säkularisierten Hochstifte, Stifte, Reichsstädte und Herrschaften im Gebiet des ehem. Altbayern und Schwaben; Urkunden bis 1401 der fränkischen und pfälzischen säkularisierten geistlichen und weltlichen Herrschaften; Archivalien bis 1401 von Oberpfalz, Pfalz-Neuburg und Sulzbach. Sammlung von Siegeln, Plänen, Karten, Wappen.*

II Neuere Bestände (19.–20. Jh.), M 22, Schönfeldstr. 5, Ruf 2198/596. Geöffnet Mo–Do 8–16 h (Lesesaal –18 h), Fr 8 bis 14.30 h. *Akten der bayerischen Behörden und Staatsministerien.*

III Geheimes Hausarchiv, M 22, Ludwigstr. 14, Ruf 2198/517. Geöffnet Mo–Do 8–16 h, Fr 8–14.30 h. *Urkunden des Hauses Wittelsbach (13.–20. Jh.), Korrespondenzakten (15.–19. Jh.), Pfälzer Urkunden, Nachlässe, Handschriftensammlung, Wittelsbacher Bildersammlung.*

IV Kriegsarchiv, M 19, Leonrodstr. 57, Ruf 183612. Geöffnet Mo mit Do 8–16 h, Fr 8–14.30 h. *Akten, Musterungslisten etc. der bayerischen Armee (17.–20. Jh.), Bilder- und Plansammlung.*

V Nachlässe und Sammlungen, M 22, Ludwigstraße 14, Ruf 2198/511. Geöffnet Mo–Do 8–16 h, Fr 8–14.30 h. *Sammlung von Quellen: Nachlässe, offizielle und inoffizielle Drucksachen (ab 1945), Flugschriften (ab 1914), Bilder (Personen 19./20. Jh., Ereignisse 1918–45), Presseausschnitte.*

Staatsarchiv München, M 22, Schönfeldstr. 3, Ruf 2198/525. Geöffnet Mo 8–20 h, Di–Do 8–16.30 h, Fr 8–14.30 h. *Akten und Rechnungen der mittleren und unteren Verwaltung des ehem. Rentamts München bzw. heutigen Regierungsbezirkes Oberbayern; Planarchiv.*

Regionale Urkunden- und Aktenbestände in den Staatsarchiven Bamberg, Nürnberg und Würzburg (für Franken), Neuburg/Donau (für Schwaben; Verlegung nach Augsburg vorgesehen), Amberg (für die Oberpfalz) und Landshut (für Niederbayern).

Stadtarchiv, M 40, Winzererstraße 68, Ruf 180746 und 188579. Geöffnet: Mo mit Mi 8.30–16.30 h, Do 8.30–20 h. Fr 8.30–14 h. *Urkunden, Akten und Dokumente zur Stadtgeschichte vom 13.–20. Jh., Stadtchronik (ab 1830), zeitgeschichtl. Sammlung, Fotos, Pläne, Plakate, Flugblätter, Filme.*

Archiv der Bayerischen Akademie der Wissenschaften, M 22, Marstallplatz 8, Ruf 228271. Geöffnet Mi 10–12 h, 13–16 h.

Archiv des Bayerischen Franziskanerprovinzialats, M 22, St.-Anna-Straße 19, Ruf 299352. Benützung nach Voranmeldung.

Archiv des Bayerischen Landtags, M 80, Max-Planck-Straße 1 (Maximilianeum), Ruf 4126/261. Geöffnet Mo 8–16 h, Di und Mi 8–17.30 h, Do 8–17 h, Fr 8–14 h. *Akten zur Landtagsarbeit seit 1818.*

Archiv des Bayerischen Landesvermessungsamtes, M 22, Alexandrastraße 4, Ruf 226671 und 227921. *Unterlagen der Bayerischen Landesvermessung ab 1806 (Klassifikationspläne). Aufbewahrung der Originalholzstöcke zu Apians ›Bairischen Landtafeln‹ und der Kupferplatten zu Wenings ›Bayrischer Landesbeschreibung‹, von denen Neudrucke erworben werden können.*

Landesluftbildarchiv des Freistaats Bayern beim Bayerischen Landesvermessungsamt, München 22, Alexandrastraße 4, Ruf 21621637. *Zentrale Luftbilderfassungsstelle mit rund 170000 Aufnahmen der seit 1951 unternommenen Bildflüge mit Jahreszuwachs von 5–10000 Aufnahmen.*

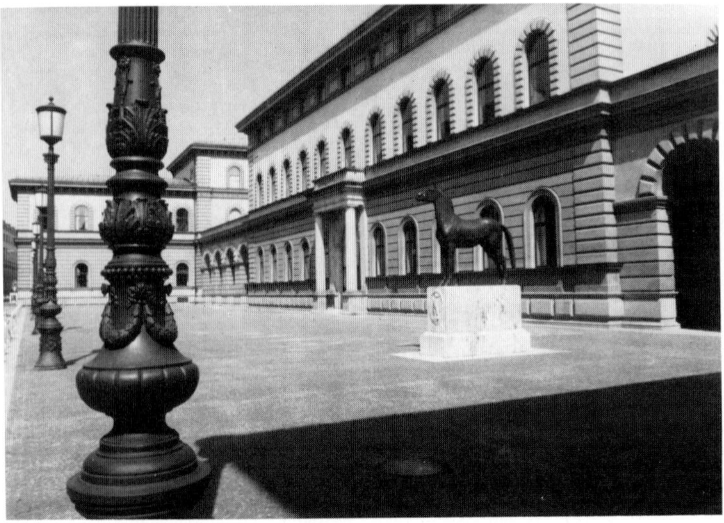

Forum an der Schönfeldstraße mit den Bayerischen Staatsarchiven

Archiv des Bayerischen Senats, Sitz und Öffnungszeiten wie Landtagsarchiv, Ruf 4126/262. *Akten zur Tätigkeit des bayer. Senats seit 1947.*

Deutsches Bucharchiv München, M 5, Erhardtstr. 8, Ruf 2016064. Mo–Fr 8–17 h. *Buch- und Zeitschriftenwesen in der Bundesrepublik sowie im deutschsprachigen Ausland. (Systematische Sammlung ab 1947.)*

Archiv der Oberpostdirektion München, M 40, Isabellastr. 14, Ruf 3838/441. Geöffnet Mo–Fr 8–12 h. *Post- und Botenwesen in Bayern 17.–20. Jh.*

Archiv des Münchner Merkur, M 2, Bayerstr. 57–63, Ruf 5306/457 und 458. Geöffnet Mo und Do 10–16 h.

Archiv des Staatlichen Vermessungsamtes, M 22, Oettingenstr. 1, Ruf 292975, 293426, 296985. Geöffnet Mo–Fr 8–12 h. *Katasterunterlagen des Stadt- und Landkreises München.*

Archiv der Süddeutschen Zeitung, M 2, Sendlinger Str. 80, Ruf 2183/413–415. Geöffnet Di–Fr 9–11.30 h.

Archiv des Erzbistums München und Freising, M 2, Maxburgstraße 2, Eingang Pacellistraße, Mo–Fr 9–12 h, nachm. nach Vereinbarung Mo–Do 13–16 h, Fr bis 15 h. *Urkunden sowie Akten zu Politik und Verwaltung des Bistums vom 12. Jahrh. bis heute. Kirchenbuchzentralstelle für die alten Münchner Pfarreien, zahlreiche Kirchenbücher und Zweitschriften oberbayerischer Pfarreien. Domkapitelarchiv, einzelne Kloster- und Pfarrarchive, Nachlässe.*

Foto-, Bild- und Planarchiv der Bayerischen Verwaltung der staatlichen Schlösser, Gärten und Seen, M 19, Schloß Nymphenburg, Südl. Pavillon, Ruf 12081. Geöffnet Mo–Fr 7.30–12 h, 13 bis 16.30 h, Fr nur bis 16 h.

Institut für Zeitgeschichte, M 19, Leonrodstr. 46b, Ruf 180026. Geöffnet Mo–Do 8.30–17h, Fr 8.30–16.30 h.

Landesbildstelle Südbayern, M 80, Prinzregentenstraße 12, Ruf 472055. Geöffnet Mo–Fr 9.30–12 h, 13–15 h.

Landeskirchliches Archiv, Abt. Presse-, Bild- und Tonarchiv (Außenstelle des Landeskirchl. Archivs Nürnberg), M 19, Birkerstr. 22, Ruf 182748. Geöffnet Mo–Do 8–17 h, Fr 8–13 h. *Neuere Publizistik ab 1945.*

Planregistratur des Städtischen Vermessungsamtes, M 2, Blumenstr. 28b, Ruf 2482304. Geöffnet Mo, Di, Do, Fr 8–12 h. *Katasterunterlagen der städtischen Grundstücke, Stadtplanungsunterlagen, Bebauungspläne.*

Sudetendeutsches Archiv e.V., M 22, Thierschstr. 17, Ruf 294231, 296940. Geöffnet Mo–Do 8.30–12.30 h, 14–17 h, Fr 8.30–12.30 h.

Universitätsarchiv, M 22, Geschwister-Scholl-Platz 1, Ruf 2180/2310 und 2336. Geöffnet Mo–Do 9–17 h. *Akten zur Universitätsgeschichte von 1472 bis heute.*

Werner-von-Siemens-Institut für Geschichte des Hauses Siemens (ehem. Siemens-Archiv), M 2, Prannerstraße 10, Ruf 2342/663. Geöffnet Mo–Fr 9–16 h.

BIBLIOTHEKEN

München zählt 1984 rund 600 Fachbibliotheken, mit den öffentlichen Büchereien in kommunaler oder kirchlicher Trägerschaft sind es mehr als 700. An dieser Stelle können nur die wichtigsten, allgemein zugänglichen Einrichtungen genannt werden. Einen Überblick über alle Institute gibt das von der Generaldirektion der Bayerischen Staatlichen Bibliotheken herausgegebene Verzeichnis ›Münchener Bibliotheken, Bestände und Benützung‹, Wiesbaden 1975, sowie in Auswahl das ›Handbuch der bayerischen Bibliotheken‹ (2. neubearb. Ausgabe), München 1983, die beide in Buchhandlungen erhältlich sind und in wissenschaftlichen Bibliotheken aufliegen.

Bayerische Staatsbibliothek, M 22, Ludwigstr. 16, Ruf 21981. Größte wissenschaftliche Universalbibliothek der Bundesrepublik. 4700000 Bände, 31000 laufende Zeitschriften. *Porträtsammlung* (Forscher und Techniker) 6700 Aufnahmen. Sondersammelgebiete (der Deutschen Forschungsgemeinschaft): *Altertums-* und *Musikwissenschaft, Geschichte, Byzantinistik, Slawistik. Depotbibliothek* der Bayerischen Akademie der Wissenschaften sowie der amtlichen Druckschriften des Bundes, der Länder und verschiedener internationaler Wirtschaftsorganisationen. Orts- und Fernleihdienst. Benutzung frei. Fotostelle und Xerokopiermöglichkeiten. Bayerischer Zentralkatalog mit 15 Mio. Nachweisen aus 46 wissenschaftlichen Bibliotheken.

Allgemeiner Lesesaal: Handbibliothek von 31000 Bänden frei zugänglich. Mo mit Fr 9–20 h, Sa 9–17 h. Sofortausgabe Mo–Fr 9.30–12 h, 13–15.30 h, Sa 9–17 h. Zeitliche Beschränkungen im August und September (Mo–Fr 9–17 h) sowie in der Weihnachts-, Oster- und Pfingstwoche.

Ausleihamt und Fernleihe: Mo, Mi, Fr 9–12.30 h und 14.30–16.30 h, Di und Do 9–12.30 h und 14.30–18 h. Zeitliche Beschränkung im August (Mo–Fr 9–12.30 h) und September (Mo–Fr 9–12.30 h, 14.30 bis 16.30 h) sowie in der Weihnachts-, Oster- und Pfingstwoche. Bearbeitungsdauer der Bestellzettel: sign. 1 Tag, unsign. 2 Tage.

Kataloge – Auskunft: Alphabetischer Dienstkatalog, Sachkataloge, Bibliographische Handbibliothek von 16500 Bänden. Mo mit Fr 9–17 h; Alphabetischer Publikumskatalog Mo, Mi, Fr 9–17 h, Di, Do 9–18 h.

Zeitschriftensaal: 5300 deutsche, 7700 ausländische laufende Zeitschriften aufliegend. Mo, Mi–Fr 9–17 h, Di 9–18 h.

Musiksammlung (bedeutendste Fachbibliothek der Bundesrepublik): 174000 Bände Musikalien, 130000 Musikhandschriften, 80000 Bände Musikbücher, 30000 Schallplatten (nur Archiv, keine öffentliche Benützung). In der Handbibliothek 5000 Bände frei zugänglich. Mo mit Fr 9–17 h.

Orientalische Sammlung: 200000 Bände. Nahost-Handbibliothek mit 6000 Bänden, Fernost-Handbibliothek von 10000 Bänden frei benützbar. Mo mit Fr 9–17 h.

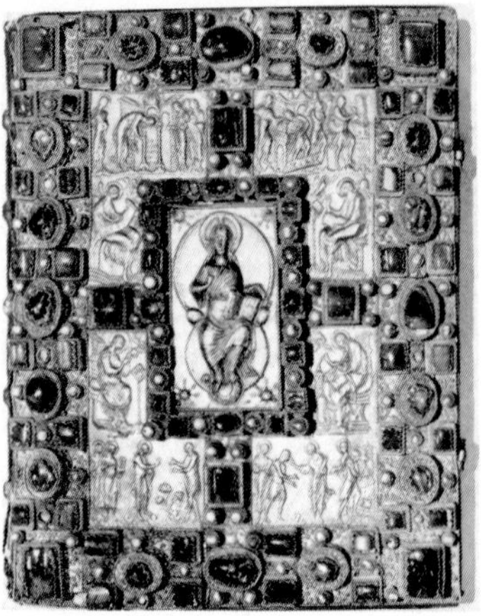

Bayer. Staatsbibliothek: *Codex Aureus* (870)

Osteuropasammlung: 430000 Bände. Handbibliothek (22000 Bände) frei zugänglich. Mo mit Fr 9–17 h.
Kartensammlung: 240000 geographische Karten und topographische Blätter, 4000 Atlanten und Topographien, Handbibliothek 6500 Bände, Globen. Mo mit Fr 9–17 h.
Handschriften- und Inkunabel-Abteilung 42000 europäische und orientalische Handschriften, 750 Papyri, 19000 Wiegendrucke, 36000 Rara und Rariora, 200000 Autographen, 760 Nachlässe, 28000 Exlibris, 45000 Schutzumschläge, Handbibliothek 31000 Bände. Mo mit Fr 9–17 h.
Ausstellungen zu wechselnden Themen 4–6 mal jährlich im Vorraum zum Lesesaal, im Treppenhaus und Fürstensaal.
Schatzkammer der Handschriftenabteilung mit den schönsten Zimelien karolingischer, ottonischer, romanischer und gotischer Buchmalerei, Anmeldung 1. Stock, Zimmer 136, Mo–Fr 11–12 h.

Städtische Bibliotheken München
Münchner Stadtbibliothek Am Gasteig: M 80, Rosenheimer Str. 5, Ruf 4181/273. Mo mit Fr 8–18 h. 400000 Bände aller Wissensgebiete und Lebensbereiche; Zeitschriften. Buchausgabe sofort. Frei zugänglich 130000 Bände im Lesesaal. Ausleihe.
Musikbibliothek: Ruf 4181-244, 245, Musikalien, Bücher, Schallplatten, Kassetten. 150000 Einheiten.
Philatelistische Bibliothek: größte öffentliche Bibliothek für die Briefmarkenkunde, 28000 Bände, 256 laufende Fachzeitschriften. Orts- und Fernleihe.
Kinder- und Jugendbibliothek: rund 30000 Bände, Zeitschriften, Spiele.
Juristische Bibliothek: M 2, Marienplatz 8, Rathaus, Zimmer 365, Ruf 2331. 25000 Bände, vorwiegend zum Dienstgebrauch der Stadtverwaltung, jedoch auch öffentl. Lesesaalbenützung. Mo–Fr 8–15.30 h.
Monacensia- und Handschriften-Sammlung: M 80, Maria-Theresia-Str. 23, Ruf 4702024. *Alle Literatur über Münchner Geschichte, Kultur, Kunst, Literatur, Musik, Theater, Wirtschaft usw.: 90000 Bände, 135 laufende Zeitschriften. Handschriften und Autographe, besonders in M. geborener oder wirkender Persönlichkeiten, Nachlässe, Bilder, Porträtsammlung, Exlibris-Sammlung, Gedächtniszimmer der Dichter Josef Ruederer und Max Halbe, Arbeitsplatz von Oskar Maria Graf;* rund 175000 Einheiten (Benützung der Handschriften-Sammlung nur bei Nachweis wissenschaftlicher Arbeit), Mo–Fr 8–15.30 h.

Bibliothek des Deutschen Museums, M 22, Museumsinsel (Ludwigsbrücke), Ruf 2179/224. *Präsenz-Fachbibliothek für exakte Naturwissenschaften und Technik.* 700000 Bände. Lesesaal mit Freihandbibliothek von 25000 Bänden. 1900 laufende Zeitschriften. Täglich 9–17 h.
Sondersammlungen und Archive: *150 Nachlässe und 20000 Autographe (Manuskripte, Tagebücher, Briefe) von Wissenschaftlern, Architekten, Ingenieuren und Erfindern; Urkunden und Patentschriften, 40000 Pläne, 10000 historische und neuere Landkarten; Spezialsammlungen an seltenen Büchern, Druckgraphik, Wasserzeichen, 15000 Buntpapieren, 3000 Medaillen und Denkmünzen; Firmen- und Privatarchive mit 150000 Schriften und Prospekten; Filmarchiv (800 Filme), Schallarchiv (600 Nummern), Porträtarchiv (12000 grafische und fotografische Bildnisse), Bildarchiv (60000 Blätter Original- und Druckgraphik, Plakate, Fotos; 45000 Negative eigener Sammlungsbestände). Geöffnet Mo–Fr 9–17 h.*

Bibliothek des Deutschen Patentamtes, M 22, Zweibrückenstr. 12, Ruf 2195/2472. Amts- und öffentliche Bibliothek (Präsenzbibliothek). 820000 Bände angewandte *Naturwissenschaften, Technik und gewerblicher Rechtsschutz,* davon 350000 Patentschriften-Bände. 24 Mio. Einzel-Patentschriften, 1550 laufende Zeitschriften. Mo mit Do 7.30–16 h, Fr 7.30 bis 14.30 h.

Universitätsbibliothek, M 22, Geschwister-Scholl-Pl. 2, Ruf 2180/2425. *Universalbibliothek für alle Wissensgebiete, vor allem Geistes- und Sozialwissenschaften, Medizin.* Rund 1850000 Bände. Lesesäle, Zeitschriftensaal, Orts- und Fernausleihe (keine Benutzergebühren). Ausleihe und Kataloge: Mo–Fr 9–12 h und 13.30–15.30 h, Di bis 18 h geöffnet. Lesesäle: Im Semester Mo mit Fr 9–19.30 h, in den Ferien 9–18.30 h.
Medizinische Lesehalle der Universität, M 2, Beethovenplatz 1, Ruf 5160/2472. Lesesaal (455000 Bände, 690 Zeitschr.) und Kataloge: Im Semester Mo mit Do 9–19 h, Fr 9–18 h, in den Ferien 9–17 h. Ausleihamt: Mo mit Fr 9–13 h.

Bibliothek der Technischen Universität, M 2, Arcisstr. 21, Ruf 2105/8621 (Auskunft). Hauptsächliche Sammelgebiete: *Technik und Naturwissenschaften.* Rund 550000 Bände, 4500 laufende Zeitschriften, 310000 Berichte, 8 Fachdokumentationskarteien. Orts- und Fernausleihdienst (Benutzung kostenlos). IuD-Terminal, offizielle DIN-Auslegestelle. In mehreren großen Lesesälen 30000 Bände zugänglich. Ausleihe: Mo, Di, Do, Fr 9–12.30 h und 13.30–14.30 h, Mi 9–12.30 h und 13.30 bis 19.30 h, in den Ferien bis 19 h. Lesesäle: Mo–Do 9–19.30 h, Fr 9–18.30 h, in den Ferien Mo, Di, Do, Fr 9–17 h, Mi 9–19 h.

Bibliothek des Klinikums rechts der Isar der Technischen Universität München, M 20, Ismaninger Str. 22, Ruf 4140–4025. Große *Medizinische Präsenz-Fachbibliothek.* 63000 Bände, 1200 laufende Zeitschriften. Mo mit Fr 8–20 h, Sa 8–17 h.

Bibliothek des Zentralinstituts für Kunstgeschichte, M 2, Meiserstr. 10, Ruf 5591/333 und 493. 210000 Bände zur *Kunstgeschichte der ganzen Welt, vorwiegend Europas,* 100 laufende Zeitschriften. Präsenzbibliothek für Kunsthistoriker (Erteilung von Benützungsausweisen). Mo–Fr 9.30–19 h, Sa 9.30–13 h, *Fotothek und Bildarchiv der deutschen Kunst* (500000 Fotos). Mo–Do 9–13 h, 14–17 h, Fr 9–13 h, 14–16.30 h.

Internationale Rechtsbibliothek, M 22, Veterinärstr. 5, Ruf 2180/2723. Fach- und Präsenzbibliothek für ausländisches Recht. Benutzung gebührenfrei. Mo mit Fr 9–13 h und 14–20.30 h, Sa 9–11.30 h.

Studentenbücherei des Studentenwerks München, M 22, Veterinärstr. 1, Ruf 393051. 141000 Bände *Bildungs- und Studienliteratur* für die Studierenden der Münchner Hochschulen. Benützung kostenlos.

Abteilung Universität: Veterinärstr. 1, Ruf 393051. 57000 Bände. Mo mit Fr 9–17 h.

Abteilung Technische Universität: M 2, Arcisstr. 17, Mensagebäude der Technischen Universität, Ruf 281467. 20000 Bände. Mo, Di, Do 11–17 h, Mi 11–15 h und 17–19 h, Fr 11–15 h.

Abteilung Studentenstadt Freimann: M 40, Christoph-Probst-Str. 10. Präsenzbibliothek. Mo–Fr 14–23 h, Sa 10 bis 16 h, So 14–20 h.

Abteilung Studentenviertel Oberwiesenfeld: M 40, Helene-Mayer-Ring 9. Präsenzbibliothek. Mo–Fr 11.15–15 h, 18–22 h, Sa, So 15–21 h.

Bibliothek der Akademie der Bildenden Künste, M 40, Akademiestr. 2, Ruf 3852/113. Präsenzbibliothek. 60000 Bände zu *Kunstgeschichte und verschiedenen Sachgebieten* (Literatur, Soziologie usw.). Mo–Do 10–17 h, Fr 10–14.30 h.

Universitätsbibliothek d. Universität der Bundeswehr München, Neubiberg, Werner-Heisenberg-Weg 39, Ruf 6004-3310. Präsenz- und Ausleihbibliothek mit 390000 Bänden und 3159 laufenden Zeitschriften zu relevanten *technisch-wissenschaftlichen Sachgebieten* sowie *Pädagogik, Betriebswirtschaft, Sozial-, Organisations- und Wirtschaftswissenschaften.* Lesesäle: Mo mit Do 8–20 h, Fr 8–18 h; Ausleihe Mo, Mi 8–16 h, Di, Do 8–17 h, Fr 8–14 h; feiertags geschlossen, an Festzeiten eingeschränkte Benutzer- und Ausleihzeiten. – Angeschlossen die

Wehrbereichsbibliothek VI, Ruf 6004-3337. Ausleihbibliothek mit 210000 Bänden und 134 Zeitschriften zur *Wehrwissenschaft* mit Sondersammelgebieten *Luftwaffe, Gebirgstruppe* und *Militaria Österreichs, Italiens* und der *Schweiz* sowie Bestände der ehem. Bayerischen Armeebibliothek. (Öffnung und Ausleihe wie bei Hochschulbibliothek.)

Bibliothek der Hochschule für Fernsehen und Film, M 22, Kaulbachstr. 16, Ruf 23804213. 21000 Bände, Zeitschriften, Drehbücher, Fotos, Plakate usw. Präsenzbibliothek. Leseraum: Mo, Do 8–12 h und 13.30–16 h, Fr 8–12 h und 13.30–15 h.

Alpenvereinsbücherei, M 22, Alpenvereinshaus, Praterinsel 5, Ruf 293086. Bibliothek des Deutschen Alpenvereins. Umfassende *Sammlung des alpinen und verwandten (auch wissenschaftlichen) Schrifttums.* 37000 Bände, 200 Zeitschriften, große Landkartensammlung. Leseraum öffentl. zugänglich, aber Ausleihe nur an Alpenvereinsmitglieder mit gültigem Ausweis: Mo und Do 14–19 h, Mi 14–17 h. Kein Verleih von Führern und Karten.

Bibliothek des Amerika-Hauses, M 2, Karolinenplatz 3, Ruf 595367. 9000 Bücher amerikanischer Autoren, auch in deutscher Übersetzung, Nachschlagewerke, 350 laufende amerikanische Zeitungen und Zeitschriften. Ausleihe kostenlos. Mo mit Fr 12–19.30 h.

Bibliothek des British Council, M 22, Bruderstr. 7, Ruf 223326. 15000 Bücher englischer Autoren, Nachschlagewerke, 50 laufende englische Zeitungen und Zeitschriften, Audio- und Videokassetten. Ausleihe kostenlos. Mo–Fr 8.30–13 h und 14–17 h.

Bibliothek des Italienischen Kulturinstituts, M 2, Hermann-Schmid-Straße 8, Ruf 764563 und 772362. 10000 Bände italienischer Klassiker und moderner Autoren, auch in deutscher Übersetzung, Nachschlagewerke, Kunstführer, 30 laufende italienische Zeitschriften und Tageszeitungen. Ausleihe: Di mit Fr 10–17 h.

Bibliothek des Französischen Kulturinstituts, Institut Français, M 22, Kaulbachstraße 13, Ruf 285311. 25000 Bände klassischer und moderner Autoren, Fachliteratur und Nachschlagewerke, französische Tageszeitungen und Zeitschriften. Leseräume frei zugänglich. Ausleihe: Mo mit Fr 10–13 h und 15–19 h, Sa 10–12 h.

Bibliothek des Spanischen Kulturinstituts, M 22, Marstallplatz 7 (in der Residenz), Ruf 294232. 10000 Bände spanischer Klassiker und moderner Autoren, Fachliteratur, Nachschlagewerke, Kunstführer, 39 laufende spanische Tageszeitungen und Zeitschriften. Ausleihe: Mo mit Fr 14–19 h.

Bibliothek des Bayerischen Landtags, M 80, Max-Planck-Straße 1, Ruf 4126/268–272, Präsenzbibliothek mit 60000 Bänden über *Parlamentarismus, Parteien und Gesetzgebung.* Mo 8–16 h, Di–Mi 8 bis 17.30 h, Do 8–17 h, Fr 8–14 h.

Bibliothek des Bayerischen Franziskanerprovinzialats, M 22, St.-Anna-Str. 19, Ruf 296424. 97000 Bände *Theologie, Philosophie, Kirchengeschichte und Literatur, vor allem des Barock.* Benutzung nach Voranmeldung.

Bibliothek des Benediktinerstifts St. Bonifaz, M 2, Karlstr. 34, Ruf 554041. Präsenzbibliothek mit 111000 Bänden zur *Theologie und Ordensgeschichte.* Benützung von Mo bis Fr 10–12 h, 14–16 h.

Bibliothek des Erzbischöflichen Metropolitankapitels, M 2, Karmeliterstr. 1, Ruf 2137/346. Präsenzbibliothek mit 90000 Bänden über *Theologie, Philosophie und Diözesangeschichte.* Mo–Fr 9–12 h, 13 bis 17 h, Fr 13–15 h.

Bibliothek des Evang.-Luth. Landeskirchenamts, M 2, Meiserstraße 13, Ruf 5595/247 und 363. 45000 Bände *Evang. Theologie, Kirchengeschichte und -recht, Juristische Abteilung.* Öff. Ausleihe gegen Personalausweis möglich. Mo–Do 8–12 h, 14–16 h, Fr 8–12 h.

Deutsches Bucharchiv, M 5, Erhardtstr. 8, Ruf 2016064. 15000 Bände *veröffentlichtes und unveröffentl. Schrifttum zu Buch- und Zeitschriftenwesen.* Benützung nach Vereinbarung (Mo–Fr 8–17 h).

Bibliothek der Bundesbahndirektion, M 19, Richelstr. 3, Ruf 1285105. Amtsbibliothek mit 20000 Bänden zum *Eisenbahnwesen.* Benützung für ernsthafte Interessenten Mo–Fr 7.30–16 h möglich.

Bibliothek der Deutschen Bundespost, M 2, Arnulfstr. 60, Ruf 5588/550. Amts- und öffentl. Präsenzbibliothek mit 40000 Bänden zum *Post- und Fernmeldewesen.* Di und Do 9–12 h und 14–16 h.

Bibliothek des Historischen Vereins von Oberbayern, M 40, Winzererstraße 68 (im Stadtarchiv), Ruf 180746, 188579. Präsenzbibliothek mit 42000 Bänden *Bavarica und Monacensia.* Lesesaal von Mo bis Mi 8.30–16.30 h, Do 8.30–20 h, Fr 8.30–14.30 h.

Bibliothek des Bayerischen Landesvereins für Familienkunde, M 22, Ludwigstr. 14/I (Bayer. Hauptstaatsarchiv), Ruf 2198/398. 51000 Bände Literatur und Zeitschriften sowie Handschriftensammlung zu *Genealogie und Heraldik.* Do 9–12 h und 14–16 h (Weihnachts-, Osterwoche und Sommerferien geschl.).

Bibliothek des Instituts für Zeitgeschichte, M 19, Leonrodstraße 46b, Ruf 180026. Präsenzbibliothek mit 106000 Bänden und 313 Zeitschriften zur *Zeitgeschichte.* Lesesaal Mo–Do 8.30–16.30 h, Fr 8.30–16 h.

Internationale Jugendbibliothek, M 60, Schloß Blutenburg, Obermenzing, Ruf 8112028. Größte internationale Sammlung von 380000 *Kinder- und Jugendbüchern* in 110 Sprachen und aus 4 Jahrhunderten sowie Werken zu Geschichte und Theorie der Kinderliteratur; *Handschriftenabteilung.* Studienraum Mo mit Fr 12–18 h, 24. bis 30. 12. geschlossen. Ausleihe für Kinder (kostenlos) in 12 Sprachen: Mo mit Fr 14–18 h; 24.–30. 12. geschlossen.

Süddeutsche Lehrerbücherei, M 22, Herrnstr. 19, Ruf 2338749. *Fachbibliothek für Pädagogik, große Sammlung von Schulbüchern: 200000 Bände.* Lesesaal Mo–Fr 8–18 h. Ausleihe – für bestimmte Benützergruppen gebührenfrei – Mo und Fr 14–18 h, Mi 9–12 h, 14–18 h.

Bibliothek der Monumenta Germaniae Historica, M 34, Ludwigstr. 16, Ruf 2198/382. Instituts-Präsenzbibliothek mit 80000 Bänden zur *Geschichte des Mittelalters* für Fachwissenschaftler zugänglich. Lesesaal Mo–Fr 9–17 h.

Bibliothek des Bayerischen Nationalmuseums, M 22, Prinzregentenstraße 3, Ruf 2168213. Präsenzbibliothek mit 46000 Bänden zur *Kunstgeschichte, insb. Plastik.* Arbeitsmöglichkeit für ernsthafte Interessenten im Studiensaal während der Öffnungszeiten des Museums (→ S. 36/37).

Bibliothek des Deutschen Theatermuseums, früher Clara-Ziegler-Stiftung, M 22, Galeriestr. 4a und 6, Ruf 222449. Präsenzbibliothek mit 65000 Bänden und einer großen Sammlung von *Handschriften, Bilddokumenten, Plänen und Medaillen zur Welt-Theatergeschichte.* Lesesaal Di–Do 9–12 h, 13–16.30 h, Fr 9–12 h, 13–15.30 h gebührenfrei zugänglich.

Bibliothek des Von-Parish-Kostümforschungs-Instituts (Abteilg. des Münchner Stadtmuseums), M 19, Kemnatenstr. 50, Ruf 177717. 30000 Bände und 1,5 Mio. Archiv-Bilddokumente. Präsenzbibliothek, nach Anmeldung benützbar.

Bibliothek der Puppentheatersammlung im Münchner Stadtmuseum, M 2, St.-Jakobs-Platz 1, Ruf 2334482. Mit 9000 Bänden *die einzige umfassende Fachbibliothek dieser Art auf der Welt.* Präsenzbibliothek Mo und Di 9–16.30 h, Mi–Fr 9–16 h.

Bibliothek des Osteuropa-Instituts, M 80, Scheinerstr. 11, Ruf 983821 und 987341. Präsenzbibliothek mit Arbeits- und Leseraum. 115000 Bände Literatur und Zeitschriften über *alle Gebiete des osteurop. Raumes.* Mo–Fr 8–17 h.

Zentralbibliothek im ›Haus der Sudetendeutschen‹, M 80, Hochstr. 8. Ausleihbibliothek mit 180000 Bänden *sudetendeutschen und ostdeutschen Schrifttums, Vertriebenenliteratur und Heimatzeitschriften* (Eröffnung Herbst 1985).

Russische Bibliothek der Tolstoj Foundation Inc., M 22, Thierschstr. 11, Ruf 226241, 299775. 38000 Bände *russisches Schrifttum, alte und neue Literatur.* Ausleihbibliothek (gebührenpflichtig) mit 2 Lesesälen. Di, Do, Fr 13–18 h; 15. 8.–15. 9. geschlossen.

Bibliothek des IFO-Instituts für Wirtschaftsforschung, M 80, Poschingerstr. 5, Ruf 9224350. 74000 Bände zur *Konjunkturforschung, Wirtschaftstheorie und -politik, Statistik usw.* Mo–Fr 9–13 h.

Bibliothek des Goethe-Instituts, M 40, Kaulbachstr. 91, Ruf 333033. 20000 Bände *deutscher Literatur und Kulturgeschichte.* Mo, Di, Do 9–16 h, Mi 9–18 h, Fr 9–14 h.

Bibliothek der Zoologischen Staatssammlungen, M 19, Maria-Ward-Str. 16, Ruf 170260. Präsenzbibliothek: 110000 Titel. Mo, Di, Do, Fr 8–11 h.

KUNST- UND AUSSTELLUNGS-VEREINE

Arbeitsgemeinschaft für Christliche Kunst, M19, Nederlinger Straße 66, Ruf 152891.

Ausstellungshaus für Christliche Kunst, M 2, Maxburgstr. 2.

Ausstellungsleitung der Freien Münchner und Deutschen Künstlerschaft e.V., M 40, Adalbertstr. 55.

Deutsche Gesellschaft für Christliche Kunst, M 2, Wittelsbacher Platz 2, Ruf 282548.

Verein für Christliche Kunst, M 2, Frauenplatz 12, Ruf 299563.

Gesellschaft für Computergrafik und Computerkunst, M 40, Stuttgarter Str. 1, Ruf 3591355.

Gesellschaft der Freunde junger Kunst, M 25, Albert-Roßhaupter-Straße 3a, Ruf 765787.

Bayerischer Kunstgewerbe-Verein, M 2, Pacellistr. 7, Ruf 293521.

Kunstraum München e.V., M 40, Nicolaistr. 15, Ruf 348920.

Kunstring München, M 2, Brienner Str. 4, Ruf 281532 und 282485.

Pavillon im Alten Botanischen Garten, M 2, Sophienstr. 7a, Ruf 597359.

Deutscher Werkbund Bayern e.V., M 40, Martiusstr. 8, Ruf 341503, 346580.

Die Zwanzig, Ausstellungsverband bild. Künstler, M 40, Theresienstr. 14.

Haus der Kunst, M 22, Prinzregentenstr. 1, Ruf 222651-3.

Kunstverein, M 22, Galeriestraße 4c, Ruf 221152.

MUSEUMSFÖRDERVEREINE

Förderkreis für italienische Kunst und Kultur, M22, Widenmayerstraße 2, Ruf 292616.

Förderverein für deutsche Museen, M 80, Maria-Theresia-Str. 6.

Freunde des Münchner Stadtmuseums, M 80, Maria-Theresia-Str. 27, Ruf 983544.

Freunde Südtiroler Museen und Sammlungen, M 90, Grünwalder Straße 99a, Ruf 643663.

Freundeskreis der Ägyptischen Sammlung München, M 2, Brienner Str. 20, Ruf 217101.

Freundeskreis des Bayerischen Nationalmuseums, M 2, Maximiliansplatz 13.

Freundeskreis Freilichtmuseum Südbayern, M 40, Silcherstr. 21.

Galerie-Verein zur Förderung der Neuen Pinakothek, Neuen Staatsgalerie und der Staatlichen Graphischen Sammlung, M 22, Ludwigstr. 6–8.

Gesellschaft der Freunde der Ausstellungsleitung Haus der Kunst München, M 22, Prinzregentenstr. 1, Ruf 222651.

Jüdischer Museumsverein in Bayern, M 22, Emil-Riedel-Str. 8, Ruf 298311.

Kuratorium zur Förderung des Museums Kavallerie – Schnelle Truppen, M 80, Prinzregentenstr. 3, Ruf 21681.

Modern Art Museum, M 80, Prinzregentenstr. 60, Ruf 471260.

Verein zur Förderung der Alten Pinakothek, M 2, Meiserstraße 10, Ruf 5591-1.

Verein der Freunde und Förderer der Glyptothek und der Antikensammlungen, M 2, Wittelsbacher Platz 2.

Vereinigung zur Förderung des Hauses der Bayerischen Geschichte, M 80, Max-Planck-Straße 1, Ruf 41261.

SAMMLERVEREINE

Münchner Altertumsverein, M 2, Platzl 1, Ruf 298918.

Gesellschaft der Bibliophilen, M 2, Theresienstr. 60, Ruf 283682.

Verein bayerischer Krippenfreunde, Ortsverein München, M 19, Bothmerstr. 11, Ruf 161016.

Die Mappe, Freie gesellige Vereinigung, M 40, Amalienstr. 65, Ruf 283626.

Verein für Originalradierung, M 40, Hohenzollernstr. 104/IV.

Bayerische Numismatische Gesellschaft, M 22, Lerchenfeldstr. 2, Ruf 293911.

Kuratorium zur Förderung historischer Sammlungen, M 2, Rosental 16, Ruf 1781667, 2604326.

Kuratorium zur Förderung historischer Waffensammlungen, ebenda.

Münchner Sammlerkreis Freunde kulturhistorischer Zinnfiguren, M 21, Agnes-Bernauer-Str. 69.

Kuriositätensammler-Club ›Suum cuique‹, M 21, Zschokkestr. 40.

HISTORISCHE VEREINE UND KULTURELLE VEREINIGUNGEN

Verband bayerischer Geschichts- und Urgeschichtsvereine, M 2, Goethestr. 66.

Gesellschaft für Archäologie in Bayern, M 81, Arabellastr. 1, Ruf 9214-1.

Gesellschaft für Auslandskunde, M 2, Theatinerstr. 32, Ruf 295497.

Gesellschaft für Bayerische Landeskunde, M 22, Kaulbachstr. 61, Ruf 390896.

Freunde der bayerischen Vor- und Frühgeschichte, Haar, Roseggerstraße 25, Ruf 4604833.

Historischer Verein von Oberbayern, M 40, Winzererstr. 68, Ruf 1234/031-34.

Verein für Diözesangeschichte von München und Freising, M 2, Karmeliterstr. 1, Ruf 2137-427 oder -346.

Gesellschaft für Erforschung der Postgeschichte in Bayern, M 40, Isabellastr. 14, Ruf 3838/441.

Verein zur Erforschung der Geschichte des deutschsprachigen Judentums, M 2, Residenzstr. 23.

Gesellschaft für bayerische Musikgeschichte, M 1, Schließfach 731.

Gesellschaft zur Erforschung und Pflege alter Musik, M 81, Mauerkircherstr. 167.

Gesellschaft zur Förderung der Richard-Wagner-Gesamtausgabe, M 40, Schellingstr. 48, Ruf 2722616.

Club Bavaricum München, Vereinigung der Freunde des Institut Bavaricum München (S. 240), M 2, Maxburgstr. 5, Ruf 220827, bzw. Gröbenzell, Rotwandstr. 9, Ruf 08141/60382.

Kreis der Freunde Alt-Münchens, M 80, Ismaninger Str. 78, Ruf 985946.

Vereinigung der Freunde Münchens, M 60, Betzenweg 20, Ruf 8113373.

Freunde des Nationaltheaters, M 5, Goethestr. 24, Ruf 876118.
Freunde der Residenz, M 19, Zuccallistr. 21, Ruf 175015, 173311.
Verein der Freunde Schloß Blutenburg, M 60, Faistenlohestr. 6, Ruf 8113132.
Max-Beckmann-Gesellschaft, M 60, Böcksteiner Str. 68a, Ruf 564426.
Ignaz-Günther-Gesellschaft, M 2, Residenzstr. 27, Ruf 8562442.
Karl-von-Fischer-Gesellschaft, M 22, Odeonsplatz 11, Ruf 224238.
Carl-Haller-von-Hallerstein-Gesellschaft für baugeschichtliche Forschung und Denkmalpflege im griechischen Kulturbereich, M 70, Aberlestr. 21, Ruf 7255869.
Stuck-Jugendstil-Verein, M 80, Prinzregentenstr. 60, Ruf 471260.
Verein zur Erhaltung privater Baudenkmäler und Kulturgüter in Bayern, M 19, Lachner-Str. 35, Ruf 6917821.
Arbeitskreis für Theorie und Lehre der Denkmalpflege, M 70, Luise-Kiesselbach-Platz 34, Ruf 7144074.
Bayerische Gesellschaft für Denkmalpflege, ebenda.
Wissenschaftlich-technischer Arbeitskreis für Denkmalpflege und Bauwerksanierung, M 21, Agnes-Bernauer-Str. 111.
Deutsche Kunststiftung der Wirtschaft, M 80, Richard-Strauss-Str. 48, Ruf 4705579
MPZ, Museumspädagogisches Zentrum, M 40, Barer Str. 29, Ruf 23805–194.
Zentralinstitut für Kunstgeschichte, M 2, Meiserstr. 10, Ruf 55911.
Doerner-Institut, M 40, Barer Str. 29, Ruf 23805–0.
Kulturwerk für Südtirol, M 2, Schwanthalerstr. 73, Ruf 37474.
Adalbert-Stifter-Verein, M 22, Thierschplatz 4, Ruf 229296.
Collegium Carolinum, Forschungsstelle für die böhmischen Länder, M 22, Thierschstr. 17, Ruf 298588.
Haus des Deutschen Ostens, M 80, Am Lilienberg 1, Ruf 482063.
Kulturkreis für den deutschen Osten und Südosten in Bayern, M 90, Schönstr. 72, Ruf 669642.
Osteuropa-Institut, M 80, Scheinerstr. 11, Ruf 983821 und 987341.
Südosteuropa-Gesellschaft, M 22, Widenmayerstr. 49, Ruf 294402 und 225654.
Südost-Institut, M 2, Güllstraße 7, Ruf 773007.

AUSLÄNDISCHE KULTURINSTITUTE, GESELLSCHAFTEN UND VEREINE

Amerika-Haus, M 2, Karolinenplatz 3, Ruf 595367/68.
British Council, M 22, Bruderstraße 7, Ruf 223326.
Französisches Kulturinstitut – Institut Français, M 22, Kaulbachstraße 12, Ruf 285311.
Italienisches Kulturinstitut, M 2, Hermann-Schmid-Str. 8, Ruf 764563, 772362.
Spanisches Kulturinstitut, M 22, Marstallplatz 7 (in der Residenz), Ruf 294232, 298089.
Gesellschaft für Auslandskunde, M 2, Theatinerstr. 32, Ruf 295497.
Afghanisch-Europäisches Kulturamt, M 2, Landwehrstr. 5.
Afrika-Kreis, M 80, Zaubzerstr. 47.
Deutsch-Afrikanischer Bund, M 70, Hinterbärenbadstr. 4, Ruf 7602819.
Albanien-Institut, M 40, Ainmillerstr. 8.
Deutsch-Albanische Freundschaftsgesellschaft, München 70, Waldeslust 4, Ruf 7140462.
Deutsch-Arabische Gesellschaft, M 40, Giselherstr. 16.
Deutsch-Bulgarische Gesellschaft in Bayern, M 2, Lindwurmstr. 13.
Bayerisch-Afrikanische Gesellschaft, M 2, Sophienstr. 1.
Gesellschaft für deutsch-chinesische Freundschaft e.V., M 40, Sulzbacher Str. 4, Ruf 343877.
Deutsch-Englische Gesellschaft München, M 2, Schwanthalerstr. 32, Ruf 362815.
Deutsch-Finnische Gesellschaft, M 40, Engadiner Str. 38, Ruf 754374.
Deutsch-Französische Gesellschaft, M 80, Schumannstr. 2, Ruf 4702635.
Deutsch-Französischer Freundeskreis Bayern, M 1, Postfach 462.
Deutsch-Griechische Gesellschaft in München, M 40, Karl-Theodor-Str. 9, Ruf 399693 (Maximiliansgymnasium, St.R. Schadenfroh).
Bayerisch-Hellenische Gesellschaft e.V., M 40, Winzererstr. 31.
Deutsch-Hispanische Gesellschaft, M 2, Pranner-Str. 9, Ruf 220214.
Indien-Institut, M 2, Residenzstr. 27, Ruf 227024.
Deutsch-Indonesische Gesellschaft, M 70, Danklstr. 16.
Deutsch-Iranische Gesellschaft in Süddeutschland, M 19, Volpinistr. 44a.

KULTURELLE INSTITUTE (Auswahl)

Max-Planck-Gesellschaft zur Förderung der Wissenschaften, Präsidialbüro, M 2, Residenzstr. 1a, Eingang Hofgartenstraße (Arkaden), Ruf 293581.
Goethe-Institut zur Pflege deutscher Sprache im Ausland und zur Förderung der internationalen kulturellen Zusammenarbeit e.V., M 2, Lenbachplatz 3, Ruf 59991, Sonnenstr. 25, Ruf 592421.
Haus der Bayerischen Geschichte, M 2, Königinstr. 11, Ruf 237031.
Bayerischer Volksbildungsverband, M 22, Widenmayerstr. 42, Ruf 292625, 292627.
Katholische Akademie in Bayern, M 40, Mandlstr. 23, Ruf 338041.
Bayerischer Landesverein für Heimatpflege, M 22, Ludwigstr. 23, Eingang III, Gartenhaus, Ruf 281665.
Institut für Volkskunde, M 22, Ludwigstr. 23, Ruf 282704.
Institut für Zeitgeschichte, M 19, Leonrodstr. 46b, Ruf 180026.
Institut für Vor- und Frühgeschichte, M 2, Meiserstr. 6, Ruf 5591498.
Institut für Bayerische Geschichte, M 22, Ludwigstr. 16, Ruf 2198507.
Verband für Flurnamenforschung in Bayern, M 83, Hofangerstr. 135c, Ruf 405569.
Geographische Gesellschaft München, M 71, Heinrich-Vogl-Straße 7, Ruf 794008.

Kommission für bayerische Landesgeschichte und Kommission für Mundartforschung, M 22, Marstallplatz 8, Ruf 228271.
Kommission für Alte Geschichte und Epigraphik des Deutschen Archäologischen Instituts, M 40, Amalienstr. 73, Ruf 284351.
Monumenta Germaniae Historica, Deutsches Institut für Erforschung des Mittelalters, M 22, Ludwigstr. 16, Ruf 2198/384.
Richard-Strauss-Institut, M 2, Karlsplatz 11/12, Ruf 8024 (ab Herbst 1985): M 80, Rosenheimer Str. 5, Ruf 4181-0. Internationales Zentrum der Strauss-Forschung und Strauss-Pflege.
Thesaurus Linguae Latinae, M 22, Marstallplatz 8, Ruf 228271.
Islamisches Kulturzentrum, M 2, Landwehrstr. 58, Ruf 533208.
Deutsch-Japanische Gesellschaft in Bayern, M 2, Marienpl. 1/II, Ruf 221863.
Japanisches Institut München, M 5, Frauenstr. 32, Ruf 2283417.
Deutsch-Kanadische Gesellschaft, M 60, Wilhelm-Hey-Str. 8, Ruf 8344532.
Gesellschaft für Deutsch-Kanadische Beziehungen, M 33, Postfach 212.
Deutsch-Pazifische Gesellschaft, M 50, Feichtmayrstr. 25, Ruf 151158.
Freunde Nepals, M 2, Neuhauser Str. 1, Ruf 263008.
Österreich-Bayerische Gesellschaft, M 80, Prinzregentenpl. 15, Ruf 474057.
Deutsch-Peruanische Archäologische Gesellschaft, M 2, Maximilianspl. 12.
Bayerisch-Philippinische Gesellschaft in München, M 11, Bunzlauer Str. 32.
Deutsch-Polnische Gesellschaft, Grünwald, Sudelfeldstr. 2, Ruf 6413695.
Munich-Scottish Association, M 70, Waldsaumstr. 19, Ruf 7146990.
Deutsch-Schwedische Vereinigung, M 40, Klausingweg 2, Ruf 3003138.
Slowakisches Kulturzentrum, M 2, Postfach 200402.
Deutsch-Spanisches Kulturwerk, M 22, Isartorpl. 8, Ruf 225301.
Deutsch-Südafrikanische Gesellschaft, M 2, Sonnenstr. 20, Ruf 554165.
Bayerisch-Togoische Gesellschaft, M 19, Lazarettsr. 33.
Bayerisch-Toskanische Gesellschaft, M 40, Fürstenbergstr. 26, Ruf 3086984.
Deutsch-Türkische Gesellschaft Bayern, M 71, Seeshaupter Str. 13, Ruf 7591175.
Bayerische Gesellschaft zur Förderung der Beziehungen zwischen der Bundesrepublik Deutschland und der UdSSR, M 40, Habsburgerstr. 10, Ruf 531027.
Deutsch-Ukrainische Gesellschaft, M 40, Schwedenstr. 35.
Ungarischer Kulturbund, M 80, Kufsteiner Str. 1, Ruf 986766.
Ungarisches Institut, M 40, Clemensstr. 2, Ruf 348171.
Bayerisch-Venezolanische Gesellschaft, M 21, Landsberger Str. 289, Ruf 582042.

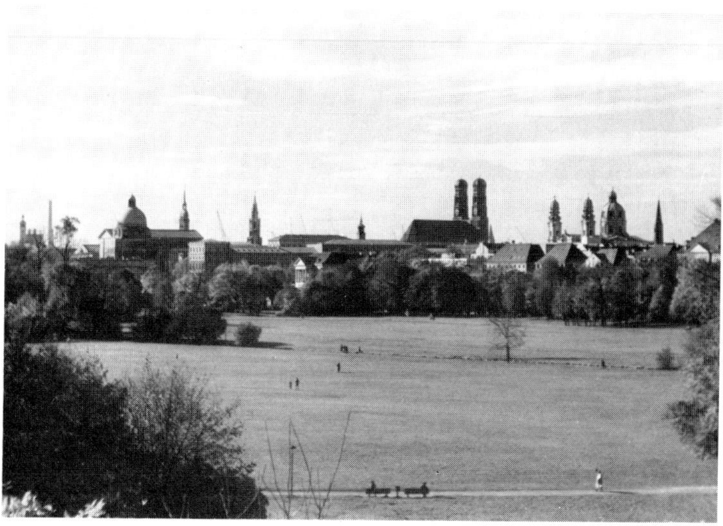

Blick vom Monopteros im Englischen Garten auf die Türme der Altstadt von München

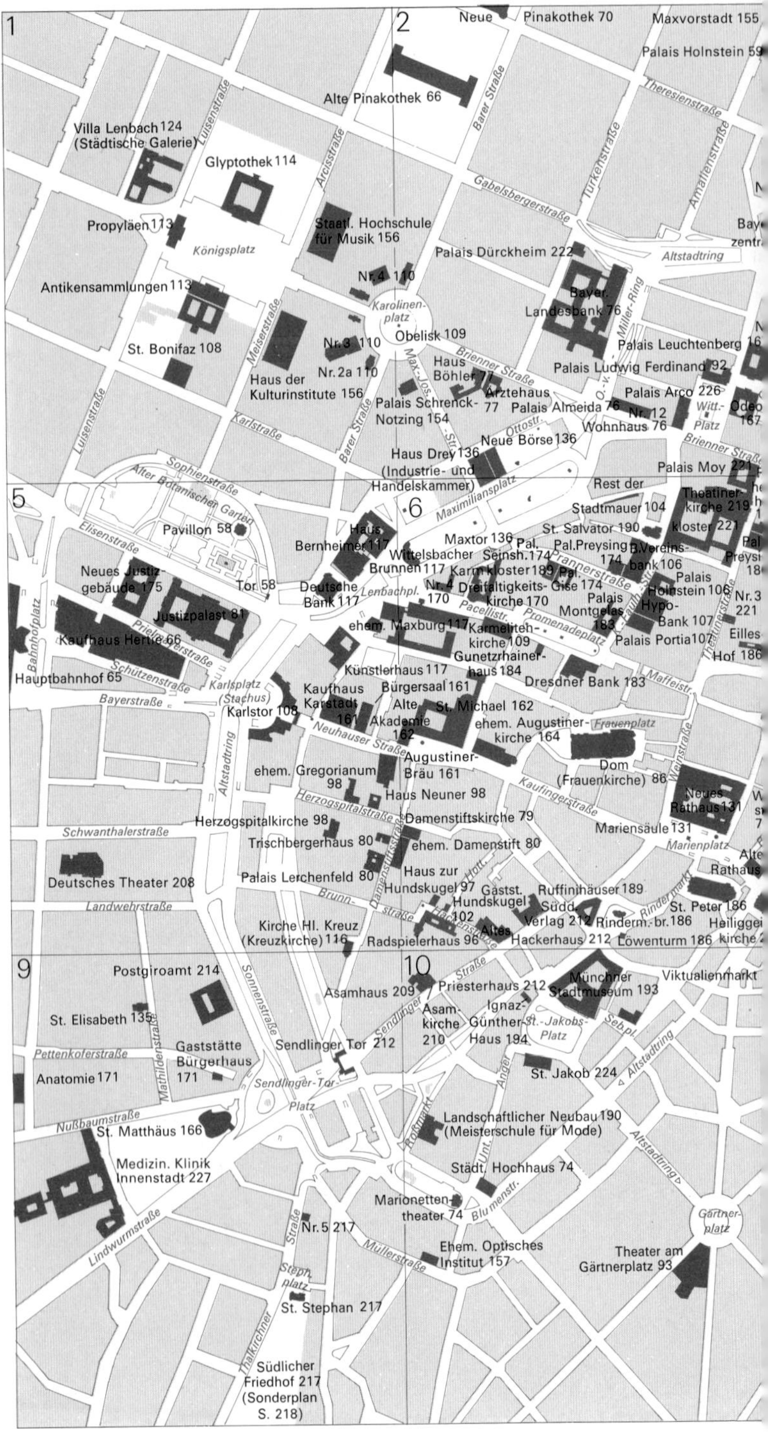

1
2
5
6
9
10
Neue Pinakothek 70
Maxvorstadt 155
Palais Holnstein 59
Theresienstraße
Alte Pinakothek 66
Barer Straße
Villa Lenbach 124
(Städtische Galerie)
Luisenstraße
Glyptothek 114
Arcisstraße
Türkenstraße
Amalienstraße
Gabelsbergerstraße
Propyläen 113
Staatl. Hochschule für Musik 156
Königsplatz
Palais Dürckheim 222
Altstadtring
Antikensammlungen 113
Nr. 4 110
Karolinenplatz
Bayer. Landesbank 76
Meiserstraße
Obelisk 109
St. Bonifaz 108
Nr. 3 110
Palais Leuchtenberg
Haus Böhler 77
Brienner Straße
Haus der Kulturinstitute 156
Nr. 2a 110
Palais Ludwig Ferdinand 92
Ärztehaus 77
Palais Almeida 76
Palais Arco 226
Palais Schrenck-Notzing 154
Nr. 12 Wohnhaus 76
Wittelsbacherplatz
Odeon
Luisenstraße
Karlstraße
Max-Jos.-Str.
Ottostr.
Neue Börse 136
Haus Drey 136
(Industrie- und Handelskammer)
Palais Moy 221
Sophienstraße
Alter Botanischer Garten
Maximiliansplatz
Rest der Stadtmauer 104
Theatinerkirche 219
kloster 221
Pavillon 58
Elisenstraße
Haus Bernheimer 117
Maxtor 136
St. Salvator 190
Wittelsbacher Brunnen 117
Pal. Seinsh. 174
Pal. Preysing 174
B. Vereinsbank 106
Neues Justizgebäude 175
Tor 58
Karmeliterkloster 189
Pal. Gise 174
Prannerstraße
Palais Holnstein 106
Deutsche Bank 117
Lenbachpl.
Nr. 4 170
Dreifaltigkeitskirche 170
Palais Montgelas 183
Hypo-Bank 107
Nr. 3 221
Bahnhofplatz
Justizpalast 81
Pacellistr.
Promenadeplatz
ehem. Maxburg 117
Karmelitenkirche 109
Palais Portia 107
Eilles-Hof 186
Kaufhaus Hertie 66
Prielmayerstraße
Theatinerstraße
Kardinal-Faulhaber-Str.
Gunetzrhainerhaus 184
Hauptbahnhof 65
Schützenstraße
Künstlerhaus 117
Maffeistr.
Dresdner Bank 183
Karlsplatz (Stachus)
Bürgersaal 161
Bayerstraße
Karlstor 108
Kaufhaus Karstadt 161
Alte Akademie 162
St. Michael 162
ehem. Augustinerkirche 164
Frauenplatz
Neuhauser Straße
Altstadtring
Augustiner-Bräu 161
Dom (Frauenkirche) 86
Weinstraße
ehem. Gregorianum 98
Haus Neuner 98
Kaufingerstraße
Neues Rathaus 131
Herzogspitalstraße
Herzogspitalkirche 98
Damenstiftskirche 79
Mariensäule 131
Schwanthalerstraße
Trischbergerhaus 80
ehem. Damenstift 80
Marienplatz
Altes Rathaus
Damenstiftstraße
Deutsches Theater 208
Palais Lerchenfeld 80
Haus zur Hundskugel 97
Hotterstr.
Gastst. Hundskugel 102
Ruffinihäuser 189
Landwehrstraße
Brunnstraße
Südd. Verlag 212
Rindermarkt
St. Peter 186
Hackenstraße
Rinderm.-br. 186
Heiliggeistkirche
Kirche Hl. Kreuz (Kreuzkirche) 116
Radspielerhaus 96
Altes Hackerhaus 212
Löwenturm 186
Postgiroamt 214
Sonnenstraße
Straße
Münchner Stadtmuseum 193
Viktualienmarkt
Priesterhaus 212
Asamhaus 209
Sendlinger Straße
St. Elisabeth 135
Asamkirche 210
Ignaz-Günther-Haus 194
St.-Jakobs-Platz
Seb.pl.
Mathildenstraße
Gaststätte Bürgerhaus 171
Sendlinger Tor 212
Altstadtring
Pettenkoferstraße
Anatomie 171
St. Jakob 224
Sendlinger-Tor-Platz
Oberanger
Nußbaumstraße
St. Matthäus 166
Roßmarkt
Landschaftlicher Neubau 190
(Meisterschule für Mode)
Altstadtring
Medizin. Klinik Innenstadt 227
Städt. Hochhaus 74
Unt. Anger
Marionettentheater 74
Blumenstr.
Gärtnerplatz
Lindwurmstraße
Nr. 5 217
Ehem. Optisches Institut 157
Theater am Gärtnerplatz 93
Müllerstraße
Steph.platz
St. Stephan 217
Thalkirchner Straße
Südlicher Friedhof 217
(Sonderplan S. 218)

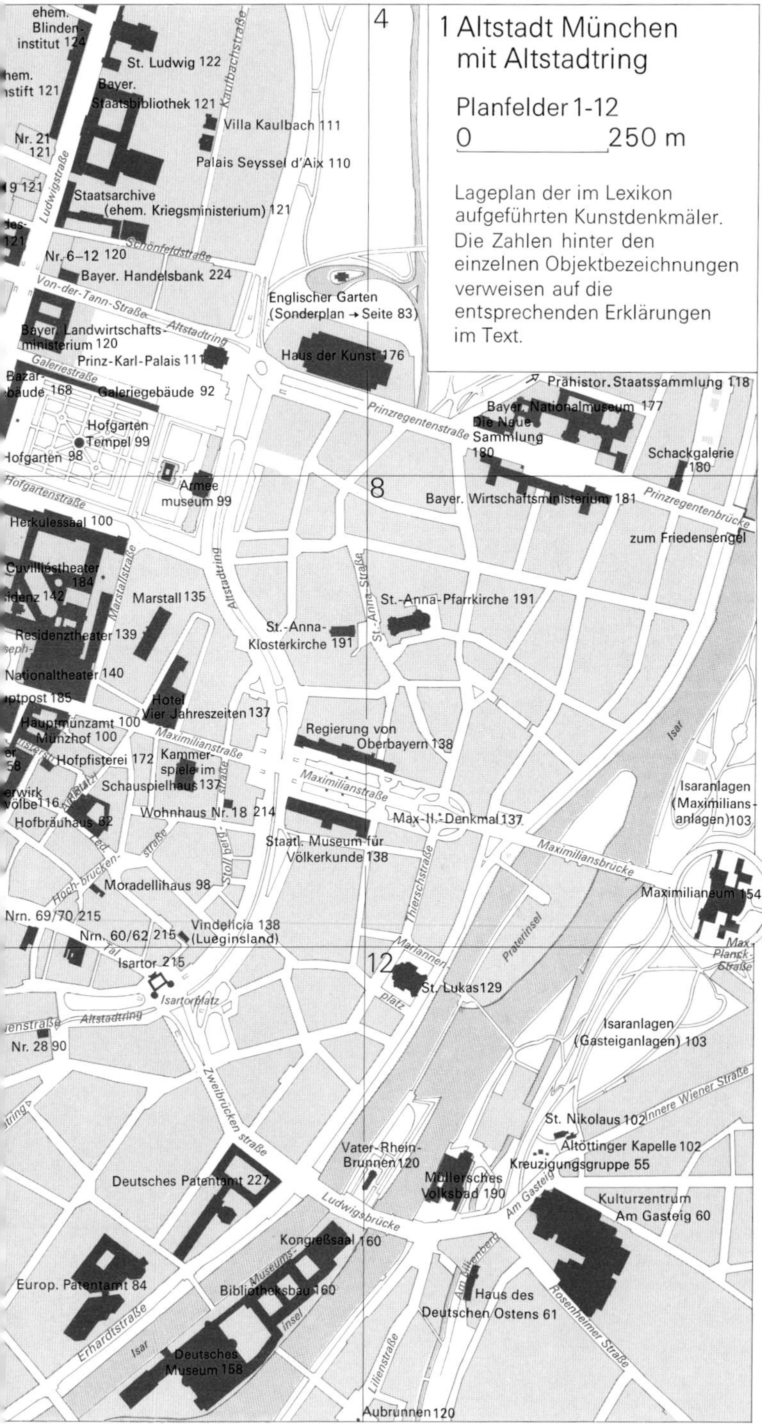
1 Altstadt München
mit Altstadtring
Planfelder 1-12
0 250 m
Lageplan der im Lexikon aufgeführten Kunstdenkmäler. Die Zahlen hinter den einzelnen Objektbezeichnungen verweisen auf die entsprechenden Erklärungen im Text.
4
8
12
ehem. Blindeninstitut 124
St. Ludwig 122
Bayer. Staatsbibliothek 121
Kaulbachstraße
Villa Kaulbach 111
Palais Seyssel d'Aix 110
Nr. 21 121
Ludwigstraße
Staatsarchive (ehem. Kriegsministerium) 121
Schönfeldstraße
Nr. 6–12 120
Bayer. Handelsbank 224
Von-der-Tann-Straße
Altstadtring
Englischer Garten (Sonderplan → Seite 83)
Bayer. Landwirtschaftsministerium 120
Prinz-Karl-Palais 111
Haus der Kunst 176
Galeriestraße
Galeriegebäude 92
Prähistor. Staatssammlung 118
Bayer. Nationalmuseum 177
Die Neue Sammlung 180
Prinzregentenstraße
Hofgarten Tempel 99
Hofgarten 98
Schackgalerie 180
Armeemuseum 99
Hofgartenstraße
Bayer. Wirtschaftsministerium 181
Prinzregentenbrücke
zum Friedensengel
Herkulessaal 100
Cuvilliéstheater 184
Marstallstraße
Marstall 135
Altstadtring
St.-Anna-Straße
St.-Anna-Pfarrkirche 191
St.-Anna-Klosterkirche 191
Residenztheater 139
Nationaltheater 140
Hotel Vier Jahreszeiten 137
Hauptmünzamt 100
Münzhof 100
Maximilianstraße
Regierung von Oberbayern 138
Isar
Hofpfisterei 172
Kammerspiele im Schauspielhaus 137
Maximilianstraße
Isaranlagen (Maximiliansanlagen) 103
Hofbräuhaus 62
Wohnhaus Nr. 18 214
Max-II.-Denkmal 137
Staatl. Museum für Völkerkunde 138
Thierschstraße
Maximiliansbrücke
Hochbrückenstraße
Moradellihaus 98
Stollbergstraße
Maximilianeum 154
Nrn. 69/70 215
Nrn. 60/62 215
Vindelicia 138 (Lueginsland)
Tal
Praterinsel
Mariannenplatz
Max-Planck-Straße
Isartor 215
St. Lukas 129
Isartorplatz
Altstadtring
Nr. 28 90
Isaranlagen (Gasteiganlagen) 103
Zweibrückenstraße
Innere Wiener Straße
St. Nikolaus 102
Altöttinger Kapelle 102
Vater-Rhein-Brunnen 120
Kreuzigungsgruppe 55
Deutsches Patentamt 227
Müllersches Volksbad 190
Am Gasteig
Kulturzentrum Am Gasteig 60
Ludwigsbrücke
Kongreßsaal 160
Am Lilienberg
Europ. Patentamt 84
Museumsinsel
Bibliotheksbau 160
Haus des Deutschen Ostens 61
Rosenheimer Straße
Erhardtstraße
Isar
Deutsches Museum 158
Lilienstraße
Aubrunnen 120

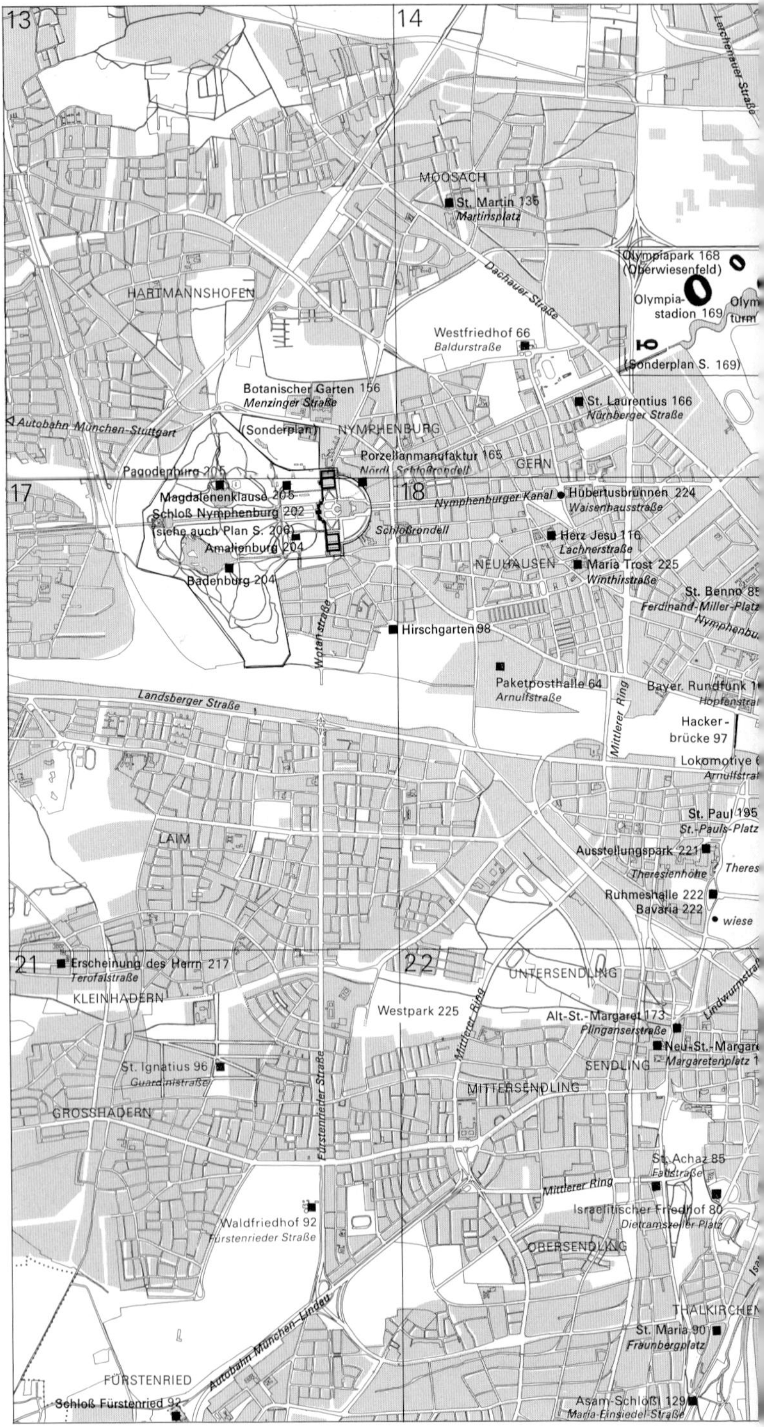
13
14
17
18
21
22
MOOSACH
St. Martin 135
Martinsplatz
Dachauer Straße
Lerchenauer Straße
Olympiapark 168 (Oberwiesenfeld)
Olympia-stadion 169
(Sonderplan S. 169)
HARTMANNSHOFEN
Westfriedhof 66
Baldurstraße
Botanischer Garten 156
Menzinger Straße
Autobahn München-Stuttgart
(Sonderplan)
NYMPHENBURG
St. Laurentius 166
Nürnberger Straße
Porzellanmanufaktur 165
Nördl. Schloßrondell
GERN
Pagodenburg 205
Magdalenenklause 205
Schloß Nymphenburg 202
(siehe auch Plan S. 206)
Amalienburg 204
Badenburg 204
Nymphenburger Kanal
Hubertusbrunnen 224
Waisenhausstraße
Schloßrondell
Herz Jesu 116
Lachnerstraße
NEUHAUSEN
Maria Trost 225
Winthirstraße
Wotanstraße
Hirschgarten 98
Paketposthalle 64
Arnulfstraße
Bayer. Rundfunk
Hopfenstraße
Hacker-brücke 97
Lokomotive
Arnulfstraße
Landsberger Straße
Mittlerer Ring
St. Paul 195
St.-Pauls-Platz
LAIM
Ausstellungspark 221
Theresienhöhe
Ruhmeshalle 222
Bavaria 222
wiese
Erscheinung des Herrn 217
Terofalstraße
KLEINHADERN
UNTERSENDLING
Westpark 225
Mittlerer Ring
Alt-St.-Margaret 173
Plinganserstraße
Lindwurmstraße
Margaretenplatz
St. Ignatius 96
Guardinistraße
SENDLING
MITTERSENDLING
GROSSHADERN
Fürstenrieder Straße
St. Achaz 85
Fallstraße
Mittlerer Ring
Israelitischer Friedhof 80
Dietramszeller Platz
Waldfriedhof 92
Fürstenrieder Straße
OBERSENDLING
THALKIRCHEN
St. Maria 90
Fraunbergplatz
Autobahn München-Lindau
FÜRSTENRIED
Schloß Fürstenried 92
Asam-Schlößl 129
Maria-Einsiedel-Straße

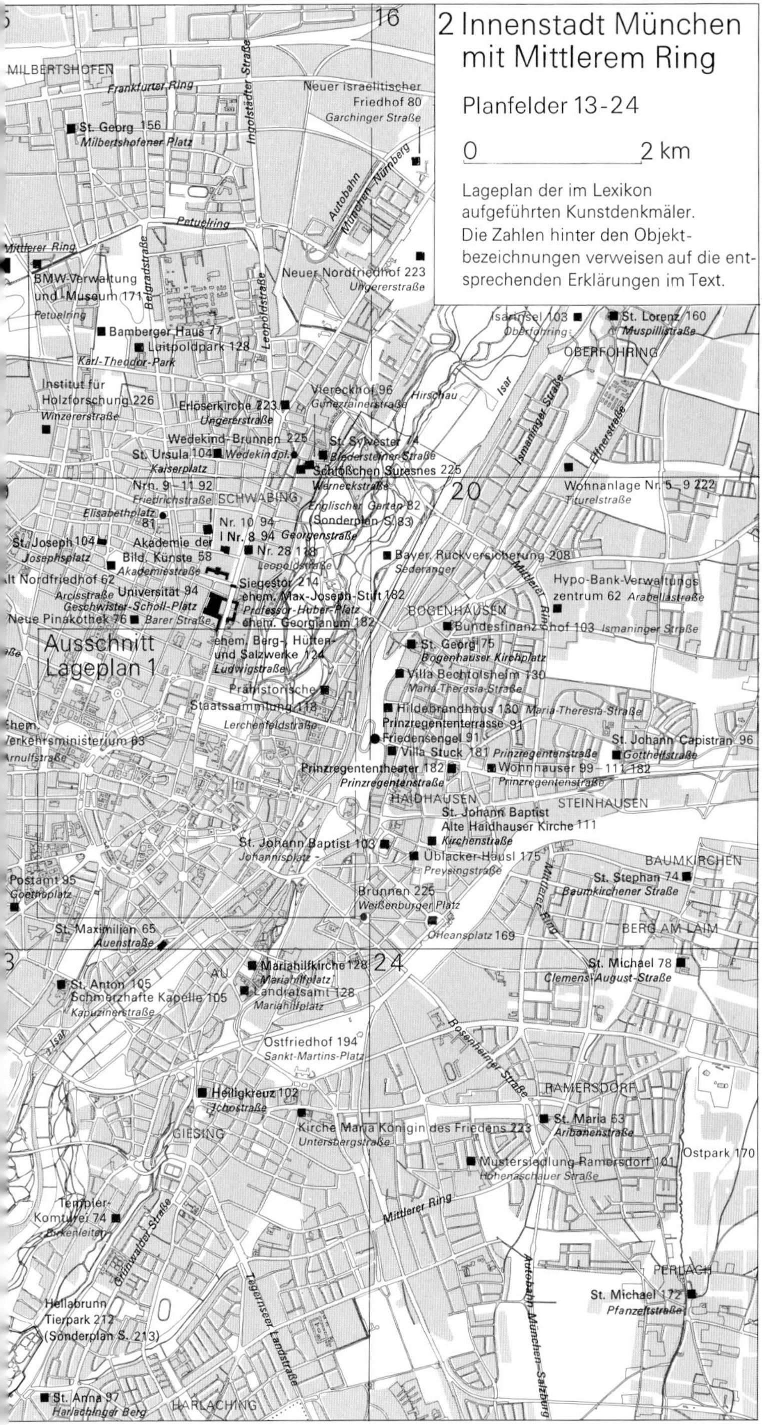
2 Innenstadt München mit Mittlerem Ring
Planfelder 13-24
0 2 km
Lageplan der im Lexikon aufgeführten Kunstdenkmäler. Die Zahlen hinter den Objektbezeichnungen verweisen auf die entsprechenden Erklärungen im Text.
16
20
24
MILBERTSHOFEN
Frankfurter Ring
St. Georg 156
Milbertshofener Platz
Ingolstädter Straße
Neuer israelitischer Friedhof 80
Garchinger Straße
Autobahn München-Nürnberg
Petuelring
Mittlerer Ring
BMW-Verwaltung und -Museum 171
Petuelring
Belgradstraße
Leopoldstraße
Neuer Nordfriedhof 223
Ungererstraße
Bamberger Haus 77
Luitpoldpark 128
Karl-Theodor-Park
Isarinsel 103
Oberföhring
St. Lorenz 160
Muspillistraße
OBERFÖHRING
Institut für Holzforschung 226
Winzererstraße
Erlöserkirche 223
Ungererstraße
Viereckhof 96
Gunezrainerstraße
Hirschau
Isar
Ismaninger Straße
Effnerstraße
Wedekind-Brunnen 225
St. Sylvester 74
St. Ursula 104
Wedekindpl.
Biedersteiner Straße
Kaiserplatz
Schlößchen Suresnes 225
Nrn. 9-11 92
Friedrichstraße
SCHWABING
Werneckstraße
Wohnanlage Nr. 5-9 222
Titurelstraße
Elisabethplatz 81
Englischer Garten 82 (Sonderplan S. 83)
Nr. 10 94
Nr. 8 94
Georgenstraße
St. Joseph 104
Josephsplatz
Akademie der Bild. Künste 58
Akademiestraße
Nr. 28 118
Leopoldstraße
Bayer. Rückversicherung 208
Sederanger
Mittlerer Ring
Alt Nordfriedhof 62
Arcisstraße
Siegestor 214
Universität 94
Geschwister-Scholl-Platz
ehem. Max-Joseph-Stift 182
Professor-Huber-Platz
Hypo-Bank-Verwaltungszentrum 62
Arabellastraße
Neue Pinakothek 76
Barer Straße
ehem. Georgianum 182
BOGENHAUSEN
Bundesfinanzhof 103
Ismaninger Straße
Ausschnitt Lageplan 1
ehem. Berg-, Hütten- und Salzwerke 124
Ludwigstraße
St. Georg 75
Bogenhauser Kirchplatz
Villa Bechtolsheim 130
Maria-Theresia-Straße
Prähistorische Staatssammlung 118
Lerchenfeldstraße
Hildebrandhaus 130
Maria-Theresia-Straße
ehem. Verkehrsministerium 83
Arnulfstraße
Prinzregententerrasse 91
Friedensengel 91
St. Johann Capistran 96
Villa Stuck 181
Prinzregentenstraße
Gotthelfstraße
Prinzregententheater 182
Prinzregentenstraße
Wohnhäuser 99-111 182
Prinzregentenstraße
HAIDHAUSEN
STEINHAUSEN
St. Johann Baptist Alte Haidhauser Kirche 111
Kirchenstraße
St. Johann Baptist 103
Johannisplatz
Üblacker-Häusl 175
Preysingstraße
BAUMKIRCHEN
Postamt 95
Goetheplatz
Brunnen 225
Weißenburger Platz
St. Stephan 74
Baumkirchener Straße
Mittlerer Ring
BERG AM LAIM
St. Maximilian 65
Auenstraße
Orleansplatz 169
Mariahilfkirche 128
Mariahilfplatz
AU
St. Michael 78
Clemens-August-Straße
St. Anton 105
Schmerzhafte Kapelle 105
Kapuzinerstraße
Landratsamt 128
Mariahilfplatz
Isar
Rosenheimer Straße
Ostfriedhof 194
Sankt-Martins-Platz
Heiligkreuz 102
Ichostraße
RAMERSDORF
St. Maria 63
Aribonenstraße
Kirche Maria Königin des Friedens 223
Untersbergstraße
GIESING
Ostpark 170
Mustersiedlung Ramersdorf 101
Hohenaschauer Straße
Templer-Komturei 74
Birkenleiten
Grünwalder Straße
Mittlerer Ring
Tegernseer Landstraße
Autobahn München-Salzburg
PERLACH
St. Michael 172
Pfanzeltstraße
Hellabrunn Tierpark 212 (Sonderplan S. 213)
St. Anna 97
Harlachinger Berg
HARLACHING

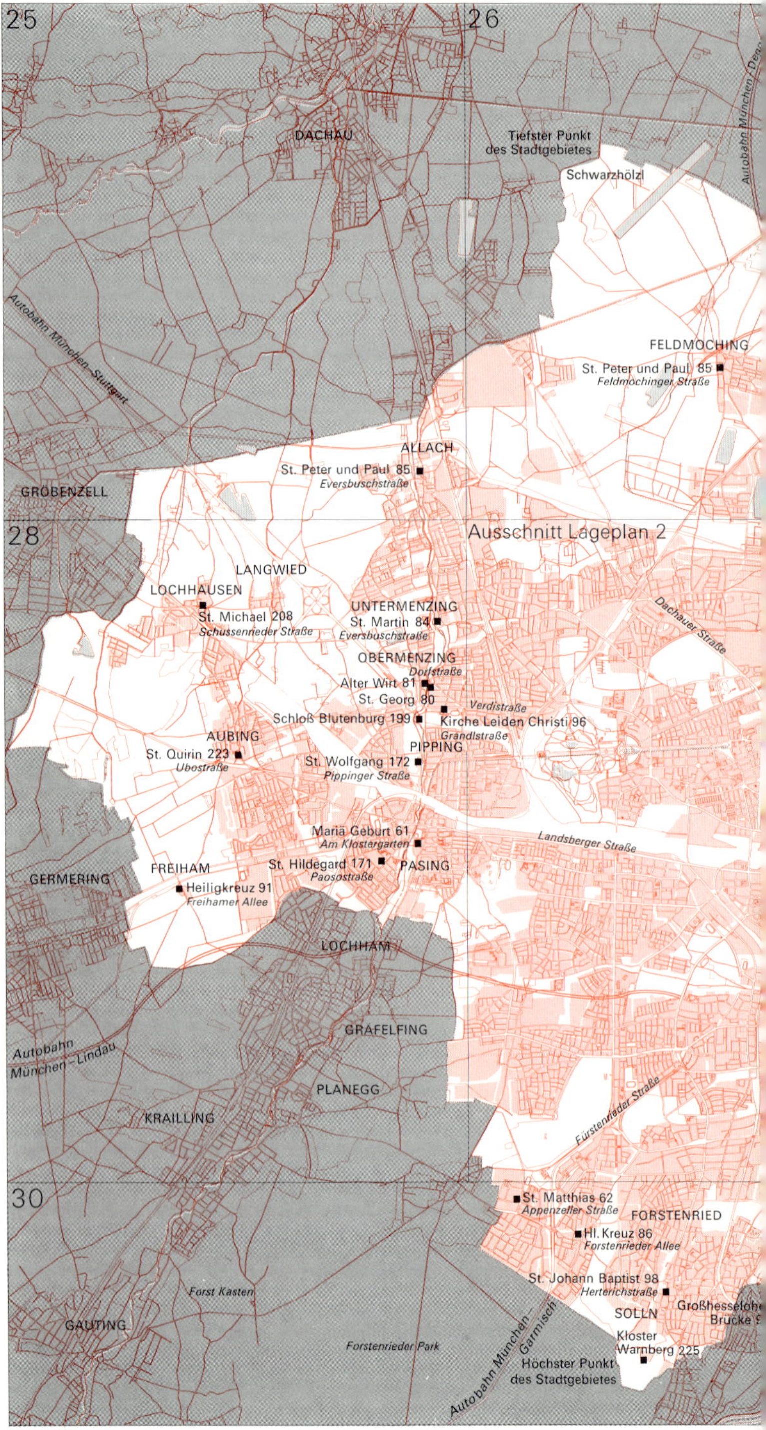

Burg Grünwald 226
Zeillerstraße

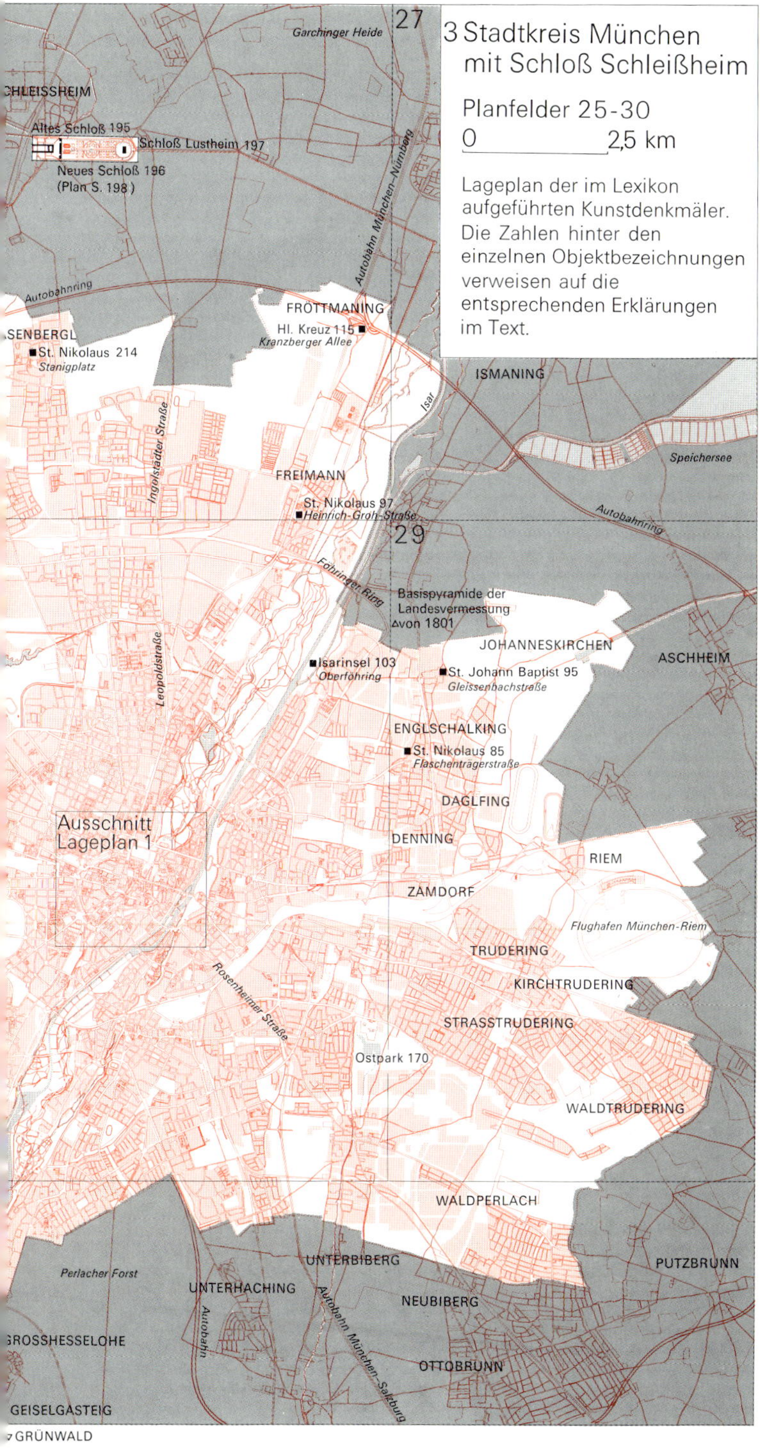
3 Stadtkreis München mit Schloß Schleißheim
Planfelder 25-30
0 2,5 km
Lageplan der im Lexikon aufgeführten Kunstdenkmäler. Die Zahlen hinter den einzelnen Objektbezeichnungen verweisen auf die entsprechenden Erklärungen im Text.
27
29
Garchinger Heide
CHLEISSHEIM
Altes Schloß 195
Schloß Lustheim 197
Neues Schloß 196
(Plan S. 198)
Autobahn München–Nürnberg
Autobahnring
FRÖTTMANING
Hl. Kreuz 115
Kranzberger Allee
SENBERGL
St. Nikolaus 214
Stanigplatz
ISMANING
Isar
Speichersee
Ingolstädter Straße
FREIMANN
St. Nikolaus 97
Heinrich-Groh-Straße
Autobahnring
Föhringer Ring
Basispyramide der Landesvermessung von 1801
JOHANNESKIRCHEN
ASCHHEIM
Isarinsel 103
Oberföhring
St. Johann Baptist 95
Gleissenbachstraße
Leopoldstraße
ENGLSCHALKING
St. Nikolaus 85
Flaschenträgerstraße
DAGLFING
DENNING
RIEM
Ausschnitt Lageplan 1
ZAMDORF
Flughafen München-Riem
TRUDERING
KIRCHTRUDERING
Rosenheimer Straße
STRASSTRUDERING
Ostpark 170
WALDTRUDERING
WALDPERLACH
UNTERBIBERG
PUTZBRUNN
Perlacher Forst
UNTERHACHING
NEUBIBERG
Autobahn München–Salzburg
Autobahn
GROSSHESSELOHE
OTTOBRUNN
GEISELGASTEIG
GRÜNWALD

REGISTER

Zahlen in Halbfett: ausführliche Beschreibung
Zahlen mit *: Hinweis auf Abbildung
Begriffe in eckigen Klammern bezeichnen abgegangene Bauten und Anlagen
Herrschertitel ohne nähere Bezeichnung bedeuten bayerische Herrscher

A

Aachen, Hans von 26, 164
Abaco, Evaristo F. dall' 44
Abel, Adolf 176
Ableithner, Balthasar 27, 131, 188, 220
Ableithner, Franz 161, 171
Ackermann, Kurt, und Partner (R. Fischer, D. Kiermaier, M. Zoll) 168
Adelung, Friedrich 128
Aernhofer, Hans d. Ä. 77
Agilolfinger 8
Aiblinger, J. K. 44
Akademie, Alte **162**
Akademie der Bildenden Künste 27, 28, 51, 52, **58**
Akademie der Tonkunst 45
Akademisch-dramatischer Verein 48
Aktien-Volkstheater → Theater am Gärtnerplatz
Alban von Seeon 86
Albert, Josef 54, 55
Albertinisches Haus 61
Albertinus, Aegidius 49
Albertshofer, Georg 60, 85
Albinoni, Tommaso 44
Albrecht III., Herzog 17, 199
Albrecht IV., Herzog 10, 17, **18,** 226
Albrecht V., Herzog 10, 17, **18,** 49, 217
Albrecht, Elmar 79, 94
Albrecht, Josef 129
Alexanderfries 100, 168
Alker, Hermann Reinhard 65
Allach, St. Peter und Paul **85**
Altdorfer, Albrecht 18, 98
Altenwohnheim d. Barmh. Schwestern (Berg a. L.) 79
Alter Hof 22, 29, **58,** 59*, 77, 100, 142
Alter Wirt **81**
Altstadtring 75 f, 108
Amerika-Haus 110
Amigoni, Jacopo 186, 196, 204, 220
Ammon, J. I. T. 77
Amort, Caspar 74
Amort, Eusebius 49, 51
An der Kreppe 175, 234
Anatomie **171**
Andersen, Hans Christian 49
Angerer, Fred 66, 75
Angermayer, Christoph 111, 204
[Angertor] 22, 23*
Anschütz-Kaempfe, H. 55
Apian, Philipp 18, 53
Apollinaire, Guillaume 50
Appiani, Pietro Francesco 162
Arabella-Haus 62
Archangelos, Dom 74
Archäologisches Institut 156
Architektengemeinschaft SV (von Seidlein/Fischer/Winkler u. Effinger) 212
Architekturmalerei 25, 25*, **90,** 217
Archive 246 f
›Armeedenkmal‹ 92, 110, 112
Armeemuseum 99
[Armenversorgungshaus] am Gasteig 60
Arnold, Karl 50
Arnulf, dt. König 8
Ärztehaus **77**
Asam, Egid Quirin 27, **30,** 30*, 79, 187, 188, 191, 209, 210 f, 215, 224
Asam, Franz Erasmus 211
Asam, Hans Georg 27
Asam, Kosmas Damian **30,** 30*, 129, 171, 191 f, 196, 211, 215, 216
Asam-(Wohn-)Haus 30, 90, **209,** 209*, 210
Asam-Kirche → St. Johann Nepomuk
Asam-Schlößl ›Maria Einsiedel‹ 25, 25*, 30, 90, **129 f**
Asper, Hans Konrad 109
›Athenäum‹ 154
Aubing, St. Quirin **223**
Auer, Josef 89
Auer, Robert 192
Aufklärung 20, 48, 49
Augustiner-Bräu **161,** 235*
August-Lenz-Haus 183
Aujägermeisterhaus (›Aumeister‹) 82, 84
Auliczek, Dominikus 166, 206
Aussichtspunkte 239
Ausstellungspark 55, **221**
Ausstellungspavillon 42, 58
Automobil-Club München 57
Avaren 8
Aventin(us), Johann 51

B

Baader, Franz v. 51
Baader, Franz Xaver 52
Baader, Joseph v. 53, 54, 204, 207
Bader, Johann Georg 162, 171, 196
Bäßler, Karl 159
Baeyer, A. v. 54
Bajuwaren 8
Balde, Jakob 44, 49, 225
Balticus, Martinus 49
Bamberger Haus **77**
Bandel, Ernst v. 84
Bandkeramik-Kultur 7
Barelli, Agostino **29,** 144, 202, 219
Barth, H. 53
Bary, E. v. 52
Bauer, Wilhelm 54
[Bauerngirgl] 167
Baumhauer, Felix 96
Baumkirchen, St. Stephan **74**
Bavaria **222,** 222*
Bayer. Akademie der Schönen Künste 28, 245
Bayer. Akademie der Wissenschaften 20, 51, 52, 100, 162
Bayer. Berg-, Hütten- u. Salzwerke AG 121, **124**
Bayer. Gemeindebank 75
Bayer. Handelsbank **224**
Bayer. Hypotheken- u. Wechselbank 62, **107,** 107*
Bayer. Landesbank 75, **76**
Bayer. Rückversicherung **208 f**
Bayer. Staatsbibliothek 32, **121 f**
Bayer. Vereinsbank **106**
Bayer. Versicherungsbank 121
Bayer. Kunstgewerbeverein 28
Bayer. Rundfunk **102**
Bayer. Landessozialgericht 121
Bazargebäude 99, 167, **168**
Becher, Johannes R. 50
Beck-Enz-Yelin (Arch.büro) 76
Becker-Gundahl, Karl Johann 191
Befestigung 9, 10, 11, 12, **22 f,** 22*, 23*, 108
Beham, Barthel 26
Behnisch, Günther, und Partner 168, 169
Beich, Franz Joachim 162, 203
Bendel (Maler) 106
Bennosäule 85
Berger, Matthias 86, 103, 106, 111, 136, 137
Bergmann, Josef 65
Bergmüller, Johann Georg 216
Bernabei, Ercole 44
Bernardi, Antonio Maria 197
Bernauer, Agnes 199
Bernheimer-Haus 33, **117**
Bertin, Nicolas 205
Bertsch, Wilhelm 212, 221
Bestelmeyer, German 60, 85, 95, 159, 160, 166, 177, 181, 223

Betz, Walther u. *Bea* 62
Beyrer, Eduard 102, 103
Bibliotheken 247 f
Bidermann, Jacob 48, 49
Bieber, Oswald E. 58, 121, 159
Bierbaum, Otto Julius 50
Birkenholz, Peter 65
Bisselius, Johann 49
Blanchaert (Bildhauer) 102
[Blauententurm] 22, 189
Blauer Reiter 28
Bleeker, Bernhard 60, 99, 136, 147, 208
Blindeninstitut 121, **124**
Bluhm, Alexander 208
Blumenau, Erscheinung des Herrn **217,** 217*
Bluntschli, Johann Kaspar 21, 52
Blutenburg, St. Sigismund **201,** 223
BMW-Verwaltungszentrum **171 f,** 171*
Bodenstedt, Friedrich v. 21, 50, 52
Böhler-Haus 33, **77**
Böhm, Theobald 44
Boemmel, Franz X. 109, 128, 208
Börse, Neue 33, 136
Bogenhausen, St. Georg 31, **75,** 75*
Bomhard, Helmut 64
Bonato, Carlo 132
Bonatz, Paul 65
Bongratia von Bergamo 51
Boos, Roman Anton 51, 97, 99, 149, 172, 189, 206, 211, 219
Bosl, Heinz 48
Brahms, Johannes 45
Branca, Alexander v. 62, 70, 98, 118, 131
Branschowsky, Franz 128
Brantan, Josef Anton 74
Braun, Heinrich 51
[›Braunes Haus‹] 76
Brecht, Bertolt 50
Brenni, Giovanni 220
Brenninger, Georg 109, 140, 141
Brentano, Clemens 49
Bresgen, August 116
Brienner Straße 20, **75 f,** 226
Brinkmann, Waldemar 117
Britting, Georg 50
Bronzezeit 7
Bruckner, Anton 45
Brugger, Friedrich 114, 137, 183, 214
Brunnen
Augia-Brunnen **120**
Brunnenbuberl 161
Daphne-Brunnen 170
Faunbrunnen 208
Fischbrunnen 108, 131, 161
Fischerbuberl-Brunnen 224
Glaspalast-Brunnen 169
Heinrich-Heine-Brunnen 112
Hubertusbrunnen 33, 130, 144, **224 f,** 225*
Karl-Amadeus-Hartmann-Gedächtnisbrunnen 136
Kennedy-Brünnlein 63
Kronprinz-Rupprecht-Brunnen 147
Merkurbrunnen 215
Moses-Brunnen 117
Neptunbrunnen 58
Nornenbrunnen 136
Pinienzapfenbrunnen 181
Prinzregent-Luitpold-Brunnen 76
Radl-Brunnen 97
Rindermarktbrunnen 186
Ruederer-Brunnen 103
Salome-Brunnen 161
St.-Benno-Brunnen 86
Vater-Rhein-Brunnen 33, **120**
Volkssänger-Gedenkbrunnen 224
Wedekind-Brunnen 225
Wittelsbacher Brunnen (Lenbachpl.) 33, **117,** 117*, 136, 143, 146
Wittelsbacher Brunnen (Residenz) 29, 143, **146**
[Brunnenhoftheater] 142
Buchert, Hermann 74
Buchner, Eduard 52
Buchner, Georg Wolfgang 65, 96
Buchner, Max 55
Bücklers, Karl 225
Bülow, Hans v. 45
Bürgeraufstände (u. Revolution) 9, 10, 15
[Bürgerliche Hauptwache] 131
Bürgermeister, Münchner 16
Bürklein, Friedrich **32,** 32*, 54, 65, 136, 138, 141, 154, 156, 169, 214
Bundesfinanzhof **103**
Bunte, Hans 54
Burger (Bildhauer) 195
Burgfriedenssteine, -säule 81, 82, 221
Burg Grünwald **226 f**
Burgstraße **77,** 234
Burkart, Albert 96, 224
Burmeister, Enno 130, 175, 208, 210
Busch (Bildhauer) 195
Bustelli, Franz Anton 20, 27, 166
Butenandt, Adolf F. J. 52

C

[Café Tambosi] 168
Candid, Peter 26, 62, 88, 89, 105, 106, 135, 164, 190, 196
Cannabich, Christian 44
Canova, Anton 148, 207
Canzler, Johann Benno 188
Carbonet, Charles 199, 205
Carl-Orff-Saal 45, 60
[Carlstadt] 104, 203, 207
Casagrande, Peter 217
Caspar, Karl 90, 129
Castello, Gg. u. *M.* 164
Castner, Caspar 51
Catani, Stefano 203
Celibidache, Sergiu 45
Chinesischer Turm (mit Wirtshaus) 82*, 83*, 84
Chorherr, Georg 116
Christ, Lena 50
Christoph, Herzog 59
Clara-Ziegler-Stiftung, → Deutsches Theatermuseum
Conrad, Michael Georg 50
Corelli, Arcangelo 44
Corlando, Johann Bapt. 184, 197
Cornelius, Peter 27, 66, 99, 115, 123
Coster, Charles de 49
Cramer-Klett (später MAN) 58, 96
Crayer, Caspar de 220
Cube, Gustav v. 183
Cuvelliés, François d. Ä. 30, **31,** 46, 97, 106, 107, 142, 143, 144, 145, 148, 174, 175, 184, 196, 202, 203, 204, 206, 207, 219
Cuvilliés, François d. J. 108, 184, 190, 219
›Cuvilliéstheater‹ → Residenztheater, Altes

D

Dachauer-Schleißheimer Kanal 104
Dahn, Felix 21, 50, 52
Damenstift 121
Damian, Hieronymus 88
Daser, Ludwig 44
Daudet, Alphonse 50
Davis, Colin 45
Degle, Franz Xaver 188, 223
Degler, Johannes 84, 171
Deiglmayr, Ludwig 84, 110
Deinniger, Franz 156
Denis, Paul v. 65
Denkmäler
Armee-Dkm. 110, 112, 167
F. Bezold 166
General Deroy 137
Jos. v. Fraunhofer 137
Friedensengel 21, **91,** 91*, 175
F. v. Gärtner 123
Chr. W. Gluck 183
J. W. v. Goethe 136
W. Götz 128
E. v. Grossi 166
dt. Kavallerie 208
L. v. Klenze 123
Kriegerdenkmal **99**
[X. A. W. v. Kreittmayr] 183
O. di Lasso 183
J. v. Liebig 136
Ludwig I. 167
Ludwig II. 103

noch **Denkmäler**
Luitpold 177
Max I. Joseph 54, **139**
Max II. 137
Max Emanuel 183
Maximilian I. 226, 226*
Otto v. Wittelsbach 99
M. v. Pettenkofer 136
Pfalz-Stein 136
R. Wagner 182
Rumford 82, 137
F.W. Schelling 137
F. v. Schiller 136
Schmied von Kochel 174
F. L. v. Sckell 84
General Tilly 167
R. v. Werneck 84
L. v. Westenrieder 183
General Wrede 167
Dennerlein (Bildhauer) 65
Desgots, Claude 196, 199
Desmarées, George **30,** 30*, 79, 184, 186, 205, 220
Destouches, Ernst v. 193
Deutsche Bank/Bayer. Börse **117**
Deutsche Beamtenversicherung 116
Deutsche Werkstätten 28
Deutscher Alpenverein 57
Deutscher Touring Club 57
Deutscher Werkbund 28, 180
Deutsches Theater 48, **208**
Diefelder, Heinrich 164
Diess, Wilhelm 50
Dietrich, Joachim 107, 144, 149, 184, 204
Dietrich, Michael 184
Dietrich, Wendel 116, 162, 164
Dietz, Elmar 60, 88, 120, 122, 136, 214
Dingelstedt, Franz v. 47
Disconto-Gesellschaft 76
Ditsch, Johann Georg 79
Döllgast, Hans 66, 108, 122, 128, 194
Döllinger, Ignaz v. 108
Dollmann, Georg 102
Domfreiheit **86**
Dominicus a S. Euphrosina, Fr. 170, 190
Dörfler, Peter 50
Doerner-Institut 70
Dorner, Johann Conrad 123
Dosch, Michael 128
Dresdner Bank **183**
Drever, Heinrich 217
Drexel, Jeremias 49
Drexler, Franz 137, 211
Drollinger, E. 93
Drumm, August 175
Dubut, Charles Claude 196, 202, 205, 206
Dülfer, Martin 92, 117, 118, 130, 156
Düll, Heinrich 91, 161, 183
Dulten 56, 136, **193**
Dürck, Friedrich 203
Dürr, Ferdinand 217
Dürr, Hermann 110
Dumanski, Johannes 171

E

Ebbinghaus, Carl 174
Eberhard, Konrad 207, 215, 220
Eberle, Syrius 120
Ebert, Walter 222
Eberz, Josef 89, 96
Echter, Michael 65
Eckert, G. 169
Eckstein, Ernst 186
Effner, Josef **30,** 30*, 92, 149, 186, 196, 202, 204, 205, 206, 207
Effner, Karl 92, 103, 136, 199
Egk, Werner 45, 47, 142
Egkl, Wilhelm 100, 100*, 142
[›Ehrentempel‹] 76, 112
Eichberg, Werner 102
Eichinger, Johann Nepomuk 121
Eilles-Hof **186,** 234
[Einlaßtor → Schiffertor]
Einstein, Albert 52
Eisele, Günther 217
Eisner, Kurt 15, 21
Eiszeiten 6
Elf Scharfrichter 48, 50
Elsässer, Hubert 88
Elßler, Fanny 47
Elsner, Josef 162
[Englisches Café] 117
Englschalking, St. Nikolaus **85,** 85*
Entres, J. D. 189
Erber, Josef 224
Erbfolgekrieg
Bayer. 12
Landshuter 10, 18
Österr. 12, 19
Spanischer 11f, 19, 196, 202
Erdle, Tilmann 193
Erhart, Michael 90, 91*, 116
Erlacher, Peter 214
Erler, Fritz 221
Ertl, A. W. 51
Esterer, Rudolf 45, 84, 100
Ett, Kaspar 44
Ettenkofer, Johann Georg 161, 170, 215
Everding, August 47

F

Fahr,
Faistenberger, Andreas 27, 79, 89, 161, 162, 171, 188, 220
Falckenberg, Otto 48
Fassadenmalerei 25, 25*, 90, 217
Feichtmayr, Franz Xaver d. Ä. 203
Feichtmayr, Franz Xaver d. J. 51, 80, 111, 161, 220
Feldherrnhalle 20, 32, **167,** 167*, 186, 214
Feldmoching, St. Peter und Paul **85**
Ferdinand II., dt. Kaiser 11
Ferdinand III., dt. Kaiser 11
Ferdinand Maria, Kurfürst 11, 17, **19,** 219
Fernsehturm 168f, 169*
[Festspieltheater (Projekt von Semper)] 21, 48, 99, 103
Feuchtwanger, Lion 50
Fiaker 237
Fichtl, Josef 170
Fick, Roderich 77, 116
Fiechter, Ernst Robert 94
Filchner, Wilhelm 52
Filler, Ferdinand 129, 225
Filmkunsttheater 245
Fincke & Vent (Arch.) 161
Finsterwalder, Ulrich 64, 99
Fischer, Alexander 183
Fischer, Carl 92, 208
Fischer, Ernst Otto 52
Fischer, G. 93
Fischer, Hans 52
Fischer, Johann Michael **31,** 75, 78, 88, 97, 135, 172, 191, 210, 227
Fischer, Josef Anton 129
Fischer, Karl 110, 141
Fischer, Karl v. **32,** 32*, 46, 52, 58, 75f, 108, 110, 111, 112, 114, 118, 135, 136, 139, 140, 145, 146, 155, 207, 224, 226, 227
Fischer, Theodor 28, 70, 74, 91, 165, 175, 176, 223
Fleischer, Ernst Philipp 103
Flinz 6
Floßfahrten 237
Floßmann, Josef 175, 190
Flüggen, Josef 138
Flughafen Oberwiesenfeld 168
Föhn 7
Foltz, Ludwig 86, 99, 184
Forstenried, Heiligkreuz **86,** 86*
Frauengebäranstalt (heute: Postgiroamt) 32, **214**
Frank, Hans 164
Frank, Sepp 89
Franz I., österr. Kaiser 13
[Franziskanerkloster] 140, 224
Frasch, Edgar 62
Fraunhofer, Joseph v. 53, 54
Freiham, Heiligkreuz **91**
Freiheits-Aktion Bayern 15
Freimann, St. Nikolaus **97**
Freimaurerei 51
Frey, Joseph 84, 99
Frey-Hock, Kathrin 96
Freymuth, Emil 101
Fricsay, Ferenc 45
Friedensengel 21, **91,** 91*, 175
Friedhöfe
Bogenhausen 75, 235
[Frauenfriedhof] 86
Haidhausen 111
Israelit. Friedhöfe (Alter u. Neuer) 80, 235
Italien. Militärfriedhof 92
Kriegsgräberstätte München 92

Neuhausen **226**
Nordfriedhof, Alter **62,** 234
Nordfriedhof, Neuer **223,** 235
Oberföhring 160
Obermenzing 81
Ostfriedhof **194,** 235
Pestfriedhof (= Friedhof v. d. Sendlinger Tor) → Südl. Friedhof
[Petersfriedhof] 116, 187
[Salvatorfriedhof] 190, 191
Sendling (alter Friedhof) 174
Südlicher Friedhof 105, 106, **217f,** 218*, 235
Waldfriedhof **92,** 235
Westfriedhof **66**
Friedrich I. Barbarossa, dt. Kaiser 9
Friedrich III., dt. Kaiser 10
Fröhlich, Joseph A. 135
Fröttmaning, Heilig Kreuz **115,** 115*
Fuchs, Georg 129
Fuchs, Johann Nepomuk v. 54
Fürstengrüfte **43,** 88, 90, 108, 164, 220f
Fürstenried, St. Matthias **62**
Fuetrer, Ulrich 49, 133, 190, 201, 226
Fugel, Gebhard 123
Fugger, Jakob 49
Funkh, Jakob 85
Fußgängerbereich 108, 161, 237

G

Gabelsberger, Franz Xaver 54
Gablonsky, Fritz 111, 120
Gabrieli, Giovanni 44
Gärten → Grünanlagen
Gagern, Jürgen v. 156
Galeriegebäude 66, **92f**
Gall, Leonhard 176
Gallmayr, Josef 53
Garibald I., Herzog 8
Gärtner, Andreas 101, 135, 140, 145, 155, 162, 174
Gärtner, Friedrich v. 28, **32,** 32*, 60, 65, 70, 75, 76, 95, 96, 118, 120f, 121, 122, 124, 167, 182, 214, 215, 217, 222, 227
Gärtnerplatz (-viertel) 84, **93**
Gaspari, Giov. Paolo 184
Gasteiger, Matthias 81, 161
Gau, Franz Christian 95
Gedon, Lorenz 180, 190
Gegenbaur, Joseph Anton 111
Gegenreformation 10, 18, 164
Geibel, Emanuel 50
Geiger, Rupprecht 65
Gemäldegalerie 18, 20, 27, 99
Generalplan/Stadterweiterung 27, 32, 112, 155, 212 (→ a. Stadterweiterungen)
George, Stefan 50, 50*
Georgianum 120, **182**
Georgii, Theodor 88, 221
Gerbl, Heinrich 65
Gerg, Blasius 90, 109, 171
Gerhart, Hubert 18, 26, 88, 89, 99, 128, 131, 143, 146, 147, 149, 163, 164
Gerkam-Marg & Partner 84
Geyer, Wilhelm 88, 102
Giesing, Heiligkreuz **102,** 104
Giesler, Hermann 65, 182
Gießl, Leonhard Matthäus 75, 111, 184
Giovanni da Bologna 164
Girard, Dominique 92, 199, 205
Gitzinger, Peter 89
[Glaspalast] 21, 28, 54, 58, 176
Glink, Franz Xaver 188
Glockenbecherleute 7
Glockenspiel 132, 237
Glötzle, Ludwig 104, 216
Goebel, Karl v. 156
Gogel, Toni 79
Görig, Alfred 76
Görres, Joseph 49, 52
Goethe, Johann Wolfgang von 28, 49, 54, 58
Gottgetreu, Rudolf Wilhelm 136, 137
Gottstein, Karlheinz 217
Gotzkirchner, Sigmund 51
Grässel, Hans 62, 80, 92, 124, 129, 172, 193, 194, 223
Gräßl, Ignaz J. 173
Graf, Oskar Maria 50
Graff, Jakob 65
Grahn, Lucile 47
Grass, Klaus-Ulrich 170
Grasser, Erasmus 18, 26, 63, 88, 133, 173, 188, 189, 194*, 201
Graßmann, Günther 132
Graubner, Gerhard 141
Gregorianisches Seminar **98**
Greif, Johann Georg 188, 216, 216*
Greif, Martin 50
Gribl, Jörg 213
Groff, Charles de 205
Groff, Guillaume (Wilhelm) de 199, 205, 206
[Großhesseloher Brücke] 21, 54, 54*, **96**
Großmann, Günter 60
Grünanlagen
Botan. Garten, Alter 52, **58**
Botan. Garten, Neuer 42, **156,** 157*
Englischer Garten 20, 53, **82ff,** 82*, 83*, 175
Eschenanlage 136, 215
Finanzgarten 112
Flaucheranlagen 103
[Herzoggarten] 81
Hofgarten 18, 26, 92, **98ff,** 144, 175
Hirschgarten **98**
Isaranlagen **103**
Isarinsel Oberföhring **103**
Landschaftsschutzgebiet Isarau 84
Luitpoldpark 77, **128**
Maximiliansanlagen 103
Nymphenburg **205ff,** 206*
Olympiapark **168f,** 169*
Ostpark **170**
Schleißheim 198*, **199**
Schwabinger Schuttberg 128
Südliche Isarauen 103
Tierpark Hellabrunn **212f,** 213*
Westpark **225**
Grzimek, Günther 168
Gsaenger, Angela 166
Gsaenger, Gustav 166, 193, 221
Günther, Ignaz 20, 27, **31,** 31*, 74, 75, 78, 88, 89, 90, 95, 97, 109, 136, 161, 161*, 162, 188, 189, 192, 194, 196, 204, 206, 211, 219, 227
Günther, Matthäus 135
Günther-Haus **194**
Günz-Eiszeit 6
Guggenbichler, Meinrad 74
Gulbransson, Olaf 50
Gumpp, Johann Anton 27, 109, 162, 197f, 199, 203
Gundelfinger, Andreas 163
Gunetzrhainer, Ignaz Anton 80, 185, 187, 188, 202
Gunetzrhainer, Johann Baptist 79, 98, 184, 185, 225
Gunetzrhainer, Martin 111
Gunetzrhainerhaus 183, **184**
Gustav Adolf, König von Schweden 11, 63
Guthensohn, Johann Gottfried 95

H

Haas, Richard 90, 217
Hackelsberger, Christoph 97
Hackerbrücke **97**
Hackerhaus, Altes **212**
Hackl, Gabriel 195
Hadamar von Laber 49
Häberl, Franz Xaver 53, 227
Häringer, Joseph 136
Härtl, P. R. 164
Hager, Franz Leopold 135
Hahn, Hermann 60, 175, 190
Haidhausen, St. Johann Baptist (alte Pfarrkirche) **111,** 111*
Haidhausen, St. Johann Baptist (neue Pfarrkirche) 45, 102, **103f**
Haiger, Ernst 58, 110
Haimhausen, Sigmund v. 165
Haindl, Friedrich 116, 224
Haindl, Franz 101
Halbe, Max 50
Halbig, Johann 76, 96, 137, 214
Halbreiter, Ulrich 123
Haller, Johann Nepomuk 114

Haller v. Hallerstein, Karl 114
Hallstattkultur 7
Halm, Hermann 120
Hamilton, Franz de 204
Hammel, Anton 64
Hanauer, Ernst 156
Hanfstaengl, Franz 28, 54
Hansjakob, Gottfried 103
Harbers, Guido 101
Harlaching, St. Anna **97**
›Harmlos‹ 82
Hart, Franz 227
Hartlieb, Johannes 51
Hartmann (Bildhauer) 65
Hartmann, Karl Amadeus 45
Hasenbergl, St. Nikolaus **214**
Haßler, Benedikt 78
Hauber, Joseph 90
Hauberrisser, Georg v. 131, 156, 177, 194f
Hauptbahnhof 21, 32, 54, **65f,** 65*
Hauptmünzamt **100f,** 101*, 136
Hauptpost 31, 139, **185**
Hauschild, Wilhelm 138, 149
Haus der Kulturinstitute **156**
Haus der Kunst 28, 82, 175, **176,** 176*
Haus des deutschen Ostens **61**
Haus des deutschen Rechts 121
Hauser, Franz 44
Haustypen Münchens **24f,** 61f
Hebbel, Friedrich 48, 50
Heigl, Johann Martin 135, 203
[Heiliggeistspital] 215, 224
Heilmaier, Max 91
Heine, Heinrich 49
Heine, Thomas Theodor 50
Heinle, Wischer u. Partner 169
Heinrich II., dt. Kaiser 8
Heinrich I., dt. König 8
Heinrich II., der Zänker, Herzog 8
Heinrich der Löwe, Herzog 8, 9
Heinrich von München 49
Heinrich von Straubing 86
›Heinrichstadt‹ 22, 61, 186
Heisenberg, Werner 52
Heiß, Hans 187
Helbig, Henry 58, 93, 110
Held, Hans Ludwig 55
Hellweger, Franz 123
Helterhof, Philipp 75
Hemmel von Andlau, Peter 26, 88
Henriette Adelaide von Savoyen, Kurfürstin 27, 44, 80, 202, 205, 219
Henselmann, Josef 76, 86, 87, 96, 117, 131, 186, 224
Herbergen 175, 226, 234
Herbert, Eduard 156
Herigoyen, Joseph Emanuel v. 58, 140, 183, 190, 215
Heringer, Joseph 74
Hermann, Karl 123
Herrmann, Ludwig 121
Herzog-Max-Burg **117**
Hertz, Wilhelm 50
›Herzogenmeister‹ 88, 89
Herzogspital **98**
Heß, Heinrich 108, 129, 135
Heß, Peter 99
Heyse, Paul 21, 50
Hieber, Gelasius 49, 51
Hildebrand, Adolf v. 21, **33,** 33*, 91, 120, 130, 177, 180, 221, 224
Hildebrandhaus 33, **130**
Hiltensperger, Johann Georg 99, 185
[Hiltlhaus] 174
Himbsel, Johann Ulrich 59, 117, 156, 168, 170, 190, 212, 224
›Himmelsleiter‹ 24, 78, 194, 208
Hindemith, Paul 47
Hirschau 82, 83*
Historische Gaststätten und Hotels
Alter Wirt **81**
Altes Hackerhaus **212**
[Bauerngirgl] 167
Bürgerhaus **171**
[Café Tambosi] 168
Chinesisches Wirtshaus 84
Gaststätte zur Hundskugel **102**
Hotel Vierjahreszeiten **137**
Weinhaus Neuner **98**
Weinstadl **77f**
Hittorf, Jacques Ignaz 154
Hocheder, Carl (Karl) 64, 139, 184, 190
Höchl, Josef 171, 227
Hoefnagel, Georg 26
Hofreitschule (u. Marstall) **135,** 207
Hofbräuhaus **62**
[Hofgartenkaserne] 99
Hofgartentempel 29, **99**
Hofgartentor 32, **99,** 99*, 167
Hofmann, Konrad v. 192
Hofmann, Martin 193
Hofmannsthal, Hugo von 48
Hofmiller, Josef 50
Hofpfisterei **172**
Holozän 6
Holzbauer, Georg 128
Hölzle, Josef 94
Holzner, Richard 89
Hoepf, Karl 166
Horemans, Peter Jakob 204, 216
Hörmann, Fr. Johann 163, 164
Hörmannstorfer, Ambrosius 207
Hörmannstorfer, Martin 172
Hoetzer, Stephan 192
Höß, Franz 204
Horn, Carl Theodor 108
Hotel Bayerischer Hof 183
Hotel Vierjahreszeiten 136, **137**
Houard (frz. ›Eisenträxler‹) 92
Huber, Karl 171, 217
Huber, Kurt 45, 60
Hügel, Heinrich 65
Hürlimann, Ernst 84
Huetter, Georg 102
Hundskugel **97, 102**
Hundt, Wiguläus 51
Hunnemann, Albert 123
Hypo-Bank-Verwaltungszentrum **62,** 62*

I

Ibsen, Hendrik 48, 50
IGA (Intern. Gartenbau-Ausst.) 83 15, **225**
Ignaz-Günther-Haus 192, **194**
Ihne, Ernst Eberhard 180
Illumination 240
Informationsstellen 241
Isartalverein 55
Isartor 22, 134, 134*, **215**
[Isartortheater] 140, 215
Isenring, Johann Baptist 54

J

Jacobi, Friedrich Heinrich 52
Jacobs, Friedrich 52
Jansen, Ulfert 221
Jaud, Franz 80
Jean Paul 49
Jensen, Herbert 108, 161
Jesuitenkolleg 29, 94
Johanneskirchen, St. Johann Baptist 31, **95,** 95*
Jolly, Philipp Gustav 21, 52
Jörg von Halsbach 26, **29,** 29*, 86, 89, 116, 132, 173, 201
Jörg von Weikertshofen 226
Josef II., dt. Kaiser 12
Joseph Clemens, Erzbischof von Köln 78
Joseph I., dt. Kaiser 11
[Josephsburg] 78
[Josephspital] 98
Jugendbibliothek, Internationale 199, 201
[Jungfernturm] **104**
Jungsteinzeit (Neolithikum) 7
Justizgebäude, Neues 81, 117, **175**
Justizpalast 21, 33, **81,** 81*, 175

K

Kabasta, Oswald 45
Kafka, Franz 50
Kammerspiele (im Schauspielhaus) 48, **137,** 137*
Kanalsystem **104f,** 105*
Kandler, Agnellus 49, 51
Kanzler, Joseph Heinrich 162
Kapuzinerkloster **105**
Karl der Große, dt. Kaiser 8
Karl IV., dt. Kaiser 10
Karl V., dt. Kaiser 10

Karl Albrecht, Kurfürst (als *Karl VII.* dt. Kaiser) 12, 17, **19,** 203, 207
Karl Theodor, Kurfürst 12, 17, **20,** 44, 67, 82, 184
Karlsplatz (›Stachus‹) **108**
Karlstor (u. -rondell) 22, 33, 108, 108*, 136
Karlstadt, Liesl 48, 224
[Karmeliterinnenkloster] **189f**
Karolinenplatz 75, **107f,** 155
Karolinger 8
Kartenvorverkauf 241
Karth, Heinrich 188
Kaspar, Hermann 62, 94, 98, 144, 160, 161, 162
Kaufhaus Hertie **66**
Kaufhaus Karstadt/Haus Oberpollinger **161**
Kaufhof 108
Kaufingerstraße **110**
Kaufmann, Hugo 120, 215
Kaulbach, Friedrich 154
Kaulbach, Wilhelm v. 70, 99, 121, 154
Keck, Joseph 208
Keilberth, Josef 45
Keller, Gottfried 50
Kelten 8
Kempe, Rudolf 45
Kergl, Carl 110
Kerll, Johann Kaspar 44
Kerschensteiner, Georg 52
Kerschensteiner Kolleg 159
Kiessler, Uwe 208
Kiessling, Franz 79
King, Philipp 84
Kirchen und Kapellen
Allerheiligen-Hofkirche 32, **134,** 145
Allerheiligenkirche am Kreuz 29, 31, **116,** 116*
Altöttinger Kapelle **102**
›Asamkirche‹ → St. Johann Nepomuk
Augustinerkirche St. Johann Ev. u. Bapt. 26, **164f,** 165*
Bürgersaal 31, **161f**
Dom → Frauenkirche
Dreifaltigkeitskirche 29, 30, 31, 80, **170f,** 170*, 190, 215
Erlöserkirche **223**
Erscheinung des Herrn (Blumenau) **217,** 217*
[Franz-von-Paula-Kapelle] 128
Frauenkirche 18, 26, 29, 31, **86ff,** 86*, 87*, 89*
Heiliggeistkirche 30, **215ff,** 215*, 216*
[Hl. Kreuz auf dem Adelsberg] 85
Heiligkreuz (Forstenried) **86,** 86*
Heiligkreuz (Freiham) **91**
Heilig Kreuz (Fröttmaning) **115,** 115*
Heiligkreuz (Giesing) **102,** 104
Herz-Jesu-Kirche **116**
Hofkapelle in der Residenz 19, 44, 143
[Kapelle der Engl. Fräulein] 27
Karmelitenkirche 27, **109,** 109*
Kreuzkapelle (bei St. Michael S. J.) **164**
Leiden Christi (Obermenzing) 80, **96**
[Maria-Einsiedel-Kapelle] 130
Maria Königin des Friedens **223f**
Maria Schutz (Pasing) 61
Maria Trost (Neuhausen) 116, **225f**
Mariae Geburt (Pasing) 61
Mariahilf (in der Au) 102, 104, **128f**
Marienkirche → Frauenkirche
Reiche Kapelle in der Residenz 19, **143,** 149
Renatuskapelle 197
Salvatorkirche 89, **190f,** 190*
Schmerzhafte Kapelle **105f,** 106*
[Sebastianskapelle im Rosental] 217
[Seminarkapelle St. Maria und Gregorius] 98
Theatinerkirche St. Kajetan 19, 27, 29, 31, **219ff,** 219*, 220*
[Wieskapelle] 187, 189
St. Achaz **85**
St.-Anna-Damenstiftskirche 19, 30, **79f,** 79*
St.-Anna-Klosterkirche (Lehel) 19, 27, 30, 31, **191,** 191*, 192*
St.-Anna-Pfarrkirche (Lehel) 33, **191**
St.-Anna-Wallfahrtskirche (Harlaching) **97**
St.-Anton-Klosterkirche **105**
St. Benno **85**
St. Bonifaz 20, **108f,** 109*, 113
St. Elisabeth [›Herzogspitalkirche‹] **98**
St. Elisabeth (Mathildenstr.) 31, **135f,** 135*
St. Georg (Bogenhausen) 31, **75,** 75*
St. Georg (Milbertshofen) **156**
St. Georg (Obermenzing) **80f**
St. Hildegard (Pasing) **171**
St. Ignatius (Neuhadern) **96**
St. Jakob am Anger 26, 192
St. Johann Baptist (alte Pfarrkirche von Haidhausen) **111,** 111*
St. Johann Baptist (neue Pfarrkirche von Haidhausen) 45, 102, **103f**
St. Johann Baptist (Johanneskirchen) 31, **95,** 95*
St. Johann Baptist (Solln) **98**
St. Johann Ev. u. Bapt. (Augustinerkirche) 26, **164f,** 165*
St. Johann Nepomuk (›Asamkirche‹) 19, 30, 31, **210f,** 210*, 211*
St. Johann von Capistran (Steinhausen) **96**
St. Joseph **104**
St. Kajetan (Theatinerkirche) 19, 27, 29, 31, **219ff,** 219*, 220*
[St. Karl Borromäus] 128
St. Laurentius **166**
[St. Lorenz, Hofkapelle] 59, 59*
St. Lorenz (Oberföhring) **160**
St. Ludwig 32, 120, 121, **122f,** 122*, 123*
St. Lukas **129,** 129*
St. Magdalena (Nymphenburg) **203f**
St. Margaret (alte Pfarrkirche von Sendling) **173f,** 174*
St. Margaret (neue Pfarrkirche von Sendling) **128**
St. Maria Ramersdorf **63,** 95
St. Maria Thalkirchen **90,** 90*, 91*
St. Martin (alte Pfarrkirche von Moosach) **135,** 135*
St. Martin (Untermenzing) 18, 84, 84*
St. Matthäus 165, **166,** 166*, 190, 212
St. Matthias (Fürstenried) **62**
St. Max und Rochus 227
St. Maximilian **65**
[St.-Maximilians-Kapelle] 208
St. Michael SJ. 18, 26, 29, **162ff,** 163*, 164*, 188
St. Michael (Berg am Laim) 19, 31, **78f,** 78*, 79*
St. Michael (Lochhausen) **208**
St. Michael (Perlach) **172,** 172*
St. Nikolai (Gasteig) **102,** 102*
[St. Nikolai, Schwabing] 74
[St. Nikolaus auf dem Haberfeld] 88, 89
St. Nikolaus (Englschalking) **85,** 85*
St. Nikolaus (Freimann) **97**
St. Nikolaus (Hasenbergl) **214**
St. Paul 102, **194f,** 195*
St. Peter (›Alter Peter‹) 26, 30, 31, **186ff,** 187*, 188*, 189*
St. Peter und Paul (Allach) **85**

noch **Kirchen u. Kapellen**
St. Peter und Paul (Feldmoching) **85**
St. Quirin (Aubing) **223**
St. Rupert 33
St. Sigismund (Blutenburg) 29, **201,** 223
St. Stephan (am Südfriedhof) **217,** 217*
St. Stephan (Baumkirchen) **74**
St. Sylvester **74,** 74*
St. Theresia 109
St. Ursula 33, **104**
St. Wolfgang (Pipping) 18, 29, **172f,** 173*, 223
Kirchgrabner, Anton 135, 227
Kirchner, Heinrich 96
Kirsten, Helmut 122
Kirzinger, Franz 91, 161, 162
Kitzer, Adalbert 128
Klages, Ludwig 55
[Klarissenkloster] 224
Klaus-Mann-Archiv 50
Klein, Richard 118
Kleinschmidt, Wilhelm 121
Klenze, Leo v. 27, **32,** 32*, 66, 75, 76, 80, 82, 92, 99, 107, 110, 112, 113, 114, 120f, 121, 122, 134, 135, 136, 139, 140, 141, 146, 149, 154, 155, 156, 164, 166, 167, 168, 174, 185, 196, 203, 207, 208, 215, 220, 221, 222, 226
Klima 7
Klinner, Werner 55
Klucker, Hans 132
Knab, Ferdinand 65
Knabl, Joseph 88
Knappe, Karl 88, 89, 99, 116, 166, 226
Knappertsbusch, Hans 45
Knidlberger, Luis 101
Knoll, Konrad 108, 131, 132, 161
Knoller, Martin 161, 162, 162*
Kobell, Franz v. 54
Kobus, Kathi 48
Koch, Johann Karl 108, 134
Kögel, Linda 223
Kögelsberger, Philipp Jakob 78, 174, 190, 204
Köhler, Karl 116
Kolb, Annette 49, 50
Koller, Friedrich 109
[Komödienhaus (Nymphenburg)] 46
Komturei des Templerordens **74**
Kongreßsaalbau des Deutschen Museums **160**
Königsplatz 20, 75, **112,** 155
Konzerte, Konzertsäle **231f,** 241f
Koeppen, Wilhelm 60
Korn, Simon 195
Körner, Karl 204
[Kosttor] 22
Kranzberger, Josef 123
Kratz, Walter 182
Kratzer, Nikolaus 51
Krauß, Clemens 45
Kreittmayr, X. A. Wiguläus von 51, 77
Kreling, August v. 154
Kreuter, Franz Jakob 139, 156, 222, 223
Kriechbaum → Neunhauser, Ulrich
Kriechbaumhof **226**
Kriegsministerium **121,** 121*
Kristallnacht 15
Kroetz, Franz Xaver 48
Kroher, Karl 122
[Krumbleinsturm] 22
Krumper, Hans 26, **29,** 84, 87, 88f, 99, 116, 128, 131, 143, 144, 165, 184, 189, 217
Kruska, Peter 225
[Kufringerturm] 22, 110
Kulturzentrum am Gasteig 50, **60f,** 61*
Kunstausstellungsgebäude 112, **113**
Kunstverein München 28, 42, 93, 99
Kunstvereinsgebäude 175
Künstlerhaus 33, **117f,** 117
[Künstlertheater] 48, 221, 221*
Kunz, Ludwig Adam 130
Kunz, Therese von 48
Kuppelmair (Baumeister) 105, 106
Kurz, Erwin 175
Kurz, Michael 223
Kurz, Otto Orlando 156
Kutscher, Arthur 48

L

Lacher, Max 88
Lachner, Franz 44
Lamine, Peter Simon 207
Lamont, Johann v. 52
Landauer, Herbert 182
Landesbausparkasse 110
Landeszentralbank **121**
Landratsamt München **128**
[Landschaftsgebäude] 131f
Lang, Anton 136
Lange, Ludwig 86, 138, 154
Langer, Robert v. 111, 121, 227
Lankensperger, Georg 53
Lanz, Peter 137
Lasné, Otto 76
Lasso, Orlando di 18, 44, 45*, 62
Latènezeit 7
Laue, Max v. 55
Lautensack, Heinrich 50
Lautenschläger, Karl 47, 55
Lazzarini, Joseph 114
Lechner, Johann Baptist 84
Leeb, Johann 114, 217
Lehmann, Gerhard 212
Leib, Georg 105
Leibniz, Gottfried Wilhelm 51
Leinberger, Hans (u. Umkreis) 89
Leitenmeier, Manfred 172
Leitenstorfer, Hermann 74, 135, 193
Lenbach, Franz v. 28, **33,** 33*, 118, 124, 181*
Lenbachplatz **116f**
Lenin, Wladimir J. 14, 50
Lenz, Heinrich 189
Leopold I., dt. Kaiser 11
[Leopoldpark] 118
Leopoldstraße **118,** 121
[Leprosenhaus Schwabing] 74, 102
Lespilliez, Karl Albrecht v. 92, 99, 174, 184
Lessing, Gotthold Ephraim 48, 49
Leuthner, Wolfgang 74, 220
Levi, Hermann 45
Lex Baiuvariorum 8
Liberi, P. 220
Lichnowsky, Mechthilde 50
Liebig, Justus v. 51*, 52, 54
Lill, Hansjakob 214
Linde, Carl v. 54
Lindemann, Gerd 60
Lindenschmit, Wilhelm 99, 174
Lindmayr, Anna Maria 170
Lippe, E. v. d. 156
Littmann, Max 47, 48, 62, 66, 76, 121, 137, 161, 171, 180, 182, 183, 212, 221
Lochbrunner, Franz 85
Loeber, Max 185
Lömpel, Heinrich 117
Lorch, Franz 96
Lorch, Josef 79, 211
Lorenz, Konrad 52
Lossow, Arnold Hermann 114
Loth, Karl 188, 189, 220
Loth, (Johann) Ulrich 88, 89, 164, 188
Louis, Rudolf 45
Löwel, Friedrich 194, 216
›Löwenturm‹ 186
Ludwig, Peter 156
Ludwig IV., der Bayer, Kaiser 9f, 17, 49, 51, 59, 215
Ludwig der Deutsche, dt. König 8
Ludwig I., König 13, 17, **20,** 46, 66, 70, 76, 94, 120, 122, 145, 182, 184, 214, 222
Ludwig II., König 14, 17, **21**
Ludwig III., König 14, 17, **21,** 76
Ludwig I., der Kelheimer, Herzog 17, 215
Ludwig II., der Strenge, Herzog 17, 224, 226
Ludwig X., Herzog 18
Ludwig der Gebartete, Herzog 10
Ludwig der Reiche, Herzog 94
Ludwig-Maximilian-Universität 10, 13, 32, 51, 52, **60,**

60*, **94f,** 120, 121, 162, 182
Ludwigsbrücke **120,** 155
Ludwigstraße 28, 32, 118, **120f,** 120*, 136, 214
Ludwigvorstadt 212
[Lueginsland] 22, 134, 134*
Luidl, Gabriel 102
Luitpold v. Kärnten, Markgraf 8
Luitpold, Prinzregent 14, 17, **21**
Luitpoldblock 76
Luitpoldinger 8
Luitpoldterrasse → Prinzregententerrasse
Lukas, Franz 136
Lynen, Feodor 52

M

Mack, Heinz 169
Mälesskircher, Gabriel 26, 59, 190
Maffei, Joseph Anton v. 54
Mahler, Gustav 45
Mair von Landshut 29
Manazzi, Francesco 197, 204
Mancini, Dario 44
Mann, Thomas 28, 50, 50*
Manninger, Karl 130, 188, 192, 204, 211, 216
Manser, Georg 223
Marchandsche Truppe 48
Marchert, Ludwig 105
Marchiori, Giovanni 206
Marchner, Franz Xaver 79
Marggraf, Johann 106
Maria Anna, Herzogin 12, 80
Marienanstalt (Solln) **225**
Marienplatz **130f**
Mariensäule 19, 27, **131,** 131*
Marionettentheater 48, **74f**
Marsilius von Padua 51
Marsop, Paul 45
Martino, Peter 164
Martius, Carl Friedrich Philipp v. 51*, 52
Maßmann, F. 174
Matteo, Antonio 216
Mattes, Georg 166
Maurer, Hans 156
Mauro, Domenico u. *Gasparo* 46
Mauthalle 136, 165, 183
Max I. Josef, König 12, 17, **20,** 21*, 52, 94, 182, 227
Max II., König 13, 17, **21,** 50, 52, 76, 178, 184, 220
Max II. Emanuel, Kurfürst 11f, 17, **19,** 44, 78, 196, 204, 205
Max III. Josef, Kurfürst 12, 17, **20,** 44, 184
Max IV. Josef, Kurfürst → Max I. Josef
Maximilian I., Kurfürst 10f, 17, **19,** 49, 67, 86, 184, 195
Maximilianeum 21, 32, 136, **154f,** 154*, 155*
Maximiliansbrücke 33, 137, 154
[Maximilians-Getreidehalle] 224
Maximiliansplatz 75, **136**
Maximiliansstil 104, 223
Maximilianstraße 21, 32, 101, **136f,** 154
Max-Joseph-Platz **139**
Max-Joseph-Stift 120, **182f**
Maxon, G. 62
Max-Planck-Institute 52
Maxtor 136, 174
Maxvorstadt 20, 27, 75, 93, 109, 112, 136, **155f**
Mayer, Alois 103
Mayer, Ernst 122
Mayer, Martin 165, 214
Mayr, Johann (Hans) 105, 172
Medizinische Klinik Innenstadt **227**
Meingaud, Martin 197
Meininger-Truppe 48
Meisenbach, Georg 55
Meister der Blutenburger Apostel 201
Meister der Dornenkrönung 88
Meister der Heldenputti 131
Meister der Rot-grünen Passion 88
Meister des Astalerfensters 90
Meister des Kefermarkter Altars 89
Meister Heinrich von Straubing 116
Meister von Mauern 103
Meister Walter von München 26
Meistermann, Georg 171
Meisterschule für Mode **190**
Meitinger, Karl 102
Melchior, Johann Peter 166
Mellinger, Ludwig v. 99
Métivier, Jean-Baptiste 66, 76, 98, 107, 110, 111, 112, 114, 120, 140, 183, 226
Metzger, Eduard 154, 214
Michael von Cesena 51
Mielich, Hans 26, 78, 190, 226
Mikorey, Franz 94, 123, 132, 174
Milbertshofen, St. Georg (alte Pfarrkirche) **156**
Milbertshofen, St. Georg (neue Pfarrkirche) **156**
Milhaud, Darius 45
Miller, Alois 89
Miller, Ferdinand v. 28, 99, 132, 167, 191, 222
Miller, Oskar v. 53*, 55, 158
Miller, Wolfgang 163
Minervius (= S. F. Schaidenreißer) 49
Miroffsky, Wenzeslaus 107, 144, 149
Möhl, Jakob 91
Mölck, Joseph Adam 204
Mörner, P. Linus 105
Mößbauer, Rudolf 52
Mössel, Julius 182
Molzahn, Johannes 116
Monopteros (Engl. Garten) 82, 83*
Monopteros (Nymphenburger Park) 206f
Monten, Dietrich 99
Montgelas, Maximilian Graf 12, 20
Moosach, St. Martin (alte Pfarrkirche) **135,** 135*
Moradelli-Haus **98**
Moralt, Ludwig 123
Morazzi, Francesco 219
Moretti, Carlo Brentani 220
Morgenstern, Christian 50
Mosbauer, Hermann 225
Moßdorff, Karl 138
Mossner, K. J. 168
Motorradfahrer-Verein München 57
Mottl, Felix 45
Mozart, Wolfgang Amadeus 20, 44, 46, 77
Muffat, Franz Karl 60, 224
Mühlen, Udo v. d. 156
Mühlthaler, Karl 207
Müller, Georg 194
Müller, Johann Adam 187
Müllersches Volksbad **190**
Münchener Abkommen 15, 156
Münchshöfener Kultur 7
Münzel, Gottfried 94, 183
Münzhof 18, 26, **101,** 101*
Murmann, Ferdinand 131
Murschhauser, F. X. A. 44
Museen und Sammlungen
Überblick: 34–43
Anthropologische Staatssammlung **110**
Bayerisches Nationalmuseum 21, 28, 33, 36, 138, 175, **177ff,** 179*, 180, 181, 193
BMW-Museum 40, **172**
Burgmuseum Grünwald **227**
Bürkelsche Münzsammlung 194
Deutsches Brauereimuseum 194
Deutsches Jagd- und Fischereimuseum 40, 165, 202
Deutsches Museum 21, 33, 40, 52, **158ff,** 158*, 159*, 160*
Deutsches Theatermuseum 40, **93**
Die Neue Sammlung 36, 177, 180
Glyptothek 20, 27, 32, 34, 66, 100, 112, **114f,** 115*
Herbergenmuseum 36, 175, 194
Jugendstilmuseum/Villa Stuck 38, 181
Marstallmuseum 20, 32, 38, 135, 202, **207,** 207*
Münchner Stadtmuseum 36, 192, **193f,** 193*

noch **Museen u. Slgn.**
Museum für Abgüsse klassischer Bildwerke 34, 156
Pinakothek, Alte 20, 27, 28, 32, 34, **66ff,** 67*, 68*, 155
Pinakothek, Neue 20, 28, 34, **70ff,** 70*, 72*
Prähistorische Staatsslg. 34, **118f,** 119*, 227
Residenzmuseum 38, **142, 147ff,** 150/151*, 152/153*
Schackgalerie 34, **180f**
Schatzkammer (Residenz) **149**
Siemens-Museum 40, 174
Spielzeugmuseum/Slg. Ivan Steiger 40, 132
Staatliche Antikensammlungen 34, 66, **113,** 113*
Staatliche Graphische Sammlung 36, **156**
Staatliche Münzsammlung 36, **184**
Staatliche Sammlung Ägyptischer Kunst 34, **100,** 100*
Staatliches Museum für Völkerkunde 21, 34, 137, **138f**
Staatsgalerie europäischer Malerei des Barock 38, 197
Staatsgalerie moderner Kunst 28, 34, 70, 71, **176f,** 177*
Städtische Galerie im Lenbachhaus 34, **124ff,** 127*, 193
Valentin-Musäum 36, **215**
Musica Viva 45
›Musterbauten‹ 182
Mustersiedlung Ramersdorf 63, **101,**
Muxel, Joseph 78

N

Nachtigall, Gustav 55
Nagel, Franz 129, 224
Nageler, Claus 132, 165
Napoleon I., Kaiser der Franzosen 12f
›Nationale Schaubühne‹ 48
Nationaltheater 20, 27, 32, 46f, 48, 94, 139, **140,** 140*, 141*, 145, 182, 184
Neher, Bernhard 215
Neithardt, R. 160
Nestler, Paolo 108
Nestroy, Johann 48
Netzer, Hubert 81, 136
Neubauer (-Wörner), Marlene 170, 224
Neuhausen, Maria Trost 116, **225f**
Neuhauser Straße 110, **161**
Neumeyer, Eberhard 121
Neunhauser, Ulrich (gen. Kriechbaum) 63, 89
Neureuther, Eugen Napoleon 93, 99
Neureuther, Gottfried 58
[Neuveste] 18, 22, 29, 59, 100, **142,** 142*, 147, 207
Nickl, Josef 54
Nida-Rümelin, Rolf 103
Nießer, J. B. 48
Nikolaus von Kues 51
Nilson, Friedrich Christoph 70, 99
Nomura, Mitsuo 82
›Nordlichter‹ 21, 50, 52
Norkauer, Fritz 182
Nüll, Eduard van der 154
Nymphenburg, Park 31, **205ff,** 206*
Nymphenburger Kanal 104, 168

O

Obelisk 110
Oberberger, Josef 96
Oberföhring, St. Lorenz **160**
›Oberländertor‹ → Angertor
Obermenzing, Leiden Christi 80, **96**
Obermenzing, St. Georg **80f**
Obermeyer, Leonhard 221
Oberwiesenfeld 168
Occam, William 51
Odeon 44, **167,** 167*, 226
Odeonsplatz 20, **166f**
Odilo, Herzog 8
Öfele, Franz Ignaz 78
Oefele, Felix Andreas v. 51, 122
Ölgast, Erhard 201
Östreicher, Siegfried 96, 166, 171
Ohlmüller, Joseph Daniel 128, 222
Ohm, Georg Simon 52
›Ohrwaschl‹ 24, 24* (Nr. 15–17), 61, 193, 208
Oktoberfest 56, **229**
Olivier, Friedrich v. 149
Olympiapark **168f,** 168*
Olympische Spiele 57
›Opera Hauss, Neues‹ → Residenztheater, Altes
[Opernhaus (am Salvatorplatz)] 19, 46, 46*, 48, 104, 140, 144
Optisches Institut 53, 157
Orff, Carl 45, 45*
Orleansplatz **169**
Osel, Hans 132, 224
Oskar-von-Miller-Ring 75f, 76, 120
Ostbahnhof 169
Ostenrieder, Max 62
Osterried, Franz 172
Osterwald, Peter v. 51, 60
Ostmark, bayer. 8, 9
Oswald von Wolkenstein 49
Otto, Nikolaus 54
Otto I., der Große, dt. Kaiser 8
Otto (von Wittelsbach), König von Griechenland 13
Otto I., König 17, 21
Otto von Wittelsbach, Pfalzgraf 9, 17
Ottokar, König v. Böhmen 9
Ottow und Partner (Joh. Christ. Ottow, E. Bachmann, M. Marx) 102, 118

P

Pabst, Theo 117
Pacher, Augustin 103
Pacher, Friedrich 89
Pader, Constantin 74
Pader, Isaak 187
Pader, Melchior 88
Pader, Tobias 89, 98, 135, 172
Paduano → Scalzi, A.
Paketposthalle **64,** 64*
Paketzustellamt **64**
Palais
Almeida **76**
Arco-Zinneberg **226**
Asbeck 110
[Barlow] 76
Berchem 76
Bissing **94**
[Degenfeld] 76
Dürckheim **222f**
Eichthal **76**
Freyberg-Schätz 110
Gise **174f,** 175*
[Herzog Max] 18, 120, 121
Holnstein (heute: Erzbischöfl. Palais) 19, 31, **106f,** 106*, 107*
Hompesch 110
Kaulbach-Villa **111**
Lenbach-Villa 33, **124**
[Leopold] 118
Lerchenfeld **80**
Leuchtenberg 32, 120, **167f**
[Lotzbeck] 110
Ludwig Ferdinand **92,** 226
Méjean 76, 226
Montgelas **183**
[Montgelas] (am Karolinenpl.) 110
Moy 167, **221**
Neuhaus-Preysing 31, **174,** 174*
[Perusa] 183
Portia 27, 29, **107**
[Poschinger] 77
Preysing (Residenzstr.) 19, 30, **186,** 186*
Prinz Karl 20, 32, **111f,** 112*, 175
Rechberg (heute: Radspieler-Haus) **96f**
[Schack] 180
Schrenck-Notzing 33, **154**
Seinsheim **174**
Seyssel d'Aix **110f**
Stuck-Villa 38, **181,** 181*
Törring (heute: Staatl. Lotterieverw.) 110
Törring-Jettenbach (heute: Hauptpost) **185**
[Wittelsbacher Palais] 75, **76,** 96
Woronzow 98

Pallago, Carlo 89, 144
Panzer, Hans 96, 102, 116
Paolozzi, Eduardo 84
Paracelsus, Aureolus Theophrastus 51
Parcus-Haus 183
Parks → Grünanlagen
Pasing, Mariae Geburt 61
Pasing, Maria Schutz 61
Pasing, St. Hildegard **171**
Patentämter
Deutsches 159, 215, **227**
Europäisches **84**
Patrona Boiariae 29, 144, 144*
Paulanerkloster 128
Pauli, Friedrich August v. 54, 96
Paumann, Conrad 44, 89
Pellegrini, Giovanni Antonio 184
Pérignon, Rudolf v. 103
Perlach, St. Michael **172,** 172*
Perner, Ignaz 54
Perti, Giovanni Niccolo 220, 221
Pertsch, Johann Nepomuk 166
Petel, Georg 18, 131, 184
Peter, Georg 128
Pettenkofer, Max v. 52
Pezold, Georg 84, 91, 161, 183
Pfaller, Jakob 118
Pfann, Paul 221
Pfeifer, Ernst 182, 190
Pferderennen 56, 57
Pfisterstraße **172**
Pfitzner, Hans 47
Philharmonie (im Kulturzentrum) 45, 60, 60*
Pichler, Johann Adam 107, 149, 196, 223
Piloty, Ferdinand 154
Pipping, St. Wolfgang 18, 29, **172f,** 173*, 223
Pistorini, Antonio Francesco 144
Pixis, Theodor 138
Platzkonzert 237
Polack, Jan 18, 22, 26, **29,** 29*, 88, 89, 156, 173, 188*, 201*
Polizeigebäude 165
Polytechnische Zentralschule 52
Porzellanmanufaktur **165f**
Porzellansammlung Ernst Schneider 199
Postgiroamt 32, **214**
Prannerstraße **174**
Priesterhaus 210, **212**
Prinzregentenbrücke 175
Prinzregentenstraße 21, 112, **175f**
Prinzregenten-(Luitpold-)terrasse 33, 91, 175
Prinzregententheater 21, 47, 47*, **182,** 182*
Pröbstl, Michael 172
Promenadeplatz **183**
Propyläen 20, 32, 75, 112, **113f,** 114*
Prötzner, Joseph d. Ä. 188, 223
Puille, Charles Pierre 144, 145

Q

Quaglio, Domenico 28
Quaglio, Lorenzo d. Ä. 140
Quarenghi, Giacomo 112, 114, 135
Quartär 6
Queri, Georg 50
Quickelberg, Samuel 51

R

Rabolt, Robert 88, 89
Rackl, Josef 170
Radrennen 56, 57
Radspieler, Joseph 210
Radspieler-Haus **96f**
Räterepublik, -regierung 15, 76
Raetien 8
Raiffeisen- und Volksbanken 118
Raimund, Ferdinand 48
Ramersdorf, St. Maria **63,** 95
Randeck, Ulrich 84
Rank, Franz 77, 221
Rank, Josef 65, 74, 77, 98, 221
Ranke, Leopold v. 52
Rathaus, Altes 26, 29, 77, 131, **132f,** 133*
Rathaus, Neues **131f,** 131*, 132*
Rattelmüller, Paul Ernst 224
Rauch, Christian 54, 139
Rauch, Ernst Andreas 97, 160, 168, 224
Raue, Carl F. 60, 212
Reber, Franz 65
[Redoutenhaus] 48, 174
Refinger, Ludwig 18
Reger, Max 45
Regierungsgebäude 21, 32, 137, **138**
Reichenbach, Georg v. 53, 101
Reichenbach-Brücke 33
Reichle, Hans 18, 131, 164
Reifenstuel, Franz Michael 93
Reifenstuel, Hans 53
Reiffenstuel (Konstrukteur) 65
Reinhard, Johann Christoph 128
Reinhart, Max 48
Reiter, Bartholomäus 87
Reithmann, Chr. 54
Residenz 98, **142ff,** 143* ff
Ahnengalerie 147, 147*
Antiquarium 18, 26, 29, 142, 143*
Apothekenhof **147**
Brunnenhof 19, 142, 143, **146,** 146*, 184
Festsaalbau 20, 32, 100, 145, 145*, 146
[Georgssaal] 46
Grottenhof (-Trakt) 26, 29, **143,** 144, 146, 146*
Grüne Galerie 19, 31, **144,** 145*
Herkulessaal, Alter (heute: Max-Josef-Saal) 145
Herkulessaal, Neuer 45, **100,** 146
Kaisersaal (-Trakt) 26, 100, 143
Kapellenhof 143, 146
Königsbau 20, 32, 139, 143, 145, **149**
Maximilianischer Trakt 142, **143f,** 145*, 146
Museum 38, **142, 147f,** 150/151*, 152/153*
Nibelungensäle **145,** 149, 149*
Päpstliche Zimmer 29, **144,** 149, 153
Reiche Kapelle 19, **143,** 149
Reiche Zimmer 19, 27, 31, 144, 147*, 149, 153, 204
Schatzkammer **149,** 149*
Residenztheater, Altes (›Cuvilliéstheater) 20, 27, 31, 38, 46, 47, 48, 139, 142, 145, 146, **184f,** 185*
Residenztheater, Neues 48, **139,** 146, 184
Rheinberger, Josef 44
Richard-Strauss-Konservatorium 61
Richter, Karl 45
Rickelt, Karl 85
Riedel, Eduard 99, 136, 138, 220
Riederer-Haus 121
Riedl, Adrian v. 18, 53, 82
Riehl, Wilhelm Heinrich 21, 50, 52
Riemerschmid, Reinhard 137, 208
Riemerschmid, Richard 48, 102, 137
Rilke, Rainer Maria 50
Rindermarkt **186**
Ringler, Joseph Jakob 165
Riß-Eiszeit 6
Ritter, Johann Wilhelm 52
Rivani, Antonia 46
Rollenhagen, Eike 60
Romeis, Leonhard 85, 177
Römer 8
Roemer, Georg 221
Roemer, Ludwig 92, 170
Röntgen, Carl 52
Rosa, Francesco 197
Rösner, Hermann 189, 192
Rössener Leute 7
Roëttiers, François 206
Rosenfeld, Rudolf 64
Roth, Eugen 50
Roth, Otto 102
Rottaler, Lukas 74, 86, 190, 193, 201
Rottenhammer, Hans 116

Rottmann, Karl 99, 148, 168
Rückel, Toni 103, 224
Ruederer, Josef 50
Ruf, Franz 101
Ruf, Sep 96, 101, 117, 122, 156, 159, 174
Ruffini, Joseph 79, 171
Ruffinihäuser 33, **189**
›Ruffiniturm‹ → Blauententurm
Ruhmeshalle 20, 32, **222,** 222*
Rumford, Benjamin Thompson, Graf v. 53, 82, 84, 108
Rümann, Wilhelm 81, 136
Rupprecht, Kronprinz von Bayern 21

S

Sachs, Hans 44
Sachsen (-Kaiser) 8
Sadeler, Jan, Eigid und Raphael 26, 205
Säkularisation
916: 8
1802/03: 12, 20, 122, 165, 224
Sager, Paul 102
Salier (-Kaiser) 8
Salvatorbier 128
Salzmarkt, -stadel 183
Sandrart, Joachim 189, 220
Sang, Johann Georg 192
Sanguinetti, Francesco 122, 124, 167
Sankt-Anna-Damenstift **80**
Sankt-Jakobs-Platz **192f**
Santi, Francesco 46
Sappel, Lorenz 61
Sattler, Carl 121, 174
Sauerbruch, Ferdinand 52
Savits, Josza 48
Sawallisch, Wolfgang 45, 47
Scalzi, Alexander 164
Schabet, Fidelis 65, 123, 210
Schachner, Richard 221
[Schäfflerturm] 22
Schaljapin, Fedor Iwanowitsch 45
Schaller, Ludwig 114
Scharlachrennen 56, 193
Schaubühne (Reitmorstr.) 48
Schauß (Landbaumeister) 224
Schedel v. Greifenstein, Nikolaus 58, 108, 109, 136, 155, 193, 224
Schelling, Friedrich Wilhelm Joseph 49, 52
Schelling, Günther 196
Schickedanz, Albert 91
Schiestl, Matthäus 74
[Schiffertor] 22
Schikaneder, Emanuel 48
Schilling, Joseph Ignaz 78, 217, 220
Schiltberger, Hans 49, 53
Schinkel, Karl Friedrich 154
Schinnagl, Marx 46, 99, 109, 140, 188, 189
Schlagintweit, Hermann, Adolf und *Robert v.* 52
Schlaich, Dieter 66
Schlaich, Jörg, u. Partner 169
Schleich, Erwin 79, 80, 98, 116, 117, 120, 123, 129, 130, 131, 132, 136, 161, 165, 174, 183, 186, 187, 189, 191, 210
Schleißheim, Schloßbauten → Schlösser
Schleißheimer Kanal 104
Schlichtegroll, Adolf Heinrich Friedrich 52
Schlichtingerbogen 22, 116, 234
Schlösser
Alter Hof 22, 29, **58,** 59*, 77, 100, 142
Amalienburg 19, 27, 31, 38, **204,** 204*, 207
Badenburg 19, 30, 38, 190, **204f,** 204*, 206, 207
[Biederstein] 84
Blutenburg 18, **199f,** 200*, 201*
Fürstenried 19, 30, **92**
[Harlaching] 97
[Herzog-Max-Burg] 18, 120, 121
[Klemensschlößchen] 81
Magdalenenklause 27, 30, 38, **205,** 205*, 206
[Neudeck] (in der Au) 165
[Neuveste] 18, 22, 29, 59, 100, **142,** 142*, 147, 207
Nymphenburg 19, 27, 29, 30, 31, 38, 92, **202ff,** 202*, 203*, 206*
Pagodenburg 19, 30, 38, **205,** 205*, 206
Schleißheim, Altes Schloß 18, 27, **195f,** 195*, 196*
Schleißheim, Neues Schloß 19, 29, 30, 31, 38, **196f,** 196*, 197*
Schleißheim, Schloß Lustheim 19, 27, 29, 38, **197ff,** 197*, 199*
Suresnes (auch ›Werneck-Schlößchen‹) **225**
Schmelcher, Siegfried M. 77
Schmeller, Johann Andreas 122
Schmid, Anton 132
Schmid, Josef Leonhard (›Papa Schmid‹) 74
Schmidbauer, Toni 62
Schmidt, Albert 106, 117, 129
Schmidt, Emil 107
Schmidt, Heinrich V. 65
Schmidt, Veit 165
Schmidt, Walther 64, 95
Schmidtgartner, Matthias 172, 216
Schmied von Kochel 174
Schmitt, Balthasar 65, 104, 175
Schnierle, Adolf u. *Helga* 199
Schnorr von Carolsfeld, Julius 149
Schobser, Hans 49
Schöffer, Nicolas 84
Schön, Heinrich v. 88, 99, 117, 187, 195
Schöner-Fedrigotti, Helmut 92
[Schöner Turm] → Kufringerturm
Schönfeld, Johann Heinrich 188, 216
Schönheitengalerie (Ludwigs I.) 100, 203
Schönheitengalerie, Große (Max Emanuels) 184, 203
Schönlaub, Johann Fidelis 108
Schöpf, Peter 114
Schorn, G. → Dominicus a S. Euphrosina
Schöttl, Heinrich 98
Schrank, Franz von Paula 52, 58
Schraudolph, Johann v. 108, 129, 134
Schreyögg, Georg 92
Schubart, Christian Friedrich Daniel 49
Schultz, Hermann 208
Schultz-Brauns, Otto 221
Schulwesen 20, 49, 51f
Schurr, Johann 61, 104, 105
Schürmann, Herbert 169
Schütz, Matthias 74
Schütze, Rolf 168
[Schwabinger Tor] 22, 99, 136, 166, 167
Schwanthaler, Franz Jakob 82, 99, 101, 174, 188, 189, 190
Schwanthaler, Ludwig v. 66, 99, 100, 113, 114, 120, 121, 122, 123, 141, 146, 166, 167, 183, 208, 222
Schwanzer, Karl 171
Schwarz, Christoph 163, 164, 205
Schweizer, Georg 109
[Schwere Reiterkaserne] 227
Schwind, Moritz v. 88
Schwoiser, Eduard 138
Sckell, Friedrich Ludwig v. 32, 52, 58, 82, 155, 166, 199, 205, 206, 207, 212
Sebastiansplatz **208**
Seehaus 83*, 84
Seewald, Richard 99, 116
Seibertz, Engelbert 154
Seidl, Andreas 111, 211
Seidl, Emanuel v. 33, 93, 117, 159, 161, 212, 213, 221
Seidl, Gabriel v. 21, 25, **33,** 33*, 55, 76, 77, 84, 90, 108, 111, 117, 124, 130, 136, 159, 160, 165, 177, 189, 191, 221
Seidler, Julius 77
Seitz, Augustin 167
Seitz, Robert 76
Seitz, Rudolf v. 177, 178, 191
Seltzer, Hermann 220
Selzer, Karl 182
Semper, Gottfried 21, 28, 48, 99, 103, 154

Sendlinger Mordweihnacht/ Bauernaufstand 12, 19, 174
Sendlinger Tor 22, 23*, **212**
Sendlinger-Tor-Platz **212**
Senefelder, Alois 53, 53*, 54
Senfl, Ludwig 44
Sentlinger, Heinz 49
Sesselschreiber, Gilg 26
Seyffart, Inge 109
Sheraton-Hotel 62
Sickinger, Anselm 167
Siebold, Karl Theodor v. 21, 52
Siegestor 32, 118, 121, **214,** 214*
Siemens, Hans-Werner 55
Sigismund, dt. Kaiser 10
Sigismund, Herzog 18, 59, 173, 201
Silvestre, Louis de d. J. 197
Skeydell, Peter 44
Skiclub München 57
Skidmore, Owings & Merril 156
Smetana, Friedrich 45
Smyth, Conrad 44
Soldner, Johann Georg 53
Solln, St. Johann Baptist **98**
Solti, Georg 45
Sörgel, Hermann 74
Spengler, Oswald 50, 52
Spreng, Blasius 88
Sprenger, Peter, 102
Staatl. Hochschule für Musik 156
Staatsarchive München 121, **208,** 246
Stadtbibliothek 49, 50, **61,** 121, 248
Stadler, Christine 109
Stadler, Toni 136
Stadtarchiv [133*], 193, 246
Stadterweiterungen 9, 20, 28, 76, 93, 136, 155, 166, 172 (→ a. Generalplan)
Stadtrundfahrten, -rundflüge, -führungen 239 f
›Stadtschreiberei‹, → Weinstadl
Steffan, Friedrich 156
Steffani, Agostini 44, 46
Steffann, Emil 166
Steidl, Melchior 27, 216
Steidle, Richard 85
Steinbrecher, Michael 128
Steinhauser, Theodor 194
Steinheil, Carl August 54, 183
Stephan, Joseph 203
Stephan III., der Kneißl, Herzog 10, 17
Stieler, Joseph 28, 203
Stiglmaier, Johann Baptist 28, 54, 226
Stiglmaierplatz 155
Stöhr, Karl 183
Strasser, Christian 86
Straub, Johann Baptist **31,** 31*, 75, 78, 97, 98, 116, 128, 164, 171, 184, 185, 188, 189, 192, 206
Strauß, Johann 44
Strauss, Richard 44, 45, 47, 47*
Strixner, Rainer M. 97
Stuber, Nikolaus Gottfried 46, 80, 172, 184, 187, 196, 203, 205, 216
Stuck, Franz v. 181
Studentenhaus Vindelicia **134**
›Studio für neue Musik‹ 45
Stüler, Friedrich August 154
Stürmer, Carl 123
Süddeutscher Verlag **212**
Sustris, Friedrich 26, **29,** 98, 142, 143, 162 ff

T

Tal **215**
Talbrucktor (Turm d. Alten Rathauses) 22, 131, 132, 133*, 186
Taschner, Ignaz 224
Tassilo III., Herzog 8
Technik-Denkmäler
Dampf-Lok S $^{3}/_{6}$ 64
E-Lok 6904 63
[Glaspalast] 21, 28, 54, 58, 176
[Großhessel. Br.] 54*, **96**
Hackerbrücke **97**
Kanalsystem **104 f,** 105*
Pumpwerke 204, 207
[Schrannenhalle (Maximilians-Getreidehalle)] 224
Technisches Rathaus **74**
Tellus Bavarica 99, 99*, 149
Tenerani, Pietro 164
Tertiär 6
Teutsch, Gerhard 201
Thamm, Ferdinand 95
Theater: Adressen und Vorverkauf 242 ff
Theater am Gärtnerplatz 47, 48, **93 f,** 93*, 94*
Theatinerkloster 80, **221**
Thiele, Ulrich 196
Thiersch, August v. 33, 80, 104, 156
Thiersch, Friedrich v. 21, **33,** 33*, 52, 70, 81, 93, 99, 117, 120, 136, 175, 183, 215
Thoma, Hieronymus 164
Thoma, Ludwig 45, 49*, 50
Thöny, Eduard 50
Thorwaldsen, Bertel 100, 164, 168, 226
Throll, Karl 129
Thuille, Ludwig 45
Thürmer, Joseph 95
Thurn, Franz 99, 101, 108, 136, 140, 155, 184, 212, 215
Tierpark Hellabrunn **212 f,** 213*
Trager, Hans 201
Treu, Michael Daniel 48
Trischberger, Balthasar 75, 80
Triva, Antonio 203, 220
Troberg, Stefan 221
Troger, Simon 27
Troost, Gerdy 176
Troost, Paul Ludwig 58, 76, 112, 156, 167, 176
Trubillio, Johann Andreas 197 f
Türkengraben 104
Turmbesteigungen 239
Turn- und Sportverein von 1860 57
Turnfestspiele 56
Turniere 56
[Turnierhaus] 48, 99, 135, 144

U

Üblacker-Häusl **175**
Ukrainische Freie Universität 52
Ullmann, Ludwig 156
Ungerer, August 55
Universität Ingolstadt 182
Universität München → Ludwig-Maximilian-Universität
Untermenzing, St. Martin 18, 84, 84*
Urnenfelderzeit 7
Ursasenke XV. Soshitu Sen 82
Utzschneider, Josef v. 53

V

Valentin, Karl 48, 224
Valeriani, Joseph 163
Valier, Max 55
Vereinigte Werkstätten 76
Verkehrsministerium **63 f,** 63*
Verschaffelt, Maximilian u. *Peter Anton* 140, 145
Verwaltungsgebäude der Rhein-Main-Donau-AG **118**
Viani (auch Viviani), Antonio 164
Viereckhof **96**
Viktualienmarkt **224**
Villen
Villa Bechtolsheim **130**
Villa Kaulbach **111**
Villa Lenbach 33, **124 f**
Villa Stuck 38, **181,** 181*
Viscardi, Giovanni Antonio 61, 161, 170 f, 202, 204, 215
Vivien, Joseph 197
Vogel, Alfred 52
Vogel, Hans 117, 122
Voit, August v. 58, 70, 136, 139, 154, 191
Volckmer, Tobias 11
Volpini, Giuseppe 92, 196, 199, 205, 206, 207
Von-Parish-Kostümforschungsinstitut 36, 194
Vorgeschichte 7
Vorherr, Gustav 190, 212, 215, 217, 224
Vorhoelzer, Robert 64, 95, 214, 223, 224
Voßler, Karl 52
Vries, Adriaen de 143

W

Wackerle, Josef 58, 94, 156, 175, 181, 221
Waderé, Heinrich 81, 182, 195
Wagmüller, Michael 136
Wagner, Ferdinand d. J. 208
Wagner, Johann Martin v. 114, 135, 139, 214
Wagner, Peter 193
Wagner, Richard 21, 44, 47
Wahler (Maler) 85, 189
Walchers, Humbert v. 93
Wallpainting → Architekturmalerei
Walter, Bruno 45
Warée (Maler) 197
Wassermann, Jakob 50
Wasserversorgung 10, 14, 53, 117
Weber, Clemens 86
Weckbecker, August 89
Wedekind, Frank 50
Weinberger, Veit 46
Weingartner, Michael P. 61
Weinhaus Neuner **98**
Weinstadl **77f**, 77*, 90
Weiß, Ferdl 48, 224
Weiß, Konrad 50
›Weiße Rose‹ 15, 60, 95
Welfen 8f
Wenger, Hans 133
Wening, Michael 51
Werder, Ludwig 96
Werksbesichtigungen 233
Werneck, Reinhard Frh. v. 82
Werner, Georg 122, 161
Werner, Joseph 203
Werz, Helmut v. 102, 118
Westenrieder, Lorenz v. 49, 51
Widmann, Matthias 80, 92, 172, 190
Widnmann, Max v. 58, 94, 114, 136, 167, 183
Wiedemann, Josef 76, 96, 102, 110, 114, 162, 167, 183
Wiedemann, Ludwig 84
Wiehl, Helmut O. 217
Wieland, Heinrich 52
Wiener Kongreß 13
Wilhelm IV., Herzog 10, 17, **18**, 67
Wilhelm V., Herzog 10, 17, **18**, 49, 184, 195
Willstätter, Richard 52
Wimmer, Hans 59, 88, 161
Wink, Thomas Christian 51, 161, 196, 211
Winkler, Bernhard 86, 108
Winkler, Georg Helmut 221, 224, 226, 227
Winter, Johann Georg 78
Wirsing, Werner 169
Wirtschaftsministerium **181**
Wittelsbacher Platz 75, 155
Wolf, Heinrich 121
Wolf, Otto E. 86, 87
Wolfe, Thomas 50
Wolff, Johann Andreas 27, 61, 78, 90, 161, 170, 171, 203
Wolff, Johann Heinrich 114
Wolfskehl, Karl 50
Wolzogen, Ernst v. 50
Würm-Eiszeit 6
Wurzer, Josef 170

Z

Zächenberger, Anton 172
Zala, György 91
Zamenhof, Ludwig Lazarus 55
Zanchi, Antonio 203, 220
Zehetmair, Toman 111
Zenetti, Arnold 60, 62, 137, 169, 193
Zenker, Rudolf 52, 55
Zentralinstitut für Kunstgeschichte 156
Zerwirkgewölbe 62, **116**, 234
Zettel, Herbert 64
Zeughaus (städtisches) 193, 193*
Zick, Johann 128
Ziebland, Georg Friedrich 103, 108, 112, 113, 128, 136, 154, 222
Ziegler, Hieronymus 49
Ziersch, Hans-Joachim 181
Zimmermann, Clemens v. 66, 121
Zimmermann, Franz (Mich.) 189, 203
Zimmermann, Johann Baptist 78f, 97, 106, 107, 144, 149, 184, 185, 186, 188, 196, 202, 203, 204, 224
Zimmermann, Wilhelm 91, 103
Zirkus 244
Zuccalli, Enrico **29**, 30, 78, 104, 107, 170, 196, 197, 199, 219, 220
Zumbusch, Kaspar 137
Zwerger, Wolfgang d. J. 63, 111, 173
Zwinck, Franz Seraph 223
Zwirner, Ernst Friedrich 154

Abbildungsvorlagen und Fotos: Architektenteam Raue–Rollenhagen–Lindemann: 1; Bayerische Staatsbibliothek: 1; Bayerische Staatsgemäldesammlungen: 12; Bayerische Verwaltung der Staatlichen Schlösser, Gärten und Seen: 15; Bayerisches Landesamt für Denkmalpflege: 7; Bayerisches Nationalmuseum: 3; Josef H. Biller: 45; BMW-Presseabteilung: 2; Deutsche Bundespost: 1; Deutsches Museum: 1; Die Neue Sammlung: 1; Erika Drave: 1; Oswald Hederer: 1; Erzbischöfliches Ordinariat München, Kunstreferat: 1; Foto Hirmer: 1; Hypo-Bank: 1; Dietmar Mitschke: 1; Münchner Stadtmuseum: 30; Prähistorische Staatssammlung: 1; Max Prugger: 1; Hans-Peter Rasp: 7; Christel Reiter: 2; R. Sattelmair: 1; Helga Schmidt-Glassner: 1; C. L. Schmitt 1; Staatliche Antikensammlungen: 2; Staatliche Graphische Sammlungen: 1; Staatliche Sammlung Ägyptischer Kunst: 1; Staatliches Museum für Völkerkunde: 2; Stadtarchiv München: 1; Städtische Galerie im Lenbachhaus: 2; Süddeutscher Verlag/Bilderdienst: 10.

Die übrigen Vorlagen stammen aus dem Archiv der Autoren.

Abdruckerlaubnis erteilten neben den genannten Archiven und Institutionen freundlicherweise noch: Bayerische Staatsbibliothek, Staatliche Antikensammlungen, Staatliches Museum für Völkerkunde, Staatliche Sammlung ägyptischer Kunst, Städtische Galerie im Lenbachhaus und Städtisches Vermessungsamt.

Grundrisse, Pläne, Schaubilder, Buchgestaltung: Josef H. Biller, München

Einbandentwurf: Design Team, München